日髙義博先生古稀祝賀論文集 上巻

[編集委員]
高橋則夫
山口 厚
井田 良
川出敏裕
岡田好史

成文堂

日髙義博先生

謹んで古稀をお祝いし
日髙義博先生に捧げます

執筆者一同

は し が き

　日高義博先生は、2018年1月18日、めでたく古稀をお迎えになられました。

　本論文集は、教壇や研究会、学会活動などを通じて、先生の謦咳に接してきた者が先生の古稀をお祝いし、その学恩に報いたいという思いから編まれたものです。先生が古稀をお迎えになられた年度内に出版し、同時に先生に献呈するということはかないませんでしたが、その分多くの力作が収録されることになったことに編集委員一同感謝の念に堪えません。ここに貴重な論考をお寄せくださいました執筆者の方々に厚く御礼申し上げます。

　先生は、専修大学法学部をご卒業になり、植松正先生のご指導の下、明治学院大学大学院法学研究科修士課程および同大学院法学研究科博士課程を経て、専修大学法学部の専任講師に就かれ、以後43年の長きにわたり専修大学法学部並びに同法科大学院において研究、教育にご尽力されました。この間、法学部長として同学部の運営にご尽力されるとともに、法科大学院設立にも奮励されました。

　その後、専修大学長、学校法人専修大学理事長となられ、多くの研究者、実務家を育てられただけでなく、私立大学を取り巻く経営状況が厳しさを増す中で、法人運営にもその力を発揮されております。

　また、日本被害者学会監事、日韓サイバー法学会会長を務められるなど学界でのご活躍に加えて、旧司法試験考査委員、法制審議会刑事法部会臨時委員、文部科学省大学設置・学校法人審議会委員（学校法人分科会会長）、同私立大学等の振興に関する検討会議委員、日本私立大学連盟理事など社会的な貢献も多年にわたって果たされております。

　先生は、刑法総論、とりわけ不真正不作為犯論、違法性の基礎理論、錯誤論等の問題を中心にご研究されたばかりでなく、専修大学元総長の今村力三郎の遺した膨大な訴訟記録（「大逆事件」「金剛事件」「五・一五事件」「神兵隊事件」「血盟団事件」「帝人事件」等々に関する訴訟記録）を整理し、刊行への道筋をつけるなどの歴史研究にまで及ぶ多くの著書、論文を物されまし

た。また、四川省区域与国別重点研究基地日本研究中心第一届学術委員会顧問を務められ、日韓サイバー法学会においての活発なご活動などドイツのみならず、中国、韓国などの多くの国々の研究者と積極的に交流し、様々な分野において常人ならざる能力を発揮しておられます。

このように卓越した活動をなさってこられた日高先生の古稀を祝し、ここにささやかながら本論文集をささげたく存じますとともに、先生の今後ますますのご活躍とご健勝を心より祈念するものです。

最後に、出版事情の大変厳しい中、本書の刊行にご理解を示された成文堂の阿部耕一会長、阿部成一社長、また、大幅な編集の遅れにもかかわらず辛抱強く待っていただき、編集実務に携わってくださった田中伸治氏にも厚く御礼申し上げます。

2018年9月

編集委員

高 橋 　則 夫

山 口 　　厚

井 田 　　良

川 出 　敏 裕

岡 田 　好 史

上 巻・目 次

はしがき

不真正不作為犯における故意の実体
　　──刑法における主観的ないし行為者的なもの 6── … 伊東　研祐
　Ⅰ　は じ め に　（1）
　Ⅱ　「既発の危険を利用する意思」と「確定的」故意　（3）
　Ⅲ　（「確定的」）故意における「意思的」要素とその機能　（7）
　Ⅳ　故意の「認識的」要素と目的達成意思・実現意思　（9）
　Ⅴ　お わ り に　（11）

不真正不作為犯における先行行為の意義 ……………………… 岩間　康夫
　Ⅰ　は じ め に ──日髙教授の先行行為説──　（13）
　Ⅱ　その後の先行行為説──自由主義の援用と排他的支配の併用──（17）
　Ⅲ　検　　　討　（24）　　Ⅳ　お わ り に　（30）

不作為未遂犯の可罰性 ………………………………………… 森住　信人
　Ⅰ　問題の所在　（33）　　Ⅱ　真正不作為犯の未遂の成否　（35）
　Ⅲ　不真正不作為犯の実行の着手　（40）
　Ⅳ　不作為未遂犯の可罰性　（44）　　Ⅴ　結　　　語　（47）

近時の判例から見た過失不真正不作為犯の理論 …………… 小林憲太郎
　Ⅰ　は じ め に　（49）　　Ⅱ　最決平成28・5・25の検討　（54）
　Ⅲ　お わ り に　（65）　　追　　　補　（65）

中国刑法における違法性論 ……………………………………… 張　　光雲
　Ⅰ　は じ め に　（69）　　Ⅱ　伝統的犯罪論における違法性　（71）
　Ⅲ　中国における違法性論の新展開──行為反価値論と結果反価値論の対

v

日髙義博先生古稀祝賀論文集

　　立──（75）　Ⅳ　終 わ り に　（85）

偶然防衛をめぐる諸観点 ………………………………… 松原　芳博
　Ⅰ　は じ め に　（87）　Ⅱ　偶然防衛の定義　（88）
　Ⅲ　違法性の実質　（90）　Ⅳ　法益保全結果の帰属　（93）
　Ⅴ　衝突利益の正・不正　（95）　Ⅵ　過失による正当防衛　（97）
　Ⅶ　防衛の意思の意義・機能　（101）

専断的治療行為と刑法 ……………………………………… 甲斐　克則
　Ⅰ　序　（107）　Ⅱ　治療行為の構成要件該当性と保護法益　（110）
　Ⅲ　治療行為の適法化要件としてのインフォームド・コンセントと専断的
　　治療行為との関係　（117）
　Ⅳ　専断的治療行為とその限界をめぐる刑法解釈論上の問題点　（121）
　Ⅴ　結　　　語　（127）

未成年者の承諾 ……………………………………………… 只木　　誠
　Ⅰ　は じ め に　（129）　Ⅱ　医療行為における患者の権利　（131）
　Ⅲ　未成年者の権利と人間の尊厳および人格権　（132）
　Ⅳ　成人の諸権利　（134）
　Ⅴ　未成年者と承諾──とりわけ刑法的問題について──（138）
　Ⅵ　承諾能力の定式化　（140）　Ⅶ　お わ り に　（147）

美容整形手術と未成年者の同意 ………………………… 萩原由美恵
　は じ め に　（151）　Ⅰ　未成年者の同意能力について　（154）
　Ⅱ　美容整形手術における未成年者の同意の法的効力について　（159）
　お わ り に　（164）

カナダにおける医療的臨死介助の合法化 ……………… 佐伯　仁志
　Ⅰ　は じ め に　（169）　Ⅱ　ロドリゲス事件最高裁判決　（171）
　Ⅲ　カーター事件最高裁判決　（176）　Ⅳ　刑法改正　（184）

V 改正後の状況 *(189)* VI おわりに *(192)*

正当防衛の規範論的構造
——最高裁平成29年第二小法廷決定をめぐって—— ····· 高橋 則夫
I はじめに *(195)* II 許容規範としての正当防衛 *(196)*
III 正当防衛の権利性——「正の確証」と正義論・国家論—— *(199)*
IV 「急迫性」の判断構造——最高裁平成29年4月26日決定をめぐって
—— *(205)* V おわりに *(211)*

正当防衛の急迫性判断と主観的違法要素 ······················ 前田 雅英
I はじめに *(213)* II 「積極加害意思論」と平成29年判例 *(214)*
III 「判例理論」としての積極的加害意思論の実像 *(218)*
IV 主観的事情と客観的事情——防衛のためと急迫性—— *(223)*
V 正当防衛の実質的法益衡量と回避義務 *(227)*

侵害の急迫性の判断について ································· 橋爪 隆
I はじめに *(231)* II 議論の前提 *(233)*
III 平成29年判例について *(239)*
IV 「行為全般の状況」の意義 *(245)* V おわりに *(256)*

自招侵害、自招危難、強要による行為に関する一考察
——法益衝突状況の自招と法益の保護—— ················ 岡本 昌子
I はじめに *(259)*
II 法益衝突状況の自招と正当防衛・緊急避難の成否との関係——相当性
の要件を中心に—— *(261)*
III 法益衝突状況における法益の保護 *(269)* IV おわりに *(274)*

防衛と錯誤の交錯——「裁判官の弁明」ではなく—— ······ 水野 智幸
I はじめに *(279)* II 本判決の概要 *(280)*
III 本判決への評価 *(283)* IV 見解の整理と検討 *(296)*

vii

V　その他の問題点　（298）　　Ⅵ　裁判員裁判における問題　（299）

過失犯における注意義務確定のプロセス
——不作為的過失を中心に——……………………………稲垣　悠一

Ⅰ　はじめに　（301）

Ⅱ　過失不真正不作為犯の概念規定の当否について　（304）

Ⅲ　作為義務と結果回避義務の区別について　（306）

Ⅳ　注意義務（結果回避義務）の内容確定プロセス論　（314）

Ⅴ　おわりに　（320）

予見可能性の対象の抽象化とその限界………………………大塚　裕史

Ⅰ　はじめに　（323）　　Ⅱ　抽象的予見可能性説の現状　（325）

Ⅲ　森永ドライミルク事件各判決における予見可能性　（331）

Ⅳ　森永ドライミルク事件差戻後第一審判決に対する学説の評価　（338）

Ⅴ　抽象的予見可能性と具体的予見可能性　（343）

Ⅵ　おわりに　（351）

自動運転、AIと刑法：その素描………………………………今井　猛嘉

Ⅰ　はじめに　（353）

Ⅱ　自動運転と現行法：レベル３以下の自動運転車　（354）

Ⅲ　自動運転の将来と法制度のあり方：レベル４以上の自動運転車　（360）

Ⅳ　展　　望　（371）

自ら招いた緊急避難の危難甘受義務と自動運転……………小名木明宏

Ⅰ　問題の所在　（373）　　Ⅱ　緊急避難規定の概観　（377）

Ⅲ　自招危難と自動運転　（379）　　Ⅳ　おわりに　（385）

共同正犯の構造把握………………………………………………橋本　正博

はじめに　（389）　　Ⅰ　「構造把握」の意義　（390）

Ⅱ　「共同」によってもたらされるもの　（394）　　Ⅲ　共謀の機能　（399）

Ⅳ 「共同」の分析 （401）

Ⅴ 機能的行為支配 ——「共謀の呪縛」を解く—— （405）

犯罪体系と共働の本質 ……………………………………… 吉中　信人

Ⅰ は じ め に （409）

Ⅱ 共働の本質——犯罪共同説と行為共同説—— （411）

Ⅲ 犯罪複数説と犯罪統一説——J. プラデルによる分析—— （425）

Ⅳ 体系論と本質論の関係 （429）

Ⅴ 私見——犯罪体系における共働の概念と人権保障—— （430）

Ⅵ お わ り に （432）

共同正犯における危険創出と危険実現について …………… 内海　朋子

Ⅰ は じ め に （435）

Ⅱ 共同正犯における共同行為計画の意義 （436）

Ⅲ 共同行為計画の実行による危険創出と危険実現 （442）

Ⅳ 補論：狭義の共犯における危険創出と危険実現 （446）

Ⅴ 結　　　論 （448）

いわゆるシャクティ事件最高裁決定と共同正犯の成立範囲
……………………………………………………………… 亀井源太郎

Ⅰ は じ め に （451）　Ⅱ シャクティ事件決定内在的な疑問 （454）

Ⅲ シャクティ事件決定以前の判例・裁判例の動向 （460）

Ⅳ まとめにかえて （464）

共謀共同正犯と共同意思主体説 ……………………………… 曲田　統

Ⅰ は じ め に （469）

Ⅱ 共同意思主体説に向けられてきた批判と、同説における二つの流れ
（471）

Ⅲ 個人犯原理で共謀共同正犯を基礎づける立場 （479）

Ⅳ 団体犯原理で共謀共同正犯を基礎づける立場 （482）

V　共謀共同正犯の一体性　（487）　　Ⅵ　共同意思主体説の再構成　（490）

Ⅶ　お　わ　り　に　（497）

共謀共同正犯の認定と審理のあり方――裁判員裁判を念頭に――

……………………………………………………………………… 大善　文男

Ⅰ　始　め　に　（499）　　Ⅱ　共謀共同正犯に関する最高裁の判例　（501）

Ⅲ　共謀共同正犯の意義と成立要件の整理　（505）

Ⅳ　裁判員裁判における共謀共同正犯に関する公判前整理手続及び審理の
あり方　（512）

承継的共同正犯の成立範囲について

　──日高博士の所説を参考にして──　…………………… 阿部　力也

Ⅰ　問題の所在　（523）　　Ⅱ　判例・裁判例の状況　（526）

Ⅲ　成立範囲をめぐる若干の検討　（535）

詐欺未遂罪と承継的共犯　……………………………………… 上嶌　一高

Ⅰ　本稿の目的　（543）　　Ⅱ　承継的共犯の議論　（544）

Ⅲ　下級審裁判例の動向　（551）

Ⅳ　最高裁平成29年12月11日決定　（556）

V　最高裁判例の意義　（561）　　Ⅵ　承継的共犯の要件と範囲　（567）

共犯関係の解消　………………………………………………… 丸山　雅夫

Ⅰ　は じ め に　（571）　　Ⅱ　「共犯関係の解消」論の確立　（573）

Ⅲ　共犯関係の解消　（580）　　Ⅳ　むすびに代えて　（589）

過失の共同正犯における主観的要件　………………………… 平野　　潔

Ⅰ　は じ め に　（591）　　Ⅱ　過失の共同正犯に関する判例　（593）

Ⅲ　共同正犯の主観的要件と過失の共同正犯　（600）

V　お わ り に　（609）

上 巻・目 次

── 下巻・目次 ──

人 の 始 期 ………………………………………………………… 林　美月子

同時傷害の特例と違法性阻却事由 ……………………………… 奥村　正雄

同時傷害の特例と限定解釈 ………………………………………… 城下　裕二

性犯罪と性暴力の罪 ……………………………………………… 佐久間　修

強制わいせつ罪における〈わいせつ行為〉の概念
　　──とくに被害者が低年齢の児童である場合── ………………… 園田　寿

強制わいせつ罪における「性的意図」………………………… 木村　光江

強制性交等罪における暴行・脅迫要件について
　　　──性犯罪の立証責任は誰が負うべきか── ……………… 島岡　まな

迷惑防止条例における盗撮行為の規制の改正を巡って ……………… 合田　悦三

告訴権と性犯罪 …………………………………………………… 小木曽　綾

ドイツにおける新たな性刑法の展開
　　──暴行・脅迫要件のない立法例に関する一考察── …………… 岡上　雅美

業務妨害罪における公務の保護 ………………………………… 石井　徹哉

クレプトマニア（窃盗症）と「常習性」………………………… 寺崎　嘉博

サイバー犯罪としての「キセル」行為 ………………………… 岡田　好史

特別背任罪と企業買収防衛策 …………………………………… 三森　敏正

賭博罪の保護法益と賭博合法化の条件についての覚書 ……………… 井田　良

死体遺棄罪における遺棄行為の終了について …………………… 山中　友理

限定列挙型構成要件における構成要件相互間の関係
　　──危険運転致死傷罪における「その進行を制御することが
　　困難な高速度」について── …………………………………… 髙﨑　秀雄

交通事犯における「不作為的要素」の評価と発覚免脱罪 …………… 星　周一郎

刑事訴訟法の政策的基礎に関する一考察 ……………………… 尾﨑　道明

暗号解除に関する規律について
　　──イギリスにおける暗号解除法制を参考に── ………………… 丸橋昌太郎

退去強制により出国した者の検面調書について …………………… 堀田　周吾

刑事再審請求手続における審判の対象 ………………………… 加藤　克佳

ノヴァ型再審（刑訴法435条6号）における「より軽い罪」………… 松宮　孝明

自由刑の単一化 …………………………………………………… 川出　敏裕

犯罪被害給付制度の新展開 ……………………………………… 滝沢　誠

処分選択における「優先」概念について ……………………… 渡邊　一弘

少年法6条の再生──教員の通告義務── ……………………… 柴田　守

日髙義博先生　履歴・業績・主要著作目録

xi

不真正不作為犯における故意の実体

——刑法における主観的ないし行為者的なもの 6——

伊 東 研 祐

Ⅰ　は じ め に
Ⅱ　「既発の危険を利用する意思」と「確定的」故意
Ⅲ　（「確定的」）故意における「意思的」要素とその機能
Ⅳ　故意の「認識的」要素と目的達成意思・実現意思
Ⅴ　お わ り に

Ⅰ　は じ め に

　不真正不作為犯における作為義務の根拠付けを巡る議論において、1970年代後半から80年代に掛けて、いわゆる実質説・一元説に立った限定説諸説[1]が相次いで提起された。その背景には、今や過去のものと成ったとされる結果無価値論と行為無価値論との対立状況が在ったことは否定できないであろう。もっとも、あるいは、そして、その特徴は、今も多数説である実質説・多元説が認める発生根拠の中から慣習や（先行行為を含む）条理等の不明確

（1）　先行行為説（日髙義博「不真正不作為犯における等置問題と罪刑法定主義——構成要件的等価値性の理論による解明——（上）・（下）」刑雑21巻 1 号21頁以下、 2 号（1976年）164頁以下の他、後出・註(6)(7)所掲の先行論文等を収めた同『不真正不作為犯の理論』（初版・1979年、第 2 版・1983年））、事実上の引き受け行為説ないし具体的依存性説（堀内捷三『不作為犯論——作為義務論の再構成——』（1978年））、排他的支配説ないし支配領域説（西田典之「不作為犯論 上・下」法セミ383号65頁以下、384号（以上、1986年）82頁以下［芝原邦爾＝堀内捷三＝町野朔＝西田典之編『刑法理論の現代的展開総論 1 』（1988年）73頁以下所収］）等々が代表的なものである。なお、本稿の議論との関連において、限定説の先駆的な見解として、主観説（藤木英雄「不作為による放火罪について」警論12巻 4 号（1959年） 1 頁以下［同『可罰的違法性の理論』（1967年）257頁以下所収］）もここに挙げておきたい。

で社会倫理的ないし道徳的な性格を有し得る事由を排除する一方で、作為形態による場合との構成要件的等価値性を担保するものとして既に一般的な支持を集めていた保障人的地位という要件の（実質的な）組込みを前提としつつ、法益侵害結果惹起阻止ないし回避の観点から理論的に徹底した事実的ないし物的・因果的構成を試みるところにあった為か、事後に表面的に眺める限りは、大きなものではあるにせよ部分的な変化をもたらすに止まったといい得るであろう。即ち、排他的支配説ないし支配領域説の視座が基礎として大きな影響を与えたことは事実であるとしても、法令や契約・事務管理という事由を（も）発生根拠から排除することは、親子間の遺棄・虐待による死亡事例を思い浮かべれば直ちに明らかなように、現実的には極めて困難であり、規範的な支配性ないしは領域性というような異質の観点を導入して拡張する等の修正が行われ（ざるを得ないとす）れば、結果的には実質説・多元説と変わらないともいい得るからである。不真正不作為犯における作為義務の根拠付けの理論が、理論学的に極めて興味深い幾つかの論点に係るものではあるものの、実務的・解釈論的には放火罪と殺人罪という限られた刑法犯類型における謂わば結論の見えている事例について、間接的に必要とされるものに止まったことも、このような状態が続いている理由といい得るであろう。その打破が現在においても必要であるのか、その為に何を為すべきかは定かでないが、最早振り返られることのなくなっている不真正不作為者の主観面について（の議論を）再検討することもあるいは有効であろうと考え、従前とは些か異なった形で纏めてみたものが本稿である。

　日髙さんから自筆署名付きで御著書『不真正不作為犯の理論［第２版］』を戴いたのは、1983年８月15日というその公刊日付からすると、私が助手論文の公表を終え、学会報告を済ませて、『法益概念史研究』を纏めつつ、アメリカに留学しようとしていた金沢大学勤務時代であったようである。それまで直接的な接点の無い６歳年下の地方在住者に対する御配慮の理由としては確たるものに思い当たらなかったが、トリーア大学のアーメルンク教授の下での留学から戻られた日髙さんが私の法益学説史研究をそれなりのものとして評価し激励して下さったものと解して、光沢のある白い外箱に入った心

地良い手触りの装幀の御本がいつも視野に入るように研究室の書架に収めた
ことを覚えている。それ以来、日高さんには、少し離れたところから折に触
れてさらりと、流されることなく自己の信念に従って学問するよう、日々の
凌ぎ方を示して戴いてきたように思われる。深い感謝の念と共に、古稀を心
より御祝いして、本小稿を捧げる次第である。

Ⅱ　「既発の危険を利用する意思」と「確定的」故意

　最高裁判所として初めて不作為による放火罪（刑108条）の成立を認めた
第三小法廷昭和33年9月9日判決（刑集12巻13号2882頁）［以下、焼燬認容事件
最高裁判決と呼ぶ］は、原判決が「既発の火力又は危険の利用の意思」を要
求する大審院判例理論[2]に反するものとした被告人弁護人の上告趣意に応え
て、「……被告人は自己の過失により右原符、木机等の物件が焼燬されつつ
あるのを現場において目撃しながら、その既発の火力により右建物が焼燬せ
られるべきことを認容する意思をもつてあえて被告人の義務である必要かつ
容易な消火措置をとらない不作為により建物についての放火行為をなし、よ
つてこれを焼燬したものであるということができる。されば結局これと同趣

（2）　大判大正7年12月18日刑録24輯1558頁、並びに、大判昭和13年3月11日刑集17巻5
　　号237頁を参照されたい。前者は、「自己ノ故意行爲ニ歸スヘカラサル原因ニ由リ既ニ叙
　　上物件ニ發火シタル場合ニ於テ之ヲ消止ムヘキ法律上ノ義務ヲ有シ且容易ニ之ヲ消止メ
　　得ル地位ニ在ル者カ其既發ノ火力ヲ利用スル意思ヲ以テ鎭火ニ必要ナル手段ヲ執ラサル
　　トキハ此不作爲モ亦法律ニ所謂火ヲ放ツノ行爲ニ該當スルモノト解スル」（1566頁、傍
　　点原文）と判示するものであり、後者は、「自己ノ故意ニ歸スヘカラサル原因ニ依リ火
　　カ自己ノ家屋ニ燃燒スルコトアルヘキ危險アル場合其ノ危險ノ發生ヲ防止スルコト可能
　　ナルニ拘ラス其ノ危險ヲ利用スル意思ヲ以テ消火ニ必要ナル措置ヲ執ラス因テ家屋ニ延
　　燒セシメタルトキモ亦法律ニ所謂火ヲ放ツノ行爲ヲ爲シタルモノニ該當スルモノトス」
　　（241頁）と判示する。非故意的ないし非意図的な自己の先行行為に因って生じた火力ま
　　たその危険が放火罪の客体の焼燬・燃焼に至ることを、却ってそれを利用する意思で、（特
　　定の立場・地位に在る者が）阻止しない／放置するという不動作（不作為）は、「火ヲ
　　放ツ」という法条所定の行為（作為）に該当する、と定義・解釈するものであるとすれ
　　ば、主観的な「既発の火力又は危険の利用の意思」の付加が不動作（不作為）に作為と
　　の構成要件的等価値性をもたらす要件（の一つ）であり得ることになろう。もっとも、
　　この「既発の火力又は危険の利用の意思」と放火罪の故意あるいは行為意思との異同・
　　関係は明らかではない。

旨により右所為を刑法一〇八条の放火罪に当たるとした原判示は相当であり、引用の大審院判例の趣旨も本判決の趣旨と相容れないものではなく、原判決には右判例に違反するところはない[3]」と判示し、不真正不作為犯としての放火罪の故意の意思的内実につき、これを既発火力による建物の焼燬という結果の発生の「認容」で足りるとした[4]。結論的に、不真正不作為犯としての放火罪の故意について、他の犯罪類型の場合と同じく、未必的故意（未必の故意）で足りるのであって、結果の発生を確定的に認識しあるいは意欲ないし希求（意図ないし希望）する必要はない、という解釈が採られることとなったのである[5]。焼燬認容事件最高裁判決は、大審院判例理論が不真正不作為犯としての放火罪の成立に要求していた積極的な「既発の火力又は危険の利用の意思」を不要とし、既発の火力による焼燬という結果の発生の「認容」で足りる、即ち、未必的故意で足りるとすることにおいて、不真正不作為犯の故意の実体が他の犯罪類型のそれと変わるものではないという現

（3）　刑集12巻13号2884〜5頁。圏丸は筆者によるものである。
（4）　同判決により最高裁判所の判例において初めて採用されたとされる「認容」という概念で示されるものが果たして意思的なものであるか否か、意思的なものに止まるか否か、という問題や、「認容」されるべき「結果」が建物の焼燬（行為客体の侵害）で足りるのか、公共の危険あるいは地域の安寧の阻害（法益ないし保護客体の侵害・危殆化）をも含むのか、という問題等は、それら自体改めて明確化すべきものであると思われるが、ここでは暫し措く。
（5）　かつての贓物故買罪（刑旧256条2項）について、「認容」概念を未だ用いずに「未必の故意」を定義した最（三小）判昭和23年3月16日刑集2巻3号227頁、229頁は、「その故意が成立する爲めには必ずしも買受くべき物が贓物であることを確定的に知つていることを必要としない或は贓物であるかも知れないと思いながらしかも敢えてこれを買受ける意思（いわゆる未必の故意）があれば足りる」としていた。贓物性の認識（は有る）が確定的でない場合であってもなお当該財物を買い取る意思が有れば（いわゆる未必の）故意として足りる、というこの判示の趣旨は、それが「〜しれないと認識しつつ、敢えて〜する」という表現の類似性に示される通りに認容説を採ったものであるか否かは定かではないにせよ、確定的な「認識」が有る場合は（当然に）故意が成立するということを前提としつつ、故意の成立に必要な「認識」の確定性が不十分な場合であっても積極的な「意思」的要素の付加により謂わば相関的に補完されるというもの、あるいは、「認識」は反対動機を形成する契機となり得る程度のものとして有れば足りるのであって現に積極的な「意思」的要素が有るならば故意（非難）が十分に成立する、というもの等と解し得よう。もっとも、その理論構成自体の詳細とその正当性ないし妥当性は明らかではない。

Ⅱ　「既発の危険を利用する意思」と「確定的」故意

在に至る一般的理解を形成したといい得よう。その理解の内実を、便宜の為、敢えて引用で示せば、以下のようになろう。

　「作為は結果発生へ向かう因果の流れを惹起するが、不作為は因果の流れをただ利用するにすぎない。不真正不作為犯は、単に事象的に見れば、不作為犯であり、当該不作為者は、原因力を有せず、因果の流れを利用できるにすぎない。等置問題の解決にあたっては、常にこの不真正不作為犯の存在構造の特質が考慮されなければならない。[6]」
　「不真正不作為犯の故意の実体は、次のようなものである……。
　まず第一に、認識的要素としては、構成要件該当事情の認識が必要であり、行為可能性の認識、不作為の認識は必要でない。第二に、意志的要素としては、作為犯と同様に実現意志が必要である。実現意志の内容は、結果犯的性格を有する不真正不作為犯と挙動犯的性格を有する不真正不作為犯とでは異なる。前者における実現意志は、不作為者の意志と結果との間に有機的関連性を必要とするのに対して、後者における実現意志は、行為者の意志と挙動との間に有機的関連性を必要とする。不作為者が当該不作為をなす以前に、結果発生に向かう因果の流れをみずから設定していることが、有機的関連性の基礎となる。
　以上のように不真正不作為犯の故意の実体は、作為犯の故意と異ならない。不作為に原因力がないことから、直ちに不真正不作為犯における実現意志を否定することはできないのである。[7]」

　しかしながら、この理解の前提的推論においては、「既発の火力又は危険の利用の意思」と「既発の火力により右建物が焼燬せられるべきことの認容」換言すれば「既発の火力により結果が発生することの認容」とは、不真正不作為犯における故意の意思的要素・内実という同じ次元にある主観的な

（6）　日髙義博「不真正不作為犯と作為犯との『等置問題』──その主観的側面の検討──」
　　　ひろば27巻11号（1974年）53頁以下、55頁。
（7）　日髙義博「不真正不作為犯の故意の実体（上）・（下・完）」警研45巻11号35頁以下・
　　　12号（1974年）15頁以下、12号29頁以下。なお、「意志」は原著者による表記である。

ものとして扱われていると解されるが、そのような把握は妥当であろうか。例えば、主観説は、両者を行為の違法性に影響を与える人的な不法要素である故意の範疇としての「確定的故意」と「未必的故意」とにそれぞれ対応ないし該当するものとして捉えているが、それらの内実的差異は行為者の結果発生に対する「態度」の積極性の強弱として考えられている[8]。「認容」は「情緒的」要素ないし「心情」要素であって「意思的」要素ではないという有力な見解があることは既に周知の通りであるが[9]、それはおよそ「故意」の要素でもない可能性があるのである。「既発の火力又は危険の利用の意思」と確定的故意とを謂わば同視することの正当性はなお未検証であり、その為には（通常、「故意」とだけ呼ばれる基本型の意味における）確定的故意の内実・実体が特定される必要がある。

　最高裁判所として初めて不作為による殺人罪（刑199条）の成立を認めた第二小法廷平成17年7月4日決定（刑集59巻6号403頁）[シャクティパット殺人事件最高裁決定と呼ぶ]も、焼燬認容事件最高裁判決以来の上述の理解状況に変更を与えるものではなかった。即ち、同決定は、「被告人は，自己の責めに帰すべき事由により患者の生命に具体的な危険を生じさせた上，患者が運び込まれたホテルにおいて，被告人を信奉する患者の親族から，重篤な患者に対する手当てを全面的にゆだねられた立場にあったものと認められる。その際，被告人は，患者の重篤な状態を認識し，これを自らが救命できるとする根拠はなかったのであるから，直ちに患者の生命を維持するために必要な医療措置を受けさせる義務を負っていたものというべきである。それにもかかわらず，未必的な殺意をもって，上記医療措置を受けさせないまま放置して患者を死亡させた被告人には，不作為による殺人罪が成立し，殺意のない患者の親族との間では保護責任者遺棄致死罪の限度で共同正犯となると解するのが相当である[10]」と判示して、「シャクティパット・グルとしての自己の権威の失墜の恐れ」の回避等という具体的な「動機」の認定から殺人の未必的故意を認めた原審判決の関連判断[11]を支持するのみであり、いわ

（8）　藤木英雄・前出註(1)273頁以下を参照されたい。
（9）　例えば、平野龍一『刑法　総論Ⅰ』（1972年、有斐閣）187頁以下等を参照されたい。
（10）　最（二小）決平成17年7月4日刑集59巻6号405頁。圏丸は筆者によるものである。

ゆる認容説を当然の前提として、殺人の確定的故意あるいはその意思的（とされる）要素が如何なる実体のものであるかには関心を示していないのである[12]。

Ⅲ　（「確定的」）故意における「意思的」要素とその機能

　大審院判例における「既発の火力又は危険の利用の意思」を「確定的故意」という範疇に対応させて捉えた主観説（及び他の多くの見解）においては、基本的に、「既発の火力又は危険の利用の意思」は結果を実現しようとする意思の強度なものと解され、故意の意思的要素（の実体）として捉えられている。より具体的にいい換えれば、"放置すれば家屋の焼燬という結果に至ることが予見された既発の火力又は危険の当該放置時における状況を放置者が肯定的に評価してそのまま自己に帰属させる意思"として捉えられている。肯定的に評価してそのまま自己に帰属させることが「利用」ということとの趣旨であり、状況評価の肯定度又は積極度の高さに対応して「確定的」故意の内部分類（意欲・意図・希求等）が成立すると捉えられているといい得よう。これと連続的に考えると、範疇的に「利用」の意思とはいえない「未必的故意」、即ち、「認容」の場合とは、"放置すれば家屋の焼燬という結果に至ることが予見された既発の火力又は危険の当該放置時における状況を放置者が非肯定的に評価しつつ（肯定的には評価せずあるいは無関心に）そのまま自己に帰属させる意思"として捉えられることになろう[13]。

　ここでいう状況評価（の下での帰属させる［判断］）が無関心さというよう

---

(11)　詳細については、東京高判平成15年6月26日刑集59巻6号450頁、499頁以下を参照されたい。

(12)　作為義務の根拠付けを含め、同決定の判示全体を、学説との関連等において如何に解するかということについては　日髙義博「不作為による殺人」専修ロージャーナル2号（2007年）129頁以下、藤井敏明『最高裁判所判例解説　刑事篇　平成17年度』（2008年）184頁以下等を参照されたい。

(13)　なお、我が国においては、「認容」の場合という「不確定的」故意を更に内部分類することは、必要性に乏しいせいか、多くないが、行うとすれば、状況評価の非肯定度又は非積極度に対応して、適合的な観念群の例示であるか否かは別として、無謀・軽率・無頓着というような分類になろう。

な「態度」をも含む情緒的ないし心情的なものを主体とすることは、既述の通り、「認容」を（故意の）意思的要素とすることの妥当性を疑わせるものであるが、なお「認識」的な故意の要素と構成する見解も存し得ると考えられていることもあり、その点自体は一先ず措く。ここにおいて確認すべきことは、第一に、「利用」の意思である「確定的故意」の上掲のような内部分類（意欲・意図・希求等）についても、「未必的故意」ないし「認容」の場合と同様に、「態度」をも含む情緒的ないし心情的なものに拠って捉えられているといい得ることである。即ち、「確定的故意」から「未必的故意」に至る故意のスペクトラムは、意思的要素によって通底されているとしたとしても、そこにおける内部的な差別化は別の性質ないし性格の要素に拠っているということである。なお、行為時（不作為時）における形象的な予見・表象である認識的要素(14)がそのような機能を果たし得るかどうかも頗る疑問であることを付言しておく。

　そして、確認すべき第二は、「利用」・「認容」が家屋の焼燬という結果を実現しようとすることを直接の内容とするものではないこと、語弊を恐れずにいえば、いわゆる結果の実現意思とは異なるということである。「利用」・「認容」は、（不確定的にせよ）予見・表象された結果に至る因果経過（因果経緯あるいは因果連鎖）の不作為時における展開状況をそのままに放置すること、既に結果の発生に向かっている因果経緯を将来に向かって維持・制御することであって、その対象は構成要件的結果ではない。結果に至ろうとする因果経過の傾向が対象である。構成要件的結果は、認識された傾向の合法則的展開の先に生じるものとして謂わば同時的・副次的に予見・表象されるが、実現しようとされているのは、謂わば更に広く先に在るものとして予

(14)　具体的にいえば、殺人罪の故意における認識的要素は、「人の死」という構成要件的結果の認識と「自己の行為と当該結果の間の因果関係」の認識であるといわれるが、それらは「死亡した状態にある被害者」と「被害者の死亡という状態の惹起に向けて被覆決定された因果経過」との予見・表象の形で捕捉され、言語的・意味的な変換を受けたものである。その意味において、認識（予見・表象）は有るか無いかのいずれかである。「死亡する可能性の高い／死亡することの蓋然的な状態にある被害者」という予見・表象は、そもそも有り得るか疑問であるし、要は「死亡していない／重傷を負った状態の被害者」の予見・表象であって、殺人罪の故意の認識的要素とはいい難い。

見・表象された、（不作為者にとって任意の）放置の動機ないし目的に適合する事態である（勿論、不作為の動機ないし目的に適合する事態と構成要件的結果とが事実として一致することはあり得るが、観念的には区別される）。例えば、焼燬認容事件最高裁判決の事例やシャクティパット殺人事件最高裁決定の事例でいえば、自己の不注意による不慮の失火という失策の発覚を回避し得る（であろう）家屋の燃焼・焼失という事態を実現する為に、家屋の焼燬に至ることの予見された既発の火力又は危険を放置するのであり、シャクティパット・グルとしての自己の権威の失墜を回避もしくは先延ばしし得る（であろう）シャクティパットの奏効中・発効待ちという外観・事態を実現する為に、死亡することの予見された被治療者を放置させ、他人による有効な治療を受けさせないのである。ここでは、何かを実現しようとする意思という意味における実現意思は、故意の意思的要素としてのそれではなく、前構成要件的レヴェルにおける行為の目的を対象とするものであり、「目的達成意思」と呼ばれるべきものである[15]。

　このようにして見てくると、少なくとも不真正不作為犯においては、故意の意思的要素に割り当てられている機能の内、予見・表象された構成要件的結果及びそれに至る因果経過をそのまま採る・選択する（回避しない・排除しない）という故意「非難」にとって中核的なものも、その故意「非難」の高低・類型的程度を決めることも、実は意思的要素以外のものによって果たされており、意思的要素が故意に必要であるかどうかは疑わしいといわなければならない。あるいは、繰り返しになるが、故意の意思的要素というものがあるとすること自体も疑問であるといい得るであろう。

Ⅳ　故意の「認識的」要素と目的達成意思・実現意思

　故意から意思的要素を除外して構成するべきであるとしても、不動作（不

---

(15)　詳細については、伊東研祐「故意と行為意思の犯罪体系論的内実規定——刑法における主観的ないし行為者的なもの　2——」『川端博先生古稀記念論文集 上巻』（2014年）269頁以下、伊東研祐「前構成要件的目的達成意思ないし行為意思と故意・過失及び責任能力——刑法における主観的ないし行為者的なもの　3——」『浅田和茂先生古稀祝賀論文集 上巻』（2016年）49頁以下等を併せ参照されたい。

作為）が前構成要件的な行為の目的あるいは構成要件的な結果に至る因果経過（因果経緯あるいは因果連鎖）の始点を形成していない、その意味における原因力を有しないということに変わりはなく、そこからは、構成要件的結果を不動作（不作為）に帰属させ、また、その発生について帰責することに対する違和感や論理的疑念が変わらず生じるようにも思われる。この点は如何に考えるべきであろうか。

結論的にいえば、前構成要件的な行為の捉え方に帰着する問題であると思われる。動作（作為）が原因力を有するように見えるのは、行為者の意思に因って身体的動作（因果経過の始点）が創出・設定されるというように時系列的に謂わば停止した状態において行為を捉えるからであり、既に過去から同時並行的に展開してきている（それ故に相対的には停止しているように見えるものも少なくない）膨大な因果連鎖・因果系列の中から行為の目的に（客観的に）志向したものを選択して維持・制御・被覆決定するというように移行する全体内において捉えるならば、不動作（不作為）と基本的に変わるところはない。前構成要件的な行為のレヴェルにおいては、動作も不動作も既存の因果連鎖・因果系列の利用・活用という点において同様であり、その意味においては原因力は無いように思われるが、行為者による行為の目的達成（結果実現）に照らした選択・制御を受けているという意味においては原因力は有るといい得るのである[16]。犯罪論体系的な説明・記述が更に必要であるかもしれないが、結果の行為への客観的帰属（あるいはその前提）は認められるといい得る。

構成要件該当事情の認識あるいは構成要件の客観的要素の予見・表象という故意の「認識的」要素だけから「故意非難」の契機を見出すことへの違和感も、「認識的」要素の捉え方に帰着する問題であるように思われる。即ち、前構成要件的レヴェルにおいて特定の行為の目的を達成しようとする行為者

---

(16) 行為者の「意思の自由」との関連でいえば、可能的な選択肢として与えられている個々の因果連鎖・因果系列の選択時点における方向性（従って、それらの経由点・到達点である目的）はそれぞれ決まっているという意味において基本的には決定されているが、その限度内で特定の因果連鎖・因果系列を選択し組み合わせて特定の（中間）目的を志向し得るという意味においては決定されていない、自由であるといい得る。

は、意識的また無意識的に、経験・学習等により習得された知識や感覚に基づき（あるいは知識や感覚そのものとして）、適切あるいは好ましいと判断される因果連鎖・因果系列を選択し、これらを組み合わせて制御するが、それは、同様の目的を達成しようとする／した行為との関係では、通常、同じ程度に若しくはより効率的・効果的な因果連鎖・因果系列を予見・表象して選択・組み合わせて制御するということを意味する。これを構成要件のレヴェルに引き上げて考えれば、少なくとも予見・表象の可能な構成要件的結果の実現（又は、場合によっては、不実現ないし回避）に同じ程度に若しくはより効率的・効果的な因果連鎖・因果系列を予見・表象して選択・組み合わせて制御するということを意味する。「選択」・「制御」ということが構成要件的結果の行為への客観的帰属にとって有する意義は上述の通りであるが、その対象である因果連鎖・因果系列は反復継続等をも通じて謂わば自律的に結果発生への適合性（効率性ないし危険性）が保たれあるいは高められてきたものであり、「認識的」要素として「非難」の契機をそれ自体において含むと解し得るのである[17]。

V　お わ り に

　不真正不作為犯の故意は、作為犯の故意と異ならない。そこにおいても意思的な要素は要らない、いわゆる実現意思は故意の要素ではない、という点において異なることはない。前構成要件的な行為のレヴェルにおける目的達成意思がその機能を果たしていると捉えるべきであるからである。そのようにしても、非難の契機が失われることもない。本稿において述べてきたことは、故意（論）の一般に関するものに帰着するが、その過程で従来特殊扱いされる傾向のあった不真正不作為犯の構造、即ち、その故意における認識

---

(17)　故意の「認識的」要素のこのような捉え方に対しては、責任能力を構成する事理弁識能力が認められる場合には、即ち、故意の認識的要素の予見・表象に基づいて自己の行為の社会的・法的意味（善悪・法適合性）等が理解されている場合には、行動制御能力に問題があるときにも、謂わば完全な責任非難を認めることになるのではないか、という疑念が提示され得るであろう。問題は、前提にある責任能力論・責任能力構造論にあると考えるが、その点については、別稿に委ねたい。

（予見・表象）の実体を明らかにすることが出来たように思われる。そこから
は、前構成要件的な行為の目的ということをも織り込んだ、作為義務あるい
は作為義務者（保障人的地位）を捉える上での新たな視座が獲得され得るよ
うに思われる。また、逆に、前構成要件的な行為の目的の具体的な内容によ
っては、（実現意思の直接的な対象ではない）中間的な目的としての構成要件
的結果に至る因果経過・因果連鎖の予見・表象を有し得ないことにもなり、
そこでは行動制御能力の新たな捉え方が問題となろう。いずれにせよ、これ
らについては今後の課題とする他ない。

（いとう・けんすけ）

不真正不作為犯における先行行為の意義

岩　間　康　夫

Ⅰ　は じ め に ——日髙教授の先行行為説——
Ⅱ　その後の先行行為説 ——自由主義の援用と排他的支配の併用——
Ⅲ　検　　　討
Ⅳ　お わ り に

Ⅰ　は じ め に ——日髙教授の先行行為説——

　日髙義博教授の著書『不真正不作為犯の理論』が1979年に出版されてか
ら、40年の月日が経とうとしている。日髙教授は同書において、（西）ドイ
ツで構成要件的同価値性の考えを明らかにしたガラスの刑法大委員会第２読
会での立法提案や1962年刑法草案理由書の紹介に基づき、不作為と作為との
等置問題を解決するための基準を提示された[1]。日髙教授は「従来、法的作
為義務と行為の可能性との二つの要件によって、不真正不作為犯の成立範囲
は画されてきたのである。それゆえ、等価値性判断もこの二要件によって行
われてきたのである。しかしながら、これらの要件だけでは、不真正不作為
犯が作為犯とその存在構造を異にするにも拘らず、作為犯と同一の犯罪構成
要件によって処罰されることつまり等置されることの理由が説明できない。
なぜなら、作為義務のある者の不作為も作為義務のない者の不作為もともに
原因力がないことにはかわりがなく、作為義務の存在が原因力を創設するわ

（1）　日髙教授は「理論の中核になっている構成要件的等価値性の理論は20代の半ばに考
えたものだが、当時は、法哲学と刑法の接点を考えていた時期であり、刑法解釈学の客
観性を意識して理論構成したものである。現在でも、その理論的視座は、変わっていな
い」と述懐されている、日髙義博「刑法解釈論と不真正不作為犯」専修ロージャーナル
10号（2014年）７頁以下（７頁）。なお、教授の師である植松正博士は「『同価値』と称
するのは正確でない」として「等価値」の語を用いられ（植松正『再訂刑法概論Ⅰ総論』
〈1974年、勁草書房〉146頁）、日髙教授も「等価値」性と表現されている。

けではないからである」と述べ[2]、いわゆる保障人的義務の成立要件（発生根拠）を中心とした不真正不作為犯論とは袂を分かち、「等置問題が解決されるためには、不真正不作為犯と作為犯とが等価値であると判断されるに際して、両者の間に存する存在構造上の溝が埋められなければならない[3]」とされたのであった。

そして、教授はそのような存在構造上のギャップは、不真正不作為犯における「起因」（法益侵害の直接の原因）と不作為者との関係の所で発生し、不作為に原因力が存しないことにあるとする。「それゆえ、不真正不作為犯がその存在構造上のギャップを乗り越えて、作為犯と構成要件的に等価値であるとされるためには、不作為者が原因を設定したと考えられる場合でなければならない」との帰結が導かれる[4]。そして、そのように言うことができるのは、不作為者が故意・過失により法益侵害に向かう因果の流れを自ら設定した場合のみだとされた[5]。

筆者はかつて、この日高説[6]に対し、先行行為をすべての不作為犯を通じた成立要件とするのには無理が伴わざるをえない、何故なら、そうすれば、法益侵害の危険を有しない行為をも「原因」としなければならなくなろう[7]、また何よりも、不作為に先行する原因設定によって不作為における原因力の欠如が補償されるといった表現は、先行行為と後続の不作為とを混同すると

（2）　日高義博『不真正不作為犯の理論』（1979年、慶應通信）111頁。
（3）　日高・前掲注(2)139頁。
（4）　日高・前掲注(2)153〜4頁。
（5）　日高・前掲注(2)154頁。さらに、同・前掲注(1)18頁、同『刑法総論』（2015年、成文堂）150頁以下も参照。もっとも、原因設定が故意あるいは過失によらねばならない理由がさらに問われるところであるが、教授は最近の判例評釈において、その根拠を「自己責任の原則」に求め、具体的には「構成要件的等価値性の判断にあっては、不作為者が不作為をなす以前に行った先行行為は、不作為者の原因設定を決する要因であり、起因の主体と評しうる実体を形成するものでなければならない。そのため、故意または過失の先行行為に限られる」と説明している、日高義博「〈判例研究〉作為犯か不作為犯か」専修ロージャーナル4号（2009年）149頁以下（158頁以下）。
（6）　後に学界において「先行行為説」などと呼ばれることになる。例えば、佐伯仁志「保障人的地位の発生根拠について」『刑事法学の課題と展望・香川達夫博士古稀祝賀』（1996年、成文堂）95頁以下（99頁以下）、同『刑法総論の考え方・楽しみ方』（2013年、有斐閣）86頁以下参照。

いう根本的な誤謬を犯さない限り、なしえないのではないか、結局、不作為における原因力の欠如は、存在論的には決して埋め合わされない、等の疑義を呈した[8][9]。

　危険な先行行為は、ドイツにおいては保障人的義務の発生根拠として、判例及び通説によって是認されているが、わが国においては、少なくとも単独の発生根拠としては認められていないと言い切ってよい状況にある[10]。しかしながら、他方では、この日髙教授の著書等[11]によって触発された、様々な保障人的義務の発生根拠を統一的に説明しようとする学説の試みの中で、先行行為を１つの要因として取り入れる有力説が現われ[12]、さらには最近、危険創出を作為義務の一元的根拠とする見解も新たに示されている[13]。その意味では、先行行為は考慮に値する義務根拠（の１つ）としてなおも存在意義を有していると言うことが許されるであろう。その背景には、不作為が作為と異なり物理的因果力を有しない点で、たとえ作為と同価値と言えれば同等の処罰を正当化できるとしても、なおそのような同価値評価を憚らせるよう

（７）　例えば、「自己の力によって生命を維持することのできない嬰児に対しては、その者を養育すべき義務を有しかつ養育に関して支配的・独占的地位にある者が授乳しない場合、その不作為は餓死の直接の原因なのである」（日髙・前掲注(2)157頁）という叙述においては、不作為における原因力の欠如という存在構造上のギャップを埋め合わせるための要素が、養育義務者の授乳の不作為という、これまた原因力を有しないまったく価値的な存在と言える所為に求められているが、これは「不作為者が故意・過失により法益侵害に向かう因果の流れを自ら設定した」ことを要求する日髙説の前提とは真っ向から対立する結論である。また、この記述は結局養育義務と「排他的支配」で不真正不作為犯を認めているに等しいのであって、わが国で通常になされている不真正不作為犯論と実質的には同じことであり、むしろ日髙説は何故養育義務と排他的支配で保障人的義務が根拠づけられるのかといった一般に議論されている問題を回避する結果をもたらしてしまっているのではないかという懸念をも抱かせるのである。危険作出への作為義務根拠の一元化に対する同様の危惧として、鎮目征樹「不真正不作為犯における作為義務の『発生根拠』と『具体的内容』」刑ジャ46号（2015年）４頁以下（12頁）参照。

（８）　拙著『製造物責任と不作為犯論』（2010年、成文堂）25頁注(7)（初出、「先行行為に基づく保障人的義務の成立範囲について――（西）ドイツにおける議論を素材に――」犯罪と刑罰４号〈1988年〉86頁注(7)）、拙稿「わが国における構成要件的同価値性論――不真正不作為犯の補足的成立要件に関する一考察――」愛媛法学会雑誌18巻３号（1991年）77頁以下（92頁以下）、拙稿「わが国における保障人的義務発生根拠の一元的説明に関する諸問題――特に『排他的支配』基準について――」大阪学院大学法学研究29巻２号（2003年）１頁以下（３頁）。

（9）　中森喜彦「保障人説──その推移と意義──」現刑4巻9号（2002年）4頁以下（6頁）は日高説に対し、「しかし、事前に先行行為があることによって事後の不作為と作為が存在構造上同じになるというのは論理的でない。また、この見解によれば、先行行為のない場合にはおよそ不真正不作為犯の成立が認められなくなる反面、先行行為が過失であっても、結果発生の認識を生じた後に結果防止行為に出なければ故意の不作為犯が成立することになり、その結論が妥当でないという問題がある」と指摘している（同旨、山口厚『問題探究 刑法総論』〈1998年、有斐閣〉39頁以下）。他にも日高説に対する批判として、例えば西田典之『共犯理論の展開』（2010年、成文堂）160頁以下（175頁以下。初出・同「不作為犯論」芝原邦爾＝堀内捷三＝町野朔＝西田典之編『刑法理論の現代的展開 総論Ⅰ』（1988年、日本評論社）67頁以下〈86頁以下〉）、山口厚『刑法総論［第3版］』（2016年、有斐閣）88頁、佐伯・前掲注(6)『刑法総論の考え方・楽しみ方』86頁以下。

（10）　例えば、西田・前掲注(9)180頁、山口厚「不真正不作為犯に関する覚書」『小林充先生・佐藤文哉先生古稀祝賀刑事裁判論集 上巻』（2006年、判例タイムズ社）22頁以下（34頁）、同・前掲注(9)『刑法総論［第3版］』94頁（この両説の不作為犯構想に影響を与えたと思われるのが、Schünemann, Grund und Grenzen der unechten Unterlassungsdelikte, 1971, S. 229ff. 等において展開されたシューネマンの「結果の原因に対する支配」という保障人的義務の発生根拠に関する統一基準であるが、そこでは、先行行為後の不作為者はそのような支配を手放していることから、保障人にはならないとされたのである、拙著・前掲注(8)37頁注62参照。なお、このシューネマンの不作為犯構想における問題点について、齋藤彰子「不作為の共同正犯（二）・完」法学論叢149巻5号〈2001年〉25頁以下〈32頁以下〉参照）、さらに同様の結論を示すものとして、林幹人『判例刑法』（2011年、東京大学出版会）222頁（もっとも、山口教授はその後、承継的共犯肯定の理由づけをする際に、「犯罪の実行を開始した先行者には、実行行為及びそれによって生じた事態（反抗抑圧状態、畏怖状態、錯誤）という結果原因の支配が認められると解されるから、結果を回避する作為義務が課されることになる」と、前掲文献におけるのとは真っ向から異なる評価〈即ち、「結果原因に対する支配」の肯定〉を示している、山口厚「承継的共犯論の新展開」曹時68巻2号〈2016年〉1頁以下〈18頁〉。さらに、同「過失共同正犯再考」『西田典之先生献呈論文集』〈2017年、有斐閣〉155頁以下〈167頁以下〉では、過失犯における結果回避義務の発生根拠は不作為犯の作為義務の場合と同じく、結果原因の支配であるとした上で、複数行為者「の共同によってこそ結果惹起の危険が創出される場合には、危険源の共同支配を認めることに問題はないであろう」とされている。これらの記述は先行行為単独で作為義務を肯定する趣旨と思われるが、山口教授のこの間における180度の改説〔？〕をどのように理解すればよいのであろうか）。また、最近の最高裁判例においても、「自己の責めに帰すべき事由により患者の生命に具体的な危険を生じさせた」点ばかりでなく、「患者が運び込まれたホテルにおいて、被告人を信奉する患者の親族から、重篤な患者に対する手当てを全面的にゆだねられた立場にあった」ことから不作為による殺人罪における作為義務が認められているのが示唆的である、最（二小）決平成17・7・4刑集59巻6号403頁（シャクティ事件。本決定の評釈として、例えば日高義博「〈判例研究〉不作為による殺人」専修ロージャーナル2号〈2007年〉129頁以下、同・前掲注(5)『刑法総論』157頁以下、林・前掲216頁以下等参照）。

な印象が残るため、もちろん不作為自体には要求できないにせよ、不作為者が先行して法益侵害に至る因果経過を発生させたり、それに寄与したという点を援用することによって、それを薄めたいとの動機が潜んでいるように思われる[14]。

そこで本稿では、このような最近の、先行行為に基づく義務づけに好意的な諸説につき、それに対する批判とも対置させながら概要を紹介し検討することを通じ、（危険な）先行行為により作為義務の多様な事例を統一的に根拠づけることの適否についてあらためて考察し、併せて、発生根拠の1つとしての危険な先行行為に基づく保障人的義務の可能性とその限界についても探ってみたい。

II　その後の先行行為説——自由主義の援用と排他的支配の併用——

日髙教授等によって口火が切られた、わが国における作為義務発生根拠の統一的説明に関する議論において有力になった見解は、いわゆる排他的支配（領域）説である。本稿の主題は危険な先行行為なので、この見解にはあまり深く立ち入るべきではないかもしれないが[15]、いずれにせよこの説が隆盛を極める一方で、先行行為は日髙説以降、言わば日の目を見ない存在であった。ところが、日髙説の登場から20年近く経過した後より、先行行為を作為義務の統一的発生根拠（の一部）として援用する見解が再び見られるようになったのである。

---

(11)　言うまでもなく、その双璧を成すのが、堀内捷三『不作為犯論——作為義務の再構成——』（1978年、青林書院新社）である。

(12)　佐伯・前掲注(6)香川古稀108頁以下及び同・前掲注(6)『刑法総論の考え方・楽しみ方』89頁以下。なお、後者の文献の初出として、同「不作為犯論」法教288号（2004年）54頁以下。

(13)　島田聡一郎「不作為犯」法教263号（2002年）113頁以下（116頁以下）及び小林憲太郎「不作為による関与」判時2249号（2015年）3頁以下（4頁）。

(14)　鎮目・前掲注(7)7頁以下は、排他的支配説についてこのような解釈を示すが、これは先行行為を作為義務の統一的根拠として掲げる見解についても同じく妥当するように思われる。

1 佐 伯 説

まず、佐伯仁志教授の見解から取り上げる。教授は堀内教授の事実上の引き受け説及び西田教授の支配領域性説を検討した上で、保護を引き受けた者にその継続を義務づけるのは不都合であるとの問題意識から、「引受けがある場合に保障人的地位を肯定できる理由は、排他的支配の獲得によって危険を創出したことにある」と主張した[16]。従って、例えば人気のない山道で自動車をハイカーに衝突させて負傷させ、同人を車に乗せて町中の発見されやすい場所に放置した場合、運転者に保障人的地位は認められないことにな

(15) 筆者はかつて、排他的支配基準を批判的に検討しているので、そちらも参照されたい、拙稿・前掲注(8)大阪学院大学法学研究11頁以下、及び特に欠陥製造物の回収義務を巡り、拙著・前掲注(8)114頁以下。

なお最近、排他的支配説への批判に対し、同基準にいう「排他的」とは「言葉のあや」に過ぎないとの説明が現われている（橋爪隆「不真正不作為犯における作為義務」警察学論集69巻2号〈2016年〉105頁以下〈108頁〉）。しかしながら、──これは空虚な形式論なのかもしれないが──ただでさえしかるべき作為犯の規定に成立要件が書かれておらず、罪刑法定主義違反を主張する見解すら存する（日髙・前掲注(2)163頁以下、同・前掲注(5)『刑法総論』150頁及び152頁以下も参照。この点に関するドイツの学説史については、松宮孝明『刑法総論講義［第5版補訂版］』〈2018年、成文堂〉87頁以下参照）不真正不作為犯の基準が「言葉のあや」で立てられてよいというのは、如何なものであろうか。結局、処罰感情を抱かせる事例をしかるべき言葉で適当に形容しておけば十分という不誠実な解釈態度にもなりかねないであろう。例えば、「排他的経済水域（EEZ）」にいう「排他的」は、そのような「言葉のあや」ではなく（そもそも、「排他的」という明確な意味の言葉から、「法益の保護が特定の人に依存しているという関係」〔佐伯・前掲注(6)『刑法総論の考え方・楽しみ方』94頁〕といった意味合いが「あや」として出て来るのか、筆者の感性からは疑問であるが）、「排他的」の日常用語的意味で理解されるべきこと、当然であろう。もし、ここでの「排他的支配」がそれと同義に解されないのであれば（現に山口・前掲注(10)小林・佐藤古稀（上）28頁以下及び島田・前掲注(13)114頁はそのような通常の意味に解した上で、排他性要件への批判を展開している）、そもそもこの用語が失当であったのであり、「言葉のあや」に胡坐をかくのではなく、しかるべき内実に即した表現に改められるべきであろう（因みに、佐伯・前掲注(6)『刑法総論の考え方・楽しみ方』95頁は「排他的支配説が因果経過を完全に支配していることまで要求していた（そのようにうけとめられていた）のだとすれば，改められる必要がある。……排他的支配という言葉よりもより適切な用語があれば変更すべきかもしれないが，適切な用語を思いつかないし，この用語の限定的なニュアンスを捨て去るのももったいないので，当面はこの言葉を用いることにしたい」と述べているが、これは逆に「排他的支配」基準自体に不真正不作為犯の成立を限定する作用がないことを示唆するものとも言えよう。さらに、小林・前掲注(13)9頁も参照）。結局、排他的という、それ自体明確な概念をわざわざ「言葉のあや」によって曖昧不明確にしておき、そこから論者の

Ⅱ　その後の先行行為説 ──自由主義の援用と排他的支配の併用──

る。教授は、排他的支配を要求することにより、不作為者が因果の経過を掌中に収めているという、作為と不作為の存在構造の同価値性の要件が充足され[17]、他方危険創出行為が必要なのは、積極的に法益に危険を与える行為をしなければ処罰されることはない、という「自由主義に基礎を置く刑法の大

望む作為義務存否（主として存在）の結論を恣意的に導出するのが排他的支配説の実体と言ってよい。

しかしながら、この「言葉のあや」という説明は、排他的支配基準における「支配」の意義についてこそ、的確に妥当することを想起させる叙述として、大変有益である。例えば、林・前掲注(10)21頁が、薬害エイズ事件厚生省ルート事件（最（二小）決平成20・3・3刑集62巻4号567頁）における旧厚生省の生物製剤課長「と、非加熱製剤に直接的な支配をしていた医師や製薬会社との間には、法令を背景とした規範的・事実的な支配関係が存在し、いわば間接的に危険源を支配していたということは可能」とする場合、「支配」と大袈裟に言っても、それは所詮言葉のあやなのだからと諭されれば、筆者もなるほどそうかと（気落ちしながら）引き下がるしかない。同説における「支配」の多義的使用に関しては、島田・前掲注(13)115頁以下も参照。因みに、林教授はこの箇所で「排他的」の意味を「救助『しよう』とする者がほかにいないという状況」と説明しており（林・前掲注(10)20頁）、これは「排他的」の日常的意味に忠実な定義と言えるが、そうなると今度は、「排他的支配」とは救助可能性とさほど異ならない概念なのかという疑問が生じる。現に、林幹人「業務上過失致死傷罪の主体」曹時70巻5号（2018年）1頁以下（8頁）は、「排他的支配という基準の核心は、他人が救助しえないというところにある」としている（因みに、Stratenwerth, Strafrecht AT I 3. Aufl., 1981, Rn. 1021は、「独占的地位（Monopolstellung）」が、ある者が救助をなしうる唯一の者であるという偶然の事情において生じる場合、不作為と作為の等置は、最高位の法益が危急時にわずかな努力で救助されるという限界状況においてしか、考慮されえないとしている）。また、ドイツでは、支配という概念からは危険を回避しうる権能しか意図されず、そこからはまだ、支配者がそれを法的に義務づけられることは帰結されないとの根本的批判も有力になされているところである。Vgl. Wohlers/Gaede, in:NK-StGB Bd. 1 5. Aufl., 2017, §13 Rn. 33 mwN.

林教授はさらに最近、「法益侵害を行おうとする直接正犯者がいるからといって、被告人のほかにも救助可能な者はおり、したがって排他的支配がない、などというべきではない。そうだとすれば、その直接正犯が不作為犯の場合も同じである」（林・前掲・曹時70巻5号12頁）、「作為義務を負う他の同時犯は、あてにできないのであり、一人一人について考えれば、お前しかいないということは、なお言えるように思われる」（林・同論文5頁）とまで述べられ、「排他性」要件を事実上放棄するに至っている。

なお、日髙教授は排他的支配説に対し、不真正不作為犯の処罰範囲を客観的基準により限定しようとする理論的方向性は評価しながらも、作為義務の検討によって等置問題は解決しないとの立場から、消極的態度を示しておられる、日髙・前掲注(5)『刑法総論』150頁。

(16)　佐伯・前掲注(6)香川古稀109頁。

(17)　この点につき、西田・前掲注(9)178頁も参照。

原則」からの要請だとした[18]。

2 島田説

　佐伯教授が排他的支配と先行行為の並立により作為義務の成立を根拠づけようとしたのに対し、島田聡一郎教授は、先行行為単独での義務づけ根拠の統一的説明を試みた。島田教授によれば、不作為犯の処罰の方が作為犯の処罰よりも国民の行動の自由への干渉が強いことから[19]、それを正当化するに足る事情が保障人的地位であるところ、そのような国民の自由への干渉を正当化する根拠は、行為者が法益が失われる危険性を何らかの形で高めたことにあるという。自らが危険を作り出した場合には、行動の自由を部分的に犠牲にしても、そのような危険を除去し、法益を保護する義務を負うべきである、と。もっとも、ここでの危険創出は被害者に対する直接的な物理的危険の作出に限られず、役割の引き受けにより、さもなくばありえたかもしれない他からの保護措置がなされないことを通じて危険を高める程度でも十分とされる。但し、島田教授は、そのような危険創出の場合には、自由主義の要請から、当該地位に自らの意思で就くこと、即ち意識的な引き受けが必要だとしている[20][21]。

---

(18)　佐伯・前掲注(6)香川古稀110頁以下。なお、佐伯説については、拙稿・前掲注(8)大阪学院大学法学研究 7 頁以下の紹介も参照。

(19)　井田良「不真正不作為犯」現刑 1 巻 3 号（1999年）87頁以下（89頁）も参照。

(20)　島田・前掲注(13)116頁以下及び同「不作為による共犯について（二・完）」立教法学65号（2004年）218頁以下（227頁以下）。島田教授の所説について、拙稿・前掲注(8)大阪学院大学法学研究15頁以下では、排他的支配説に懐疑的な立場として好意的に紹介した。

(21)　なお、島田説の場合、有力説が要求する排他的支配に関しては、「『排他』、つまり『他を排する』というのは、まさに『単独』正犯か否かの問題」（島田・前掲注(13)115頁）であり、作為義務の根拠にはなりえない。また、排他的支配説に対しては、排他的支配が肯定された場合には、いくら付加的要件が設定されていても、不作為犯の成立が安易に肯定されてしまいかねないとの危惧も表明されている、島田・前掲注(13)119頁。もっとも、島田教授は（次に紹介する小林説も）、排他的支配を不作為単独正犯を認めるための追加的要件として設定していることになるので（島田・前掲注(13)118頁）、結局は、佐伯説同様、実質的には先行行為と排他的支配を作為義務の発生根拠として併用していると見るべきであろう。

Ⅱ　その後の先行行為説 ——自由主義の援用と排他的支配の併用——

3　小　林　説

　小林憲太郎教授は、島田説をさらに徹底させ、危険創出こそが「作為義務の」統一的発生根拠であると考える。小林教授も島田教授と同様、不作為者への義務づけによる自由制限の観点に着目する。即ち、不作為の処罰は個人に対して他者の自由の積極的な拡張を義務づけることに帰し、それは個人がまさに自身の自由を守るためその一部を拠出して国家を形成するという社会契約説のパラダイムを超えた側面を有するという。従って、かかる義務づけが許されるのは、不作為が他者の自由を積極的に縮小するのと価値的に見て同視しうる場合に限られるべきと小林教授は主張する。言い換えれば、当該個人が他者の自由に対して作り出した危険を取り除き、その現実化を阻止することだけが義務づけられうるという。教授は以上の自説を危険創出説と称している[22]。そして、そのような危険創出は、妊婦が独り暮らしの自宅等、他所からの救助チャンスが排除された場所で出産した場合（その後新生児を放置）、隣人の猫に毎日餌をやり続け、それが確立した事態として周囲にも認識されるに至り、他に存在しえた猫の生命保全手段が断たれた場合（その

---

(22)　小林・前掲注(13) 4 頁。但し、自身の生命を犠牲にしたり、保護されるべき利益に比して過大な負担を課すような作為までは義務づけられないとの限定が付されている。また、小林教授は日本刑法学会第94回大会（2016年 5 月21〜22日、於・名古屋大学）の共同研究「『作為義務』の各論的検討」（初日午後）における報告「過失犯における注意義務と『作為義務』」の中で、作為と不作為との不法における同等性を確保するには、先行する作為の因果力を援用でもしないと到底困難である旨述べられた。これは、（他方で先行行為自体に必ずしも法益侵害のさほどの危険性を要求しない点をも含め）日高教授の等価値論と相通じる発想と言えよう。もっとも、小林教授は、当該報告をまとめた論稿（小林憲太郎「過失犯における注意義務と『作為義務』」刑法56巻 2 号〈2017年〉135頁以下）において、「これは不作為の因果力を補うための解釈ではない」とし（同論文143頁以下。そうではなくて、国家が法を定めることにより個人に対して公共的な地位を与え、国家に代わって他者の利益を増進することを義務づけるという真正不作為犯の原理を排除するための解釈なのだという）、そのような因果力補強解釈の例として、日髙・前掲注(2)148頁以下を位置づけ（小林・同論文143頁注(9)）、日髙説との差別化を図っている。他方、日高教授の方も「危険創出・排他的支配説」（＝本章で紹介している新しい先行行為説のこと）に対し、作為義務による構成要件的等価値性の根拠づけは不可能との認識をあらためて示し、故意・過失的先行行為により作為と不作為との因果構造のギャップを乗り越えられる場合に「構成要件等価値性」を認めようとする自説との相違を強調する、日髙・前掲注(5)『刑法総論』150頁及び152頁。

21

後餌やりを放棄）、猛犬等危険源の管理を引き受け（ることにより他の危険防止措置の怠られるチャンスが増加し）た場合等にも認められるという[23]。

また、小林教授も島田教授同様、排他的支配は正犯性を基礎づけるにとどまるとし[24]、他方でひき逃げの事例に関し、排他的支配が認定できなくても、「被害者をひくという明瞭な先行行為＝危険創出さえ行われていれば、創出した危険を除去する、ここでは、被害者を救命する作為義務を基礎づけうるのではなかろうか」とも述べている[25]。

ところが、小林説も結局、先行行為単独による（正犯的）作為義務の根拠づけを断念するに至る。即ち、「危険創出というだけでは、その危険の実現を防止すべき作為義務は基礎づけえても、その違反が当該危険の実現に対し、不作為による（単独）正犯を構成しうることまでは基礎づけえないことに注意を要する。……したがって、それを作為により実現させることが作為正犯を構成しうるような危険の創出のみが、その違反が不作為正犯を構成しうるような作為義務を基礎づけうるのである[26]。」つまり、単独による不作為のケースを念頭に置く限り、可罰性のためには先行行為と排他的支配のいずれも不可欠ということになるわけであるから、島田説同様、小林説も実質的には佐伯説（先行行為・排他的支配並立説）と同じ見解と言えよう[27]。

4　批判的見解

以上の3説（以下では仮に「新先行行為説」と呼ぶことにする）は、先行行為を作為義務の（単独あるいは共同の）発生根拠とする理由として、自由主義からの要請を掲げているが、特に佐伯説に対し、中森教授から、自由主義とは異質のものとして必要とされる年少者、高齢者、病者等の法益保護義務の限界が自由主義によって画されるのは矛盾[28]ないしは的外れ[29]との批判が

---

(23)　小林・前掲注(13)5頁、同「刑法判例と実務――第五回 不作為犯論――」判時2286号（2016年）13頁以下（23頁）。出産事例について同旨、佐伯・前掲注(6)『刑法総論の考え方・楽しみ方』93頁。

(24)　小林・前掲注(13)7頁、同・前掲注(23)18頁。さらに、同「刑法判例と実務――第二一回 間接正犯――判時2337号（2017年）122頁以下（126頁）も参照。

(25)　小林・前掲注(23)23頁。

(26)　小林・前掲注(23)18頁。

Ⅱ　その後の先行行為説 ──自由主義の援用と排他的支配の併用──

なされた。即ち、「自ら危険を創出した者がその危険の除去を要求されることはありうることであるが、後者の必要的前提要件が危険の創出であると考えることは誤っている[30]。」

　また、山口教授は新先行行為説に対し、①作為義務を行動の自由の制約を正当化するための要件として捉えるとしても、それは不作為処罰正当化の一要件に過ぎず、さらに構成要件的同価値性が問題とされなければならない、②危険の解消が要求されるのは、先行行為により結果を惹起したことによる犯罪の成立を回避するために過ぎないのではないか、③自由制約の正当化は危険創出の場合には限られない（例・保護の引き受けの場合。ここでは危険の減少こそあれ、危険の増加は認められない）との疑義を提示し、危険作出のない場合でも（例・保護の引き受け）作為義務は生じうるとの批判を新先行行為説に対して投げ掛けている[31]。

　なお、上述した中森教授による自由主義を巡る批判に対しては、小林教授

───────────────────────────

(27)　しかしながら、もし小林教授（小林・前掲注⑳15頁参照）が、「自由主義というのは、……自己の法領域にとどまっている限りで自由に自己決定が可能である、という点に加えて、その裏面として、自己の法領域から生じた他者への危難は自己の負担で除外しなければならず、また自己の法領域内で生じた不利益は自己の負担で甘受しなければならないという答責性がパッケージになっているものである」（坂下陽輔「正当防衛権の制限に対する批判的考察（四）」法学論叢178巻3号（2015年）25頁以下〈42頁〉参照）という理解に基づいておられるのであれば、不真正不作為（正）犯の可罰性を最終的に排他的支配という別要件に掛からせることなく、先行行為だけで肯定できるのではなかろうか。さもなくば、自由主義の不真正不作為犯根拠づけ原理としての適格性に対する疑義を自認しているようなものである。なお、さらに付け加えるとすれば、上記のような自由主義の理解においても、作為犯の処罰によって「パッケージされた答責性」は十分果たされているのであって（先に本文で紹介した佐伯説による自由主義の理解がまさにそれを示唆している）、それ以上にわざわざ救助を義務づけるべしという考え方は、もはや自由主義の範疇を超えるものであり、「不自由主義」とでも呼ぶしかないであろう。

(28)　中森・前掲注⑼6頁。

(29)　中森喜彦「〈判批〉「不作為による共同正犯──2つの高裁判決──」近畿大学法科大学院論集7号（2011年）126頁以下（128頁）。

(30)　中森・前掲注⑳128〜9頁。佐伯教授はこれを受けて、同・前掲注⑹『刑法総論の考え方・楽しみ方』90頁において、危険創出の要件を自由主義の観点からの外在的制約とするよりも、むしろ排他的支配同様、作為との同価値性を担保するための要件として一元的に説明した方がよかったとされている。その他の点も含め、佐伯・同書92頁以下も参照。

が、弱者の存在から導かれるのは「弱者がいたら手を差しのべる態勢」を国家が構築すべきことにとどまり、作為義務を課すことではないとの反論を行なっているが[32]、それでは他方で、果たして先行行為者に対し自由主義を理由に作為義務を課すことが国家の任務と言えるのか、以下で拙い考察を試みる。

Ⅲ　検　討

前章で取り上げた佐伯、島田、小林3教授の新先行行為説[33]においては、いずれも先行行為（危険創出）に、従来さまざまな発生根拠から義務づけがなされた事例を統一的に説明する道具として重要な役割が与えられていた。もっとも、そこにいう先行行為（危険創出）は、ドイツにおいて「危険な先行行為に基づく保障人的義務」で一致した要件とされる、作出された危険の近接性（相当性）を満たさない程度のものでもよいと解されている（例えば、保護の引き受けにより他者からの救助可能性が排除されるだけでも立派な危険創出だと）。しかし、この程度では法益侵害に対してかなり間接的な危険に過ぎず[34]、その排除を刑罰威嚇により義務づけるに足るものなのか、疑問に感

---

(31)　山口厚『新判例から見た刑法［第3版］』（2015年・有斐閣）42頁、同・前掲注⑽小林・佐藤古稀（上）25頁以下。山口教授による最後の指摘にいう「保護の引き受け」について、新先行行為説の論者は、むしろ危険増加を認めているが（例えば、島田・前掲注⒀117頁、小林・前掲注⒀5頁、同・前掲注㉓23頁）、山口教授の理解の方が正しいであろう。

(32)　小林・前掲注⒀13頁注(6)。また、「国家ないし共同体がある制度を設営していることそれ自体は、個々人に対し平等な公共的便益の享受を保障することを超えて、他者の自由を積極的に拡張すべく義務づけることの根拠とはなりえない」（小林・前掲注⒀4頁）。

(33)　先に述べた通り、日高教授は本説を、その内容に即して「危険創出・排他的支配説」と名付けておられるが（日高・前掲注(5)『刑法総論』150頁）、実はこの適切な呼称の中に、本説の問題点（後述）が暗示されているのである。

(34)　仮に新先行行為説が、保護の引き受けによって現に具体的な他者がそれまでしてきた当該法益の維持に向けての活動を断念したことの証明を裁判で行なうところまで要求するわけではないとすれば（もし要求した場合、実際の事件でその点の証明にはかなりの困難を伴うであろう）、そこで要求される先行行為（危険創出）とは、極めて抽象的な危険の作出にとどまることになる。

Ⅲ　検　　討

じられる（そこまで義務づけるのは、国家による「先行行為」者の自由への過度の干渉であろう）。たしかに、他者からの保護が手控えられるといった事情を引き受け者の作為義務の理由として掲げることは決して不当ではないが[35]、それを危険作出によって表現するのには無理があるように思われる[36]。また、佐伯説・小林説では、妊婦が出産する場所により、新生児の生命を保護すべき作為義務の成否が決まるともされているが、元々養育するつもりのない子を人的・物的体制の整った病院で出産し、その後姿をくらましたら新生児の

---

(35)　ドイツでは事実的引き受けに基づく保障人的義務の根拠づけに関し、それにより作出された信頼を援用する伝統的立場の一方で（最近でも、Stratenwerth/Kuhlen, Strafrecht AT 6. Aufl., 2011, §13 Rn. 22ff. は、この発生根拠をなおも「契約」の表題の下で説明しつつ、義務者が信頼地位を現実に引き受けていることを要求しながら、「他方で、保障人的義務は、しかるべき任務の（契約による）引き受け自体が、例えば今や他の保護措置がなされないことにより危険を作出したことには依存しない」と断言する、a. a. O., Rn. 25. 同旨、Baumann/Weber, Strafrecht AT 9. Aufl., 1985, S. 247. このような、引き受け者に対する信頼（ないしは信頼関係、依存関係等）を保障人的義務の根拠として掲げる者として、他にも例えば、Brammsen, Die Entstehungsvoraussetzungen der Garantenpflichten, 1986, S. 184ff.；Joecks, StGB 12. Aufl., 2018, §13 Rn. 38ff.；Murmann, Grundkurs Strafrecht 4. Aufl., 2017, §29 Rn. 49;Heinrich, Strafrecht AT 5. Aufl., 2016, Rn. 940)、古くから、それによる派生的効果（法益主体が保護を信頼して敢えて危険に臨んだり、他者が救助を差し控える等）を要求し、危険な先行行為に基づく作為義務と類似した説明方法により根拠づけようとする見解も有力に存在していた（例えば、Welzel, Das deutsche Strafrecht 11. Aufl., 1969, S. 215;Stree, Garantenstellung kraft Übernahme, in:FS-H. Mayer, 1966, 145, S. 155ff.；Blei, Garantenpflichtbegründung beim unechten Unterlassen, in:FS-H. Mayer, 119, S. 134f.；Ulmer, Die deliktische Haftung aus der Übernahme von Handlungspflichten Zugleich ein Beitrag zum Verhältnis von Vertragsverletzung und unerlaubter Handlung, JZ 1969, 163, S. 169;Schünemann, a. a. O. (Fn. 10), S. 349;Jescheck, in:LK-StGB 11. Aufl., 1993, §13 Rn. 27;Jescheck/Weigend, Lehrbuch des Strafrecht AT 5. Aufl., 1996, S. 623；Jakobs, Strafrecht AT 2. Aufl., 1991, 29/46〈答責の根拠はいずれも同じく、自己の組織領域の構成とする〉)。そこでは、引き受けという「先行行為」により当該法益の主体が法益にとって危険な行為に敢えて出たり、他の保護・監視義務者を含む他者からの救助の用意が放棄されることに着目がなされる。しかしながら、上述したように、そのような事象経過は具体的事案を離れた抽象的な一般論ないしは擬制にとどまっており、引き受け者に作為義務を課すには、現実に法益主体による危険行為の存在や他に保護の用意ある者がいたが、彼がそれを断念したといった事実がさらに存在しなければならないことになる。しかも、仮にそのような事情があったとしても、保護の引き受けが、先行行為に基づく保障人的義務において異論なく要求されている、作出された危険の近接性（相当性）という要件（これについては、拙稿「共犯的先行行為に基づく保障人的義務について」『川端博先生古

生命・身体に関する保障人的義務を免れるという結論も筆者には首肯し難い[37]。そもそも、新生児の生命・身体に対する危険にとって根本的なのは、その生活機能が未熟であり、自ら単独では栄養摂取等の生命維持作用を果たすことができないこと（脆弱性）であって、新生児が医療体制の整った病院で誕生しようと、妊婦が一人で暮らす人里離れた一軒家で出生しようと、この点に何ら変わりはない。

　さらに、例えば佐伯教授が「排他的支配の獲得によって危険を創出した」ことを作為義務の根拠とされたにもかかわらず、その創出された法益侵害の危険は高度で具体的なものと言えなくてもよいとする場合[38]、結局、排他的支配だけで各種作為義務の根拠を説明できてしまうようのではなかろうか。佐伯説においては、上述の通り、交通事故の被害者を町中の発見されやすい場所に放置すれば作為義務は発生せず、他方で「他の者の援助を得られない

稀記念論文集　上巻』〈2014年、成文堂〉603頁以下〈615頁以下でドイツの判例を巡り〉も参照）を充足しているのか、疑問なしとしない。この点に関し、例えばNomos Kommentar（Wohlers/Gaede）は、事実的引き受けの項の表題を「防御の用意を剥奪する先行行為（『事実的引き受け』）」としているが（Wohlers/Gaede, in:NK-StGB Bd. 15. Aufl., 2017, §13 Rn. 38）、この保障人的義務が契約の民法上の有効・無効に依存しないことの説明において、「むしろ決定的なのは、当該態度が例えばベビーシッターの出現により、危険回避への正当な信頼を発生させ、実際にしかるべき信頼が存在していたことである」とも述べており、危険作出よりもむしろ保護の信頼に重点を置いているように窺われるのが、示唆に富む。同様に、引き受け行為による派生的作用をも掲げつつ、それを危険作出行為として捉えるのではなく、信頼状態の作出過程として説明する者として例えば、Lackner/Kühl, StGB 29. Aufl., 2018 §13 Rn. 9.

(36)　逆にドイツでは、本来の危険な先行行為による義務づけ作用を、そのような危険作出により、被害者の無抵抗状態を利用して他者がさらに法益侵害を加える危険に求めるOtto, Garantenstellung aufgrund der Beteiligung an vorausgegangenen Misshandlungen oder sonstigen Gewalttätigkeiten, in:FS-Geppert, 2011, 441, S. 457ff. のような見解も近時現われているが（簡単な批判として、拙稿・前掲注(35)626頁も参照）、特に支持者を得ている様子は窺われない。

(37)　もちろん、そのような状況であれば、（不真正不作為犯の実行の着手に関する見解次第であるが）未遂の段階にも達していないと言うことができるかもしれないし、極端な場合には不能犯の余地もないではない。しかし、それと作為義務の存否とは別問題である。なお、佐伯教授は当初の、妊娠や出産を子供に対する危険創出と見ることはできないとの見解（佐伯・前掲注(6)香川古稀114頁）から、他の者の援助を得られない自宅でこっそり出産する場合には危険創出を認めうると改められたが（佐伯・前掲注(6)『刑法総論の考え方・楽しみ方』93頁）、筆者には前者の方が正しかったように思われる。

Ⅲ　検　　討

自宅でこっそり出産するということを、生まれてきた赤ん坊に対する危険創出と考えて、保障人的地位を肯定することが可能[39]」ともされているが[40]、これらも結局排他的支配の有無の問題と考えれば十分なのであって、わざわざ（微少な）危険作出を強調するまでもない。保護の事実的引き受けを危険増加により説明する島田説・小林説についてもしかりである。このように考えれば、新先行行為説は結局、排他的支配説に還元できるのであり（先行行為とは排他的支配の設定を意味するにとどまる）、他方、法益侵害とはかなりかけ離れた危険性の作出をも作為義務の根拠にするという点では、日高教授による元祖先行行為説と同じであり、ただ、日髙説のような、作為と不作為との存在構造上のギャップを埋め合わせるという問題意識を前面に出していない点で異なるに過ぎない[41]。

　それに対し、小林説は他方で（本来の）高度に危険な先行行為単独による

即ち、どのような状況においても分娩自体は新生児の生命への危険にとって中立的な事象であり（この世に出て来れば、身近な者による児童虐待は頻繁にあり、学校でいじめに遭うこともあろう。戸外に出れば交通事故や公園の遊具による事故の危険も無視できないし、はしかやインフルエンザウィルス等の感染も懸念される。従って、新先行行為説はその論調からすれば、凡そそのような現世に産み出すことを子供に対する危険創出とせざるをえなくなるだろう。そこまで極論しないにせよ、母親をはじめとする他者による養育がなければ自活できない新生児を母体外に排出する「行為」は、それが産院で行なわれようと一人暮らしの人里離れた一軒家で行なわれようと、既に新生児に対する危険の創出だと見ることも可能である。しかし、そこまで行き着けば、「先行行為」自体に作為義務の発生根拠としての実質的意義は存しないことが明らかになろう）、その後の不保護がいかなる状況においてなされるのかについて相違が存するに過ぎないのではなかろうか。また、分娩場所を適宜変更するという態度は行為と言えようが（例・いよいよ分娩という段階に至り、妊婦が電車の接近しつつある鉄道の線路内に立ち入って出産する。これであれば、先行行為の具体的危険も肯定できよう）、その結果出生地がどこになろうと、そもそも出産という現象を（妊婦が意図的にいきみ、帝王切開等、人工的な医療措置が施されるのが異例のことではないとしても）先行「行為」と評価していいのかという疑問もある。

(38)　上述の通り、島田説も後者の点については実質的に同旨と言える。

(39)　佐伯・前掲注(6)『刑法総論の考え方・楽しみ方』93頁。

(40)　小林説も同様であることについて、小林・前掲注(23)を再度参照。

(41)　注(30)で述べた通り、佐伯教授は後に、自由主義の観点による作為義務の外在的制約としてではなく、排他的支配と並ぶ、作為と不作為の同価値性を担保するための要件として先行行為を組み入れるに至っており（佐伯・前掲注(6)『刑法総論の考え方・楽しみ方』90頁）、日髙説への回帰度を若干増していると言えようか。

不真正不作為犯における先行行為の意義（岩間 康夫）

作為義務の根拠づけにも積極的ではあるが、しかし、それだけで不真正不作為犯としての可罰性が肯定されるのではなく、正犯性要件として排他的支配が要求されているので、結局上述した、間接的危険しかもたらさない先行行為と排他的支配との同義性とも相俟って、そこで掲げられる先行行為自体に不真正不作為犯の可罰性を積極的に根拠づける作用はさほどないと言わざるをえない。あたかも、欠陥製造物回収義務を製造・販売者による保護の引き受けの擬制によって根拠づけようとする見解⑷と同様、新先行行為説は危険な先行行為としての適格性に疑問のある、法益侵害と条件関係程度しか存しない行為と本来の危険な先行行為とを一緒くたにして⑷、（先行行為に基づく）作為義務の根拠づけにすり替えようとしているのではなかろうか（その点は上述した日高教授の元祖先行行為説への疑問と同じである）。先行行為を作為義務の発生根拠として援用する場合、それは法益侵害の相当程度の危険をはらむものでなければ意味がない。それに達していない行為を作為義務の根拠と見うる場合、そこには危険な先行行為とは別個の原理が働いているのであり、その内実を看過したまま「薄っぺらな」先行行為で多種多様な作為義務の発生根拠を一括しようとするのでは、不真正不作為犯論の発展にとって有害無益と言う他ない。

　即ち、新先行行為説は先行行為を作為義務の実質的根拠というよりも、むしろさらに自由主義をも援用して義務づけの結果を正当化するための名目として活用したものと見るべきであろう。しかしながら、自由主義の援用にも疑問がある。例えば、そばに救助してくれる者のいない状況で出産がなされたという、同説が母親に新生児の保護を刑法上義務づける場合を自由主義的に眺めてみれば、妊婦がどのような場所で出産するのかという点は（それがたとえ新生児の生育にとって危険な場所であろうと）、凡そ出産する・しないの決断同様、当然彼女の自己決定権の行使であって、法が介入すべき事項ではない。そして、出産後の事象については、乳児は自活できないため勝手に衰弱し死に至る存在であり⑷、たとえ母親が出産直後は新生児の世話を若干し

---

(42)　拙著・前掲注(8)106頁以下及び118頁以下参照。
(43)　この点につき、鎮目・前掲注(7)12頁以下を再度参照。

28

ていたとしても、それは彼女の特別の厚意により新生児の衰弱を食い止めて
あげただけのことで、仮にその後母親が姿をくらまして育児を放棄しても、
特にその子の生死や生き様に介入したわけではない。新生児は母親の「蒸
発」により乳児本来のあるべき姿に戻ったに過ぎず、彼女が法的に非難さ
れるいわれはない、ということになろう[45]。それでもこの母親に乳児の生命・
身体の保護を義務づけようとするのであれば（筆者もそうあるべきだと考える
が）、それは連帯・相互扶助の思想ないしは条理によるものと言うしかなか
ろう[46]。当該個人が他者の自由に対して作り出した危険を取り除かなかった
ことは、危険作出に関する作為犯による処罰（少なくともそれが可能な場合に
は）の際、危険作出行為に含めて評価されることにより既に禊ぎが済んでお
り、それ以上に行為者に危険除去を義務づけるのは、自由主義の観点から
は、逆に先行行為者の行動の自由に対する国家による過度の干渉と言えよ
う。先行行為者による危険除去の義務づけ自体まで否定すべきかどうかはさ

---

(44) そのような状態を母親が「支配」していると解するシューネマン説（Schünemann, a.
a. O.（Fn. 10）, S. 341ff.）は、支配者を母親等に特定する以上、支配概念を既に規範化し
てしまっている（シューネマン説における事実的支配と法的支配の混同を指摘する者と
して、例えば Otto, Die Haftung für kriminelle Handlungen in Unternehmen, Jura 1998,
409, S. 413）。この点（存在論的手法と規範的手法との自己矛盾）に対し最近ドイツの文
献で見られる批判として、Hoven, Ingerenz und umgekehrter Erlaubnistatbestandsirrtum,
GA 2016, 16, S. 24f. また、被害者の脆弱性を結果の原因と見る点を巡る疑義として、齋
藤・前掲注[10]も再度参照。因みに、近時のドイツでは、母親が出産後新生児に初めて授
乳するまでは、自己の意思の道具たる自然法則的作用力に対する支配は確立されていな
いとして、単に出産しただけの母親に不真正不作為犯の成立を否定する見解も主張され
ているが（Berster, Das unechte Unterlassungsdelikt Der gordische Knoten des Allgemeinen
Teils, 2014, S. 63f. そこでは、最初の授乳の中に支配意思の表明が見られるという。こ
のような結論に至るのは、新生児の身体内在的事象が自己の身体挙動の場合と異なり、
不作為者の身体外のそれであるからだとされる）、シューネマン説の出発点からすれば、
むしろこの種の結論にこそ到達すべきであろう（もちろん、その結論自体が妥当である
という趣旨ではない）。以上のようなシューネマン構想における矛盾は、同説を参考に
したと見られるわが国の有力諸家による排他的支配説等にもそのまま無批判に（あるい
はその自覚すらなく）受け継がれているようである。

(45) 佐伯・前掲注(6)『刑法総論の考え方・楽しみ方』88頁が、一人暮らしの老人が健康
を害して餓死しそうになっている場合に、隣人がかわいそうに思って何度か食事を運ん
だが、その後それをやめたという事例に関し、隣人の作為義務を否定しているのと同じ
趣旨である。佐伯・前掲注(6)香川古稀103頁以下も参照。

(46) 自由主義と連帯原理との関係については、坂下・前掲注[27]35〜6頁も参照。

ておき（但し、仮に肯認するとしても、その成立範囲は、この義務づけ根拠に対する、過失犯を故意犯に、あるいは共犯を正犯に転化するものだという疑義に鑑み、大幅に縮減されざるをえないであろう[47]）、そのための理由づけに自由主義を援用するのは適切ではないと考える次第である。

Ⅳ　お わ り に

　かつて井田教授が作為義務根拠の統一的説明に関し、次のように言われた。「多元説のように、考慮されるべき雑多な要素をばらばらに示すのではなく、保証者的地位の実質的な原理を見出すことができれば、不真正不作為犯の構成要件該当性の判断のためのかなり明確な指針を得ることができるであろう[48]」、と。また、林幹人教授によれば、「このような一元的・統一的な理論構成へ向けての努力を放棄するならば，作為義務についての判断は恣意的なものとなり，結果として，刑事司法に不公平を生み出す恐れがある」[49]。しかしながら、統一基準の析出可能性は決して高くはなく、むしろ最大公約数を求めるあまり、そのような統一基準が――排他的支配なり、本稿で取り上げた、さほど危険でもない先行行為のように――無内容なものにとどまることによって、作為義務根拠の多種多様性という現実から目を背けさせ、ひいては処罰感情に流されたその場限りの作為義務肯定を促進する危険も自覚されるべきである[50]。

　それ故結局は、当罰性に関して大方の合意が得られている作為義務の発生根拠毎に、法益保護を義務づける作用を解明し、せいぜいそれらの共通項を

---

(47)　従って、例えば単なる先行行為者が過失により発生させた死の危険を、その結果を認容しながら放置したとしても、彼に不作為による殺人罪（さらには保護責任者遺棄致死罪）が成立することはなく（「事後の故意」の否定。不作為時に過失が認定できる限りで、先行行為同様過失致死罪等が成立するにとどまる）、先行行為が共犯の形態で行なわれた場合、それに基づく保障人的義務に違反した不作為者には、少なくとも共犯に対する刑を超える処断がなされてはならない。また、先行行為自体に関する罪責との罪数処理（即ち、併合罪ではなくて包括一罪）により、不真正不作為犯の成立が事実上さらに限定されるべきであろう。

(48)　井田・前掲注(19)93頁。

(49)　林・前掲注(15)9頁。

IV おわりに

作為義務の（その存在を一応推測させる原則的な）統一根拠として掲げる程度
に甘んじるしかないと思われる。もっともその際、（危険な）先行行為がそ
のような一元的根拠の地位に就くことはない[51]。

（いわま・やすお）

---

(50) 他方で、その種の統一基準には支配とか先行行為、そして保護の引き受けといった、
事実的雰囲気を醸し出す用語が登場することが常であるが、例えば親族間の保障人的義
務のように、規範的考察を抜きにして義務づけ作用を説明できない発生根拠をあたかも
事実的に説明できたかのような誤解を与えかねない。また、出産という事象を危険な先
行「行為」によって説明することにも困難が伴う。結局、「事実的事情のみによって不
真正不作為犯の成立限界を画するのは無理だと言わなければなら」(中森・前掲注(9) 7頁)
ず、たとえ「事実上の保護状態がない場合でも、社会が『当然行われるべきもの』と正
当に期待する場合には、それは直ちに作為義務発生根拠から排除されることにはならな
い。」(山口・前掲注(9)『問題探究 刑法総論』43頁)
(51) 即ち、「先行行為、危険創出行為がおよそなくても作為義務を認めることはできる」
(林・前掲注(10)223頁)。

不作為未遂犯の可罰性

森　住　信　人

Ⅰ　問題の所在
Ⅱ　真正不作為犯の未遂の成否
Ⅲ　不真正不作為犯の実行の着手
Ⅳ　不作為未遂犯の可罰性
Ⅴ　結　　語

Ⅰ　問題の所在

1　不作為犯の未遂をめぐる問題状況

　未遂の処罰規定は、規定上、作為犯にも不作為犯に共通して適用されうる。作為犯の未遂についてはこれまで様々な角度から多くの議論がされてきた。一方、不作為犯の未遂については、不作為犯の議論が錯綜していることと関連すると思われるが、理論的に十分な検討がなされているとはいえないように思われる。不作為犯の議論は、真正不作為犯と不真正不作為犯とで区別されていることから、不作為犯の未遂についてもこの区別にしたがって個々に検討すべきであろうが、本稿は、この両者を一括して不作為未遂犯として捉え、作為犯の未遂に関する理論と整合性を図りながら、その可罰性を検討することにしたい。不作為犯の未遂は、ありうるのか、成立する場合にはその実行の着手はいつ認められるのであろうか。不作為犯の未遂の成否については、これまで真正不作為犯と不真正不作為犯とで区別されて議論されてきた。不真正不作為犯の未遂については、それを肯定するのが一般的な見解であるとされる。しかしながら、不作為犯の実行の着手時期やその論拠については、わが国では十分な議論がなされてこなかったとの指摘がなされる[1]。その理由として、現在では実行の着手論において実質的客観説が多数の支持を得たことが理由として挙げられている[2]。しかし、不真正不作為犯の

未遂についても、作為犯の未遂と同様に処罰根拠論との関係や実行の着手時期などについて理論的な考察がなされるべきであろう。

　他方、真正不作為犯の未遂については、その成立の賛否をめぐって争いがある。理論的に真正不作為犯の未遂を否定するべきか、あるいは真正不作為犯の未遂を肯定すべきかについて争われてきた。しかも、理論的に真正不作為犯の未遂が成立するかどうかとは別に、当然ではあるが、個別の構成要件について不作為犯の未遂の成否が検討されてもいる。真正不作為犯である限り未遂が否定されるとするのであれば、各論的考察は不要になる。この主張に根拠がなく、真正不作為犯といえども理論的には未遂が成立しうるのであれば、その上で個別の構成要件ごとに未遂の成否について考察することが必要になる。真正不作為犯に未遂の成立が認められるのであれば、不真正不作為犯の未遂と同様に実行の着手時期などについての考察が必要となる。

　本稿の目的は、真正および不真正不作為犯の未遂の成否について検討し、不作為犯の未遂が成立しうるのであれば、その実行の着手時期を明確にするべく、判断基準を考察することにある[3]。

　考察の手順として、まずは、真正不作為犯の未遂の成否について検討する。次に、不真正不作為犯の実行の着手について検討する。

2　日髙論文との関わり

　日髙義博教授の代表的な研究テーマの一つは、周知のように不真正不作為犯論である。その著書『不真正不作為犯の理論』においても、判例検討として不真正不作為犯の未遂について言及されておられる[4]が、そこではもっぱ

（1）　不作為犯の未遂についての議論が十分になされてこなかった点について、加藤俊幸「不真正不作為犯の未遂について」関西大学法学論集第32巻1号146頁、鈴木彰雄「不真正不作為犯の未遂」中央大学大学院年報第14号Ⅰ－2（1984年）25頁において指摘されている。
（2）　塩見淳「不作為犯の着手時期」町野朔先生古稀記念『刑事法・医事法の新たな展開　上巻』（2014年、信山社）211頁。
（3）　不作為形式の犯罪が真正不作為犯と不真正不作為犯との2類型だけしか考えられないとは限らないが、さしあたって本稿ではこの2類型を考察の対象とする。
（4）　日髙義博『不真正不作為犯の理論［第2版］』（1983年、慶應通信）91頁以下（判例13、判例18および判例20）。

ら不真正不作為犯の未遂が認められる根拠について検討がなされた。日髙先生は、近年、殺人未遂罪を認めた佐賀地裁平成19年2月23判決[5]があったことから、その判例評釈[6]を書かれている。そこでは、作為犯と不作為犯との区別という視点とともに、不真正不作為犯の未遂の成立について、不作為の実行行為の実体、法的作為義務や故意との関係を考察して、不真正不作為犯の未遂について具体的に検討を加えられている。

　私の研究テーマは未遂犯論であり、不作為犯の未遂は、日髙先生の研究テーマである不作為犯論との交錯領域になることから、本論稿を日髙先生に捧げられればと考えた次第である。

Ⅱ　真正不作為犯の未遂の成否

1　考察の視点

　真正不作為犯の場合、未遂処罰規定が存在しなければ、理論的な問題についての興味をおけば、実際的には議論する意味がない。また、未遂処罰規定があるからといって、必ずしも処罰されるべきと考えるべきかは、当該犯罪の既遂犯と未遂犯との関係・成立をどのように考えるかによって異なりうる。この意味において、真正不作為犯の未遂の成否については、理論的に真正不作為犯の未遂犯の成否が認められるかという点と、個々の構成要件ごとに未遂犯の成立がありうるかは分けて検討するべきである。

2　真正不作為犯の未遂の成否

　まず、理論的に真正不作為犯の未遂の成立が認められるかについて検討しよう。わが国における未遂犯論は、かつては客観主義刑法理論と主観主義刑法理論との論争テーマの一つとして議論された。しかし、真正不作為犯の未遂において、この対立軸が維持されているかどうかは必ずしも明らかとはいえない。かつて主観主義刑法理論の代表的主張者であった牧野博士や宮本博

（5）　佐賀地裁平成19年2月23判決・LEX/DB 28135252。
（6）　日髙義博「作為犯か不作為犯か」専修大学ロージャーナル4号（2009年）155頁。

士は真正不作為犯の未遂を肯定した[7]。これに対し、客観主義刑法理論の代表的論者である大場博士は否定説である[8]。

牧野博士によると、「不作爲も亦行爲の一の態樣であるから、行爲發展の過程に付て、一般に豫備、著手、實行の段階を考へ得ることは、不作爲にも當然適用される」として、それは「純正不作爲犯と不純正不作爲犯との間に區別はない」と主張された[9]。その上で、真正不作為犯の実行行為の開始について「不作爲自體に因つて不作爲犯を開始する場合があり得る」とし、「一般の經驗上適當とさる可き時期に其の履行に取り掛らねばならぬ場合に於て、其の作爲を爲さざるときは、其の履行が成立す可き時期を俟たずして、不作爲犯の實行の開始があつたと謂はねばならぬ」[10]とする。

宮本博士は、徵兵檢査を例として、「遠隔ノ地ノ徵兵署ニ出頭シ身體檢査ヲ受クヘキ場合ニ、故意ニ通常出發ノ準備ヲ爲スヘキ時期ニ何等ノ準備ヲ爲ササルトキハ、兵役法違反ノ著手ニシテ、其後危ク最終列車ニ間ニ合フ最後ノ瞬間ニ俄ニ家人ニ強制セラレテ出發シ結局檢査ヲ了スルニ至リタルトキハ著手未遂ナリ。又右ノ最後ノ瞬間ヲ徒過シタルトキハ、既ニ實行ヲ終リタルモノニシテ、唯出頭ノ時刻ノ到來ニ因ル既遂類型ノ充實ヲ待ツ狀態ナルモ、其以前ニ若シ天災ニ因リテ身體檢査ノ施行カ一般ニ不能トナリタルトキハ、實行未遂ナリ」として、真正不作為犯の場合にも実行の着手時期と終了時期を観念することができ、したがってその未遂が肯定されるとする[11]。

（7）　牧野英一「不作為行為と未遂罪」『刑法研究　第2巻』（1921年、有斐閣）107頁以下、宮本英脩『刑法学粋』（1931年、弘文堂書房）370～371頁、同『刑法大綱［第6版］』（1936年、弘文堂書房）181頁。
（8）　大場茂馬『刑法総論　下巻』（1918年、中央大学）798頁。
（9）　牧野・前掲註(7)「不作為行為と未遂罪」107頁。
（10）　牧野・前掲註(7)「不作為行為と未遂罪」121頁。
（11）　宮本・前掲註(7)『刑法学粋』370頁以下、371頁註1）。木村博士もまた「作為義務が成立してもその義務を遂行するに必要な時間中はまだ既遂とはならないと考えねばならない。したがって、着手と既遂との間には実行行為の継続があるから未遂もまた可能である。」とする（木村亀二『全訂　新刑法読本』〈1967年、法文社〉248頁）。同様に、佐伯千尋『刑法講義〔総論〕［改訂版］』（1974年）308頁、野村稔『未遂犯の研究』（1984年、成文堂）107頁以下、黒木忍『実行の着手』（1998年、信山社）207頁、堀内捷三『刑法総論［第2版］』（2004年、有斐閣）233～234頁、川端博『刑法総論講義［第3版］』（2013年、成文堂）489頁。

大場博士の見解は、「不作爲犯ノ中純正不作爲犯ハ形式犯ニシテ結果ノ發生ヲ以テ其要件ト爲スモノニ非サレハ終了未遂ノ觀念ヲ容ルヘキ餘地ナシ。又此罪ノ成否ハ單ニ不作爲ナル行爲ノ有無ニ依リ分ルヽモノナレハ未了未遂ノ觀念モ亦之ヲ容ルヘキ餘地ナキモノトス。例ヘハ老者、幼者等ヲ保護スヘキ責任アル者カ相當時期ニ其生存ニ必要ナル保護ヲ爲サヽリシトキハ之ニ依リ刑法第二百十八條ノ罪ヲ構成スヘク之ニ反シテ相當時期ニ之ヲ爲シタルトキハ此罪成立セス。」として、真正不作為犯の未遂を否定する[12]。この考え方は、真正不作為犯が形式犯・挙動犯であることを理由に未遂の成立余地を否定する[13]ものといえる。

　この論争の中心にあるのは、真正不作為犯がすなわち形式犯・挙動犯[14]であるかどうかにあるといえよう[15]。

3　不退去罪の未遂の成否

　そこで、わが国の刑法における真正不作為犯の未遂の成否について検討する。真正不作為犯の未遂として、わが国の刑法には、住居侵入罪および不退去罪（130条）に未遂処罰規定（132条）がある。その規定は単に「130条の未遂は罰する」とあることから、文言からは不退去罪の未遂も処罰されるようにも読める。しかし、不退去罪の未遂については、これを否定するのが通説

---

(12)　大場・前掲註(8)『刑法総論 下巻』798頁。

(13)　泉二新熊『日本刑法総論 上巻』（1939年、有斐閣）552頁、香川達夫『刑法講義〔総論〕〔第3版〕』（1995年、成文堂）302～303頁、日髙義博『刑法総論』（2015年、成文堂）403～404頁。

(14)　ただし「真正不作為犯」の定義に争いがあった点を看過してはならない。現在、真正不作為犯の定義は一般的に「不作為形式で規定される構成要件」とされるが、真正不作為犯と不真正不作為犯との区別を形式犯と結果犯との区別に対応させて理解する見解がある。つまり、真正不作為犯は形式犯の不作為犯を意味し、不真正不作為犯は結果犯の不作為犯を意味する。この場合、真正不作為犯の未遂が否定されるのは当然ということになる（団藤重光『刑法綱要総論〔第3版〕』（1990年、創文社）144頁註(2)(4)、357頁）。

(15)　牧野博士は、「不作爲犯に未遂ありといふことは、不作爲には如何なる場合に於ても未遂犯が成立するといふことを意味するのではない。場合に依りては著手點と實行の終了點とが一點に歸着し、未遂を考ふること出來ない場合がある。」として、不作為犯の個別の構成要件ごとに未遂犯が成立しうるかを検討する必要があるとしている（牧野・前掲註(8)「不作為行爲と未遂罪」122頁）。

とされている(16)。これに対し、未遂犯の成立を肯定する立場も主張されている。

　真正不作為犯の未遂の否定根拠として大場博士が主張されるように、不退去罪を形式犯ないし挙動犯と解するならば、当然に未遂犯の成立が否定される。退去要求を受けてから退去に必要な一定の時間が経過するまでは未遂の成立を認めるべきではなく、この一定の時間が経過した時点で既遂になると考えると、未遂を観念する余地がないことになる(17)。

　これに対し、不退去罪においても、着手後にただちに既遂になるのでなければ、既遂に至るまでの時間経過中は未遂の余地がある。そうすると、退去を要求された者が退去するのに必要な時間が経過する前に突き出されたといった場合には、未遂の成立が認められるという見解(18)が主張される。着手後から既遂まで時間があるのであれば、このように考えることも可能ではあるといえる。とはいえ、不退去罪の実行の着手がいつの時点に認められるのか(19)

---

(16)　西田典之＝山口厚＝佐伯仁志編『注釈刑法　第1巻』（2010年、有斐閣）703頁〔和田俊憲〕。

(17)　勝本勘三郎『刑法要論総則』（1913年、明治大学）148～149頁、泉二・前掲註(13)『日本刑法総論　上巻』522頁、香川達夫『刑法講義〔各論〕〔第3版〕』（1996年、成文堂）459頁、内藤謙『刑法講義総論（下）Ⅱ』（2002年、有斐閣）1244頁、大谷實『刑法講義各論［新版第4版補訂版］』（2015年、成文堂）140頁、中森喜彦『刑法各論［第4版］』（2015年、有斐閣）80頁、西田典之『刑法各論〔第6版〕』（2012年、弘文堂）103頁、日髙・前掲註(13)『刑法総論』403～404頁。また、興味深いことに牧野博士や宮本博士も不退去罪については、この理由から未遂の成立を否定する（牧野・前掲註(7)「不作為行為と未遂罪」122～123頁、宮本・前掲註(7)『刑法学粋』370～371頁。）

(18)　木村・前掲註(11)『新刑法読本』248頁、植松正『再訂　刑法概論Ⅰ総論』（1974年、勁草書房）319頁、大塚仁『刑法概説（各論）〔第3版増補版〕』（2005年、有斐閣）123頁、内田文昭『刑法各論〔第3版〕』（1996年、青林書院）179頁、野村・前掲註(11)『未遂犯の研究』107～108頁、川端博『刑法各論講義〔第2版〕』（2010年、成文堂）220頁、髙橋則夫『刑法各論〔第2版〕』（2014年、成文堂）152頁、松宮孝明『刑法各論講義〔第4版〕』（2016年、成文堂）138頁。佐久間教授はこの例に加え、「まだ住居の平穏を害するだけの時間的経過がなかったとき」にも不退去罪の未遂が成立するとしている（佐久間修『刑法総論』（2009年、成文堂）321頁）。

(19)　黒木教授は、「退去の要求を受けたとき」に作為義務が発生し、実行の着手が認められるとしている（黒木・前掲註(12)『実行の着手』210頁）。一方、和田教授は、「退去要求の後に不退去を決意した上で可能な退去準備をしない不作為が，すでに不退去罪の実行行為を構成すると考えれば，不退去罪にも未遂成立の余地はある」としている（西田＝山口＝佐伯編・前掲註(16)『注釈刑法　第1巻』703～704頁〔和田〕）。

は、その判断が困難なように思われる[20]。

　不退去罪の未遂が認められるかどうかは、退去要求を受けた後、一定の退去可能な時間のうちに未遂を認めてよいと考えるかどうかにかかっている。退去要求を受けてから一定の時間の間は未遂を認めるべきではなく、その間に退去した場合には不退去罪の成立を認めるべきではないと考える場合、その一定の時間が経過した時点で既遂になり、未遂は観念できない。一方、退去要求後、一定時間経過後に退去可能な時間であっても未遂を認め、その後、さらに一定時間の経過を待って不退去罪が既遂になるのであれば、理論的には時間軸上に未遂の余地がある。しかしながら、不退去罪において、既遂に至る前に実行の着手が認められる場合、理論的にはその時点で未遂になっているのであり、既遂に至る前に自主的に退去したとしても、犯罪不成立ではなく中止未遂になるに過ぎないという結論になるのではなかろうか。この結論は受け容れがたいように思われる。

4　小　　括

　真正不作為犯に未遂を認めるかどうかは、当該犯罪が挙動犯かどうかによることになる。不退去罪については、私見では挙動犯と考える。そして、現行刑法ではこれ以外に真正不作為犯の未遂規定が存在しないとすると、現行刑法上は、真正不作為犯の未遂は存在しないという結論になる。しかし、これが真正不作為犯に未遂が存在しないということになるであろうか。

　わが国の刑法には真正不作為犯の主要な規定として、不解散罪（107条）や保護責任者不保護罪（218条後段）が挙げられる。そして、どちらも挙動犯と解されている。これらの犯罪には未遂処罰規定がないことから、検討することの実益は乏しい。

　しかし、現在の刑法典に挙動犯以外の真正不作為犯が存在しないとしても、将来に不作為を手段とする結果犯が立法されないとは限らないのではなかろうか。真正不作為犯にも未遂の成立可能性を認めた上で、個々の真正不

---

(20)　この場合、まだ退去義務が生じていない予備であるとの見解も示される（大谷・前掲註(17)『刑法講義各論』136頁、中森・前掲註(17)『刑法各論』80頁）。なお、山中敬一『刑法総論［第3版］』（2015年、成文堂）195～196頁。

作為犯に未遂が成立するかどうかの可能性は別の問題としておく方が良いように思われる。

Ⅲ　不真正不作為犯の実行の着手

1　考察の視点

不真正不作為犯の場合には、一般に未遂の成立がありうると考えられている。不真正不作為犯の未遂についての議論の中心は、実行の着手時期についてである[21]。

不真正不作為犯における実行の着手を検討するにあたって、まずは、不作為犯の実行行為の特殊性を念頭に置かねばならない。不作為は「法によって要求される一定の作為をしないこと」と定義され、「法によって要求される一定の作為」でなければ、何もしないことはもちろん、それ以外のどのような行為であれ、不作為と解されることになる。よって、具体的事案ごとに「法によって要求される作為」が何なのか、という点が重要な意味を持つ。

ところで、「法によって要求される一定の作為」の不履行、つまり法的作為義務の不履行が不作為の実行行為であることから、不作為の実行行為は、法的作為義務が発生してからその作為をしないままに、結果が発生するまでの一定時間の経過中を意味することになる。つまり、不作為の実行行為は、法的作為義務が発生した後の一定時間の不作為である。作為犯であれば、実行行為の開始時点を実行の着手とし、その時点で未遂が認められる。これに対し、不作為の場合、法的作為義務の発生からある程度の時間の経過が認められた後でも一定の作為を行えば、当該犯罪は成立しないものと考えるべきであろう。そうすると、法的作為義務が発生してから、どの時点において不

---

(21)　不真正不作為犯の実行の着手に関する論稿として、註(1)に挙げたもののほか、齊藤誠二「不真正不作為犯の未遂」成蹊大学政経論叢終刊論集・上巻（1968年）262頁以下、振津隆行「不作為と実行行為」法学セミナー360号（1984年）44頁以下、金澤真里「不真正不作為犯の未遂」福井厚先生古稀祝賀論文集『改革期の刑事法理論』（2013年、法律文化社）、松原芳博「未遂犯における行為と結果」『山中敬一先生古稀祝賀論文集［上巻］』（2017年、成文堂）などがある。

作為の実行の着手を認めるべきかが問題となる。

2　不真正不作為犯の実行の着手をめぐる学説の対立

不真正不作為犯の実行の着手時期について、三つの学説に大別される。

第1に、法的作為義務が履行可能となった最初の時点に実行の着手を認める見解[22]がある。例えば、牧野博士は、不真正不作為犯の実行の着手時期について、「義務の履行が期待せらるる場合に於て其の履行を爲さぬといふことは、其の犯意の遂行が確定的に外部に表明されたものと見て差支ない」として、実行の着手に関する主観説の立場から、作為義務の履行可能な時点で実行の着手を認める[23]。

この見解に対しては、実行行為を認めるのがあまりに早いとの批判[24]や、法的作為義務の履行をしないことを決意した時点で未遂を認めることは心情刑法になるのではないかといった批判[25]がある。

第2に、法的作為義務の履行可能な最後の時点に実行の着手を認める見解[26]がある。アルミン・カウフマンによると、「逆転原理」[27]を理論的出発点として、法秩序にとっては最終的に結果が防止されることが重要であり、したがって結果の防止が可能な最後の行為が行われれば、法の要求が満たされ

---

(22)　Maihofer, Der Versuch der Unterlassung, GA, 1958, S. 297; Hertzberg, Der Versuch beim unechten Unterlassungsdelikt. MDR 1973, S. 96. 牧野・前掲註(7)「不作為行為と未遂罪」114頁、宮本・前掲註(7)『刑法学粹』198頁、齊藤・前掲註(21)「不真正不作為犯の未遂」299頁、植松・前掲註(18)『刑法概論Ⅰ総論』319頁。

(23)　牧野・前掲註(7)「不作為行為と未遂罪」114頁。

(24)　振津・前掲註(21)「不作為と実行行為」46頁。

(25)　齊藤・前掲註(21)「不真正不作為犯の未遂」299頁、振津・前掲註(21)「不作為と実行行為」46頁。この点について、塩見教授は、「作為義務は結果発生の危険ある客観的状況を前提としているのであり、義務違反を現象的に無であるとか、危険を回避する態度を単なる『心情』であるとか述べるのは当を得ていないと思われる」としている（塩見・前掲注(1)220頁）。

(26)　Armin Kaufmann, Die Dogmatik der Unterlassungsdelikte, 1959, S. 210 ff.［S. 216］; Welzel, Das Deutsche Strafrecht, 11. Aufl. 1969, S. 221.

(27)　アルミン・カウフマンの逆転原理について、中森喜彦「不作為犯と逆転原理（一）〜（三）」京都大学法学論集107巻5号（1980年）1頁以下、108巻4号（1981年）1頁以下、109巻4号（1981年）1頁以下参照。

る。よって、行為可能な最後の時点が不作為が未遂の可罰性を基礎づけるとする[28]。この場合、例外的場合を除いて、基本的には不作為犯の未遂は成立しないことになろう。

この見解に対しては、そもそも逆転原理の適用の妥当性への疑問が示されたり[29]、法益侵害が切迫している場合にはなるべく早く介入するよう法は命じていると解すべきとの批判[30]がなされる。

第3に、事例ごとに個別に、結果発生の危険性の生じた時点に不作為の実行の着手を認める見解[31]がある。わが国では、未遂犯の実行の着手論において、実質的客観説を採用する論者から支持を集めている。しかし、この見解においては、危険性の判断によって、不作為犯の実行の着手を認める時期が異なりうる点に注意が必要である。

法益の侵害の危険性を結果発生の切迫性として捉えた場合、第2の見解に接近することになる[32]。逆に、法的作為義務が発生する時点において危険性を認めるといった場合、第1の見解に接近する[33]。法益侵害の危険性が発生すれば良く、結果回避のための最初の行為か最後の行為かは問わないという解決法もある[34]。あるいは、危険先行型と作為義務先行型に区別し、前者では行為者が危険の存在を認識したときに、後者の場合には法益侵害の危険性

---

(28) A. Kaufmann, a. a. O., S. 212, 215. また、アルミン・カウフマンの不作為犯の未遂理論について、中森・前掲[27]「不作為と逆転原理（三）」1頁以下、加藤・前掲註(1)「不作為犯の未遂について」155頁以下、鈴木・前掲註(1)「不真正不作為犯の未遂」28頁以下参照。

(29) 加藤・前掲註(1)「不真正不作為犯の未遂について」156頁。

(30) 加藤・前掲註(1)「不真正不作為犯の未遂について」157頁、鈴木・前掲註(1)「不真正不作為犯の未遂」33頁、塩見・前掲註(1)「不作為犯の着手時期」220頁。

(31) Roxin, Der Anfang der des beendeten Versuchs. Festschrift für R. Maurach (1972) S. 213 ff. ロクシンの見解について、加藤・前掲註(1)「不真正不作為犯の未遂について」171頁以下、鈴木・前掲註(1)「不真正不作為犯の未遂」30頁以下参照。

(32) 中山研一『刑法総論』(1982年、成文堂) 415頁注(4)、内藤・前掲註(17)『刑法講義総論（下）II』1246頁、曽根威彦『刑法原論』(2016年、成文堂) 474頁、振津・前掲註(21) 47頁、松原・前掲註(21)「未遂論における行為と結果」577頁以下。なお、松宮孝明『刑法総論講義［第5版］』(2017年、成文堂) 240頁。

(33) Eser, Schönke/Schröder, StGB Kommentar, 28. Aufl., 2010, § 22 Rn 51.

(34) 堀内・前掲註(11)『刑法総論』234頁。

が発生した時点に、実行の着手を認めるという見解もある[35]。

　危険性の判断と併用的に異なる視点を持ち込むものとして、現象の支配があるときには危殆化に実行の着手を認めるが、直接的な危殆化がなくとも現象の支配を「手放し」たときには実行の着手を認めるという見解も主張される[36]。

　不真正不作為犯の実行の着手の判断に危険性判断が持ち込まれたことによって、作為犯の実行の着手の判断基準との整合性が図れるようになった。この結果、実行の着手における実質的客観説が支配的見解となったわが国では、おおよそ第3の見解を支持することになると思われる[37]。その上で、不真正不作為犯の実行の着手の判断規準は、作為犯と不作為犯との構造の差異に留意しつつ、未遂犯として処罰されるに足る危険性とは何か、それをどのように判断するかが解決の手法ということになる。

3　小　　　括

　不真正不作為犯の実行の着手の判断は、未遂犯の処罰根拠を結果発生の現実的危険性と解する私見の立場[38]からも、第3の見解に依拠すべきことになる。第3の立場には、すでに見たように様々なヴァリエーションが考えられる。私見と理論的に整合する見解は、結果発生の現実的危険性の認められる時点に不真正不作為犯の実行の着手を認めるというものになる。しかしながら、不作為犯の性質上、法的作為義務が発生する時点と結果発生の現実的危

---

(35)　西原春夫『刑法総論改訂版（上巻）』（1995年、成文堂）328頁、髙橋則夫『刑法総論〔第3版〕』（2016年、成文堂）397頁。

(36)　Roxin, a. a. O. S. 226. 加藤・前掲註(1)「不真正不作為犯の未遂について」170頁以下、207頁以下、野村・前掲註(11)『未遂犯の研究』313頁、井田良『刑法総論の理論構造』（2005年、成文堂）435頁、同『講義刑法学・総論』（2008年、有斐閣）405頁、吉田敏雄『不真正不作為犯の体系と構造』（2010年、成文堂）149頁以下。なお、鈴木・前掲註(1)「不真正不作為犯の未遂」36頁、山中・前掲註(20)『刑法総論』774頁。

(37)　塩見教授は、「結果発生の危険に規準を求める近似の多数説は支持できない」とし、「作為義務に着目するとして，義務履行が可能な最後の時点に切迫した時点，あるいは，義務の内容とされる作為の遂行を困難にする作為の時点に実行の着手を認めるのが妥当」とする（塩見・前掲註(1)「不作為犯の着手時期」225頁）。

(38)　拙著『未遂処罰の理論的構造』（2007年、専修大学出版局）35頁。

険性の発生する時点とが食い違うことがありうるとされる。その場合には、法的作為義務の発生と結果発生の現実的危険性の発生とのどちらかによって判断することになるであろうか。

　ところで、私見は、実行の着手の判断としては、形式的客観説を維持しつつ、結果発生の現実的危険性との整合性を図るという立場を採用している[39]。この見解は、構成要件に一部該当する行為あるいはそれに密接する行為に実行の着手を認めるが、その時点で結果発生の現実的危険性が認められなければならないと解している。これを不作為犯に置き換えると、法的作為義務の不履行時に結果発生の現実的危険性が認めれていなければならないことを意味する。このように考える私見の立場からは法的作為義務の不履行を認める時点と結果発生の現実的危険性が認められる時点に食い違いがあってはならないということになる。

IV　不作為未遂犯の可罰性

1　私見の検討

　前述の通り、私見の立場からは、法的作為義務の不履行として認められる時点には結果発生の現実的危険性が認められていなければならないし、逆もまた真でなければならない。これを解決するためには、不真正不作為犯の法的作為義務違反のありようを考えなければならない。

　殺人罪の不真正不作為犯を想定する場合、殺人罪を基礎づけるに足る法的作為義務である必要がある。つまり、当該法的作為義務の不履行が被害者を死に至らしめる程度のものでなければならない。この場合、法によって要求される作為も被害者の死を回避するに足る作為となる。よって、被害者に死の結果発生の現実的危険性が発生した時点に、殺人罪の法的作為義務違反が認められると解することになる。殺人罪の法的作為義務違反が認められる前段階においては、保護責任者不保護罪の作為義務違反が認められるに過ぎないと解する。この時、行為者に殺人の故意が認められるとしても、殺人罪の

───────────────

（39）　拙著・前掲註(38)『未遂処罰の理論的構造』175〜176頁。

法的作為義務違反が認められないと考え、その不作為は保護責任者不保護罪を構成するに過ぎないと解する。

いくつかの設例を用いて検証してみよう。

【設例１】

母親Aは、生後６ヶ月の乳児を餓死させる意図で、その日の夜21時の授乳を最後にそれ以降の授乳を止めることにした。翌日の朝10時頃、遊びにきた祖母（Aの母親）に殺意を持って育児拒否している旨を伝えたところ、孫を不憫に思った祖母が乳児を引き取って面倒をみた。

【設例２】

Bは、病気のために歩けず、また一人では食事も取れない状態の母親の介護が嫌になり、母親が死んでも良いとの認識で、海外旅行に行った。３日後に帰宅したところ、食事も取れずにぐったりしている母親を見て可哀想になり、病院に連れて行った。母親は１週間ほどの入院加療が必要となったが、命に別状はないとの診断結果だった。

【設例３】

Cは、鉄道職員であるが、終電後の確認見回りの職務中に線路上で酔っ払って寝ている男がいることに気付いた。酔っ払いに腹が立ったCは、その男が翌日の始発の電車に轢かれて死ねばよいと思い、その男を線路上に放置したまま、宿直室に戻って寝た。男は、その数時間後、始発電車が来る前に目を覚まし、歩いて家に帰った。

まず、**【設例１】** では、乳児を餓死させようとして授乳を止めた時点に結果発生の現実的危険性が発生しているのかが問題である。

この事例における殺人罪の法的作為義務の内容は、「空腹のために死の現実的危険性が認められる乳児に授乳する、あるいは病院に連れ行くなどして死なないような措置をとること」と考えられる。生後６ヶ月の乳児だと、おおよそ夜間の授乳が不要になる時期であり、通常であれば、夜の授乳後は、翌日の朝まで授乳は不要であろう。翌日10時に祖母が来た時点では、１回目の授乳をしていないタイミングと思われる。授乳をしないまま少々放置した

程度で乳児が死ぬ危険性はまだ発生していないものと私は考えるが、一般にはどのように受け取られるだろうか。

私見では、翌朝10時の時点では、乳児に死の結果発生の現実的危険性が生じていないと解することから、この時点では殺人罪の不真正不作為犯を基礎づけるに足る法的作為義務違反は未だ認められないものと解し、保護責任者不保護罪の成立が認められるとしても、殺人未遂罪は成立しないと解する。

【設例２】でも、殺人罪の法的作為義務の内容は、「病気あるいは空腹のために死の現実的危険性が認められる母親に食事をさせる、あるいは病院に連れて行くなど死なないような措置をとること」と考えられる。Ｂが海外旅行に出た時点では、母親の状態からまだ死の結果発生の現実的危険性は発生していないものと思われる。しかしながら、時間の経過と共に母親の死の結果発生の現実的危険性が増大することが認められる。この場合、結果発生の現実的危険性が認められる時点で殺人罪の法的作為義務違反が認められると解される。しかし、その時点ではＢが母親を助けるという作為が不可能な状態になっていることから、不真正不作為犯の成立要件である作為可能性が認められないということになってしまいかねない。そこで、離隔犯と同様に考え、発送時説を採用する私見(40)からは、行為者の作為可能な最終時点に、つまり旅行に出た時点に殺人罪の法的作為義務違反を認めることになる。本設例の場合、Ｂが旅行のために家を出てしばらくしたところ（作為可能性がなくなる程度に場所的に遠ざかった時点）で、殺人未遂が成立し、帰宅後、病院に連れて行ったことによって、中止未遂が成立すると解する。

【設例３】では、「電車に轢かれそうになる男を起こす、あるいは運ぶなどして電車に轢かれないような措置をとること」がこの設例における殺人罪の法的作為義務の内容となる。男が電車に轢かれそうになるまで殺人罪の法的作為義務違反はないものと解する。【設例２】の事案と異なり、男の死の結果発生の現実的危険性は、徐々に増大するものではないことから、始発電車まで夜間に電車が走らない状況であれば、始発電車がある程度接近するまでは殺人罪の法的作為義務が発生しないものと解してよいと思われる。宿直す

---

(40) 拙著・前掲註(37)『未遂処罰の理論的構造』182頁。

る鉄道職員は、始発前に始業準備をすることから、男が始発電車に轢かれそうになる前に救助することが可能であるという点で、【設例２】の海外旅行の事案とも事情が異なる。そうすると、男が始発電車に轢かれそうになる現実的危険性が発生する時点に、殺人罪の法的作為義務違反を認めることになる。【設例３】ではその前に男が立ち去っていることから、殺人罪を認めるに足る法的作為義務違反は認められず、保護責任者不保護罪が成立するとしても、Ｃに殺人未遂罪は成立しないと解する[41]。

２　ま　と　め

殺人罪を例としたが、不真正不作為犯としては他の犯罪も考えられる。それゆえ、不真正不作為犯の法的作為義務は、構成要件ごとに、そして事実によって異なる。当該事実における法的作為義務とその違反を認めるに足る現実的危険性を分析した上で、不真正不作為犯の実行の着手時点を確定することによって、不真正不作為犯の未遂の成否を判断することができるものと解する。

Ⅴ　結　　　語

本稿の結論は、以下のようにまとめられる。

⑴　理論的には、真正不作為犯でも不真正不作為犯でも未遂の成立する余地はあると考えるべきである。なぜならば、未遂の成否は各構成要件ごとに未遂を観念できるかどうかにかかっているからである。現行刑法では真正不作為犯の未遂は不退去罪の未遂しか存在しないと考えられている[42]ため、不退去罪を挙動犯と解する場合には、真正不作為犯＝挙動犯（不退去罪）＝未遂の否定との図式が考えられてしまう。しかし、立法論を含めて考慮すると、今後、不作為を手段とした結果犯が絶対に規定されないとはいえないの

---

(41)　なお、日高博士が提唱する構成要件的等価値性の理論を採用する場合、行為者に原因設定行為が認められないため、この事案では、仮に法的作為義務が認められたとしても、不真正不作為犯の成立が否定されることになろう（日高・前掲註⑷『不真正不作為犯の理論』152頁以下、同・前掲註⑭『刑法総論』152〜153頁）。

ではなかろうか。そういった場合がありうるならば、真正不作為犯であることをもってただちに未遂の成立がないと考えるべきではなかろう[43]。不作為を手段とする結果犯が立法された場合には、その実行の着手の判断は、不真正不作為犯の実行の着手の判断と同様に解することになろう。

⑵　真正不作為犯の未遂もありうるとしても、わが国の刑法上、明白に存在する未遂処罰規定は、不退去罪だけである。不退去罪については未遂を観念することはできないと考える。退去要求を受けた時点あるいはその後の一定時間後に実行の着手を認めた場合、その時点で未遂が成立していることを意味するはずである。そうすると、退去要求を受けた後に既遂に至る前に退去した場合であっても、理論的には不退去罪の中止未遂になるように思われるからである。

⑶　不真正不作為犯の実行の着手については、未遂犯の処罰根拠を結果発生の現実的危険性と解する私見の立場から、結果発生の現実的危険性の発生する時点に認めることになる。不真正不作為犯においても個別の構成要件ごとにその結果発生の現実的危険性が認められる時点に法的作為義務違反を認め、その時点を実行の着手時点と解する。これによって、不真正不作為犯の実行の着手においても、不作為犯の成立要件である法的作為違反が認められる時点と、未遂犯の処罰根拠である結果発生の現実的危険性の発生時点とが時間軸上一致する。

（もりずみ・のぶひと）

---

(42)　条文の文言上、「〜しなかった」になっていないことをもって直ちに作為形式と読むべきかには疑問がなくもない。例えば、手段が「その他の方法により」と規定されている場合、その中には不作為が予定されていないと考えるべきであろうか。「その他の方法」について手段の制限がないと解釈する場合、不作為も包含すると解すべき余地があろう。例えば、線路上に乗り捨てられた車を発見した鉄道職員がその職務中であるにもかかわらず、電車に危険が生じればよいとの認識で、電車の停止措置などを講じなかった結果、電車が車にぶつかりそうになったといった場合、往来危険罪（125条1項）の不作為形態は、真正不作為犯と解する余地があるようにも思われる。

(43)　「法によって要求される一定の作為をしないこと」を真正不作為犯と定義するのであれば、不作為を手段とする結果犯が立法化されうるとしても、それは真正不作為犯ではない別の不作為犯として把握されることも考えられる。

近時の判例から見た
過失不真正不作為犯の理論

小林　憲太郎

Ⅰ　は じ め に
Ⅱ　最決平成28・5・25の検討
Ⅲ　お わ り に
　　追　　補

Ⅰ　は じ め に

　このたび、めでたく古稀を迎えられる日髙義博博士は、長年にわたり、わが国における不真正不作為犯の理論をけん引してこられた。私が知る限り、このテーマに関する論文で博士の見解を検討しないものは存在しない。一方、博士は過失犯に関しても独自の見解を主張され、本稿のタイトルにもある「過失不真正不作為犯」という法形象がはじめから不要であるとして学界の注目を集めておられる[1]。

　これに対して私は、かねてより、若干の異論を諸所で述べさせていただいてきた。すなわち、まず、不真正不作為犯の理論に関しては、先行行為ないし危険創出という博士に類似する発想から作為義務が基礎づけられるとしつつ、これを導く出発点において根本的に異なる内容を主張する一方、「過失不真正不作為犯」という法形象を文字どおり、つまり、「不真正不作為犯の実現を行為者が予見可能であるにとどまる場合」というそのままの意味に

（1）　本稿において博士の見解を引用する際は、主として、日髙義博『不真正不作為犯の理論［第2版］』（1983年、慶應通信）、同『刑法総論』（2015年、成文堂）を参照している。

おいて承認してきたのである(2)。それは大要、以下のような理由による。

【不真正不作為犯について】

博士は、作為は因果の流れを惹起しうるが、不作為の場合には単に因果の流れを利用しうるにすぎない、という両者の存在構造の相違から出発される。そして、不真正不作為犯とは、作為の形式で規定してある作為犯の構成要件を不作為によって実現する場合である、と定義される。要するに、「不作為」の部分が存在構造に着目する一方、「不真正」の部分は規範的評価に着目している、というわけである。

問題は、このような不真正不作為犯の可罰性を博士がどのように正当化されるかであるが、それは次のような論証連鎖を経る。まず、作為犯の構成要件は禁止規範だけでなく命令規範も含んでいる。次に、前記、存在構造の相違を乗り越える、いわゆる「等置問題」の解決方法としては、不作為者が不作為をなす以前に、故意・過失により因果の流れを設定していることを掲げられる。こうして、限界的な事案においても明確かつ一義的な解決を図ることができるものとされるのである。

それでは、このような博士の見解をどのように評価すべきであろうか。まず、「作為犯の構成要件」とか「禁止規範・命令規範」などといったことばを用いるべきかどうかは別にして、たとえば、刑法199条の構成要件が作為のみならず（不真正）不作為をも捕捉している、という点には特記すべきところがなかろう。それはわが国の支配的な諸見解に共通する前提だからである。これに対して、博士が作為と不作為の因果構造のギャップを乗り越え、両者を「等置」するためのファクターとして先行行為を、しかも、法的作為義務とは別に要求されたことは注目に値する。

このような博士独自の解釈に対しては、学説から、先行行為に故意・過失を要求するのは不当であるとか、「等置」されたならもはやそれとは別に作為義務は必要でない、などといった批判がなされている。たしかに、私自

（2） 簡潔には、小林憲太郎「過失犯における注意義務と『作為義務』」刑法雑誌56巻2号（2017年）135頁以下を参照。

I　はじめに

身、かねてより、不真正不作為の客観的帰責には先行する許されない危険の創出が必要であり、かつ、それで足りると解してきた。したがって、故意・過失までは不要である一方、作為義務違反とは単に「不真正不作為の客観的帰責」の別表現にすぎないことになる。その意味では、私自身も前記批判に全面的に左袒するものである。しかし、実をいうと、博士独自の解釈がはらむ最も本質的な問題点は前記批判とは別のところに存在する。それは博士のそもそもの出発点、すなわち、「等置問題」が作為と不作為の存在構造の相違を乗り越える契機とされているところである。

　今日、わが国において支配的な見解によれば、因果性（因果関係）のレベルで作為と不作為の違いはない。単に、因果関係の判断公式の前件に代入されるのが積極的条件であるのか、それとも、消極的条件であるのかというあてはめの問題が生ずるにすぎない。したがって、理論的に厳密に考察するならば、存在構造の相違を乗り越える必要などはじめから存在しないのである。もっとも、他方で、不作為が因果関係を有するというだけで客観的帰責を肯定したのでは、他人の利益を積極的に侵害・危殆化してはならないというのを超えて、他人の利益を積極的に維持・拡大しなければならないと国家（刑法）が命ずることとなってしまいかねない。それは、しかし、刑法が例外的に、特別の規定を設けることで作り出される真正不作為犯の不法にほかならない（その典型例がドイツ刑法典323条 c の不救助罪である）。そこで、不作為を作為による前記、侵害・危殆化と「等置」するために、先行する危険創出を含めた全体としての所為に着目するのである。これこそが真の「等置問題」にほかならない。こうして、前記、侵害・危殆化によって構成される原則的不法を不作為によって実現する場合である不真正不作為犯の可罰性が基礎づけられることになる。

　このような私の見解は、一見する限りでは、博士の先行行為説を基礎としつつ、学説からの批判を容れてこれを修正したもののようにも思われるかもしれない。それはそれで光栄なことではあるけれども、私は先行行為＝危険創出によって作為と不作為の存在構造の相違を乗り越えたいのではない。私は、そもそもそのような発想から出発しないのである。そうではなく、実質的には例外的不法＝真正不作為犯の不法とされるべきものを、たとえば、刑

法199条の不法によっては捕捉しない、つまり、不真正不作為犯の処罰にあたって原則的不法を乗り越えないようにしたい。私はそのような出発点に立っているのである。

したがって、反対に、たとえ作為犯であっても、端的に当該作為をとらえて処罰することが実質的には真正不作為犯の不法を根拠とすることになってしまう場合には、やはり、先行する危険創出をあわせて要求すべきことになる。あるいは、そのような場合には実質的に見て不作為犯なのだといってもよい。このことは、作為による不作為とよばれる事例類型においては広く認められているところであろう。あるいは、講学上の概念を離れて実務的にも重要とされるケースをあげるならば、いわゆる不作為による関与の事案において、被告人が顔をそむける、家を出ていくなどといった積極的な動作＝作為により、しかし、実質的には「われ関せず」の態度を表明したにとどまるような場合を考えることができる。そのような場合に検察官も、そして、（裁）判例自体もはじめから（不真正）不作為犯を問題とするのも、実質的には私見のような発想が伏在しているからであるように思われる。

【過失不真正不作為犯について】

博士によれば、過失犯の行為不法は客観的予見可能性を前提とした結果回避義務の違反（客観的注意義務違反、基準行為からの逸脱）に求められる（新過失論）。そうすると、規範構造においても存在構造においても、不真正不作為犯論、すなわち、「作為と不作為のギャップ」を乗り越える議論との連結点は認められない。したがって、過失不真正不作為犯などという法形象は無用であり、単に、作為的過失に対置された不作為的過失が観念しうるだけである。博士はこのように主張されるのである。

もっとも、このような主張には到底賛同しえない。まず、規範構造についてであるが、たとえば、刑法199条に「故意により人を死亡させた」と書かれてさえいれば、作為と不作為のギャップがなくなるなどというのは、一般的な条文解釈の手法から離れすぎているし、実際には、博士自身もそのようには解されないであろう。その意味で、「殺した」とか「死亡させた」とかいう——おそらく、もっぱら故意による場合には前者のほうが日本語として

自然であるという理由から生じたにすぎない[3]——条文の書きぶりにおける違いに、規範構造（の差異）などという大仰な観念を見出すのは正しくない。

次に、存在構造についてであるが、たとえば、行為者が気づかないうちに自分の幼子にぶつかって池に突き落としたものの、気づかずこれを助けない場合と、第三者が行為者の幼子を池に突き落としたものの、行為者が気づかずこれを助けない場合とを比べたとき、博士が故意犯において看取される作為と不作為のギャップが突如として消失するというのはどう考えてもおかしい。そもそも「存在」構造なのであるから、客観的注意義務違反という「規範」をあてはめたことによって、それが変質するという前提自体が方法論的に誤っているのである。

こうして、【不真正不作為犯について】で述べたように、過失犯においても、たとえば、刑法210条によって実質的には過失による不救助罪——つまり、過失真正不作為犯の不法——を処罰することのないよう、少なくとも、先行部分を含めた全体としての所為が許されない危険を創出していることを要求すべきである。故意犯との違いは、したがって、そのようにみたされた客観的帰責を行為者が予見可能であるにとどまる、という点に存在するにすぎない。

以上のように、私は、博士の見解に対して大きな疑問を抱いている。もっとも、それと同時に私は、自己の見解を形成していくにあたり、折にふれて博士の手になる書物を数多く参照してきた。そのため、実際のところ、博士と異なる自己の見解について確信めいたものをもちえたことがなかった。ところが、近時、学説により過失不真正不作為犯に関係するものとされる一連の最高裁判例が出されることによって、少なくとも実務的には、私の妥当と考えるような見解が事案処理の指針として伏在しているのではないか、と感じられるに至ったのである。そこで、権威をもって権威に対抗するわけではないけれども、本稿においては、前記判例を理論的に分析する過程でこのこ

（3）　現に、近時の立法例でいうと、たとえば、刑法241条３項は故意による場合をも含む趣旨で「人を死亡させた」と規定している。

とを明らかにしていくこととしたい。ただし、紙幅の関係上、標題としてとりあげるのは、（本稿執筆時点において）最新の判例である最決平成28・5・25刑集70巻5号117頁〔温泉施設爆発事故事件〕に限り、他の判例は必要に応じて参照するにとどめざるをえない。

II　最決平成28・5・25の検討

1　事実、決定要旨、大谷補足意見

　最高裁が上告棄却のうえ、被告人の過失の有無について示した職権判断は次のとおりである。

　「1　原判決及びその是認する第1審判決の認定によれば、本件の事実関係は次のとおりである。

　⑴　被告人は、不動産会社（以下「本件不動産会社」という。）から東京都渋谷区内の温泉施設（以下「本件温泉施設」という。）の建設工事を請け負った建設会社（以下「本件建設会社」という。）の設計部門に所属し、本件温泉施設の衛生・空調設備の設計業務を担当した者であり、建築設備に関する高度の知識と豊富な経験を有していた。

　本件建設会社では、施工部門の担当者が、発注者に対して、設備の保守管理につき説明する職責を負い、設計部門の担当者は、施工部門の担当者に対して、その点につき的確な説明がされるよう、設計上の留意事項を伝達すべき立場にあった。

　⑵　本件温泉施設は、客用の温泉施設等があるA棟と温泉一次処理施設等があるB棟の2棟の建物で構成され、A棟で使用する温泉水をB棟地下機械室に隣接する区画にある井戸口からくみ上げていたが、メタンガスが溶存していたため、同室内にあるガスセパレーターでメタンガスを分離させた後、温泉槽で一時貯留し、そこからA棟地下機械室へ温泉水を供給するとともに、ガスセパレーターないし温泉槽内で分離、発生したメタンガスをそれぞれに取り付けられたガス抜き配管を通してA棟側から屋外へ放出する構造がとられていた。各ガス抜き配管は、両棟の各地下機械室をつなぐ地下のシールド管内を通されていたが、シールド管内を通る各横管部分が最も低い位置

にあり、そのため温泉水から分離された湿気を帯びたメタンガスが各ガス抜き配管内を通る際に生じる結露水は、その各横管部分にたまる構造となっていた。このようにしてたまった結露水を放置すれば、各ガス抜き配管が閉塞するおそれがあったため、結露水を排出する必要性が生じたが、被告人自身も、通気が阻害されることへの対応をとる必要性は認識しており、Ｂ棟側からシールド管に入る手前の各ガス抜き配管の横管部分の下部に、それぞれ水抜き配管及び水抜きバルブが取り付けられ、適宜各水抜きバルブを開いてたまった結露水を排出する仕組みが設けられることとなった。被告人は、メタンガスの爆発事故を防止するために、結露水の排出が重要な意義を有することを認識できたものである。

　しかし、そのような結露水排出の仕組みの存在、その意義等について、本件建設会社から本件不動産会社に説明されることはなく、本件温泉施設で温泉水のくみ上げが開始されてから本件爆発事故に至るまでの間に、各水抜きバルブが開かれたことは一度もなかった。

　(3)　本件爆発事故の具体的な因果経過は、結露水が各ガス抜き配管内にたまり、各ガス抜き配管が閉塞し、ないし通気を阻害されたことにより、行き場を失ったメタンガスが、Ｂ棟地下機械室内に漏出した上、同室内に設置された排気ファンも停止していたため滞留し、温泉制御盤のマグネットスイッチが発した火花に引火して、爆発が発生したというものであった。本件爆発事故の結果、Ｂ棟内において、本件温泉施設の従業員３名が死亡し、２名が負傷し、Ｂ棟付近路上において、通行人１名が負傷した。

　(4)　本件温泉施設の温泉一次処理施設を単独で設計していた被告人は、本件建設会社の施工担当者に対して、排ガス処理のための指示書として、設計内容を手書きしたスケッチ（以下「本件スケッチ」という。）を送付したが、結露水排出の意義や必要性について明示的な説明はされなかった。また、本件スケッチには、ガスセパレーターから出た逆鳥居型（一旦下方に向きを変え、横に向かってから、上方に向きを変える形態）の配管構造、水抜きバルブ（ドレーンバルブ）付きの配管が図示され、水抜きバルブを通常開いておくことを示す『常開』の文字等が記載される一方、水抜きバルブ付きの配管がガス抜き配管内に発生する結露水を排出する目的のものであることについ

ての説明は記載されていなかった。

　その後、被告人は、本件温泉施設の施工を担う下請会社の担当者から、水抜きバルブを『常開』とすると硫化水素が漏れるので『常閉』にすべきではないかと指摘され、同人に対して、水抜きバルブを『常閉』に変更するように口頭で指示した。この指示により、本件温泉施設の保守管理の一環として、適宜手作業で各水抜きバルブを開いて各ガス抜き配管内の結露水を排出する必要性が生じたが、被告人は、下請会社の担当者に対して、水抜き作業が必要となることやそれが行われないと各ガス抜き配管の通気が阻害されて危険が生じることなどについて説明しなかった。また、本件建設会社の施工担当者に対しても、水抜きバルブの開閉状態について指示を変更したことやそれに伴って水抜き作業の必要性が生じることについての説明がされることはなかった。

　2　そこで検討すると、本件は、上記のとおり、ガス抜き配管内での結露水の滞留によるメタンガスの漏出に起因する温泉施設の爆発事故であるところ、被告人は、その建設工事を請け負った本件建設会社におけるガス抜き配管設備を含む温泉一次処理施設の設計担当者として、職掌上、同施設の保守管理に関わる設計上の留意事項を施工部門に対して伝達すべき立場にあり、自ら、ガス抜き配管に取り付けられた水抜きバルブの開閉状態について指示を変更し、メタンガスの爆発という危険の発生を防止するために安全管理上重要な意義を有する各ガス抜き配管からの結露水の水抜き作業という新たな管理事項を生じさせた。そして、水抜きバルブに係る指示変更とそれに伴う水抜き作業の意義や必要性について、施工部門に対して的確かつ容易に伝達することができ、それによって上記爆発の危険の発生を回避することができたものであるから、被告人は、水抜き作業の意義や必要性等に関する情報を、本件建設会社の施工担当者を通じ、あるいは自ら直接、本件不動産会社の担当者に対して確実に説明し、メタンガスの爆発事故が発生することを防止すべき業務上の注意義務を負う立場にあったというべきである。

　本件においては、この伝達を怠ったことによってメタンガスの爆発事故が発生することを予見できたということもできるから、この注意義務を怠った点について、被告人の過失を認めることができる。

なお、所論は、設計担当者である被告人は、施工担当者から本件不動産会社に対して水抜き作業の必要性について適切に説明されることを信頼することが許される旨主張する。しかし、被告人は、本件建設会社の施工担当者に対して、結露水排出の意義等に関する記載のない本件スケッチを送付したにとどまり、その後も水抜きバルブに係る指示変更とそれに伴う水抜き作業の意義や必要性に関して十分な情報を伝達していなかったのであるから、施工担当者の適切な行動により本件不動産会社に対して水抜き作業に関する情報が的確に伝達されると信頼する基礎が欠けていたことは明らかである。

したがって、被告人に本件爆発事故について過失があるとして、業務上過失致死傷罪の成立を認めた第1審判決を是認した原判決は、正当である」。

つづいて、これに付された大谷直人裁判官の補足意見は次のとおりである。

「1　法廷意見は、本件の事実関係を前提にするとき、被告人はその業務上の注意義務を怠ったといえる旨を述べた上で、本件がいわゆる信頼の原則を適用すべき事案に当たるとする弁護人の所論を排斥しているが、上告趣意中では、予見可能性がないという観点からの主張もされているので、この点についての私の意見を補足する。

2　法廷意見に判示されているとおり、本件においては、メタンガスがB棟地下機械室内に漏出した後、B棟排気ファンが停止していたためにガスが滞留したという事態が生じており、また、第1審判決及び原判決において、B棟排気ファンの異常をA棟事務室に知らせるために設けられていた警報盤の警報ブザーが鳴らなかったことも認定されている。弁護人の所論は、このような本件爆発の機序に関わる事実関係を前提にして、結果の予見可能性が被告人には認められないとするものである。

3　しかし、本件は、業務運営上メタンガスの発生が不可避となる温泉施設において、ガスの引火・爆発を防止するための安全対策に関して、設計面における担当者がその任務を果たしたかが問題とされている事案である。そして、設計に当たっては、ガス抜き配管設備が本来的なメタンガス排出装置として想定され、その安全を更に担保するものとして、B棟排気ファン等の装置が組み込まれたことは明らかである。したがって、水抜きバルブを閉め

続けることにより、ガス抜き配管について当初の設計上予定されていたメタンガス排出の機能に重大な問題が生じるおそれがあったということは、この設計の全体像に関わる問題ということができる。第一義的な安全装置として設計されたシステムの機能についてその後問題点を生じ得る事情が判明した場合に、設計担当者としては、その点の改善の必要性を伝達するか、仮にそれを放置するのであれば、当然に、二次的、三次的に設けられた予防装置が当初の設計のままでよいのかについての見直し作業を行うことが求められるはずである。そうした行動をとることを怠った被告人について、排気ファン等の存在をもってその過失責任を否定することはできない。第1審、原審も、このような枠組みを前提に、被告人の過失を肯定したものと解される。

　4　結果発生に至る因果のプロセスにおいて、複数の事態の発生が連鎖的に積み重なっているケースでは、過失行為と結果発生だけを捉えると、その因果の流れが希有な事例のように見え具体的な予見が可能であったかどうかが疑問視される場合でも、中間で発生した事態をある程度抽象的に捉えたときにそれぞれの連鎖が予見し得るものであれば、全体として予見可能性があるといえる場合がある。これまでの裁判実務においては、このような考え方に立って過失の有無が論じられてきた事例が存在する。

　しかし、上記3のとおり本件の注意義務を理解するとき、本件は、上記のような予見可能性の判断手法、すなわち、連鎖的な事態が発生していることを捉えて『因果関係の基本的部分』は何かを検討する手法によるのがふさわしい類型とはいえないと思われる。『基本的部分の予見可能性』というポイントは、メタンガス処理の安全対策としての本件設計の意義をどのようなものと認識するかという検討に解消されているということもできよう。

　過失犯については、結果の予見可能性、回避可能性という大枠によって成否を判断するのがこれまでの確立した考え方であり、もとより本件もその枠組みの中で検討されることになるが、その争点化に当たっては、具体的にどのような基準等が有用な判断要素になるかにつき、この種事案特有の多様な事件類型に応じて、適切な抽出が求められるところであろう」。

2 検 討

(1) （過失不真正不作為犯における）作為義務違反としての注意義務違反

　本件は問題となった事故発生当初から世間の耳目を集めたものであり、事実関係は科学的なプロセスも含めて非常に複雑である。もっとも、本稿は被告人の有罪を認定すること自体を目的とするものではないから、あくまで、刑法理論上、重要と考えられるポイントに絞って検討を加えていくこととしたい。

　さて、本判例は「被告人は、水抜き作業の意義や必要性等に関する情報を、本件建設会社の施工担当者を通じ、あるいは自ら直接、本件不動産会社の担当者に対して確実に説明し、メタンガスの爆発事故が発生することを防止すべき業務上の注意義務を負う立場にあった」と判示している。そして、「説明しない」というのは学説の一般的な理解によれば不作為であるから、本判例は業務上過失致死傷罪の不真正不作為犯を認めたことになりそうである（それゆえ、作為の容易性や作為による結果回避可能性があわせて認定されている）。にもかかわらず、本判例には不真正不作為犯にまつわる講学上の用語がいっさい登場しない。そこで、この事実をもって、実務的には過失犯において作為犯と不作為犯が区別されていない、と推論する向きもある。

　しかし、それはあまりにも表層的な読み方であろう。というのも、たとえば、リコールにかかる注意義務の違反が問題とされた最決平成24・2・8刑集66巻4号200頁〔三菱リコール隠し事件〕においては、本判例と同じく判文に前記用語がいっさい登場しないにもかかわらず、調査官解説においては当然のように過失不真正不作為犯という主題化がなされ、前記注意義務の内実として実質的には作為義務が議論されているからである[4]。

　こうして、実務的にも過失作為犯と過失不作為犯は区別されていると解するのが妥当である。そして、本判例が本件をそのいずれととらえているのかは、「問題とされる注意義務が実質的に見て作為義務として扱われているのか」によって判定すべきであろう。そうすると、次に問題となるのは、本判

（4）　矢野直邦「判解」最高裁判所判例解説刑事篇（平成24年度）54頁以下を参照。また、本判例の匿名コメント（判例タイムズ1434号〈2017年〉64頁）も「不作為による過失犯」という範疇化を行っている。

例が説明にかかる注意義務を認めるにあたり、その実質的な根拠を奈辺に求めているかである。これを判文のなかに探すと、次の２点、すなわち、被告人が①職掌上、説明すべき立場にあったことと、②みずから「常閉」へと指示を変更し、水抜き作業という新たな管理事項を生じさせたこと、が見出せる。これらはそれぞれ、①他所からの介入による事故防止のチャンスを遮断するという消極的な意味における危険創出、および、②事故原因を新規に設定するという積極的な意味における危険創出、に相当するものといえよう。

　ひるがえって考えてみると、このような危険創出はいずれも、不真正不作為犯における作為義務の発生根拠として伝統的に掲げられてきたものである。もちろん、理論的にはいずれか一方で足りるはずであるが、本判例は周到さを期すためいずれにも言及したのだと推察される。そして、以上のことは、被告人が①これ「を信奉する患者の親族から、重篤な患者に対する手当てを全面的にゆだねられた立場にあった」ことと、②「自己の責めに帰すべき事由により患者の生命に具体的な危険を生じさせた」ことを根拠として殺人罪の不真正不作為犯における作為義務を認めた最決平成17・7・4刑集59巻6号403頁〔シャクティパット事件〕、および、その調査官解説[5]の内容にほぼ全面的に対応している。

　このように見てくると、本判例は、注意義務という表題のもとで実質的には「説明する」という作為義務を問題とする、その意味で、過失不作為犯を認定したものととらえるのが妥当である。唯一気になるのは、なぜ「常閉」への指示変更をとらえて作為犯と構成しなかったかである。もちろん、検察官がそのように訴因を構成しなかったからだといえばそれまでであるが、本件では理論的観点から考察しても作為犯と構成しにくかったのではないかと思われる。というのも、「常閉」への指示変更そのものは硫化水素の漏出を防ぐという大きな有用性を担った行為であり、説明の懈怠まで視野に入れなければ、むしろ、法的に許容されるべきものとも考えられるからである。こうして、本件を作為犯として訴因構成しなかった検察官の判断もまた的確であったといえよう。

（5）　藤井敏明「判解」最高裁判所判例解説刑事篇（平成17年度）184頁以下。

(2) 予見可能性の意義

本判例は(1)で述べたように、被告人に対し、説明するという実質的には作為義務としての（業務上の）注意義務を認めたうえ、「本件においては、この伝達を怠ったことによってメタンガスの爆発事故が発生することを予見できたということもできるから、この注意義務を怠った点について、被告人の過失を認めることができる」と締めくくっている。これを素直に読めば、本判例は、説明を怠るという注意（作為）義務違反から爆発事故（ひいては被害者の死傷）が生ずることの予見可能性をもって、被告人の過失を認定していることになる。その内実は、作為義務違反による結果の惹起という不法について、これが予見可能であることを根拠に被告人の責任、したがって、過失不真正不作為犯の成立を肯定するものであって、私見と寸分たがわぬといっても過言ではなかろう。しかも、このような分析を本人が加えるのは適当でないかもしれないが、我田引水という評価はあたらないように思われる。というのも、私見は、そもそも、諸判例にあらわれた実質的な考慮を、ただ、一般的な刑法理論にも整合するよう抽象化したものだからである。

これに対して学説には、前記のような説示が晦渋であり、それは予見可能性の理論的な位置づけに関する最高裁の理解が揺れ動いていることを示しているのだ、と指摘するものもある(6)。しかし、それこそ牽強付会というものではなかろうか。たしかに、「予見できたということもできる」という表現が日本語として格調高く、美しいものといえるかには若干の疑問もある。しかし、たとえば、「も」というのは「（要るかどうかははっきりしないが）念のため」という趣旨ではない。そうではなく、単に、注意（作為）義務違反による被害者の死傷という不法のみならず、被告人がこれを予見しえたという責任「も」また認められる、というそのままの趣旨にすぎないのである。また、「でき」た、「でき」ると繰り返されているのも、あえて冗長な表現を用いることにより論理関係を不明瞭にしている、というわけでは決してなかろう。むしろ、それは日本語特有の主語省略表現ととらえるほうがはるかに自

───────────────

（6） 2016年12月10日に東京大学で開催された刑事判例研究会において、樋口亮介准教授が（私の理解が正しければ）そのような趣旨の報告をされた。その内容は論究ジュリストに掲載される予定である。

然である。具体的には、「〔被告人が〕予見できたと〔当審は〕いうこともできる」という表現の省略形にすぎないのである。

(3) 信頼の原則の適否

本判例は、(2)で見た締めくくりに続き、「なお」として信頼の原則に関する弁護人の主張に応えている。すなわち、設計担当者であった被告人は、施工担当者から不動産会社に的確な情報伝達がなされるものと信頼することにより、みずから説明しないという注意（作為）義務違反につき過失犯の責任を免れえない、というのである。

別稿[7]で詳論したように、信頼の原則なるものが刑法体系において、それ自体、一個の理論的位置を占めているわけではない。そうではなく、さまざまな理論的根拠により、さまざまな犯罪成立要件が欠けることで可罰性が阻却されうる諸事例から、他人の適切な行動を前提にしてよい場合という現象面に着目して抽出された、まさに事実上の類型にほかならないのである。そして、そうであるとすれば、かりに「信頼の原則が適用される／されない」という説示が（人口に膾炙しているという理由から）それ自体として非難されるべきものではないとしても、せめて、「なぜそうなのか」という実質的な根拠を、しかも、欠如する／しない犯罪成立要件が分かるように示していただきたいものである。むろん、それは具体的な要件の名前を掲げるというのでなくても、たとえば、当該要件の（不）充足を認定するためであることが明らかな事実を摘示することで足りよう。

本件において問題となりうる信頼の原則の理論的形態としては、①社内における職務分担等に照らし、施工担当者が設計担当者と同等の情報を共有し、これを不動産会社に伝達するという体制が確立されており、そのため、設計担当者としては、情報を共有ラインに載せたところで注意（作為）義務の内容が尽きている、あるいは、たとえそうでないとしても、②各般の状況に照らし、実際上、施工担当者が独自に不動産会社に対して情報を伝達してくれるものと期待しうるから、設計担当者から直接・間接に説明しなければ同社には伝わらないおそれのあることを予見できない、などといったものが

（7）　小林憲太郎「過失犯（下）」判例時報2317号（2017年）34・35頁。

考えられよう。①は注意（作為）義務の制限が、②は予見可能性の制限が、それぞれ、施工担当者を信頼してよいという命題の理論的実体を構成している。

　一方、本判例はというと、信頼が許されない理由として「被告人は、本件建設会社の施工担当者に対して、結露水排出の意義等に関する記載のない本件スケッチを送付したにとどまり、その後も水抜きバルブに係る指示変更とそれに伴う水抜き作業の意義や必要性に関して十分な情報を伝達していなかった」ことを指摘している。そこでは簡潔明瞭にまとめられた事実関係が、しかし、対応する理論的意義が明らかにされないまま、単一のものとして掲げられているにとどまるためやや分かりにくいが、おそらく、①も②もともに否定する趣旨であろう。すなわち、それだけでは①施工担当者から不動産会社に伝達されるコースに情報を載せたとはいえないだけでなく、②実際上、施工担当者が不動産会社にきちんと説明してくれないであろうことは、設計担当者としても十分に予想できた、というわけである。本判例の前提とする事実関係を見る限り、そのとおりであろうと思われる。

⑷　大谷補足意見の評価

　大谷補足意見は弁護人の上告趣意中、予見可能性を欠くとの主張に対して応えたものである。すなわち、たしかに、本件は排気ファンの停止や警報ブザーの不鳴動といった不運が折り重なって発生した事故であり、ガス抜き配管の閉塞という単一の原因に基づいて、いわば単線的に起こった出来事ではない。しかし、設計上は、あくまでガス抜き配管設備こそが本来的なメタンガス排出装置とされており、他は多重防護の観点から念のため設置されたものにすぎない。そうすると、前記設備に重大な機能障害の生ずるおそれがあるときは、他の防護装置がこれに代わって前面に出るという対等な互換性を認めるべきではない。そうではなく、むしろ、いわば「親亀こけたらみなこける」方式に基づき、あくまで万一の場合に備えた不完全な保険にすぎない他の防護装置は、本来的な防護装置の機能不全という前提条件の変化によって、ともに不十分な防護装置であるとの評価を免れえないものと解すべきである。そうすると、当然、他の防護装置が適切にはたらかないことが重なって事故が発生したからといって、業務上過失致死傷の客観的帰属が遮断され

るいわれはない。そして、被告人が以上のような防護装置の意義を十分にわきまえていた以上、前記客観的帰属の予見可能性が否定されることもない。大谷補足意見の趣旨は大要、このようにまとめることができ、私自身もこれに基本的に賛同するものである。

　一方、学説では、大谷補足意見が「『基本的部分の予見可能性』というポイントは、メタンガス処理の安全対策としての本件設計の意義をどのようなものと認識するかという検討に解消されているということもできよう」と、まさに「補足」的に述べている点をとらえ、その真意をめぐってさかんに議論がなされている[8]。もっとも、本件における予見可能性の判断が、実質的に見て、前記「検討に解消されている」というのは、すぐ前に見たように、完全に正しい分析である。したがって、注目すべきなのは、本件においてというよりも、むしろ、一般論として、「因果関係の基本的部分の予見可能性」という主題化が適当なケースの存在しうることを、裁判長裁判官が（補足意見においてであれ）明示的に承認した点であろう。

　もちろん、これは所論に応えたものであるから、「かりにそのようなケースが存在しうるとしても、本件はこれにあたらない」という仮定的な判断が示されているにすぎない、と読むほうが適切なのかもしれない。しかし、従来、そのようなケースははじめから存在しないと主張してきた私としては[9]、「かりにもっと積極的な判断が示されているとすれば」、ぜひ、そのようなケースをひとつでもあげていただきたいところである。

（８）　北川佳世子「温泉施設の爆発事故と因果経過の予見可能性」法学教室433号（2016年）68頁以下、杉本一敏「『因果関係の基本的部分』の予見可能性について—渋谷温泉爆発事件決定を契機に—」刑事法ジャーナル50号（2016年）４頁以下、山本紘之「結果回避義務について」刑事法ジャーナル50号（2016年）27頁以下、高橋則夫「過失犯における行為規範と注意規範の連関」『山中敬一先生古稀祝賀論文集（上巻）』（2017年、成文堂）453頁以下、大塚裕史「結果の予見可能性と因果経過の予見可能性—渋谷温泉施設爆発事故最高裁決定を契機として—」同書505頁以下、岡部雅人「過失犯における『因果経過の予見可能性』について—渋谷温泉施設爆発事故最高裁決定をてがかりとして—」『理論刑法学の探究⑩』（2017年、成文堂）１頁以下などを参照。
（９）　小林憲太郎「過失犯（上）」判例時報2314号（2017年）９頁以下を参照。

Ⅲ　おわりに

　以上で見てきたように、近時の、とくに最高裁判例は——もちろん、私見を参照したのではなく、むしろ、その逆であるが——私見と基本的に同様の発想に基づいているように思われる。博士の見解との違いを際立たせるかたちで表現するならば、前記判例は故意犯におけるのと同様、過失犯においても実質的に作為犯と（不真正）不作為犯を区別するとともに、後者の客観的帰責に必要となる（先行する許されない）危険創出に関しても、これまた故意犯におけるのと同様、積極的な形態と（他所からの救助チャンスを遮断するという）消極的な形態をともに承認している、ということになる。

　私見は学界において、しばしば、博士の先行行為説に従うもの、あるいは、これに類するものとして理解される。本稿は、この分野において最高権威としていわば超越的存在であられる博士とは異なり、いまだ学者として「反抗期」にある未熟な私が、このような慣行から脱しようと必死にもがいたものにすぎないのかもしれない。今後もより周到な論証をもって博士の見解を批判しうるよう精進を重ねることを約し、古稀のお祝いに代えさせていただきたいと思う。

追　　補

　1　脱稿直前に最（二小）決平成29・6・12刑集71巻5号315頁〔福知山線列車脱線転覆事故事件〕に接した。JR西日本の歴代社長である被告人らにおいて、鉄道本部長に対し、ATSを本件曲線に整備するよう指示すべき業務上の注意義務の存否が争われた過失不真正不作為犯の事案であり、これが否定された点に注目が集まっている。

　もっとも、本判例の理論的構造を解明しようとする際、他の判例と同様の方法をもってこれにあたるのは必ずしも適切とはいえない。というのも、本件は強制起訴の事案であり、本判例もそのことを勘案し、冒頭に公訴事実を掲げたうえ、指定弁護士の所論に丹念に応える、という形態をとっているからである。もちろん、通常の判例であっても、「当事者の主張に応えただけ

であり、裁判所がそのような特定の理論的立場に依拠するものと即断することはできない」などと解説されることは多い。しかし、本判例においては、そのような解説がとりわけ強く妥当することに十分な注意が必要であろう。

このことをふまえたうえで、本判例の構造を観察すると、それは二段構えで所論を排斥するものとなっている。第1に、公訴事実に反し、本件曲線に特化された脱線転覆事故発生の予見可能性がない（本判例の3⑴）、第2に、指定弁護士の主張に反し、「運転士がひとたび大幅な速度超過をすれば脱線転覆事故が発生する」という程度の認識では足りない（本判例の3⑵）、というのである。そして、両者は裁判所が想定する過失犯の成立要件を理論的に正しい順番で検討したものというよりも、むしろ、公訴事実と補足的な主張を順を追って排斥しようとしたものととらえるほうが自然であろう（同様に、死傷結果の予見可能性が正面から問題とされていないのも、裁判所がこれを不要とする趣旨では決してなく、単に、予見可能性をできるだけ緩やかに認めたい公訴事実ないし指定弁護士の〈「脱線転覆事故が発生する危険性を予見できた」とする〉ことば遣いにならいつつ、その主張を丁寧に排斥しているだけだと思われる）。

2　それでは、本判例による前記2つの判断は、理論的にはどのような内容をもつものとして理解されうるであろうか。

まず、第1については、そのままの意味であろう。すなわち、たとえ本件曲線が他から突出して危険であり、それゆえ、純粋に客観的に見れば、ATSの整備等、特別な対処が要請されるものであったとしても（本判例の2⑷を参照）、そのことを被告人らが認識しえたものということはできない、という趣旨である。それは畢竟、責任要素としての予見可能性を否定する判断に帰する。

次に、第2については、第1を前提としつつ、被告人らがせいぜい認識することのできた抽象的なおそれだけでは、そもそも不法を構成しえない、という趣旨であろう。「運転士がひとたび大幅な速度超過をすれば……」などといった事態まで想定し、その仮定のもとで脱線転覆事故が発生しうるすべての曲線にATSを整備しなければ列車を走らせられないというのでは、社会全体の厚生という点から見て、プラスに比しマイナスのほうが大きすぎる。そして、そのことは、当時の法令や鉄道事業者の実態にもあらわれてい

る。このように解されるのである。それは畢竟、講学上、いうところの許された危険論を正確に敷衍したものといえよう。

　一方、従来はいわゆる管理・監督過失の事案類型、ことに、大規模火災のケースを前提としつつ、いわゆる「いったん公式」が判例において採用されてきた。すなわち、「いったん火災が発生すれば……」というように、火災の発生という抽象的な可能性まで現実のものと想定しつつ、これにあらかじめ備えておかないことをもって処罰してきたのである。しかし、そのようなケースにおいては、むしろ、スプリンクラーや防火扉を設置することのコストよりも、それによって火災事故のリスクが減るというベネフィットのほうが大きいのであり、そのことは消防法等の関係法令にもあらわれている。したがって、そこでは不法を肯定しうるのであるから、指定弁護士の主張に反し、本件とは事案を異にするものといわざるをえないであろう。

　そして、本判例に付された小貫芳信裁判官の補足意見も、以上とほぼ同旨を述べるものであって支持しうる。

　3　最後に、本判例に対するコメントという趣旨を超えて、やや外在的な視点から2点、指摘しておきたい。

　第1に、本判例は多くの判例と同様、注意義務がないという表現で締めくくっているが、それは必ずしも特定かつ単一の犯罪成立要件を想定しつつ、これを否定するものではない。注意義務は重層的な構造を有しており、個々の層における理論的検討（および事実認定、あてはめ）を経たのち、最後のいわば「決め台詞」として注意義務がないと表現されているにすぎない。これはひとり私の分析というにとどまらず、現に本判例においても、2で見た第1および第2において精緻な理論的検討がなされているのである。

　第2に、第1とも関係するが、本件においては（過失不真正）不作為犯が問題となっているにもかかわらず、作為義務プロパーに関する特段の検討がなされていない。たしかに、ゼロベースで本件の処理にあたるのであれば、たとえば、「許された危険を創出したにすぎない者には、その実現を防止すべき作為義務を課すべきではない」などといった議論を立て、それによって無罪の根拠のひとつを得ようとする努力が理論的な誤りであるとはいえない。もっとも、裁判所に対し、まずもって要請されるのは過失論を一から

大々的に展開することではなく、むしろ、当事者の主張に対して的確に応えることであり、本件においてそのような要請がとくに強いことはすでに述べたとおりである。そして、そこで不法の予見可能性と、予見可能事実の不法該当性が指定弁護士により争点化されている以上、作為義務論そのものはさて措き、それらに絞って検討を加え、順に否定していくというのが、無罪を導く判断手法として適正を欠くものとは思われない。

　もっとも、以上は本判例が出された直後の一読した感想にすぎず、精密な検討については他日を期したい。

（こばやし・けんたろう）

中国刑法における違法性論

張　　　光　　　雲

Ⅰ　は じ め に
Ⅱ　伝統的犯罪論における違法性
Ⅲ　中国における違法性論の新展開
　　——行為反価値論と結果反価値論の対立——
Ⅳ　終 わ り に

Ⅰ　は じ め に

　中国刑法理論は、現在、転換期を迎えて大きく変貌しようとしている。1997年新刑法典の制定によって、刑事立法の全面改正が当面行われないこともあり、従来のような刑事立法論あるいは犯罪の階級的本質などの究明に精力を費やさずに、議論の中心は刑法解釈論に移りつつある。また、和気藹々の討論でなく、学派を形成してぶつかり合うことを指向した学術的論争の必要性が認識されており[1]、海外から次々と理論を導入して議論を深めている。その中の一つに、日本において学派争いの後に1970年代に始まった、最も峻烈な論争である違法性の本質をめぐる「行為反（無）価値論と結果反（無）価値論との論争」があり、この論争が近年に中国にも導入され、議論され始めている。なお、中国における行為反価値論と結果反価値論の論争の前ないし同時期に、ほかに三つの大きい論争が行われた。この四つの論争は、多かれ少なかれ違法性論の議論と関わりがある。なお、論争の勢力は、大きく分けて、いわゆる伝統的刑法理論[2]、実際は旧ソ連の刑法理論をベースに理論を構築する立場（「伝統派」と呼ばれている）と日本やドイツ[3]の刑法理論を

（1）　張明楷「学術之盛需要学派之争」環球法律評論2005年第 1 期50頁以下、陳興良「走
　　向学派之争的刑法学」法学研究2010年第 1 期144頁以下など。

ベースに理論を構築する立場（「独日派」と呼ばれている）との二つがある。

　最初の論争は、まずは伝統的刑法理論に対する反省として、その中核に据えられた理論である社会的危害性論に対して、その廃止論者により批判が展開されたが、これに対して、社会的危害性論の支持者は批判に対する反論を行った。続いて、第2次の論争は、犯罪論体系についての論争である。これは、四要件体系と呼ばれる伝統的犯罪論体系に対する独日派からの批判とそれに対する伝統派の反論である。この二つの論争は、刑法理論の方向性や方法論の問題に関するものであるが、陳興良教授によれば、これらは、刑法知識の脱ソビエト化のためのものである[4]。後の二つの論争は、伝統派と呼ばれる学者はほとんど参加しておらず、ほぼ独日派の内部における論争である。これらは、上述の違法性の本質をめぐる論争と、形式的犯罪論と実質的犯罪論又は形式的解釈論と実質的解釈論をめぐる論争である。

　本稿は、伝統的刑法理論における違法性の問題について考察を加え、そして近年中国における行為反価値論と結果反価値論をめぐる論争を概観して検討し、その上で結果反価値論と形式的犯罪論の優位性を論じる。

（2）　もともと、中国においては、今や伝統的刑法理論と呼ばれているものは、前近代の中国伝統刑法や民国期の近代刑法理論を指しているのではなく、それは1950年代初期に旧ソ連から導入した「社会主義的」刑法理論のことを指しているのである。なお、旧ソ連からの影響は、中ソ関係の悪化や中国国内の政治運動の昂揚により、ほぼ1950年代にとどまった。

（3）　現段階では、ドイツよりも日本からの影響が大きいと考える。中国の改革開放の後、早くも1986年に、福田平＝大塚仁編『刑法総論講義』（1968年、青林書院新社）が李喬教授、文石教授、周世錚教授によって中国語（『日本刑法総論講義』〈1986年、遼寧人民出版社〉）に翻訳され、それ以来、数々の日本刑法文献が中国に紹介された。例えば、違法性論に関しても、伊東研祐／秦一禾訳『法益概念史研究』（2014年、中国人民大学出版社）、日髙義博／拙訳『違法性的基礎理論』（2015年、法律出版社）などの文献がある。

　　また、西原春夫教授が提唱され、1988年に始まった日中刑事法学術討論会にも中国刑法の発展に大いに寄与したに違いない。なお、今日、第一線で活躍している中国刑法学者の多くは、日本留学経験者である。例えば、馮軍教授、黎宏教授、張明楷教授、周光権教授、付立慶教授などが挙げられる。

（4）　陳興良『刑法知識論』（2007年、中国人民大学出版社）序XI頁。また、陳興良／金光旭訳「中国刑法学の再生」刑法雑誌50巻2号（2011）267頁も参照。

Ⅱ　伝統的犯罪論における違法性

　中国刑法における伝統的犯罪論体系は、犯罪概念と犯罪構成によって成り立っているが、拙著では、それを二重構造的犯罪論体系であると指摘した[5]。まず、犯罪概念については、刑法典13条の「国家の主権及び領土の保全と安全に危害を与え、……公民の人心の権利、民主的権利及びその他の権利を侵害し、又はその他社会に危害を与える行為で、法律に基づいて刑罰による処罰を受けなければならない場合は、すべて犯罪である。……」という犯罪概念規定によると、社会的危害性、刑事違法性及び刑事応罰性（応受刑罰処罰性）との三つの特徴からなると解されている[6]。また、犯罪構成においては、犯罪の客体、犯罪の客観的側面、犯罪の主体、犯罪の主観的側面という四つの要件によって構成されている[7]。

1　犯罪概念について

(1)　刑事違法性

　伝統的な犯罪概念において、最も違法性の概念に近いものは、「違法性」という言葉を含む刑事違法性という概念である。

　いわゆる社会主義刑法理論には、もともと違法性という概念がなかった。違法性概念を初めて社会主義刑法に導入したのは、ドゥルマノフ（Н.Д.Дурманов）が1943年に書いた博士論文である『犯罪概念』（1948年公刊）あったが、この著書では、犯罪の特徴として社会的危害性、違法性（противоправность）、罪過、刑事応罰性、不道徳性の五つ要素を挙げている[8]。

　1940年代末期から、違法性の要素は、犯罪概念の基本特徴として注目され

（5）　拙著『中国刑法における犯罪概念と犯罪の構成──日本刑法との比較を交えて──』（2013年、専修大学出版局）155頁以下、178頁。
（6）　高銘暄＝馬克昌主編／趙秉志執行主編『刑法学［第八版］』（2017年、北京大学出版社、高等教育出版社）45〜48頁〔高銘暄執筆〕。
（7）　高＝馬主編／趙執行主編・前掲注(6)51頁〔高執筆〕。
（8）　А・А・皮昂特科夫斯基ほか／曹子丹ほか訳『蘇聯刑法科学史』（1984年、法律出版社）22頁〔О・Ф・希紹夫執筆〕。また、杜爾曼諾夫著／楊旭訳『蘇聯刑法概論』（1950年、中央人民政府法制委員会）12頁。

始めたという[9]。なお、ここでの違法性においての法は、法律を指すのではなく、法を指すので、実質的な概念である[10]。

　一方、中国においては、1979年以前は、そもそも刑法典が未整備であったため、「刑法に違反する」という意味を示す違法性の概念の採用には消極的であった。これは、「過去において我が国はいくつかの単行刑事法規があったものの、完全な刑法典がなく、多くの犯罪に対し、罪を定めて刑を科すのが主に政策と実践上の経験のまとめに基づいて行われたのであるため、犯罪は刑法に違反するという特徴を具備しなければならないことを強調するのは、現実的でないし、犯罪との闘争を束縛しかねないのである。」[11]という意識があったからである。

　1979年刑法典が制定されたことにより、行為の社会的危害性をばかり強調するのでなく、当然、違法性も併せて考察する必要性が出てくるはずである。ただし、中国においては、法（Recht）と法律（Gesetz）をはっきり区別せず、法に対する理解は、形式的な傾向が強いように思われる。中国刑法で使われる「刑事違法性」は、刑罰法規に違反する[12]という形式的な意味しか持ってないのである。これは、伝統的刑法理論では通常、違法性と称するのではなく、刑事違法性と称しており、わざわざ違法性の前に「刑事」を入れるのは、形式的な理解を前提としているためであろう。

　したがって、刑事違法性の概念によって実質的違法性論を展開することは困難である。

⑵　社会的危害性

　違法性に実質的に類似している概念は、中国刑法では、社会的危害性という概念であると指摘されている[13]。確かに、社会的危害性は、犯罪の本質を現しているものと解されていることから、それは実質的違法性につながるものである。正当防衛なども、社会的危害性の排除と称して、正当化される。

（9）　Ａ・Ａ・皮昂特科夫斯基ほか・前掲注(8)25頁〔Ｏ・Φ・希執筆〕。

（10）　王世洲＝劉孝敏「論刑法中違法性的概念与体系性功能」賈宇主編『刑事違法性理論研究』（2008年、北京大学出版社）65頁。

（11）　楊春洗ほか『刑法総論』（1981年、北京大学出版社）90頁。

（12）　高＝馬主編／趙執行主編・前掲注(6)47頁〔高執筆〕。

ただし、社会的危害性は、犯罪概念の最も本質的な特徴を現すものであり、犯罪の成立要件としては機能していないのである。また、社会的危害性は違法性の本質に関する一つの解釈でありえたとしても、違法性の下位概念であり、違法性概念そのものではないと言うべきである。

また、社会的危害性は、違法性の一解釈であるが、それもまた特殊的な立場である。なぜならば、社会的危害性論は、過去に対する清算と人的危険性という将来に対する社会的防衛の必要性との二つ側面を持っている。それは、主観主義刑法観の考えを取り入れている。もともと、社会的危害性は、旧ソ連刑法における社会的危険性という概念から由来しており、中国においても1950年代に社会的危険性の概念が使われていた。さらに遡ると、社会的危険性を中心とした旧ソ連の刑法理論は、新派のフェリーからの影響であったとの指摘もできる[14]。

したがって、社会的危害性は違法性の一解釈であり、違法性そのものではない。また、社会的危害性論は、主観主義刑法観の流れを汲み込んだものであり、主観的違法性論と客観的違法性論のいずれなのかと言うならば、主観的違法性論に属することから、客観的違法性論の内部における論争である「行為反価値論と結果反価値論との論争」には馴染まないと言える。

2　犯罪構成について

伝統的犯罪の成立要件である犯罪構成は、上述したように四つの要件によって構成されているが、その構造上、それは段階的・順次的な判断ではなく、平面的・総合的な判断が求められている。それらの各要件においては、主観と客観の統一性が強調され、違法と責任とを区別せず、違法や不法といった概念も採用していなかった。また、犯罪構成における四つの要件は、す

---

(13)　小口彦太『現代中国の裁判と法』(2003年、成文堂) 230～231頁、李立衆『犯罪成立理論研究――一個域外方向的賞試』(2006年、法律出版社) 161頁、黎宏『刑法総論問題研究』(2007年、中国人民大学出版社) 74頁、陳興良「違法性理論：一個反思性検討」中国法学2007年第3期156頁など。

(14)　木村亀二「フェリーとソヴェート・ロシア刑法」同『刑事政策の諸問題［第七版］』(1969年、有斐閣) 484頁以下所収 (初出1930年)、三井誠＝町野朔＝中森喜彦『刑法学のあゆみ』(1978年、有斐閣) 28頁〔町野朔執筆〕。

べて積極的な要件であり、犯罪阻却事由のような消極的な機能を担ってはいないことから、実質的違法性論も展開しえないのである。

これに対して、犯罪構成には違法性を担う要件を見出しえないが、伝統的犯罪論体系における四つの要件を解体して、それぞれを段階的犯罪論体系の各要件に合わせて再構成するという方法が提示された。つまり、犯罪の客観的側面を構成要件に、犯罪の客体を違法性に、犯罪の主体と犯罪の主観的側面を有責性に組み替えようとするのである。そのうち、犯罪の客体[15]が、実質的違法性と関連する核心的な概念である法益概念に類似していることを念頭に、犯罪の客体という要件を理論的に組み替えて違法性の役割を付与しようとする見解が出されたのである[16]。

しかし、このように再構成された犯罪構成の理論は、もはや従来の犯罪構成理論ではない。また、犯罪の客体は法益概念に当たるとしても、それをそのまま違法性概念にすり替えることは論理的に困難である。

3 小 括

社会的危害性論は、「社会に危害を与えるものは違法である」とする理論である。もとより、社会的危害性は、違法性と類似する概念であると言うより、違法の内実に関する一つの見解を示したに過ぎない。社会的危害性をそのまま違法性の代替概念とすることはできない。また、刑事違法性は、形式的違法性であり、社会的危害性の法律的な特徴を現わしたものであるため、社会的危害性の上位概念として機能することはできない。

そこで、伝統的な犯罪概念から違法性を展開するのであれば、ここに社会的危害性と刑事違法性を統合する上位概念を創らなければ成り立たない。しかしながら、社会的危害性は犯罪の本質を現すという硬直化したテーゼがあるので、両者の概念を統合した新たな理論を展開することができないと言える。

---

(15) 犯罪の客体という要件は、大陸法系国家の刑法理論においての違法性を手本に仕上げたものであるとの見解がある（肖中華『犯罪構成及其関係論』〈2000年、中国人民大学出版社〉35～36頁。）。

(16) 童偉華『犯罪構成原理』（2006年、知識産権出版社）26頁以下、黎・前掲注(13)47頁。

また、犯罪構成理論においても、段階的な手順を取っておらず、不法と責任をはっきり区別していないことから、そこでは違法性論を展開しえないと言える。

なお、伝統的犯罪論には違法性概念がなかったことから、伝統的犯罪論に立脚する研究者は、違法性の本質をめぐる「行為反価値論と結果反価値論の論争」に参画しづらい状況にある。劉艶紅教授は、違法性の本質に関して結果反価値論の立場に賛同を示している[17]が、自身が編集した教科書においては、伝統的犯罪論体系を採っているため、違法性論を展開していなかった[18]。中国刑法理論における違法性論の展開は、ドイツや日本などの段階的犯罪論体系を導入してはじめて可能となろう。

Ⅲ　中国における違法性論の新展開
——行為反価値論と結果反価値論の対立——

上述したように、段階的犯罪論体系の導入によって、構成要件と違法性が区別され、さらに違法と責任が区別されることになり、中国刑法での違法性の本質に関する議論のあらたな展開が可能となるのである。

違法性の本質をめぐる結果反価値論と行為反価値論の論争は、中国刑法においては、二元的行為無価値論と一元的結果反価値論の二つの陣営に分かれて展開されている。両陣営の論争は、主に結果反価値論を代表する張明楷教授[19]と行為反価値論を代表する周光権教授[20]との間で行われた。加えて、議論に活発に参画している研究者を挙げると、前者の立場には黎宏教授[21]が、

---

(17)　劉艶紅「主観要素在階層犯罪論体系的位階」法学2014年第2期48頁以下。

(18)　劉艶紅主編『刑法学（上）［第二版］』（2015年、北京大学出版社）第74頁以下〔劉艶紅執筆〕。

(19)　張明楷『法益初論』（2000年、中国政法大学出版社）269頁以下、同『行為無価値論与結果無価値論』（2012年、北京大学出版社）など。

(20)　周光権『法治視野中的刑法客観主義』（2002年、清華大学出版社）224頁、同「行為無価値論之提唱」比較法研究2003年第5期27頁以下など。

(21)　黎宏「行為無価値論与結果無価値論：現状和展望」法学評論2005年第6期120頁以下、同『結果本位刑法観的展開』（2015年、法律出版社）、同『刑法学総論［第二版］』（2016年、法律出版社）46頁など。

後者の立場には労東燕教授[22]がいる。両陣営の各支持者の人数を単純に比較するならば、行為反価値論者の方が圧倒的に多いように見える[23]が、その一方、影響力からすると、結果反価値論論者の方が、学界での有力者[24]が多いことも確かである[25]。

　ここでは、両陣営の代表的な論者の所説を取り上げ、その主な見解を紹介した上で、検討を加えることとする。

---

(22)　労東燕「防衛過当的認定与結果無価値論的不足」中外法学2005年第5期1324頁以下、同『刑法中的学派之争与問題研究』（2015年、法律出版社）など。

(23)　周光権教授と労東燕教授のほかには、李海東『刑法原理入門（犯罪論基礎）』（1998年、法律出版社）47頁、王安異『刑法中的行為無価値与結果無価値研究』（2005年、中国人民公安大学出版社）135頁、鄭軍男『不能未遂犯研究』（2005年、中国検察出版社）300頁、張軍「犯罪行為評価的立場選択——為行為無価値論弁護」中国刑事法雑誌2006年第6期10頁以下、于改之「社会相当性理論的体系地位及其在我国適用」比較法研究2007年第5期23頁以下、陳家林「論我国刑法学中的幾point基礎性概念」中南大学学報（社会科学版）2008年第2期204頁以下、陳璇『刑法中社会相当性理論研究』（2010年、法律出版社）76頁以下、周詳「規則功利主義違法観之提唱——刑法学派之争視角的展開」清華法学2013年第1期28頁以下、冷必元「風険犯法益侵害的二元違法性評価」国家検察官学院学報2014年第1期100頁以下、羅翔「結果無価値論之検討」法学研究2014年第2期73頁以下、馬楽「行為功利主義的邏輯与結果無価値論的困境」刑事法評論2014年第1期27頁以下、江溯「二元違法論与未遂犯的処罰根拠」国家検察官学院学報2014年第2期94頁以下、胡洋「論行為無価値論的価値——基於『行為無価値論批判』解釈的展開」現代法学2016年第3期98頁以下などが挙げられる。また、馮軍教授は、違法性の本質についてその立場を表明していないが、大塚仁教授及びヤコブス教授からの薫陶を受け、近年積極的にヤコブスの規範（馮軍『刑法問題的規範理解』〈2009年、北京大学出版社〉、同「刑法教義學的立場和方法」中外法学2014年第1期172頁以下など）や敵対刑法を展開したことから、基本的に行為反価値論ないし一元的行為反価値論に立つと思われる。

(24)　陳興良教授は伝統的刑法理論への批判に力を入れているためか、行為反価値論と結果反価値論との論争に本格的に参加していないものの、規則功利主義に好意を示したことから、行為反価値論の支持（周嘯天「行為、結果無価値論哲学根基正本清源」政治与法律2015年第1期25頁以下。なお、規範功利主義と行為反価値論との関連性があるとしては、井田良『変革の時代における理論刑法学』（2007年、慶応義塾大学出版会）119頁参照）をほのめかしていると言えなくもないが、結果反価値論への支持を明言している（陳興良『教義刑法学［第二版］』（2014年、中国人民大学出版社）363頁、同「刑法教義學的発展脈絡——記念1997年刑法頒布二十周年」政治与法律2017年第3期2頁以下。）。

(25)　他には、付立慶『主観違法要素理論——以目的犯為中心的展開』（2008年、中国人民大学出版社）146頁、劉・前掲注(17)48頁、李勇『結果無価値論的実践性展開』（2013年、中国民主法制出版社）などが挙げられる。

1　行為反価値論

(1)　周光権教授の見解

行為反価値論の代表的論者(26)としては、周光権教授を挙げることができよう。

周光権教授は、違法性の本質について、終始一貫して規範違反説を支持している。ただし、規範の内容については、その主張が移り変わっている。当初は、ヤコブスの規範論に賛成を表明していたが(27)、間もなく国家社会倫理規範違反説に転じた(28)。近年は、社会倫理規範から距離をとり、社会倫理規範違反説と決別する意味で、自説を「新行為無価値論」又は「新規範違反説」と名付けて、行為規範違反説を展開している(29)。これにより、法益を従前よりも重視するようになり、「刑法は最終的に法益を保護することにある。」(30)と論じるに至っている。

そして、周教授は、違法の本質については「犯罪は行為規範に違反し、その上法益を侵害した行為である」(31)とし、刑法の任務については社会の基本規範を維持することにあるとしているが、「刑法は行為規範の有効性を確保することによって、法益を保護する」としている(32)。このことから、違法性の本質に関しては、規範違反性と法益侵害性の両方を求める、違法二元論を採っていることが明らかである。その両者の関係については、「行為無価値論は、なるべく道徳主義の影響から離れる必要があり、そして新規範違反説と行為の法益侵害指向性説とを合わせて考慮し、さらに行為の法益侵害指向性説を優先的に考慮する地位に置くべきである。」(33)としていることから、

(26)　いち早く違法性論を中国に紹介し、行為反価値論に基づいて体系的に理論を構築したのは、李海東教授（前掲注(23)、特に47頁以下、78頁）であったが、その後、間もなく李教授は学界を去ってしまったことから、行為反価値論陣営のオピニオン・リーダーの登場は周光権教授を待たなければならなかった。

(27)　周光権『刑法学的向度』（2004年、中国政法大学出版社）124頁。

(28)　周光権『刑法総論』（2007年、中国人民大学出版社）197頁。

(29)　周光権『刑法総論［第二版］』（2011年、中国人民大学出版社）138頁、同『刑法総論［第三版］』（2016年、中国人民大学出版社）33頁。

(30)　周・前掲注(29)［第三版］37頁。

(31)　周・前掲注(29)［第三版］１頁。

(32)　周・前掲注(29)［第三版］６頁。

両者は総合的な判断であるとしつつも、法益侵害性を優位にさせようとしているように見える。

　以上のことからすると、周教授は、行為反価値と結果反価値との関係については、結果反価値を優先させるとしていることから、跛行的結果反価値論の立場に近いとも見えなくはない。しかし、行為反価値と結果反価値の間には、順位付けがなく、両者を並行して総合的に考慮しており、裁判規範より行為規範を優先させて、違法性の判断時期についても事前判断に依っていることから、周教授の立場は、なお従来の違法二元論の立場であると言える。また、主観的違法要素については、限定すべきとしつつ、ほぼ全面的に肯定し、違法性の判断対象は、行為に重点を置きながら結果をも考慮するとしている[34]。その現われとして、偶然防衛の場合においては、防衛意思必要説を採り、既遂の結果反価値はないが、未遂の結果反価値が残っており、行為者には未遂の行為反価値もあることから、このような結果反価値と行為反価値がともに存在している場合は、違法性は阻却されないことから、未遂説を採るべきとする[35]。

　また、周教授は、違法性の根幹をなすものは、行為規範違反であるとしている。そして、行為規範違反の内実は、デュルケームが言う集合意識への違反であるとする[36]。また、「規範を確立して国民の規範意識を養い、規範に反する行為を処罰することは、最終的に法益を保護するという目標を実現するための基本的手順である。」[37]としていることから、行為規範の有効性を確保するため、国民に行為準則を提示する必要があるとして、刑罰論においては積極的・規範的一般予防をも展開している[38]。

　さらに、犯罪論体系との関係から見ると、周光権教授の行為反価値論は、形式的犯罪論に立脚しているように思える。その犯罪論体系は犯罪客観構成

(33)　周・前掲注(29)［第三版］34頁。
(34)　周・前掲注(29)［第三版］191頁。
(35)　周・前掲注(29)［第三版］207頁、278頁。
(36)　周光権『行為無価値論的中国展開』(2015年、法律出版社) 35頁以下。
(37)　周・前掲注(29)［第三版］37頁。
(38)　周・前掲注(36)350頁以下。

要件、犯罪主観構成要件及び犯罪阻却事由からなっているが、犯罪客観構成要件と犯罪主観構成要件とを合わせると、実のところそれは構成要件に他ならない。そして、構成要件に関しては、定型説に賛成し[39]、また構成要件と違法性とを意識的に区別し、構成要件の罪刑法定主義機能をも強調している[40]ことから、周教授は、形式的犯罪論に依拠しながら、行為反価値論を展開していると言えよう。

なお、行為反価値論を支持することには、伝統的刑法理論への配慮があるとしている。つまり、行為反価値論を採る理由としては、「現在の我が国刑法学は、主観主義的であって、移行の幅があまり大きすぎないように、相対的に主観主義に傾いている行為無価値論を採った方がよい。」[41]と主張している。

(2) **検　　　討**

周光権教授は、法益保護説を採用し、道徳主義にも一定の距離を置くことから、結果反価値論に近づいているとは言え、なお次のような問題が抱えている。

ア　行為反価値論は、近時において、周光権教授をはじめ、労東燕教授、陳璇副教授なども、倫理秩序違反説への批判を意識して、道徳主義を支持していない[42]。この点は賛成できる。

しかし、周光権教授も認めているように、「刑法によって規定されている犯罪の大多数について言えば、行為無価値論と道徳主義とは切っても切れない関係にあることを否定できない。」[43]。

また、周教授は、行為規範の内実は、集合意識であると主張する。デュルケームの言う集合意識は、機械的連帯の社会の団結の源泉であるが、現代の中国社会になお機械的連帯が見られるのか[44]、さらには果たして今日の中国

---

(39)　周・前掲注⒇［第三版］93頁。
(40)　周・前掲注⒇［第三版］187頁。
(41)　周光権「違法性判断的基準与行為無価値——兼論当代中国刑法学的立場問題」中国社会科学2008年第4期123頁以下。
(42)　近時においても、なお社会倫理規範説を堅持する立場がある（羅・前掲注㉓80頁）。
(43)　周・前掲注⒇［第三版］34頁注3。

に適用しうるのかという問題が残っている。加えて、集合意識という概念自体が極めて不明確な概念であり、その内容は、伝統、慣習、道徳などによって示されるものであり、それは社会倫理に繋がるものである。

イ　周教授は、刑法の任務又は目的は、法益保護にあるとするが、それを達成するには、行為規範の有効性を確保する必要があるとする。そのため、犯罪を認定することにより、国民の規範意識の形成に積極的に働きかけることができ[45]、人々が行為基準に順守していれば、法益侵害結果はもはや発生しない（予防的法益保護）[46]としている。

しかし、このように、将来志向の予防的効果と過去志向の法益侵害への回顧的清算とを組み合わせることは、両者の間で矛盾を内包させることになりはしないだろうか。

また、国民の規範意識を維持し強化するために、責任の枠組みを超えて重く処罰することにも繋がり、必罰主義と厳罰主義に陥りかねないのである。このような積極的一般予防の考え方は、責任から切り離された予防論であり、責任主義に反するものであることは明らかである[47]。また、ヘーゲルの絶対的応報刑論に一般予防論の衣に着せただけであるという批判も免れない[48]。言うならば、刑罰を用いた時には、もうすでに手遅れである。刑事政策的に考えれば、国民の規範意識を高めるには、刑罰によって国民に見せしめるというよりも、些細なルール違反行為であってもきちんと取り締ることを指向する割れ窓理論の方がもっと有効ではなかろうか。

ウ　中国における伝統的刑法理論は、主観主義の傾向にあることは、上述の通りである。行為反価値論の源流の一つは、近代学派の主観主義に求める

---

(44)　中国では、経済発展とともに都市化が進んでおり、2011年を区切りに都市部の人口が農村部を超えたという象徴的出来事からも明らかになったように、社会における分業がだいぶ進行していることから、今日の中国社会は、機械的連帯の性質より、もはや有機的連帯の性質の方が多いはずである。そうであるとすれば、デュルケームの所説によっても、現代の中国社会の集合意識はその拘束力がそれほどあると思えない。

(45)　周・前掲注(36)6頁以下。

(46)　周・前掲注(36)371頁。

(47)　日髙義博『刑法総論』（2015年、成文堂）66頁。

(48)　佐伯仁志『刑法総論の考え方・楽しみ方』（2013年、有斐閣）4頁。

ことができる⁽⁴⁹⁾。この文脈から見れば、いわゆる伝統的刑法理論を支持する論者は、その立場を表明しなくても大体において行為反価値論の立場に属することとなろう。そこでは、伝統的立場から、行為反価値論が受け入れやすいことは、確かである。ただし、このことから、行為反価値論を採るべきとするのは、正当であると思えない。逆に、振り子の原理から、もはや主観主義とはっきりに決別する必要があるのではないかと考えられる。

2 結果反価値論

(1) 張明楷教授の見解

結果反価値論の立場に立つ代表論者としては、張明楷教授を挙げることができよう。

張教授は、初期においては、「われわれは結果無価値を基礎に置きつつ、同時に行為無価値をも考慮するという立場を採るべきである。すなわち、社会的危害性の内部の結果においては、主観と客観との統一であるとの観点を堅持すると同時に、その中における行為の侵犯性も重視する。」と主張した。偶然防衛の場合においては、行為がある結果をもたらしたのではあるが、それは刑法によって禁止されている結果ではないため、未遂説を採っていた⁽⁵⁰⁾。このことから、行為反価値論の立場であったことは明らかである。その後、行為反価値論の立場を改め、2000年に出版された著書『法益初論』において、結果反価値論の全面的支持を表明し⁽⁵¹⁾、偶然防衛の場合においても無罪説へと改説した⁽⁵²⁾。

張教授は、結果反価値論へ転換をした後、それに基づき、体系的に自己の刑法理論を構築した。まず、刑法の任務は法益の保護にあるとし、刑法の機能は法益保護と人権保障にあり、行為規制機能は基本的に単なる法益保護機能の反射的効果であるに過ぎないとする⁽⁵³⁾。また、違法性の本質については、

---

(49) 曽根威彦「違法論」ジュリスト1348号（2008年）23頁。また、中山研一『刑法の基本思想［増補版］』（2003年、成文堂）41頁。

(50) 張明楷「新刑法与客観主義」法学研究1997年第 6 期103頁。

(51) 張・前掲注⒆269頁以下（同修訂版〈2003年〉269頁以下。）。

(52) 張明楷「論偶然防衛」清華法学2012年第 1 期17頁以下。

法益侵害説を支持して、それは法益の侵害又は脅威であり（法益侵犯性）、社会的危害性は法益侵犯性のことであると解している[54]。

　法益侵害説をもとに、結果反価値論を展開し、主観的違法要素については、主観的超過要素に限定してそれを肯定している。また、違法性の判断時点は裁判時に明らかになった事実を判断基準とし、事後的判断を採用した[55]。

　また、保護法益と合目的解釈とを連動させ、法益保護の助けを求める場合には合目的解釈しか行えない[56]としている。そこで、犯罪構成要件を解釈する場合には、条文の保護法益を指針としなければならず、条文の文面上の意味にとどまるべきでないとし[57]、さらに、解釈するに際しては、処罰の必要性も考慮に入れるとする[58]。構成要件の理論に対しては、それほど重要視していないことがわかる。

　さらに、犯罪論体系との関係を見れば、張教授の犯罪論体系は実質的犯罪論[59]であることが明らかであるが、さらにそれを一歩踏み込もうとしている。すなわち、張教授の犯罪論体系は、不法と責任によって構成され、不法には構成要件該当性と違法性とが含まれるが、「構成要件を解釈するには違法性を指針としなければならないため、先に違法性の意味を明確にしなければならない。」と主張し、構成要件よりも先に違法性を位置づけるとしている[60]。これにより、張教授の実質的志向は、前田雅英教授の見解よりも一層鮮明となっている。したがって、張教授の基本的立場は、実質的犯罪論に立脚した

(53)　張明楷『刑法学（上）［第五版］』（2016年、法律出版社）22頁。
(54)　張・前掲注(53)88頁。
(55)　張・前掲注(53)109〜114頁。
(56)　張・前掲注(53)64頁。
(57)　張・前掲注(53)65頁。
(58)　張・前掲注(53)56頁、58頁。
(59)　形式的犯罪論と実質的犯罪論の議論を中国に持ち込み、そして実質的犯罪論を展開したのは、張明楷教授である。なお、この議論は、この問題に関する大谷實教授と前田雅英教授との間の論争（大谷實＝前田雅英『エキサイティング刑法〔総論〕』〈1999年、有斐閣〉12頁以下など）からヒントを得たことが言うまでもない。
(60)　張・前掲注(53)107頁以下。伝統的立場から、犯罪概念と犯罪論体系を統一しようとし、伝統の犯罪概念によって犯罪論体系を構築した蔡鶴教授は、実質的要件である社会的危害性をそのまま冒頭の要件としている（蔡鶴『犯罪概念制約下的犯罪構成体系研究』〈2013年、法律出版社〉197頁以下。）。

結果反価値論であると言える。

(2) 検 討

　張明楷教授の見解は、主に実質的犯罪論と目的論的解釈に問題がある。また、中国で主張されている結果反価値論の問題点を明らかにするため、他の結果反価値論者である黎宏教授と陳興良教授の問題点も併せて指摘することとする。

　ア　人権保護の要請から結果反価値論の立場を支持するとする張明楷教授の姿勢は、賛同できる。しかし、形式的判断より実質的判断を先行させ、その上で、目的論的解釈を行うという張教授の実質的犯罪論は、罪刑法定主義をどのように担保しうるかはなはだ疑問である。犯罪構成要件理論を払拭しようとする考え方は、罪刑法定主義を逸脱することになりかねないのではないかと思われる。また、張教授の見解は、まさに行為反価値論者が批判しているように、「精神化、抽象化になりつつある法益概念とその基礎を提供した実質的解釈論は、……個人の自由保障よりも法益保護を重視することになり、結果無価値論の本来の趣旨から大いに脱線してしまっているのである」[61]との批判を避けられない。また、そこでの目的論的解釈は、そもそも類推解釈と同類的なものである[62]。

　イ　違法性論を展開するにあたっては、伝統的な社会的危害性概念に対してどのような判断をしているのかが重要である。この問題について、周光権教授及び労東燕教授は、ほとんど言及しておらず、当該概念を無視して違法性論を展開している。一方、張明楷教授及び黎宏教授は、周光権教授や労東燕教授とは違い、社会的危害性概念を再解釈してそれを活用している。張教授は、社会的危害性が違法性の内容であると解しており、社会的危害性論は、違法性の本質に関する一つの見解であるとしている。また、黎教授は、社会的危害性は違法性そのものであり、両者を相互に入れ替えることができるとし、同一化している[63]。

　しかし、社会的危害性論は、上述したように、その歴史的な経緯から見る

（61）　労東燕「結果無価値論与行為無価値論之争的中国展開」清華法学2015年第3期68頁。
（62）　長尾龍一「ケルゼンの『実定法学』」日本法學71巻3号（2006年）259頁。

と、結果主義、客観主義とはまったく相容れないものであった。そのため、牽強付会に社会的危害性論を再解釈して新しい理論を組み込む必要はないと思われる。仮に再解釈できたとしても、それは、あくまで「新しい葡萄酒を古い革袋に入れる」ことになり、論理的混乱を招くことになりかねない。論理的混乱を避けるためには、社会的危害性論には従来通りの役割を担わせるべきであり、現実社会のパラダイム・シフトや新しい思想への対応が必要であるならば、それらに相応する刑法上の新たな概念や新たな理論構成を導入する方が正当であろう。

　また、黎宏教授は、社会的危害性をその上位概念である違法性に引き上げようとしているが、その構成は論理的に矛盾していると言えよう。さらに、黎宏教授は、社会的危害性と違法性とを同一視しているためか、結果反価値論の基本理念は、主観主義刑法理論が提唱している社会防衛論と同工異曲であるとし、結果反価値論は主観主義刑法理論と客観主義刑法理論との完璧な結合であると主張している[64]。しかしながら、結果反価値論と社会防衛論との間には、論理的関連性が全くないというべきである。

　ウ　結果反価値論の陣営に属している陳興良教授と黎宏教授は、その立場を徹底しない嫌いがある。このことは、正当防衛において防衛意思必要説[65]を採っている点にある。結果反価値論に徹するならば、内心的超過要素とは言えない防衛意思を主観的違法性要素とすべきではない。むしろ、防衛意思不要説を採用するべきなのである。

3　小　　括

　周光権教授は、形式的犯罪論に立脚した行為反価値論の立場から所論を展開し、一方で張明楷教授は、実質的犯罪論に立脚した結果反価値論の立場から自説を展開している。両者は、真っ向から対立しているように見える。しかし、周教授の立場は結果反価値論に接近しており、また、張教授の見解も

---

(63)　黎・前掲注(21)『結果本位刑法観的展開』 3 頁、同・前掲注(21)『刑法学総論［第二版］』43頁。
(64)　黎・前掲注(21)『結果本位刑法観的展開』53頁。

かなり行為反価値論的であることから、両者の主張の間にはそれほど大きな差がないと言えよう。

ただし、周教授の見解では、行為反価値論の内容、とりわけ行為規範の内実に問題があり、張教授の見解では、実質的犯罪論のあり方、とりわけ目的論的解釈に問題があると思料する。現代中国においては、犯罪構成要件理論の重要性を認める形式的犯罪論を基礎に置いた結果反価値論の体系的な展開が必要ではなかろうか。

Ⅳ　終わりに

現代中国において、伝統的犯罪論体系はなお通説であるように見えるが、その理論体系は硬直化しており、理論的発展性の幅も少ない。犯罪概念の中でも、犯罪構成論の枠組みの中でも、違法性論を展開することはできないのである。

段階的犯罪論体系を導入してはじめて違法性論の展開が可能であるが、ドイツや日本、また韓国、台湾などでの数十年間にも及ぶ違法性論の展開に比べ、中国におけるこの議論は、なお初期段階にあるように思える。行為反価値論であれ結果反価値論であれ、それぞれの立場を表明する論者の数自体が少なく、さらに体系的に理論を構築する論者は僅少である。とりわけ行為反価値論においては、体系的に理論を組み上げた論者は、現段階において周光権教授のみである。このため、中国においては、結果反価値論が優位に展開されているように見えるが、その主張者は多くない。また、理論の体系化は多様であるが、一元的行為反価値論または跛行的結果反価値論(66)（あるいは二元的結果反価値論(67)）を明確に主張する論者は、管見ではあるが、まだ見当たらない。今後議論が深化していくことで、中国刑法の理論的状況は、さらに変化して行くことになろう。

近年の違法性の本質をめぐる「行為反価値論と結果反価値論の論争」は、

(65)　陳・前掲注(23)『教義刑法学［第二版］』384頁、黎・前掲注(21)『刑法学総論［第二版］』133頁。
(66)　日高・前掲注(47)202頁、同『違法性の基礎理論』（2005年、イウス出版）58頁。

現代中国の刑法理論に活気をもたらしている。それぞれの主張を分析し、自己認識を確定していくことは、いずれの立場を採ろうとも、論理的一貫性があり、かつ理論的整合性のある刑法理論を展開することに繋がるはずである。また、行為反価値論と結果反価値論は、ともに客観主義刑法理論の陣営から主張されたことからすると、この論争を通して、主観主義刑法観を排斥することにも役立つことになろう[68]。これにより、主観主義刑法観と親和性のある伝統的刑法理論も退けられることになると思われる。両陣営の狙いは、従来の伝統的刑法理論を退けることにある。

　日本刑法学は、ドイツ刑法学の影響を強く受けながらも、独自の発展をしてきたが、その中で最も象徴的なものは、結果反価値論が日本において重要な地位を占めたことである[69]。これは、日本刑法がドイツ刑法と比較してより客観主義的であることも起因する。客観主義刑法理論及び結果反価値論の台頭は、国家刑罰権の広範囲な介入による人権侵害が警戒されたためである[70]と指摘されうる。中国の現状を鑑みれば、中国刑法典の中に取り込まれた罪刑法定主義の定着と実質化が急務である。罪刑法定主義は、近代刑法の金字塔であり、その機能としては、犯罪個別化機能、人権保障機能などがある。これらの機能を促進するためにも、違法性論において行為反価値論と結果反価値論との対立軸を鮮明し、理論的な深化を図る必要がある。私見では、中国刑法にあっても、行為反価値論の立場よりも結果反価値論の立場が望ましいと考えており、結果反価値論を理論的基軸に据えて刑法解釈論の深化を図りたいと考えている。また、犯罪構成要件理論の重要性を再認識すべく、実質的犯罪論よりも形式的犯罪論に優位性を認める必要があると考える。

（ちょう・こううん）

---

(67)　名和鐵郎「日本における『学派の争い』の現代的意義──行為無価値論と結果無価値論の原点──」法政研究5巻1号（2000年）35頁以下。

(68)　張・前掲注⑲『行為無価値論与結果無価値論』23頁、周・前掲注㊱57頁。

(69)　山口厚／金光旭訳「日本刑法学中的行為無価値論与結果反価値論」中外法学2008年第4期590頁以下。

(70)　清水一成「行為無価値と結果無価値」阿部純二＝板倉宏＝内田文昭＝香川達夫＝川端博＝曽根威彦編『刑法基本講座　第3巻　違法論・責任論』（1994年、法学書院）31頁。

偶然防衛をめぐる諸観点

松 原　芳 博

　Ⅰ　は じ め に
　Ⅱ　偶然防衛の定義
　Ⅲ　違法性の実質
　Ⅳ　法益保全結果の帰属
　Ⅴ　衝突利益の正・不正
　Ⅵ　過失による正当防衛
　Ⅶ　防衛の意思の意義・機能

Ⅰ　は じ め に

　日髙義博教授は、刑法の任務を法益保護による共同生活の諸条件の保持に求める見地から、法益の侵害・危殆化を内容とする結果反価値によって基礎づけられた違法を、行為の態様および一定の主観的違法要素からなる行為反価値によって限定するという跛行的結果反価値論を唱えられ[1]、それに基づき防衛意思不要説を採用し、偶然防衛に関する無罪説を展開された。教授によれば、「偶然防衛の場合、客観的には正当防衛をなしうる状況にあったことから、侵害者の法益は防衛に必要な限度において法的保護の外に置かれ、それを侵害したとしてもそこに結果反価値性を認めることができないのである。この場合には、行為反価値性を検討するまでもなく、違法ではなくなるのである。」[2]

　この日髙教授の見解は、明快で説得力に富むものである。もっとも、日髙

（１）　日髙義博「主観的違法要素と違法論」同『違法性の基礎理論』（2005年、イウス出版）
　　58頁以下（初出・福田平・大塚仁博士古稀祝賀『刑事法学の総合的検討（下）』〈1993年、
　　有斐閣〉所収）。

教授の論稿および私の旧稿[3]を含めて、防衛の意思の要否ないし偶然防衛の取り扱いに関するかつての論稿は、違法性の実質をめぐる規範違反説（行為無価値論）または法益侵害説（結果無価値論）からの演繹という手法をとるものがほとんどであった。偶然防衛は、違法性の実質に関する各論者の主張を例証する講壇事例としての役割を担っていたのである。しかし、その後、行為無価値論と結果無価値論との間の論争は沈静化していった。そこで、本稿では、旧稿以降に現れた文献・判例を参照しつつ、防衛の意思の要否に関する違法性の実質以外の論拠にも視野を広げることで、偶然防衛に関する旧稿を補足することにしたい。

II　偶然防衛の定義

　偶然防衛とは、①「ある者が他人の法益を侵害したところ、実は、その他人も自己または第三者の法益を侵害しようとしていたため、偶然にも自己または第三者の法益を防衛する結果となっていた場合」[4]、②「正当防衛の客観的要件をすべて充足する事実がありながら、行為者が正当防衛状況の存在（すなわち、急迫不正の侵害があること）を全く認識していなかった場合、いいかえれば、行為者が防衛の意思なく、一方的な加害の意思で当該の行為を行ったところ、偶然にも、客観的な防衛の効果が生じたという場合」[5]、③「ある者が第三者の法益を侵害したところ、実は偶然にも自己の法益を防衛する結果になった場合」[6]、④「もっぱら攻撃の意思で行為したのに、たま

（2）　日髙義博「偶然防衛と違法モデル」同・前掲注(1)『違法性の基礎理論』76〜77頁（初出・専修大学法学研究所紀要『刑事法の諸問題V』〈1998年、専修大学法学研究所〉所収）。そのほか、教授の偶然防衛論については、同「問題提起と正当防衛肯定説の展開」植松正ほか『現代刑法論争 I〔第2版〕』（1997年、勁草書房）126頁以下、同「現代刑事法学の視点・井田良『違法性における結果無価値と行為無価値——いわゆる偶然防衛をめぐって——』」法律時報63巻11号（1991年）125頁以下、同『刑法総論』（2015年、成文堂）240頁参照。
（3）　松原芳博「偶然防衛」現代刑事法5巻12号（2003年）47頁以下。
（4）　曽根威彦『刑法総論［第4版］』（2008年、弘文堂）104頁。
（5）　井田良『講義刑法学・総論』（2008年、有斐閣）259頁。
（6）　日髙・前掲注(2)『刑法総論』238頁。

たま客観的には防衛の効果が発生した場合」[7]、⑤「行為者の行為がその意思とは関係なく偶然に正当防衛の客観的要素を満たす場合」[8]、⑥「正当防衛の客観的要件を充たすのにその認識を欠く」場合[9]、などと定義される。

　各定義間の相違点は、第1に、防衛状況（急迫不正の侵害）の不知の場合のみを偶然防衛とする（①②[10]③④[11]）のか、それとも防衛行為性を基礎づける事実を含めた正当防衛のいずれかの要件事実の不知を偶然防衛とする（⑤⑥）のか、という点にある。後者の定義からは、AがBに対して急迫不正の侵害を加えているのを見たXがAに加勢しようとしてBに向け投石したところ、予想外にもAに命中しBを救う結果になったという場合（防衛行為の対象に関する錯誤）、Aの急迫不正の侵害に対して威嚇発砲したところ、予想外にもAの肩に命中したが、Aの肩を撃つことは相当性の範囲内であったという場合（防衛行為の結果に関する錯誤）、Aの急迫不正の侵害に対して威嚇のために発砲の意思なく銃を構えたところ、誤って引き金を引いてAの肩に弾丸を命中させてしまったが、肩を撃つのは相当性の範囲内であったという場合（防衛行為自体に関する錯誤）、角材による急迫不正の侵害に対して、斧と誤信した木の棒で反撃した場合（防衛行為の相当性を基礎づける事実の錯誤）なども偶然防衛の範疇に含まれる。偶然防衛を防衛状況の不知に限定することは、防衛の意思の内容を防衛状況の認識と解していることを意味する[12]。ここでは、行為の正当化を基礎づける各事実の認識のうち急迫不正の侵害の認識を特別に扱うべき理由があるかが問われているのである。

（7）　福田平『全訂 刑法総論［第5版］』（2011年、有斐閣）159頁。

（8）　大谷實『刑法講義総論［新版第4版］』（2012年、成文堂）282頁。

（9）　松原芳博『刑法総論［第2版］』（2017年、日本評論社）157頁。

（10）　なお、井田良「違法性における結果無価値と行為無価値」同『犯罪論の現在と目的的行為論』（1995年、成文堂）118頁は、①を学説上の一般的な定義としたうえで、自らは「客観的に存在する正当防衛の要件事実の一部を行為者が認識しておらず、したがって、行為者が違法な事実を表象していた場合」と定義し直すが、そこで挙げられている偶然防衛の事例は不正の不知や侵害の終了の不知といった防衛状況の不知に限られ、防衛行為の相当性を基礎づける事実の不知の事例は挙げられていない。

（11）　③④は、明示的に防衛状況の不知に限定するものではないが、「第三者の法益を侵害したところ……自己の法益を防衛する結果になった」「もっぱら攻撃の意思」と述べることから防衛状況の不知の場合のみを念頭に置いたものと考えられる。

各定義間の相違点は、第2に、正当防衛の客観的要件の充足を要求するにとどめる（⑤⑥）のか、それとも「防衛する結果」「防衛の効果」を要求するのか（①②③④）にある。①②③④にいう「結果」「効果」とは、正当防衛の客観的要件の充足を意味するにすぎないと理解する余地もあるが、それを超えて、事後的見地からみた現実の法益保全効果を意味すると理解する余地もある[13]。もっとも、後者の意味での防衛効果を正当防衛の要件とするのは少数説[14]であり、正当防衛における防衛行為は事前的見地からみて防衛に適する行為であれば足りるとするのが通説[15]である。それゆえ、通説を前提としつつ、偶然防衛で後者の意味での防衛効果を要求するならば、偶然防衛では正当防衛よりも客観的要件が限定されていることになる。

　もとより、偶然防衛は、違法性の実質に関する各論者の立場を例証するための講壇事例に与えられた名称である（多くの教科書・体系書では、偶然防衛については事例をもって定義に代えている）ことから、上記各定義も特定の事例を念頭においた断片的な性質のものとも考えられるが、各定義に各論者の防衛の意思の内容や正当防衛の要件に関する理解が反映されているとも考えられる。

III　違法性の実質

　違法性の実質に関する規範違反説ないし行為無価値論からは、行為は主観・客観の統合体であり防衛の意思を伴ってはじめて防衛行為といえるこ

---

(12)　偶然防衛を防衛状況の不知の場合に限定することは、誤想防衛に防衛状況に関する誤想の場合だけでなく防衛行為に関する誤想の場合（相当性を基礎づける事実の誤想の場合や防衛行為によって第三者に法益侵害結果が生じた場合〔大阪高判平成14年9月4判タ1114号293頁〕など）を含めることと不均衡である（偶然防衛と誤想防衛が表裏の関係に立つことにつき、日髙・前掲注(2)「偶然防衛と違法モデル」79頁参照）。

(13)　防衛の効果を偶然防衛の定義に含めることに反対するものとして、北野通世「防衛意思の要否——偶然防衛を手がかりとして——」阿部純二先生古稀祝賀論文集『刑事法学の現代的課題』（2004年、第一法規）146頁以下。

(14)　山本輝之「優越利益の原理からの根拠づけと正当防衛の限界」刑法雑誌35巻2号（1996年）53頁以下参照。

(15)　山口厚『刑法総論［第3版］』（2016年、有斐閣）132頁以下など参照。

と⒃、違法性阻却事由も行為規範を形成する以上、それにあたる事実を行為者が認識し、それを自己の実現意思に取り込んで行為に出ることによってはじめて規範違反性が止揚されること⒄から、防衛意思必要説が導かれた。防衛意思必要説は、正当防衛の客観的要件の充足によって結果無価値が脱落するという理由で偶然防衛の罪責を未遂犯にとどめる立場⒅と、行為価値・結果価値が一体となってはじめて行為無価値・結果無価値を止揚するという理由で偶然防衛の場合に既遂犯の成立を認める立場⒆とに分かれる。一方、法益侵害説ないし結果無価値論からは、防衛者側の主観とは無関係に不正の侵害者の法益の要保護性は低下していること、客観的事実を超過していない防衛の意思は行為の法益侵害性に影響を及ぼしえないこと、客観的に適法な行為が行為者の不認識によって違法な行為に転化するのは不合理であることから、防衛意思不要説が導かれた。防衛意思不要説は、違法結果を惹起する危険が存する限りで偶然防衛の事例において未遂犯が成立する余地を認める立場⒇と、事後判断の見地から違法結果の惹起の危険を一律に否定し偶然防衛の事例を常に不可罰とする立場㉑とに分かれる。

---

(16)　福田・前掲注(7)157頁以下。

(17)　井田・前掲注(5)257頁以下。

(18)　野村稔『未遂犯の研究』(1984年、成文堂) 162頁以下、中義勝『刑法上の諸問題』(1991年、関西大学出版部) 81頁以下、振津隆行『刑事不法論の研究』(1996年、成文堂) 51頁、吉田敏雄「防衛意思について」香川達夫博士古稀祝賀『刑事法学の課題と展望』(1996年、成文堂) 189頁以下、井田・前掲注(5)259〜260頁、関根徹「偶然防衛」『立石二六先生古稀祝賀論文集』(2010年、成文堂) 213頁、高橋則夫『刑法総論［第4版］』(2018年、成文堂) 289頁。

(19)　津田重憲『正当防衛の研究』(1985年、時潮社) 255頁、佐久間修『刑法における事実の錯誤』(1987年、成文堂) 415頁以下、康元嫛「偶然防衛」早稲田大学法研論集63号(1992年) 101頁以下、西原春夫『刑法総論［改訂版］上巻・第3分冊』(1991年、成文堂) 239頁以下、川端博『正当防衛権の再生』(1998年、成文堂) 193頁以下、大塚仁『刑法概説 (総論)［第4版］』(2008年、有斐閣) 391頁注22、福田・前掲注(7)159頁、大谷・前掲注(8)282〜283頁、明照博章『正当防衛権の構造』(2013年、成文堂) 283頁以下、飯島暢『自由の普遍的保障と哲学的刑法理論』(2016年、成文堂) 149頁以下。

(20)　平野龍一『刑法 総論Ⅱ』(1975年、有斐閣) 243頁、西田典之『刑法総論［第2版］』(2010年、弘文堂) 171頁、佐伯仁志『刑法総論の考え方・楽しみ方』(2013年、有斐閣) 139頁以下、小林憲太郎『刑法総論』(2014年、新世社) 51頁、山中敬一『刑法総論［第3版］』(2015年、成文堂) 497〜498頁、山口・前掲注⒂131頁、松原・前掲注(9)159〜160頁、同・前掲注(3)52頁など。

規範違反説に基づく防衛意思必要説に対しては、仮に規範違反説に立つとしても、防衛の意思がない場合に常に規範違反性を肯定する点に疑問がある。違法性を一般人に向けられた行為規範に対する違反と捉える[22]わが国の規範違反説からすれば、一般人からみて正当防衛にあたる行為は規範違反性を欠くものというべきではないだろうか[23][24]。この点から、井田良教授は、正当防衛を含めた違法性阻却事由一般について、違法性阻却事由にあたる事情を本人が認識せず、かつ一般人もそれを認識しえない場合に限って行為不法が肯定されると主張する[25]。教授の立場からは、一般人も正当防衛状況に気づきえない「相当な偶然防衛」は違法性が阻却されないのに対して、一般人なら正当防衛状況に気づきうる「軽率な偶然防衛」は違法性が阻却されることになる。もっとも、この立場は、一般人が正当防衛にあたる事実を認識しうる状況下では行為者に防衛の意思が存することを要しないという限りで、防衛意思必要説とは呼びえないものとなっている。

ところで、行為の規範違反性は違法性阻却事由を認識し自己の実現意思に取り込んではじめて止揚されるという論拠からは、防衛の意思は正当防衛の

---

(21)　内藤謙『刑法講義総論〔中〕』(1986年、有斐閣) 334頁、須之内克彦「正当防衛における『防衛意思』に関する一考察」愛媛法学会雑誌 6 巻 2 号 (1980年) 47頁以下、関哲夫「偶然防衛に関する一考察」国士舘法学37号 (2005年) 36頁以下、浅田和茂『刑法総論〔補正版〕』(2007年、成文堂) 229頁、林幹人『刑法総論〔第 2 版〕』(2008年、東京大学出版会) 197頁など。なお、規範違反説を前提としつつ、比例原則による行為規範の目的論的縮小という観点から、偶然防衛については法益侵害の客観的適性が法益保全の客観的適性によって相殺されるため、行為者に対して行為規範は発動されないとして防衛意思不要説を採用するものとして、増田豊『規範論による責任刑法の再構築——認識論的意志自由論と批判的責任論——』(2009年、勁草書房) 178〜179頁、181頁注10。
(22)　日沖憲郎「違法と責任」日本刑法学会編『刑法講座 第 2 巻』(1963年、有斐閣) 100頁以下、西原・前掲注(19)130頁、大塚・前掲注(19)359〜360頁、福田・前掲注(7)139頁以下、大谷・前掲注(8)232頁以下など。
(23)　関・前掲注(21)12頁以下は、目の不自由な行為者に対して急迫不正の侵害が切迫していることを周囲の人々はみな知っているのに行為者がこれを知らずに反撃したという事例を挙げて、防衛意思必要説を批判する。
(24)　ドイツでは、不能犯を原則として可罰的とし (ドイツ刑法23条 3 項)、行為者の認識を基礎として実行の着手時期を画する (同法22条) ことから、偶然防衛でも行為者の意思内容のみによる規範違反性を問題としうるかもしれないが、わが国の規範違反説はより客観的な規範違反性を前提とするもののように思われる。
(25)　井田・前掲注(5)260頁注89。

要件事実全体に及んでいなければならず、したがって、偶然防衛の定義については急迫不正の侵害の不知のみならず、防衛行為性を基礎づける事実の不知を含める立場をとることになるはずである。しかし、規範違反性の止揚という論拠から防衛意思必要説を支持しながら、偶然防衛を急迫不正の侵害の不知に限定している論者は少なくないように思われる。

また、この規範違反性の止揚という論拠はすべての違法性阻却事由に妥当することから、この論拠に基づく防衛意思必要説からはすべての違法性阻却事由で主観的正当化要素として違法性阻却事由の要件事実の認識を要求すべきことになる。たとえば、この立場からは、傷害罪（刑法204条）における同意を違法性阻却事由と解した場合、重大といえない程度の傷害について法益主体が同意していても、そのことを行為者が認識していなかったときには傷害罪が成立することになり、人工妊娠中絶（母体保護法14条）の許容期間を過ぎていると誤信して許容期間内に中絶手術を施した医師に業務上堕胎罪（刑法214条前段）が成立することになる。しかし、これらの帰結は、客観的に是認しうる行為を行為者の認識のみによって違法とするものであって、意思処罰の疑いがあるように思われる。

Ⅳ　法益保全結果の帰属

内山良雄教授は、中止犯において中止行為と法益保全結果との間の因果関係が問題となるのと同様、利益衝突を前提とする緊急行為においては、適正な利害調整を図るために、構成要件該当事実の違法性を阻却・減少しうる結果が当該構成要件該当行為の所産といえるのかという帰属判断が必要になると指摘し、防衛結果の帰属という観点から防衛意思必要説について以下のような分析を加えている（内山教授自身は防衛意思不要説に立っている）[26]。防衛意思必要説は、因果関係に関する折衷的相当因果関係説と親和的である。偶然防衛の事案においては、行為者は、相手方が法益を侵害しようとしていたという事情を認識しておらず、行為者の立場に置かれた一般人もこの事情を認識しえないであろうから、折衷的相当因果関係説においては、この事情は相当性判断の基礎から除外される。それゆえ、この立場からは、客観的な防

衛の効果（法益保全結果）が生じたという事実を偶然防衛行為に帰属させ、違法性の阻却・減少を認めることはできないので、既遂犯の成立を肯定すべきことになる。このようにして、教授は、防衛意思必要説を前提とした未遂説を批判したのである。

　正当防衛の正当化根拠を不正の侵害者の法益喪失ではなく防衛行為者の優越的利益の実現に求める限り、法益保全の結果が構成要件該当行為に客観的に帰属される場合に限って違法性阻却の効果が認められるとの指摘は傾聴に値する。もっとも、ここでの法益保全結果をいかに解するべきかはさらなる検討を要するであろう。正当防衛について事後的な見地から現実の法益保全の効果を要求する少数説に立てば、構成要件該当行為に帰属されるべき法益保全結果は明確である。これに対して、事前判断に基づく防衛の適性があれば正当防衛を認める通説的立場からは、構成要件該当行為に帰属されるべき法益保全結果を観念しうるのか、観念しうるとしてどのようなものか（危険犯における危険結果に相当するようなものであろうか）はなお問題となろう[27]。

　また、内山教授は、折衷的相当因果関係説の適用にあたって「行為者の立場に立った一般人」を前提としているが、「第三者の立場に立った一般人」を前提とするなら[28]、偶然防衛においても折衷的相当因果関係説の基準によ

---

(26)　内山良雄「偶然防衛における法益保全結果の帰属と違法減少」獨協法学86号（2012年）29頁以下、特に31頁および42頁以下。このほか防衛行為と法益保全結果との間の相当因果関係に言及するものとして、小暮得雄「正当防衛」日本刑法学会編『刑法講座 第2巻』（1963年、有斐閣）141～142頁、西村克彦「いわゆる『偶然防衛』について」判例時報824号（1976年）5頁、平川宗信「正当防衛論」芝原邦爾ほか編『刑法理論の現代的展開——総論Ⅰ』（1988年、日本評論社）138頁。

(27)　違法性阻却事由一般についていえば、違法性阻却事由における法益保全結果を構成要件的結果（法益侵害結果と同視しうる場合が多いであろう）と同程度の具体性をもって把握すべきか、また、法益保全結果の帰属と構成要件的結果の帰属とで同じ基準を適用すべきかといった点も検討を要するであろう。

(28)　不能犯論の具体的危険説の適用において「犯人側の状況と共に、それに対応する被害者側の状況をも観察し得る一般人」を前提とすべきとした裁判例として、福岡地判平成28年9月12日（刑集71巻10号551頁参照）。これに対して、その控訴審である福岡高判平成29年5月31日（刑集71巻10号562頁参照）は、「当該行為時点でその場に置かれた一般人」を前提とすべきであり、「敢えて被害者固有の事情まで観察し得るとの条件を付加する必然性は認められない」とする。

って防衛効果を行為に帰属させうる事例が少なからず存在することになろう。

　一方、行為時に存在したすべての客観的事情を基礎に結果帰属を判断する客観的相当因果関係説からは、正当防衛における法益保全結果の帰属を問題とする限り、偶然防衛の事例においても法益保全結果の帰属は肯定されることになろう。

V　衝突利益の正・不正

　曽根威彦教授は、防衛の意思に衝突状況下の利益の正・不正を決定する機能[29]を付与した。曽根教授によれば、第三者防衛型の偶然防衛においては、防衛行為によって損なわれる侵害者の法益は「不正」であり、防衛行為によって守られる第三者の法益は「正」であるから、正当防衛による違法性阻却が肯定される。一方、自己防衛型の偶然防衛においては、防衛行為によって守られる防衛者の法益が「不正」であるため正当防衛による違法性阻却は否定されるが、防衛行為によって損なわれる侵害者の法益も「不正」であるため、既遂犯の違法性は認められず、未遂規定が準用される[30]。

　この見解に対しては、防衛の意思による正・不正の決定は防衛の意思を正当防衛の要件とするという結論の先取りであって、主観的な意思によって法益の正・不正が決まることの論証が欠けているとの指摘[31]が妥当しよう[32]。

　もっとも、この見解は、防衛意思不要説に対して、正・不正の決定基準を

---

(29)　内山教授は、これを「先後・対抗関係確定（立場逆転の可能性を消滅させる）機能」と呼ぶ（内山良雄「緊急救助型と自己防衛型の偶然防衛について」『曽根威彦先生・田口守一先生古稀祝賀論文集・上巻』〈2014年、成文堂〉377頁）。

(30)　曽根威彦『刑法における正当化の理論』（1980年、成文堂）214頁以下、同『刑事違法論の研究』（1998年、成文堂）173頁以下、同『刑事違法論の展開』（2013年、成文堂）65頁以下・187頁以下、同『刑法原論』（2016年、成文堂）200頁以下。このほか、防衛の意思の機能を行為の正・不正の性格づけに求めるものとして、佐久間修『刑法における事実の錯誤』（1987年、成文堂）415頁以下、坂下陽輔「判批」立命館法学359号（2015年）321頁など。なお、鈴木茂嗣『刑法総論［第2版］』（2011年、成文堂）72頁は、防衛意思不要説の見地から、偶然防衛の場合にも侵害者の利益の要保護性が後退することから正当防衛として扱われるが、法確証の利益が働かない点で通常の正当防衛よりも相当性要件が厳格になるとする。

(31)　前田雅英『現代社会と実質的犯罪論』（1992年、東京大学出版会）149頁以下参照。

何に求めるのかを問いかけるものでもある。この問いを受けて、関哲夫教授は、正・不正の決定基準として①防衛の意思、②防衛効果の実現（先に発砲した者が正）、③切迫した危険の惹起（先に銃を構えた者が不正）がありうるとしたうえで、防衛意思不要説の見地から③を採用する[33]。一方、内山教授は、正当防衛で正当化されるのは法益侵害の惹起という事実であるから、法益侵害惹起の時点で正当防衛の要件を具備しているかが正・不正の基準になるとする[34]。この点については、忍び返しのような予防措置を用いた正当防衛において、設置行為の時点ではなく装置が効果を発揮する時点で急迫性が認められることからして、防衛効果を発揮すると想定される時点（多くの場合、法益侵害の発生時点と同視しうるであろう）において、保全の対象となる法益が理由のない危険に晒されている場合に正当防衛を認めうると解すべきであろう。

　ところで、防衛意思必要説の論拠のうち規範違反性の止揚という論拠が違法性阻却事由一般に及ぶのに対して、正・不正の決定という論拠は、法確証（正の確証）の観点から正当防衛の峻厳性（補充性および害の均衡を不要とすること）を基礎づけるものであるから、正当防衛のみに妥当する。それゆえ、本論拠からは、緊急避難における避難意思や被害者の同意における同意の認識などは不要となるであろう[35]。

---

(32)　仮に自己防衛型の偶然防衛が不正対不正の関係であるとしても緊急避難と同様の要件のもとでの正当化は認められるはずである、と指摘するものとして、内山・前掲注[29]382頁。

(33)　関・前掲注[21]37〜38頁。

(34)　内山・前掲注[29]377頁以下。

(35)　もっとも、正当な利益の擁護を緊急行為一般の特徴と考えるなら、正・不正の決定という論拠は緊急行為一般に及び、たとえば、緊急避難では避難意思を必要とすることになる。曽根教授は、以前は緊急避難において避難意思を必要としていた（曽根・前掲注[30]『刑法における正当化の理論』216頁）が、現在は避難意思を不要としている（曽根・前掲注[30]『刑法原論』233頁。ただし、事例としては第三者のための緊急避難のみが挙げられ、自己のための緊急避難の事例は挙げられていない）。

VI　過失による正当防衛[36]

　以前から、防衛意思必要説は過失犯において正当防衛を認めえない点で不当であると批判されていた[37]。これに対して、近時、防衛意思必要説を前提としつつ、過失による正当防衛を認めた裁判例が登場した。大阪地判平成24年3月16日（判タ1404号352頁）[38]である。

　事案は、以下のようなものである。被告人は、普通乗用車（以下、「被告人車両」という。）を運転中、歩行者のA、Bらを追い抜く際にクラクションを鳴らした。これに立腹したAは、低速で走行する被告人車両を追いかけ、「殺すぞ。」「降りてこい。」「出てこい。」などと怒鳴りながら、被告人車両の窓ガラスを何度も手拳で殴打し、ドアノブを引っ張ったり、運転席側のドアを蹴ったりした。その後、Bも被告人車両に追いつき、同様に怒鳴ったり、被告人車両を損壊しようとしたりした。被告人は加速し、いったんAらを引き離したが、Aはすぐに追いつき、同様に怒鳴ったり、被告人車両のドアノブや窓ガラスを損壊し被告人を引きずり出そうとしたりした。その後、被告人は、再度Aをやや引き離したが、次の赤信号でほぼ停止状態となった後、信号が青に変わり再発進し、左右に転把しながら時速37キロメートルまで加速した。この時点で、Aは被告人車両に追いついており、ドアノブ付近をつかんで並走していたため、交差点内で路上に振り落とされ、被告人車両に轢

---

(36)　花井哲也「過失犯と違法阻却事由」阿部純二ほか編『刑法基本講座　第3巻』（1994年、法学書院）193頁以下、山本紘之「過失犯における主観的正当化要素——特に防衛の意思について——」中央大学大学院研究年報34号（2004年）211頁以下、吉田敏雄『刑法理論の基礎［改訂版］』（2007年、成文堂）105頁以下、振津隆行『過失犯における主観的正当化要素の理論』（2012年、成文堂）1頁以下参照。

(37)　平野・前掲注(20)243頁、香川達夫「防衛意思は必要か」『団藤重光博士古稀祝賀論文集　第1巻』（1983年、有斐閣）274頁など参照。

(38)　本判決につき、古川原明子「判批」龍谷法学45巻3号（2012年）283頁以下、照沼亮介「判批」判例セレクト2012［I］（2013年）31頁、清水晴生「判批」白鷗法学20巻2号（2014年）1頁以下、坂下・前掲注(30)313頁以下、佐藤陽子「判批」刑事法ジャーナル44号（2015年）74頁以下、樋笠尭士「判批」法学新報123巻1＝2号（2016年）241頁以下、高山佳奈子「違法性と責任の区別について」『川端博先生古稀記念論文集　上巻』（2014年、成文堂）47頁以下参照。

過され死亡した。検察官は、傷害致死罪（刑法205条）を主位的訴因とし、当時の自動車運転過失致死罪（改正前の刑法211条2項）を予備的訴因として被告人を起訴した(39)。

大阪地裁は、「証拠上、被告人が、被告人車両と並走するAを現実に認識していたとは認められないし、被告人車両の走行によってAに傷害を負わせるような近い位置にAがいるかもしれないと思っていたことも認められないから、被告人に暴行の故意があったとは認められず、傷害致死罪は成立しない」としつつ、自動車運転過失致死罪について正当防衛の成否を検討し、Aの一連の行動から、「⑤地点〔再発進した地点〕付近においても、被告人らの生命や身体に対する危険が差し迫り、被告人がAに対して何らかの行動に出ることが正当化される緊急状態は終了したとはいえず、なお継続していた」（〔　〕は筆者）と認定したうえで、「⑤地点付近で被告人は、Aがいる具体的な位置については分からなかったものの、Aが近い位置にいるかもしれず、Aは被告人車両を追いかけ、このままでは再度被告人車両に追いつくかもしれないと考えていたのである。その上で、被告人は、追いかけるAから遠ざかるために、被告人車両を走行させる進路を確保しようとしてクラクションを鳴らし続け、⑤地点付近から被告人車両を発進、進行させたのである。〔原文改行〕そうすると、被告人には生命や身体などに対する差し迫った危険があることを認識し、それを避けようとする心理状態、すなわち、刑法上の防衛の意思があったと認められる。」として、正当防衛の成立を認めた(40)。

本件において正当防衛の成立を肯定するという結論には、ほとんど異論のないところであろう。この結論を導くためには、①防衛意思不要説に立つ、

---

(39)　被告人は道路交通法上の報告義務違反罪（同法117条）および救護義務違反罪（同法72条・119条10号）でも起訴されているが、大阪地裁は、被告人には少なくとも物を損壊したかもしれないとの認識は認められるものの、人を轢過したかもしれないとの認識があったと認めるには合理的な疑いが残るとして、報告義務違反罪の成立を肯定しつつ、救護義務違反罪の成立は否定した。

(40)　本件では防衛行為の相当性も問題となったが、本判決は、Aらの攻撃が尋常でなかったのに対して、被告人の行為は一貫してAから遠ざかるために被告人車両を走行させたというだけで、直接Aらに向けた攻撃を一切加えていないこと、Aは自ら危険な状況に飛び込んだ、あるいは危険な状況を作出したといえることから、防衛行為の相当性を肯定した。

②正当化事情の認識としての防衛の意思の機能を故意不法の止揚に求め、過失犯では防衛の意思は不要であると解する（二分説）[41]、③防衛意思必要説のうち未遂説をとる[42]（自動車運転過失致死罪に未遂犯処罰規定はない）、④防衛の意思の内容を緩和する[43]、といった方途が考えられるところ、本判決は④を選び、評釈類の多くはそれを支持している[44][45]。

　この防衛の意思の緩和は、偶然防衛の概念を防衛状況（急迫不正の侵害）の不知の場合に限定する立場に対応するものである。しかし、問題は、なぜ主観的正当化要素としての防衛の意思を防衛状況の認識（およびそれに反応して何らかの行動に出る意思）に縮減しうるのかにある。前述のように、防衛の意思に規範違反性を止揚する機能を求めるなら、防衛の意思は防衛行為の適法性を基礎づける事実全体に及ぶことを要するであろう。防衛の意思の対象を縮減し、防衛状況を認識しつつ単に逃げようとする意思をもって防衛の意思と認めるという帰結は、正当防衛を急迫不正の侵害の認識に基づく切迫した心理状態に触発された行為と捉え、その法的性格を適法行為の期待可能性の欠如に基づく責任阻却事由と解することによってはじめて説明可能となるものといえよう。このような正当防衛の責任阻却的な理解は、たとえば

(41)　Vgl., Rudolf Schmitt, Subjektive Rechtfertigungselemente bei Fahrlässigkeitsdelikten?, JuS1963, S. 64ff.

(42)　吉田・前掲注(36)105頁以下参照。

(43)　過失犯における防衛の意思の内容を故意犯よりも緩和するものとして、山本（紘）・前掲注(36)224頁。もっとも、本稿では、故意犯・過失犯を通じて防衛の意思の内容を緩和する立場を含めて問題としている。傷害致死罪に関して、自動二輪車の発進行為につき、「立ちはだかり行為により被告人の通行を妨害する被害者を避けてその場から立ち去るための行為」であるとして防衛の意思を認め（正当防衛）、その後の走行行為につき、「つかまり行為により被告人の安全な通行を妨害する被害者から逃れるため、言い換えれば、自車の安全な通行を確保して自己の身体を防衛するためにした行為である」として防衛の意思を認めた（過剰防衛）ものとして、横浜地判平成29年12月18日（LEX/DB25549389）。

(44)　古川原・前掲注(38)288頁以下、照沼・前掲注(38)31頁、清水・前掲注(38)13頁、坂下・前掲注(30)321～322頁以下、佐藤・前掲注(38)78頁、樋笠・前掲注(38)247頁以下参照。

(45)　これに対して、髙山・前掲注(38)49頁は、本件では「暴行の故意は認定されておらず、反撃の認識はなかった。そして、日本の従来の多数説は、不正の侵害に対応する意思を要求しており、逃げる意思だけで防衛の意思があるとはしていなかった」と指摘している。

偶然防衛をめぐる諸観点（松原　芳博）

「急迫不正の侵害に対するとっさの反撃」[46]とする正当防衛の性格づけや、「防衛の意思とは、急迫不正の侵害が存在することの認識によって動機づけられた（惹き起こされた）、自己又は他人の権利を防衛するために何らかの行為を行なうという意思である」[47]とする防衛意思の定義にも表れているところである。人々は、正当防衛の事例をみると急迫不正の侵害に見舞われた防衛行為者に感情移入し、防衛行為者の切迫した心理状態を追体験するのが通例であると思われる[48]。そもそも、行為が正当であるということ（違法性阻却）と非難されえないということ（責任阻却）とは観察者の視点に立ってはじめて明瞭に区別されうるものであって、行為者自身の意識においては混然一体のものとして把握されるものかもしれない。いずれにせよ、正当防衛が非難されえないものであることから人々の意識の中に責任阻却事由としての正当防衛のイメージが形成され、そこから翻って心理的切迫の認められない偶然防衛が正当防衛の範疇から除外されてきたように思われる。

　しかし、正当防衛の責任阻却的な理解からは予防的装置による正当防衛を説明しえない。たとえば、防犯用の忍び返しによって、侵入しようとした窃盗犯人が負傷したという場合には、その設置者には急迫不正の侵害の認識による切迫した心理状態は認められないが、正当防衛の成立は肯定されるべきであろう。防衛意思必要説は、この場合における防衛の意思の内容をどのようなものと考えているのであろうか。設置時における将来の窃盗犯人の侵入に関する抽象的な予見を防衛の意思とみて、その有無によって行為の違法性を決することに合理性があるとは思われない。また、忍び返しの設置されている中古の家屋を買受けた者が、家屋に侵入しようとした窃盗犯人の負傷について過失傷害罪で起訴された場合、防犯目的の忍び返しの存在を知ってい

─────────────

(46)　篠田公穂「過失犯と違法性」阿部純二＝川端博編『基本問題セミナー刑法1　総論』（1992年、一粒社）206頁。

(47)　井上彰「『防衛の意思』の内容について」明治大学大学院紀要23集（1）（1986年）38頁。

(48)　違法性阻却事由としての正当防衛を考える際には、被攻撃者であることによる心理的切迫というバイアスを取り除くため、第三者のための防衛（緊急救助）を基本事例とし、自己のための正当防衛を防衛行為の主体と保全法益の主体がたまたま一致した特殊事例とみるべきであろう。

れば防衛の意思を認めて正当防衛による違法性阻却を肯定し、忍び返しの存在を知らなければ（あるいは、忍び返しの存在を知っていたが、それが防犯用であることを知らなければ）防衛の意思を欠くとして過失傷害罪による処罰を肯定する、というのも合理的な区別とはいえないであろう。

　以上のように、防衛の意思の要否をめぐる対立の背後には違法性と責任の区別の問題があり、防衛意思必要説は、その防衛の意思の内容からみて正当防衛を責任阻却的に捉えているように思われる[49]。しかし、刑法理論の見地から正当防衛の不処罰根拠を（責任阻却の前に）違法性阻却に求める限り、防衛の意思を要求する理由はないように思われる[50]。

Ⅶ　防衛の意思の意義・機能

　とはいえ、判例は一貫して防衛意思必要説に立っている[51]。また、刑法36条1項の「防衛のためやむを得ず」という文言が防衛の意思を有する場合を念頭に置いているとみるのが自然であることも否定し難いところである。そこで、以下では、防衛の意思に何らかの意義を見出しえないかを検討することにしたい。

　第1に、事後的な見地からみて現実に防衛効果をもたらした行為のみに正当防衛による違法性阻却を認める立場を前提にするなら（偶然防衛の定義において防衛効果を要求する見解や防衛結果の帰属を問題とする見解はこの立場を

---

(49)　高山・前掲注(38)47頁以下、松原芳博「刑法における違法性と責任」増田豊先生古稀祝賀論文集『市民的自由のための市民的熟議と刑事法』（2018年、勁草書房）111頁以下参照。

(50)　刑法理論は、人々の素朴な感覚を追認するだけではなく、ときに人々の感覚が見落としていた点を明るみに出し、人々の感覚に修正を迫る役割をも担うべきものであろう。

(51)　もっとも、つとに指摘されているとおり、判例が防衛の意思を否定した事案は客観的にも正当防衛の要件を充たしていない場合であって、防衛の意思は過剰防衛（刑法36条2項）の限界を画するものとして機能している面が強い（西田典之ほか編『注釈刑法　第1巻』〈2010年、有斐閣〉446頁〔橋爪隆〕、佐伯・前掲注(20)137頁以下、松宮孝明『刑法総論講義［第5版］』〈2017年、成文堂〉149頁以下参照）。過剰防衛においては、その刑の減免の主要な根拠が責任の減少にあることから、防衛の意思が必要であることにほとんど異論はないであろう。

前提にしているとみる余地がある）、刑法36条1項を、事後的にみて防衛効果があった場合における優越的利益の実現に基づく違法性阻却と、事後的にみて防衛効果がなかった場合における期待可能性の欠如に基づく責任阻却とを併せて定めた規定とみるという理解（二元説）[52]が考えられるであろう。このような理解からは、事後的にみて防衛効果があった場合には防衛の意思は不要であるが、防衛効果がなかった場合には責任の阻却を基礎づける心理状態として防衛の意思が必要とされることになろう。このような違法性に関する徹底した事後判断は、特に法益侵害説の見地から優越的利益の原理によって正当防衛の正当化を根拠づける立場にとっては魅力的である。もっとも、権利の防衛に失敗した防衛行為をすべて違法視することにはなお躊躇を覚えるところである。

　そこで、第2に、事後的にみて現実に防衛効果をもたらした行為は優越的利益の原理によって正当化されるのに対して、事前判断によれば防衛適合的であったが事後判断によれば防衛効果を有しなかった行為は、許された危険の原理によって正当化されるとする理解が考えられる。このような理解からは、防衛効果をもたらした場合には防衛の意思は不要であるが、防衛効果をもたらさなかった場合には、防衛の意思にもとづく行為に限って類型的に有益な行為として許された危険の範囲内にあると認められるという考え方もありえよう。許された危険かどうかは、客観的に決められるべきとも考えられるが、故意犯と過失犯とで許容される危険の範囲・程度が異なるとするなら、行為者の認識によって許容される行為の範囲が異なってくるという理解もありうるであろう。もっとも、このような理解には、正当防衛の違法性阻却の根拠を二元化することの当否や、相当な理由のある誤想防衛を違法と解する通説的立場との整合性など、なお検討すべき点が残されているように思われる。

　第3に、防衛の意思の存在は行為の防衛適合性を認定するための間接事実として機能しうるかもしれない。防衛状況を認識しつつ、それに対応する意

---

(52)　緊急避難（刑法37条1項本文）において、違法性阻却の場合と責任阻却の場合とを含むとする二元説が一定の支持を得ていることからすれば、1つの条文に根拠の異なる2つの犯罪阻却事由が規定されるという理解は、特異なものではないであろう。

思で行動した場合には、防衛に役立つ性質の行為であることが推認されるで
あろう。反対に、防衛の意思を欠くことは、防衛行為の必要性・相当性を欠
くことを推認させるものといえるであろう[53]。あるいは、防衛の意思を認定
するための客観的な間接事実に、行為の防衛適合性を基礎づける機能がある
とも考えられる。

　このような主要事実と間接事実との逆転ないし循環は、他の場面でもみら
れるところである。裁判実務では、特に教唆犯および従犯との限界づけにお
いて共同正犯の正犯性は「自己の犯罪を行う意思」（正犯意思）によって基
礎づけられてきた[54]。しかし、共同正犯性にとって実際に重要なのは、犯罪
事実の実現への重要な寄与ないし犯罪事実の実現過程の支配にあるのであっ
て、正犯意思はその主観的な反映にすぎないように思われる。裁判実務にお
いても、正犯意思は行為者の犯罪実現に向けた寄与・役割から認定されてお
り[55]、実際にはこれらの客観的な間接事実が正犯性を基礎づける実体的根拠
となっているように思われる[56]。また、急迫不正の侵害を予期して反撃した
場合における積極的加害意思[57]についても、実務家から、反撃の準備の状況、
侵害に臨んだ理由、反撃の態様等の客観的事情を認定することが肝要である
と指摘されており[58]、真に急迫性を否定する実体的な根拠となっているのは、
内心の加害意思ではなく、侵害の予期される場所に出向くことまたは留まる
ことについての正当な理由の不存在にあるように思われる[59][60]。名誉毀損罪
に関する真実性の証明（刑法230条の2第1項）の前提としての「専ら公益を

---

(53)　現に、判例において防衛の意思が否定された事案では、正当防衛の客観的要件を充
　　　足していない場合がほとんどであるとされる（前掲注[51]参照）。
(54)　松本時夫「共同正犯──幇助犯との区別──」芝原邦爾編『刑法の基本判例』（1988
　　　年、有斐閣）64頁以下、小林充「共同正犯と狭義の共犯の区別──実務的観点から──」
　　　法曹時報51巻8号（1999年）1頁以下参照。
(55)　朝山芳史「実務における共同正犯論の現状」刑法雑誌53巻2号（2014年）186頁以
　　　下参照。同論文では、「自己の犯罪」というメルクマールは、行為支配概念と目指すと
　　　ころが共通しているとも述べられている。
(56)　松原芳博「共謀共同正犯論の現在」法曹時報63巻7号（2011年）13頁以下参照。
(57)　最（一小）決昭和52年7月21日（刑集31巻4号747頁）参照。
(58)　小林充＝植村立郎『刑事事実認定重要判決50選（上）［第2版］』（2013年、立花書房）
　　　79頁以下〔栃木力〕参照。
(59)　橋爪隆『正当防衛論の基礎』（2007年、有斐閣）305頁以下参照。

図る」目的（公益目的）も、公益を目的とする事実の摘示は国民の知る権利に資する方法で行われるのが通常であることに基づいた、摘示方法の適切性を類型的に徴憑する「見せかけの主要事実」であって、摘示方法が公益の実現に適っていることこそが「真の主要事実」であるというべきであろう[61]。判例が、目的の公益性を判断にするにあたって、「摘示する際の表現方法や事実調査の程度」を考慮すべきとする（最（一小）判昭和56年4月16日〈刑集35巻3号84頁〉）のも、このことを示すものといえる。

　人の行為を言語で表現する際には、行為主体の視点からその意思を出発点として描写するのが簡明である[62]。防衛行為についても、第三者の視点から純客観的に防衛適格性を表現しようとすると、冗長で不自然な法文になってしまうであろう。また、立法に際しては、違法性阻却事由も、構成要件と同様、現実の社会学的な行為類型を基礎とする。現実に行われる正当防衛はほとんどが防衛の意思に基づくものであって、立法者が防衛の意思に基づく通常の防衛行為を念頭に置いて刑法36条1項を規定したのは自然なことである。しかし、立法者の想定した正当防衛の類型から外れることが、偶然防衛の違法性を肯定することに直結するわけではない[63]。正当防衛の正当化根拠を充たす限り、立法者の想定した類型から外れていたとしても、刑法36条1

---

(60)　最決平成29年4月26日（刑集71巻4号275頁）が、行為者が侵害を予期したうえで対抗行為に及んだ場合の急迫性は「対抗行為に先行する事情を含めた行為全般の状況に照らして検討すべきである」とし、「行為者と相手方との従前の関係、予期された侵害の内容、侵害の予期の程度、侵害回避の容易性、侵害場所に出向く必要性、侵害場所にとどまる相当性、対抗行為の準備の状況（特に、凶器の準備の有無や準備した凶器の性状等）、実際の侵害行為の内容と予期された侵害との異同、行為者が侵害に臨んだ状況及びその際の意思内容等を考慮し、行為者がその機会を利用し積極的に相手方に対して加害行為をする意思で侵害に臨んだとき……など、前記のような刑法36条の趣旨に照らし許容されるものとはいえない場合には、侵害の急迫性の要件を充たさない」と判示したのも、主観的な意思自体に決定的な意義があるわけではないことを示しているといえよう。

(61)　松原芳博『刑法各論』（2017年、日本評論社）136〜137頁参照。

(62)　それは、われわれが人の行為について語るときには行為者の立場に身を置くのが通例だからであろう。このような行為者の視点からの言語化は、行為者の責任を問題とする場合には適切であるとしても、行為の違法性を問題とする場合には主観に偏したものとなる危険があることに注意を要する。

項を被告人に有利な方向で拡張解釈ないし類推適用して正当化を認めるべきである[64]。立法者が想像していなかったからといって、実質的にみて罰する理由のない行為を処罰することは許されない。刑法理論の役割は、各規定の趣旨・目的、刑法全体の目的、憲法を頂点とする法秩序全体の目的に照らして、被告人に不利益な方向で刑罰法規の文言を逸脱しない範囲内で、理に適った刑罰権の発動を実現することにある。構成要件の断片性は人々の自由の保障のためになお甘受されるべきであるが、違法性阻却事由の断片性は実質的・原理的考慮によって補正されなければならない。

　かくして、裁判実務において防衛の意思が認定されていること[65]に一定の理由はあると認められるものの、防衛の意思を（特に事後的な見地からみて防衛効果があった場合において）防衛行為の正当化の必要条件とみることにはやはり疑問がある。

（まつばら・よしひろ）

---

(63)　前田雅英『刑法講義総論［第6版］』（2016年、東京大学出版会）272頁は、防衛意思必要説に立つ判例について、「偶然防衛は正当防衛という型には該当しない」、「正当防衛の類型性を欠く」としているとも考えられるのであって、「客観的に不正な侵害を排除するためのものである以上、違法性を欠く」ということを必ずしも排除するものではないと評している。

(64)　もっとも、「自己又は他人の権利を防衛するため」という文言は「やむを得ず」にかかり、「防衛にとって必要かつ相当である」ということを表すとも解しうるものであって、偶然防衛も刑法36条1項の文言の可能な意味の範囲内にあるといえるように思われる。

(65)　松宮・前掲注(51)150頁が指摘するように、「『防衛の意思が認められる』とは、正当防衛の客観的要件がすべて満たされるとの総合判断の表現」であるとみるべき場合も少なくないであろう。これも、人の行為が主観的な方向からの言語化になじむことの帰結にほかならない。

専断的治療行為と刑法

甲 斐 克 則

Ⅰ　序
Ⅱ　治療行為の構成要件該当性と保護法益
Ⅲ　治療行為の適法化要件としてのインフォームド・コンセントと専断的
　　治療行為との関係
Ⅳ　専断的治療行為とその限界をめぐる刑法解釈論上の問題点
Ⅴ　結　　語

Ⅰ　序

1　医療行為と治療行為

　治療行為は、人の身体・健康に必然的に干渉する行為（これを「医的侵襲行為」と言う。）であり、本来的には危険を伴う行為であるが、疾患を治癒したりさらなる悪化を防ぐといった客観的な優越的利益があることから、刑法上も正当業務行為として扱われている（刑法35条後段）。しかし、当該治療が過失によって失敗すると、医療過誤事件となり、場合によっては業務上過失致死傷罪（刑法211条）として刑事責任を問われうるし、当該治療が患者の承諾なく行われた場合には、成功した場合でも失敗した場合でも、理論的には傷害罪（刑法204条：「人の身体を傷害した者は、15年以下の懲役又は50万円以下の罰金に処する。」）の成否が問題となる。このように、治療行為が内在的に有する宿命的とも言える問題性のゆえに、治療行為は、安楽死とともに古くより刑法学者の理論的関心を引いてきた[1]。また、民法上も、診療契約違反があれば債務不履行に伴う損害賠償責任（民法415条）の問題が発生し、さらには故意または重大な過失により被害が発生すると、場合によっては不法行為責任（民法709条）が発生することがある。

　ところで、治療行為と類似の概念として、医療行為がある。両者の関係

は、どのようなものであろうか。この点をまず押さえておく必要がある。日本で「治療行為と刑法」の問題に正面から取り組んで学問的に深化させたのは町野朔教授であるが、町野教授によれば、「治療行為は、患者の生命・健康を維持・回復する必要のあるときに行なわれるという意味で『医学的適応性』（medizinische Indiziertheit）を有し、医学的に認められた正当な方法で行なわれるという意味で『医術的正当性』（medizinische Kunstgerechtigkeit）を有する。前者は手術等が行なわれるべきか否かという „Ob“ の問題であり、後者はそれが肯定されたときどのようにして行なわれるべきかという „Wie“ の問題である。」とされ、両者をあわせて「医学的正当性」と呼称される[2]。これは、正鵠を射たものである。これを私なりに整理すれば、例えば、隆鼻術や豊胸術、あるいは日常的に行われているエステなどは、前提としてそこに疾患があるとは必ずしも言えないので医学的適応性がなく、したがって、医学的適応性がなければ、手術等を病院で実施しても、これらは、医療行為とは言えても、本来の治療行為とは言えない。また、まだ確立していない手術療法を施す場合は、医学準則（レーゲ・アルティス）に則っていないので、医術的正当性がなく、したがって、医術的正当性がなければ、手術等を病院で実施しても、これまた医療行為と言えても、本来の治療行為と

（1）　治療行為をめぐる刑法学説史の詳細については、町野朔『患者の自己決定権と法』（1986年、東京大学出版会）、特に7頁以下参照。また、最近の労作として、天田悠『治療行為と刑法』（2018年、成文堂）があり、13頁以下、73頁以下、155頁以下で詳細な分析がなされているので、参照されたい。なお、藤本直「医師の手術と身体傷害罪の問題に就て一～三」法学新報41巻2号（1931年）1頁以下、3号71頁以下、5号72頁以下（未完）、西山雅明「治療行為と刑法」西南学院大学法学論集2巻3号（1969年）29頁以下、金澤文雄「医療と刑法――専断的治療行為をめぐって――」中山研一ほか編『現代刑法講座第二巻：違法と責任』（1979年、成文堂）125頁以下、青木清相＝武田茂樹「医療行為の適法性について――その総論的考察――」日本法学48巻3号（1983年）127頁以下、米田泰邦『医療行為と刑法』（1985年、一粒社）、武藤眞朗「治療行為と傷害の構成要件該当性――専断的治療行為と患者の自己決定権に関する研究の予備的作業――」早稲田大学大学院法研論集54号（1990年）243頁以下、同「治療行為の違法性と正当化――患者の承諾の意義――」早稲田大学大学院法研論集59号（1991年）195頁以下、甲斐克則『医事刑法への旅Ⅰ』（2006年、イウス出版）29頁以下、小林公夫『治療行為の正当化原理』（2007年、日本評論社）279頁以下、田坂晶「刑法における治療行為の正当化」同志社法学58巻7号（2007年）263頁以下等参照。
（2）　町野・前出注(1)3頁。

は言えない。これは、人体実験ないし治療的実験、あるいは臨床試験というものである。「医療行為」という点では、それぞれに共通点はあるが、厳密な意味ではそれぞれ適法化要件が異なるのである。

2 本稿の問題設定

以上のことを前提として、「専断的治療行為 (eigenmächtige Heilbehandlung; arbitrary medical treatment)」の刑法上の評価について再考するのが本稿の目的であるが、問題設定をより明確にしておきたい。まず、上述のように、「治療行為」と「医療行為」を一応区別はしたものの、刑法的観点から見ると、「医療行為」の中に「治療行為」と「非治療行為」が含まれる以上、例えば、後述の「富士見産婦人科病院事件」のように、医療機関であっても手術の必要がない卵巣・子宮摘出手術を行った場合に「専断的」ではあるが「治療行為」とは言えない「非治療行為類型」を「専断的治療行為」と呼ぶのは、適切ではない。また、現実の承諾・同意と推定的承諾・同意までであれば、それが得られないまま行う治療行為は、「専断的治療行為」と呼んでもよいが、近時、ドイツでよく使用されている「仮定的承諾・同意」については、それが「専断的治療行為」とどのように関わるかは、必ずしも明確ではない。

そこで、本稿では、まず、治療行為の構成要件該当性と保護法益をめぐる議論について再確認し、つぎに、治療行為の適法化要件としてのインフォームド・コンセントと専断的治療行為との関係について検討を加えることにする[3]。

（3） 本稿は、2018年3月13日に台湾の高雄大学法学院において開催された「2018 International Academic Conference on Medical Technology and Legal Practice: Focusing Arbitrary Medical Treatment and the Patient Right to Autonomy」において講演した「日本における専断的治療行為と刑法」と題する原稿に加筆したものである。このシンポジウムでは、私のほかに、高雄大学法学院の張麗卿教授、ドイツのブチェリウス・ロースクール（Bucerius Law School）のトーマス・レナウ（Thomas Rönnau）教授、同じくドイツのオスナブリュック（Osnabrück）大学法学部のゲオルク・ゲスク（Georg Gesk）教授がそれぞれ講演され、台湾の法学者・法曹・医学者らがコメントをし、さらに真摯な討論をしたが、これは、実に有意義な学術シンポジウムであった。オーガナイザーの張麗卿教授にこの場をお借りして謝意を表したい。

Ⅱ　治療行為の構成要件該当性と保護法益

1　治療行為はどの構成要件に該当するのか

　治療行為はそもそも傷害罪の構成要件に該当するのか、それとも傷害罪以外の罪を構成するのか。この問題は、ドイツでは長年にわたり議論されてきたが、決着がついていない。ドイツの判例は、後述のように、治療行為を傷害罪の構成要件の枠内で捉えているが（治療行為傷害説）、学説は、むしろ傷害罪には該当しないという見解（治療行為非傷害説）が多い(4)。とりわけ患者の承諾がない場合に、独自の「専断的治療行為」という構成要件を設けたらどうか、という立法提案がなされたこともあるが（1962年刑法草案162条）、成案には至っていない(5)。

　日本では直接この問題が争点になった刑事裁判例がないためか、この問題は、ドイツほど活発に議論されてはいない。その中にあって、通説は、治療行為傷害説とされているが(6)、佐伯仁志教授は、「厳しくいえば、わが国の通説は、検察官が専断的治療行為を傷害罪で起訴してこなかったことに安易に寄りかかったものではないか、という疑いがある。」と指摘しておられる(7)。他方、有益な医師の治療行為と暴漢による傷害行為を同視することはできないという観点から、治療行為非傷害説も有力に主張されてきた(8)。しかし、治療行為非傷害説の考えは、行為者類型を構成要件に持ち込むことになるか、あるいは構成要件該当性判断と違法性判断とを実質的に同時に行うことに帰着するように思われる。やはり、行為者は誰であれ、「被害者」に身体上の侵襲的干渉をすれば、等しく傷害罪の構成要件に該当する、と言う

（４）　町野・前出注(1)47頁以下、87頁以下、武藤・前出注(1)法研論集54号249頁以下参照。

（５）　町野・前出注(1)74頁以下、天田・前出注(1)193頁以下参照。

（６）　町野・前出注(1)74頁以下、大谷實『医療行為と法［新版補正版］』(1995年、弘文堂)
　　78頁、大塚仁『刑法概説（総論）［第３版］』(1997年、有斐閣)367頁、内田文昭『［改訂]
　　刑法Ⅰ（総論)』(1986年、青林書院)157頁、武藤・前出注(1)法研論集54号263頁等。

（７）　佐伯仁志「違法論における自律と自己決定」刑法雑誌41巻２号（2002年）77頁。

（８）　金澤・前出注(1)136～137頁、佐伯千仭「法律家からみた医療」大阪府医師会編『医
　　療と法律』(1971年、法律文化社)33頁、藤木英雄『刑法講義総論』(1975年、弘文堂)
　　127頁等。

Ⅱ　治療行為の構成要件該当性と保護法益

ほかない。したがって、原則として治療行為傷害説が妥当である。しかし、治療行為の内容は多様であり、いわゆる「メスを入れる」行為（外科的侵襲）であれば、そう解釈できるが、副作用が顕著でない薬剤投与による治療や消毒液塗布による治療などの場合には、外形的変更（身体の完全性の侵害）も生理的機能障害もほとんどないのであるから、構成要件として傷害罪を適用するのは問題があるように思われる[9]。その意味で、問題設定の原点を正確に再確認しておく必要がある。問題の核心は、治療行為との関係で傷害罪の保護法益をいかに捉えるか、にある。

2　傷害罪の保護法益との関係

　周知のように、傷害罪の保護法益については、①身体の完全性を保護法益とし、その侵害を傷害と解する説、②生理的機能を保護法益とし、その障害をもたらす行為を傷害と解する説（判例：最（三小）決昭和32・4・23刑集11巻4号1393頁）、③両者を保護法益に含め、生理的機能を害するかまたは身体の外形に重大な変更を加える行為を傷害と解する説（通説）、に分かれる。①説は、身体の外部的・外形的な完全性（Körperintegrität：身体的統合性ないし統一性と言った方がよい。）を重視するが、①説の場合でも、きわめて軽微な傷害まで想定している、とは思われない。したがって、例えば、勝手に他人の髪の毛1本を抜く行為や爪を切る行為も、傷害罪の構成要件に該当しそうであるが、生理的機能をまったく考慮しないのは、機械的にしか身体を見ない身体観となり、問題がある。これに対して②説は、身体の生理的機能を重視する。これによれば、髪の毛1本を抜く行為は生理的機能に支障を来さないので問題とならないが、体調を悪化させるような行為（例えば、外傷のない疼痛を与える行為、酒を一気飲みさせて急性アルコール中毒に罹患させる行為、相手を失神させる行為等）は、生理的機能に障害を来すので傷害となる。ただ、この説だと、女性の頭髪をその人の意思に反して全部剃り落として丸

（9）　この点について、武藤・前出注(1)法研論集54号249頁参照。なお、同・261頁が、治療行為を①治療行為の手段としての侵襲と②治療行為の結果として発生する法益侵害の二重構造として捉えているのは、多様な治療行為を法的に把握するうえで示唆に富む。

111

坊主にする行為は、生理的機能の障害をもたらさないので傷害罪とならず、妥当でない。その人の存在自体を特徴づける身体の著しい外形的変更も一定程度考慮せざるをえない。人間の身体は、外形的部分と生理的機能とを機械的に分離して捉えるべきものではなく、その統合体として捉えるべきである。その意味で、身体の統合性を重視した③説が、健康をも射程に入れつつ人間の身体の本質を把握した妥当な説と言える。生理的機能に障害がない場合でも外傷だけで傷害罪を肯定することがありうることからして、そして何より身体はその存在構造からして、いずれか一方に割り切って考えることのできるものではなく、③説を基調として、一定程度の身体の統合性と生理的機能の両方を保護法益として含みうる、と解すべきである。その際、傷害罪において「健康」という語で保護法益を論じるとすれば、この脈絡で理解すべきである[10]。なぜなら、「健康」という概念自体も、WHOの基準が揺れ動くように、それ自体では曖昧な側面があるからである。構成要件段階では、このいずれかの侵害があれば、少なくとも傷害罪の構成要件該当性を肯定することができる、と考えられる。なお、この点に関して佐伯仁志教授が、ドイツのエーザー説に依拠しつつ、「結論として、専断的治療行為は、身体の枢要な部分や機能を恒久的に失わせてしまうような場合には傷害罪の構成要件に該当するが、そうでない場合には、全体として健康状態を改善する行為である限り傷害の結果が存在せず、傷害罪の保護法益に該当しない、と解する中間説が最も妥当ではないかと思われる。」[11]と説かれるのは、傾聴に値する。しかし、町野教授が、早くより指摘しておられるように、「患者の身体に生じた結果が『本質的な身体変化』に至らないものであっても、それが

---

(10)　天田・前出注(1)263頁以下は、この問題について詳細に分析する。目指す方向は、本文のような結論に帰着するように思われる。

(11)　佐伯・前出注(6)77頁。Vgl. auch Schönke-Schröder-Eser, StGB 26. Aufl. 2001, §223. Rn. 31, und auch Schönke-Schröder-Eser, StGB 29. Aufl. 2014, §223. Rn. 31. なお、伊東研祐「『傷害の罪』の法益」日本法学82巻2号（2016）3頁以下。特に9〜10頁は、「『傷害の罪』の法益を法益主体の意思決定の自由を包含するものとして構成すること」を目指し、「『法益主体による意思的な支配ないし制御・管理の可能的に及んでいる領域あるいは空間としての「身体」の状態そのもの』ということが、『傷害の罪』の法益の外延として捉えられることになる」と解く。

『傷害』である以上、その結果をもたらした治療行為に傷害罪の構成要件該当性を否定することはできない。また結論的にも、化膿した指を専断的に切除する行為は傷害罪になるが、専断的な腎石の除去、心臓手術は一切傷害罪ではないというのは、均衡を失している。」[12]と思われる。「健康」それ自体は、上述の意味での傷害罪の保護法益だとしても、「健康状態の改善」は、違法性段階で判断すべき要因と解すべきではなかろうか。

3　傷害の意義との関係

　ここで、治療行為と傷害の意義との関係についてもう少し言及しておこう。この点に関して、最高裁第三小法廷は、大学病院において睡眠薬の粉末を混入した事件において、興味深い判断を示した（最（三小）決平成24・1・30刑集66巻1号36頁。以下「本決定」という。）[13]。事実の概要は、次のようなものである。

　被告人は、大学病院において、フルニトラゼパムを含有する睡眠薬の粉末を混入した洋菓子を同病院の休日当直医として勤務していた被害者に提供し、事情を知らない被害者に食させて、被害者に約6時間にわたる意識障害および筋弛緩作用を伴う急性薬物中毒の症状を生じさせ、6日後に、同病院の研究室において、医学研究中であった被害者が机上に置いていた飲みかけの缶入り飲料に上記同様の睡眠薬の粉末および麻酔薬を混入し、事情を知らない被害者に飲ませて、被害者に約2時間にわたる意識障害および筋弛緩作用を伴う急性薬物中毒の症状を生じさせたものである。

　第1審（京都地判平成21・8・21刑集66巻1号73頁参照）は、傷害罪（刑法204条）の成立を認めて被告人を懲役8月に処したが、弁護人は、強盗致傷罪の傷害と傷害罪の傷害とは、判例・学説上、同一の意味であると解釈され

---

(12)　町野・前出注(1)95頁。
(13)　本決定については、甲斐克則「判批」山口厚＝佐伯仁志編『刑法判例百選II各論［第7版］』（2014年、有斐閣）12～13頁で論じておいたので、ここでもその一部を利用する。なお、辰井聡子「判批」平成24年度重要判例解説155頁以下、辻川靖夫「判批」ジュリスト1448号（2012年）100頁以下、豊田兼彦「判批」法学セミナー689号（2012年）129頁、前田雅英「判批」同『最新重要判例250刑法［第11版］』（2017年、弘文堂）118頁等参照。

ているところ、もし睡眠薬等の薬剤により昏酔させる行為が傷害罪に当たるのであれば、昏酔強盗罪（刑法239条）はすべて強盗致傷罪に当たることになってしまい、法文と矛盾し、罪刑法定主義の趣旨にも反することになるから、薬剤により昏酔させる行為は傷害罪に該当しない等と主張して控訴した。

　第2審（大阪高判平成22・2・2刑集66巻1号76頁参照）は、昏酔強盗罪や準強姦罪において生じた昏酔状態がすべて傷害に当たるとすると、昏酔強盗罪や準強姦罪が成立する場合には常に強盗致傷罪や強姦致傷罪が成立することになってしまい、不合理な結果が生じることを認め、これらの各罪において当然に予定されている程度の一時的な昏酔で終わった場合は、その昏酔は昏酔強盗罪や準強姦罪の構成要件により当然に評価されていることから、「更に強盗致傷罪や強姦致傷罪が成立するということはないと解すべきである。」と述べつつ、これを超える程度の昏酔が生じた場合には、「もはや強盗致傷罪や強姦致傷罪が成立しないと解すべきいわれはなく、強盗致傷罪や強姦致傷罪が成立する。」と判示した。

　弁護人は、第1に、通常、医療行為として許容される薬物の投与について、「傷害」行為であるとの評価を与えることに疑問を呈し、身体への物理的な侵襲を伴わない薬物投与についても、およそ人の身体への法益侵害を認め、一律に傷害罪の構成要件該当性を肯定することは、すべての医療行為を違法行為と評価することと同義であり、このような考え方は、罪刑法定主義の趣旨にもとるとして、少なくとも、通常の医療行為で認められる量の薬物投与、および、これに伴い通常生じる副作用については、構成要件レベルにおいて適法とされるべきであり、第2に、本件のように、被害者に睡眠作用をもたらす行為が、傷害罪にいう「傷害」概念に含まれるものと考えると、昏酔強盗・準強姦罪の構成要件に該当する行為は、すべて強盗致傷・強姦致傷罪が成立することになり、昏酔強盗・準強姦罪の規定を刑法典に置いた意味は没却されるので、昏酔強盗・準強姦において予定されている程度の睡眠をもたらす行為は、そもそも「傷害」に当たらない、と主張して上告した。

　最高裁は、上告を棄却したが、職権で次のような判断を示した。すなわち、「被告人は，病院で勤務中ないし研究中であった被害者に対し，睡眠薬を摂取させたことによって，約6時間又は約2時間にわたり意識障害および筋弛

緩作用を伴う急性薬物中毒の症状を生じさせ，もって，被害者の健康状態を不良に変更し，その生活機能の障害を惹起したものであるから，いずれの事件についても傷害罪が成立すると解するのが相当である。所論指摘の昏酔強盗罪等と強盗致傷罪等との関係についての解釈が傷害罪の成否が問題となっている本件の帰すうに影響を及ぼすものではなく，所論のような理由により本件について傷害罪の成立が否定されることはないというべきである。」

　日本の傷害罪の規定は、重傷害と軽傷害を分けて規定する諸外国の規定と比較すると「傷害」の幅が広い。それだけに、暴行罪との区別を含め、前述のように、解釈論上の争いも多いが、判例が傷害を「健康状態の不良変更を惹起すること」と捉えていたことは（大判明治45・6・20刑録18輯896頁、最（二小）判昭和27・6・6刑集6巻6号795頁）、上述の法益観の脈絡で理解されるべきである。そうすると、本件のように、被害者に約6時間にわたる、さらにその後約2時間にわたる意識障害および筋弛緩作用を伴う急性薬物中毒の症状を生じさせた行為は、身体の統合性の観点からみて、被害者の「健康状態の不良変更」を惹起したものと認めざるをえない。

　つぎに、傷害罪の実行行為性は、直接的な暴行（物理的有形力の行使）が原則であるが、無形的方法でもよい。そこで問題となるのは、無形的方法の場合、つまり直接的暴行によらない傷害罪の成立をどの程度認めることができるか、である。例えば、詐称誘導により落とし穴に陥れて負傷させる行為、毒物使用により身体に被害を与える行為、感染症に罹患させる行為、脅迫して精神病院に送り込む行為、連日ラジオの音声等を大音量で鳴らし続け慢性頭痛症等を生ぜしめた行為（最（二小）決平成17・3・29刑集59巻2号54頁）、ストーカー行為や嫌がらせ電話で精神衰弱に追い込む行為、「一気飲み」させて急性アルコール中毒にさせる行為等は、有形力行使の場合と同程度の因果力を持つと明確に認められる範囲で傷害罪に該当する、と解すべきである。なお、最近では、セクシャル・ハラスメント行為等に起因する外傷後ストレス障害（PTSD）を負わせる行為も、一定の範囲で傷害罪に該当することが認められている（最（二小）決平成24・7・24刑集66巻8号709頁）[14]。

　では、本件のように、睡眠薬を摂取させる行為は、ある種の無形的方法を用いた行為であるが、所論が強調するように、強盗致傷罪ないし強姦致傷罪

と昏酔強盗罪ないし準強姦罪との関係からみた傷害概念の解釈にどのように影響するであろうか。所論は、医療行為との関係も射程に入れて論理を展開しているので、検討する必要がある。この点について、「昏酔による意識障害それ自体は、昏酔強盗罪の構成要件において当然の前提とされているものだから、強盗致傷罪（刑240条）にいう『負傷』にはあたらない」という解釈が有力である[15]。これによれば、「たとえば、飲物に薬物をひそかに混入し、それを飲ませて昏酔させ、財物を盗取した事例において、液体を飲むこと自体には被害者に錯誤がないから、暴行により昏酔状態を惹起させた責任を問うことはできず、したがって、強盗罪（刑236条）は成立せず、昏酔強盗罪が成立するにとどまることになる[16]」であろう。第2審での弁護人控訴趣意書も（そして所論も）、この論理をさらに展開し、強盗致傷罪の傷害と傷害罪の傷害とは、判例・学説上、同一の意味であると解釈されているところ、もし睡眠薬等の薬剤により昏酔させる行為が傷害罪に当たるのであれば、昏酔強盗罪（刑法239条）はすべて強盗致傷罪に当たることになってしまい、法文と矛盾し、罪刑法定主義の趣旨にも反することになるから、薬剤により昏酔させる行為は傷害罪に該当しない等と主張したものであろう。この前提を貫徹するならば、「薬物による意識障害・筋弛緩作用を内容とする本件被害は傷害罪にいう傷害には当たらないと解する余地がある。[17]」

確かに、「財物を盗取する目的で、本判例の事案程度の睡眠導入剤を飲ませて一時的に意識障害等を生ぜしめても、昏酔強盗致傷罪には該当しえない」し、それゆえに「意識障害等を生ぜしめる行為が、240条の『傷害』に該当しない以上、204条の傷害とはなりえないという議論が生じうる」が、

---

(14)　この問題についての最近の詳細な研究として、藪中悠「刑法二〇四条の成立過程にみる傷害概念——精神的障害に関する議論を中心に——」法学政治学論究98号（2013年）37頁以下、同「日本刑法における傷害概念と精神的障害」法学政治学論究102号（2014年）1頁以下、同「日本刑法における傷害概念と意識障害」法学政治学論究106号（2015年）1頁以下等がある。

(15)　山口厚『刑法各論［第2版］』（2010年、有斐閣）234頁、中森喜彦『刑法各論［第3版］』（2011年、有斐閣）112頁。

(16)　山口・前出注(15)234頁。

(17)　辰井・前出注(13)156頁。

Ⅲ　治療行為の適法化要件としてのインフォームド・コンセントと専断的治療行為との関係

「しかし、それは昏酔強盗で処断することができる場合には、そのように処理するのが合理的だということにすぎず、204条の傷害罪を構成するか否かは、別論なのである。」という指摘[18]が、ここでは重要である。本決定が、「所論指摘の昏酔強盗罪等と強盗致傷罪等との関係についての解釈が傷害罪の成否が問題となっている本件の帰すうに影響を及ぼすものではなく、所論のような理由により本件について傷害罪の成立が否定されることはない」と述べて、前者と後者の解釈を切り分けたのは、そのような理由によるものと解される。したがって、医療行為との類比を持ち出しても、傷害の解釈の帰すうに影響を及ぼすことはない[19]。

Ⅲ　治療行為の適法化要件としてのインフォームド・コンセントと専断的治療行為との関係

　実践的にも理論的にも重要なのは、正当業務行為としての治療行為の適法化要件である。これには、上述のように、3つの要件がある。それぞれについて、検討してみよう。

1　医学的適応性
　まず、医師が「治療行為」に臨む前提として、「疾患」がなければならな

---

(18)　前田・前出注[13]118頁。
(19)　以上の点については、甲斐・前出注[13]13頁で指摘したところである。なお、強盗致傷罪・強姦致傷罪における「傷害」と傷害罪における「傷害」との関係について言及しておこう。本件所論のような主張が登場する背景には、強盗致傷罪の傷害と傷害罪の傷害とは、判例・学説上、同一の意味である、と解釈されている点があるように思われる。しかし、これは、誤解ではないか。両者は、ある部分では重なり合うが、ある部分では相違点がある。「昏酔強盗罪や準強姦罪は、本来、強盗や強姦の手段として想定されている強度の暴行・脅迫に該当しない行為を、昏酔・心神喪失をもたらす行為であることを根拠に、強度の暴行・脅迫と同等のものとして扱う規定である点に、留意が必要」であるという指摘（辰井・前出注[13]156頁）は、重要である。すなわち、刑法204条の傷害罪それ自体の成否が正面から問われる場合と、昏酔強盗罪や準強姦罪の加重結果である傷害結果が結果的加重犯として問われる場合とは、同じ「傷害」でも区別すべき側面があるのである。かくして、本決定は、傷害概念自体に再考を迫る重要な契機を内包している、と言えよう（甲斐・前出注[13]13頁）。

い。この医学的適応性（medical indication）がなければ、医療機関で手術（例えば、隆鼻術、豊胸術、各種エステ等の美容整形術）を実施しても、その行為は医療行為とは言えても、厳密な意味で治療行為とは言えない。この区別は、第3の要件であるインフォームド・コンセントにも影響を及ぼす。すなわち、主観的保護利益はあっても客観的保護利益が欠けるため、医学的適応性のない医療行為は、いわゆる「被害者の承諾」の理論により正当化の有無を考えるほかない[20]。

もっとも、両者の区別が微妙なものもある。例えば、いわゆる性転換手術は、かつて（旧）優生保護法（現・母体保護法）28条違反の罪で有罪とされ（東京高判昭和45・11・11高刑集23巻4号759頁）、医学的適応性を欠く行為とみられがちであったが、最近は、性同一性障害であると認定されており、この場合には医学的適応性がある、と判断されている（臨床例として、埼玉医科大のケース等、多くの事例がある）。また、生殖補助医療のうち、人工授精や体外受精については、不妊症の治療という観点から医学的適応性が認められている。ただし、代理出産については、その枠を超えると思われ、医学的適応性があるか、疑問である。その他、流動的で医学の進展により新たな疾患が発見されるケースもありうることを自覚しておく必要がある。

2　医術的正当性

つぎに、治療行為が医学上一般に承認された医学準則（レーゲ・アルティス）に則っていることが必要である。これが、医術的正当性である。患者は、何よりも医療技術の安全性を信頼して医療機関にかかり、信頼できる治療の提供を求めるのである。したがって、当然ながら、確立していない新規療法を医学的根拠と適正手続なしに施すことはできない。かりに医学的根拠をもち、かつ適正手続を踏んで新規療法を実施しても、これは、人体実験・臨床研究ないし臨床試験の範疇の行為である[21]。

---

(20)　この点については、甲斐克則「医療行為と『被害者』の承諾」現代刑事法6巻3号（2004年）26頁以下参照。
(21)　この問題の詳細については、甲斐克則『被験者保護と刑法〔医事刑法研究　第3巻〕』（2005年、成文堂）の随所参照。

3 インフォームド・コンセント

さて、医学的適応性と医術的正当性を備えているだけでは、まだ適法な治療行為とは言えない。適法な治療行為と言えるためには、インフォームド・コンセント（informed consent: 患者に対して十分な説明ないし情報提供をして承諾（同意）を得ること）が必要である。これは、いわゆる「被害者の承諾」と共通点もあるが、優越的利益が対抗利益として容易に設定される点で若干事情が異なる[22]。治療行為の特性を考慮する必要がある。

日本ではかつて、上記の２要件があれば、あとは医師の指示に従うだけでよいとする風潮があったが、ドイツでは、1894年の帝国大審院判決（RGSt. 25, 375）において（７歳の女児の左下肢が結核性の化膿に侵されていて切除手術が是非とも必要な状態であったが、父親は自然療法の信奉者であって外科手術に否定的な考えをもっており、上記切除手術には反対であったのに手術が行われたという事案）、患者の承諾がなければ違法で傷害罪になるとされて以来（判決自体は破棄差戻し）、「同意原則」が定着した。第２次世界大戦後も、「第１筋腫判決」と呼ばれる1957年の連邦通常裁判所判決（BGHSt. 11, 111）において（その女性の子宮筋腫を除去するには子宮全体を除去しなければ不可能であることを知りつつ、主治医がそのことを患者に知らせずに子宮除去手術を行ったという事案）、「生命および身体の不可侵の権利」という憲法上の基本権との関係の中で位置づけられ、「自己決定権」という概念の脈絡において同旨が確認されている[23]。他方、学説は一時期「同意思想の空洞化」傾向にあったが[24]、1960年代末から1970年代にかけて、患者の自己決定権の重要性が認識されるようになって、現在に至っている。もっとも、その位置づけについては、傷害罪との関係で自己決定（権）を捉える立場と、自己決定（権）を独自の法益として捉える立場とに分かれている（後述）。

これに対して、アメリカでも、1914年のシュレンドルフ事件判決

---

(22)　甲斐・前出注(20)参照。
(23)　詳細については、堀内捷三ほか編『判例によるドイツ刑法（総論）』（1987年、良書普及会）43頁以下〔町野朔執筆〕、西原春夫ほか編『刑法マテリアルズ』（1995年、柏書房）316〜317頁〔甲斐克則執筆〕、天田・前出注(1)250頁以下参照。また、民事事件も含めた展開の詳細については、唄孝一『医事法学への歩み』（1970年、岩波書店）１頁以下参照。

(Schloendorff v. Society of New York Hospital, 211 N.Y. 125, 105, N.E. 92, 1914) におけるカドーゾ裁判官の言葉、すなわち、「成年に達して正常な精神を有する者はすべて、自己の身体に対して何がなされるべきかを決定する権利を有している。患者の承諾なく手術を行う外科医は、傷害を犯すことになり、これについて彼は損害賠償の責任を負う。」という言葉に代表されるように、長年、患者の承諾（同意）が重視されている。とりわけ1970年代に入って、これをより充実させる法理として、患者に事前の十分な説明をしたうえで承諾（同意）を得るのでなければ違法とする、前述のインフォームド・コンセントの法理が確立していった[25]。医師の説明義務とセットになっているところに特徴がある。しかし、アメリカでは、ドイツのように刑事事件ではなく、もっぱら民事事件として扱われている。

　日本でも、これらの国々の影響を受けつつ、この法理が医療現場や法学界ないし生命倫理の領域で定着しつつある。少なくとも、患者の承諾がなければ違法である、という認識は広まりつつある。民事事件では、1970年代にすでに乳腺摘出手術事件判決（東京地判昭和46・5・19下民集22巻5＝6号626頁）や舌癌手術事件判決（秋田地大曲支判昭和48・3・27判時718号98頁）で、その旨が確認されている。しかし、「インフォームド・コンセント」の場合、単に患者の承諾（同意）を得るかどうか、という点だけではなく、事前に患者に対して十分な情報提供をしたうえでの選択というプロセスが必要であり、その現実の受け止め方には、医療現場と法学界との間での理解になお格差がある。すなわち、医療現場では、単に承諾（同意）を患者から得ればよいとするか、あるいは説明によって医師-患者関係を円滑にするのがインフォームド・コンセントであるという理解がなお残っている。しかし、前者のように儀式的意義に理解するのは論外としても、唄孝一博士が正当にも指摘され

---

(24)　井上祐司「被害者の同意」日本刑法学会編『刑法講座　第二巻』（1963年、有斐閣）171頁以下参照。

(25)　インフォームド・コンセントの法理の歴史については、ルース・R・フェイドン＝トム・L・ビーチャム（酒井忠昭＝秦洋一訳）『インフォームド・コンセント』（1994年、みすず書房）45頁以下参照。なお、インフォームド・コンセントの法理の現在の状況については、甲斐克則編『医事法講座　第2巻　インフォームド・コンセントと医事法』（2010年、信山社）所収の諸論文参照。

たように、後者のようなインフォームド・コンセントのこうした「手段的価値」ばかりが強調されてもならず、「承諾の必要〔性〕の中に、自己決定権とともに肉体的完全性への権利という、重大な人権問題が潜んでいることを理解」すべきである[26]。この法理の「本来的価値」は、「人間は人間としてのひとかたまりの肉体がここにあるというそのことだけで、その存在自体を権利として主張できる。しかも、それは精神と全く別のものではなく、精神もそこにくっついているいわば実存につながる」もの、すなわち、自由権とも社会権とも異なる「存在権」とでも言うべきところにある、と思われる[27]。まさに唄博士のこの指摘は、真髄を衝いたものであり、私の依拠する存在論的観点から捉えたインフォームド・コンセントの理論と符合する。この立場からすると、身体から切り離された形で独自に自己決定権を刑法上の保護法益とするのは、問題があるように思われる[28]。

Ⅳ　専断的治療行為とその限界をめぐる刑法解釈論上の問題点

1　専断的治療行為をめぐる刑法解釈論上の問題状況

　それでは、インフォームド・コンセントのない専断的治療行為をめぐる刑法解釈論上の問題点は、具体的にどこにあるのであろうか。日本では、刑事事件としての裁判例は直接ないが、1978年から1979年にかけて起きた富士見産婦人科病院事件では、患者30名余りに対して承諾なく不必要に子宮や卵巣を摘出した行為が傷害罪で告訴された事件がある。日本初の医師による傷害罪適用事例かと思われたが、関係者は、証拠不十分で傷害罪では不起訴となり、無資格診療等についてのみ有罪とされた[29]。

　また、看護師による認知症患者（70歳でクモ膜下出血の後遺症等の治療のた

---

(26)　唄孝一「インフォームド・コンセントと医事法学」唄孝一『志したこと、求めたもの』（2013年、日本評論社）47頁以下所収54頁（初出は第1回日本医学会特別シンポジウム記録集〈1994年〉）。

(27)　唄・前出注(26)『志したこと、求めたもの』57頁。

(28)　この点は、すでに平野龍一『刑法 総論Ⅱ』（1975年、有斐閣）255頁が指摘している。同旨、門田成人「インフォームド・コンセントと患者の自己決定権」大野眞義編『現代医療と医事法制』（1995年、世界思想社）64頁。

めに入院中の患者と89歳で脳梗塞等のため入院中の患者）に対する足の指の爪を深く切った事件（深爪事件）では、2010年に福岡高等裁判所が、次のように述べて、第1審の有罪判決（懲役6月執行猶予3年）を覆し無罪判決を下した（福岡高判平成22・9・16判タ1348号246頁）[30]。

「このような行為は，看護師が，その有する専門的知識・技量を踏まえて，また，個々の患者の状態，爪の状態に応じて行われる行為でもあることから，その手段，方法の相当性は，個別具体的な事情を踏まえなければ判断が困難であり，類型的判断になじまないことからも，傷害罪の構成要件にすら該当しない行為とはとはいえ」ず，「被告人の行為は，いずれも客観的には傷害罪の構成要件にいう傷害行為といえる。」

「傷害罪の構成要件に該当するBおよびAの各右足親指の爪を切って爪床を露出させた行為について，……正当業務行為性の判断枠組みとしては，一般に，行為の目的だけでなく，手段・方法の相当性を含む行為の態様も考慮しつつ，全体的な見地から，当該行為の社会的相当性を決定すべきと解されるところ，……当該行為が，①看護の目的でなされ，②看護行為として必要であり，手段，方法においても相当な行為であれば，正当業務行為として違法性が阻却されるというべきである（②の要件を満たす場合，特段の事情がない限り，①の要件も満たすと考えられる）。なお，患者本人又はその保護者の承諾又は推定的承諾も必要であり，本件でもトラブル回避のためには個別的に爪ケアの必要性等を説明して承諾を得ることが望ましかったといえるが，一般に入院患者の場合は，入院時に示される入院診療計画を患者本人又は患者家族が承認することによって，爪ケアも含めて包括的に承諾しているものとみることができ，本件でもその承諾があるから……，本件行為についての個別的な承諾がないことをもって正当業務行為性は否定されない。」

---

(29)　第1審判決は浦和地判川越支判昭和63・1・28判時1282号7頁、第2審判決は東京高判平成元・2・23判タ691号152頁。詳細については、田坂晶「判批」甲斐克則＝手嶋豊編『医事法判例百選［第2版］』（2014年、有斐閣）10頁以下参照。筆者は、この問題について、2015年10月28日放映の日本テレビ「上田晋也のニッポンの過去問」の特集「埼玉県乱診乱療産婦人科事件」において詳細なコメントをする機会を得た。映像で振り返っても、本件は、まさに傷害罪が成立可能な典型ではなかったか、と思う。
(30)　詳細については、武藤眞朗「判批」甲斐＝手嶋編・前出注(29)160頁以下参照。

Ⅳ　専断的治療行為とその限界をめぐる刑法解釈論上の問題点

「被告人がＢおよびＡの各右足親指の爪切りを行ってその爪床を露出させた行為は，医師との連携が十分とはいえなかったこと，結果的に微小ながら出血が生じていること，Ｂの右足親指についてはアルコールを含んだ綿花を応急処置として当てたままにして事後の観察もせず放置してしまっていたこと，事後的に患者家族に虚偽の説明をしたことなど，多少なりとも不適切さを指摘されてもやむを得ない側面もあるが，これらの事情を踏まえても，被告人の行為は，看護目的でなされ，看護行為として，必要性があり，手段，方法も相当といえる範囲を逸脱するものとはいえず，正当業務行為として，違法性が阻却されるというべきである。」

ここには、専断的治療行為に近い事例としての刑法解釈論上の実務的処理の傾向が出ている。すなわち、看護行為についてではあるが、武藤眞朗教授が適切に指摘されたように、「一般的な傷害概念に従って類型的に構成要件該当性を判断しており，治療行為傷害説を前提として，『看護行為性』を正当業務行為の枠内で捉えて，違法段階で具体的判断を行っている」のであり、しかも、「正当業務行為の要件として，①看護目的，②看護行為の必要性・相当性を明示的に挙げ，患者（側）の意思を正当化の基準として加えており，これは医師による治療行為の正当業務行為性に対応する。」[31]しかし、本件患者の承諾能力のことに配慮したのか（この点については、必ずしも明確ではない。）、「入院時に示される入院診療計画を患者本人又は患者家族が承認することによって、爪ケアも含めて包括的に承諾しているものとみることができ、本件でもその承諾がある」と判断している点で、包括的承諾（同意）を過大視しているようにも思われ、看護目的に重点が置かれすぎている懸念がある。

これらを踏まえて、以下、当面予想される問題点を挙げて検討してみよう。

患者の承諾が不可欠であるということからすると、前述のように、承諾なき治療行為（専断的治療行為）は傷害罪を構成する、と考えられる。しかし、その前提として、何を説明しておくべきかは、重要である。さもなくば、承諾に錯誤が生じかねないからである。まず、患者の病状・病名、安全性・成

---

(31)　武藤・前出注(30)161頁。

功率、副作用等の付随リスクについての情報に関する説明は不可欠である。これは、患者の最大の関心事であり、これを知らされないと、この点に錯誤が生じる可能性があり、その錯誤は、いわば「法益関係的錯誤」[32]となり、承諾が無効となって、傷害罪が成立する余地がある。周知のように、法益関係的錯誤の理論については批判もあるが、私は、構成要件の重要な部分である法益に関わる部分で錯誤があれば当該承諾（同意）が無効であるとするこの理論が説得力あるものとして支持したい。刑法理論的には、承諾の対象が明確でなければならないことから、とりわけ侵襲内容およびその安全性・成功率、そしてそれに付随する副作用等のリスクについては承諾の明確な対象になる。この重要な点について患者に錯誤があれば、これは「法益関係的錯誤」となり、その承諾は無効になる、と思われる。また、そのような重要な情報提供が正確になされないと、優越的利益の判断も不正確となる。もっとも、がんの告知の問題が実際上残るが、この場合も理論的には同様に考えるべきであろう（なお、民事判例ではあるが、最（三小）判平成7・4・25民集49巻4号1163頁は、患者の非協力態度という本件の特殊事情を考慮して、告知義務がないとした。）。つぎに、他の治療方法・手段も重要な説明内容と言える。最近、インフォームド・チョイスという用語が使われるのは、まさにこのことと関係する。実際上、この内容は、上述の説明内容とリンクする場合が多く、承諾の有効・無効に関係することになる。その他、付随的ながら、費用、入院期間、アフターケアなどが対象として考えられる。なお、承諾書も、これに見合ったものが望まれる。

　さらに、患者に承諾能力がなければならず、それは、自己の身体について判断できる概ね15歳以上の患者と考えられるが、治療内容如何によってはもう少し年齢が上がる場合もありうるであろう[33]。成人の場合も含め、承諾能力がない患者については、代行同意が認められるが、それも無条件というわけではない（特に精神病治療の場合について、札幌地判昭和53・9・29判時914

---

(32)　佐伯仁志「被害者の錯誤について」神戸法学年報1号（1985年）51頁以下、山中敬一「被害者の同意における意思の欠缺」関西大学法学論集33巻3＝4＝5合併号（1983）271頁以下、同『医事刑法概論I（序論・医療過誤）』（2014年、成文堂）183頁以下参照。Vgl. auch Gunther Arzt, Willensmängel bei der Einwilligung, 1970.

号85頁：札幌ロボトミー事件）。さらに、判断能力・承諾能力を有する者であっても、前述の錯誤の場合のほかに強制がある場合も、瑕疵ある承諾となり、無効である。

最後に、「自己決定権は重要であるが万能ではない」点を再度強調しておきたい[34]。「医療についての自己決定は、私事一般についての自己決定と『根は同じでも類は異なる』」のである[35]。治療の枠を超えた患者の「無謀な」選択にまで、医療者は拘束されるものではない。そのかぎりで、ソフトなメディカル・パターナリズムを考慮する余地がある。なお、緊急の場合の緊急治療に際しては、承諾がなくても、緊急避難として正当化される。しかし、これも無条件というわけではない。

2　現実的同意・推定的同意・代諾および仮定的同意の位相

ここで注意を要するのは、患者の現実的承諾（同意）のほかに、推定的承諾（同意）、代行承諾（代諾）、さらにはドイツで議論されている仮定的承諾（同意）をどのように位置づけるべきか、という点である。患者の現実的承諾（同意）については、上述のとおりである。

推定的承諾（同意）の理論を発見し命名してその理論的基礎を築いたメッガーは、「推定的承諾（同意）は、被害者がもし事態の全知識を有していたならば、その個人の立場からその行為に同意したであろうということにおける客観的な裁判官的な蓋然性判断を意味する。[36]」と説いた。これが理論的原点であろう。その後、この理論的発展に貢献したロクシンは、「推定的承

---

(33)　この点については、クヌート・アメルンク／甲斐克則（訳）「承諾能力について」広島法学18巻4号（1995年）209頁以下、山中・前出注⑳149頁以下・ソーニヤ・ロートエルメル著（只木誠監訳）『承諾、拒否権、共同決定——未成年の患者における承諾の有効性と権利の形成』（2014年、中央大学出版部）参照。なお、精神科医療に関しては、北村聡子＝北村俊則『精神科医療における患者の自己決定権と治療同意判断能力』（2000年、学芸社）参照。

(34)　この点については、すでに何度も指摘してきた。甲斐克則『安楽死と刑法〔医事刑法研究　第1巻〕』（2003年、成文堂）5頁、同『終末期医療と刑法〔医事刑法研究　第7巻〕』（2017年、成文堂）37頁、71頁等参照。

(35)　唄・前出注㉖『志したこと、求めたもの』56頁。

(36)　Edmund Mezger, Strafrecht（Ein Lehrbuch）2. Aufl. 1933, S. 219f.

諾（同意）は、確かに、承諾（同意）と正当化緊急避難の中間に位置するが、しかし、両者から区別された構造を有しており、それゆえに独立した正当化事由とみなされるべきである。[37]」という立場から、次のように説いた。すなわち、「わが法秩序は、——幸運にも——成熟した精神的に健全な人の意思決定を超える第三者の優位を否定する自己決定建を認めている。この原則からして、仮に被害者が一時的にそこに居なかったり、あるいは意思決定無能力であるからといって、原則として禁じられた第三者のこうした理性の優位の専横を許してはならないのである。[38]」と。ここでは詳細は割愛するが、以後、ドイツでも日本でも、推定的承諾（同意）については、刑法理論上は、①実際の被害者の承諾の延長上にあるとみて、被害者の承諾の法理をここでも一貫させる見解、②事務管理によって違法性が阻却させるとする見解、③一種の緊急避難として違法性が阻却されるとする見解、④一種の「許された危険」と見る見解、などに分かれている。いずれにせよ、推定的承諾（同意）があれば、違法性が阻却されることは間違いなく、これを患者の推定的承諾（同意）に当てはめれば、——両者は必ずしも同一ではないが——患者の推定的承諾（同意）があれば、当該治療行為の違法性は阻却される、と言える。

なお、代諾は、承諾（同意）能力がない患者の場合に問題となるので、代諾もないまま治療を強行するような場合は専断的治療行為として違法であるが、そうでなければ刑法上傷害罪が成立する、とまでは言えない。上述の深爪事件判決は、この範疇として位置づけることができる。

最後に、仮定的承諾（同意）の問題がある。仮定的承諾（同意）の理論は、主にドイツの民事判例の影響を受けて、刑事判例でも採用されているが、学説からは批判も多い[39]。この問題を詳細に研究された武藤眞朗教授によれば、

---

(37)　Claus Roxin, Über die mutmaßliche Einwilligung, in Festschrift für Hans Welzel zum 70. Geburtstag, 1974, S. 448.

(38)　Roxin, a. a. O（Anm. 37），S. 450f.

(39)　詳細については、武藤眞朗「医師の説明義務と患者の承諾——『仮定的承諾』序説——」東洋法学49巻2号（2006年）5頁以下、同「いわゆる仮定的承諾について——医師の説明義務と患者の承諾——」刑法雑誌47巻3号（2008年）317頁以下、山中・前出注(32)349頁以下参照。なお、ハロー・オットー／甲斐克則＝福山好典（訳）「医的侵襲にとっての仮定的承諾の意義」比較法学44巻2号（2010年）113頁以下をも参照。

V 結　語

「医療措置を行うのに際して、十分な説明をし、承諾を得ようとすれば得られるにもかかわらずに、承諾を得なかった、あるいは、不十分な説明をし、それに基づく承諾を得た場合には、現実的承諾または推定的承諾の法理によって犯罪性を否定することができなくなる。このような事例については、常に医師に刑事責任を問うべきかどうかが問題とされる。このような問題をめぐり、ドイツにおいて、『仮定的承諾』（hypothetische Einwilligung）」という法理を用い、医師の刑事責任を否定しようとする動きが、判例および学説においてみられるようになってきた。[40]」とのことである。名前こそ「仮定的」ながら「承諾（同意）」が付いているが、「承諾（同意）」というよりも、むしろ客観的帰属論の性格を有するものであり、承諾（同意）論の範疇で議論することは、議論自体に混乱を来す懸念があるので、この法理を敢えて日本に導入する必要はない[41]。もちろん、この種の行為を専断的治療行為として処罰すべきか、という点については、別途慎重な検討が必要であるが、処罰は著しい裁量濫用の場合に限定して、抑制的に考えるべきであろう。

V 結　語

　以上、専断的治療行為と刑法について、日本の議論を中心に論じてきた。日本でこの種の事案が刑事裁判になることが今後あるかはわからないが、医事刑法の基本問題であることに変わりはなく、医事刑法の基礎理論を固める意味で、今後も治療行為と刑法をめぐる問題を探究し続ける意義は、なお小さくないと思われる[42]。かくして、筆者の専門領域の研究の一端である本稿を、長年親交のある日髙義博教授の古稀をお祝いすべく、ここに謹んで献呈申し上げたいと思う。

（かい・かつのり）

（40）　武藤・前出注(39) 6 〜 7 頁。

（41）　前出注(3)における国際シンポジウムで、ドイツのレナウ教授も、「Die hypothetische Einwilligung im Arztstrafrecht—eine sinnvolle Rechtsfigur?」と題する講演の中で、仮定的承諾（同意）の法理を「とんでもない代物（Teufelswerkzeug）」と呼んで批判していたのが印象深い。

（42）　天田・前出注(1)は、著者が私の門下生であることを差し引いても、本文の意味で、若手による貴重な研究と言える。

未成年者の承諾

只 木　　誠

Ⅰ　は じ め に
Ⅱ　医療行為における患者の権利
Ⅲ　未成年者の権利と人間の尊厳および人格権
Ⅳ　成人の諸権利
Ⅴ　未成年者と承諾──とりわけ刑法的問題について──
Ⅵ　承諾能力の定式化
Ⅶ　お わ り に

Ⅰ　は じ め に

　"Volenti non fit injuria"、すなわち「承諾（同意）をする者には不法はなし得ない」との格言のとおり、承諾があれば、治療行為などの（医的）侵襲にあって、その違法性は阻却される。インフォームド・コンセントの内容として承諾の重要性はいうを待たない。とはいえ、例えば、刑法で責任能力があるとされる14歳の少年のなす医療同意は有効なのか。14歳の女子のなす堕胎についての承諾は有効なのか。避妊薬の処方、性転換手術、断種、去勢にあってはどうか。未成年者の承諾は違法性を阻却し得るとしたとき、しかし、個々の事案においてはその承諾能力が否定された場合には、それらの行為の違法性は阻却されないことになり、薬剤師の調剤・調薬、医師の医的侵襲行為あるいは両親の医療行為への承諾行為は違法となり得るのである。

　この問題に取り組んだ代表的な研究の一つにRothärmelの「Einwilligung, Veto, Mitbestimmung」[1]がある。この著作の構想、すなわち、子どもと親との「共同決定」という構想には、その理論の実践という点でなお課題が存すると思われるが、医療行為における承諾能力の定義、要件、有効性の基準に関する本書の現状分析や提示された今後の課題については参照されるべき

点が多く、この研究は生命倫理や医事法の分野での研究における重要な文献として位置づけられ、昨今の種々の論文等で引用されているところである。

　本書の問題意識は、未成年者の諸権利を論じる際、その承諾能力についてインフォームド・コンセントモデルをそのまま適用することには限界があるという点に向けられており、人格権の視点から未成年者の承諾論を問い直そうとするものである。すなわち、承諾能力が存在することを前提とするインフォームド・コンセントモデルで考えた場合には、承諾能力がないとされた未成年者にあっては、成人と同じように身体の統合性（完全性）や人格が危険にさらされるのにもかかわらず、人格権の尊重のために一般に承認されている権利、例えば、説明を要求する権利が保護されていないことになり、例えば、強制治療や強制収容の場合であっても、成人と同様の権利は保障されないことになる、というのである。筆者は、このような事態は、児童の権利に関する条約（日本では1994年に批准し効力が生じている）の趣旨に反するのではないかとする。というのも、同条約では、子どもの生存、発達、保護等の確保のための権利だけではなく、子どもの自己決定権やその他の自由権も取り上げられ、具体的には、親の権力から保護され、権利行使を実現する前提としての情報提供の保障などが謳われているからである、としている。

　現在、ドイツでも、医療行為における承諾能力についての法的定義はほとんどなく、成人に関するかぎりでは判例の蓄積によって一定の指針がみられるとしても、しかし未成年者については同様に語ることはできない。たしか

（1）　Rothärmel, Einwilligung, Veto, Mitbestimmung (2004). 本書については、拙監訳『承諾、拒否権、共同決定──未成年の患者における承諾の有効性と権利の形成──』（2014年、中央大学出版部）がある。なお、アメリカにおける議論を紹介し、親権との関係を基礎にしつつも同様の分析を加えるものとして、永水裕子「未成年者の治療決定権と親の権利との関係」桃山法学15号（2010年）153頁参照。また、スイスの状況につき、秋山紘範訳「ブリギッテ・ターク『判断能力に欠ける者に配慮した医事法におけるインフォームド・コンセント』」比較法雑誌46巻3号（2012年）380頁以下、ドイツの状況につき、鈴木博人「契約年齢・親子関係年齢」比較法研究78号（2016年）157頁以下、後藤有里「臓器移植医療における子どもの自己決定権と親」関西大学大学院法学ジャーナル93号（2017年）123頁以下、菅沼真也子訳「ヘニング・ローゼナウ『承諾無能力者に対する説明と承諾』」比較法雑誌46巻1号（2012年）333頁以下、拙訳「グンナー・デュトゲ『医事法における年齢区分の機能』」比較法雑誌46巻1号（2012年）69頁以下参照。

130

に、未成年者の場合には親の承諾・代諾という制度も存するのであるが[2]、現実には当時者である未成年者本人の意思は考慮されず、「親の自由裁量」で決定されているというのが実情である、といわれている。

医療行為における未成年者の承諾の問題を考えるにあたり、Rothärmelは、人格権の内容を確認し、その上で医療と法の場面における成人の諸権利を確認し、それとの比較において未成年者の諸権利を検討し、未成年者の承諾にかかる権利の保障が不十分であることを指摘している。本稿は、Rothärmelの研究をもとに、未成年者の承諾にかかる問題点を紹介し、この問題についての我が国の議論の参考に供しようとするものである。

Ⅱ　医療行為における患者の権利

まず、医療行為の領域での患者の権利について確認しておきたい。医的侵襲について、ドイツの判例では、自己決定権・自律（＝人格的自律権）との関係で次のような判断が示されている[3]。すなわち、BVerfGによれば、「（基本法2条2項1文（身体の統合性）は、人の身体の無傷性を、個々の具体的な健康状態や病状についてのみ保護しているのではない。基本法は、人の身体的・精神的統合性の領域で、まずもって自由の保護を保障している。患者または身体障害者であっても、その身体的・精神的統合性に対する完全な自己決定権を有している」とされている。また、BGHも、「ある者がなす、その思慮分別に従って、再び健康になるためにどのような条件のもとで自身の身体の無傷性を犠牲にすべきであるかという問いに関して、何人も審判者を僭称してはならない。この指針は医師をも拘束する。たしかに、病人を可能

（2）　ドイツでは、未成年者に対する侵襲の許容性に関しては、原則的に、親の自由な裁量で決定される。裁判所による統制が行われるのは、治療が自由の剥奪を伴っている場合（民法典1631条のb）、あるいは、親の監護権の濫用（民法典1666条）が問題となる場合だけであるとされている。

（3）　詳細は、拙稿「医療における患者の自律と承諾能力」伊東研祐ほか編『市民的自由のための市民的熟議と刑事法──増田豊先生古稀祝賀論文集』（2018年、勁草書房）57頁、同「医療行為に関する、とりわけ高齢患者の承諾能力」高橋則夫ほか編『刑事法学の未来──長井圓先生古稀記念』（2017年、信山社）229頁以下参照。

な限り治療するのは医師の重要な権利であり本質的な義務であるが、この医師の権利と義務は、……（患者の）自己の身体に対する自由な自己決定権という制約から免れることはない」としている[4]。ここでは、医療行為における患者の自己決定は憲法的保障の対象であることが確認されているのである。

Ⅲ　未成年者の権利と人間の尊厳および人格権

　患者の権利、特に未成年者の権利を論じるに際しては、その権利が何を根拠に基礎づけられるかが重要となる。

　Rothärmelは、未成年者の患者の権利の基礎を人格権から説き起こす[5]。すなわち、基本法2条1項（人格権）は、BGHZが民法典の解釈において形成してきたように、「一般的人格権」を保護している[6]。多数説によれば、一般的人格権は、「人格の自由の核心領域」[7]などといい表わされており、人間の尊厳の尊重と保護を受ける権利と密接に関連している。また、BVerfGE 9,89は、裁判所の審問に対する請求権に関して、人間の尊厳の保障の表現として次のようにいう。「人格の尊厳」の求めるところによれば、「……その者の権利が国の機関の都合で容易に自由処分されないこと、すなわち、個人は、裁判所の決定の単なる客体にすぎないのではなく、自己の権利に影響を及ぼす決定がなされる前に、手続とその結果に影響を与えることができるようにするために発言する機会が認められるべきである」のであると。BGH NJW 1961,1397も、「精神において道徳的な存在である人間は、自

（4）　BGHSt, 11, 111ff.

（5）　Rothärmel, a. a. O., (1), S. 22ff. 同翻訳版・前掲注(1)10頁以下〔髙橋直哉〕。

（6）　BVerfGE 7, 198; 34, 269; 52, 131; BGHZ13, 334; 24, 72; 26, 349; 27, 284. 参照。同項は、包括的な規定で受け皿的機能を有するとされている。Dreier, in: H. Dreier（Hrsg.）, Grundgesetz. Kommentar, 2. Aufl., Bd. I, 2004, Art. 2 I Rdn. 30（Fn. 98）参照。我が国で人格権の侵害が認められたものとして、エホバの証人輸血拒否事件（最（三小）判平成12・2・29民集54巻2号582頁）がある。

（7）　Benda, in: Benda/Maihofer/Vogel（Hrsg.）, Handbuch des Verfassungsrechts, 2. Aufl., 1994, §6, Rdn. 12.

Ⅲ　未成年者の権利と人間の尊厳および人格権

由と自己意識をもって自己決定をし、外界に作用を及ぼすことができる、というところに」人格の尊厳は存在する、としている。

　そして、争いはあるが、古典的な人権の図式である「付与理論」によれば、尊厳（あるいは人格の地位）は、個々人に生まれながらにして備わっている特質であるとされている。すなわち、人格の地位および基本法１条１項（人間の尊厳）ならびに２条１項（人格権）によるその保護は、各人の個人的な精神的特性などを考慮することなく、万人に認められるべきものである。それゆえ、このように人間に生来的に備わっている潜在的な能力、つまりは人間のもつ理性を志向することによって、精神病者や、自由な道徳的決定をする能力を完全にはもっていない衝動的行為者（Triebtätern）のような、まさしく特に保護を必要とする人々にも、基本法１条の保護を無制限に与えることが可能となる。だからこそ、新生児や幼児も人格主体として理解することができるのである⁽⁸⁾。BVerfGは、子どもの福祉の概念について、つとに、子どもも、「基本法１条１項および２条１項の意味における、固有の人間の尊厳と、自己の人格の自由な発展に対する固有の権利をもっている」と述べている⁽⁹⁾。例えば、交際相手の決定、信書の秘密、自室（子ども部屋）の不可侵、学校、職業およびに氏名の選択といったことに関して、子どもが自己の人格の尊重を要求する権利をどの程度まで有するのかという点が問題となり得るが、それは、BVerfGE 47,46の見解によれば、「少年が、……親の教育の単なる客体にすぎないのではなく、基本法１条１項と併せて２条１項によって保護される固有の人格が、はじめから存在し、それが徐々に発展するものである」という理由によるものである、とされている。

　このようなRothärmelの紹介にあるように、ドイツにおいては、子どもにも人間の尊厳、固有の人格権、人格の自由が基本法によって保護されており、このように子どもも人格の主体として理解される根拠が理論上確認されているのである。

（８）　Benda, a. a. O., ⁽⁷⁾, §6, Rdn. 9.
（９）　BVerfGE 24, 119, 144.

133

Ⅳ　成人の諸権利

　我が国でも、治療行為は傷害罪の構成要件に該当し、患者の承諾のない治療行為、すなわち専断的治療行為はその違法性を阻却しないとするのが通説的な理解である[10]。そしてこの考え方は、遡れば、ドイツの判例で示された「傷害法理」に起源を求めることができる。この法理は、インフォームド・コンセントを考えるにあたって重要であるとRothärmelは指摘する[11]。

1　「傷害法理」の誕生

　Rothärmelによれば、治療行為が傷害罪に該当するとはじめて判示した1894年のRGSt 25,375（脚切断判決）には重要な意義がある。自然治療の信奉者であった父親が法定代理人として拒否していたにもかかわらず、7歳の女児の生命を救うためにその脚の切断を行った医師が、当時のライヒ刑法223条の傷害罪で起訴されたという事案につき、RGは、患者の自己決定権は法的に保護されなければならないとして、当時の学説の支配的見解に反して、承諾のない医的侵襲はたとえ医学準則（lege artis）に則っていたとしても、また、結果的にその侵襲が成功したとしても、その治療的侵襲は傷害の構成要件に該当するとした。ここに「傷害法理」が誕生し[12]、患者の承諾がなければ傷害罪の成立が肯定されるとする原理が確立する。以降、治療の開始、その範囲および継続について決定する唯一の権限が患者に与えられることになり、医学的見地から有益であることよりも、患者の自己決定権が優先され、「意思こそが最高の法（Voluntas aegroti suprema lex）」[13]とする原則が、

---

(10)　詳細は、天田悠『治療行為と刑法』（2018年、成文堂）17頁以下参照。

(11)　Rothärmel, a. a. O., (1), S31ff. 同翻訳版・前掲注(1)23頁以下〔原口伸夫〕。

(12)　なお、本件で被告人は無罪とされている。Katzenmeier, in: Laufs/Katzenmeier/ Lipp（Herg.）, Arztrecht, 7. Aufl., 2015, S. 175ff. S. 108. 傷害法理においては、医師の治療の意思も重要ではないとされている。

(13)　傷害法理は、処罰の間隙を埋めるものであるとされている。というのも、専断的治療行為についての構成要件は存在しなかったことから、説明義務違反は——240条（強要）や239条（自由の剥奪）を別にすると——明文での処罰対象となっていないからであるといわれている。

刑法および民法に定着することになったのである。

　1957年のBGHSt 11,111（筋腫判決）、および、翌1958年のBGHZ 29,46（「第２次電気ショック判決）は、憲法上保護される患者の自己決定権を援用して、この傷害法理を承認した。その後、患者の自己決定権を実現するために最も重要な請求権として、裁判所は、医師に説明を求める患者の権利を展開させた。この請求権からインフォームド・コンセント法理が導かれたということができる。

　また、患者の意思の優位の原則から、RGSt 25,375では「不合理な」決定をする権利が承認されていたが、これについて筋腫判決では、不合理であってもこれを決定する患者の権利が基本法２条２項１文により憲法上保障されているとされ、憲法上の保障として同原則が確認された。ここに至って、患者は、治療の依頼についてはいつでも撤回することができ、また、医師や治療法についても選択することができることが、他方で、承諾能力のある患者や法定代理人が拒否した場合、治療する医師の権限は失効する[14]ことが基礎づけられたのである。

2　患者の自己決定権と人格権

　その後、傷害法理は憲法裁判所によっても確認されることになる[15]。BVerfGは、BGHによってなされた下位法（einfaches Recht）の解釈による法創造は、患者の基本権に照らして許容できるとしてこれを是認した。すなわち、BVerfGE 52,131は、医師と患者との間の、患者の基本権の第三者効力に関して、BGHの認めた傷害法理と同様に「患者の自己決定権」についても、基本法２条２項１文に根拠をもつものとみなしたのである。また、自らの肉体的・精神的（leiblich-seelisch）な統合性についての決定は、「人間の人格のすぐれて個人的な領域」、つまり、人間のプライベートな領域に属することから、基本法１条１項による人間の尊厳の保障と併せて２条１項による一般的な人格権の中心領域に位置することにもなる、としている。

---

(14)　RGSt 25, 375–381f.
(15)　Rothärmel, a. a. O., (1), S31ff. 同翻訳版・前掲注(1)25以下〔原口伸夫〕。

ところで、かかる患者の自己決定権は、つねにその人格権の保護にも寄与するが、しかし、患者の一般的な人格権は、その保護範囲という点で、自己決定権よりも広範囲に及ぶものと理解されなければならない。患者は——例えば、治療法の選択とは異なって——身体の統合性についての処分に直接関わらないような諸権利を有している。それらの権利は、基本法２条２項２文（人身の自由）の保護範囲に含まれるのではなく、むしろ一般的な人格権（基本法１条１項と併せて２条１項）に直接にその根拠を有する。例えば、患者のカルテの閲覧請求権や医師の守秘義務がこれである。承諾能力のない患者の権利に関しては、まさにこれらの諸権利に特別な意味が認められる。このような理由から、自己決定権と（それをも含むより広い概念である）人格権とを概念上区別することは目的にかなっているように思われるのである。

3　インフォームド・コンセントにおける医療者の説明の範囲

ところで、インフォームド・コンセントにおいては、医療者によってなされる説明の範囲、そして、説明義務違反が存すると認められる場合にはそれを証明するための因果関係が問題となる[16]。前者については、一般には、患者が自己決定を行うために重要になり得るであろうようなすべての情報が説明の対象となる。BGHは——学説から批判を受けながらも——「その生き方にとって深刻な意味を持ち得るようなリスク」については、0.1％または0.2％の確率でしか実現しないとしても、その説明義務を認めるに至っている[17]。また、手術に際して輸血が必要になった場合のエイズウイルス（HIV）感染の有無については、（具体的に認定されてはいないが一部でいわれているところによると）700万分の１の確率で合併症を発症する可能性が存するにすぎないことがいわれているのであるにもかかわらず説明義務を認めている[18]。「そのリスクが実現したならば個人の生き方に重大な負担をかけるような場合には、医師は、治療の特殊な——きわめて稀であるとしても——リスクに

---

(16)　Rothärmel, a. a. O., (1), S. 39ff. 同翻訳版・前掲注(1)36頁〔原口伸夫〕。

(17)　BGH NJW 1979, 1933; OLG Stuttgart VersR 1987, 515.

(18)　BGH NJW 1992, 743.

ついて説明しなければならない」と判例は適切に述べている[19]。それによれば、医師は、極めて稀であり、かつ、侵襲に伴って生じることが考えられるものの類型的でないリスクを除いてほかは説明の義務を有することになる。

　後者、すなわち、説明義務違反を証明するための仮定的因果性については、困難な問題が存する。というのも、刑法における判断の確実さに対する要求は原則としてかなり高度で、判例によれば、「確実性と境を接する蓋然性」という定式が唱えられているからである[20]。そして、患者が、決められたとおりの包括的な説明を受けたとしても治療に承諾していたであろうといえるか否かの仮定的判断について、BGH NStZ 1996,34は、「決断するのに内心において『真剣に葛藤』したかどうか」という基準を用いている[21][22]。

　このようにRothärmelの関心は、「傷害法理」が自己決定権から導かれ、そこから医師に説明を求める権利が、さらにその権利がインフォームド・コンセント法理に結実した過程を示すことにある。そこでは、医師に対する説明請求権、必要な情報へのアクセス権が患者の権利として発展し、BGHとBVerfGによって憲法上の権利として認められたことが確認されている。また、その憲法的権利の根拠については、（特に未成年の）患者の権利を広く保護するために、自己決定権ではなく、より広範囲な保護を可能とする人格権に求められている。

---

(19)　BGH NJW 1996, 776; BGH NJW 1990, 1528; OLG Stuttgart, VersR 1987, 515.

(20)　RGSt 61, 202, 206; BGHSt 10, 208. もちろん、そこで問題となるのは、自然科学の意味での確実さではなく、裁判官の自由な心証に基づく、裁判官の個人的な確信である、とされている。

(21)　判例に対する賛否は分かれているようである。なおUlsenheimer, Arztstrafrecht, Rdn. 461ff. は、説明されるべきであった危険が実現しておらず、結果が医師の説明義務の保護領域に属さない場合には規範の保護領域にないとし、また、患者は当該説明が行われていたとしても当該措置を拒まなかったであろう場合（仮定的承諾）には因果関係がないとし、医師の責任を否定する。

(22)　同様に、BGH JR 1996, 69, 79（「サージボーン判決）は、医師が当該医薬品がドイツで承認されていないことを患者に告げていなかったという事案で、その事実を知っていたとすれば、患者は上記のような葛藤をもったであろうして医師を有罪とした。もっとも、この判例については、無罪推定を根拠とする批判が少なくない。

V 未成年者と承諾──とりわけ刑法的問題について──

治療行為における被害者の承諾の法的性質については、周知のように、我が国でもドイツでも刑法学説上争いがある。承諾の本質は、違法性を阻却する法益放棄ないし保護放棄にあるとする学説があり、また、他方では、少数説ながら、承諾は構成要件的不法を阻却するとする説もある[23]。

1 未成年患者の承諾能力の重要性

Rothärmelによれば、いずれにしても、承諾の（合意についても）有効性の要件としては、患者に行為能力ではなく承諾能力が存在していることが必要であり、また、刑法では、承諾は法律行為ではないことにつき意見の一致がみられ、民法における支配的見解もこれに従っている[24]、という。

また、治療行為の法律上の要件は、一方では、治療行為は契約締結を前提としていることから行為能力が存することであり、他方では、治療行為は承諾を必要とすることから、患者に承諾能力が存することであり、したがって、未成年患者に対する治療行為には親の意思表示と患者本人の承諾とが重畳して存在しなければならない。親が、医学的適応性があるにもかかわらず、「治療を受けたい」という承諾能力のある未成年患者の希望に反して医療契約の締結を拒むならば、当該未成年患者は家庭裁判所に訴えることができ、反対に、「治療を受けたくない」という承諾能力を有する未成年患者の治療拒否は、これを拒絶することは許されない。医師による、医学的適応性が認められるもとでの医的侵襲を受けようとする未成年者にとっては、結局、その承諾能力が治療を受けるために決定的に重要（ゲートキーパー）となるのである[25]。

---

(23) Vgl. Roxin, AT, 4. Aufl., 2006, §13, 4 m. w. N., Gropp, Strafrecht, AT, 4. Aufl, . 2015, §5, Rdn. 71ff. これらは多数説のいう合意（Einverständnis）と承諾との差異を放棄しようと試みる。この点に関する近時の文献として、Magnus, Patientenautonomie im Strafrecht, 2015, T2D1-7, S. 154f. 島田美小妃「治療行為の不可罰性の根拠について」法学新報117巻 9 =10号（2011年）313頁以下、天田・前掲注(10)17頁以下、75頁以下、157頁以下、217頁以下、およびそこで紹介されている文献参照。

(24) Rothärmel, a. a. O., (1), S, 55ff. 同翻訳版・前掲注(1)61頁以下〔村木保久〕。

2 治療行為を行わない場合の可罰性

未成年の患者に対しても、十分な説明なく治療的侵襲を行う者は、ドイツ刑法223条の傷害罪を理由として罰せられる。もっとも、当該医師が権限のない者から承諾を得たという理由で当該承諾が無効となる場合、医師は故意責任を阻却する許容構成要件の錯誤を援用することができる。それゆえ、Ulsenheimerは、患者には承諾能力が備わっているということを信頼している医師が実務上可罰的となる危険は極端に低いことを強調しており[26]、実際のところ、これまで傷害罪にあたるとして有罪とされた事例はない。

実務上、より重大な意義を有するのは、治療行為を行わない場合である。そこでは、ドイツ刑法323条cに基づく不作為の救助を理由とする、あるいは同法223条、13条に基づく不作為による傷害を理由とする、さらには同法211条、212条、13条に基づく不作為による謀殺・故殺を理由とする、医師および親の処罰の可能性が生じることになる。親がその配慮権（Sorgerecht）を濫用し、故意に子の健康を害した場合には、また、医師が後見裁判所による承諾の代替を求めない場合には、それぞれ可罰性が問題となる[27]。

Rothärmelの説明にあるように——この点では我が国と同じく——承諾は法律行為ではなく、承諾能力は行為能力とは区別される。また、ドイツでは、治療行為には、親と子の両方の承諾が必要とされ、承諾能力があれば、いかなる場合でも未成年者の決定は尊重されることになることから、承諾能力は極めて重要であって、また、承諾のない治療行為や治療を行わないことは、刑法上も種々の刑罰法規によって処罰されることになる。

ところで、ドイツでは、承諾能力、あるいは自己決定能力がなくても、自己決定権や自律自体が否定されるものではないということが強調されてい

---

(25)　ドイツ民法1666条の、家裁による、子の福祉の危殆化回避措置（多くは、児童虐待の事案。子の健康に重大かつ切迫した危険がある場合には、裁判所の判断は不要）。医師が保障人として、承諾に関する裁判所の決定が下されるように働きかけない場合には、医師は不作為による過失致死ないし過失傷害を理由として罰せられ得るとされている。拙稿・前掲注(3)『増田古稀』63頁以下。

(26)　Ulsenheimer, in: Rechtliche Problem in Gynäklogie und Geburtshilfe, 1990, S. 60 ff., Unlsenheimer, a. a. O., (21), Rdn. 479.

(27)　Vgl. RGSt 25, 375 ff.

る。すなわち、患者において承諾能力がないと判断され、代諾がなされる場合でも承諾無能力者の自律は否定されてはならない、とされている。というのも、Lippによれば、当該患者は、その限りで自己決定する能力が欠けているが、しかし自己決定権が欠けているわけではないからである[28]。また、Böseによれば[29]、承諾能力は存否だけではなくその程度も問題となるのであって、侵襲の内容に応じて、承諾無能力者もまた、それへの許諾の判断に共働し、その者の能力に応じて侵襲に関して自己の意思を実現させる権利はあるからである[30]。このような認識は当然のものであり、我が国でも確認されている[31]。

Ⅵ　承諾能力の定式化

上述のようにドイツにおいて承諾能力の重要性はつとに認識されつつも、その具体的な内容や有効性の基準については統一的なものはいまだ存在していない。Rothärmelの研究を紹介しつつ、現状と課題をみてみよう。

1　問題の所在

承諾能力が治療行為にとってゲートキーパーとなることから、承諾能力を欠く者においては、最上位の基本権の一つである、自己の身体の統合性（完全性）についての自己決定権が──上述のように、本来は否定されるべきではないにもかかわらず──否定されることになりかねない。しかしながら、承諾能力に関する法律上の規定は存在していない。個人的法益としての自身

---

(28)　Lipp/ Brauer, Patientenvertreter und Patientenvorsorge, In: Patioententenautonomie, 2013, S. 110ff.

(29)　Böse, Zwischen Selbstbestimmung und Fürsorge, 比較法雑誌50巻 1 号（2017年）71頁、冨川雅満訳「Böse『自己決定と配慮とのバランス』」『日本比較法研究所学術シンポジウム叢書』（2017年、中央大学出版部）227頁。詳細は、拙稿・前掲注(3)『長井古稀』233頁、243頁以下参照。

(30)　Amelung, Vetorechte beschränkt Einwilligungsfähriger in Grenzbereichen medizinischer Intervention, 2007, S. 24f.

(31)　髙山佳奈子「自己決定とその限界（下）」法学教室285号（2004年）39頁参照。

の身体の統合性については、個々人が本人独自の基準によって決定する権限を認めるべきであり、患者が「不合理な」決定をする場合でさえ、身体に関する自己決定権は保障されるとするのであれば、自己決定の能力の有無を判断する客観的・外部的な基準は存在しないことになる。とはいえ、医療実務においては治療は行われなければならないのであり、結局、定義づけの任務を引き受けるべきは裁判所ということになる。

2 民事判例における承諾能力の基準

上述のように、ドイツ民法では、1958年、判例上、行為能力から承諾能力の『切り離し』が行われた[32]。「身体の統合性への侵襲を承諾するにあたっては、……法律行為の意思表示が問題となるのではなく、事実的行為を行うことについての許容または権限付与が、（したがって承諾能力が）問題とな」る。この「承諾能力」あるいは「判断能力」という概念につき、BGHZ 29,33は、未成年者が承諾能力を有するのは、「その者の精神的および道徳的な成熟に照らして、侵襲の意義と射程を判断することができる」場合であると定義づけた。客観的な基準、例えば、その判断が医師によって支持され得るものかどうかといった基準は放棄され、児童・少年が自ら評価する能力だけが重視される。その後の判例も、この判例を踏襲し、「侵襲の本質、意義、射程と侵襲のリスク」を認識できたかという基準を用いている[33]。

もっとも、この定式には批判も少なくない。裁判所でこの定式が用いられるのは、それが内容空疎で、個別事例では詳細な理由づけをすることなく承諾能力を「事後に再検討しても確実なもの」として肯定する、ないし、医的

---

(32) BGHZ 29,33 ff. 緊急適応のある甲状腺手術にみずから承諾したところ、承諾能力が問題となった事案で、裁判所は、「患者の精神的な性向および発達ならびに道徳的成熟に照らして、当該手術の重大性および手術から生じ得る結果を評価する能力が」あったとした。親との連絡が取れなかったのであるから推定的承諾で正当化できるとする見解もあるようである。

(33) Vgl. BGH NJW 1972,335ff. 我が国でも基本的には同様の定義が用いられている。大谷實『医療行為と法［新訂補正版］86頁』（1995年、弘文堂）86頁、新美育文「医師と患者の関係」加藤一郎ほか編『医療と人権——医師と患者のよりよい関係を求めて——』（1984年、有斐閣）105頁など。

141

侵襲の合法性を決定する余地を裁判官に与えているからである、というのである。端的に、Amelung[34]は、この定式は、裁判官が鑑定人を必要としないと思い込んでしまうような、承諾能力についての「人を欺く心地よい響きをもった言い換え」である、としている。しかも、未成年者が医師の観点からして意味のある侵襲を拒否するのであれば、その者の承諾能力は疑問視されてしまうことになる。承諾能力を肯定し侵襲を受けさせるべきか否かに応じて、そこではまったく異なる基準が用いられている。そして、具体的事案で承諾能力を鑑定人が検査するかわりに、一定の年齢、例えば、17歳を下回る未成年者の承諾能力は総じて認められ得ないというように、一律に認定されることは珍しくない[35]。これまでの判例ではまさに——旧態依然として——年齢が重要な役割を果たしていた、とする見解も存するところである[36]。

3 刑事判例における承諾能力の基準

このような状況は、刑事判例においてもまた同様であるといえよう[37]。そのようななかで、かつてRGは、16歳から17歳の未成年者は通常の事情のもとにおいては、自身の性的行為については承諾できるとしていた。戦後に承諾能力が問題となった判例として知られている1963年のBGHSt 19, 135（「ギーゼラ事件」）では、心中事件で生き残った被告人にドイツ刑法216条（要求に基づく殺人）の特権を付与することの是非が争われ、死亡した16歳の少女に自死することについて承諾する能力があるとすることから出発しているが、そこでは承諾の内容については触れていない[38]。BayObLG NJW 1999, 372[39]では、「度胸試し」として仲間から暴行を受けることを15歳の少年が

---

(34) Amelung, Über die Einwilligungsfähigkeit（Teil Ⅰ）, ZStW 104, 1992, S. 537.

(35) BGH NJW 1972, 335.

(36) このような状況は、我が国の状況にもそのまま当てはまることはいうまでもないといえよう。永水裕子「未成年者の治療決定権と親の権利との関係」桃山法学15号（2010年）199頁以下参照。

(37) Rothärmel, a. a. O., (1), S. 78ff. 同翻訳版・前掲注(1)96頁以下〔高良幸哉〕。

(38) 本件では、被告人は所為支配があったということで216条で有罪とされた。Amelung, a. a. O., (34)S. 538 f.. 類似の事案としてBGH NStZ 1985, 25がある。この事件では、18歳の薬物供与者に対して過失殺を認めることを回避するために、15歳の者に対して「自己答責的な薬物乱用」であるとした。

承諾したという事案について、「度胸試し」といったものがドイツ刑法228条（承諾に基づく傷害）にいう「善良の風俗」にあたるか否かが主たる争点とされ、承諾能力につき用いられた基準についての説明はほとんどない[40]。

4　妊娠中絶判例における承諾能力の基準

　医師法、とりわけ妊娠中絶に関する判例ではどうか。ここでは、治療的侵襲の可否が問題となっているわけではなく、胎児の生命という第三者の利益が問題となるにもかかわらず、他の例におけると同様、治療的侵襲に関して用いられる、承諾能力についての上記の内容空虚な定式がそのまま適用されており、この基準によって裁判官は任意の結論を引き出せる、あるいは悩まされずに済ませることができる、などともいわれている。例えば、それは、判例では、「妊娠を中絶するのに必要な外科手術は……予見できない非常に重大な肉体的・精神的な後遺症をしばしばもたらすので、17歳となる少女であっても、通例の場合、状況の判断については能力を超えているとみなされるであろう。このことは、妊娠当初は妊娠の継続を拒否していた者も後には妊娠を受け入れるようになることが少なくないことからも明かである」[41]とされていることからもうかがい知ることができよう。

　1997年のOLG Hamm NJW 1998, 3424 は、未成年者は妊娠中絶に関しては基本的に承諾能力がないと判示しており、したがって、つねに親が堕胎に承諾するか否かの決定をしなければならないだろうとした[42]。しかも、同判決では、具体的事案に目を向けることなく、堕胎は「重大な肉体的後遺症を必然的に生じる」から子どもの福祉に反するものとされている。しかし、これによれば、子どもの決定の尊重に立ち、ドイツ民法1666条（監護権の濫用）

（39）　拙稿「被害者の承諾と保護義務論」法学新報112巻1＝2号（2005年）439頁参照。
（40）　改正前の刑法226条にいう「善良な風俗」に反するとされたが、それ以外の点については検討されていない。なお、本件ではむしろ、集団での圧力によって制御能力を否定すべきではなかったかとする見解も多いという。
（41）　AG Celle NJW 1978, 2307, 2308. なお、この問題については、拙稿・前掲注(3)『増田古稀』67頁参照。
（42）　未成年者の全面的な承諾無能力を、OLG Hammは妊娠中絶についてだけではなく治療行為についても認めているとのことである。

143

の規定をもって、措置に反対している親にかわって承諾を裁判官が代替することは、通常は認めらないことになる[43]。

このようなことから、裁判所は、自らどのような結論を望むかに応じて、妊娠中絶に関して未成年者の承諾能力を認めるについて——それは、たいていは否定されてしまうのだが——異なる基準を用いているといわれている。Amelung[44]も、裁判所はしばしば結論ありきの態度で、判決に現れていない実際の理由は隠されているとし、「その治療の本質と射程」などという曖昧な概念を意識的に使い続けている、という。

5 承諾能力概念の定立化の必要性

Rothärmelによると、超高齢化社会を目前にして、一方では認知症の患者の増加が見込まれているなかで、承諾能力の概念が定まっていないのは今後の法政策上の大きな障害となるものであり、学説では種々の提案がなされているが、しかしながら、いまだ議論の収束をみるまでには至っていない[45]。また、治療行為の範囲における未成年者の承諾能力については草案（§1626a）に盛り込まれたが当該条項は削除された[46]。対象者が一律でないのに一般的な規定を置くことはできないというのがその理由である。いわゆる「生命倫理条約（Bioethikkonvention）」の起草者らも、承諾能力の規定の切迫した必要性は認識しつつも、運営委員会は初めから条約の条文からその定義を外していた。さらには、第5次刑法改正でも承諾能力の規定化が議論されたが、また、妊娠中絶の適応症の解決を意図し、未成年者の承諾権限を定め

---

(43) 他方で、未成年者の承諾能力の問題は個別の事例を慎重に審査する必要があると指摘する判例や、少女が堕胎の意義や、実施した場合と実施しない場合にそれぞれ生ずる諸問題、およびその決定の重大さを認識し衡量したとする判例も一部にみられるという。

(44) Amelung, a. a. O., (34), S. 533 ff.

(45) Rothärmel, a. a. O., (1), S. 85ff. 同翻訳版・前掲注(1)106頁以下〔高良幸哉〕。

(46) BT-Drucks. 7/2060; BR-Drucks. 59/89, S. 229. 我が国の議論にとっても興味深いのは、草案では、「法律に特別の規定がないかぎり、14歳以上の子どもは、治療の根拠と意味を理解しそれに従って自らの意思を決定することができるならば、治療行為への承諾を自ら行うことができる：子どもの治療へ承諾する両親の権限も認められる」としていた。この点に関する近時の文献として、Gleixner-Eberle, Die Einwilligung in die medizinische Behandlung Minderjähriger, 2014, S. 243ff.

ようとした改正刑法草案219条eも[47]、いずれも成立には至らなかった[48]。そして、1997年の第6次刑法改正における、治療的侵襲への承諾（有効な承諾）の規定化の最後の試み（刑法229条草案）も、可決されるには至らなかった[49]。また、2000年の第63回ドイツ法曹大会において、Taupitzが、終末期における自律性の保護についての議論のなかで承諾能力の法律上の定義の策定を求めたが、この要求は斥けられた。

　学説において意見が一致しているのは、治療の決定に際して少年が十分に手続に関与できない主たる原因は、承諾能力の内容になにを求めるかについての不明確さと、それと結びついた、医師が負担するリスクの不明確さにあるということである。

　承諾能力について争いのない点は、承諾能力は行為能力[50]とも責任能力の概念とも区別されるということである。それぞれが異なる制度において機能し、異なる基準に服している。とはいえ、多数説によれば、承諾能力はその構造にしたがって、責任能力と同様に、弁識能力と制御能力とから構成されなければならないとされている[51]。

　この問題で最も注目される研究を行っているAmelung[52]は、必要とされる弁識能力、すなわち、自由に処理できるものとして法益を認識し主観的な価値体系の内部でその法益を評価する能力と、その衡量の結果に基づき行為する能力とを区別している。ドイツ刑法20条による責任無能力の定義に依拠して、Amelungはここで「制御能力」という言葉を用いている。制御能力が欠けることになり得るのは、成人においてはとりわけ弁識と決断の間を仲

---

(47)　Rothärmelの原文では「E229e」（87頁）とあるが、誤りである。草案では、人工妊娠中絶にあっては、妊婦に死の危険がある場合や承諾能力がないなど一定の場合以外は、自ら承諾ができるとしている。

(48)　BT-Drucks. VI/3434.

(49)　草案では、理性的な一般人が決定する際に重要となる、治療の種類、範囲、そして起こり得る結果が承諾者に説明された場合にのみ、有効であるとしている。

(50)　Magnus, a. a. O., [23], S. 143ff., 159ff. 日本でも同様に解されている。町野朔『患者の自己決定権と法』（1986年、東京大学出版会）221頁など。この点を含めて、承諾能力の基準と有効要件については、拙稿・前掲注(3)『長井古稀』237頁、247頁参照。

(51)　Amelung, a. a. O., [34], S. 543.

(52)　Amelung, a. a. O., [34], S. 525ff.

介することを阻害するような、病気に基づく欠陥がある場合、例えば、中毒症に罹患している場合[53]であるとされるが、一方、少年の場合、制御能力は病気というよりは、成長の度合いに条件づけられており、とりわけ「仲間集団」の圧力に抵抗する能力が欠けていることによって阻害され得る、とされている[54]。

これらの考察に基づいて、Amelungは承諾能力の定式とその基準を示した。それによると、承諾能力に必要とされるのは、第1に合理的に評価する能力である。この「合理的な評価」とは客観的な価値基準によって行う評価ではなく、もっぱら主観的な、価値体系上一貫して行われる評価である。第2に、事実と因果経過を認識する能力であり、第3に、弁識に従った自己決定能力、すなわち制御能力が必要であるとしている。そして、そのような考察の結果、Amelungは、次のように述べている。「承諾無能力者とは、未成年であること、または、精神障害もしくは精神病を理由に、その者にとって承諾することが関係している財産や利益がいかなる価値あるいはいかなる重要性を有するのか、承諾決定によっていかなる結果あるいはいかなるリスクが生じるのか、承諾によって追求される目標を達成するためにより負担の軽いどのような手段があるのか、ということを理解できない者をいう。同様のことは、未成年者、精神障害者あるいは精神病者が、たしかに必要な弁識能力をもってはいるが、かかる弁識に従って決定することができない場合にも妥当するのである」、と。

医学の文献におけるのと同様に、法学の文献においても、このAmelungの定義は広く受け入れられており、それほどの反論はないように思われる。しかし、実際のところは、多くの見解は判例の定式を用いている。それは、Amelungの定義が、内容上、運用可能な基準と承諾能力の判定について判例の用いる定式以上のことを述べていないからかもしれない。Amelungの定義において、「関係している法益および利益がいかなる価値あるいは重要性を有するのかということについて理解し得ない者は承諾無能力者である」

---

(53)　Vgl. BGH NJW 1988, 501, 502; NJW 1989, 2336; NStZ 1990, 384.

(54)　Vgl. BayObLG NJW 1999, 372-373.

ということにその核心があるとすれば、従来の判例の定義と大差はないことになる。なるほど、Amelungは、原則的に、承諾能力がないと主張する側に立証責任を課すという、承諾能力の消極的定義を選択している。しかしながら、承諾能力を認めることにつき、このことがどの程度まで実効性を有するかについては明らかではない。先の承諾無能力者の定義によると、精神病あるいは未成年であるということが、それ自体で承諾能力を否定する根拠となり得るという解釈をも許容することになりかねないのである[55]。

そこで、近時の法学の議論においては、こぞって、Amelungによる提唱を超えた承諾能力の臨床基準の一般的定義の具体化は、法学によってではなく行動科学によって成し遂げられるべきであろうとしているように思われる、とRothärmelはまとめている[56]。

Ⅶ　お わ り に

Rothärmelは、未成年者の承諾についての私論を展開する前提として、いくつかの点を確認している。すなわち、自己決定権と人格権を区別し、未成年者の権利については、人格権の内容を明らかにしたうえで、より厚い保護を可能とするために人格権との関係で論じられるべきこと、ドイツでは傷害法理からインフォームド・コンセント法理が発展してきたこと、また、承諾能力は行為能力とも責任能力とも区別されるもので、前者は事実的な行為に対する承諾ないし権限付与であること、承諾能力の存否の判断は医師がすべきであること、などである。また、ドイツの判例で用いられる承諾能力を認

---

(55)　Deutsch, Medizinrecht, 7. Aufl, . 2014, Rdn. 413ff., 991ff. Deutschは、治療の意義と射程とその危険を全体として見通すことができ不合理でもなく判断する者には承諾能力がある、あるいは、侵襲及び承諾の意義と射程を認識できなければならない、としている。また、Engischは、承諾能力は「事例ごとに医師が吟味すべき、身体、職業および人生の幸福に対する医的侵襲の射程を判断できるだけの成熟度および能力」のことであるとしているが（Engisch, Die rechtliche Bedeutung der ärztlichen Operation, 1958, S. 14）、この定式を採用する者も少なくない。Vgl. Laufs, in:Laufs/Katzanmeier/Lipp (Herg.), Arztrecht, 5. Aufl., 1993, S. 113.

(56)　Rothärmel, a. a. O., ⑴, S. 90. 同翻訳版・前掲注⑴113頁以下〔高良幸哉〕。

147

める定式ならびに学説の有力説である制御能力を重視するAmelungの定式についての批判的検討や立証責任の転換などの主張も、承諾能力を考える上で興味深いものである。さらに、承諾の有効性と刑法的制裁の（実例を踏まえた）可能性や、承諾に際して求められる説明の範囲・基準と仮定的因果性の判断の構造（「真摯な葛藤」定式）も、我が国でこの問題を検討するに際して有意義であると思われる。加えて、未成年患者の承諾論において、自己決定権の限界を示そうとした点にも意義があるであろう。上述の、承諾能力の定義などは、2012年の「患者の権利の改善のための草案」における立法者の表現に結実している。すなわち、「事前の説明を理解し、治療を受け入れた場合とそのリスクを衡量し、最後に自己答責的に決定するためには、患者の弁識能力と判断能力とで十分である。治療行為を行う者は、患者は自然的な弁識能力と制御能力を有し、医療措置の性質、意義、射程そしてリスクを理解し、それにしたがって自らの意思を決することができるということを確信していなければならない。承諾無能力は、法律効果の発生を阻害する抗弁である。承諾無能力を主張する者は、自らそれを証明しなければならない」、との言明においてである[57]。

　ところで、ドイツで画期的な判断と賞賛された1908年の判例における行為能力と承諾能力との区別は、医師においてはなおも受け入れられてはいない。それはなぜか。

　承諾能力に関する規定がないことは、刑法上責任を問われ得る医師の負担と、また、自身の自己決定権を行使する能力がないものとして扱われる児童や少年の負担ともなるものである。親と子どもの意見が分かれ、医師が承諾能力につき決定を行った、その後に、弁識能力と成熟度に関するその判断が誤りであったと裁判の場で明らかになることもあり得る。そのため、ドイツでは、医師が親の意思に反して行動した場合の訴訟のリスクを回避するべく、子どもが18歳に至るまでは「用心のために」むしろ親の承諾が子どもの承諾に優先されることになると識者は指摘している。この間の事情は我が国

---

(57)　Vgl. Katzenmeier, a. a. O., (12), Rdn. 51.
(58)　樋口範雄『親子と法　日米比較の試み』（1988年、弘文堂）156頁など。

との間にあっても径庭はないであろう[58]。そして、ドイツではこれを肯定的に受け入れる考え方も少なくない[59]。以上のことは、医的侵襲を承諾する能力を未成年者に与えることについて医師も裁判所も慎重であるということを見事に説明する。そのため、「医師が自ら望む決定を子どもがなす場合にかぎり、子どもは法的権限をもっているのだ」とまで評されることもある[60]。ドイツでは、承諾能力の定義について、個別具体的に決しようとする見解があるものの、上述のような理由から、18歳など、一定の年齢に結びつけて定義づけしようとする見解がいまだ有力である。いずれにせよ、我が国でも、承諾無能力者について親権者の代諾権があるわけではないなか、あくまでその自己決定が尊重されるべきで、代諾は本人の自己決定を支援するものという推定的承諾の法理で問題を解決すべきとの認識のもとで[61]、承諾能力について、一定のコンセンサス作りが必要な時期に来ているのではなかろうか。

今回触れることができなかったが、Rothärmelの主張の特色の1つに、拒否権という概念の放棄がある[62]。今日では、ドイツでは、承諾能力とは区別された拒否権という概念が医事法の領域で用いられることが一般であるが、Rothärmelの主張するところの根拠の一つとなっているのは、14歳以上の未成年者は、すでに死後の臓器提供に対する反対を表明することができるが、16歳に達してはじめてこのような行為への承諾を表明することができるということであるが、他方で、早い段階で承諾能力を肯定するということは、生命に関する適用のある侵襲を拒否する権利をも認めることになるのか。我が国ではこの概念についてどのように評価されるべきであろうか。

さらに、自律性は——これはよく誤解されるところであるが——自主独立（Autarkie）を意味するのではないとされ、自律は、患者が助言を与える医師との相互交流のなかで決定することに、その表現をみるとされていることも重要であろう。この考え方は、Duttgeのいう「自律に関する誤解」と同

---

(59) Laufs, Arztrecht, a. a. O., (55), Rdn. 222.
(60) 他方で、他者に有用な治験にあっては、公共ないし多数派の利益になる場合は常に要求される承諾能力は低くなるという恣意性が指摘されている。
(61) 拙稿・前掲注(3)『増田古稀』74頁参照。
(62) 拙稿・前掲注(3)『長井古稀』235頁、245頁参照。
(63) 拙稿・前掲注(3)『増田古稀』63頁参照。

様のものであり[63]、自己決定を考える際に留意すべきところである。未成年者の承諾の問題は自覚的に論ずべき問題であり、その認識を共有すべきである。

（ただき・まこと）

美容整形手術と未成年者の同意

萩原　由美恵

　はじめに
Ⅰ　未成年者の同意能力について
Ⅱ　美容整形手術における未成年者の同意の法的効力について
　おわりに

は じ め に

　近年、老若男女を問わず美容整形手術[1]を受ける者の数が増加している。綺麗になりたいと願うのは人間として当然の欲求であり、それを可能とした医学の発達は喜ばしい限りである。しかし、その一方で手術による死傷事故が発生していることも事実である。2009年12月2日脂肪吸引手術を受けた70歳の女性が、帰宅後吐き気を訴え、2日後に死亡した。2012年8月20日東京地裁は、危険度が高い手術であったにもかかわらず、十分な注意を払わずに漫然と危険な吸引操作を繰り返したとして、被告人（医師）に禁錮1年6月（執行猶予3年）の有罪判決を言い渡した[2]。また、最近の傾向として注目すべきは、美容整形手術を受ける小中学生が増加していることである。メスを

（1）　美容外科は、1978年に形成外科から独立して、正式な標榜診療科として認められ、医療法施行令第3条の2に広告することができる診療科名として規定された。日本美容外科医師会の定義によれば、美容外科は、身体各部における表面の器官、組織（眼、鼻、顔面、皮膚など）の形状について、これに起因する精神的負担の軽減、除去効果も考慮し、この形状をより美的に形成することを目的とする臨床医学の分野である。https://www.biyoishikai.org/general/about.html.　形成外科（身体各部における表面の器官、組織について機能異常を伴う形態異常、口蓋裂、外傷または熱傷による瘢痕、外傷による顔面の変形などがある場合、これを修復再建することを目的とする臨床医学の分野）との区別は明確とはいえず、実際には、本来形成外科で行われるべき治療も美容外科で行われている。
（2）　日本経済新聞2012年8月20日夕刊。

使わずに目元や鼻筋、唇や顎の輪郭などを整える「プチ整形」と呼ばれる技術の発達が、その勢いに拍車をかけている。しかし、成長過程にある未成年者に対する美容整形手術は、決して安全とはいえない。「プチ整形といえども、傷がついたりあざが残ったりする可能性もある。そうしたリスクのあるものを、自我が確立しておらず、自分の行動や判断に責任が持てない小中学生にやるべきではない」[3]との指摘もある。プチ整形の一部で、鼻を高くすることなどに使う充填剤（フィラー）を原因とする失明や皮膚の壊死という重篤なトラブルも起きている[4]。

　このような未成年者に対する美容整形は、我が国のみならず先進諸国でも大きな社会問題となっており、未成年者の美容整形手術の法的規制に積極的に取り組む国も増えている[5]。2014年世界医師会（World Medical Association）は、未成年者に対する美容整形手術を禁止するガイドラインを発表した[6]。我が国では、未成年者の美容整形手術を規制する法律は存在していないが、未成年者保護の観点から慎重な対応がとられており、親の同意がない限り、医師は美容整形手術を行うことはできない。ただし、未成年者といっても一律に20歳未満と決まっているわけではないことから、医療機関ごとに施術内容や未成年者の皮膚や骨格の成長に応じて、個別に判断がなされている。親の同意を必須としているものの、親の同意書を必要とするか、親の同伴を必要とするか、親の同意を電話で確認すれば足りるのかなど、その対応は、医療機関により様々である。

　専ら容姿を美しく見せたいという主観的願望を満たすために行われる純粋な美容整形手術は、患者の生命維持ないし健康維持・回復に必要であるという意味での医学的適応性が欠けているため、刑法学者の多くは、一般の医療

（3）　朝日新聞2003年1月11日朝刊。
（4）　朝日新聞2016年6月12日朝刊。
（5）　オーストリア、フランス、デンマークは、未成年者の美容整形手術に関する法律上の規定を公布している。vgl. Christine Wagner, Die Schönheitsoperation im Strafrecht：Eine Untersuchung zu den normativen Grenzen chirurgischer Eingriffe bei fehlender medizinischer Indikation, 2015, S. 327.
（6）　http://www.wma.net/news-post/new-guidelines-on-cosmetic-treatment-agreed-by-world-medical-association.

行為とは一線を画した捉え方をしている。美容整形に精神的な不満の解消という心のリハビリ効果を認めている見解も、その必要性が多分に主観的・個人的なものであることから、医学的適応性の程度が低いと考え、本来の医療行為とはみなしていない[7]。したがって、正当業務行為（刑法35条）としてではなく、被害者の同意の法理により正当化され得ると考える[8]。町野教授が指摘されているように、医学的適応性が低くなればなるほど正当化要素としての患者の同意の重大性は高まる[9]。同意能力を有する者による自由な意思決定か、医師の説明義務は十分果たされたのか、施術内容は同意により正当化され得るような性格のものであるか、厳密な判断が必要となる。

　筆者は、既に「美容整形と医師の刑事責任」というテーマで、一般的な医療行為とは異なる美容整形一般において、医師の行為を正当化ならしめるための根拠について論じている[10]。それを踏まえ、本論文は、未成年者の美容整形手術が今日大きな社会問題になっていることから、美容整形手術を希望する未成年者に同意能力は認められるのか、同意能力がある未成年者の同意は如何なる場合においても医師の施術行為を正当化するのか、また、未成年者の美容整形において親はどのような立場で関与すべきか、について検討を加えたものである。まずはじめに、一般的な医療行為における未成年者の同意能力に触れたうえで、美容整形手術における未成年者の同意能力について、第2に美容整形手術における未成年者の同意の法的効力とその制約について、ドイツの活発な議論を参考としながら考察することとする。最後に、今後の未成年者の美容整形手術における親の立場や未成年者保護のための美容整形のあり方について、何らかの提言をしたいと思う。

（7）　石原明『法と生命倫理20講［第3版］』（2003年、日本評論社）72頁、大谷實『医療行為と法［新版補正第2版］』（2004年、弘文堂）199頁。
（8）　大谷教授も、美容整形手術は「通常の治療行為とはかなり異なったところの、いわば被害者の同意の法理により類似した法的取扱いが必要となろう。」と述べておられる。大谷・前掲注(7)199頁。
（9）　町野朔「患者の自己決定権」日本医事法学会編『医事法学会叢書1』（1986年、日本評論社）45頁。
（10）　拙稿「美容整形と医師の刑事責任」中央学院大学法学論叢25巻1・2号（2012年）3頁。

I　未成年者の同意能力について

1　医療行為における未成年者の同意能力

　一般的な医療行為において、未成年者の同意能力はどのように解されているのだろうか。認めることはできるのだろうか。医療行為における患者の同意能力は、民法の法律行為能力とは異なるというのが刑法上の通説である。なぜなら、治療行為における患者の同意能力は自己の身体利益を有効に処分し得る意思能力であり、財産処分者の保護と取引の安全調和のための形式的な基準である民法の法律行為能力に関する諸規定は基準とならないからである。刑法上の責任能力の規定も、直接の基準にはならない[11]。医療における未成年者の同意能力に関する法的規定はないため、民法における成人年齢に達していなくても、未成年者の同意能力を認めることはできるが、その判断は医師の裁量に委ねられている。

　通常、刑法では、一般的な医療行為における未成年者の同意能力とは、「精神的に成熟しており、侵襲の意味が理解でき、侵襲によってどのような結果が生ずるかを判断する能力[12]」、「診断および治療方法の内容、予後判断、危険性などについて理解したうえで、いずれの途を選ぶか決定できる能力[13]」、「同意の内容とそれがもたらす結果について理解する能力[14]」などと定義されている。すなわち、未成年者が、自らに加えられる侵襲行為の内容、それがもたらす結果（危険性も含む）を理解し、治療行為を受けるか否かの適切な判断を下す能力を有していれば、同意能力があるとみなしてもよいといえる。では、そのような理解能力・判断能力を認めることのできる年齢基準は何歳とすべきだろうか。6歳未満の幼児はもとより[15]、小学校卒業程度でも、いまだ自己の生命・身体に関する事項について、十分に意思決定

---

(11)　町野朔『患者の自己決定権と法』（1986年、東京大学出版会）181頁。

(12)　大谷・前掲注(7)86頁。

(13)　中谷瑾子＝橋本雄太郎「患者の治療拒否をめぐる法律問題──『エホバの証人』の信者による輸血拒否事件を契機として──」判例タイムズ569号（1986年）11頁。

(14)　井田良「被害者の同意をめぐる諸問題」法学教室345号（2009年）70頁。

(15)　山口厚『刑法総論［第3版］』（2016年、有斐閣）166頁。

をする能力があるとは一般にはいえないが[16]、18歳になれば特別の事情がない限り、理解能力・判断能力があると捉えることに異論はない。問題はその間の年齢（12歳から18歳）であるが、中学校卒業程度[17]、概ね15歳以上の患者[18]に、医療行為に対する同意能力を認める見解が有力である。その理由としては、15歳以上であれば臓器移植ドナーになることを希望するか否かの意思表示ができること（「臓器の移植に関する法律の運用」に関する指針第1）[19]、16歳になれば原動機付自転車の免許取得が認められること（道路交通法88条1項1号）、女子の婚姻年齢が16歳以上であること（民法731条）[20]、15歳になれば遺言書を作成したり（民法961条）、一般労働者として働くことが許されていること（労働基準法56条1項）[21]、義務教育修了後社会に出て既に世間では一人前の大人として扱われている者がいること[22]、などが挙げられている。一般的な医療行為においては、義務教育修了年次が同意能力の有無の判定基準ということになると思われる[23]。

　しかし、未成年者の精神的成熟度合いには個人差があり、年齢が上になればそれだけ理解能力や判断能力が高まるというわけではない。治療の種類や

(16)　中谷＝橋本・前掲注(13)12頁。
(17)　中谷・橋本・前掲注(13)12頁。
(18)　甲斐克則「医療行為と『被害者』の承諾」現代刑事法6巻3号（2004年）30頁。甲斐教授は、治療内容如何によってはもう少し年齢が上がる場合もあることを付言しておられる。
(19)　多田羅竜平「12　小児医療とインフォームド・コンセント」甲斐克則編『医事法講座第2巻　インフォームド・コンセントと医事法』（2010年、信山社）265頁。
(20)　中谷＝橋本・前掲注(13)12頁。
(21)　平沼直人『医療訴訟のQ＆A　医療の法律相談』（2014年、公益財団法人労災保険情報センター）40頁。
(22)　廣瀬美佳「医療における代諾に関する諸問題（上）」早稲田大学大学院法研論集60巻（1992年）252頁。
(23)　イギリスでは、1969年の家族法改正により、成人年齢を18歳に引き下げるとともに、「16歳に達した未成年者の治療行為への同意は成人の場合と同様の効力がある」（8条1項）と規定した。その背景には、未成年者の自己決定権の尊重だけではなく、親とは独立して生活している未成年者が医療を受ける際に親の同意を得なければならない不便の回避、および親に知られないで治療や中絶を受けたいという未成年の少女に対する配慮という社会的な便宜もあった。家永登「医療と子どもの自己決定──医事法制の枠組みとの関連で──」法律時報75巻9号（2003年）38、40頁。

内容によっても異なる。施術内容によっては、その具体的な態様やそれに伴う危険性をよく理解できないこともある。純粋な美容目的で行われる美容整形手術の場合には、容姿に関するコンプレックスを抱えて悩んでいる患者がほとんどであり、綺麗になりたいという思いが強ければ強いほど、冷静な判断力を失っているかもしれない。精神的に未熟な未成年者の場合、医師による説明内容を理解する能力があったとしても、その内容を熟考し、正しい判断ができるのか疑わしいケースもあるであろう。

2　美容整形手術における未成年者の同意能力

医学的適応性がないことは、未成年者の同意能力の判断に影響するのだろうか。我が国では、この点を論じた文献は非常に少ないが、ドイツでは、美容整形手術のような医学的適応性がない[24]行為における未成年者の同意能力（Einwilligungsfähigkeit）に関して、議論されている[25]。

ドイツの判例によれば、一般的な医療行為について、実施予定の手術に関する具体的な理解能力及び判断能力を有する者は同意能力があるとされ、成人（18歳以上）[26]の場合にはそれがあるとされるのが常である。理解能力と判断能力のある患者[27]による自律的判断がなされたか否かが重要事項であり、その客観的合理性は問題にならない。要するに、患者が医学的に不必要な医的侵襲に同意することは、客観的基準からは不合理、あるいは無意味であるかもしれないが、それは具体的な同意能力に影響を及ぼさない[28]。同意

---

(24)　我が国では、美容整形手術の精神的な治療の面を考慮に入れて「医学的適応性が低い」と捉える考え方（町野・前掲注(9)45頁、石原・前掲注(7)72頁、大谷・前掲注(7)199頁もあるが、ドイツでは、一貫して「医学的適応性がない」と捉えられている。

(25)　ドイツにおける議論の状況は、Nine Joost, Schönheitsoperationen-die Einwilligung in medizinisch nicht indizierte "wunscherfüllende" Einfriffe, in : Claus Roxin-Ulrich Schroth, Handbuch des Medizinstrafrechts, 4. Aufl., 2010, S. 415-417, S. 436ff. ; Wagner, a. a. O.（Anm. 5), S. 240ff. を参考とした。

(26)　ドイツでは、1972年５月に成人年齢引下げ法案が提出され、21歳から18歳に変更された。

(27)　美容外科では、治療行為の前提となる疾患が存在していないことから、厳密には「患者」と呼ぶのは適切ではなく、「被術者」「依頼人」との表現もあるが、原文では患者（Patient）という言葉が使われているので、ここではそれに従うこととする。

Ⅰ　未成年者の同意能力について

はその法的性格上意思表示ではなく、法益所有者の自然な意思活動であるが
故に、いかなる固定の年齢制限も適用されない。医学的適応性のない侵襲に
対しては、ほぼ14歳までは同意能力は認められず、成人に達すると原則それ
が認められるということで意見が一致している。判例は、侵襲の重大さにも
よるが、医学的適応性のない侵襲に対しても、具体的に理解能力のある未成
年者は、本来同意能力があり得るとしている。しかし、有力な見解に依れ
ば、医学的に不必要な侵襲においては、緊急性が欠如しているので、より厳
しい、あるいは高度な要求が同意能力に対してなされるべきであるという。
判例・学説でも、医学的に必要のない手術への同意能力は、成人に達する少
し前の年齢でも推定される例はあるが、通常成人に達して初めて推定される
のが現状といえる。延期可能で危険がないとはいえない侵襲では、まさに18
歳未満の承諾能力は否定されている[29]。例えば、美容目的のいぼの除去に関
して、延期可能で侵襲が重大でないとはいえないとして15歳の同意能力を否
定した判例（BGH NJW 1970, 511）や、同様のケースで、いぼの除去は差し
迫っておらず、未成年者には批判的熟考のための能力が欠けているとして16
歳の同意能力を否定した判例（BGH NJW 1972, 335）もある[30]。

　このような医学的適応性のない侵襲において、未成年者の同意能力に高度
な要求をする立場に対しては、自らの外見を自由に決めるという未成年者の
自己決定権を侵害する危険があるとの指摘もある。そこでは、青少年（14歳
以上18歳未満）が、具体的に理解能力や判断能力を有することが明らかであ
るならば、その自己決定権を医学的適応性の欠如を理由として否定すること
は許されず[31]、医学的適応性のない侵襲においては、一般的に同意能力を年

---

(28)　このような見解の契機となったのは、医学的適応性がないのに、頭痛の原因が充填
　　　した歯であると思い込んだ患者から抜歯を懇願され、上顎全部の歯を抜いた歯科医が傷
　　　害罪に問われたドイツの判例（BGH NJW 1978, 1206）であった。判決では、患者の理
　　　解は素人の思い込みによるもので、決断も客観的にみて非常識であるとの理由から抜歯
　　　に関する同意能力はないとされたが、多くの刑法学者は、患者には抜歯に関する理解能
　　　力・判断能力を不可能にするような体質的な欠陥の徴候は存在しなかったと批判した。
　　　Wagner. a. a. O.（Anm. 5）, S. 234f.
(29)　vgl. Joost, a. a. O.（Anm. 25）, S. 415-417.
(30)　vgl. Wagner, a. a. O.（Anm. 5）, S. 243f.

齢に左右されずに決めること、すなわち、個々のケースにおいて、侵襲の異なる事情や重大性に対応する柔軟性を与えることによって、未成年者の自己決定権が保障されることを主張する[32]。また、判例や学説により引用されている「侵襲の必要性」「批判的熟考の能力」あるいは「侵襲の重大性」という基準は、未成年者の同意能力を認定する際に考慮されるべきであるが、それらは一括して、同意能力に不利に作用することはなく、未成年者の理解能力や判断能力への「より厳しく」「より高い」要求という結果にもいたらないともいう[33]。

　ドイツの判例や有力な見解では、医学的適応性のない美容整形手術の場合、未成年者の同意能力に対してはより厳しい、あるいは高い要求がなされており、18歳以上の成人若しくはそれに近い年齢の者にのみ同意能力を認めている。確かに、成長過程にある未成年者が、医師の説明内容をよく理解することなく、拙速に判断し、危険性がある美容整形手術を受けるような事態は避けなければならない。しかし、これに対しては、一律に未成年者の同意能力に高い要求をする必要はなく、個別に判断すればよいとの反対意見もある。注意すべきは、当該未成年者には、自らの精神的成熟により治療目的を有しない侵襲行為が長期的に想定外の身体や健康に対する危険を創出し得る、ということを理解する能力がなければならないということである。およそ義務教育を修了していれば、その能力が備わっているのではないか。むしろ、豊胸術[34]や脂肪吸引術[35]のような方法が特殊であり、医師の高度な技術を要し、手術後の感染症や後遺症のリスクも高く危険な美容整形手術に未成年者が同意した場合には、その施術内容自体が同意による法的効力を認める

----

(31)　Joost, a. a. O.（Anm. 25）, S. 417；Wagner, a. a. O.（Anm. 5）, S. 247.

(32)　Joost, a. a. O.（Anm. 25）, S. 425.

(33)　Wagner, a. a. O.（Anm. 5）, S. 248.

(34)　豊胸術とは、患部を切り開いて、シリコンバッグを胸にいれて大きくするという方法である。シリコンゲルの入ったシリコンバッグを入れる方法と、生理食塩水の入ったシリコンバッグを入れる方法があるが、1990年代にアメリカで豊胸術に使用されていたシリコンゲルの発癌性が問題になって以来、「（生理食塩水）シリコンバッグ法」が主流になっている。美容・エステティック被害研究会編『Ｑ＆Ａ美容・エステ110番』（2006年、民事法研究会）178頁。

に値するものではない、といえるのではなかろうか。

Ⅱ 美容整形手術における未成年者の同意の法的効力について

1 美容整形手術における未成年者の同意の法的効力の制約

　美容整形手術に関する同意について、未成年者の同意能力を肯定することができても、同意の法的効力を制約する場合があるのではないか。口唇・口蓋裂や大耳症のような先天性疾患や、やけどや傷痕などの後天性疾患の修復手術のような一部の例外を除いて、美容外科で扱われる手術のほとんどは、もっぱら容姿を美しく見せたいという主観的願望を満たすために行われており、治療の必要性も緊急性も認められない。ましてや精神的・身体的にも未熟な、しかも成長過程にある未成年者が、女性アイドルと同じ顔になりたい、モデルのような体型になりたいという理由から、健康な身体にメスを入れる行為は自然の摂理に逆らう行為であり推奨すべき行為とはいえない。治療という優越的利益がある一般的な医療行為とは異なり、生命・身体に対する危険を及ぼすおそれのある美容整形手術は、絶対に避けなければなるまい。

　我が国には同意傷害の規定がないため、どのような場合に傷害の違法性が阻却されるのか、理論が分かれている。学説では、同意があれば傷害の違法性は阻却されるという見解[36]もあるが、多くは、被害者の同意のもとに行われる場合でも、違法性阻却に一定の制限を認めている。その制限内容は様々であり、①原則違法性は阻却されるが、生命に危険を生じるような重大な傷害についての同意は無効とみる見解[37]、②原則違法性は阻却されるが、手足

---

(35)　脂肪吸引術とは、痩身術の一種で皮膚を小さく切開し（約１センチ）、先端が丸くなったカニューレと呼ばれる細い管の先を体内に挿入し、前後に移動させて扇状に脂肪を剥離し、剥離した脂肪をカニューレに接続した高圧吸引ポンプで吸引するという方法である。脂肪を吸引する範囲が小さい場合には局所麻酔でよいが、腰椎麻酔、硬膜外麻酔、全身麻酔などが必要になることもある。脂肪を吸引する範囲が大きい場合には、輸血も必要となる。美容・エステティック被害研究会編・前掲注㉞188〜189頁。

(36)　前田雅英『刑法総論講義［第６版］』（2015年、東京大学出版会）245頁、浅田和茂『刑法総論［補正版］』（2007年、成文堂）206頁。

の切断のような身体の重要部分に対する回復不能な重大な傷害についての同意は無効とみる見解[38]、③被害者の同意があっても、その行為が社会的相当性の範囲を逸脱している限り、違法性を阻却しないとみる見解[39]、に分かれている。最高裁[40]は昭和55年11月13日に、被害者が身体傷害に同意した場合に傷害罪が成立するか否かは、被害者の同意があったことのみでなく、同意を得た動機、目的、身体傷害の手段、方法、損傷の部位、程度など諸般の事情に照らし合わせて決すべきであるとして、総合的な判断を示している。判例は基本的には③の立場に立ち、当該行為が社会的相当性の範囲を逸脱している場合には、そこでの同意は無効としている。

　美容整形手術は、医師が医学準則に従って行っている限りにおいて、死亡事故が発生することは非常にまれであり、行為の「生命に対する危険性」に着目すれば、多くのケースで同意によって傷害の違法性は阻却されることになるであろう。しかし、未成年者は身体的な成長過程にあり、脂肪吸引術や豊胸術のような一般の手術では考えられないような態様がとられている施術を受ける場合には、身体に重大な損傷を引き起こす危険や、生命に対する危険がないとはいい切れない。そこで、次に我が国と異なり同意傷害の規定が存在しているドイツを参考に、未成年者の美容整形手術における同意の法的効力を考察することとする。

　ドイツには、「被害者の同意を得て身体を傷害した者は、被害者の同意があってもその行為が善良な風俗（die gutten Sitten）に反するときに限り、違法に行為したものである」（ドイツ刑法228条）という同意傷害に関する規定があり、何を基準にして行為の良俗違反性を判断するのかが議論されてきた。ドイツ刑法228条は、基本法で自己決定権をベースとして包括的に保障

---

(37)　西田典之『刑法総論［第２版］』（2010年、弘文堂）189頁、平野龍一『刑法 総論Ⅱ』（1975年、有斐閣）254頁、山口・前掲注⒂175頁、大谷實『刑法講義総論［新版第４版］』（2012年、成文堂）254頁。

(38)　内藤謙『刑法講義総論（中）』（1986年、有斐閣）588頁、佐伯仁志『刑法総論の考え方・楽しみ方』（2013年、有斐閣）224頁。

(39)　大塚仁『刑法概説（総論）［第３版増補版］』（2005年、有斐閣）400頁、福田平『全訂刑法総論［第５版増補版］』（2015年、有斐閣）181頁。

(40)　最（二小）決昭55・11・13　刑集34巻６号396頁。

Ⅱ　美容整形手術における未成年者の同意の法的効力について

されている同意を制限する特殊なケースであり、多様化社会においてもはや、一般的に通用するモラルについての共通認識が得がたいという事実に鑑みて、倫理的見地からではなく専ら純粋に法的原則によって解釈されてきた。判例や学説における有力な見解によれば、具体的に生命を脅かす侵襲行為や、納得のいく根拠を持たない重篤で不可逆的な身体的侵害性を持つ侵襲行為が、良俗に反すると解されている。この立場からは、美容整形手術は通常ドイツ刑法228条の倫理違反とはみなされていないことから、純粋に美容目的の医的侵襲の同意は有効と解されている。また反良俗性の判断において行為の目的も考慮に入れるという見解もあるが、そこでも行為の重さや目的を総合的に考察し、美容整形手術は社会的に肯定され、受け入れられ、関係者から明確に望まれているので、良俗に反するとは解されていない。ただし指名手配犯が容貌を変えるために行うような美容整形手術は、刑法上是認されない目的が追求されているとして同意は無効と考えられている[41]。

　手術部位により硬膜外麻酔や全身麻酔が必要になり、脂肪吸引の範囲が広ければ輸血も必要になる脂肪吸引術は、未成年者の生命に対する危険がないとはいえない。表皮と筋肉の間に混在する血管や皮下脂肪層の中から脂肪細胞のみを剥離させるということは極めて困難なことであり、他の細胞や血管まで剥離させてしまうことが必然的に生じる。カニューレ（吸引管）の操作を誤れば血管や腹腔、神経などを損傷することもあり、最悪の場合には死に至る。豊胸術でも、大胸筋を剥離して肋骨との間にバッグを挿入する際、大きな血管を損傷したり、血腫をつくることもある[42]。このような美容整形手術に関する未成年者の同意は、当然正当化されないのではないか。また、ドイツの判例や有力な見解では、反良俗性の判断基準として「重篤で不可逆的な身体的侵害性をもつ侵襲行為」をあげているが、その具体的内容に関しては、ドイツ刑法226条の重大な傷害罪の規定[43]に定められている重傷害の程

(41)　vgl. Joost, a. a. O.（Anm. 25），S. 428；Dorothea Magnus, Patientenautonomie im Strafrecht, 2015, S. 333.　指名手配犯が受ける美容整形手術に関しては、ドイツ刑法228条で重要なのは手術の動機ではなく、傷害行為の反良俗性であるから、傷害罪にはならないとの見解もある。Joost, a. a. O.（Anm. 25），S. 429.
(42)　美容・エステティック被害研究会編・前掲注(34)190～191頁。

161

度が参考になる。つまり、傷害行為により被害者が身体の重要な部分を喪失
したり、視力、聴力、あるいは生殖能力を失ったり、永続的に著しく外観が
変更されたり、麻痺や障害が残る場合を意味している。美容整形手術は、通
常の手術とは異なり綺麗になりたいという主観的な目的を達するために健康
な身体にメスを入れる。元の状態（医学的に見て健康な身体）に戻らない、外
観の変貌が永く続くということは、将来のある未成年者の場合には特に重大
な関心事である。

　またドイツでは、医師と患者との間の信頼関係から、ドイツ刑法228条に
よる反良俗性の基準を、他の領域よりも低く設定すべきであるという見解も
みられる。したがって望まれた治療が、刑法上の意味における重大な傷害
（ドイツ刑法226条）の程度にまで至らなくても、良俗違反となりうる。この
ことは、美容整形手術にもあてはまり、ドイツ刑法226条の意味における重
要な部位とはいえない身体の一部の重大損傷や、感覚麻痺や永続的外観の変
更に至らないような傷害も、良俗違反とみるべき余地がある。特に身体的・
精神的な成長が終わっていない未成年者における美容整形手術の場合には、
過度に重大な結果を有し得るため、彼らの健康が害される侵襲の限界は、成
人よりも更に低くおかれなければならないという[44]。これは、成長過程にあ
る未成年者は、成人よりも深刻な事態に陥る危険性が高いことを考慮した見
解であり、未成年者保護の見地からみても注目すべき見解と思われる。

　審美的な目的で行われる美容整形手術の場合には、乳房の変形・皮膜形成
（豊胸術）、皮膚の表面の凹凸・右半身と左半身の体表曲線の不均衡（脂肪吸
引術）などの外見の変貌を来すことがある。しかも、左右臀部の非対称や凹
凸が生じた場合（脂肪吸引術）のように、再度手術をしても修復が困難なこ

---

(43)　ドイツ刑法226条（犯情の重い傷害、Schwer Körperverletzung）
　①　傷害の結果、被害者が
　　1　片目若しくは両目の視力、聴力、会話能力若しくは生殖能力を喪失したとき
　　2　身体の重要な部位を喪失し、若しくは、永続的に使えなくなったとき、又は
　　3　永続的に著しく外観を変更され、若しくは、慢性の疾病、麻痺若しくは精神病若
　　　しくは障害の状態となったとき
　　は、1年以上10年以下の自由刑とする。
(44)　Magnus, a. a. O.（Anm. 41), S. 342f.

ともある。また、二重瞼術（縫合埋没法）により視力が著しく低下したり、シリコンバッグ挿入痕に感染を引き起こしたり、脂肪を剥離させる際に抹消神経を傷つけて知覚麻痺を起こすこともある[45]。生命に対する重大な危険のある施術行為はもとより、回復不可能な外見の著しい変貌に至る可能性のある行為に関しても、未成年者の同意が傷害の違法性を阻却するかどうかは厳しく検討されるべきと考える。

2　未成年者の美容整形手術とパターナリズム

　このように未成年者の美容整形手術において、同意の法的効力を限定的に解することは、未成年者の自己決定権を事実上制約する可能性もあるが、未成年者を保護するというパターナリズムの観点から、ある程度やむを得ないと考える。同意に基づく傷害の許容性については、パターナリズムの観点から一定の制限をすべきであるとの主張に合理性を見いだされた只木教授は、自己決定を有効たらしめる「場」が備わっていなかったり、真摯性に疑いがあったり、被害者の短慮から、あるいは法益の放棄によりいかなる効果がもたらされるかを知悉しない行為から、その者を保護することは法秩序の義務（パターナリズム論）であるといわれる。特に生命・身体などの一身専属的法益については、「短慮からの保護」を図らねばならないから、パターナリズムによる保護を図るべきその傷害は、必ずしも身体の枢要部分を不可逆的に損傷するものに限られないと強調される[46]。

　パターナリズムの観点から未成年者の美容整形手術を考えるならば、結果の重大性のほかに、行為の目的や態様、将来に及ぼす影響も考慮に入れ、同意により傷害の違法性が阻却されるかを論じるべきである。先天性疾患（口唇・口蓋裂、大耳症など）の矯正目的で行われる美容整形手術の場合には、彼らの将来を考えて行われるものであり、多少の危険を伴うとしても許されるが、ただ単に自らの外見を気にして美容整形手術を受けるような場合に

---

(45)　豊胸術や脂肪吸引術の問題については、美容・エステティック被害研究会編・前掲注(34)182〜184、190〜192参照。

(46)　只木誠「被害者の承諾と保護義務論」法学新報112巻1・2号（渥美東洋先生退職記念論文集）（2005年）437、440頁。

は、行為の危険性や態様、手術を受ける目的を総合的に考慮したうえで、同意の有効性について慎重な判断を必要とする。福田博士は、「行為の目的が非常に公共性の強いものであれば、ある程度重い傷害であっても承諾による違法性阻却の効果がみとめられうるが、目的自身がそれほど社会的に価値の高いものではなく、その行為がいわば社会的に大目に見られているものであるときには、傷害の程度はそれ程でなくても承諾による違法性阻却の効果がみとめられない」といわれる[47]。未成年者の綺麗になりたいという専ら主観的な目的を達成するために行われる美容整形手術は、身体への重大とはいえない侵襲であっても、その行為を違法と見る余地があるかも知れない。さらに脂肪吸引術や豊胸術のような、その方法が人格の尊厳、名誉などを侵害するような態様がとられている場合には、慎重な法的対応がなされなければならないと考える。

おわりに

　未成年者の同意能力の有無は、行為の医学的適応性の有無とは直接関係するものではない。個々に未成年者が美容整形の施術内容を理解し、危険性やその後の成長過程への影響を踏まえたうえで熟考し、判断する能力があるか慎重に検討すべきである。心理的コンプレックスから、繰り返し美容整形手術を受けたり、一般常識から考えられないような望みを叶えるために美容整形手術を希望する場合には、その精神状態からみて同意能力に問題がみられるかもしれないが、侵襲内容や影響の及ぶ範囲を理解し、熟考したうえでの決断なら、同意能力を認めるべきである。しかし、視野が狭く経験の浅い未成年者が、周囲の情報に惑わされ、一時の感情から必要性も緊急性もなく、取り返しのつかないような結果にいたるかもしれない美容整形手術を望むような場合には、彼らの尊厳を守り、保護するために、同意があってもその法的効力は制約されると考える。未成年者の場合、骨格や皮膚の発育度合には

---

(47)　大塚仁＝福田平「対談刑法学(16)　違法性に関する諸問題(7)——被害者の承諾——」法学教室58号（1985年）50頁〔福田発言〕。

個人差があり、成人とは異なり、美容整形手術が彼らの生命にどの程度悪影響を及ぼすのか推測し難い。未成年者の場合には、パターナリズムの見地から、生命への危険性がある場合には、傷害の違法性を阻却すべきではない。また未成年の段階で回復不可能な損傷を負った場合には、それ以後の長い人生に大きなダメージを与えることになることから、容易に元に戻せないような回復不可能な重大な損傷を与えるような美容整形手術の場合にも、同意は無効となる。

　今日の美容整形の現場では、未成年者の美容整形手術の申し出について、親の関与を広く認めているが、親の関与についてはどのように考えるべきであろうか。中学を卒業すれば、親元から離れて生活している者もいる。16歳以上の者で具体的な侵襲に関して決定するための十分な理解能力と判断能力が確認されれば、必ずしも親の同意を求める必要はなく、単独の決定権を与えてもよいと思う。このことは、パターナリズムの問題以前の未成年者の自己決定権の尊重と考える[48]。ただし、施術内容が複雑なときや、未成年者の精神状態が不安定で、同意能力があるか疑わしいときは、それを補うという意味で親の意見を聞く必要があろう。

　また、未成年者に同意能力がなくても、娘の美容整形手術を望む母親の同意さえあれば、医師の美容整形手術は許されるのであろうか。この点について、同意は、侵害される法益の保持者である被害者の自己決定権に基礎をおいていることから、本来被害者自身により行われなければならず、代理人が本人の意思を代理して与えた承諾は、原則無効とする見解が有力である[49]。しかし、一般的な医療行為においては、患者が未成年者である場合には、親

（48）　ドイツでも、医学的適応性のない侵襲において未成年者に同意能力があるときでも、更に親の同意が必要か否かという点に関しては、意見の一致をみていない。未成年者の自己決定権の尊重から、具体的な侵襲に関して決定するための十分な理解能力と判断能力が確認されれば単独の決定権が与えられるという見解と、侵襲が重大で延期可能な場合には親の同意も必要とするという見解に分かれている。vgl. Wagner, a. a. O.（Anm. 5）, S. 249ff.

（49）　中野次雄「被害者の承諾」小野慶二＝中野次雄＝荘子邦雄『総合判例研究叢書刑法(1)』（1956年、有斐閣）95頁、団藤重光編『注釈刑法(2)の Ⅰ総則(2)正当行為§35』（1976年、有斐閣）114頁〔福田平〕、伊東研祐『刑法講義総論』（2010年、日本評論社）224頁。

が代わって同意することが認められているように、監護権や法的代理権を根拠として同意の代行に正当化が認められる場合はあると解されている[50]。山口教授も、「代行しうる同意の範囲は，代理権の範囲，法益の種類（身体・自由か，財産か），傷害の程度，本人にとっての利益性の有無・程度，さらには法益主体の実質的能力の程度などによって決められる」といわれる[51]。「本人にとっての利益性の有無・程度」を考慮するということは、子どもの最善の利益のためにのみ親による代諾が認められることを意味する。代諾権者自身の信条や好みにより代諾権を行使することは許されない。親の一存で、一般常識からみて必要ではなく、緊急性もなく、そして延期可能な美容整形手術を子どもに受けさせるようなことは許されない。ドイツでも、医学的適応性のない美容整形手術における親の代諾は、それと結びついた危険や子どもへの負担を考えると子どもの幸せと相容れないとして、否定する見解が多い[52]。延期しても子どもへの健康上の支障が生じない美容整形手術における親の代諾は、認める必要はないと考えるが、治療的性格のある先天性疾患の矯正手術のように、幼少の頃に行うメリットがある場合には、親の同意のみで医師が手術を行うことを否定するものではない。

　我が国には未成年者の同意能力に関する規定がなく、医療現場における未成年者の同意能力に関するコンセンサスもない。したがって、未成年者の美容整形手術において一律に親の同意を必要とはせずに、個々に未成年者の同意能力を判断し、同意能力が存在する場合にはそれを尊重すること、そして、美容整形手術が生命に危険を与える可能性を否定しがたい場合や、回復不可能な重大な損傷を与えるような場合には、そこでの同意は傷害の違法性を阻却しないと考える。そこで一番問題となるのは、未成年者の同意能力の有無、行為態様の危険性などの具体的な判断であるが、それを専ら現場の医師に任せることは、法的安定性に欠けるのではないか、ということである。

---

(50)　曽根威彦『刑法原論』（2016年、成文堂）264頁、佐伯・前掲注(38)212頁。町野教授も、同意の代行を認めるなら、それは患者の自己決定権行使を代行するものとしてではなく、患者の利益を保護する独立の活動としてであろうといわれる。町野・前掲注(11)230頁。

(51)　山口・前掲注(15)165頁。

(52)　vgl. Joost, a. a. O.（Anm. 25），S. 426；Magnus, a. a. O.（Anm. 41），S. 337.

おわりに

しかし、現段階では、未成年者の骨格や皮膚の発育度合、手術の性格・危険性を考慮したうえで、未成年者の同意能力の有無、実施するか否か慎重に判断することを現場の医師に期待するしかないのかもしれない。

　未成年者を中心とする美容整形手術の流行を食い止めるための対策に積極的なドイツでは、未成年者の理解能力や判断能力の有無、手術の必要性を判断するために、精神科の専門医師の助言を仰いだり、委員会を開くという解決策が提案されている[53]。未成年者保護の見地からは対策の一つとして推奨できるが、我が国にこれを導入することはそれほど簡単ではない。また、未成年者を保護するために固定の年齢制限を必要とし、侵襲性が高く重大な結果を生む美容整形手術（病的肥満でない場合の脂肪吸引、正常な形の健康な女性の胸の矯正）は、18歳未満においては法的な罰則をともなって医師に禁じるが、軽微な美容整形手術のみ認めるという法的規定の提案[54]もある。個々人の成長過程を考慮せずに、固定の年齢制限規定を設けることには異論もあろうが、未成年者保護のためには、もはや一律に年齢で制限を設けるしかないであろう。美容外科医療の特徴として、①診療科目に「美容外科」を掲げる大学病院は増えているものの、施行される美容外科手術には制限があり、豊胸術や脂肪吸引術が大学病院で行われることはなく、美容外科手術のほとんどは診療所（クリニック）で担っていること、②手術室とは呼べない措置室で処置が行われ、執刀医が麻酔も担当していること、③入院施設がないため通院治療であること、④大学病院や総合病院での「形成外科・再建外科」の臨床経験自体なかったり、臨床経験の非常に少ない医師が多数参入していること、⑤安全性が未確認で未確立の医療技術や未承認の薬剤・医療用具が安易に使用されていること、⑥医師ではない従業員がカウンセリングを行い手術内容を決めていること、などが挙げられている[55]。このような美容整形手術の現状を考えると、何らかの法的規制が必要であると考える。そこで、義務教育修了年齢（16歳）に満たない者に対する美容整形手術の原則禁止（先

(53)　vgl. Joost, a. a. O. （Anm. 25）. S. 438ff.
(54)　Joost, a. a. O. （Anm. 25）, S. 441f.
(55)　小田耕平「特集医療と消費者③美容医療をめぐる判例」現代消費者法26号（2015年）20頁。

天性奇形の矯正手術を除く）、義務教育が修了し社会に出て働くことが可能な16歳以上の者には、同意能力の有無に問題がない限り、美容整形手術を禁止しない。ただし、16歳以上であっても18歳[56]になるまでは、彼らが未だ成長過程にあり、しかも個々人の成長の度合いが異なり、一律に施術行為の及ぼす危険性を判断し難いことから、未成年者の生命に危険が及ぶ可能性があるような施術は禁止すべきこと、そして、生命に危険が及ぶとまではいえないが原状回復が不可能な外観の著しい変貌や永続的な健康侵害に至る可能性のある施術に関しては、医師の慎重な対応を要求する文言を付記することを提案する。また、美容整形手術は嗜好の問題であり、成長過程に応じて気が変わることも大いにあり得る。親の教育、学校での指導の重要性を再認識するとともに、マスメディアを通じた美容整形手術に関する誇大な誘惑にも注意を促し、何らかの制約をしていく必要があろう[57]。

〔追記〕

　脱稿後、成人年齢を現行の20歳から18歳に引き下げる改正民法が、2018年6月13日の参院本会議で与党などの賛成多数で可決され、成立したが、本論文は改正前の法律を前提として論じたものである。

（はぎわら・ゆみえ）

---

(56)　公職選挙法改正法（平成27年法律第43号）成立及び18歳選挙権実施（平成28年7月参議院議員選挙）に伴い、民法の成人年齢の引下げについての議論が活発化し、現在国会で審議中である。

(57)　現在、美容医療を巡るトラブルの増加をふまえ、政府は、療法などの改正案を閣議決定し、医療機関のホームページでの虚偽や誇大な表現を規制しようとしている。日本経済新聞2017年3月10日朝刊。

カナダにおける医療的臨死介助の合法化

佐　伯　仁　志

Ⅰ　は じ め に
Ⅱ　ロドリゲス事件最高裁判決
Ⅲ　カーター事件最高裁判決
Ⅳ　刑法改正
Ⅴ　改正後の状況
Ⅵ　お わ り に

Ⅰ　は じ め に

　積極的安楽死の許容性については世界各国で議論が行われているが、日本では、名古屋高裁昭和37年12月22日判決（高刑集15巻9号674頁）が積極的安楽死が許容されるための6要件を判示し、東海大学病院事件の横浜地裁平成7年3月28日判決（判例時報1530号28頁）が、新たに積極的安楽死が許容されるための4要件を判示している。治療行為の中止についても、前記平成7年横浜地判が、傍論ではあるが、許容要件を判示し、川崎協同病院事件の横浜地裁平成17年3月15日判決（判時1909号130頁）も、許容要件を判示している。日本の裁判所は、終末期医療に関する法的ルールを示すことを躊躇してこなかったといえよう。

　これに対して、川崎協同病院事件の控訴審判決である、東京高裁平成19年2月28日判決（高刑集60巻1号3頁）は、「尊厳死の問題を抜本的に解決するには，尊厳死法の制定ないしこれに代わり得るガイドラインの策定が必要であろう。すなわち，尊厳死の問題は，より広い視野の下で，国民的な合意の形成を図るべき事柄であり，その成果を法律ないしこれに代わり得るガイドラインに結実させるべきなのである。……これに対して，裁判所は，当該刑事事件の限られた記録の中でのみ検討を行わざるを得ない。むろん，尊厳死

に関する一般的な文献や鑑定的な学術意見等を参照することはできるが，いくら頑張ってみてもそれ以上のことはできないのである。しかも，尊厳死を適法とする場合でも，単なる実体的な要件のみが必要なのではなく，必然的にその手続的な要件も欠かせない。例えば，家族の同意が一要件になるとしても，同意書の要否やその様式等も当然に視野に入れなければならない。医師側の判断手続やその主体をどうするかも重要であろう。このように手続全般を構築しなければ，適切な尊厳死の実現は困難である。そういう意味でも法律ないしこれに代わり得るガイドラインの策定が肝要なのであり，この問題は，国を挙げて議論・検討すべきものであって，司法が抜本的な解決を図るような問題ではないのである。」と述べて、裁判所が、終末期医療の法的ルールを示すことに消極的な姿勢を表明している[1]。

この判決の指摘はもっともなものであるが、そのような司法の限界を踏まえながら、終末期医療における患者の自己決定権を裁判所が保護する路を探ることも重要な課題だと思われる。

カナダでは、2015年の最高裁判決が、自殺幇助を処罰する刑法の規定を違憲と宣言するとともに、違憲無効の効力発生を一定期間猶予して、この間に議会で医療的臨死介助（medical assistance in dying）[2]を合法化する刑法改正が行われた。判決の内容およびその後の経緯は、終末期医療における刑法の役割を考えるとともに、司法と立法の関係を考える上でも興味深いものであるので、以下で紹介することにしたい。

日髙義博先生が古稀を迎えられたことを心よりお祝いして、本稿を捧げたい[3]。

（1） 同判決は、治療中止を適法とする2つの根拠を仮定した上で、本件ではいずれの根拠からも適法と認められないと判示した。本件の上告審決定（最（三小）決平成21・12・7刑集63巻11号1899頁）も、治療中止の要件を積極的に示すことなく、本件の事実関係のもとでは、被告人の行為は、法律上許容される治療中止に当たらない、と判示した。
（2） カナダでは、ドイツなどと同じく、安楽死・尊厳死という言葉に代えて臨死介助という言葉を用いることが一般的になっている。

Ⅱ　ロドリゲス事件最高裁判決

1　カナダ刑法の規定

カナダは、1972年に自殺未遂の非犯罪化を行ったが、自殺関与を処罰する刑法241条は残った。刑法241条は、「(a)他人が自殺を遂行することを教唆した者、又は、(b)他人が自殺を遂行することを幇助した者は、自殺が行われたかどうかにかかわらず、訴追犯罪（an indictable offence）として有罪となった場合は、14年以下の自由刑に処する。」と規定している。また、刑法14条は、「何人も自己の殺害に同意する権利を有しない。そのような同意は、同意した者を殺害した者の刑事責任に影響を与えない。」と規定している。両者相まって、カナダ刑法は、臨死介助（assistance in dying）の提供を禁止・処罰していた。

このような臨死介助の禁止・処罰の合憲性について初めて判断を示したのが、1993年9月30日のロドリゲス事件最高裁判決（Rodriguez v. British Columbia, [1993] 3 S. C. R. 519）である。

（3）　日髙先生は、安楽死・尊厳死に関する御論文において、尊厳死が許容されるための要件として、患者が医学的に見て回復不可能の状態にあることの他に、「患者が意思能力のある段階で事前に延命治療を拒絶する意思を持っていたことが明らかにされなければならない。……患者の意思を客観的な証憑によって確認することが困難である場合には、例外的に患者の日頃の死に対する考え方を家族の者が推認し生命維持治療の中止に同意することも考えられるが,その推認には慎重を期す必要がある。」と述べておられる。日髙義博「安楽死ならびに尊厳死の許容性について──死に対する自己決定権と生命の保護──」警察公論50巻3号（1995年）48頁〔同『違法性の基礎理論』（2005年、イウス出版）96頁以下所収〕。同『刑法総論』（2015年、成文堂）263頁も参照（ただし、同「東海大安楽死事件判決について──横浜地判平七・三・二八──」警察公論50巻11号（1995年）50頁〔同・上記106頁以下所収〕では、「自己決定権の法理を基礎に置くのであれば,……家族の意思表示から患者の推定意思を認める方法は控えるべきではないかと思われる。」とより限定的である）。筆者は、患者の意思の家族の意思による推認を柔軟に認めるべきではないかと考えているが（拙稿「末期医療と患者の意思・家族の意思」ジュリスト1251号（2003年）104頁以下〔樋口範雄編『ケース・スタディ生命倫理と法［第2版］』69～74頁〈2012年、有斐閣〉所収〕参照）、さらに検討したいと思っている。

2 ロドリゲス事件最高裁判決

(1) 事 案

　スー・ロドリゲス（Sue Rodriguez）は、筋萎縮性側索硬化症（ALS）に罹患した42歳の女性で、余命12月～14月と診断され、病気が進行すると、話すことも自分で動くこともできなくなり、人工呼吸器なしでは呼吸もできなくなることが予想されていた。彼女は、生きることを楽しむことができる間は死を望まないが、楽しむことができなくなったら自分で死ぬことを医師が援助できるように望んでいた。彼女は、ブリティッシュ・コロンビア州上級裁判所に、自殺幇助を処罰する刑法241条ｂ項は、カナダの権利と自由憲章（The Canadian Charter of Rights and Freedoms）7条、12条、15条1項に違反し無効である、との宣言を求めて、訴えを提起した。

　憲章7条は、「すべての者は、人の生命、自由及び安全の権利と、基本的正義の諸原則に合致した形でなければこれらを奪われない権利を有する。」と規定し、憲章12条は、「すべての者は、残酷で異常な処遇（treatment）又は刑罰（punishment）を受けない権利を有する。」と規定し、憲章15条1項は、「すべての個人は、法の前及び下で平等であり、差別、特に、人種、出自、民族、肌の色、宗教、性別、年齢、精神的・身体的障害を理由とする差別を受けず、法の平等保護と平等利益の権利を有する。」と規定している。ただし、憲章1条は、「カナダの権利と自由憲章が保障する権利と自由は、法律によって定められた、自由で民主的な社会において正当化されるものと証明され得る合理的制限にのみ服する。」と規定しており、法律の規定が憲章の個別の条文が保障する権利を侵害する場合であっても、1条にいう「合理的制限」の範囲内と認められれば、憲章違反とはいえないとされている[4]。

　第1審判決がロドリゲスの訴えを却下し、控訴審判決もこれを是認したの

（4）　カナダ憲法については、松井茂記『カナダの憲法——多文化主義の国のかたち——』（2012年、岩波書店）参照。カナダ最高裁の違憲判決および刑法改正については、松井茂記「カナダの尊厳死・安楽死法について」法律時報88巻（2016年）82頁以下があり、本稿も多くを負っている。さらに、カナダ刑法の紹介として、上野芳久「カナダ刑法の特徴」比較法制研究36号（2013年）113頁以下参照。

で、彼女は上告し、最高裁は、5対4の僅差で上告を棄却した。

（2）　法　廷　意　見

1）　憲章7条について

　法廷意見は、刑法241条b項は、憲章7条が保障する安全の権利を侵害しているが、基本的正義の原則に反するものではないので、憲章7条に違反しない、と判示した[5]。

　法廷意見によれば、自由と安全という個人的利益を、生命の神聖さ（the sanctity of life）と分離することはできず、基本的正義の原則を考慮する際には、生命・自由・安全すべての利益が考慮に入れられなければならない。自殺幇助を処罰する刑法241条b項の立法目的は、弱っているときに自殺に追い込まれるおそれのある脆弱な者（the vulnerable）を保護することにあり、これは人間の生命の神聖さという基本的理念の一部である。

　カナダの判例は、患者が治療を拒否し、治療開始後はその中止を求めるコモン・ロー上の権利を（その結果死亡するかもしれない場合であっても）認めてきている。しかし、法廷意見は、そのような治療の拒否・中止と自殺幇助は異なるとする。イギリスの上院およびイギリスの法改正委員会報告書は、自殺幇助の非犯罪化を終末期の患者についても否定しているが、その理由は、①他の者の死に積極的に関与することは、それ自体が道徳的・法律的に悪であり、②一律禁止以外に濫用を防止できる方法がないことにある、と法廷意見は、肯定的に引用している。

　さらに、法廷意見は、比較法的検討を加え、次のように判示した。西欧民主主義国の法的状況は、カナダの状況と基本的に類似している。自殺幇助を明示的に許容している国は存在しておらず、オランダにおいても、自殺幇助や積極的安楽死は違法であり、ガイドラインに従って行われた場合は訴追さ

（5）　訳は、町野朔ほか『安楽死・尊厳死・末期医療（資料・生命倫理と法）』（1997年、信山社）94頁以下〔安村勉〕を参考にしている。ロドリゲス事件判決当時のカナダの状況について、1992年9月にカナダのマニトバ大学で開催された「オランダの安楽死：カナダのモデルになるか」と題するシンポジウムの紹介として、宮野彬『オランダの安楽死政策——カナダとの比較——』（1997年、成文堂）参照。さらに、立山龍彦『自己決定権と死ぬ権利〔新版〕』（2002年、東海大学出版会）107頁も参照。

れないだけである。しかも、オランダでは、ガイドラインで認められていない同意のない積極的安楽死が増加していると指摘されており、この憂慮すべき傾向は、絶対的禁止を緩和すると「滑りやすい坂」を転がり落ちるという見解を支持している。最近、アメリカ合衆国のワシントン州とカリフォルニア州で医師による臨死介助を合法化する提案が否決されたことは注目に値する。刑法241条ｂ項の自殺幇助の一律禁止は、西欧民主主義諸国における標準（norm）であり、そのような禁止が違憲と判断されたことは一度もないと思われる。

　最後に、法廷意見は、臨死過程への消極的関与と積極的関与を区別することに対する批判に触れ、この区別は行為者の意図の違いに基づくものであり、そのような意図による区別は重要なもので、我々の刑法の基礎を形成している、とする。

　法廷意見は、結論として、乱用に対するセーフガードを規定することの困難さから、自殺幇助の一律禁止は、恣意的とはいえず不公正でもないので、刑法241条ｂ項が憲章７条に違反するとはいえない、と判示している。

　2)　**憲章12条について**

　憲章12条について、法廷意見は、国家がある行為を禁止することは「処遇」とはいえず、上訴人が、残酷で異常な処遇あるいは刑罰を加えられているとはいえないので、刑法241条ｂ項は、憲章12条に違反しない、と判示した。

　3)　**憲章15条について**

　憲章15条について、法廷意見は、本件で15条の侵害があったと仮定しても、明らかに憲章１条によって正当化されると判示した。刑法241条ｂ項には、①必要かつ実質的な立法目的があり、②自殺幇助の禁止は、この立法目的に合理的に関連し、均衡性の要件も充たしており、③乱用を防止する十分な手段は存在しておらず、人の生命への畏敬を保護し維持するという同条の立法目的を完全に達成できる中間的手段が存在しない以上、241条ｂ項を過度に広範であるということはできない、というのである。

　(2)　**反　対　意　見**

　本判決には、刑法241条ｂ項は、①憲章７条の安全の権利を侵害しており、乱用の恐れは一律禁止でなくとも防止することが可能なので、修正１条によ

II　ロドリゲス事件最高裁判決

って正当化されない、とする２人の裁判官の反対意見、②障害のため援助なしには自殺することのできない者を差別している点で、憲章15条の平等権を侵害し、法律の目的を達成するための必要最小限のものとはいえないので、憲章１条によって正当化されない、とする１人の裁判官の反対意見、および、③刑法241条ｂ項は、憲章７条、15条ともに違反するとする１人の裁判官の反対意見が付されている。

3　ロドリゲス事件最高裁判決後の状況

　ロドリゲス事件最高裁判決後、連邦議会上院に「安楽死ならびに自殺幇助に関する上院特別委員会」が設置され、検討が行われたが、同委員会が1995年６月に出した報告書[6]は、同意のある安楽死の処罰は維持されるべきである（ただし、同意殺人罪についてより軽い刑罰を定めるべきである）と結論づけた。

　これに対して、2011年11月に、カナダ王立協会の「終末期の意思決定に関する専門家委員会」が出した報告書[7]は、①成人の患者（またはその代諾者）の意思に基づいて生命維持措置の不開始・中止が許容されることは法的に明確であるので、刑法を改正してその旨を明記すべきであり、②自殺幇助および同意のある安楽死についても、注意深く制限され監視された状況のもとで合法化するための刑法改正が行われるべきである、とする提言を行った。

　同報告書は、「滑りやすい坂」の議論について、オランダの例を検討して、同意のない安楽死の発生は、同意のある安楽死・自殺幇助の合法化とは関係がない、と認定し、オランダの例は、カナダにおける合法化が社会の脆弱な者をより危険にさらすことの証拠とならない、と結論づけている[8]。

　この間、連邦議会には、刑法241条を改正する議員立法の法案が何度も提出されたが、通過することはなかった[9]。また、ケベック州においては、

（6）　The Special Senate Committee on Euthanasia and Assisted Suicide, Of Life and Death - Final Report（June 1995）. 紹介として、星野一正「カナダ上院特別委員会による患者の自殺幇助の法的容認否定」時の法令1502号（1995年）55頁参照。

（7）　The Royal Society of Canada Expert Panel, End-of-Life Decision Making（2011）.

（8）　The Royal Society of Canada Expert Panel, supra note 7, at 88-89.

175

2014年6月に医師による臨死介助（medical aid in dying）を合法化する「終末ケア尊重法（An Act Respecting End-of-Life Care）」が制定されたが、自殺幇助の処罰に関しては連邦刑法が州法に優先すると一般に解されていた。このような状況のもとで、最高裁が、刑法241条b項を違憲と判断したのが、カーター事件判決である。

Ⅲ　カーター事件最高裁判決

1　事　　案

2009年に、グロリア・テイラー（Gloria Taylor）は、不治のALSに罹患していると診断された。2010年までに、彼女の状態は、短い距離の移動にも車いすが必要なほどに悪化し、苦痛を感じるようになっていた。彼女は、刑法241条b項が憲章14条、21条、22条等に違反すると主張して、ブリティッシュ・コロンビア州上級裁判所に訴訟を提起した。この訴訟には、リー・カーター（Lee Carter）とその夫（2人は、リーの母親をスイスの自殺介助クリニックに連れて行き、母親はそこで処方された薬を服用して死亡したため、自殺幇助罪で訴追される潜在的危険があった）、臨死介助が合法化されればこれを行うつもりである医師、および、ブリティッシュ・コロンビア市民権協会が訴訟参加した。

2　カーター事件第1審判決

ブリティッシュ・コロンビア州上級裁判所2012年6月15日判決（2012 BCSC 886）は、116の宣誓供述書と57人の専門家証言を含む膨大な証拠を検討した上で、医師による臨死介助（physician-assisted dying）の禁止は、憲章15条が保障する平等権と同7条が保障する生命・自由・安全の権利を侵害し

（9）　カナダを含めたコモン・ロー諸国における立法の試みについては、Jocelyn Downie, Permitting Voluntary Euthanasia and Assisted Suicide: Law Reform Pathways for Common Law Jurisdictions, 16 QUT L. Rev. 84（2016）が詳しい。同論文によると、カナダでは、1991年3月から2009年3月の約20年間に12の法案が議員によって連邦議会に提出されている。そのうち7つがロドリゲス事件判決以降のものである。

ており、これらの侵害は、立法目的に比して過度に広範で不均衡であるため、憲章1条によって正当化されない、と判示した。

(1) 医師による臨死介助に関する事実認定

まず、判決は、終末期ケアに関するカナダにおける現状を検討して、医師と倫理学者の証言を考慮した上で、カナダにおいて許容されている死を早める効果を持ちうる終末期ケアと医師による臨死介助との間に倫理的違いはない、と認定した。そして、判決は、判断能力があり、情報を与えられ、重大で不治の病にある患者に対して、その希望と利益に合致している臨死介助を、その苦痛を除くために行うことは、倫理的であるということについて、強いコンセンサスが存在している、と認定した。

次に、判決は、医師の臨死介助を許容する各法域のセーフガードを検討して、すべての法域において、規則は基本的に遵守されており、どの制度も（完全とはいえないとしても）判断能力のある患者に死期の選択を可能にするとともに、乱用から患者を保護することに成功している、と認定した。また、判決は、臨死介助の合法化が緩和ケアの発達を阻害するという主張を否定し、合法化による医師と患者の関係の変化は、中立的であるか、むしろよくなっている、と認定した。

さらに、判決は、医師は、患者の判断能力を（終末期の場面を含めて）信頼できる程度に判定する能力を有しており、患者に対する強制や不当な影響、患者が抱いているアンビバレンスなどを発見することが可能である、と認定した。そして、判決は、医師による臨死介助の乱用のリスクは、厳格な制限を課す注意深く設計されたシステムによって、大幅に減少させることができる、と認めた。

(2) ロドリゲス事件判決の先例拘束性

判決は、①ロドリゲス事件判決の法廷意見は生命の権利を審査してないこと、②広範性および不均衡性の原則は、判決時には主張されておらず、判決で論じられていないこと、③法廷意見は憲章15条の侵害を単に仮定しているだけであること、④その後の判例が、憲章1条の分析に重大な変化をもたらしていること、等の理由を挙げて、ロドリゲス事件判決の先例拘束性を否定した。

177

(3) 刑法241条b項の合憲性

1) 憲章15条について

判決は、憲章15条の平等保障について、身体障害者は、命を絶つために飢えるか脱水状態になるしかないので、刑法によって健常者には存在しない負担を課されており、これは、憲章15条に違反する差別である、とする。そして、脆弱な者を、弱っている時に自殺を強制されることから守るという法の目的は、厳格に制限され注意深く監視された許容制度によっても達成することができるので、刑法の一律禁止は、最小限の禁止とはいえず、憲章15条違反は、憲章1条の下で正当化されない、と判示した。

2) 憲章7条について

判決は、医師の臨死介助を求めることを禁止することは、憲章7条が保障する生命・自由・安全の権利をすべて侵害する、と判示した。判決によれば、当該禁止は、①個人的で極めて重要な医療上の決定について国家に干渉されない権利を含む個人の自由の権利を侵害し、また、②自己の身体の統合性に関するコントロールを制限することによって安全の権利を侵害している。さらに、③医師の臨死介助の禁止は、それが得られる場合に比べて、より早い時点で命を絶つことを強要することになるかもしれない点で、生命の権利の侵害も問題となる。

判決によれば、このような7条の諸権利の侵害は、基本的な正義の原則、特に広範性と重大な不均衡性の禁止原則と合致しない。適切に設計され実施されるセーフガードによって政府の目的を達成できることを証拠は示しているので、禁止は必要以上に広範であり、また、一律禁止の厳しい効果は、その有益な効果に比して、著しく不均衡だからである。

3) 救済手段について

結論として、判決は、刑法241条b項および14条の禁止は、違憲無効であると宣言したが、その効力を1年間猶予し、テイラーには、猶予期間中、一定の要件の下で、医師による臨死介助の許可を上級裁判所に求めることができる「憲法的除外（constitutional exemption）」を認めた。

3　カーター事件控訴審判決

国側の控訴を受けたブリティッシュ・コロンビア州控訴裁判所は、2013年10月10日判決（2013 BCCA 435）において、2対1で、1審裁判官はロドリゲス事件判決に拘束されると判示し、1審判決を破棄した。

4　カーター事件最高裁判決

上告を受けたカナダ最高裁は、2015年2月6日判決（2015 SCC 5）において、全員一致で、刑法241条b項および14条が憲章7条に違反し違憲であると判示した。

⑴　先例拘束性について

先例拘束性の問題について、判決は、新たな法的問題が生じた場合、または、議論の前提を根本的に変更する状況または証拠の変化がある場合には、上級裁判所の判例を再考することができる、と一般論を述べた上で、本件では、両方の状況が存在しているとして、ロドリゲス事件判決に拘束されないとした1審判決を是認した。判決は、ロドリゲス事件判決の法廷意見は、①消極的安楽死と積極的安楽死の道徳的・倫理的区別の広範な受容、②脆弱な者を保護する中間的措置の欠如、③「滑りやすい坂」から保護するために一律的禁止が必要であるという西欧諸国における広いコンセンサスの存在、という法的・社会的事実に依拠していたが、1審の記録は、これらの結論を揺るがす証拠を含んでいる、と判示した[10]。

⑵　憲章7条の権利の侵害

最高裁は、医師による臨死介助の禁止は、テイラーの生命・自由・安全の権利を侵害し、その侵害の態様は、広範に過ぎ、基本的正義の原則に合致しないので、憲章7条に違反する、と判示した。

---

(10)　先例拘束性を否定したことに対する批判として、Dwight Newman, Judicial Method and Three Gaps in the Supreme Court of Canada's Assisted Suicide Judgement in Carter, 78 Sask. L. Rev. 217, 219 (2015)、反論として、Debra Parkes, Precedent Revisited: Carter v. Carter (AG) and the Contemporary Practice of Precedent, 10 McGill J. L. & Health 123, 148–150 (2016) 参照。

1）　生命の権利の侵害

まず、判決は、医師による臨死介助の禁止は、一定の人々に対しては、苦痛が耐えがたくなった時に命を絶つことができなくなることを恐れて、命を早期に絶つことを強要する効果を持つので、生命の権利を侵害している、という1審判決の認定は、最高裁で争われていないので、この点は立証されているものとして扱われる、とする。

2）　自由と安全の権利の侵害

次に、判決は、自由と安全の権利の基礎にあるのは、個人の自律と尊厳の保護への関心であり、臨死介助の禁止は、個人的で極めて重要な医療上の意思決定に干渉し、苦痛と精神的ストレスを与え、身体のインテグリティに関するコントロールを奪うことで、憲章7条が保障するテイラーの自由と安全の権利を侵害する、という1審判決の認定を是認する。

判決によれば、法は、患者の医療上の意思決定に関する自律を保護してきており、「自己の運命を決定する」権利は、成人に自己の医療ケアの過程を指示する権利を（死亡の結果が生じる場合であっても）与える。刑法241条b項および14条は、判断能力のある成人が、継続的で耐え難い苦痛を惹起する重大で不治の医学的状況のため、医師による臨死介助を求めることを禁止する限りにおいて、人の自由と安全の権利を侵害する。

3）　基本的正義の原則

判決は、一般論として、人の生命・自由・安全の権利を侵害する法が、基本的正義に合致しているためには、恣意的でなく、過度に広範でなく、目的と比較して著しく不均衡でないことが必要である、とする。そして、判決は、刑法の禁止の目的は、脆弱な者を、弱っている時に自殺することから保護することにあるとする1審判決を支持し、これをより広く生命の保持と考えるべきであるとする国側の主張を却ける。

その上で、判決は、自殺幇助の一律禁止は、法の目的を達成するのに役立つので、個人の権利が恣意的に制限されているとはいえないが、法は、脆弱な者以外の人も捕捉している点で過度に広範である、と判示した。これに対して、国側は、脆弱な者を正確に把握することは困難であるので、法の禁止が過度に広範とはいえないと主張したが、憲章7条違反の判断においては、

当該法によって得られる社会的利益や公的利益を考慮すべきでなく、それらの考慮は、憲章1条の正当化の判断において行うべきであるとした。最後に、不均衡性について、判決は、過度の広範性が認められる以上、判断する必要がないとした。

(4) 憲章15条違反について

判決は、憲章7条違反を認める以上、憲章15条違反を考慮する必要はないとして、憲章15条違反をも認めた1審判決の妥当性に関する判断を回避した。

(5) 憲章1条による正当化

以上のように、判決は、憲章7条違反を認めた上で、憲章1条による正当化の判断を行った。まず、判決は、先例に従って、憲章7条の侵害が憲章1条の下で正当化されるためには、法が必要で実質的な目的を有しており、手段がその目的と比例していなければならない、とする。そして、①採用された手段が目的に合理的に関連しており、②問題となった権利の侵害が最小限のものであり、③法の侵害効果と利益効果が均衡している場合に、法は比例的である、とする。

具体的当てはめについて、判決は、まず、禁止と目的には合理的関連性があるとする。

次に、侵害の最小限性について、判決は、1審判決の認定を支持し、権利の侵害が最小限のものとは言えない、と判示した。カナダ政府は、誰が脆弱な者で誰がそうでないかを判別する信頼に足る方法はないので、一律禁止が必要である、と主張するが、1審判決によって認められた証拠は、カナダ政府の議論を支持していない。憲章1条の下での証明責任は政府側にあり、政府は立証責任を果たしていない、と言うのである。

結論として、判決は、一律禁止は最小限の侵害ではなく、刑法241条b項および14条は憲章1条によって正当化されない、と判示した。

(6) 救済方法

判決は、刑法241条b項および14条は、人生を終了させることに明確に同意しており、その置かれた状況において耐え難い継続的な苦痛を与える重大で治療のできない病状を有している、判断能力のある成人に対して、医師に

よる臨死介助を禁止する限りにおいて、憲章7条に違反し、無効である、と結論づけた。そして、判決は、救済方法として、両規定の無効を宣言した上で、その効果を12月間、2016年2月6日まで猶予して、連邦および州の議会に、判決と合致した法改正を求めた[11]。猶予期間中の憲法的除外を認めるべきだとの上告人の要請については、テイラーがすでに死去し、残りの原告が個人的除外を求めていないので、本件は、そのような制度を設けるのに適切な事件ではない、としてこれを却けた。

5　カーター事件最高裁判決の評価

ロドリゲス事件最高裁判決とカーター事件最高裁判決を読むと、その結論の違いは、両判決の間に、カナダ国外で医療的臨死介助を合法化する法域が増加し、そのような法域における経験は、合法化反対論が挙げる乱用の恐れや「滑りやすい坂」論を必ずしも支持していない、という事実認識に起因しているように思われる。もちろん、合法化した法域（特にオランダ）における乱用事例の存在は意識されているが、1審判決は、乱用の恐れは適切なセーフガードによって合理的範囲内に限定することができる、と認定した。最高裁は、その事実認定を覆すための重い立証責任を国側に課し、国側はその立証責任を果たしていないとして、1審判決の事実認定を是認したのである。その意味で、1審判決の事実認定が決定的な意味を持っていたといえよう[12]。そして、カーター事件の1審判決およびこれを是認した最高裁判決に

---

(11)　無効の猶予に批判的なコメントとして、Sarah Burningham, A Comment on the Court's Decision to Suspend the Declaration of Invalidity in Carter v. Canada, 78 Sask. L. Rev. 201, 203-205 (2015) 参照。

(12)　このような事実認識は、1審の裁判官独自のものではなく、同様の事実認識は前述したカナダ王立協会の報告書においてもとられている。同報告は、1審の証拠として採用されており、その影響力は大きかったのではないかと推測される。

(13)　See, John Keown, A Right to Voluntary Euthanasia - Confusion in Canada in Carter, 28 Notre Dame J. L. Ethics & Pub. Pol'y 1, 20 (2014); Margaret Somerville, Is Legalizing Euthanasia an Evolution or Revolution in Societieal Values? Killing As Kindness: The Problem of Dealing with Suffering and Death in a Secular Society, 34 Quinnipiac L. Rev. 747, 772 (2016); Sean Murphy, Legalization of Assisted Suicide and Euthanasia: Foundational Issues and Implications, 31 BYU J. Pub. L. 333, 362 (2017).

III　カーター事件最高裁判決

対する批判も、この事実認定（特にセーフガードの実効性）に対するものが多い[13]。専門家でない裁判官が誤った事実認定をする危険性を指摘して、専門家委員会を設置することができる議会に任せるべきであったとする意見も主張されている[14]。

　カーター事件1審判決および最高裁判決が「滑りやすい坂」論を否定したことに対しては、上記のような事実認識としての批判の他に、理論的な批判も加えられている。患者の意思に基づく臨死介助を認めれば、意思表示のできない患者に対する意思に基づかない臨死介助も認めざるを得なくなるのではないかという批判である[15]。末期の患者に限定できなくなるのではないかという批判も同じ議論である。

　カーター事件1審判決および最高裁判決に対する、もう一つの批判は、両判決が、自殺幇助禁止の目的を、脆弱な人間が弱っている際に自殺を強要されることの防止に限定し、カナダ政府が主張するより広範な目的（生命の尊重、医療倫理の廉潔性、障害者等の人間の生命の価値についての否定的メッセージの防止等）を退けた点にある。立法目的を狭く限定したことが、一律禁止が過度に広範であるという両判決の結論に直接つながっているので、この点は重要である[16]。関連して、1審判決が、社会に共有されている価値への影響などを検証不可能として考慮から排除していることについても、安楽死合法化のリスクや害悪の多くは理念的なものであり、検証可能な証拠に限定するということは測定できないものを無視することになってしまう、との批判がある[17]。

　最高裁判決が、医師による臨死介助だけを問題にしていることについても議論がある。この点について、事案との関係で限定されているだけで、本質

---

(14)　See, Keown, supra note 13, at 43. これに対して、科学的事実に関する1審の認定方法を模範的なものとする論文として、Jodi Lazare, Judging the Social Science in Carter v Canada（AG）, 10 McGill J. L. & Health 35, 39（2016）参照。

(15)　See, Keown, supra note 13, at 23–27.

(16)　See, Murphy, supra note 13, at 365. カーター事件最高裁判決は、ロドリゲス判決の法廷意見も同様の見解をとっていたとするが、同意見は、生命の価値を至高の存在として強調しており、両者の違いは明白であると思われる。

(17)　See, Somerville, supra note13, at 762.

183

的な限定ではないとしながら、医師に限定することで、臨死介助が社会的に受け入れやすくなっていること、猶予期間内に立法がなされず刑法の規定が無効になった場合であっても、医療団体による統制などを通じて最低限の規律が保たれるであろうこと、等の指摘がなされている[18]。

しかし、臨死介助の主体を医師（看護師）に限定することは、命を助ける専門家としての医師のイメージを傷つけ、医師に対する国民の信頼を損なうことになるという強い反対論にも繋がっている。そのような反対論者の中には、臨死介助は、医師でなく特別の訓練を受けた弁護士が行えばよいという者さえいる[19]。

さらに、1審判決および最高裁判決が、苦痛緩和のための生命維持措置の中止と臨死介助は本質的に異ならないとしている点にも批判がある。この点は、臨死介助の合法化の議論において常に問題となる点であるが、ロドリゲス事件最高裁判決の法廷意見のように、苦痛緩和の目的と死を惹起する目的という行為者の目的の違いによって両者を区別する見解も有力である[20]。

Ⅳ　刑法改正

1　刑法改正までの過程

2016年2月6日まで刑法規定の無効を猶予するカーター事件判決を受けて、当時の保守党政権は、2015年7月に、問題を検討するための専門家委員

---

(18)　See, Doug Surtees, The Authorizing of Physician-Assisted Death in Carter v. Canada (Attorney General), 78 Sask. L. Rev. 225, 226–228 (2015).

(19)　See, Somerville, supra note13, at 778.

(20)　See, Keown, supra note 13, at 5 ; Somerville, supra note 13, at 767. 意図の違いに加えて、治療中止の場合は病気によって患者は死亡し、臨死介助の場合は施用された薬によって死亡するという、「因果関係」の違いも挙げられることが多い。See, Somerville, supra note 13, at 768. アメリカ連邦最高裁は、両者の違いに依拠して、自殺幇助を禁止する州法の合憲性を肯定している。See, Vacco v. Quill, 521 U. S. 793, 800-801 (1997).

(21)　Department of Justice, Expert Panel on Options for a Legislative Response to Carter v Canada. Consultations on Physician-Assisted Dying - Summary of Results and Key Findings - Final Report (15 December 2015), online:<http://vww. justice. gc. ca/eng/rp-pr/other- autre/pad-anm/pad. pdf>.

会を設置した[21]。その後、総選挙で自由党が政権を獲得し、新政権は、最高裁に、猶予期間の 6 ヶ月延長を求めた。最高裁は、2016年 1 月11日の判決（Carter v. Canada（Attorney General）, 2016 SCC 4）で、選挙で議会が休会していた期間と同じ 4 ヶ月の延長を認めると共に、前の判決では認めなかった、立法が成立するまでの「憲法的除外」を認めた[22]。その後、政府は、刑法等を改正する法案（Bill C-14）を議会に提出し、同法案は、2016年 4 月14日に議会を通過し、同年 6 月17日に女王の裁可を得て、法律となった。

2　刑法改正の内容

(1)　医療的臨死介助の許容

1)　自殺幇助罪の改正

改正法は、自殺幇助を処罰する刑法241条 b 項について、医療的臨死介助の場合の除外規定を付け加えた。すなわち、自殺教唆を刑法241条 1 項 a 号、自殺幇助を 1 項 b 号に規定した上で、同条 2 項に、「医師（medical practitioner）又は特定看護師（nurse practitioner）が、241.2条に従って、医療的臨死介助（medical assistance in dying）を提供した場合には、 1 項 b 号の罪に問われない。」と規定した[23]。「医療的臨死介助」については、241.1条で、「(a)医師又は特定看護師が、求めに応じて、死をもたらす薬物を人に処方すること、又は、(b)医師又は特定看護師が、求めに応じて、患者が自ら摂取し死をもたらすことができるように薬物を処方し又は与えること」と定義されており、医師による自殺幇助だけでなく、同意殺も許容されている。また、「特定看護師」とは、「州法により、特定看護師として（又は、これと同等の資格において）、診断、検査の指示・解釈、薬の処方、治療を、独立して行うことができる、登録看護師（registered nurse）をいう」と定義されている（241.1条 1 項）。医師だけでなく特定看護師にも医療的臨死介助を認めていることがカナダ法の特色である。

---

(22)　ケベック州法の適用除外（すなわち、医療的臨死介助を許容するケベック州法の適用）も認めた。本判決は、期間延長については全員一致であるが、これらの適用除外については 5 対 4 である。

(23)　条文の訳は、松井・前掲注(4)85頁以下を参考にしている。

さらに、刑法241条は、医師・特定看護師を幇助した者（3項）、医師・特定看護師の書いた処方箋に基づいて医師・特定看護師以外の者に薬を処方した薬剤師（4項）、医療的臨死介助のために処方された薬を患者が自ら摂取することを幇助した者（5項）、医療的臨死介助に関する情報を合法的に提供した医療専門家（5.1項）についても、241条1項b号の罪に問われないことを規定している。

2) 殺人に対する同意無効規定の改正

殺人に対する同意を無効と規定する刑法14条については、刑法227条1項に、「241.2条に従って医療的臨死介助を提供した医師又は特定看護師は、有責な殺人（culpable homicide）を犯していない。」と規定され、2項に、1項の行為の幇助の不可罰、4項に、241.2条に従って同意がなされた場合の刑法14条の不適用が規定された。さらに、同条3項は、241.2条の要件が存在すると行為者が合理的に誤信した場合にも、同条1項または2項が適用されると規定している。

(2) 医療的臨死介助の要件

医療的臨死介助の実体的要件については、刑法241.2条1項が、「(a)カナダ政府の補助を受けた医療サービスの受給資格があること（あるいは最低限の居住期間ないし待機期間を除いて受給資格があること）、(b)18歳以上でその健康に関して決定を行う能力があること、(c)深刻で改善不可能な症状を有していること、(d)医療的臨死介助を任意に求めていること、とりわけそれが外部の圧力の結果ではないこと、(e)苦痛を除去するために利用可能な手段（緩和ケアを含む）について情報を与えられた後、医療的臨死介助を受けることに対してインフォームド・コンセントを与えていること」という要件をすべて満たす者が、医療的臨死介助を受けることができる、と規定している。同条1項c号にいう「深刻で改善不可能な症状」とは、「(a)重大な、治療不可能な病気、疾病又は障害を有していること、(b)症状が進行し、その能力が不可逆的に減退した状況にあること、(c)その病気、疾病若しくは障害又は減退した状況が、永続的な身体的又は精神的苦痛を与えており、その苦痛が、患者にとって耐え難く、患者が受け入れることができると考える条件のもとで除去可能でないこと、(d)すべての医学的状況を考慮して、その自然の死が合理的

に予見可能（reasonably foreseeable）になっていること（ただし、余命の具体的な期間が診断されている必要は必ずしもない）、をすべて満たす場合をいう（同条2項）。後で述べるように、医療的臨死介助の対象者を「自然の死が合理的に予見可能になっている」者に限定したことが、さらなる憲法訴訟を招くことになった。

次に、医療的臨死介助の手続的要件として、刑法241.2条3項は、医師・特定看護師が対象者を診断して1項に定められたすべての要件を満たしていると判断したこと（a号）の他、本人（または同条4項が定める代筆者）の署名・日付のある書面による依頼（b号）、2人の独立した証人による書面による依頼の確認（c号）、依頼がいつでも撤回できることの告知（d号）、独立した他の医師・特定看護師による1項の要件の確認（e号、f号）、依頼から実施まで最低10日間（患者の死または同意能力の喪失が切迫している場合には、医師・特定看護師が適切と考える期間）の待機（g号）、医療的臨死介助の提供直前に撤回の機会を与えて明示の同意を得ること（h号）、患者が会話することが困難な場合には、与えられた情報を患者が理解し、その決定を伝達できる、信頼性のある手段を提供するよう、すべての必要な措置をとること（i号）を定めている。

さらに、刑法241.2条は、患者本人が署名不能の場合の代筆（4項）、独立の証人の要件（5項）、医師と特定看護師の独立の要件（6項）、薬剤師に対する医療的臨死介助であることの告知義務（8項）について規定している。

---

(24)　カーター事件においては、複数の訴訟参加者が、医療的臨死介助が合法化されると、道徳的・宗教的理由から臨死介助に反対している医師等も、患者の最善の利益のために行動する法的義務に基づいて、臨死介助に関与することを強いられることになるのではないかという懸念を示し、そのような懸念を払拭するための立法的措置を議会に義務づけることを、裁判所に求めていた。最高裁判決は、そのような義務づけを行わなかったが、刑法241.2条9項は、「本条の規定は、何人にも、医療的臨死介助の提供又は援助を義務づけるものではない。」と規定している。しかし、医療的臨死介助を認める医療機関に勤務する医師等は、事実上のプレッシャーを受けているという指摘もなされている。また、オンタリオ州では、医師会が、医療的臨死介助を行わない医師に、他の医師を紹介する義務を負わせて、訴訟が提起されている。See, Sean Murphy, Legalization of Assisted Suicide and Euthanasia: Foundational Issues and Implications, 31 BYU J. Pub. L. 333, 341ff.（2017）.

また、同条７項は、「医療的臨死介助は、合理的な知識、注意及び技術を持って、適用されるすべての法律、規則、基準に従って、提供されなければならない。」と規定している[24]。

刑法241.2条３項ｂ号ないしｉ号または８項に規定された義務を故意に遵守しなかった者は、訴追され有罪となった場合は５年を超えない自由刑、略式有罪となった場合は18月を超えない自由刑に処される（241.3条）。

殺人罪については、合理的誤信の場合の不可罰が刑法227条３項に規定されているのに対して、自殺幇助の場合にはこのような規定がない。これは、刑法241.2条３項ａ号が、医療的臨死介助の実体的要件に客観的に合致していることではなく、合致しているという意見を医師・特定看護師が有していることを不処罰の要件としているため、実体的要件を誤信した場合には、自殺幇助罪が成立する余地はなく、刑法241.3条の遵守義務違反で処罰される余地があるだけだからであろう。

(3) 届 出 義 務

医療的臨死介助の実施状況を行政庁に監督させるために、刑法241.31条は、保健大臣（Minister of Health）に、医療的臨死介助の依頼、提供に関する情報を収集、使用するための規則を制定することを義務づけ（３項）、医療的臨死介助の依頼を受けた医師・特定看護師、医療的臨死介助に関して薬を販売した薬剤師に、規則に従った報告義務を課している（１項、２項）。また、同条3.1項は、保健大臣に、医療的臨死介助が提供された場合の、死亡証明書に記載されるべき情報に関するガイドラインの制定を義務づけており、医療的臨死介助が提供された場合には、死亡証明書において、医療的臨死介助が死因であること、および、医療的臨死介助の依頼の原因となった病気、疾病又は障害を明確に記載することが求められている。

以上の報告義務に故意に違反した医師、特定看護師、薬剤師は、訴追され有罪となった場合は２年を超えない自由刑、略式有罪となった場合はその刑に処される（241.31条４項）。

その他、医療臨死介助に関する記録を偽造、毀棄した者も、訴追され有罪となった場合は５年を超えない自由刑、略式有罪となった場合は18月を超えない自由刑に処される（241.4条）。

3 残された問題

改正法9条は、司法大臣および保健大臣に対して、成熟した未成年者（mature minors）の依頼の場合、事前の依頼の場合、精神障害が唯一の病状である場合の3つの問題について、法案認可後180日以内に、独立した検討を開始し、検討開始後2年以内に、報告書を議会に提出することを義務づけている。また、改正法10条は、議会に対して、5年後の法律見直しを義務づけている。

V　改正後の状況

1　実 施 状 況

連邦保健省によって、2016年6月17日から2017年6月30日までの間の実施状況に関する報告書[25]が発表されているので、簡単に紹介したい。

カナダにおいては、医療の提供は、主に州の法律によって規制されているので、刑法で許容された医療的臨死介助についても、実際の運用は州法によって規制されることになる。報告書によれば、医療的臨死介助が合法化されてから1年の間に、ほとんどの州と準州、および、これらと連携した医療提供者規制組織が、医療的臨死介助の実施と監督を支援するためのガイドラインと方針を制定している。報告書によって紹介すると、オンタリオ州では、医療的臨死介助法改訂法（Medical Assistance in Dying Statute Law Amendment Act）が制定され、医療的臨死介助の民事免責、保険の支払い、報告義務などが規定されている。ブリティッシュ・コロンビア州法は、医療的臨死介助を行う医師または特定看護師に、患者が死亡するまでその場で立ち会う義務を規定している。ケベック州法は、患者が自ら薬を使用する臨死介助を認めていない。

次表は、報告書の表を基に筆者が作成した、医療的臨死介助実施状況に関する表である[26]。

---

(25)　Health Canada, 2nd Interim Report on Medical Assistance in Dying in Canada (2017).

(26)　元の表には、①大西洋側カナダの幾つかの州では個人情報保護の観点から年齢デー

カナダにおける医療的臨死介助の合法化（佐伯　仁志）

参加法域（３準州を除く）における医療的臨死介助死のプロファイル

	2016年6月17日～12月31日	2017年1月1日～6月30日	
医療的臨死介助の総数	507	875	
医療者による（任意的安楽死）	503	874	
自ら服用（自殺幇助）	4	1	
医療関係者別			
医師	不明	839（95.7%）	
特定看護師		38（ 4.3%）	
臨死介助の場所			
病院	249（50%）	368（42%）	
自宅	182（37%）	350（40%）	
長期介護施設・老人ホーム	30（ 6%）	78（9%）	
その他	37（ 7%）	79（9%）	
平均年齢	72.27歳	73歳	
年齢層別	未収集	数	年齢層
		18	18-45
		39	46-55
		150	56-64
		144	65-70
		124	71-75
		119	76-80
		102	81-85
		88	86-90
		68	91+
		23	不明
男女比	男性49%，女性51%	男性53%，女性47%	
地域	都会65.6%，田舎34.2%	都会57.1%，田舎42.9%	
患者の主な病状			
がん	56.80%	63%	
神経変性	23.20%	13%	
循環系・呼吸系	10.50%	17%	
その他	9.50%	7%	

　報告書によれば、最初の６ヶ月間に803件、次の６ヶ月間に1179件、１年間で計2,149件の医療的臨死介助が行われている（ただし、３つの準州のデータは含まれていない）。その内、詳しいデータが得られるものについて見ると、

タが得られない、②個別データからではなく、各州の平均から計算されており、実際の全国平均とは異なる、③年齢層別の不明には個人情報保護の観点から開示されなかったものが含まれる、④病状が報告されていないもの（全体の約８％）が計算に含まれていない、という注記がある。

　　　　　　　　　　　　　　　　　　　　　　　　　　Ⅴ　改正後の状況

最初の 6 ヶ月間に行われた507件の医療的臨死介助のうち、患者が自ら薬を
服用して死亡した事例は 4 件、次の 6 ヶ月間では、875件のうち 1 件となっ
ている。医師と特定看護師の内訳は、95.7％が医師によるものであり、カナ
ダにおける臨死介助は、主に、医師が薬を直接使用して患者を死亡させる形
態で行われているといえる。その原因として、報告書は、ケベック州のよう
に患者が自ら薬を服用する形態の臨死介助を法律で認めていないところがあ
ること、医療機関の中には、患者が自ら薬を服用することに不安を感じて、
この類型を勧めない方針のところがあること、自ら服用するために国際的に
使われている薬がカナダでは市販されていないこと、などを指摘している。
連邦保健省は、適切な薬にアクセスできるように州と協議しているとのこと
である。

　報告書によれば、第 2 期の実施件数1,179件は、同期間の死亡数の0.9％に
あたり、これは医療的臨死介助が合法化されている他の法域の割合（0.3％〜
4.6％）とほぼ同じであるという。患者の主たる病気の約63％はがんであり、
これも他の法域と合致しているという（オレゴン州72％、ベルギー69％、オラ
ンダ71％）。年齢が高い層に多いことも、主たる病気ががんであることと関
係している。病院外での死亡が増えているが、これが、自宅における死亡を
促進する政策による一般的傾向なのか、他の要因、例えば、病院におけるサー
ビスを得にくい地域があるといった要因によるものなのかは、今のところ
不明である。

　カナダは特定看護師にも臨死介助を認める唯一の法域であるが、特定看護
師による実施数は増加している。報告書によれば、その一部は、おそらく、
州レベルでの政策変更によるものであり、例えば、オンタリオ州は、2017年
4 月に、規制薬物の使用を看護師にも認める規則を制定し、特定看護師が医
療的臨死介助を行うことの障害を取り除いた。もっとも、医療的臨死介助を
行うことが認められている特定看護師の数は少なく、2015年の医師82,198人
に比べて、2016年で特定看護師の数は4,500人にとどまっている。

　情報の得られる州では、医療的臨死介助の申請の約 3 分の 1 が却下されて
いる。その理由は、同意能力の喪失（51％）と死期の合理的予見可能性の欠
如（26％）が多く、また、申請者の約24％が臨死介助の実施前に死亡している。

                                                                  191

2 新たな違憲訴訟

改正法が、医療的臨死介助の対象を、「その自然の死が合理的に予見可能になっている」者に限定したため、新たな違憲訴訟が提起されている[27]。脊髄性筋萎縮症（SMA）の患者であるジュリア・ラム（Julia Lamb）、パーキンソン病の患者であるロビン・モロー（Robyn Moro）、およびブリティッシュ・コロンビア自由人権協会が原告となり、改正規定は憲章7条および15条に違反し、1条によって正当化されないとして、即時無効であることの宣言、あるいは、無効の猶予期間中の原告に対する憲法的除外の宣言を求めて、訴訟を提起した。原告側は、カーター事件第1審判決の事実認定の拘束力を認めるよう求めたが、ブリティッシュ・コロンビア州上級裁判所は、カーター事件とは事案が異なり、新たな証拠調べが必要と判示し（Lamb v. Canada（Attorney General）, 2017 BCSC 1802）、2018年3月現在も訴訟が継続している。

3 カナダ学術会議専門委員会における検討

カナダ政府は、前述した改正法9条の義務に基づき、カナダ学術会議（the Council of Canadian Academies）に、同条に挙げられた3つの問題に関する独立した検討を依嘱し、同会議は、前最高裁判所判事を委員長とする43人の専門家からなる委員会を設置した[28]。同委員会は、2018年12月までに報告書を提出することになっている。

VI おわりに

以上、カナダの状況を紹介してきた。ロドリゲス事件やカーター事件で問題となった、自殺幇助規定の目的をどのように捉えるか、治療の中止と積極的な臨死介助との区別をどのように考えるか、といった問題は、日本でも問

---

(27) 改正法は、憲章7条および15条に違反しているかもしれないが、司法の立法府に対する謙譲（deference）の観点から、憲章1条によって正当化されるべきであるとする見解として、Firuz Rahimi, Assisted Death in Canada: An Exploration of the Constitutionality of Bill C-14, 80 Sask. L. Rev. 457, 488（2017）参照。

(28) See, http://www. scienceadvice. ca/en/news. aspx?id＝196.

題となるものであって、カナダにおける議論は、日本でも参考になると思われる。また、裁判所が違憲判決を出して、一定の猶予期間内に議会に立法を行わせ、その立法が妥当なものであるかどうかをさらに裁判所で審査する、というプロセスは、よりよい法制度にしていくために司法と立法が相互に対話を行うものといえ、興味深いものである。

　本稿が、日本における終末期医療と刑法の役割、そして、司法と立法の関係を考える上で、何らかの参考となれば幸いである[29]。

（さえき・ひとし）

（29）　本稿は、科学研究費助成事業「終末期医療における刑法の役割に関する総合的研究」（課題番号16K00361）の研究成果の一部である。

正当防衛の規範論的構造

——最高裁平成 29 年第二小法廷決定をめぐって——

高 橋 則 夫

Ⅰ　は じ め に
Ⅱ　許容規範としての正当防衛
Ⅲ　正当防衛の権利性 ——「正の確証」と正義論・国家論——
Ⅳ　「急迫性」の判断構造 ——最高裁平成29年4月26日決定をめぐって——
Ⅴ　お わ り に

Ⅰ　は じ め に

　「刑法36条は，急迫不正の侵害という緊急状況の下で公的機関による法的保護を求めることが期待できないときに，侵害を排除するための私人による対抗行為を例外的に許容したものである。」と、最高裁平成29年決定（最（二小）決平成29・4・26刑集71巻4号275頁＝以下、「本決定」と略す）は判示した。本決定は、侵害予期の類型に関する急迫性の有無について、新たな判断枠組みを提示した点で注目に値するとともに、冒頭のような、正当防衛の趣旨に言及している点も注目に値する。しかし、この趣旨における「公的機関による法的保護」と「私人による対抗行為」との連関および「例外的に許容」の規範的意味などについては必ずしも明らかではない。したがって、本決定を検討するためには、この正当防衛の趣旨と、侵害予期類型における急迫性の判断枠組みとの連関を分析する必要があろう。

　本稿は、正当防衛が「許容規範」であることの意味、正当防衛の「権利性と正義論・国家論」を踏まえることによって、正当防衛の規範論的構造を明らかにし、それらの視点から、本決定における「急迫性」の判断について若干の検討を加えるものである[1]。

Ⅱ　許容規範としての正当防衛

　違法阻却事由は、禁止・命令規範である構成要件に該当する行為を、例外的に正当化するものであり、規範論的には、「許容規範」に位置づけられる。私見によれば、禁止・命令規範と許容規範はともに行為規範の内容を構成するが、犯罪論の構成上は、前者は構成要件該当性に、後者は違法阻却にそれぞれ位置づけられる。したがって、許容規範が存在する場合、当該行為は、行為規範に違反しないが、構成要件には該当することになる（そして違法阻却される）[2]。

　この許容規範の内実を分析する際に多くの示唆を与えてくれるのが、ジョセフ・ラズの規範論である[3]。ラズは、「ＸはＹをすべきである。」という言明は、「ＸにはＹをする理由がある。」という言明と論理的に等価であるとして、規範を「行為理由」という角度から分析する[4]。その際、重要なことは、規範がいかなる種類の理由であるか、他の理由とどのように区別されるのかという点にある。ラズによれば、規範は、指令規範（mandatory norm）、許

（１）　近時の正当防衛についての論稿として、飯島暢「正当防衛と法・権利の確証」井田良ほか編『川端博先生古稀記念論文集　上巻』（2014年、成文堂）67頁以下［同『自由の普遍的保障と哲学的刑法理論』（2016年、成文堂）153頁以下所収］、瀧本京太朗「自招防衛論の再構成──『必要性』要件の再検討──（１）〜（３・完）」北大法学論集66巻４号191頁以下、同巻５号231頁以下、同巻６号71頁以下（2015年〜2016年）、坂下陽輔「正当防衛権の制限に関する批判的考察（１）〜（５・完）」法学論叢177巻４号33頁以下、６号38頁以下、178巻２号79頁以下、３号25頁以下、５号69頁（2015年〜2016年）、山本和輝「正当防衛の正当化根拠について──『法は不法に譲歩する必要はない』という命題の再検討を中心に──（１）〜（４・完）」立命館法學365号198頁以下、367号91頁以下、368号129頁以下、371号73頁以下（2016年〜2017年）などがある。

（２）　高橋則夫『刑法総論［第４版］』（2018年、成文堂）258頁参照。

（３）　Raz, Practical Reasonand Norms, 1975（ドイツ版として、Raz, Praktische Gründe und Normen, 2006）参照。本書については、石井幸三「ラズ『実践理由と規範』について（１・２完）」龍谷法学18巻１号98頁以下、同２号82頁（1985年）、深田三徳「法規範と法体系」『法規範の諸問題──法哲学年報1977──』（1978年）52頁以下、髙橋秀治「法・理由・権威──Ｊ・ラズの実証主義的法理論に関する一考察──」三重大学法経論叢21巻２号（2004年）99頁以下など参照。

（４）　さらに、Renzikowski, Normen als Handlungsgründe, Festschrift für Neumann, 2017, S. 335ff. 参照。

容規範（permissive norm）、権限付与規範（power-confering norm）に区分され、指令規範の中に、1次的レベルの理由と2次的レベルの理由の存在が認められる[5]。1次的レベルの理由は、行為の禁止（不作為の命令）と行為の命令からなり、合規範的な行為を遂行する理由であり、2次的レベルの理由は、一定の理由から行為をする・しないことの特別な理由である[6]。たとえば、殺人罪の禁止規範における1次的レベルの理由は、殺害行為をしないという行為理由であり、2次的レベルの理由は、対立する理由（殺害行為に賛成する理由）を無視する、あるいは行為に至らせない理由である[7]。2次的レベルの理由の中には、「ある理由から行為をする理由」という肯定的な理由と、「ある理由から行為を差し控える理由」という否定的な理由が存在し、後者の否定的な理由が「排他的理由（exclusionary reason）」と称される[8]。法規範は、1次的レベルの行為理由として機能するとともに、2次的レベルの否定的理由としても機能し、外部の規範がもたらす行為理由を無視する理由を行為者に示すわけである。このようなラズの構想は、行為者が法規範に従い、そのほかの規範が当該行為において何の意味を持たないことの説明として優れたものと評価されている[9]。

　許容規範については、ラズによれば、1次的レベルの理由、2次的レベルの理由（排他的理由）の他に、2次的レベルの「排他的許可（exclusionary permission）」というものが設定される[10]。これは、1次的レベルの理由を排除してもよいという許可であり、この排他的許可を付与するのが許容規範である。

　許容規範としての違法阻却事由は、一定の行為を許容し、禁止・命令を廃

（5）　石井・前掲注(3)113頁以下、深田・前掲注(3)56頁以下参照。
（6）　Raz［注(3)］, Praktische Gründe, S. 48, 97ff. 参照。石井・前掲注(3)113頁参照。
（7）　この点につき、Grosse-Wilde, Handlungsgründe und Rechtfertigungsgründe-Einmal mehr : Was heißt es, eine Tat zu rechtfertigen?, ZIS, 2/2011, S. 85参照。
（8）　髙橋（秀）・前掲注(3)107頁参照。
（9）　髙橋（秀）・前掲注(3)109頁参照。
（10）　この点につき、Renzikowski, Intra- und extrasystematische Rechtfertigungsgründe, Festschrift für Hruschka, 2005, S. 644ff. 参照。なお、深田・前掲注(3)58頁以下、石井・前掲注(3)114頁以下も参照。

棄するものであるから、許容規範それ自体から、正当化される行為を遂行するべしという義務が生じることはない。すなわち、許可（Dürfen）から当為（Sollen）は生じないのであり、許容規範は、規範の名宛人に対する行為理由ではない[11]。許容規範それ自体は、行為理由を付与するものではなく、違法阻却事由は、禁止された行為を遂行することの法的に正当な理由であるにすぎない[12]。

　違法阻却事由が存在する場合、前述した、「禁止された行為を遂行しない、あるいは、命令された行為を遂行すること」の１次的な行為理由は存在するのであり、２次的な行為理由（排他的理由）だけが廃棄されるわけである。このように、許容規範は、排他的許可を付与する規範であり、さらに、ラズの用語法によれば、「強い許可」に属する規範であり、これに対して、「弱い許可」は、禁止・命令規範が存在しない場合である[13]。

　以上のように、規範論的に違法阻却事由を考察すれば、それは、違法阻却事由に属する正当防衛にも妥当することになる。すなわち、正当防衛は、排他的許可を付与する許容規範であり、「強い許可」に属する規範に位置づけられる[14]。

---

(11)　Grosse-Wilde ［注(7)］, Handlungsgründe, S. 85参照。
(12)　Jakobs, Strafrecht, AT., 2. Aufl., 1993, 11／1 参照。
(13)　Raz ［注(3)］, Praktische Gründe, S. 115ff. 参照。なお、G. H. von ウリクト／稲田靜樹訳『規範と行動の論理学』（2000年、東海大学出版会）104頁、深田・前掲注(3)59頁以下、石井・前掲注(3)120頁以下も参照。
(14)　もっとも、ここでいうところの「強い許可」は、私見によれば、正当化される行為の第三者効として、第三者に「受忍義務」を負わせる意味でも使用可能である。すなわち、違法阻却事由には、相手方に「受忍義務」のある権利行為（強い許容）と、「受忍義務」のない放任行為（弱い許容）とがあり、前者に属するのが、正当防衛や法令行為などであり、後者に属するのが、緊急避難などである。この点につき、高橋・前掲注(2)316頁においては、正当防衛に対する緊急避難を肯定していたが、正当防衛も、法令行為などと同様に、相手方に受忍義務があり、正当防衛に対する緊急避難は否定されると改説することにする。さらに、Mañalich, Erlaubnisnormen und Duldungspflichten, Rechtsphilosophie-Zeitschrift für Grundlagen des Rechts, 2015, S. 288ff. ;Kindhäuser, Zur „Drittwirkung" strafrechtlicher Verhaltensnormen, Festschrift für Neumann, 2017, S. 931ff. 橋田久「正当防衛に対する緊急避難」名古屋大學法政論集262号（2015年）１頁以下参照。

Ⅲ　正当防衛の権利性 ──「正の確証」と正義論・国家論──

　正当防衛の違法阻却根拠につき、私見によれば、「自己保護の原則」と「正の確証」の２つの原理に求められるが[15]、「正の確証」を引き合いに出すことに対しては、近時、否定的な見解が多くなっている[16]。それらの否定的見解は、正当防衛を個人権的側面によって説明しようとするものである。すなわち、違法な侵害によって個別の行為規範の制御力が危殆化されるにすぎず、行為規範は、特定の法益を保護するためにあるから、最終的には法益保護の観点に社会権的側面は収斂せざるを得ないとして[17]、社会権的な側面を有する「正の確証」を排除あるいは二次的なものとすることにより、正当防衛を個人権的側面から根拠づけようとするわけである。しかし、正当防衛は、侵害者と対抗者という市民間の私的な出来事ではなく、公的な性質を有するとともに[18]、「功利主義的な利益衡量に解消されるものではなく、国家権力から独立した個人と法秩序の関係における正義の在り方として理解されなければならない。」[19]のであり、正当防衛について論じるには、正義論と国家論からの検討が不可欠なのである。なぜなら、正当防衛においては、自分の法益に迫り来る他者からの侵害を自分で排除していいか、それとも、国家による法益保護に委ねるべきなのかという「個人と国家との権限の分配」の問題だからである。換言すれば、国家が個人に「正の確証」の権限を付与するのか、国家にその権限が認められるのかが問題となるのである。

　しかし、正義論から正当防衛を検討している文献はさほど多くない。したがって、以下では、可能な限り、正義論と正当防衛との関係を模索すること

---

(15)　高橋・前掲注(2)275頁参照。

(16)　とくに、橋爪隆『正当防衛論の基礎』（2007年、有斐閣）35頁以下（およびそこに挙げてある諸文献）参照。これに対して、正当防衛の違法阻却根拠を一元的に「法・権利の確証」に求め、「正の確証」の新たな構想を提示するのは、飯島・前掲注(1)67頁以下である。

(17)　たとえば、Engländer, in:Matt/Renzikowski, Strafgesetzbuch, Kommentar, 2013, Rn4, 22 §32, ders., Grund und Grenzen der Nothilfe, 2008, S. 38ff., 67ff.

(18)　Kaspar, „Rechtsbewährung" als Grundprizip der Notwehr?, Rechtswissenschaft, Heft1, 2013, S. 40ff., 51 参照。

(19)　高橋・前掲注(2)273頁参照。

にしたい。

　正当防衛の理論につき、「必要性の要素」[20]をめぐって、平和主義（無抵抗主義）理論とリバタリアン理論との対立があるとされている[21]。前者は、「必要性」を暴力を回避するための必要性と見なす。すなわち、自己保護の非暴力的な手段が対抗者にとって合理的に可能であれば、暴力の行使を回避する一般的な義務があるとする。これに対して、後者によれば、正当防衛は、個人の自律性を保護するために必要なものというわけである。

　まず、リバタリアニズムによれば、刑事法は「拡大された自己防衛の権利」と捉えられている。すなわち、「不法行為が被害者の正義を獲得するための実力行使を含むのに対して、刑事法は、将来の権利侵害の脅迫に対応するための実力行使を含んでいる。刑事法は、それ以外の人々が将来罪を犯さないよう抑止するための刑罰の行使には、付随的にしか関連しない。その主要な関心は、他者を害するという脅威を伝達した者から人々を守るための実力行使である。脅威が急迫のものであることを要求する伝統的な自己防衛の権利と同じように、拡大された自己防衛の権利は、十分に明白な脅威の伝達を要求する。我々は他人の意図を推測することは容認されない。彼らの言葉や行動の合理的な解釈に反応することだけが容認されるのである。」と[22]。リバタリアニズムの基本思想は刑罰廃止論であることから、事後的な措置として不法行為を、事前的な措置として刑事法をそれぞれ位置づけ、刑事法、正当防衛の拡大版ともいうべき制度として構想されるのであろう。このような考え方によれば、正当防衛に対して、一種の刑罰的な性質を付与することが可能となる。最小国家の構想からは、個人の防衛権は拡大されること至り得ることは容易に推測できよう。

---

(20)　アメリカ刑法における自己防衛（Self-Defence）の抗弁は、「必要性」の要素、「比例性」の要素、「相当な理由のある確信」の要素を含み、一般には、急迫性がある場合に「必要性」の要素を満たすとされている。この点については、ヨシュア・ドレスラー／星周一郎訳『アメリカ刑法』（2014年、レクシスネクシスジャパン）330頁参照。

(21)　Nourse, Self-Defense, in:Dubber/Hörnle（ed.）, The Oxford Handbook of Criminal Law, 2014, pp. 607-628, at 619-621参照。

(22)　ランディ・E・バーネット／嶋津格＝森村進監訳『自由の構造──正義・法の支配──』（2000年、木鐸社）225頁以下参照。

Ⅲ　正当防衛の権利性──「正の確証」と正義論・国家論──

　それでは、リベラリズムから正当防衛はどのように理解されるであろう
か。ロールズは、以下のように述べた。すなわち、「〈公正としての正義〉に
おいて、伝統的な社会契約説における〈自然状態〉に対応するものが、平等
な〈原初状態〉（original position）である。言うまでもなく、この原初形態
は、実際の歴史上の事態とか、ましてや文化の原始的な状態とかとして考案
されたものではない。ひとつの正義の構想にたどり着くべく特徴づけられ
た、純粋に仮説的な状況だと了解されている。この状況の本質的特徴のひと
つに、誰も社会における自分の境遇、階級上の地位や社会的身分について知
らないばかりでなく、もって生まれた資産や能力、知性、体力その他の分
配・分布においてどれほどの運・不運をこうむっているかについても知って
いないというものがある。さらに、契約当事者たち（parties）は各人の善の
構想やおのおのに特有の心理的的な性向も知らない、という前提も加えよ
う。正義の諸原理は〈無知のヴェール〉（veil of ignorance）に覆われた状態
のままで選択される。諸原理を選択するにあたって、自然本性的な偶然性や
社会情況による偶然性の違いが結果的にある人を有利にしたり不利にしたり
することがなくなる、という条件がこれによって確保される。全員が同じよ
うな状況におかれており、特定個人の状態を優遇する諸原理を誰も策定でき
ないがゆえに、正義の諸原理が公正な合意もしくは交渉の結果もたらされ
る。」と[23]。このような「無知のヴェール」の下で、侵害に対する防衛する
権利がどのように分配されるかは必ずしも明らかではない。たとえば、急迫
性要件を前提とするのか否か、あるいは、先制攻撃は正当化されないのかが
知りたい点である。これらの点につき、「無知のヴェール」に与える同意は、
契約論的なレンズを通して道徳的な問いを探求する方法でしかないが、た
だ、公正な道徳原理は、当事者が平等にリスクを共有する場合にのみ正当で
あり、公平であるとの評価もなされている[24]。しかし、少なくとも、もしも
緊急状況で侵害を受けたらそれに対抗する権利が認められなければ、公正と
はいえず、その意味で、急迫性要件は必要となるであろう。いずれにせよ、

---

(23)　Rawls, A Theory of Justice, 1999, p. 12［ジョン・ロールズ／川本隆史＝福間聡＝
　　神島裕子訳）『正義論［改訂版］』（2010年、紀伊國屋書店）18頁］参照。

リベラリズムから見た正当防衛権については、リバタリアニズムとは異なり、より縮小されたものと解することができるように思われる。

これに対して、前述した「平和主義理論」によれば、紛争をできるだけ回避するため、防衛行為として対抗は原則として回避され、例外的に対抗する場合にも、非暴力的な穏健な手段によって遂行するという帰結となろう。このような考え方は、コミュニタリアニズム（共同体論）に親和的といえるかもしれない[25]。他方、コミュニタリアニズムによれば、紛争は共同体内部で解決することが原則であるから、紛争解決のために必要であれば、正当防衛として厳しい対抗手段を遂行する可能性も否定されないとも考えられる。いずれにせよ、コミュニタリアニズムから見た正当防衛権については、リベラリズムと同様、リバタリアニズムとは異なり、より縮小されたものと解することができるように思われる。

以上、正義論から正当防衛権を概観したが、その理論的な連関は必ずしも明確でないものの、正当防衛が正義実現のための一つの制度であり、個人の権利と自由の問題であることは否定できない。3つの正義論も、この個人の権利と自由をどこまで保護するかの争いといえるのではなかろうか。その意味で、注目すべきは、ケーディッシュの主張した「権利アプローチ（侵害に対する抵抗する権利）」である。ケーディッシュは、以下のようにいう。すな

---

(24)　この問題につき、Ferzan, Self-Defense and the State, 5 Ohio St. J. Crim. L. 449 (2008) at 467［(紹介) 坂本学史「正当で合理的な根拠のある実体刑法体系のために：S．ケーディッシュ教授記念シンポジウムの紹介(1)」神戸学院法学39巻1号（2009年）65頁以下、82頁以下］参照。さらに、Ferzan, Self-Defense:Tell Me Moore, in:Ferzan/Morse（ed.), Legal, Moral, and Metaphysical Truths：The Philosphy of Michael S. Moore, 2016, pp. 219–232；Finkelstein, On the obligation of the state to extend a right of self-defense to its citizens, University of Pennsylvania Law Review, Vol. 147 Issue 6, 1999, pp. 1361–1403；Segev, Fairness, Resposibility and Self-Defense, Sanra Clara Law Review, Vol. 45, No. 2, 2005, pp. 383–460参照。

(25)　この点については、高橋則夫『対話による犯罪解決──修復的司法の展開──』（2007年、成文堂）93頁以下、105頁以下参照。さらに、Dagger, Republicanism and the Foundation of Criminal Law, in:Duff/Green（ed.), Philosophical Foundations of Criminal Law, 2011, pp. 44–66. 宿谷晃弘「共和主義政治理論・刑罰論の射程範囲──修復的正義とブレイスウェイト・ペティット──」比較法学（早稲田大学）40巻3号（2007年）17頁以下参照。

Ⅲ　正当防衛の権利性──「正の確証」と正義論・国家論──

わち、「この権利は、……すべての個人に、他者の致命的な脅威からの法的保護を受ける権利である。……個人は、国家の権威の確立によって、侵害に対して自己を保護する基本的自由を放棄しない。この自由は、ホッブス的であれ、ロック的であれ、ロールズ的であれ、国家の正当性理論により要求され、そしてそれは、個人の特権が放棄されるならば、従前よりも軽減されないより大きな侵害を保護するという代償をもたらす。致命的な侵害に対して致命的な力で抵抗する自由とそれを引き出す国家に対する道徳的権利、これを私は、侵害に抵抗する権利と称するのである。」と[26]。これによれば、正当防衛「権」は、市民が国家に対して保持する権利から生じるのであり、個人が国家に対して有する保護への道徳的な権利ということになる。

　それでは、なぜ国家が正当防衛という制度を設けているのであろうか。正当防衛が「個人と国家との権限の分配」の問題であり、さらに、「国家に対して個人が請求する、侵害に抵抗する権利」であることから、正当防衛権と国家論、および、正当防衛権の憲法上の根拠などが問題となる。この問題の一つの視点として、国家が市民に正当防衛権を付与する理由は何か、あるいは、逆に、かりに国家が市民に正当防衛権を保障しない場合、その国家はどういう国家であるのかという問いである。国家が市民に正当防衛権を保障しない場合、市民が侵害されることを国家は放置したことになり、それは、市民を保護するという国家の義務に違反することであり、そのような国家に正当性を認めることはできない。正当防衛権の保障があってはじめて国家の正当性が肯定されるのである。そして、正当防衛権の範囲は、国家の保護義務の範囲と表裏の関係となり、その点に、その国家の在り方が如実に現れるわけである。この点は、正当防衛権の範囲に関する、アメリカとわが国の差違を比較すれば容易に理解される。

　次に、正当防衛権の憲法上の根拠はどこに求められるのであろうか。この点につき、憲法13条を根拠とする見解がある[27]。しかし、これに対しては、

---

(26)　Kadish, Respect for Life and Regard for Rightsin the Criminal Law, 64Cal. L. Rev. 871（1976）at 884-885参照。

(27)　松宮孝明『刑法総論講義［第2版］』（1999年、成文堂）125頁参照。もっとも、同書3版以降、改説され（法確証の原理を支持）、憲法上の根拠についての叙述はない。

憲法13条によるだけでは間接的かつ一般的な根拠づけにとどまるという批判があるのみならず[28]、この見解は、正当防衛を個人権的に理解する考え方に至り得るように思われる。さらに、憲法12条前段に正当防衛権の憲法上の根拠を求める見解もある[29]。憲法12条前段は、以下のように規定する。すなわち、「この憲法が国民に保障する自由及び権利は、国民の不断の努力によつて、これを保持しなければならない。」と。この規定について、「自由・権利の保持の仕方について規定したものというべきである。すなわち、自由や権利を保持するのは第一次的に国民であって、政府や国家ではないこと、自由や権利について国家がパターナリスティクに国民の後見人になるのではなく、政府は主権者である国民の信託をうけて保持の任務に当たることを明らかにしたものなのである。それゆえ、国民の側から見れば、その義務や責任というより国民の権利・権限を規定したものというべきなのである。」と解するわけである[30]。この見解は、正当防衛権と国家論との連関を意識したものであると評価できるが、「保持しなければならない」のは、「この憲法が国民に保障する自由及び権利」であり、その自由・権利に正当防衛権が含まれるかどうかが問題であるから、正当防衛権の憲法上の権利を積極的に根拠づけてはいないであろう。

　一試論ではあるが、正当防衛権の憲法上の根拠は、個別的な人権規定にではなく、国家の基本権保護義務論に求められるように思われる。この理論は、犯罪被害者の人権などを根拠づけるために援用されているものであるが[31]、正当防衛者は、まずは侵害者による被害者であることを考慮すれば、同様の議論が可能であろう。保護義務論とは、人権の制約状況を、侵害者Ａ・被侵害者Ｂ・国家という３極関係として捉え、国家は被侵害者Ｂの人権を保護する義務を負い、その義務の履行のために侵害者Ａの行為を規制するという考え方である。それでは、なぜこのような保護義務が国家に賦課され

---

(28)　生田勝義「正当防衛に関する一考察」立命館法學271・272号上巻（2000年）676頁注(26)参照。
(29)　生田・前掲注(28)608頁以下参照。
(30)　生田・前掲注(28)669頁以下参照。
(31)　高橋則夫『修復的司法の探求』（2003年、成文堂）４頁参照。

るのか。それは市民に対する安全を保護するという任務を国家が負うからである。すなわち、国家が暴力装置を独占した結果、市民の安全は国家によって保護されなければならず、そうであれば、市民の生命、身体、財産などの法益が侵害された場合、あるいは、侵害されそうな場合には、それらの侵害を回復、予防しなければならないのである。侵害の原因としては、災害などの場合のみならず、犯罪の場合も含まれるのである。犯罪によって、市民が被害者となった場合には、被害者の受けた被害を救済し、加害者の行った加害に対して何らかの措置を行う。すなわち、被害者の人権を保護し、加害者の人権を制限するということになる。ここにおける「被害者」を「防衛者」に、「加害者」を「攻撃者」に置き換えて、国家が防衛者を保護できない緊急状況においては、防衛者は、国家に対して有する自己の自由・権利を要求し、侵害に抵抗する権利を有するという論理である。

　以上、正当防衛は、「個人と国家との権限の分配」の問題であり、「国家に対して個人が請求する、侵害に抵抗する権利」であり、正当防衛権の憲法上の根拠は、国家の基本権保護義務論に求められるという結論に至った。「正の確証」は、以上のような意味で理解されなければならず、「自己保護の原則」とともに、正当防衛の違法阻却根拠を形成する。そして、「急迫性」の存否が正当防衛権の入口要件であることから、正当防衛における「権利性と急迫性との連関」が重要な問題となるわけである[32]。

Ⅳ　「急迫性」の判断構造──最高裁平成29年決定をめぐって──

　以上のような、正当防衛の規範論的構造から、本決定について若干の検討を加えることにしたい[33]。

　正当防衛の要件は、「急迫不正の侵害」という正当防衛「状況」の要件と、これに対する正当防衛「行為」の要件（防衛の意思、反撃行為、防衛行為の相

───────────

(32)　この意味で、基本的に、権利濫用説が支持されるべきであるが（たとえば、吉田宣之『違法性の本質と行為無価値論』（1992年、成文堂）76頁以下、小林憲太郎「自招防衛と権利濫用説」研修716号〈2008年〉3頁以下参照）、その権利性の分析がこれまで十分ではなかったように思われる。

当性）とに分けられる。前者は、正当防衛成立のための入口であり、これが存しなければ、防衛行為が正当防衛として正当化されることはない。

　内ゲバ事件（最（一小）決昭和52・7・21刑集31巻4号747頁＝以下「最高裁昭和52年決定」と略す）以来、判例は、「急迫性」を3段階構造として理解してきた。すなわち、第1に、客観的な急迫不正侵害の存在であり、第2に、侵害の予期の有無であり、第3に、侵害の予期の存在＋積極的加害意思の有無がこれである。急迫性が否定されるのは、第3段階、すなわち、侵害に対する十分な予期があった上、積極的加害意思があった場合である。その後、ラリアット事件（最（二小）決平成20・5・20刑集62巻6号1786頁＝以下「最高裁平成20年決定」と略す）においては、自招侵害の事案が問題となり、その際の考慮要素として、自招行為と侵害行為の一体性、不正な自招性、ソフトな均衡性が挙げられ、結論として、「正当防衛状況における行為とはいえない」と判示された。最高裁平成20年決定の理解について、正当防衛の個々の成立要件に関連させず、正当防衛状況という大きな枠組みを示したという評価がなされているが、私見によれば、最高裁平成20年決定は、急迫性の存否を客観的な事情から判断し、「積極的加害意思」による判断類型とは別の新たな類型を付与したものと評価できる[34]。すなわち、積極的加害意思論による解決が相応しい類型（侵害予期類型）と、自招行為と侵害行為の関係を中核とする客観的事情（自招侵害論）による解決が相応しい類型（自招侵害類型）とがこれである。

　このような状況において、本決定は、きわめて重要な判示を行ったと評価

---

(33)　本件の評釈として、是木誠「判批」警察学論集70巻8号（2017年）184頁、中尾佳久「判批」ジュリスト1510号（2017年）107頁、照沼亮介「判批」法学教室445号（2017年）48頁、波床昌則「判批」刑事法ジャーナル54号（2017年）148頁、前田雅英「判批」捜査研究66巻7号（2017年）14頁、小林憲太郎「判批」判例時報2336号（2017年）142頁、門田成人「判批」法学セミナー750号（2017年）109頁、成瀬幸典「判批」法学教室444号（2017年）158頁、菅原健志「判批」警察公論73巻2号（2018年）88頁、木崎峻輔「判批」筑波法政74号（2018年）41頁、大谷實「判批」判例時報2357＝2358号（2018年）6頁、大塚裕史「判批」同号13頁、佐伯仁志「判批」同号19頁、坂下陽輔「判批」判例評論711号（判時2362号）（2018年）169頁参照。さらに、高橋則夫「『急迫性』の判断構造」研修837号（2018年）3頁以下参照。

(34)　高橋・前掲注(2)300頁参照。

できるであろう。本決定の事実は以下のとおりである。

　甲（被告人）は、知人であるA（当時40歳）から、平成26年6月2日午後4時30分頃、不在中の自宅（マンション6階）の玄関扉を消火器で何度もたたかれ、その頃から同月3日午前3時頃までの間、10数回にわたり電話で、「今から行ったるから待っとけ。けじめとったるから。」と怒鳴られたり、仲間と共に攻撃を加えると言われたりするなど、身に覚えのない因縁を付けられ、立腹していた。甲は、自宅にいたところ、同日午前4時2分頃、Aから、マンションの前に来ているから降りて来るようにと電話で呼び出されて、自宅にあった包丁（刃体の長さ約13.8cm）にタオルを巻き、それをズボンの腰部右後ろに差し挟んで、自宅マンション前の路上に赴いた。甲を見付けたAがハンマーを持って甲の方に駆け寄って来たが、甲は、Aに包丁を示すなどの威嚇的行動を取ることなく、歩いてAに近づき、ハンマーで殴りかかって来たAの攻撃を、腕を出し腰を引くなどして防ぎながら、包丁を取り出すと、殺意をもって、Aの左側胸部を包丁で1回強く突き刺して殺害した。

　以上の事実における甲の行為につき、第1審と第2審は、ともに正当防衛および過剰防衛の成立を否定し、最高裁もこれを維持し、正当防衛および過剰防衛の成否について、職権で以下のように判示した。すなわち、「刑法36条は、急迫不正の侵害という緊急状況の下で公的機関による法的保護を求めることが期待できないときに、侵害を排除するための私人による対抗行為を例外的に許容したものである。したがって、行為者が侵害を予期した上で対抗行為に及んだ場合、侵害の急迫性の要件については、侵害を予期していたことから、直ちにこれが失われると解すべきではなく（最高裁昭和45年（あ）第2563号同46年11月16日第三小法廷判決・刑集25巻8号996頁参照）、対抗行為に先行する事情を含めた行為全般の状況に照らして検討すべきである。具体的には、事案に応じ、行為者と相手方との従前の関係、予期された侵害の内容、侵害の予期の程度、侵害回避の容易性、侵害場所に出向く必要性、侵害場所にとどまる相当性、対抗行為の準備の状況（特に、凶器の準備の有無や準備した凶器の性状等）、実際の侵害行為の内容と予期された侵害との異同、行為者が侵害に臨んだ状況及びその際の意思内容等を考慮し、行為者がその機会を利用し積極的に相手方に対して加害行為をする意思で侵害に臨ん

だとき（最高裁昭和51年（あ）第671号同52年7月21日第一小法廷決定・刑集31巻4号747頁参照）など，前記のような刑法36条の趣旨に照らし許容されるものとはいえない場合には，侵害の急迫性の要件を充たさないものというべきである。」「被告人は，Aの呼出しに応じて現場に赴けば，Aから凶器を用いるなどした暴行を加えられることを十分予期していながら，Aの呼出しに応じる必要がなく，自宅にとどまって警察の援助を受けることが容易であったにもかかわらず，包丁を準備した上，Aの待つ場所に出向き，Aがハンマーで攻撃してくるや，包丁を示すなどの威嚇的行動を取ることもしないままAに近づき，Aの左側胸部を強く刺突したものと認められる。このような先行事情を含めた本件行為全般の状況に照らすと，被告人の本件行為は，刑法36条の趣旨に照らし許容されるものとは認められず，侵害の急迫性の要件を充たさないものというべきである。」と。

　本決定の特徴点をいくつか列挙すると以下のようになろう。

　第1に，最高裁平成20年決定とは異なり，「正当防衛状況」という用語を使用せず，「急迫性の要件を充たさない」という判示をした。

　第2に，1審と2審が積極的加害意思の有無という最高裁昭和52年決定の枠組みで急迫性要件を判断したのに対して，下記の第3および第4を判断枠組みとして急迫性要件を判断し，積極的加害意思の有無を急迫性否定の一つの類型として位置づけた。すなわち，それは，「行為者がその機会を利用し積極的に相手方に対して加害行為をする意思で侵害に臨んだとき……など」という文面に表現されている。

　第3に，侵害の予期の場合につき，「対抗行為に先行する事情を含めた行為全般の状況に照らして検討すべき」という一般論が提示されている。

　第4に，第3の一般論の具体的な考慮要素として，「行為者と相手方との従前の関係，予期された侵害の内容，侵害の予期の程度，侵害回避の容易性，侵害場所に出向く必要性，侵害場所にとどまる相当性，対抗行為の準備の状況（特に，凶器の準備の有無や準備した凶器の性状等），実際の侵害行為の内容と予期された侵害との異同，行為者が侵害に臨んだ状況及びその際の意思内容等」という9つの考慮要素が提示されている。

　第5に，刑法36条の趣旨につき，「急迫不正の侵害という緊急状況の下で

公的機関による法的保護を求めることが期待できないときに，侵害を排除するための私人による対抗行為を例外的に許容したもの」と明言されている。

　以上の特徴点について、順に検討していくことにしたい。

　第1につき、最高裁平成20年決定における「正当防衛状況」とは何かが問題となる。これについては、さいたま地判平成29・1・11判時2340号120頁が参考になろう。本判決は、自招侵害の事案で、最高裁平成20年決定の3つの考慮要素をあてはめて正当防衛の成立を肯定したものであるが（自招行為と侵害行為の一体性、不正な自招性は肯定されたが、ソフトな均衡性が否定され、さらに、相手方の自招性も考慮した）、結論として、「正当防衛状況（急迫不正の侵害）の下における行為であることが否定されるものではない……」と判示した。これによれば、正当防衛状況とは、「急迫不正の侵害」のことであり、急迫性要件それ自体とは異なるという理解も可能であろう。この点で、本決定の第1審判決が、最高裁平成20年決定の表現に従って、「被告人には本件攻撃に出ることが正当化される状況にはなかった」と判示したことの意味が問われなければならない。この点については、積極的加害意思を認めるのが困難であるとの心証を抱いているのではないかという指摘もある[35]。いずれにせよ、最高裁は、自招侵害の類型については「正当防衛状況」の有無を問題とし、侵害予期の類型については「急迫性」の有無を問題としていると思われる。しかし、私見によれば、前者も正当防衛の入口要件である「急迫性」に統合される。なぜなら、「正当防衛状況」は、「急迫性」を判断する際の（裁判員のための）説明の道具にすぎず、さらに、「急迫性」には規範論的な意味（ルール性）があるが、「正当防衛状況」にはそれはなく、正当防衛の個々の成立要件（急迫・不正・侵害）を包括した枠組みにすぎないからである。

　第2につき、本決定によれば、積極的加害意思が存在することは、急迫性を否定する一つの場合であると位置づけられた。したがって、積極的加害意

---

(35)　波床・前掲注(33)153頁注(7)参照。なお、同153頁注(7)および注(8)において、積極的加害意思が認められる時点につき、1審が「被告人が本件現場に赴いた時点」としているのに対して、2審は「被告人が自宅を出る時点」としていることを指摘し、それぞれ積極的加害意思を推認するのは困難であったのではないかと結論づけている。

思が存しない場合でも、9つの考慮要素から急迫性が否定される場合があり得ることとなり、まさに本件の事案がそれに当たるわけである。たしかに、積極的加害意思の有無が例示の代表格として挙げられていることから、この点は、これまでと大きく変わるものではないともいえよう。しかし、侵害予期類型に関する急迫性否定の上位基準が変更されたわけであるから、実質的には判例変更されたと評価することも可能であろう[36]。

　第3につき、侵害予期の類型についての判断基準として、「対抗行為に先行する事情を含めた行為全般の状況」か否かは、本件のような「出向き型」のみならず、「待ち受け型」にも妥当するかが問題となる。この点につき、考慮要素の一つとして「侵害場所にとどまる相当性」が挙げられていることを理由に、「待ち受け型」も含まれると解されている[37]。この2つの類型化は、実務的にはきわめて有効な指針といえるだろう。しかし、前述のように、正当防衛においては、防衛行為者と国家との関係の問題が重要であり、国家が個人に認めた「侵害に抵抗する権利」としての正当防衛権を行使することが許されるか否かという許容規範の発動の有無によって判断されるべきである。したがって、この2つの類型化は権利行使の許容性を判断する際の形式的な指針にすぎず、急迫性の存否は、「対抗行為に先行する事情を含めた行為全般の状況」を考慮して実質的に判断されるべきであろう。

　第4につき、本判決が列挙した、①行為者と相手方との従前の関係、②予期された侵害の内容、③侵害の予期の程度、④侵害回避の容易性、⑤侵害場所に出向く必要性、⑥侵害場所にとどまる相当性、⑦対抗行為の準備の状況（特に、凶器の準備の有無や準備した凶器の性状等）、⑧実際の侵害行為の内容と予期された侵害との異同、⑨行為者が侵害に臨んだ状況及びその際の意思内容という考慮要素がそれぞれ検討されなければならない。最高裁昭和52年決定においては、「客観的な急迫性の存在＋侵害の十分な予期＋積極的加害意思」という3段階で判断されていたのが、9つの考慮要素に変更されてお

---

(36)　なお、最高裁昭和52年決定以降、積極的加害意思の存否を直接に問題とせずに、対抗行為の状況を総合的に判断して検討する裁判例もみられた。たとえば、大阪高判昭和56・1・20判タ441号152頁、東京高判昭和60・8・20判時1183号163頁など参照。

(37)　波床・前掲注(33)155頁参照。

り、「事案に応じ」て、これらのうちのいくつかの考慮要素が選択されて判断されることになろう[38]。これらの考慮要素のうち、⑨について、対抗行為には先行するが、不正の侵害には後行する事情を考慮する点に対する批判もある[39]。かりに、防衛行為の必要性あるいは防衛意思の判断が先取りされているとすれば、正当防衛の入口要件である「急迫性」の判断の枠組みを超え、まさに「正当防衛を肯定できるか」という全体的考察に至り得ることになろう。この点で、侵害の予期と急迫性の問題は、「予期された不正な侵害の排除を、被侵害者の管轄事項・所轄事項と認めることの可否」と捉え、「被侵害者にとっての緊急状況性の高低」と「緊急状況の創出に関する被侵害者の帰責性の大小」を総合的に考慮して、規範的観点から判断されるべきとする見解が注目に値する[40]。たしかに、本決定が列挙した９つの考慮要素は、この２つの視点に収斂されるかもしれない。しかし、この「被侵害者の管轄事項・所轄事項」か否かは、前述したように、「個人と国家との権限の分配」の問題であり、したがって、「国家の管轄事項・所轄事項」との連関によって判断されるべきであろう。

　第５につき、正当防衛制度の趣旨につき、正当防衛が例外的許容であることの意味、「緊急状況の下で公的機関による法的保護を求めることが期待できない」ことの意味がそれぞれ問われなければならない。これらの意味内容は、前述のように、正当防衛権が「国家に対して個人が請求する、侵害に抵抗する権利」であり、その権利行使が許容されるか否かという許容規範の発動の有無によって判断されなければならないのである。

Ⅴ　おわりに

　以上、正当防衛の「権利性」という視点から、本決定における「急迫性」の判断について若干の検討を加えた。前述のように、「急迫性」の要件は、正当防衛の入口要件であり、対抗者の行為が防衛行為と評価できるか否かと

---

(38)　中尾・前掲注(33)109頁参照。
(39)　小林・前掲注(33)144頁参照。
(40)　成瀬・前掲注(33)158頁参照。

いう「許容規範の発動条件」の第1段階に位置する。そして、正当防衛の成立要件を検討するためには、正当防衛「権」が「侵害に抵抗する権利」であることから、その「権利」の性質は何かという問題意識から出発しなければならないだろう。本決定が掲げた9つの考慮要素も、正当防衛「権」を行使する前提である「急迫性」を判断する際の下位基準と位置づけることができるのであり、これらの考慮要素から正当防衛「権」の行使が許容できるのか、それとも、正当防衛「権」の濫用として許容できないのかという許容規範の発動の有無によって判断されることになろう。いずれにせよ、正当防衛の「権利性」の内容を確定するためには、正義論や国家論にまで考察の対象を拡大する必要があり、その意味で、正当防衛のみならず、刑法学全体についても、正義論や国家論から考察している英米刑法の動向は注目に値すると評価でき、さらなる研究の余地が残されているように思われる。

（たかはし・のりお）

正当防衛の急迫性判断と主観的違法要素

前 田 雅 英

Ⅰ　は じ め に
Ⅱ　「積極加害意思論」と平成29年判例
Ⅲ　「判例理論」としての積極的加害意思論の実像
Ⅳ　主観的事情と客観的事情——防衛のためと急迫性——
Ⅴ　正当防衛の実質的法益衡量と回避義務

Ⅰ　は じ め に

　日髙義博博士は、「最高裁昭和52年7月21日決定は、『同条（刑法36条）が侵害の急迫性を要件としている趣旨から考えて、単に予期された侵害を避けなかったというにとどまらず、その機会を利用し積極的に相手に対して加害行為をする意思で侵害に臨んだときは、もはや侵害の急迫性の要件を充たさないものと解するのが相当である』との判断を示している。これは、いわゆる積極的加害意思がある場合には、急迫性の要件を欠くという見解を示したものである。この場合、防衛意思必要説によれば、積極的加害意思がある場合には、防衛意思を欠くという説明になろう。もっとも、判例は、後述するように、防衛意思の内容を形骸化し、防衛状況の認識があればよいとしていることから、積極的加害意思を防衛意思の要件で処理するのは困難である。そこで、積極的加害意思を急迫性の要件で処理したものと思われる。しかし、そうであれば、むしろ防衛意思不要説に移行し、急迫性の要件については、行為時の行為状況を判断材料に組み込んで客観的に判断するという方法（私見）を採るべきであろう」と主張された（日髙義博『刑法総論』〈2015年、成文堂〉233頁）。

　跛行的結果反価値論の立場から、「一定の主観的違法要素を認めつつも、出来る限り限定すべきであり、防衛の意思等も「客観化」すべきであるとさ

れたといえよう（日高義博『違法性の基礎理論』〈2005年、イウス出版〉63頁。
なお、前田雅英『刑法総論講義［第6版］』〈2015年、東京大学出版会〉257頁参照）。

　そのような中で、ごく最近の判例は、主観的違法要素に関して興味深い動
きを示している。最大判平成29・11・29刑集71巻9号467頁が、「主観的違法
要素を重視したもの」と解されてきた最（一小）判昭和45年1月29日刑集24
巻1号1頁の主観的違法要素を50年ぶりに変更した[1]。そして、最（二小）
決平成29・4・26刑集71巻4号275頁が、正当防衛の急迫性に関する最（一
小）決昭和52・7・21刑集31巻4号747頁を、実質的に修正した。必ずしも
明示的ではないが、「急迫性判断において、積極加害『意思』を重視しすぎ
る下級審の判断を修正した」と解しうる判示を行っている。後者の正当防衛
の急迫性に着目して、違法性判断における主観的事情の意味を検討したい。

II　「積極加害意思論」と平成29年判例

1　最決平成29年4月26日

　最（二小）決平成29年4月26日は「刑法36条は，急迫不正の侵害という緊
急状況の下で公的機関による法的保護を求めることが期待できないときに，
侵害を排除するための私人による対抗行為を例外的に許容したものである。」
とした上で、「侵害の急迫性の要件については，侵害を予期していたことか
ら，直ちにこれが失われると解すべきではなく，対抗行為に先行する事情を
含めた行為全般の状況に照らして検討すべきである。具体的には，事案に応
じ，行為者と相手方との従前の関係，予期された侵害の内容，侵害の予期の
程度，侵害回避の容易性，侵害場所に出向く必要性，侵害場所にとどまる相
当性，対抗行為の準備の状況（特に，凶器の準備の有無や準備した凶器の性状
等），実際の侵害行為の内容と予期された侵害との異同，行為者が侵害に臨
んだ状況及びその際の意思内容等を考慮し，行為者がその機会を利用し積極

（1）　ただ、最大判平成29年11月29日も、わいせつ傾向を一切不要としたのではなく、行
　　為の性的性質が不明確な場合には具体的事実関係に基づいて判断せざるを得ず、具体的
　　な事情の一つとして行為者の目的等の主観的事情を判断要素として考慮すべき場合があ
　　り得るとしていることに注意を要する。

的に相手方に対して加害行為をする意思で侵害に臨んだとき（最一小決昭和52年７月21日刑集31巻４号747頁参照）など，前記のような刑法36条の趣旨に照らし許容されるものとはいえない場合には，侵害の急迫性の要件を充たさないものというべきである。」と判示した[2]。

本決定は、事案の具体的判断においては、１審判決及び原判決と同様、侵害の急迫性の要件を充たさないと判断している。しかし１審・原審と異なり、昭和52年判例で示された積極的加害意思論に依拠することなく，客観的な諸事情を総合考慮して侵害の急迫性の要件を充たさないと判断したのである。

一見すると、従来の「積極加害意図を中心に急迫性を判断する基準」を維持したようにも見えるが、①「刑法36条は，急迫不正の侵害という緊急状況の下で公的機関による法的保護を求めることが期待できないときに，侵害を排除するための私人による対抗行為を例外的に許容したものである」という正当防衛理解を明示し、②客観的要件を詳細に列挙し、③加害行為をする意思で侵害に臨んだときは、一例に過ぎないとしているようにも見える点など、これまでの急迫性の判断、さらには正当防衛解釈を変えようとする面が見られる。

（２）（1）事案は、被告人（当時46歳）が、①何度も電話で口論をしていた被害者（当時40歳）から電話で呼び出され、刃体の長さ約14cmの包丁を持って被害者宅前路上に行き、ハンマーで攻撃してきた被害者の左側胸部を、殺意をもって包丁で１回突き刺して殺害したという事案で、１審判決及び原判決は、刑法36条の「急迫性」の要件に関し、「その機会を利用し積極的に相手に対して加害行為をする意思で侵害に臨んだときは，もはや侵害の急迫性の要件を充たさない」という最決昭和52・７・21の積極的加害意思論により，正当防衛及び過剰防衛の成立を否定した。

これに対し、第二小法廷は、「Aの呼出しに応じて現場に赴けば，Aから凶器を用いるなどした暴行を加えられることを十分予期していながら，Aの呼出しに応じる必要がなく，自宅にとどまって警察の援助を受けることが容易であったにもかかわらず，包丁を準備した上，Aの待つ場所に出向き，Aがハンマーで攻撃してくるや，包丁を示すなどの威嚇的行動を取ることもしないままAに近づき，Aの左側胸部を強く刺突したものと認められる。このような先行事情を含めた本件行為全般の状況に照らすと、被告人の本件行為は，刑法36条の趣旨に照らし許容されるものとは認められず，侵害の急迫性の要件を充たさないものというべきである」と判示したのである。

2 解釈基準の明確化

その点は、判例タイムズの本決定に関するコメント（判タ1439号80頁）に非常に分かりやすくまとめられている。コメントの実質を、筆者なりに整理すると、本決定の急迫性の解釈を、Ⅰ　基準の明確化、Ⅱ　要件の客観化、Ⅲ　要件の普遍化　の三つの流れの中に位置づけるべきように思われる。

基準の明確化の流れとは、裁判員裁判制度の導入以来、過度に緻密で複雑な正当防衛解釈を避けるべきであるというものである。すなわち、(1)裁判員裁判制度が導入されたが、判例理論である積極的加害意思論は，裁判員に理解してもらうにはかなり困難なほど複雑な内容である。そこで、(2)「正当防衛が認められるような状況にあったか否か」（正当防衛状況性）という大きな判断対象を提示してはどうかとの提言がなされた（佐伯仁志＝酒巻匡＝村瀬均＝河本雅也＝三村三緒＝駒田秀和『難解な法律概念と裁判員裁判』〔司法研究報告書61輯1号〕〈2009年、法曹会〉19頁～21頁、24頁～28頁、最（二小）決平成20・5・20刑集62巻6号1786頁参照）。しかし、(3)「正当防衛状況性というざっくりとした説明」だけでは，裁判員が本質的なところを理解して意見を述べられるかという疑問も、実務家から生じて来ている（大塚仁ほか編『大コンメンタール刑法〔第3版〕第2巻』528頁〔堀籠幸男＝中山隆夫〕）。そして、(4)裁判員制度導入後の下級審は，争点整理や裁判員への判断対象の提示につき工夫を図ろうとしてきているが，当事者と裁判員に対して当該事案でどのような要素を検討すべきか明確にしないまま正当防衛状況性に関する審理・評議を進めても，なかなかうまくいかない。そこで、本決定で「検討すべき要素」を示したとするのである。

3 要件の客観化と一般化

裁判員裁判の導入当時から、(1)主観的要件を間接事実の積み重ねによって認定するという判断手法は裁判員にとって困難ではないかという危惧はあった。そこで，故意のような不可欠な主観的要素を除き，主観的要件は限定すべきであるという議論が生じてくる。そして、(2)主観的要件を認定する際に用いる間接事実が「実質的な要件」を示しているのであれば，端的にそれを要件化すべきであるとの主張もなされた（佐伯仁志「裁判員裁判と刑法の難解

概念」法曹時報61巻8号〈2009年〉21頁）。

　一方、前述の判例タイムズ誌のコメントによれば、⑶積極的加害意思論が判例理論とされるようになり、下級審に広く適用されるようになると，意思の有無による判別に馴染まない事例まで積極的加害意思論に引き付けた争点整理が行われるという問題が生じ、⑷「積極的加害意思が認められなければ侵害の急迫性は否定されない」との誤解も散見されるようになり、それを是正すべきであるとの要請が生じてきたとするのである。

　そして、平成29年決定は、急迫性の判断基準を明確化・客観化することに加え、積極加害意思事例に限らず、侵害を予期した上で対抗行為に及んだ場合等の「急迫性判断が困難な事案」（たとえば、最（二小）決平成20・5・20刑集62巻7号1786頁参照）にも適用可能なものとするよう、基準を一般化しようとした。そこで、⑴対抗（防衛）行為に先行する事情を含めた行為全般の状況から，刑法36条の趣旨に照らし許容されるものといえるかどうかで決すべきだとし、⑵積極的加害意思論は，その判断枠組み内の一類型に過ぎず、それが認められない場合でも侵害の急迫性が否定されることがあり得るとした。そして、⑶2で述べたように、考慮要素を具体的に掲げ，事案に応じて、争点整理や裁判員との評議が行われる際の視点となるべき事情を示し、下級審において，侵害の急迫性を判断するための重要な考慮要素を示したのである。

　この考慮要素を整理し直すと、①行為者と相手方との従前の関係、②予期された侵害の内、侵害の予期の程度、③侵害回避の容易性、④侵害場所に出向く必要性、侵害場所にとどまる相当性、⑤対抗行為の準備の状況、⑥実際の侵害行為の内容と予期された侵害との異同、⑦行為者が侵害に臨んだ状況及びその際の意思内容などが挙げられ、これらを総合的に考量して判断すべきだとしたのである。そしてここに、日本の正当防衛解釈の最も特徴的な部分が顕在化しているのである。

Ⅲ 「判例理論」としての積極的加害意思論の実像

1 最決昭和52・7・21の再検討

　約50年間にわたって実務を支配してきた、「急迫性の要件に関する判例理論である積極的加害意思論」はどのようにして確立したのであろうか。現在の判例の正当防衛論の変化を理解する上でも、本理論を確立したとされる最決昭和52・7・21をもう一度見直しておく必要がある。同決定は、単に具体的な事案についての正当防衛の成否の判断を示すに止まらず、それまで急迫性が問題となる類型であり、様々な理論的説明がなされてきた「喧嘩と正当防衛」の問題処理を、根本から捉え直すことを目指したもので、非常に意欲的な判示が含まれていたのである。この昭和52年7月21日決定を担当された香城敏麿判事（調査官）の詳細な解説を素材に分析を加える[3]。なお、香城敏麿判事は、52年判例から14年後に「正当防衛と急迫性」と題する論文[4]において、急迫性の存否の判別について、精緻な分析を加えている。

　そこでは、急迫性が否定される場合を、Ⅰ　侵害の時期からみて急迫性が認められない場合（過去・未来の侵害の排除）、Ⅱ　相手の侵害を事前に避けることができたのに、積極的加害をする意思で敢えて相手の侵害に臨み、加害行為に出た場合、Ⅲ　侵害の性質からみて急迫性が認められない場合（債務不履行のような事案）にまとめる。ただ、当時は、Ⅱの類型が主たる検討対象であり、喧嘩闘争の事例が念頭におかれていた。

　そして、具体例として①侵害を予期し、積極的加害をする意思で相手方に出向いて加害行為をした場合、②侵害を予期し、その機会を利用し相手に積極的加害をする意思で侵害を待ち受けて加害行為をした場合、③自制をすれば侵害を招かなかったのに、積極的加害をする意思で、相手の挑発に乗り、又は相手を挑発して侵害を招き、相手に加害行為をした場合が挙げられ、これらの場合は積極的加害の意思があったために行為者が敢えてこれを受け入

（3）　香城敏麿「刑法36条における侵害の急迫性」『最高裁判所判例解説刑事篇　昭和52年度』235頁以下（以下「香城『判解』」と略す）。事案についても同論文参照。
（4）急迫性について詳論した香城敏麿「正当防衛における急迫性」判例タイムズ768号（1991年）28頁以下も参照する。

れた結果であるから、行為者にその結果を甘受させるべきだとされた。急迫性に関し、「甘受させるべき」という規範的概念が用いられていることに、注目すべきである。そして、③の事案も積極的加害意思がなければ挑発に乗り（挑発する）ことがなく、侵害を受けることもなかったのだから、防衛ではなく、積極的侵害であるとされたのである。①②③共通に、積極的加害意思の存否が、急迫性の有無にとって決定的だという考え方が、実務に定着していく。

2　侵害の予見は回避義務を導かないのか

　刑法36条の急迫とは、法益の侵害が現に存在しているか、または間近に押し迫っていることを意味する（最（三小）判昭和46・11・16刑集25巻8号996頁）。通常、急迫の侵害とは予期せぬ不意の攻撃を意味するが、攻撃をあらかじめ予期しておりその通りの侵害が発生したため防衛行為を行った場合も正当防衛となりうる（最判昭46・11・16）[5]。

　そして、52年判例は、「刑法36条が正当防衛について侵害の急迫性を要件としているのは、予期された侵害を避けるべき義務を課する趣旨ではないから、『当然又はほとんど確実に侵害が予期されたとしても』、そのことからただちに侵害の急迫性が失われるわけではないと解するのが相当」であるとした[6]。

　ただ、侵害を予見しただけでは回避義務が生じないとしても、行為（防衛）

（5）　最（三小）判昭46・11・16は、以前からいざこざのあったAのところに訪ねたところ、Aからいきなり手挙で殴打され、さらに立ち向かってきたので、八畳間の障子まであとずさりし、その際同障子の鴨居の上に隠してあったくり小刀のことを思い出し、とっさに当該くり小刀を取り出して殴りかかってきたAの左胸部を突き刺しAを死亡させ事案で、その侵害があらかじめ予期されていたものであるとしても、そのことからただちに急迫性を失うものと解すべきではないとした。

（6）　52年判例の判例解説は、「侵害を予期しながらこれを回避しなかった場合、侵害の急迫性を欠くとして正当防衛を否定するとなると、被侵害者に関し、権利侵害を受けている状況を斟酌せずに回避義務の不履行のみを責めることになり、あまりにも均衡を失し、権利侵害に対抗する防衛行為を権利として許容しようとする正当防衛制度の歴史的起源にも沿わないこととなる」とする。具体的には、逮捕しようとする警察官の正当防衛が否定されることになり、極めて不当だとしたのである（前掲・香城『判解』241頁）。

者に積極的加害意思が認定できれば、攻撃を甘受しなければならず、反撃を回避する義務があるとするのである。

3 積極的加害意思事案の分類

判例の積極的加害意思論とは、「単に予期された侵害を避けなかったというにとどまらず、その機会を利用し積極的に相手に対して加害行為をする意思で侵害に臨んだときは、もはや侵害の急迫性の要件を充たさない」とするものである。

そして、この「積極加害意思で侵害に臨む場合」は、それまで「喧嘩は正当防衛に当たらない」とされてきた事例群を意識したものであった[7]。最決昭和52年は、正当防衛性が否定される喧嘩の事案は、「急迫性が欠ける」とすべきだとしたのである。

香城判事は、対象となる事例群を、攻撃の意思及び行為の積極性の強さの視点から四つの類型に分ける（前掲・香城『判解』243頁）。①侵害を予期し、その機会に積極的に相手に対して加害行為をする意思で侵害に臨み、機先を制して相手に攻撃を開始した場合、② ①と同様に侵害に臨み、相手と同時に攻撃を開始した場合、③ ①②と同様に侵害に臨み、相手から先に攻撃を加えられてこれに反撃をした場合と、④相手の侵害を予期し、防衛のために何らかの準備をし、相手からの攻撃に対し反撃をした場合である。

しかし、実質的には四分類ではなく、急迫性が必ず否定される①〜③と、否定されるとは限らない④との、二分類なのである。①②③は同様に急迫性を否定すべき事案であり、三者の事情の差は、共通する「加害意思」が認定できれば、結論に影響しないとする。別の角度から見ると、①②が正当防衛に当たらないのは明らかで、③も①②と同様に評価しうるので、急迫性を欠き正当防衛となるとするのである[8]。そして、昭和52年決定の事案がまさに

（7） それまで、㋐闘争者双方が攻撃及び防禦を繰り返す一団の連続的闘争行為であることを根拠に、刑法36条の要件のいずれと関連するかを明らかにすることなく正当防衛には該当しないとされ、あるいは、㋑闘争の全般からみてその行為が法律秩序に反するものであり正当防衛とはならないとされた。㋒当初から暴行を加える意思で闘争に臨んでその意思を実現したのであるから正当防衛ではないともされていた（前掲・香城『判解』242頁）。

③なのであった。

　それに対し、④は急迫性が欠ける類型ではないことに注意を要する。急迫性が認定できる場合も含まれているのである。すなわち、積極加害意思が認定できない場合は、挑発の有無や、予期・準備の程度、その他の事情（因子）を総合考慮して、急迫性の有無を判断することを予定していた[9]。実は、実際に問題となる急迫性の有無の限界線は、この類型の中にあると言っても過言ではない。最決平成29年４月26日もこの類型の一例といえよう。

4　何故積極加害類型には急迫性が欠けるのか
──防衛行為の違法性と急迫性──

　最高裁は、急迫性の有無がやや微妙な③も、誰もが急迫性を欠くと考える①の事例と「同視」できるから、急迫性を欠くと説明しているといってよい。①〜③の類型が、同様に急迫性が欠如する理由は、「本人の加害行為は、その意思が相手からの侵害の予期に触発されて生じたものである点を除くと、通常の暴行、傷害、殺人などの加害行為とすこしも異なるところはない」からであると説明される（前掲・香城『判解』247頁）。①〜③の事例で「相手の侵害」に急迫性を認めえないのは、本人の攻撃が「違法」なので、相手の侵害との関係で特に法的保護を受けるべき立場にはなかったからであるとするのである（前掲・香城『判解』247〜248頁）。そして、本人の「加害意思が後から生じたこと」は、その行為の違法性を失わせる理由となるものではないから、加害行為は、「違法」であるというほかはないとするのである[10]。

　ただ、同じく積極加害意思をもって犯行（反撃行為）を行った場合でも、加害意思が、相手の攻撃やその予見と無関係に「前から」存在していた場合と「加害意思が後から生じた場合」「加害意思が相手の行為に触発されて生じた場合」で、その評価は異なりうる。最高裁は、その「差」は、急迫性の

（8）　判例解説は、予期された侵害の機会を利用して積極的に相手に対し加害行為をする意思で侵害に臨んだ①②③は、相手に対する行為を防衛行為とは認めないという立場であり、本最高裁決定は、この立場を急迫性の要件の点から総括したものと説明する。
（9）　もっとも、挑発行為があれば急迫性が欠けるとの記述も見える（前掲・香城『判解』248頁）。ただ、その際には「積極加害的事情」の認定が前提とされていたとも考えられる。

有無の判断においては無視できる程度だと判断したのである。しかし、両場合は、「相手の侵害を予見し準備した反撃行為の正当防衛性の判断」においては、異なった結論を導きうるのである。

5　反撃行為の違法性と急迫性

昭和52年決定は、「本人の攻撃が違法なので、「相手の侵害」に急迫性を認めえない」とする。しかし、正当防衛の判断は、「防衛行為が違法か否か」の答えを導く作業のはずである。反撃（防衛）行為の違法性を、不正の侵害者の行為との相関で考えなければ、構成要件に該当するものではある以上、全て「違法な侵害行為」ということになる。相手の侵害との関係があるからこそ、法的保護を受けるべき立場に立ち得るのである。その意味で、「本人の行為の違法性が、防衛行為性（急迫性）を否定する根拠である」とする説明は、結論がその前提条件を立証しているようで非常にわかりにくい。

ただ、本決定の解説は「違法性には程度の差がありうるから、相手の侵害の違法性が著しく強い場合には、これとの相関関係において、本人の加害行為に防衛行為性を認める余地が生じる」ともしている[11]。ここでは、正当化事由判断としての「比例原則」が考慮されているともいえよう[12]。

もっとも、この相関的に考量においても、相手方に出向いたか相手の侵害を待っていたか、又は先に侵害を開始したのは相手か本人かなどの点は軽視されるのである[13]。もとより、昭和52年の事案が念頭にあり、「積極加害類

---

(10)　それは、本人と相手が同時に闘争の意思を固めて攻撃を開始したような典型的な喧嘩闘争において双方の攻撃が共に違法であるのと、まったく同様だとする。そして、これとほぼ同じ考え方をする学説として、「急迫性が否定されるのは、おそらく、相手を挑発する行為あるいは攻撃を予想しながら相手に近づく行為が、相手の攻撃を利用してこれを傷けようとしたとみられうる場合に限られるであろう。いわゆる『原因において違法な行為』の法理である」（平野龍一『刑法　総論Ⅱ』〈1975年、有斐閣〉235頁）とか、「急迫性をみとめるためには、法秩序の見地に照らして権利保護の必要性をみとめうるばあいでなければならない」（荘子邦雄「正当防衛」『総合判例研究叢書刑法(1)』〈1956年、有斐閣〉142、144頁。）を挙げる。

(11)　前掲・香城『判解』247頁。そして「判例が、喧嘩闘争に関し、法秩序全体の精神に照らして正当防衛を認めるべき場合があると判示しているのは、その意味において正当」であろうとする。

型」であればという条件付きの判示とみるべきであろう。しかし、平成29年判例は、(イ)相手方に出向いたか相手の侵害を待っていたか、(ロ)先に侵害を開始したのは相手か本人かを、侵害の急迫性判断において考慮すべきだとしたのである。

Ⅳ　主観的事情と客観的事情——防衛のためと急迫性——

1　急迫性と権利を防衛するための行為

ここで、「急迫性の有無」と「防衛行為といえるのか」の判断の関係を整理しておく必要がある。昭和52年決定の解説は、「本人の行為を防衛行為にあたるものとすれば、必然的に相手の行為を急迫な侵害と認めることになり、反対に、本人の行為を防衛行為にあたらないものとすれば、必然的に相手の行為を急迫な侵害と認めないことになる。すなわち、本人の行為を防衛行為と認めうるか否かは、相手の行為を急迫な侵害と認めうるか否かの問題にほかならない」としている（前掲・香城『判解』248頁）。

そして「防衛行為といえない」ということは、「単なる攻撃行為」にあたることになる。積極的加害行為とは、「相手の攻撃に対応するように見えて、防衛のための行為とはとても呼べない積極的攻撃」なのである。それを「権利を防衛行為とはいえない」とするのは、非常に分かりやすい。そもそも、Ⅲ3の①②③の積極加害事例は、防衛の為の行為とはいえないとする解釈が

---

(12)　最（二小）決平成20・5・20刑集62巻6号1786頁は、自招侵害に対して、「反撃行為に出ることが正当とされる状況における行為とはいえない」として、正当防衛を否定した。XはAから攻撃されるに先立ち、Aに対して暴行を加えているのであって、Aの攻撃は、Xの暴行に触発された、その直後における近接した場所での一連、一体の事態ということができ、Xは不正の行為により自ら侵害を招いたものといえるとしたのであるが、「Aの攻撃がXの暴行の程度を大きく超えるものでないこと」を前提としていたのである。

(13)　「相手の侵害の違法性と相関的に考量しても本人の攻撃の違法性を肯定せざるを得ない場合には、本人が積極的に加害意思をもって相手方に出向いたか相手の侵害を待っていたか、又は先に侵害を開始したのは相手か本人かの別なく、相手の侵害の急迫性及び本人の行為の防衛行為性を否定するのが正当であろう」とする（前掲・香城『判解』248頁）。

最も自然なのである。しかし、防衛の意思必要説を採用する判例は、「防衛のため」を、客観的な防衛行為性の要件として用いることはしないのである。しかも、客観的な正当防衛状況の有無の問題とも解し得る「急迫性」の要件[14]も主観化する。

2　急迫性判断と主観的要素

昭和52年決定の解説は、「急迫不正の侵害の存在という正当防衛状況は、正当防衛行為と切り離された要件ではなく、むしろ行為に正当防衛行為たる性格を付与するための状況上の要件であり、しかも、この状況の存否を判断するにあたっては、必然的に本人の主観を含めた事情をも考慮しなければならない。……例えば、相手の行為が正当な職務に基づく逮捕行為か違法な逮捕行為かは、その主観に左右されることであり、また、相手の侵害が切迫し又は継続するか否かは、その侵害の意思又は継続意思によって決定されることだからである」（前掲・香城『判解』250頁）とする[15]。防衛の意思の論拠も、基本的には同一である。

判例の「主観的違法要素の考え方」の基本には、主観的事情を加味しなければ、急迫性の有無も判別ができないという考え方がある。しかし、50年間維持されてきた「わいせつ傾向を考慮しなければ強制猥褻の有無も判別できない」とする判例が、最大判平成29・11・29によって変更された[16]。行為の

---

(14)　この判決の登場当時から、侵害の急迫性の有無は、侵害がなされた時点における客観的な侵害の現在性、切迫性の有無で決すべきであり、それ以前における被侵害者の主観的事情を考慮に入れて決すべきではないとの見解が有力であった（内田文昭＝長井圓「正当防衛における『急迫』な侵害・防衛の意思の意義と過剰防衛の成否」上智法学論集16巻3号〈1973年〉79頁、曽根威彦「刑法36条における侵害の急迫性」判例評論233号〔判例時報886号〕〈1983年〉161頁）。

(15)　「本人の反撃が正当防衛にあたるか否かを判断するには、相手と本人の行為のいずれが急迫不正の侵害であったかを決しなければならず、そのためには、先に述べたとおり、相互に主観的要素を含めた状況の事情を参酌しなければならないことになる。このことは、急迫不正の侵害という要件を判断するにあたっては、相手すなわち侵害者の主観的、客観的事情ばかりでなく、本人すなわち被侵害者の主観的、客観的事情をも相関的に考慮しなければならないことを示すものである。そして、右のような相関的な判断はまた、急迫不正の侵害の存否の判断にあたり、論理的に常に必要なことでもある」ともする（前掲・香城『判解』250頁以下）。

Ⅳ 主観的事情と客観的事情——防衛のためと急迫性——

性的性格が明確な場合には、主観的にわいせつの意図が欠けても、構成要件該当性はみとめられる。急迫性に関しても、主観を見なければ判断できない場合があるとしてもそれは例外的場合であり、原則は、「客観的要件」なのである。

わが国の刑法典は、主観面の立証を必須もののとする。一方で、戦後刑事訴訟法のアメリカ化の中で、構成要件の客観化が提唱されたが、現実化はしなかった。そのような流れの中で、実務が伝統的な「主観的要素重視」の固執するのは、容易に理解しうることではある。しかし、平成29年判例が示したように、裁判員裁判制度の定着した現在、「積極加害意図」の要件を分解して、出来る限り客観化する方向は、妥当なものと考えられる。

3 急迫性と防衛の意思

最（三小）判昭和46・11・16は、最高裁としてはじめて、「刑法36条の防衛行為は、防衛の意思をもつてなされることが必要である」と明言した。ただ「相手の加害行為に対し憤激または逆上して反撃を加えたからといつて、ただちに防衛の意思を欠くものと解すべきではない」とし、さらに「かねてから被告人が後藤に対し憎悪の念をもち攻撃を受けたのに乗じ積極的な加害行為に出たなどの特別な事情が認められないかぎり、被告人の反撃行為は防衛の意思をもつてなされたものと認めるのが相当である。」としたのである。

ただ、最判昭46年判決は、「防衛のため」を、防衛の意思を持って行為することと明示し、「攻撃を受けたのに乗じ積極的な加害行為に出たなどの特別な事情」が認められる場合には防衛の意思は認められないとした（結論としては、防衛の意思を認めた）。すなわち、攻撃に乗じ積極的な加害行為に出た場合には、防衛の意思が欠けるとしたのである。

この点、最決平成29年4月26日は、最判昭和46年11月16日とほぼ同様の事案であるにもかかわらず、「行為者がその機会を利用し積極的に相手方に対して加害行為をする意思で侵害に臨んだとき」には急迫性が欠けるとしてい

---

(16) 前田雅英「行為者の性的意図の満足と強制わいせつ罪の成否」捜査研究804号（2017年）2頁参照。

る。判例における「積極的加害意図」と「急迫性」「防衛の意思」の関係が混乱しているようにも見えるのである。

4　積極的加害意図により否定される防衛の意思

　判例の合理的な説明としては、(イ)不正の侵害に対し現に反撃行為に及ぶ時点、すなわち防衛（反撃）行為の実行時における本人の意思内容については防衛意思の問題であり、(ロ)不正の侵害を予期した事前の時点、すなわち反撃行為に及ぶ以前（反撃行為の予備ないし準備段階）における意思内容が問題とされる場合は、急迫性の問題であるという見解が示されている（安廣文夫・法曹時報41巻3号305頁）。しかし、被害者（攻撃者）に前から恨みを持っていたような場合、加害意図が防衛時に生じたか否かの区別は微妙である。

　そもそも、防衛の意思は、(イ)防衛の目的（意図）と(ロ)防衛の認識という二つの異なった意味で用いられてきた。前者は、行為の動機・目的が専ら防衛のためであったか否かを問題にする。後者は、そのような積極的な意思は不要で、自己の行為が防衛行為に向けられていることの認識、急迫不正の侵害に「対応する認識」があればよいとし、偶然防衛は、この防衛の認識が欠けるとする。

　ただ、積極的に加害する意図があっても、防衛の認識は認定しうる。そこで判例は、①防衛の認識と②防衛の意図の中間に、③侵害の事実を認識しつつ、侵害を排除して権利を防衛することを少なくとも反撃の理由の一つとする意思、あるいは侵害に対抗して権利を防衛するために出たという性質を行為に付与するような内心の状態というものを設定し、それは積極加害の意図があれば否定されることになると説明する（香城敏麿・法曹時報29巻8号〈1977年〉55〜56頁、安廣文夫・法曹時報41巻3号〈1989年〉306頁）。

　しかし、「認識」と「意図」の区別自体も、具体的認定を考えるとかなり困難であるのに、その中間に線を引くのはあまりに「精巧」で、特に裁判員には不向きの理論であると批判されるようになる。前述の「急迫性」概念の複雑さも加わり、正当防衛の判断基準の単純化・明確化が唱えられ、「正当防衛が認められるような状況にあったか否か」が用いられることになり、平成29年決定でその具体化・明確化が図られたのである（前述Ⅱ2参照）。

V 正当防衛の実質的法益衡量と回避義務

1 平成29年決定に代表される日本型正当防衛概念

　現実の正当防衛解釈の核心部分は、不正な侵害に対応した攻撃ではあっても、挑発行為が見られたり、回避・退避することが可能かつ容易なのに、あえて防衛状況の場に臨んだ場合や防衛状況を自ら惹起した場合において、正当防衛の成立を否定すべき範囲にある。必ずしも、「喧嘩闘争」として類型化しうる場合や、「積極的加害意図」が認定しうる場合には限られない。

　日本では、単に正義を実現するばかりでなく、国民生活の維持安定のため、攻撃者の利益と防衛者の「法的に保護に値する利益」との調整・調和を、可能な限り実現すべきとの意識が強い。「正当防衛の根本思想が『正は不正に譲歩する必要がない』という公式によって示されていることについては、それが今日、社会的顧慮の観点から制限を受けてきているとはいえ、広範囲にわたる意見の一致を見ている」[17]という通説の説明は、基本的に正しいが、緊急状態で「公的機関による法的保護を求めることが期待できない」ときに，私人による対抗行為を「例外的に許容した」ものとする判例の正当防衛概念との、微妙なニュアンスの離齬を意識する必要があるように思われる。

　そのような観点からは、「侵害者・防衛者の利益の最大限の存置」を目指し、「両利益のいずれかを否定せざるを得ない状況」「緊急状態」を、できれば回避することが望ましい。それは、必ずしもその場に行くことが違法と評価できる場合に限られない。もちろん、実際上重要なのは、「回避することによる全体利益の増加」と「回避しやすさの程度」の具体的考量であり，その際には、侵害を誘発するなどの「回避すべき」と評価される規範的要素も勘案されることになるのである。

2 ドイツ型の正当防衛理解

　正当防衛概念は非常に古くから認められ、「歴史を持たない自然権的なも

---

(17)　曽根威彦『刑法における正当化の理論』（1980年、成文堂）97頁参照。

の」と説明されることも多い。ただ、殺人罪などの個別の構成要件を離れて、今日のような一般的な正当化事由として位置づけられるようになるのは、18世紀後半以降のヨーロッパにおいてだとされている（正当防衛概念の歴史に関しては、曽根威彦『刑法における正当化の理論』36頁以下参照）。日本の刑法は、近代西欧刑法を土台とする部分が圧倒的に多く、正当防衛の概念についても、ヨーロッパ、とりわけドイツの法意識を継承してきた面が強い。しかし、「どこまでの行為を正当防衛とするか」は、国や時代により異なりうるといわざるを得ない。そして、「正当防衛の本質」などとして理論化されたものも[18]、その国、さらには国民の意識に根ざす価値判断と無関係ではあり得ないことに注意しなければならない。

　しかし、日本においては、法秩序の侵害は、原則として国家権力により回復されるべきであり、私人による「法確証」はできる限り制限すべきであるという意識が、欧米に比較して強いように思われる（このような意識を支える治安状況の差も無視できないように思われる）。そして、そのような規範意識は、「克服」されるべきものとは思われない。「権利行使」「権利主張」が重視される欧米諸国の規範意識が絶対的に「正」であるとは、必ずしもいえない。少なくとも、「ドイツ型の権利意識に基づいた正当防衛論の方が妥当だと」する論拠は、明示されていないように思われる。

---

(18)　かつては、正当防衛の正当化根拠として、①自己保存本能、すなわち不法な攻撃に対しとっさに反撃するのは人間の本能である以上許されるという説明がかなり有力であったし、②緊急は法を持たないという言い方もなされてきた。ただ、このような説明は「広い正当防衛の成立」という価値判断を先取りしたものであることに注意を要する。正当化根拠として援用されることの多い、③法確証の原理も、同様の説明である。正義を明確に示すために不正の侵害に対し防衛を行うことが許されるという考え方で、不正に対しては、どのような防衛も許されるべきだということになりやすい。「法は不法に屈する必要はない」という考え方は、日本より西欧で、より強い支持を得られるものであるように思われる。たしかに、日本の法も、防衛のためにやむを得なければ不正の侵害者の「より大きな利益」を否定することを許容しており、その意味で「防衛者が侵害者に屈する必要がない」ということを示すものと解するのであれば、当然の説明である。ただ、「正しい法秩序の維持」自体を重視すると、やはり正当防衛が拡大するのである。
　　この他、④社会秩序の維持・安定の要請とは、不正の排除は国家機関ばかりではなく私人も行うべきであるとする考え方も、法確証の原理と近似するものといえよう。これらの「正当化根拠」を強調すると、正当防衛の成立範囲はかなり広がることになる。

V　正当防衛の実質的法益衡量と回避義務

3　正当防衛と回避・退避義務

　「不正の侵害に対しては徹底して反撃し正義を実現すべきである」「侵害者の法益の保全は二次的なもので良い」という規範意識は、日本では共有されていない。少なくとも、判例においては、急迫不正の侵害が認められる状況下においても，不正な侵害者の利益が、法的に完全に否定されているわけではないように思われる。著しい不均衡の場合には、やむをえずにした行為ではなく相当性を欠くとして、「正」が「不正」を甘受することを要請している（前田雅英『刑法総論講義［第6版］』274頁）。

　判例は、急迫不正の侵害に対する防衛行為が「侵害に対する防衛手段として相当性を有するものであること」とし、「防衛する手段として必要最小限度のものであること」としている（最（一小）判昭和44・12・4刑集23巻12号1573頁）。かつては、「防衛者の反撃が侵害行為を排除するために必要な合理的手段の一つであること」という意味での必要性があればよいとする学説も有力であった。「防衛に不要でない行為」は正当防衛となるとする説も見られた。しかし、日本の実務では、必要最小限度の行為でなければならないという判断が定着している。「相手の侵害から退避可能な場合には常に退避する必要がある」とはいえないが、できるだけ加害・危険の少ない手段が選択されなければならないとする意識が浸透しているのである。

　法秩序には、攻撃者・防衛者の「法的に保護に値する利益」との調整・調和が要請されている。「両利益のいずれかを否定せざるを得ない状況」「緊急状態」を、可能な限り回避するため、判例は、「急迫不正の侵害」、「防衛のため」、「やむをえずにした行為」、さらに「反撃行為に出ることが正当とされる状況」という要件を用いて、「不正の侵害に対する反撃でも許されない場合」を確定しようとしてきたといえよう。

　その際重要なのは、「回避することによる全体利益の増加」と「不正の侵害を甘受すべき不利益」との考量であり、「回避しやすさの程度」も重要な意味を持つ。そして、それに加えて、「侵害を誘発する等の退避を要請すべき事情」などの規範的要素も勘案される。

　正当防衛解釈の核心部分は、不正な侵害に対応した攻撃ではあっても、回避・退避することが可能かつ容易なのに、あえて防衛状況の場に臨んだ場合

や防衛状況を自ら惹起した場合において、正当防衛の成立を否定すべき範囲にあるといってよい。その意味で、積極加害型の事案も、自招侵害の場合も、①十分に予見し準備していたという事情や挑発行為をおこなったという行為者側の事情、②回避容易性・義務性（自招の場合は回避が容易で、かつ回避すべきと考えられる場合が多い）、③予想されたり挑発に誘発された相手の侵害行為の重大性、④反撃行為の必要性・相当性を、⑤行為者の具体的意思内容などを総合して評価する点では同一なのである。それを「急迫性」で処理するか「正当防衛が認められるような状況にあったか否か」で扱うかは、結論にとっては必ずしも、重要ではないのである。

（まえだ・まさひで）

侵害の急迫性の判断について

橋 爪　隆

Ⅰ　は じ め に
Ⅱ　議論の前提
Ⅲ　平成29年判例について
Ⅳ　「行為全般の状況」の意義
Ⅴ　お わ り に

Ⅰ　は じ め に

　刑法36条1項の「急迫不正の侵害」は、正当防衛・過剰防衛の共通の前提要件であり、いわゆる正当防衛状況を基礎付ける要件である。侵害の不正性の要件が、正当防衛が問題となる「正」対「不正」の利益対立を基礎付ける要件であるのに対し、侵害の急迫性は、私人の実力行使を正当化するにたりる緊急状況性を基礎付ける要件として理解することができる。

　急迫性の要件が緊急状況性を基礎付けるものである以上、その内容として、不正の侵害の時間的切迫性が要求されるのは当然のことである。最（一小）判昭和24・8・18（刑集3巻9号1465頁）が「刑法三六条にいわゆる急迫の侵害における『急迫』とは、法益の侵害が間近に押し迫つたことすなわち法益侵害の危険が緊迫したことを意味する」と述べるのも、まさにこのような趣旨であろう。もっとも、周知のとおり、最（一小）決昭和52・7・21（刑集31巻4号747頁）は、刑法36条が「侵害の急迫性を要件としている趣旨から考えて、単に予期された侵害を避けなかつたというにとどまらず、その機会を利用し積極的に相手に対して加害行為をする意思で侵害に臨んだときは、もはや侵害の急迫性の要件を充たさないものと解するのが相当である」と判示し、不正の侵害が客観的には「間近に押し迫った」状況であっても、防衛行為者が予期された侵害に積極的加害意思をもって臨んだ場合について

は、侵害の急迫性が否定されることを明らかにしている。これは侵害に臨んだ行為者の事前の主観的事情を根拠として、いわば規範的な観点から緊急状況性を否定する趣旨の判断と評価することができる[1]。

　最近、最高裁は侵害の急迫性に関して、重要な判断を示している（最（二小）決平成29・4・26刑集71巻4号275頁）。本決定は、後述するように、刑法36条の趣旨に基づき、規範的な観点から侵害の急迫性が否定される余地を認めるものであり、上記昭和52年判例の延長線上に位置づけられるべきものであるが、一見すると、昭和52年判例と異なる観点から急迫性を判断しているようにも見えるため、その解釈をめぐって、活発な議論を引き起こしている[2]。本稿においては、これまでの議論を参照しつつ、平成29年判例の趣旨やその意義について、若干の検討を試みることにしたい。

（1）　このような理解として、たとえば香城敏麿「判解」最判解刑事篇昭和52年度247頁以下などを参照。

（2）　平成29年判例に関する判例解説・評釈として、中尾佳久「判解」ジュリ1510号（2017年）107頁、門田成人「判批」法セミ750号（2017年）109頁、成瀬幸典「判批」法教444号（2017年）158頁、波床昌則「判批」刑事法ジャーナル54号（2017年）148頁以下、前田雅英「判批」捜査研究799号（2017年）14頁以下、是木誠「判批」警察学論集70巻8号（2017年）184頁以下、菅原健志「判批」警察公論73巻2号（2018年）88頁以下、木崎峻輔「判批」筑波法政74号（2018年）41頁以下、橋田久「判批」ジュリ1518号（平成29年度重判解）（2018年）154頁以下、坂下陽輔「判批」判評711号（判時2362号）（2018年）23頁以下、さらに同判例を素材とした先行研究として、小林憲太郎「自招侵害論の行方」判時2336号（2017年）142頁、照沼亮介「侵害を予期した上で対抗行為に及んだ場合における刑法36条の急迫性の判断方法」法教445号（2017年）48頁以下、塩見淳「喧嘩争闘と正当防衛」法学論叢182巻1＝2＝3号（2017年）109頁以下、大谷實「自招侵害と正当防衛論」判時2357=2358号（2018年）6頁以下、大塚裕史「侵害の『急迫性』要件の意義と射程」同誌13頁以下、佐伯仁志「正当防衛の新判例について」同誌19頁以下、高橋則夫「『急迫性』の判断構造」研修837号（2018年）3頁以下、嶋矢貴之「刑法学の出発点としての条文」法教451号（2018年）26頁以下、高橋直哉「正当防衛状況の判断」法教453号（2018年）10頁以下、松宮孝明「正当防衛における『急迫性』について」立命館法学377号（2018年）97頁以下などを参照。

Ⅱ 議論の前提

1 判例理論に関する理解

具体的な検討に入る前に、その前提となる急迫性判断に関する理解を簡単に示しておくことにしたい。まずは判例理論に関する（私なりの）理解である。

判例実務においては、一定の喧嘩闘争状況について刑法36条の適用それ自体を排除することによって、正当防衛・過剰防衛の成立可能性を全面的に否定することが重要な関心であったといえる。大審院判例においても、既に「喧嘩両成敗」の法理を示すものが存在していたが（大判昭和7・1・25刑集11巻1頁）、戦後においても、最大判昭和23・7・7（刑集2巻8号793頁）は、「互に暴行し合ういわゆる喧嘩は、闘争者双方が攻撃及び防禦を繰り返す一団の連続的闘争行為であるから、闘争の或る瞬間においては、闘争者の一方がもつぱら防禦に終始し、正当防衛を行う観を呈することがあつても、闘争の全般からみては、刑法第三十六条の正当防衛の観念を容れる余地がない場合がある」と判示して、「闘争の全般」の観察によって、刑法36条の適用が排除される場合があることを明示している。この大法廷判決は今日においてもなお先例としての意義を有しており、その後の判例の展開は、闘争過程の全般的観察によって、36条の適用が排除される事例を類型化する過程と評価することもできる[3]。

既に述べたように、昭和52年判例は、侵害の予期と積極的加害意思を根拠として、侵害の急迫性を否定しているが、同判例も、闘争の全般的観察によって正当防衛の適用が排除される1つの類型として評価することが可能である。すなわち、予期された侵害を「受けて立つ」意思を固め、侵害に対峙する行為者にとっては、不正の侵害は行為者が自ら引き受けた帰結にすぎず、あえて正当防衛を適用してまでその者を保護する必要性は乏しい。このように昭和52年判例は、不正の侵害に先行する行為者の主観的事情に着目するこ

（3） このような問題意識から、その後の判例・裁判例の展開を分析する最近の研究として、塩見・前掲注(2)126頁以下を参照。

とで、「正当防衛の本質的属性である緊急行為性」が否定される余地を認め
たものと解される[4]。したがって、昭和52年判例が問題とする積極的加害意
思は、侵害の予期を契機として生じうる意思であり、侵害を予期してから侵
害が現実化するまでの事前の意思内容として理解される[5]。

　昭和52年判例とは別の観点から、正当防衛の成立を否定する判断を示した
のが最（二小）決平成20・5・20（刑集62巻6号1786頁）である。本決定は、
被告人自らが不正の暴行によって、被害者Aの不正の侵害を招いたという事
実関係について、「Aの攻撃は、被告人の暴行に触発された、その直後にお
ける近接した場所での一連、一体の事態ということができ、被告人は不正の
行為により自ら侵害を招いたものといえるから、Aの攻撃が被告人の前記暴
行の程度を大きく超えるものでないなどの本件の事実関係の下においては、
被告人の本件傷害行為は、被告人において何らかの反撃行為に出ることが正
当とされる状況における行為とはいえない」として正当防衛の成立を否定し
ている。本決定の位置付けについては議論があり得るが、本決定が、侵害の
予期や積極的加害意思など被告人の主観面に一切言及することなく、不正の
侵害を自ら招いたという客観的事実関係それ自体を根拠として正当防衛の成
立を否定している以上、昭和52年判例とは別個の観点から正当防衛の成立を
排除したものと解すべきである[6]。本決定が（昭和52年判例のように）侵害の
急迫性を否定するのではなく、「反撃行為に出ることが正当とされる状況」
が否定されるという処理を示していることも、本決定が昭和52年決定とは異
なる論理であることを明らかにする趣旨であろう[7]。平成20年決定は、不正
の先行行為によって相手の不正の侵害を自ら創り出したと評価できる状況に
おいては、既に喧嘩闘争状況が現実化しており、行為者の対抗行為もその1
コマにすぎないという理解に基づき、正当防衛の成立可能性を排除したもの
と解される。

（4）　このような理解として、たとえば安廣文夫「判解」最判解刑事篇昭和60年度149頁
　　などを参照。
（5）　この点については、安廣・前掲注(4)150頁を参照。
（6）　本決定の理解については、三浦透「判解」最判解刑事篇平成20年度431頁以下を参照。
（7）　この点について、橋爪隆「判批」ジュリ1391号（2009年）161頁などを参照。

このように昭和52年判例、平成20年判例はいずれも不正の侵害に先行する事情を考慮して、正当防衛の成立を排除する点において共通性を有するが、前者が行為者の主観的事情を根拠とするのに対して、後者は不正の侵害の作出という客観的事情に基づく判断であり、両者は異なる論理を前提としている。とりわけ昭和52年判例においては、侵害の予期という主観的事情が重視されているのに対して、平成20年判例では（実際には自招行為に出る以上、侵害の予期が認められる場合が多いと思われるが）侵害の予期を認定する必要がないことが重要な相違である。

　昭和52年判例、平成20年判例が侵害に先行する事情の考慮によって正当防衛状況を否定しているのに対して[8]、対抗行為の状況・態様を考慮して正当防衛の成立を排除する余地を認めるのが、防衛意思の存否をめぐる判断である。判例は大審院判例（大判昭和11・12・7刑集15巻1561頁）から一貫して、防衛意思必要説を採用しているが、不正の侵害に憤激・逆上して攻撃的な行為に出ることは通常生じうる事態であることから、憤激・逆上してもそれだけでは防衛の意思は失われず（最（三小）判昭和46・11・16刑集25巻8号996頁）、また、攻撃の意思と防衛の意思が併存する場合でも、「正当防衛のための行為」と評価することができる（最（三小）判昭和50・11・28刑集29巻10号983頁）。したがって、防衛の意思が欠けるとして正当防衛の成立が否定されるのは、自分の身を守ろうとする意思がおよそ認められず、もっぱら加害・攻撃の目的で対抗行為に出た場合（積極的加害行為）に限定されるが、このような心理状態が現実の対抗行為から推認可能といえるのは、事実上、きわめて危険性の乏しい侵害行為（あるいは既に終了した侵害行為）に対して、そのような事情を認識しつつ、意図的に過剰性の著しい対抗手段に出たような事例に限定されることになる[9]。なお、防衛の意思の存否の判断は、通常は

（8）　昭和52年判例は侵害の急迫性を否定しているのに対して、平成20年判例は「反撃行為に出ることが正当とされる状況」を否定しており、両者は共通の要件に関する解釈を示したものではないが、いずれにしても、正当防衛による対抗が可能な前提状況を否定している点において、共通性を見いだすことができる。
（9）　たとえば東京高判昭和60・10・15判時1190号138頁、最（一小）決平成20・6・25刑集62巻6号1859頁などを参照。

正当防衛状況が認められる場合、すなわち、昭和52年判例や平成20年判例によって正当防衛の成立が排除されない場合に限って問題となる。もっとも、防衛の意思が認められないことが明らかな事例については、正当防衛状況の判断に先行して、防衛の意思を判断することも当然に許されるであろう。いずれにしても、正当防衛・過剰防衛の成立が排除される結論には変わりはないからである[10]。

2 侵害回避義務論

　私自身は、正当防衛状況の判断基準として、いわゆる侵害回避義務論を主張してきた[11]。もちろん侵害の確実な予期があっても、それだけで不正の侵害を回避する義務が生ずるわけではない。侵害回避義務論もこのような一般的な理解を否定するものではない。行為者に危険の事前回避を常に義務づければ、その行動の自由は大幅に制約され、妥当ではないからである。しかしながら、不正の侵害者の法益も法的保護を完全に失うわけではないから、防衛行為者が特段の負担なく、容易に利益衝突状況を回避することができ、その結果、侵害者・防衛行為者双方の利益をともに保護することができれば、法益保護の観点、さらには私的闘争を回避すべきという観点からも、好ましい事態と評価することができる。このような理解から、私は、被侵害者が侵害を十分に予期しており、かつ、正当な利益を犠牲にすることなく、侵害を容易に事前回避できる場合については、被侵害者には侵害の事前回避が期待され、そして、このような状況下であえて侵害を回避することなく不正の侵害が現実化した場合は、本来、事前回避すべきであった侵害が現実化してい

---

(10)　なお、司法研修所編『難解な法律概念と裁判員裁判』〔司法研究報告書61輯1号〕（2009年、法曹会）26頁以下では、裁判員裁判において、侵害の急迫性と防衛の意思の問題を合わせたかたちで「正当防衛が認められるような状況にあったか否か」という判断対象を提示する可能性が提示されている。

(11)　橋爪隆『正当防衛論の基礎』（2007年、有斐閣）305頁以下を参照。同趣旨の理解として、佐藤文哉「正当防衛における退避可能性について」『西原春夫先生古稀祝賀論文集　第1巻』（1998年、成文堂）242頁以下、佐伯仁志『刑法総論の考え方・楽しみ方』（2013年、有斐閣）154頁以下、栃木力「正当防衛における急迫性について」警察学論集67巻2号（2014年）141頁以下などを参照。

るにすぎないから、被侵害者にとって「緊急状況」とはいえず、正当防衛状況が否定されると解したのである。

　侵害回避義務論の前提からは、侵害の急迫性は次のように判断されることになる。たとえば行為者が、相手方の挑発に応じて現場に行けば、確実に喧嘩闘争になると予期しつつ現場に向かった場合、そもそも行為者が現場に赴かなければ不正の侵害が生じなかったのであるから、急迫性の判断においては、侵害が予期されているにもかかわらず、あえて現場に行く合理的な理由があったか否かが決定的に重要である。かりに行為者にとって現場に行く合理的な理由が乏しいのであれば、行為者には、現場に行かないことによって侵害を事前回避する義務が課され、その結果、（回避されずに現実化した）不正の侵害については、侵害の急迫性が否定される。また、相手方が行為者のもとに来襲することが確実に予期される事例については、行為者がそもそも、また、いかなる措置によって、正当な利益を犠牲にすることなく侵害を事前に回避し得たかが問われることになる。自宅マンション等で待機しており、施錠等の措置によって侵害を確実に回避できる状況であれば、行為者にはそれが要求されることになる（したがって、あえて自宅を出て、相手の侵害を待ち受けた場合には急迫性が否定される）。これに対して、現場に待機しているだけでは相手の侵害を確実に回避し得ない場合には、たとえば現場からの退避を要求できるかが問題となるが、自宅など生活の本拠から退避することは、行為者にとって重大な負担を意味することから、このような状況で事前の退避措置が要求される場合はほとんど観念できないだろう。この場合にはさらに、自宅等に留まった上で、警察に通報して救助を要請することを要求すべきかが、事前回避措置の内容として問題となる。

　侵害回避義務論については、既に多くの批判が向けられているが、それに応えるのが本稿の趣旨ではない。ここでは平成29年判例の分析に資する限度で、３点だけコメントを付しておきたい。第１に、侵害回避義務論という法的構成を採用するか否かにかかわらず、不正の侵害に先行する事情の考慮によって、正当防衛の成立が否定される場合があることは否定しがたいように思われる。たとえば喧嘩闘争を覚悟した上で、あえて喧嘩相手が待ち受ける現場に赴き、想定通りの対抗行為に及んだ場合、昭和52年判例によれば正当

防衛の成立が否定される。この結論は、かりに侵害現場に赴いた後、他に有効な防衛手段が観念できない場合であっても変わりはないだろう[12]。すなわち、この場合の正当防衛の成否の判断においては、現実の対抗行為の内容ではなく、行為者が事前に喧嘩闘争が予想される場所に赴いたという事実が決定的な根拠となっているのである。これを「行為者は予期された喧嘩闘争の現場に赴くべきではなかった」と再構成するのが、侵害回避義務論の理解である。上記事例について正当防衛の成立を排除する理解が共有できるのであれば、一定の範囲においては侵害回避が要求される場合（＝行為者の事前の対応によって正当防衛状況が否定される場面）があり得ることを認めた上で、その範囲・根拠をめぐって議論を展開した方が生産的であろう[13]。

　第2に、侵害回避義務論は、行為者に侵害の事前回避を要求できる場合に侵害の急迫性を否定するものであるから、要求される措置によって侵害が確実に回避できたことが、その前提として当然に要求されるべきである。たとえば路上でAとBが口論になり、Bから人気のないところで決着を付けようと挑発され、これに応じたAがあえて現場に同行し、同所でBからの暴行に対して対抗行為に出た場合、通常であれば「Aは挑発に応じて現場に同行すべきではなかった」として、侵害の急迫性が否定されるだろう。しかし、かりに挑発に応じなかったとしても、その場合、Bが直ちにその場で同様の暴行に出た可能性がある場合、Aが現場への同行を控えたとしても、それは侵害回避にとって無意味である。このような可能性が排除されない場合には、Aがその場で第三者による仲裁や救助などを容易に求めることが可能であり、かつ、それによってBの侵害が回避できたといえる場合に限って、正当

---

(12)　学説においては、事前に十分な準備をする余裕がある場合、防衛手段の選択可能性が広がることから、この場合にも防衛手段の相当性を厳格に判断すればたりる、とする理解も示されている（たとえば塩見淳『刑法の道しるべ』〈2015年、有斐閣〉49頁以下、照沼亮介「侵害に先行する事情と正当防衛の限界」筑波ロー・ジャーナル9号〈2011年〉133頁以下などを参照）。この立場からは、本文の事例についても正当防衛が成立することになるが、その帰結には疑問がある。

(13)　たとえば山口厚「回避・退避義務再論」『浅田和茂先生古稀祝賀論文集（上）』（2016年、成文堂）141頁も、（退避義務については厳しい批判を加えつつも）「すでに回避義務については、一定の範囲で認められているともいえる」とする。

防衛の成立を否定するという結論が正当化できる。このように侵害回避義務論の立場からは、侵害の急迫性を否定するためには、侵害の事前回避可能性を認定することが不可欠の前提となる。

　第3に自招侵害に関する平成20年判例との関係である。侵害回避義務論の立場からは、事前の侵害回避が要求できる関係が必要となる以上、原則として侵害の予期が必要となる。原則として、侵害が予期されている状況に限って、行為者に侵害回避が期待できるからである。これに対して平成20年判例は、被告人が不正に侵害を自招したという客観的事実から正当防衛状況を否定しており、侵害の予期などの主観面については一切言及していない。したがって、侵害回避義務論の視点だけでは、平成20年判例を合理的に説明することは困難である[14]。私自身は当初、自招侵害の問題についても侵害回避義務論の一般論を適用し、侵害の予期を要求すべきと解していたが[15]、その後、自らの不正な行為によって侵害を創出したと評価できる場合については、不正な自招行為に出ないことがより強く要求しうることから、自招侵害の事例については、予期が認められなくても、相手方の不正の侵害が予見可能であればたりると考えるに至った[16]。もっとも、このように解しても、平成20年判例は侵害の予見可能性も要求していないのであるから、同判例の立場とは相容れないことは否定できない。私見の立場からは、平成20年判例は、裁判員裁判への対応を強く意識しすぎるあまり[17]、正当防衛状況判断の要件を全面的に客観化した点において、疑問が残る。

Ⅲ　平成29年判例について

1　平成29年判例の概要

　それでは平成29年判例について、具体的な検討に移ることにしたい。本件

---

(14)　この点について、山口厚「正当防衛論の新展開」曹時61巻2号（2009年）18頁などを参照。
(15)　橋爪・前掲注(11)322頁以下を参照。
(16)　橋爪・前掲注(7)163頁を参照。
(17)　平成20年判例にこのような意図があることを指摘するものとして、佐伯仁志「裁判員裁判と刑法の難解概念」曹時61巻8号（2009年）21頁以下を参照。

の被告人は知人であるＡから、犯行前日から自宅（マンション６階）の玄関扉を消火器で何度もたたかれ、さらに十数回にわたり電話で因縁を付けられるなどして、立腹していたが、犯行当日の深夜、自宅にいたところ、Ａから、マンションの前に来ているから降りて来るようにと電話で呼び出され、自宅にあった包丁を携帯して自宅マンション前の路上に赴くと、被告人を見付けたＡがハンマーを持って被告人の方に駆け寄って来たのに対し、同人に包丁を示すなどの威嚇的行動を取ることなく、Ａに近づき、同人の攻撃を防ぎながら、包丁でＡの左側胸部を強く突き刺して殺害した。

　第１審、控訴審がいずれも侵害の予期と積極的加害意思を認定して、正当防衛の成立を否定したのに対して、最高裁は急迫性の判断方法について、次のような一般論を示している。「刑法36条は、急迫不正の侵害という緊急状況の下で公的機関による法的保護を求めることが期待できないときに、侵害を排除するための私人による対抗行為を例外的に許容したものである。したがって、行為者が侵害を予期した上で対抗行為に及んだ場合、侵害の急迫性の要件については、侵害を予期していたことから、直ちにこれが失われると解すべきではなく……、対抗行為に先行する事情を含めた行為全般の状況に照らして検討すべきである。具体的には、事案に応じ、①行為者と相手方との従前の関係、②予期された侵害の内容、③侵害の予期の程度、④侵害回避の容易性、⑤侵害場所に出向く必要性、⑥侵害場所にとどまる相当性、⑦対抗行為の準備の状況（特に、凶器の準備の有無や準備した凶器の性状等）、⑧実際の侵害行為の内容と予期された侵害との異同、⑨行為者が侵害に臨んだ状況及びその際の意思内容等を考慮し、行為者がその機会を利用し積極的に相手方に対して加害行為をする意思で侵害に臨んだとき……など、前記のような刑法36条の趣旨に照らし許容されるものとはいえない場合には、侵害の急迫性の要件を充たさないものというべきである」（①〜⑨は筆者が付記したものである）。

　このような一般論を踏まえて、最高裁は、本件被告人は「Ａの呼出しに応じて現場に赴けば、Ａから凶器を用いるなどした暴行を加えられることを十分予期していながら、Ａの呼出しに応じる必要がなく、自宅にとどまって警察の援助を受けることが容易であったにもかかわらず、包丁を準備した上、

Aの待つ場所に出向き、Aがハンマーで攻撃してくるや、包丁を示すなどの威嚇的行動を取ることもしないままAに近づき、Aの左側胸部を強く刺突した」ことから、「このような先行事情を含めた本件行為全般の状況に照らすと、被告人の本件行為は、刑法36条の趣旨に照らし許容されるものとは認められず、侵害の急迫性の要件を充たさないものというべきである」との判断を示している。

2 本決定の意義
(1) 昭和52年判例との関係

本決定は、侵害の予期が認められる場合における侵害の急迫性の判断方法について判断を示したものである。既に述べたように、昭和52年判例は、予期された侵害に対して積極的加害意思をもって臨んだ場合に侵害の急迫性が否定される旨を判示しており、本件の第1審・控訴審判決も同判例に依拠して侵害の急迫性を否定していた。上告趣意において、弁護人は積極的加害意思の不存在を主張しているが、本決定が示した事実関係を前提とする限り、被告人に積極的加害意思が認められるとして、昭和52年判例に依拠して急迫性を否定することも十分に可能であったようにも思われる[18]。それにもかかわらず、本決定は、被告人に積極的加害意思が認められるか否かについて具体的な判断を示すことなく、「対抗行為に先行する事情を含めた行為全般の状況」の検討によって侵害の急迫性を否定している。この判示からは、積極的加害意思の存在は急迫性要件を否定するための不可欠の要件ではなく、積極的加害意思が認められなくても急迫性要件を否定する余地がある、ということを明示しようとする最高裁の意図を看取することができる。

この問題の背景として、積極的加害意思という概念の不明確性を指摘することができる。昭和52年判例は「その機会を利用し積極的に相手に対して加害行為をする意思」という表現を用いているから、文言通り、この要件を理解するのであれば、単なる加害意思を超えて、加害行為に向けられた強い動

---

(18)　これに対して、波床・前掲注(2)152頁は、本件事案では「被告人に積極的加害意思があると認定することを躊躇させる事情があった」とする。

機・意欲が必要であるようにも思われる。しかしながら、従来の裁判実務においても、積極的加害意思の内実として、それほど強い動機や意欲までは要求されておらず、不必要に喧嘩闘争に応じたと評価できる場合については積極的加害意思が認定されてきたように思われる[19]。また、理論的にも、被告人の心情や動機の微妙な相違を認定し、それによって対抗行為の正当化の可否を決するというのは妥当ではないだろう[20]。実際、たとえば本件のような事実関係について、被告人の闘争意思・加害意思が「積極的」といえるほど強いか否かを争点とすることが適切であるとは思われない。

　他方、実務における積極的加害意思の認定に際しては、侵害に至った経緯、行為者と相手方の従前の関係、侵害の予期の程度、挑発行為の存否、侵害回避の容易性、反撃態勢の準備などの客観的事情を総合的に評価することが重視されてきた[21]。そして、裁判例の一部は、積極的加害意思を認定することなく、これらの客観的事情それ自体を根拠として、侵害の急迫性を否定する判断を示していた。たとえば大阪高判昭和56・1・20（判タ441号152頁）は、「正当防衛における侵害の急迫性の要件は、相手の侵害に対する本人の対抗行為を緊急事態における正当防衛行為と評価するために必要とされている行為の状況上の要件であるから、行為の状況からみて、右の対抗行為がそれ自体違法性を帯び正当な防衛行為と認め難い場合には、たとい相手の侵害がその時点で現在し又は切迫していたときでも、正当防衛を認めるべき緊急の状況にはなく、侵害の急迫性の要件を欠くものと解するのが相当である」としつつ、「このような本人の対抗行為の違法性は、行為の状況全体によつてその有無及び程度が決せられるものであるから、これに関連するものである限り相手の侵害に先立つ状況をも考慮に入れてこれを判断するのが相当であり、また、本人の対抗行為自体に違法性が認められる場合にそれが侵害の急迫性を失わせるものであるか否かは、相手の侵害の性質、程度と相関的に

(19)　裁判例の分析については、橋爪隆「裁判員制度のもとにおける刑法理論」法曹時報60巻5号（2008年）16頁以下などを参照。
(20)　このような指摘として、佐伯・前掲注(11)154頁以下を参照。
(21)　この点について、香城敏麿「正当防衛における急迫性」香城敏麿＝小林充編『刑事事実認定——裁判例の総合的研究——（上）』（1992年、判例タイムズ社）273頁、栃木・前掲注(11)144頁などを参照。

考察し、正当防衛制度の本旨に照らしてこれを決するのが相当である」と判示しており、既に平成29年判例に親和的な判断が示されている[22]。

　このような事情を前提とすると、本決定は、侵害を予期している場合の急迫性の判断においては、積極的加害意思という心理状態よりも、むしろ積極的加害意思の認定において重視されてきた客観的事情それ自体が重要な判断基準となることを明示したものと評価することができる。従来の実務においては、客観的な行為状況から積極的加害意思の存否を認定し、それに基づいて侵害の急迫性要件を判断していたところ、本決定の理解によれば、端的に客観的な行為状況を判断基準として、侵害の急迫性が判断されることになる。

　本決定は、行為全般の状況において考慮されるべき事情を列挙した上で、これらの事情を考慮して侵害の急迫性を否定したものであるが、急迫性存否の判断の具体的な限界を明示しているわけではない。したがって、論理的には、本決定によって、昭和52年判例よりも侵害の急迫性が否定される範囲が広がる可能性があることは否定できない[23]。もっとも、本決定が掲げる具体的な事情は、従来の裁判例において積極的加害意思の認定の際に重視されてきた事情とほぼ重なっている。本決定が、積極的加害意思が認められる場合を急迫性が否定される典型例として挙げていることを併せて考慮すれば、昭和52年判例と本決定とで、急迫性の判断の結論が大きく異なってくるとは考えられない。かりにあるとすれば、これまでは多少無理をして積極的加害意思を認定していた事例について、積極的加害意思を認定することなく、客観的な行為状況から直接的に急迫性が否定される、という変化であろう[24]。このような意味において、本決定は昭和52年判例を変更するものではなく、むしろその趣旨を明確化したものとして評価すべきであろう[25]。

---

(22)　その他、客観的な事情を重視して急迫性を否定した裁判例として、大阪高判昭和62・4・15判時1254号140頁、大阪高判平成13・1・30判時1745号150頁、東京地判平成14・1・11公刊物未登載などを参照。

(23)　本決定においては、積極的加害意思が認められる場合が急迫性否定例の典型として示されていることから、昭和52年判例よりも急迫性が認められる範囲が拡張する可能性については、排斥されていると考えることができる。

(24)　この点について、佐伯・前掲注(2)21頁を参照。

なお、本決定の判断を前提にすると、積極的加害意思が認められる場合は、「行為全般の状況」の考慮によって急迫性が否定される事例の一例にすぎないことになる。そして、本決定の理解によれば、積極的加害意思の認定は急迫性を否定するための不可欠の要件ではないわけだから、今後の実務においては、積極的加害意思の存否が争点とされるケースは基本的に考えられないだろう。もちろん、今後の裁判例においても積極的加害意思という概念が用いられることはあるかもしれないが、それは「行為全般の状況」に基づく判断によって急迫性が否定されるという結論の言い換えにすぎず、実質的な判断基準としての意義を有しないことになると思われる[26]。もっとも、本稿の理解によれば、従来の実務においても、積極的加害意思は、一定の客観的な行為状況が認められる場合に事実上認められる意思にすぎないと解されるから、このような積極的加害意思の「形骸化」は所与の事実であり、本決定を契機とした変化ではないというべきであろう。

(2)　平成20年判例との関係

本決定は、侵害の急迫性の判断において客観的な事実関係を重視する点において、平成20年判例と共通する方向性を有する。もっとも、平成20年判例は、不正の行為による侵害の自招という客観的な事情を根拠として正当防衛状況を排除するものであるのに対して、本決定は、あくまでも侵害の予期が認められる場合に限った判断であり、判断資料を完全に客観化しているわけではない。このように両者は異なる次元の判断であり、今後の実務においても併用されることが予想される[27]。このことは、本決定が具体的な判断要素として掲げた事情の中から、不正の侵害を自ら招いたという事情が慎重に除

---

(25)　この点について、成瀬・前掲注(2)158頁、坂下・前掲注(2)24頁などを参照。これに対して、高橋（則）・前掲注(2)10頁は「実質的には判例変更されたと評価することも可能であろう」とするが、昭和52年判例は、積極的加害意思が認められる場合に急迫性が否定されるという趣旨であり、積極的加害意思が認められない場合には急迫性を否定する余地がない、という趣旨までを含んでいるわけではない。したがって、本決定がかりにこのような場合に急迫性を否定する趣旨のものであるとしても、それは判例変更と評価すべきではない。

(26)　この点について、高橋（直）・前掲注(2)13頁を参照。

(27)　このような指摘として、たとえば佐伯・前掲注(2)21頁などを参照。

外されていることからも明らかであろう[28]。本決定が、(平成20年判例のように)「反撃行為に出ることが正当とされる状況」ではなく、侵害の急迫性の存否を問題としているのも、本決定をあくまでも昭和52年判例の延長線上に位置づける趣旨に基づくものといえよう。

Ⅳ　「行為全般の状況」の意義

1　検討の視点

　平成29年決定は、侵害の予期が認められる事案の急迫性の判断においては、「対抗行為に先行する事情を含めた行為全般の状況」を考慮することが必要であると判示しているが、その「行為全般の状況」に関する具体的判断要素として、①行為者と相手方との従前の関係、②予期された侵害の内容、③侵害の予期の程度、④侵害回避の容易性、⑤侵害場所に出向く必要性、⑥侵害場所にとどまる相当性、⑦対抗行為の準備の状況、⑧実際の侵害行為の内容と予期された侵害との異同、⑨行為者が侵害に臨んだ状況及びその際の意思内容などが列挙されている。もちろん、これらの事情は全ての要素を機械的に判断する趣旨ではなく、「事案に応じ」て重要となる要素を取捨選択の上、その重みに応じて、適宜、考慮することを想定するものであろう[29]。したがって、これらの事情が相互にいかなる関係にあるか、また、いかなる方向で考慮されるべきかを明らかにすることが、今後の実務においても重要な意義を有することになる。

　上記①～⑨は侵害に先行する段階から、具体的に侵害を予期し、現実の対抗行為に至るまで、基本的に時系列に従った順序で列挙されているが、その内容に即した分類をするのであれば、侵害の予期に関わる事情(②、③、⑧)、侵害の事前回避に関わる事情(④、⑤、⑥)が中心的な内容になってお

---

(28)　この点について、照沼・前掲注(2)54頁を参照。これに対して、木崎・前掲注(2)56頁は、本決定の急迫性判断は平成20年判例と「実質的に同じもの」であるとするが、本決定が侵害の予期を前提にした判断であることを十分に評価しておらず、妥当ではないと思われる。なお、大谷・前掲注(2)10頁以下は、昭和52年判例、平成20年判例、平成29年判例をすべて自招侵害に関する判断として理解している。
(29)　この点について、中尾・前掲注(2)109頁を参照。

り、これに加えて、事前の行為者の対応（⑦）、実際に侵害に臨んだ状況（⑨）などがあわせて考慮されていると解される。以下では、これらの要素の位置付けについて、さらに検討を加えることにしたい。

2　侵害の予期の意義

　本決定は、あくまでも「行為者が侵害を予期した上で対抗行為に及んだ場合」に限って急迫性の判断方法を示すものであるが、「行為全般の状況」の判断要素として、さらに②予期された侵害の内容、③侵害の予期の程度が重ねて指摘されている。これは、侵害の急迫性を否定する上では（平成20年判例の射程が及ばない限り）一定のレベルの侵害の予期は最低限度必要であるとした上で、予期の程度や内容については、他の判断要素と相関的に考慮する余地を認める趣旨のものといえよう[30]。

　侵害の予期の程度について、最（二小）判昭和59・1・30（刑集38巻1号185頁）は、以前から不和であった被害者Hを難詰した後、同僚の仲裁が入ったにもかかわらず、Hが木刀で殴りかかってきたため、被告人が携帯していた理髪用ハサミで同人を殺害したという事件について、Hと喧嘩になる可能性をある程度予期していたと思われるにもかかわらず、「Hの木刀による攻撃は被告人の予期しなかつたことであつて、それは被告人に対する急迫不正の侵害というべき」と判示しており、これは急迫性を否定するためには、確実な予期が必要であるという趣旨の判断として理解されている[31]。確かに、相手方の攻撃を漠然と危惧しているだけで正当防衛の成立を排除することは妥当ではない。原則として、侵害の高度な予期がある場合に限って、急迫性を否定する余地を認めるべきであろう。もっとも、侵害の予期が急迫性判断において重要な意味を有するのは、予期を前提として侵害を回避することが可能であるにもかかわらず、あえて侵害を受け入れて侵害に対峙したという事実が、緊急状況性を失わせる点にある。このような前提からは、侵害の予期は、それ自体に独自の意義があるのではなく、一定の侵害回避措置を容易

（30）　この点に関する検討として、木崎・前掲注(2)48頁以下を参照。
（31）　この点について、松浦繁「判解」最判解刑事篇昭和59年度44頁を参照。

にし、それを行為者に要求させる点に意義が認められるから、一定の回避措置を要求できる程度の予期があれば、（急迫性を否定する前提としての）侵害の予期を認める余地があるように思われる[32]。

この点において示唆に富む最近の裁判例が、東京高判平成27・6・5（東高刑時報66巻1〜12号58頁）である。本件は、被告人が借金の弁済を求めて暴力団組員であった被害者に電話をしたところ、被告人の挑発的な発言などから口論になり、その後、被告人が別の暴力団に属する実弟Ａを自宅に呼び寄せた後、被害者らが来襲し、被告人およびＡに対する暴行に出たため、準備していたナイフを用いた刺突行為に及んだ事件であるが、原審である千葉地判平成26・10・22（公刊物未登載）が、被告人の予期の程度は「来るかもしれないし来ないかもしれないといった程度にとどまるというべき」であるから、「このような被告人の予期の程度を前提にすれば、被告人は警察へ通報すべきであったとか、被告人の生活拠点である被告人方から逃げることをすべきであったというのは甚だ酷であり、このような行動をとらなかったが故に正当防衛が許される状況であったことを否定することは相当ではない」として過剰防衛の成立を認めたのに対して、東京高裁は、「被告人としては、暴力団員である被害者らがこれに応じて被告人方に来て暴力を加えてくる可能性が高いと認識していた」と判断し、「被告人は……そのような事態を招いた自らの発言について被害者らに謝罪の意向を伝えて、そのような事態を解消するよう努めたり、そのような事態になっていることを警察に告げて救助を求めたりなどすることが可能であったのに、そのような対応をとることなく」対抗行為に及んだとして、侵害の急迫性を否定している。両判決はいずれも、被告人が事前にいかなる対応を講ずるべきかを問題にしつつも、被告人の侵害の予期の程度・内容に関する事実認定の相違によって、その結論を異にしたものといえる[33]。

平成29年判例についても、このような観点から理解することが可能である。すなわち本決定は、侵害の急迫性を否定するためには、ある程度具体的

（32）　この点について、橋爪・前掲注⑾312頁を参照。

（33）　この点について、橋爪隆「正当防衛論⑴」警察学論集69巻3号（2016年）162頁を参照。

な予期が不可欠の前提であると解しつつも、③侵害の予期の程度を、侵害回避の容易性等の他の判断要素と相関的に考慮するものと解される。たとえば高度の予期が認められるにもかかわらず、あえて現場に赴く場合には、現場に行かざるを得ない必然性が厳格に要求されることになる。また、侵害回避の手段として警察の救助の要請を想定する場合、これは警察内部の出動方針等にも依存する問題であるが、警察の迅速・確実な救助を期待できるだけの情報・根拠が必要であり、その前提として、高度で具体的な予期が要求される場合が多くなると思われる。

　②予期された侵害の内容についても、他の判断要素との関係で相関的に考慮することが可能である。行為者が生命・身体に対する危険性の高い侵害を予期した場合、これを排除するためには、行為者も致死的な防衛手段を用いざるを得ない場合が多いだろう。このような危険な実力行使に至る状況については、事前に回避すべき必要性が相対的に高まることになる。逆に、危険性の乏しい侵害を予期した場合には、その程度の侵害であれば私人が実力をもって対応することも一定の範囲では許容されうるとして、事前回避の必要性は後退するだろう。ここでも予期の内容を踏まえつつ、行為者が事前にどのように対応すべきかが、総合的に判断されることになる。

　最後に、⑧実際の侵害行為の内容と予期された侵害との異同である。これは、現実の侵害の内容が事前に予期された内容と大きく異なる場合には、侵害の急迫性が否定されない場合がある、という趣旨の判断であろう。具体的には、現実の侵害の危険性が事前の予期を大幅に上回っている場合（たとえば素手の喧嘩闘争を予期していたが凶器を用いた侵害に直面した場合）を想定したものだと思われる。本件事案は、被告人の事前の予期と現実の侵害行為が大きく異ならないため、この問題が顕在化していないが、私見によれば、予期と異なる侵害が現実化した場合であっても、なお急迫性を否定すべき場合はあり得るように思われる。たとえば行為者が喧嘩相手によるナイフなどを用いた侵害を予期しつつ、包丁を用意して現場に向かったが、喧嘩相手は複数であり、しかもけん銃による攻撃が切迫していたような場合である。この場合、実際の侵害行為の内容と予期された侵害の内容はかなり異なるといえるが、それでも行為者の反撃行為について急迫性を認めるべきではないだろ

IV 「行為全般の状況」の意義

う。そもそも行為者が現場に赴くべきではなかった以上、現実化した侵害がたまたま予期の程度を超えていたからといって、それだけで正当防衛の成立が認められるべきではないからである。実際、上記事例について、喧嘩相手がナイフで攻撃してきた場合には正当防衛できないが、けん銃で攻撃してきた場合には正当防衛が認められる余地があるという区別は、合理的であるように思われない。結局のところ、⑧の観点は、(a)予期された侵害の内容であれば、直ちに侵害回避が義務づけられるとまではいえない場合、あるいは、(b)予期された侵害を前提とした事前の回避措置（たとえば施錠して閉じこもるなど）では、現実の侵害に対応することができないような事例について、重視されるべきであるように思われる。

3　侵害回避に関連する要素

　続いて、侵害の事前回避に関連する要素について、検討を加えることにしたい。本決定は、④侵害回避の容易性を判断要素に掲げており、事前の侵害回避が容易な場合には、それにもかかわらず侵害を回避しなかったという事実を、急迫性を否定する方向で考慮するものといえる。⑤侵害場所に出向く必要性、⑥侵害場所にとどまる相当性という判断要素は、いわゆる出向き型、迎撃型の事例に即して、行為者に侵害の事前回避が期待できるかを問題にするものといえよう。これらの観点は、まさに侵害回避義務論が急迫性の判断において重視してきた事情である。たしかに昭和52年判例は、「刑法三六条が正当防衛について侵害の急迫性を要件としているのは、予期された侵害を避けるべき義務を課する趣旨ではない」として侵害回避義務を否定しているが、同判例も、「予期された侵害」全般を回避すべき義務を課すことを否定するものにすぎず、事前に侵害を回避すべき状況（＝侵害を回避しなかった場合、正当防衛による対抗が認められない状況）があり得ることを否定するものではないだろう。本決定は侵害回避義務論を正面から採用しているわけではないが、行為者にとって侵害を事前に回避すべき状況といえるか否かの判断が、少なくとも間接的には侵害の急迫性の判断を左右しうることを認めたものとして重要な意義を有する。

　本決定は④侵害回避の「容易性」という表現を用いているが、侵害回避が

249

「容易」か否かの判断においては、当該回避措置が行為者に期待できるか、行為者に特段の負担を強いるものではないか、という視点が当然に考慮されるべきであろう。客観的・物理的に侵害回避が可能であっても、それが行為者に十分に期待できるものでなければ、「容易」に履行可能な回避措置ということはできないし、それを行為者に義務づけることも正当化できないからである。⑤侵害場所に出向く「必要性」、⑥侵害場所にとどまる「相当性」という表現が用いられていることも、このような理解を裏付けるものであろう。

　このように本決定は、行為者に侵害の事前回避を期待することができるか、という観点を急迫性の重要な判断要素として位置づけている。したがって、侵害回避を期待する前提として、当該措置によって不正の侵害を確実に回避することができた可能性が要求されると思われる。この点については、侵害回避に関連する事情も急迫性判断の一資料にすぎない以上、一般的・類型的に回避が期待される状況であると評価できれば十分であり、個別の事案ごとに厳密な回避可能性を認定する必要はないという理解もあり得るのかもしれない。しかしながら、侵害の回避可能性が認められない場合、行為者が自らの生命・身体などの法益を保護するためには、対抗行為に出る以外には有効な選択肢がなかったわけだから、この場合に侵害の急迫性を否定し、対抗行為の正当化の余地を奪うことは明らかに不当であろう[34]。

　本件事案は、被告人がAに呼び出されて、自宅マンションを出て、Aが待つ路上に赴いた事案であり、いわゆる出向き型の事例である。したがって、本決定が、被告人が「Aの呼出しに応じる必要がな」かったことを指摘しているのは、⑤侵害場所に出向く必要性が乏しいことを示す趣旨であろう。も

---

(34)　不作為犯や過失犯においては、合義務的な行為を仮定した上で、結果回避可能性を厳密に要求する態度が定着している（最（三小）決平成元・12・15刑集43巻13号879頁、最（二小）判平成15・1・24判時1806号157頁などを参照）。本稿の理解からは、正当防衛における急迫性の判断においても、同様の判断が必要になる。さらに客観的には回避可能性が認定できる場合であっても、被告人が回避不可能と誤信して対抗行為に出る場合については、侵害の急迫性を否定する事情の不存在を誤信している以上、誤想防衛として故意阻却を問題とする余地があるだろう（もちろん回避可能性については未必的認識でもたりることになる）。

Ⅳ 「行為全般の状況」の意義

っとも、本決定は併せて「自宅にとどまって警察の援助を受けることが容易であった」という事実も指摘している。本件を出向き型の事例として理解するのであれば、侵害現場に行く必要がなかったという事実を示せば十分であり、この点について判示する必要はなかったはずである。具体的な事実関係が必ずしも明らかではないが、かりに本件事案において被告人がAの呼び出しに応じなかった場合、Aが被告人のマンションに来襲した可能性も否定できないことから、本決定は、本件事案が待ち受け型の事案に転化する可能性を想定した上で、その場合であっても、被告人が警察の援助によって侵害を回避するべきであった（＝したがって侵害の急迫性を否定すべき状況にあった）ことを明示しようとしたものかもしれない。あるいは、このような可能性の存否にかかわらず、本件事案のような場合には、被告人がいかなる対応を講ずるべきかを一般的に示そうとする趣旨なのかもしれない。いずれにせよ、あえて警察の援助を要請する可能性に言及している点が注目される。

　本決定は、「急迫不正の侵害という緊急状況の下で公的機関による法的保護を求めることが期待できないときに、侵害を排除するための私人による対抗行為を例外的に許容したものである」と判示し、正当防衛を公的救助が期待できない場合に限った補充的・例外的な違法性阻却事由と位置づけることによって、警察の救助を要請する義務を認めようとするものである。上記の引用部分からは、緊急状況下（＝急迫不正の侵害が現実化した状況）における公的救助の要請が問題になっているようにも読めるが、侵害が切迫した後に警察の保護を求めるということはほとんど不可能だから、本件事案を含めて、実際には不正の侵害が切迫する前の公的救助の要請が問題となる[35]。そして本決定が、侵害の事前回避の可能性に着目する以上、その1つの選択肢として、警察の救助の要請を位置づけることが可能であろう。もっとも、警察の援助の要請も侵害回避の1つの手段である以上、それが行為者にとって「容易」な回避手段であり、かつ、それによって確実に侵害が回避可能であ

---

(35)　松宮・前掲注(2)111頁以下は、「現に今、侵害を受けている状況に処する正当防衛や緊急避難」については（自救行為とは異なり）国家による救済を優先させる必要はないとするが、公的救助の要請は「現に今、侵害を受けている状況」に限って問題となるわけではない。

ることが必要になる。繰り返しになるが、警察の援助が確実に得られたと認定するためには、高度で具体的な侵害の予期が必要になるだろう。また、当然のことではあるが、実際に警察が現場に臨場するためにはある程度の時間を要する以上、侵害が時間的に差し迫った状況においては、確実な回避可能性を認定することが困難な場合が多いだろう。あくまでも警察の救助の要請は、これらの前提をクリアした場合に限って、行為者に要求できることに留意する必要がある[36]。

4 それ以外の行為状況の位置付けについて

既に見たように、本決定が列挙する判断要素は、侵害の予期に関連する事情と侵害の事前回避に関連する事情が中心になっているが、これらに還元できない事情も含まれているように思われる。これらの判断要素の理解について、さらに検討を加えることにしたい。

まず、①行為者と相手方との従前の関係である。これについては、従前の関係それ自体が急迫性の判断に影響を及ぼすわけではなく、侵害の予期の程度や回避措置の容易性、あるいは行為者の意思内容など、他の判断要素の認定に間接的な影響を有するものと解すべきであろう[37]。たとえば以前から険悪な関係であれば、侵害の予期の程度が高まる場合が多いだろうし、逆に以前からの交友関係があれば、話合いなどによって解決が付くと行為者が期待できる場合も考えられる。このように、①の観点が他の判断要素の存否を間接的に推認させるものにすぎないのであれば、これを過度に重視する必要はないと思われる。実際、本件において被害者Aは被告人の知人であったが、具体的な当てはめの部分では、この事実は特に指摘されていない。

次に、⑦対抗行為の準備の状況(特に、凶器の準備の有無や準備した凶器の

---

(36) 門田・前掲注(2)109頁は、公的機関による十全な法益保護が「制度的にも現実にも整っていない状況」では私人の防衛行為を許容すべきとするが、警察の救助が確実ではない場合にそれが義務づけられないのは当然である。本稿が問題としているのは、警察の救助を得られることが確実であり、行為者もそのことを認識している場合であっても、警察の救助を要請せずに実力行使が正当化できるか、という点である。
(37) 同様の指摘として、小林・前掲注(2)143頁を参照。

性状等）である。凶器を事前に準備したり、これを現場に携行したという事情は、従来の実務においては、積極的加害意思を推認する事情として重視されてきた[38]。平成29年決定を前提とした場合、行為者の積極的加害意思の在否を認定する必要はないことになるが、それでもなお本決定がこのような事情を判断要素として明示したのは、凶器の事前準備という事実それ自体が、平成29年判例の枠組みにおいても、（積極的加害意思の存否とは別個独立に）侵害の急迫性の判断において重視されることを示す趣旨であろう。危険性の高い凶器を準備するという行為には、法秩序が許容しない私的闘争を受けて立つ態度が示されており、それ自体が正当化を否定する方向に機能する、ということかもしれない。

　しかし、私自身は、凶器の準備それ自体に独自の意義を認めるべきではないと考える。もちろん殺傷能力の高い凶器を事前に準備したという事情は、危険性の高い侵害を高度に予期していたという事情を推認させるものである。また、凶器を準備して現場に赴いたという事実から行為者がもっぱら加害行為を目的に現場に赴いたという事実が認定できる場合、それによって、現場に出向く必要性が乏しかったという評価に至りうるだろう。このように、凶器の事前準備が他の判断要素に間接的な影響を及ぼすことについては、もちろん異論はない。しかしながら、行為者が危険性の高い侵害を十分に予期しており、侵害現場に赴く必要性が乏しいにもかかわらず、あえて侵害現場に赴き、不正の侵害に直面した事例について、自分の腕力を過信した行為者が凶器を持参せずに現場に赴いた場合と、慎重な行為者が包丁を隠し持って現場に赴いた場合とで、急迫性の存否の判断が異なってくるとは思われない。もちろん、危険性の高い侵害を十分に予期した場合に行為者が前者のような対応をすることはほとんど考えられない（逆にいうと、前者のような対応をする場合、侵害の予期の程度が低いか、あるいは、危険性の低い侵害を予期している場合がほとんどであろう）。したがって、この点は説明の違いにとどまるのかもしれない。

（38）　たとえば安廣文夫「正当防衛・過剰防衛に関する最近の判例について」刑法雑誌35巻2号（1996年）83頁以下などを参照。

検討を要する重要な問題が、⑨「行為者が侵害に臨んだ状況およびその際の意思内容」の意義である。「侵害に臨んだ状況」という表現は、昭和52年判例の「積極的に相手に対して加害行為をする意思で侵害に臨んだとき」に対応するものであろう[39]。積極的加害意思が不正の侵害に先行する事前の意思内容であることにかんがみれば、この「侵害に臨んだ状況およびその際の意思内容」は、侵害に先行する客観的・主観的状況全般を意味するようにも理解できる。それであれば、これは、不正の侵害に先行する状況全般をカバーするものにすぎず、いわば①ないし⑧の判断要素の包括的な受け皿としての機能を有するにすぎないことになる。

　もっとも、本決定は、侵害の急迫性の判断に際しては、「対抗行為に先行する事情を含めた行為全般の状況」に照らした検討が必要であると判示しており、判断資料とされるべき「行為全般の状況」には、「対抗行為に先行する事情」以外の事情、すなわち、現実の対抗行為段階の状況が含まれているように読める[40]。実際、本決定は、その結論部分においても、「Aがハンマーで攻撃してくるや、包丁を示すなどの威嚇的行動を取ることもしないままAに近づき、Aの左側胸部を強く刺突した」という現実の対抗行為段階の事情を指摘している。かりに、本決定が急迫性の判断において、現実の対抗行為段階の状況を考慮するものであれば、正当防衛状況である侵害の急迫性の判断において、防衛行為段階の事情を考慮することの当否が問題となる。

　この点については、現実の防衛行為段階の事情は、それ自体が急迫性の判断に影響を有するわけではなく、侵害に先行する事情を間接的に認定する事情にすぎない、という理解もあり得る[41]。本件事案についていえば、被告人

---

(39)　この点を指摘するものとして、橋田・前掲注(2)155頁を参照。
(40)　なお、本決定が「侵害に先行する事情」ではなく、「対抗行為に先行する事情」という表現を用いていることを重視して、侵害が切迫した後の事情も考慮されていることを指摘する見解も存在するが（たとえば小林・前掲注(2)144頁、坂下・前掲注(2)28頁など）、判例が両者の区別を厳密に意識しているかは定かではない（たとえば安廣・前掲注(4)142頁、150頁などの記述からは、両者を厳格に区別しようとする感覚は窺われない）。いずれにせよ、本決定は「対抗行為に先行する事情を含めた行為全般の状況」という表現を用いているから、「行為全般の状況」として侵害切迫後の事情が含まれ得ることは、本文のとおりである。
(41)　このような理解として、大塚・前掲注(2)16頁を参照。

IV 「行為全般の状況」の意義

が威嚇的行動を取ることもなく、直ちに刺突行為に及んだという事情は、A
のハンマーによる攻撃が被告人の予期したとおりであったこと（侵害の予
期）、また、被告人がAとの話合いなどの意図を有しておらず、もっぱら喧
嘩闘争に応ずる意図で現場に出向いたこと（現場に出向く必要性の不存在）な
どを推認させる事情ということになる。

　しかし、本決定があえて「対抗行為に先行する事情」だけではなく「行為
全般の状況」を考慮すべきと判示していることを重視するのであれば、本決
定は、現実の防衛行為段階の状況それ自体が、急迫性の判断に影響を及ぼす
余地を認めたものと解することもできる。むしろ、これが本決定の素直な理
解だろう(42)。このような理解からは、(1)対抗行為に先行する事情を考慮した
場合、急迫性を否定すべき状況にあるといえるが、現実の防衛行為段階にお
いて防御的な行動に終始していた場合などについては、例外的に急迫性を肯
定する余地が認められることになる(43)。あるいは(2)侵害を予期しつつ現場に
赴いたものの、現場で翻意して退避行為に出たが、結局、追い詰められて対
抗行為に至ったような事例についても同様の理解が可能かもしれない。これ
に対して、現実の防衛行為段階の事情を逆の方向で考慮すること、すなわ
ち、事前の事情だけを考慮した場合には急迫性が否定されない状況におい
て、現実の対抗行為の攻撃性、過剰性などを考慮して急迫性を否定すること
は（本決定の理解を前提としても）正当化されないだろう。このような理解か
らは、防衛意思が欠如する事例（あるいは相当性の逸脱が著しい事例）につい
ては翻って急迫性も否定されることになり、これらの要件の区別が失われ、
妥当ではないからである。

　以上が本決定の⑨の判断要素の意義に関する分析であるが、これを踏まえ
て、私自身の理解について簡単に述べておくことにしたい。侵害回避義務論
の理解を前提とした場合、予期された侵害に対して事前の回避義務が課され
るか否かは、侵害切迫前の段階で判断される以上、その後、行為者の予期を

----

(42)　このような理解として、佐伯・前掲注(2)22頁を参照。

(43)　この点に関連して、坂下・前掲注(2)28頁は、本決定は現実になされた対抗行為が事
　　前の「対抗行為意思の現実化といえるか」を重視したものと解するが、本決定は事前の
　　対抗意思を不可欠の要素として理解していない以上、本決定の理解としては疑問がある。

超えた事態が生じ、回避義務が課された侵害と別個の侵害が現実化したと評価できるような例外的な場合を除き、急迫性の存否の判断が、その後の事情によって事後的に覆されることはあり得ない、という結論に至る[44]。たとえば上記(2)のような事例の場合、そもそも行為者は現場に赴くべきではなかった以上、侵害の急迫性を否定するという結論には変わりはないと思われる。たとえば本件の事案において、被告人が現場でまず威嚇的行動や回避的行動に出ていたとしても、最終的には、本件と同様の刺突行為に至ったのであれば（もちろん現場の行動によって、事前の主観的・客観的事情が異なって認定される可能性はあるが、その点を措くとすれば）急迫性を否定するという結論は異ならないと思われる。

　これに対して、上記(1)の事例のように、行為者が防御的行動に終始している場合については、異なって解する余地があるようにも思われる。そもそも侵害回避義務論の出発点は、私的闘争を回避し、侵害者・防衛行為者双方の利益を可及的に保護するという点にあった。このような理解からは、侵害者に対する重大な法益侵害を伴わない防御的な防衛については、一般的には侵害回避義務が課される場合であっても、なお例外的に私人による対抗行為の正当化を認める余地があるように思われる。防御的な防衛に伴う法益侵害・危険は、警察や第三者の助力を要請した場合であっても同様に生じうる事態にすぎないし、また、行為者が防御的防衛に終始している場合、それは不法な私的闘争の現実化とまでは評価できないからである。防御的な防衛を目的として現場に赴くことには正当な利益があるとして、これを侵害回避義務論の一般論に解消させることもあり得るが、むしろ防御的防衛については侵害回避義務の射程は及ばないと解した方が明快であろう[45]。

Ⅴ　おわりに

　平成29年判例は、侵害の予期が認められる事案について、行為者に事前の侵害回避が期待できる状況といえるかなどの事情を重視して、行為者にとっ

---

(44)　同様の観点から本決定を批判するものとして、小林・前掲注(2)144頁などを参照。

ての緊急状況性、すなわち侵害の急迫性を判断するものといえる。これが侵害回避義務論に親和的な判断であることは否定できないだろう[46]。もっとも、これは現在の裁判実務を大きく改めるものではない。繰り返しになるが、これまでの裁判実務においても、行為者に事前の侵害回避が要求されるような客観的事情を間接事実として、積極的加害意思が認定される傾向があった以上、かりに積極的加害意思という概念が援用されないとしても、急迫性の判断が大きく異なってくることは考えにくいだろう。

　もっとも、平成29年判例を前提とした場合、今後の実務においては、行為者の意識内容の認定が重視されるのではなく、むしろ対抗行為に先行する段階の行為者の対応・措置の評価が重要な問題となるだろう。この判断においては、とりわけ裁判員裁判を視野に入れた場合、「被告人は予期された侵害にどのように対応すべきだったか」という観点が重視されるべきであろう。その際には、冷静な第三者の事後的な視点からあるべき対応を検討するのではなく、緊急状況に置かれており、興奮・狼狽している当事者の状況を十分に考慮した検討が必要になる。さらに、行為者に期待される措置によって、そもそも不正の侵害を確実に回避することができたのかについても検討することが必要となるだろう。警察の救助を要請すべき事例についても、迅速・確実な警察の救助が十分に期待できる状況といえるかについて、慎重な検討が要求されるべきである。侵害の回避可能性が認定できない場合には、そもそも侵害の事前回避を期待する前提が失われるのである。これらの点が、今後の裁判実務において、明確に意識されることを強く期待したい。

---

(45)　このような理解からは、事前に侵害を回避すべき義務が課される場合には、相手を取り押さえるなどの防御的な行為以外の対抗行為が排除され、その結果、防御的行動以外の対抗行為に限って侵害の急迫性が否定されることになる。私自身、これまでの論稿においては防御的防衛に終始した場合についての検討が不十分であったが、侵害回避義務が課される場合であっても、行為者は私人として現行犯逮捕が可能である以上、（もちろん不正の侵害が常に犯罪を構成するわけではないから、現行犯逮捕と同視することはできないが）逮捕行為と同様の法益侵害については、正当防衛としても正当化の余地を認める必要があると考えるに至り、この点に限って理解を改めた次第である。

(46)　この点について、前田・前掲注(2)16頁、大塚・前掲注(2)16頁、佐伯・前掲注(2)22頁などを参照。中尾・前掲注(2)108頁においても（本決定の解説という趣旨ではないが）侵害回避（退避）義務の観点に関する言及がある。

平成29年判例が侵害回避義務論に親和的な判断であると述べたが、本決定には、その観点だけからは十分に説明できない判断要素も組み込まれていることも事実である。現実の対抗行為段階の事情を考慮する余地を認めるのも、その1つの現れであろう。私自身は、行為者がもっぱら防御的防衛に終始した場合を除いては、侵害回避義務論の前提を修正する必要はないと考えているが、この点については、今後の裁判実務の動向を見据えつつ、さらに考えてみたい。

（はしづめ・たかし）

自招侵害、自招危難、強要による行為に関する一考察

——法益衝突状況の自招と法益の保護——

岡　本　昌　子

Ⅰ　は じ め に
Ⅱ　法益衝突状況の自招と正当防衛・緊急避難の成否との関係
　　——相当性の要件を中心に——
Ⅲ　法益衝突状況における法益の保護
Ⅳ　お わ り に

Ⅰ　は じ め に

(1)　強要による行為について初めて緊急避難の成立を認めた東京高裁平成24年12月18日判決[1]（以下、「本高判」と称する。）は、強要による行為の事案であったという点以外にもいくつかの特徴があった。その一つが、強要者による強要行為（つまり危難）が被告人により招致されたといい得るものであったという点である。

　正当防衛の成否が争われる事案は、教壇事例のように突然襲われるというより、なんらかの経緯やきっかけによって相手が攻撃を加えてくるというものであり、適正かつ妥当な正当防衛の成否の判断を行うにあたり、攻撃に先行する事情をどの範囲でどのように考慮すべきかが問題となる。自招侵害の問題も、かつては正当防衛の名の下に相手を侵害しようと意図して挑発したという、いわゆる意図的場合に焦点が置かれていたが、現在は、攻撃に先行する事情が存在する事案における正当防衛の成否の問題として議論されてい

（1）　判タ1408号284頁。

るといえる。自招侵害も自招危難も、攻撃・危難に先行する事情、つまり、被告人による攻撃・危難招致行為が存在するという点で共通しており、自招危難は「基本的には自招侵害と同様に解決されるべき」[2]と説明されることが多い。この点において、本高判が緊急避難の成否の判断において自招性をどのように考慮したのか、いいかえると、避難行為者の危難の自招が緊急避難の成否の判断にどのような影響を与えたのかを考察することは、自招侵害の研究に資するといえるであろう。

(2) 本高判の事案は、強要された行為が、第三者への行為ではなく、被告人自身への行為であったという点でも特徴があった。自招侵害と自招危難を比較検討する際、いうまでもなく、そこには留意すべき種々の点がある。たしかに、法益衝突状況を防衛行為者・避難行為者が自ら招いたという点では自招侵害と自招危難は共通しているものの、緊急避難[3]については、正対正の関係にあることから、そもそも違法性阻却事由と解するか否かにおいて争いがある。この緊急避難の法的性格について、緊急避難を違法性阻却事由であると解する立場や違法性阻却を基本とする二元説の立場等からは、自招侵害と自招危難を同様に解することができ、また、そのように解する方が整合性を有すると思われるが、自招危難の典型例は、自己を守るために危難とは無関係の第三者へ危難を転嫁するのに対し、自招侵害の典型例では、防衛行為により法益を侵害されるのは、無関係の第三者ではなく、(被挑発者であるとはいえ、攻撃を行ったという点で帰責性のある)攻撃者であるという点で大きな違いがある。この点において、本高判の事案が第三者への行為の強要ではなかったという点は注目すべき特徴といえよう。

さらに、防衛行為・避難行為による法益の保護と法益の侵害という観点から改めて考えてみると、以下の点からも本高判の考察は自招侵害の研究に資

---

(2) 小林憲太郎「刑法判例と実務——第11回　緊急避難」判時2305号（2016年）9頁。
(3) 緊急避難については、攻撃的緊急避難と防御的緊急避難に分けて検討する見解が主張されており、これに対し、両者を分けて検討する意義はないとの主張もなされているところであるが（奥村正雄「緊急避難の法的性格をめぐる問題」同志社法学56巻6号（2005年）619頁以下、佐伯仁志『刑法総論の考え方・楽しみ方』〈2013年、有斐閣〉195頁等参照。）、本稿の趣旨からは、危難に遭遇していない第三者に避難行為を転嫁する攻撃的緊急避難を想定している。

Ⅱ　法益衝突状況の自招と正当防衛・緊急避難の成否との関係　──相当性の要件を中心に──

するといえるのではないだろうか。自招侵害については、自招者であり後の防衛行為者であるＸがＹを挑発し、それにより攻撃してきたＹに対して自己の身を守るために防衛行為を行った場合（以下、「自招侵害の典型例」と称する。）について専ら議論され、ＸがＹを挑発したところ、それによりＹが挑発とは無関係のＡに対して攻撃して来たことから、ＸがＡを守るために防衛行為を行った場合（以下、「自招侵害の第三者防衛ケース」と称する。）については先の典型例ほど議論されてこなかったといえよう[4]。自招侵害の典型例において正当防衛が否定されるような自招行為によって自招侵害の第三者防衛ケースが招致された場合、後述のように、両立不可能な複数の法益が衝突する状況（いいかえると、保護法益が併存する二律背反的状況）となり、そこには、自招危難や強要による行為において繰り広げられている、法益衝突状況における問題解決の難しさとの類似性を見出すことができるように思われる。

　以上のような問題意識から、本高判を素材として、自招侵害、自招危難、強要による行為について、法益衝突状況の自招と正当防衛・緊急避難の成否との関係、そして、法益衝突状況における法益の保護という観点から若干の検討を行い、自招侵害の議論に新たな視点を提供することを試みたい。

Ⅱ　法益衝突状況の自招と正当防衛・緊急避難の成否との関係 ──相当性の要件を中心に──

⑴　自招侵害や自招危難は、法益衝突状況が防衛行為者、避難行為者によって招致された場合であるが、強要による行為の事案も、危難にあたる強要が避難行為者によって招致される場合があり得る。本高判の事案は、被告人Ｘが、警察官からの覚せい剤密売事件の情報提供の依頼を受けて、捜査対象者であったＹに自ら会いに行ったところ、Ｘの挙動を不審に思ったＹからけ

───────────────────────────────

（4）　自招侵害の第三者防衛ケースについて検討したものとして、齊藤誠二『正当防衛権の根拠と展開』（1991年、多賀出版）340頁以下、津田重憲『緊急救助の基本構造』（1998年、成文堂）63頁以下、橋爪隆『正当防衛論の基礎』（2007年、有斐閣）327頁以下等が挙げられる。

261

ん銃をこめかみに突きつけられ、目の前にあった覚せい剤を注射するよう強要されたというものであった。本件について、東京高裁は、Xが自己の身体に覚せい剤を注射した行為について、Yからけん銃をこめかみに突きつけられていたことから現在の危難の存在を認め、そして、やむを得ずにした行為といえるか否かの判断において、「覚せい剤を使用する以外に他に取り得る現実的な方法はなかった」とし、また、「本件において危難にさらされていた法益の重大性，危難の切迫度の大きさ，避難行為は覚せい剤を自己の身体に注射するというものであることのほか，本件において被告人が捜査対象者に接触した経緯，動機，捜査対象者による本件強要行為が被告人に予測可能であったとはいえないこと等に照らすと，本件において被告人が覚せい剤を使用した行為が，条理上肯定できないものとはいえない。」として緊急避難の成立を認めた。

　東京高裁が、条理上肯定できるか否か、つまり相当性の要件(5)の判断において、判例が同要件において従来問題としてきた、侵害法益と保全法益が著しく不均衡かどうかという点以外に、XがYに接触した経緯、動機、Yによる本件強要行為に対するXの予測可能性を検討したのは、危難の自招性を考慮したからであろうと指摘されており(6)、経緯、動機、予測可能性から緊急避難を否定するような自招性についての帰責性がXに認められるかを判断したものと思われる(7)。

　本高判が踏襲した、最大判昭和24年5月18日裁判集刑10号231頁は、「『已ムヲ得ザルニ出タル行為』というのは当該避難行為をする以外には他に方法がなく、かかる行動に出たことが条理上肯定し得る場合を意味する」と判示

（5）　学説は一般にこれを相当性の要件と呼んでいることから、本稿でも相当性の要件と称する。
（6）　橋田久「刑事裁判例批評（241）　強要されて実行した覚せい剤使用罪につき緊急避難の成立を認めた事例」刑ジャ38号（2013年）84頁、小林・前掲註(2)9頁、永井紹裕「覚せい剤使用罪につき、緊急避難の成立を認め無罪とした事案」早稲田法学90巻2号（2015年）130頁。なお、安田拓人「第37条　緊急避難」大塚仁＝河上和雄＝中山善房＝古田佑紀編『大コンメンタール刑法［第3版］第2巻』（2016年、青林書院）700頁も参照。
（7）　判タ1408号（2015年）285頁も、「本件強要行為を招いたことにつき，被告人に何らかの帰責性が認められるような場合には,本件覚せい剤使用について条理上肯定できず,やむを得ずにした行為とはいえないと判断される可能性もあろう。」と指摘する。

しており、判例は、緊急避難の成立要件として、現在の危難、法益（害の）権衡、そして、やむを得ずにした行為であること、つまり、補充性と「かかる行動に出たことが条理上肯定し得る」こと（相当性）を要するとしている。本高判は先のように「本件において被告人が捜査対象者に接触した経緯，動機，捜査対象者による本件強要行為が被告人に予測可能であったとはいえないこと等に照らすと，……条理上肯定できないものとはいえない。」として緊急避難の成立を認めていることから、自招性を相当性の要件において考慮しているといえよう。

(2)　自招危難について、大判大正13年12月12日刑集３巻867頁は、「社會ノ通念ニ照シ已ムヲ得サルモノトシテ其ノ避難行爲ヲ是認スル能ハサル場合ニ之ヲ適用スルコトヲ得サルモノト解スヘキ」とし、避難行為を是認し得る場合には自招危難であっても緊急避難が成立する余地を認めたが、下級審では自招危難においては緊急避難は成立しないとする判例が下されている[8]。もっとも、それら判例は、自招危難について具体的な基準、問題解決の方法を明確には示してこなかったとされる[9]。

自招危難に関する学説は、多岐にわたり、自招侵害同様に、要件論の枠内で解決する見解と枠外で解決する見解に大別され[10]、現在、利益衡量説や（限定された範囲に限るとする見解も含めると）原因において違法な行為の理論による解決を主張する見解等が有力に主張されている。本高判のように、相当性を否定することによって緊急避難の成立を否定する見解[11]も古くから主張されてきたが、同見解に対しては、「緊急避難の要件への問題のあてはめ

（8）　名古屋高裁金沢支判昭和32年10月29日裁特４巻21号558頁、東京高判昭和45年11月26日東高刑時報21巻11号408頁、東京高判昭和47年11月30日刑月４巻11号1807頁等。
（9）　山口厚「自招危難について」『刑事法学の課題と展望　香川達夫博士古稀祝賀』（1996年、成文堂）201頁、小名木明宏「自招危難について」刑雑44巻２号（2005年）14頁等。
（10）　自招危難に関する学説について、山口・前掲註(9)201頁以下、小名木・前掲註(9)14頁以下、深町晋也「37条　緊急避難」西田典之＝山口厚＝佐伯仁志編『注釈刑法　第１巻』（2010年、有斐閣）487頁以下、山本輝之「自招危難」山口厚＝佐伯仁志編『刑法判例百選Ⅰ総論［第７版］』（2014年）66頁以下、安田・前掲註(6)705頁以下等参照。
（11）　佐伯千仭『刑法講義（総論）［四訂版］』（1981年、有斐閣）208頁、米田泰邦『犯罪と可罰的評価』（1983年、成文堂）158頁以下、高橋敏雄『違法性論の諸問題』（1983年、有斐閣）182頁、松宮孝明『刑法総論講義［第５版］』（2017年、成文堂）160頁以下等。

が行われただけで、問題解決の指針自体は何ら与えられていないといわざるをえないであろう。」[12]、「実際には何もいっていないに等しい。」[13]等の批判がなされている。

　もっとも、この相当性の要件については、「学説における相当性と判例における相当性とでは，問題となる局面がかなり異なる」[14]と指摘されている。つまり、判例では、先に触れたように、「保全法益と侵害法益との均衡を著しく失する場合」[15]に相当性の要件が問題となるのに対して[16]、学説が相当性の要件において議論してきたのは、いわゆる雨傘事例、強制採血事例、強制臓器移植事例等、規範的に緊急避難の成立を認めるべきかが問題となる場合であるという点である。

　(3)　そもそも、学説においては、緊急避難の要件として、現在の危難の存在、法益権衡、補充性以外に相当性の要件を要するかという点について争いがある。相当性の要件不要説は、相当性の要件を要するとする理論的根拠が不明であり[17]、そして、同要件の内容も不明確であると指摘する[18]。また、同要件は「相互共助の限界を画する要件として注目される」[19]としつつも、「きわめて包括的な概念であることから、これを規範的な意味での補充性……や、衡量される法益の要保護性に還元した方が思考過程の可視化に資するであろう。」[20]との主張もなされている。これに対して、相当性の要件必要説は、補充性や法益権衡の要件を満たしたとしても第三者に危難を転嫁することが妥当でないと思われるケースについて刑法37条の適用を否定するにあ

---

(12)　山口・前掲註(9)203頁。なお、奥村・前掲註(3)627頁も参照。

(13)　西田典之『刑法総論［第2版］』（2010年、弘文堂）147頁。

(14)　深町・前掲註(10)492頁。

(15)　深町・前掲註(10)493頁。なお、橋田・前掲註(6)84頁も同旨。

(16)　大阪高判平成10年6月24日高刑集51巻2号116頁、東京地判平成8年6月26日判時1578号39頁等。なお、近時の判例について、遠藤聡太「緊急避難論の再検討(2)」法学協会雑誌131巻2号（2014年）468頁以下参照。

(17)　山口・前掲註(9)203頁、同『刑法総論［第3版］』（2016年、有斐閣）154頁。

(18)　林幹人『刑法総論［第2版］』（2008年、東京大学出版会）212頁、山口・前掲註(9)203頁等。

(19)　松原芳博『刑法総論［第2版］』（2017年、日本評論社）192頁。

(20)　松原・前掲註(19)192頁。

Ⅱ　法益衝突状況の自招と正当防衛・緊急避難の成否との関係　——相当性の要件を中心に——

たり相当性の要件が必要であると主張する。

　もっとも、同要件不要説は、同要件必要説が同要件において扱う内容を実質的には法益権衡（害の均衡）要件や、補充性の要件において考慮しており[21]、両説の違いは、純客観的な法益衡量は満たすものの、規範的には緊急避難を認めるべきではないケースを刑法37条から除外する機能（役目）を法益権衡や補充性の要件に担わすと解するか、相当性の要件で担わすかという違いにすぎないともいえる。優越的利益説に対して「すべての事情を考慮に入れて保全法益と侵害法益の要保護性を比較するのでは，結局，緊急避難における違法性阻却の判断のほとんどすべてが，害の均衡要件で行われることになってしまい妥当でない。」[22]との指摘や「『補充性』や『均衡性』を規範的に捉えれば，それで足りるかもしれないが，それらを事実的な可能性の比較（代替手段の仮定・被害の予想）に限るのならば，それらを超える幾つかの観点が『相当性』として議論される。」[23]という指摘はこのことを物語っている[24]。

　相当性の要件不要説の主張の背景には、先の指摘にも表れているように、相当性の要件が規範的な意味合いをもつことから[25]無限定なものとなり得るとの危惧が存在しているように思われる[26]。先に触れたように、判例は、相当性の要件について、「条理上肯定できるか否か」という、法益の均衡を著しく失しているだけでなく、避難行為として相当とはいえない、つまり規範

---

(21)　例えば、山中敬一『刑法総論［第３版］』（2015年、成文堂）568頁は、「自律性を利益衡量の因子とすることで、従来、『避難行為の相当性』……の問題ないし『社会相当性』……として取り扱われてきた問題を解決することができる。」とされる。安田・前掲註(6)700頁も参照。

(22)　佐伯・前掲註(3)194頁。

(23)　小田直樹「避難行為の相当性」山口＝佐伯編・前掲註(10)65頁。

(24)　小名木・前掲註(9)145頁以下、同「緊急避難における利益衡量と相当性についての一考察」法学研究67巻６号（1994年）34頁以下も、この相当性と利益衡量説との関係について指摘されている。

(25)　佐伯・前掲註(3)192頁註45)。なお、米田泰邦『緊急避難における相当性の研究』〔司法研究報告書第19輯第２号〕（1967年）17頁の、相当性の要件は「複雑な社会現実に矛盾なく対応し妥当な帰結を獲得するために不可欠なある種の柔軟性を与えるという役割を果たすにふさわしいものではあるまいか。」との主張は、この点を如実に示すものといえよう。

的に緊急避難を認めるに相当でないという意味をも包含し得る表現を用いている[27]。本高判は、従来判例が「条理上肯定し得るか否か」という相当性の要件を「害の均衡の延長線上で捉えて」[28]きたのに対して、本件が自招性の認められる事案であったことから「条理の要件に害の均衡を超える内容を盛り込んだ」[29]と評されている。つまり、相当性の要件を「国家がその転嫁行為を選択肢として受け容れるほどの状況であったか」[30]という規範的制約を担う要件として機能させていることがわかる。そこには、正当防衛における「やむを得ずにした」行為の要件をめぐる議論との類似性が見られる。そして、自招危難について相当性を否定する見解は、「『やむを得ずにした』という文言の下、ないしは緊急避難の書かれざる要件として緊急避難行為の『相当性』を解釈し、自招危難の場合を緊急避難行為として相当かどうかを検討しようとするもの」[31]であるが、同見解に対して、(そもそも相当性の要件不要説から批判があるだけでなく、)「『われわれはそのような行為を緊急避難としては認めない』という以上の説明となっているかには疑問があるといえよう。この意味で、……一般法理を援用する見解と、条文上の要件に依拠するという(それ自体としては評価しうる)点を除けば、基本的に差異はない」[32]との指摘がなされており、自招侵害を相当性の要件において解決すべきとする見解の問題点を彷彿とさせる[33]。「やむを得ずにした」という文言は刑法36条にも37条にも存在するが、正当防衛には不正対正であるゆえに法益権衡

---

(26) 井田良『講義刑法学・総論』(2008年、有斐閣)305頁註19)は、相当性の要件を要求すると、ことごとく緊急避難は否定されていくであろうと指摘し、この点からも二分説による合理性ある限定を行うべきであると主張される(同303頁)。もっとも、先に触れたように、優越的利益説の立場から相当性の要件を不要とする見解においても、法益権衡要件において何を考慮するのかという点において同様の危惧は存在するといえる。

(27) 佐伯・前掲註(3)191頁も、「事実としては法益衝突状態にあっても,規範的に法益衝突状態が否定されるべき場合はあるのであり,その判断を相当性の要件で行っているのである。条文の解釈としても,『やむことを得ない』という言葉の意味として,相当性の要件を読み込むことは,むしろ自然な解釈だと思われる。」とされる。

(28) 橋田・前掲註(6)84頁。

(29) 橋田・前掲註(6)84頁。

(30) 小田・前掲註(23)65頁。

(31) 小名木・前掲註(9)145頁。

(32) 山口・前掲註(9)204頁。

Ⅱ　法益衝突状況の自招と正当防衛・緊急避難の成否との関係　──相当性の要件を中心に──

にあたる文言は存在しないのに対して、緊急避難には正対正ゆえに「これによって生じた害が避けようとした害の程度を超えなかった場合」という文言がさらにあることから、正当防衛における相当性の要件以上に緊急避難における相当性の要件は規範的内容を担いやすく、自招危難を相当性の要件で解決する見解が主張されるのは（その是非は別として）ある意味、自然の流れともいえよう。

　⑷　ところで、本高判は、危難の予測可能性を相当性の要件において検討している。この点について、予測可能性は現在の危難の要件において検討すべきであるとの批判がなされている[34]。さらに、「緊急避難においては，かかる規範的な期待（自招侵害における被挑発者に対する，通常は侵害行為に出ないという規範的期待（筆者註））は通常は問題とならないため，危難の確実な『予期』も不要となる」[35]との指摘もなされている。

　自招侵害についても、最（一小）決昭和52年 7 月21日刑集31巻 4 号747頁を踏襲して、防衛行為者に攻撃の予期と積極的加害意思が認められる事例については急迫性の要件を否定するものが多かったが、自招侵害に対する初めての最高裁判例である最（二小）決平成20年 5 月20日刑集62巻 6 号1786頁は、自招者の予測可能性等の主観面を一切考慮せずに正当防衛を否定している[36]。本最決以降、本最決と同様に予測可能性を考慮しない下級審判例が下される一方、自招者の予期を考慮して急迫性を否定する判例も依然として下されている[37]。本高判も、自招性から危難の予測可能性を考慮しており[38]、判例は、法益衝突状況について自招性が認められる場合、予測可能性を判断要素とするものとそうでないものとに分かれ、さらに、前者においても、そ

────────────

(33)　詳しくは、拙稿「正当防衛状況の創出と刑法三六条」瀬川晃編『大谷實先生喜寿記念論文集』（2011年、成文堂）421頁以下を参照されたい。

(34)　神元隆賢「強要緊急避難の成立を認め無罪を言い渡した事例」北海学園大学法学研究49巻 1 号（2013年）216頁以下、高良幸哉「刑事判例研究⑷」法学新報122巻 3 ＝ 4 号（2015年）304頁。なお、永井・前掲註⑹131頁は、本件について予測可能性が否定された点について疑問を呈されている。

(35)　深町・前掲註⑽488頁。

(36)　三浦透「被告人が，自らの暴行により相手方の攻撃を招き，これに対する反撃としてした傷害行為について，正当防衛が否定された事例」最判解刑事篇（平成20年度）（2012年）428頁以下等参照。なお、拙稿・前掲註㉝435頁も参照されたい。

267

れをいずれの要件の存否において考慮するかにおいて、急迫性・現在性の要

(37)　橋爪隆「第3回　正当防衛(1)――緊急状況性の判断」警論69巻3号（2016年）163
頁以下、橋田久「過剰防衛の成立を認めた原判決が急迫の侵害を欠くとして破棄された
事例」平成27年度重要判例解説〔ジュリ1492号臨時増刊〕（2016年）147頁以下、瀧本京
太朗「自招防衛論の再構成(2)――『必要性』要件の再検討――」北大法学論集66巻5号
（2016年）210頁以下、同「刑事裁判例批評（328）　被告人が、暴力団員である被害者ら
を挑発して被害者らの攻撃を招き、これに対する反撃として被害者を突き刺して殺害し
た行為について、正当防衛・過剰防衛の成立に必要な急迫性を欠くとされた事例」刑ジャ
51号（2017年）91頁以下、照沼亮介「侵害を予期した上で対抗行為に及んだ場合におけ
る刑法36条の急迫性の判断方法」法教445号（2017年）53頁、門田成人「自招侵害の処
理方法」法セミ726号（2015年）129頁参照。「正当防衛の趣旨について初めて明言し」（大
谷實「自招侵害と正当防衛論」判時2357＝2358号（2018年）12頁）、最（一小）決昭和
52年7月21日刑集31巻4号747頁、最（二小）決平成20年5月20日刑集62巻6号1786頁
との関係で注目されている、最（二小）決平成29年4月26日刑集71巻4号275頁は、侵
害の予期を考慮して急迫性の要件を充たすか否か、判断している。同最決の事案を自招
侵害と捉えるか否か、見解が分かれているが（自招侵害と捉えるのは、小林憲太郎「自
招侵害論の行方」判時2336号145頁。自招侵害の事案とは異なるものとみていると評す
るのが、橋田久「侵害を予期した上で対抗行為に及んだ場合における侵害の急迫性」平
成29年度重要判例解説〔ジュリ1518号臨時増刊〕（2018年）155頁。佐伯仁志「正当防衛
の新判例について」判時2357＝2358号（2018年）21頁も同旨と思われる。）、同最決は、
侵害を予期した上で対抗行為に及んだ場合について、最判昭和46年11月16日刑集25巻8
号996頁を踏襲した上で、急迫性の判断における考慮要素を具体的に挙げ、それらを考
慮して「刑法36条の趣旨に照らし許容されるものとはいえない場合には、侵害の急迫性
の要件を充たさないものというべきである」とし、それら考慮要素の中に、「予期され
た侵害の内容」、「侵害の予期の程度」、「実際の侵害行為の内容と予期された侵害との異
同」を挙げている。もっとも、「事案に応じ」としていること等から、列挙された考慮
要素すべてを常に検討する必要があるとしているものではないと解される（中尾佳久「最
高裁　時の判例」ジュリ1510号109頁）。このように、同最決は、急迫性の要件の判断に
おける考慮要素を具体的に挙げているのであるが、それらを総合的に考慮して「刑法36
条の趣旨に照らし許容されるもの」といえるか否かで急迫性の要件を充たすか判断すべ
きであるとしている点について、「急迫性判断が防衛行為評価も含めた全体評価に陥る」
（門田成人「正当防衛の趣旨と『急迫性』の判断方法」法セミ750号（2017年）109頁）
との批判が加えられている。さらに、急迫性の要件を規範的な概念と解する立場からも
このような「一般的基準により様々な要素を考慮して総合的に判断するとなると、基準
としての曖昧さが残り、正当防衛・過剰防衛の成立を著しく制約する恐れがある」（大
塚裕史「侵害の『急迫性』要件の意義と射程」判時2357＝2358号（2018年）16頁）とし
て、急迫性が否定される場合とそうでない場合の類型化の必要性が指摘されている。正
当防衛の成立要件の過度の規範化の問題点については、拙稿・前掲註(33)422頁以下を参
照されたいが、紙幅の都合上、本最決については別稿にて改めて検討することとしたい。

(38)　小林・前掲註(2)9頁は、本高判における被告人による予測不可能性は自招に責任が
ないことをあらわしているとされる。

件において考慮するものと相当性の要件において考慮するものとに分かれているといえる。法的安定性の観点からは、自招者の法益衝突状況の予期または予測可能性を正当防衛・緊急避難の成否において考慮すべきか否かについて事案相互間の整合性を担保する必要があることはいうまでもない。

Ⅲ　法益衝突状況における法益の保護

(1)　正当防衛が問題となる場面では、いうまでもなく、防衛行為により「法益を侵害するという側面」と「法益を保護するという側面」が表裏一体となって存在する。(自招侵害ではない) 正当防衛においては、防衛行為により (いわれなき侵害を受けた) 被侵害者の法益が保護され、当該防衛行為により侵害されるのは攻撃者の法益であることから、どちらの側面から考察しても違法性阻却を認めるに抵抗はない。これに対し、自招侵害ではこのように単純明快とはいかない。

緊急避難の法的性格について見解が分かれるのも、避難行為者は (自招危難でない場合) 急に危難に遭遇した者であり、同人の法益を保護すべきである一方、危難の転嫁とはいえ、「転嫁行為には法益侵害性が認められる」[39]という点に着目すると、危難を転嫁される第三者にとって避難行為は法益侵害行為に他ならず、緊急避難では避難行為により (正当防衛における攻撃者のように帰責性のある者ではなく、) 第三者の法益を侵害することになるからである。

(2)　ところで、自招危難には、自己 (危難を自招した避難行為者Ｘ) を守るために第三者Ａに避難行為を行う場合 (狭義の自招危難) と、Ｘが他人 (危難の招致と無関係のＢ) を守るためにＡに避難行為を行う場合 (広義の自招危難) があり、自招侵害とパラレルであるのは前者であるとされる[40]。そうすると、本稿の問題意識からは前者にだけ光を当てればよいようにも思われるが、法益衝突状況、法益の二律背反的状況における法益保護という観点からは、以

---

(39)　日髙義博『刑法総論』(2015年、成文堂) 379頁。
(40)　小林・前掲註(2)9頁。

下に述べるように、自招侵害の第三者防衛ケース、広義の自招危難、さらに強要による行為も含めて検討することは意味があると思われる。

自招者XがYを挑発して攻撃を招致したところ、Yが攻撃の招致と関係ない第三者Aに対して攻撃して来たことから、XがAを防衛するためにYに対して防衛行為を行った場合、攻撃の招致と関係ないAの法益の保護という観点から事案を考察すると、たとえ自招者による防衛行為であったとしても、Aを防衛するための行為として正当防衛が認められるべきであるといえよう。「正当防衛の成否は，誰が防衛するかではなく，誰を防衛するかによって判断されるべきである。」[41]と解すると、Aは攻撃の招致とは無関係であったわけであるから、同人を防衛する行為には正当防衛が認められるべきであろう。

この自招侵害の第三者防衛ケースについて、さらに法益衝突状況における法益の保護という観点から考察すると、以下のことが指摘できるのではないだろうか。自招侵害については、多くの学説が、（自招侵害だからといって全てのケースについて正当防衛を認めないというわけではないものの、）一定の範囲で正当防衛の成立を否定すべきと解している。これは、一定の範囲の自招者Xの防衛行為を正当防衛の正当化根拠から正当防衛と認めるべきではないと解するからであるが、その実質的反射効として、そのようなケースにおいては、攻撃者であったとはいえ、（Xと比較して）Yの法益も保護が否定されるものではない（保護されるに値する法益であった）ということを意味することになるはずである。そうすると、自招侵害の典型例（自己防衛ケース）でXの防衛行為について正当防衛を否定すべきと解される正当防衛状況において、Xが、X自身ではなく、Aを防衛するために防衛行為を行った場合、共に存続させることが不可能だが保護されるべきYとAという法益が存在することになるが、この法益衝突状況においてAを防衛するためのXによる行為を正当防衛と認めるべきとするなら、その根拠は、「そもそも自招侵害の事案であっても、挑発されて侵害行為に及んだ被挑発者こそが侵害の原因」[42]であることから、Yに攻撃者としての帰責性がある分、Aより法益が劣後す

---

(41)　橋爪・前掲註(4)330頁。

ると考えられるからであろう。自招侵害とは自招者の行った防衛行為に対する正当防衛の成否の問題であることから専ら自招者に焦点が置かれるが、被挑発者による攻撃という事実にも着目した検討がなされるべきであるということがここに示されているといえよう。

(3) 広義の自招危難を法益衝突状況における法益の保護の観点から考察した場合、以下のような難しさが存在する。例えば、危難を自招したＸの保全法益の要保護性が自招性を理由に減弱すると考えた場合、Ｘが自招した危難からＢを守るためにＡに転嫁した避難行為は、（危難の自招と関係ない）Ｂの法益を保全するために行われていることから、たとえＸが同避難行為を行ったとしても、自招性を理由に緊急避難の成立を否定すべきではないように思われる。違法性は人によって相対化することがあり得[43]、自招者Ｘが自己を守るためにＡに避難行為をしたケースについては緊急避難の成立を否定すると解するとしても、Ｂを守るために避難行為を行った先のケースについて緊急避難の成立を認めることは、Ｂの法益保護という観点からは納得できる結論であるが、「転嫁行為には法益侵害性が認められる」[44]という点に着目してＡの側から考察すると、たとえＢを守るための避難行為であったとしても、「誰にも責めのない危難を転嫁されること」と「誰かの責めで招かれた危難を転嫁されること」とが同様に評価される（いいかえると、同様に侵害を甘受する義務をＡが負うべき）かは自明とはいえないであろう。

強要による行為についても、法益衝突状況における法益の保護という観点からの難しさが存在する。それは、強要者Ｙにより避難行為者Ｘに対して第三者Ａに対する行為が強要された場合における、被強要者であるＸが避難行為により保全する法益と侵害する法益の問題である。本高判の判批において、「危難を転嫁される第三者にとって侵害が強要者の意図の実現であるかどうかは重要ではなく，仮に被強要者に対して危難を転嫁される第三者による正当防衛権の行使が否定されることに抵抗を感じるとすれば，それは危難

---

(42) 山口厚「回避・退避義務再論」井田良＝井上宜裕＝白取祐司＝高田昭正＝松宮孝明＝山口厚編『浅田和茂先生古稀祝賀論文集 上巻』（2016年、成文堂）140頁。

(43) 林・前掲註(18)215頁。

(44) 日髙・前掲註(39)379頁。

の第三者転嫁に広く違法性阻却を肯定することの問題性が強要緊急避難事例において顕在化したにすぎないという見方もできるであろう。」[45]との指摘がなされている。緊急避難の法的性格の議論の背景に、ＡにＸに対する正当防衛を認めるべきではないか、いいかえると、危難を転嫁される第三者Ａの法益保護の観点から正当防衛による法益の保護を認めるべきではないかという問題[46]が存在するが、「①（強要による行為ではない、緊急避難のケースにおいて）危難を理由に避難行為がなされるＡ」と「②（強要による行為のケースにおいて）Ｙによる強要を理由に避難行為がなされるＡ」とを比較した場合、危難が強要者Ｙにより人為的に創出されたものであるという点がＡの法益保護の検討において全く影響しないといえるのかは自明ではなく、②の場合、Ａの法益保護を①以上に認めるべきであるようにも思える。その一方で、強要による行為の場合、Ｘが「強要者の被害者」[47]であるという点に鑑みてＸの法益の保護に焦点をおくと、強要による行為における侵害法益と保全法益の問題がいかに難しいかがわかる。なぜなら、①の場合、危難はＸに「ふりかかった運命」[48]であったといえるのに対して、②の場合はＹが強要しなければそのような状況は創出されなかったのであり、Ｙの被害者ともいえるＸの法益の保護に着目すると、②の場合、①の場合よりも法益保護の恩恵にＸはあずかるべきである（つまり、Ａによる正当防衛を認めるべきではない）ようにも思われるからである[49]。

　⑷　強要による行為については、(i)危難の発生源に限定はないことから、

---

(45)　井上宜裕「けん銃を頭部に突き付けられて強要された覚せい剤使用と緊急避難」平成26年度重要判例解説〔ジュリ1479号臨時増刊〕（2015年）160頁。

(46)　もっとも、違法性阻却説に立つことによりＡが正当防衛で対抗できなくなるとしても、それはＡに法益侵害を甘受することを義務づけるということではなく、Ａは避難行為をよけても構わず（佐伯・前掲註(3)183頁）、避難行為により自己の法益が侵害されるのをただ黙って傍観していなければならないということを義務づけているわけではないという点に留意しなければならない。

(47)　奥村・前掲註(3)635頁。

(48)　井田・前掲註(26)301頁。

(49)　井上宜裕「強制と緊急避難(2)」法学雑誌50巻１号（2003年）91頁も、強要による行為について「背後者、緊急行為者及び第三者の関係に調和的解決がもたらされているとはいい難い状況である。」と指摘される。

Ⅲ　法益衝突状況における法益の保護

補充性の要件等の緊急避難の要件が認められる場合は緊急避難を認め得るとする見解に対し、(ii)ＸはＹの不法に加担するものであるため、社会連帯義務が否定される（Ａに受忍義務はない）として責任阻却とする見解、(iii)著しい法益の優越がある場合に限り違法性阻却を認めるとする見解、(iv)可罰的違法性を阻却するとする見解等が主張されてきたが[50]、(i)以外の見解が主張されてきた実質的根拠は、ＡにＸに対する正当防衛を認めようとする意識にあり[51]、つまり、Ａの法益保護という観点からの主張ともいえる[52]。この点について、(i)の論者は、適法行為に対する緊急避難を認める見解に立てば、Ａは緊急避難の限度でＸに抵抗でき、そして、そもそもＹに対しては正当防衛で抵抗できると反論する。

　強要による行為の事案に対するこれまでの判例は、強要による行為であるということからその他の事案に比して厳格に緊急避難の成否を判断してきたわけではなく、緊急避難のいずれかの要件を満たさないとして、緊急避難を否定[53]または過剰避難[54]としてきた。つまり、強要による行為について緊急避難の成立を初めから排除してきたわけではなく、そして、強要による行為

----

(50)　強要による行為に関する学説について、橋田久「強制による行為の法的性質（一）～（二）・完」法学論叢131巻1号（1992年）90頁以下、131巻4号（1992年）91頁以下、奥村正雄「強要による緊急避難」清和法学研究6巻2号（1999年）167頁以下、大沼邦弘「強要による行為について」内田文昭先生古稀祝賀論文集編集委員会編『内田文昭先生古稀祝賀論文集』（2002年、青林書院）115頁以下、井上宜裕「強制と緊急避難(1)～(6)完」法学雑誌49巻4号（2003年）774頁以下、50巻1号（2003年）65頁以下、50巻2号（2003年）403頁以下、50巻3号（2004年）741頁以下、50巻4号（2004年）1045頁以下、51巻1号（2004年）173頁以下、松宮孝明「強制と緊急避難について」三井誠＝中森喜彦＝吉岡一男＝井上正仁＝堀江慎司編『鈴木茂嗣先生古稀祝賀論文集』（2007年、成文堂）299頁以下、深町・前掲⑩495頁以下、安田・前掲註(6)702頁等参照。

(51)　この点に関して、緊急避難を一律に違法性阻却事由と解する立場からＡに対する不当な結論が導かれないためにも、緊急避難の法的性格について二元説に立つべきであるとの主張がなされている（井田・前掲註(27)307頁）。

(52)　しかし、「この実質論はさほど多くの人に受け入れられているわけではなく、かつそのことが決定的な論拠とはなり得ない」（島田聡一郎「適法行為を利用する違法行為」立教法学55号（2000年）29頁）と指摘されている。

(53)　最（一小）判昭和24年10月13日刑集3巻10号1655頁、東京高判昭和53年8月8日東高刑時報29巻8号153頁、仙台高判平成9年3月13日高刑速報（平成9年）143頁等。

(54)　東京地判平成8年6月26日判時1578号39頁。

273

に独自の判断ルールを用いてきたわけでもないと評されており[55]、本高判も
その流れに沿うものといえよう。もっとも、本高判は、衡量される法益（害）
が生命と覚せい剤使用罪の保護法益であったというだけでなく、（第三者で
はなく）自己に対する避難行為が強要されたケースであったことが緊急避難
を認めるにあたり作用しているのではないか、したがって、「自傷性を持た
ないその他大多数の事案で緊急避難を認めることには、なお慎重な留保が付
されていると言って良い。」[56]との指摘がなされている。つまり、本高判の事
例ではこのＡの法益保護という問題（Ａによる正当防衛が認められなくなる
という問題）は生じず、第三者への避難行為の強要という典型的な強要による
行為の事案のように保護すべき法益が二律背反的に存在するケースではなか
ったことから緊急避難の成立を認め易かったのではないかという点である。
この点について、本高判は、「条理上許容される行為といえるかどうか」の
判断において、危難にさらされていた法益の重大性や危難の切迫度の大きさ
と共に、避難行為が覚せい剤を自己の身体に注射するというものであったこ
と、そして、本件において被告人が捜査対象者に接触した経緯，動機，捜査
対象者による本件強要行為が被告人に予測可能であったとはいえないこと等
を並列的に列挙しており、他者への避難の転嫁ではなく自己への避難行為の
強要であった点が緊急避難の成否の判断にどのような影響を及ぼしたのかは
判決文からは明らかではない。

Ⅳ　おわりに

（1）　自招侵害と自招危難は基本的に同様に解決すべきと一般に解されてい
ること、自招侵害と自招危難、強要による行為には法益衝突状況における問
題解決の難しさにおいて類似性が見られること、さらに、正当防衛が否定さ
れるべき自招侵害とは、防衛行為者が攻撃を受けたと評される通常の正当防

---

(55)　安田・前掲註(6)702頁、井上・前掲註(49)89頁、同「強制と緊急避難」刑雑46巻2号（2007
　　年）11頁。
(56)　橋田・前掲註(6)85頁以下。なお、永井・前掲註(6)132頁も参照。

衛とは異なり、もはや防衛行為者が受動的な立場になく、自招者として正当
防衛状況を支配・操作していた場合であると解する私見[57]からは、「緊急状
況はまさにＸ（強要者、筆者註）によって引き起こされた」[58]と評し得る強要
による行為を考察することは意義があると思われることから、本稿では、本
高判を素材として、自招侵害と自招危難、強要による行為の間の共通点や相
違点に着目し、粗削りではあるが、自招侵害の今後の検討に資すると思われ
る検討を試みた。

　もっとも、正当防衛も緊急避難も共に違法性阻却事由と解する立場からは
自招侵害も自招危難も（大きな原理として）同一の違法性阻却原理に基づい
た解決がなされるべきであるという意味において同様に解決されるべきであ
ろうが、そもそも、緊急避難についてはその法的性格について争いがあるこ
と、正当防衛と緊急避難を共に違法性阻却事由と解したとしても、両者の事
案の相違から違法性が阻却される根拠が異なること、自己を保全する場合と
第三者を保全する場合を相対化させ得るか否かは自明ではないこと等から、
慎重に論理を展開しなければならないことはいうまでもない。そして、「自
招危難の場合は自招行為と避難行為との間に被侵害者の故意行為の介在等の
事情が考えにくい」[59]点等、自招侵害と自招危難における相違点にも留意し
て論理を展開し[60]、具体的な判断基準（正当防衛・緊急避難の成立する範囲）
が画定されなければならない。これは、いいかえると、自招危難との相違点
に着目して自招侵害を考察することが有意義であることを意味しているとも
いえる。

---

(57)　詳しくは、拙稿・前掲註(33)427頁以下を参照されたい。
(58)　島田・前掲註(52)44頁。
(59)　奥村・前掲註(3)629頁。自招侵害の場合、自招行為に対してリアクションするのは
　　被挑発者であり、同人がどのようなリアクションをするか不確かであるのに対して、自
　　招危難の場合は、危難に対してリアクションするのは行為者（危難招致者）であるとい
　　う点で異なるのである。なお、山口・前掲註(9)210頁も参照。
(60)　例えば、権利濫用説では、「自招危難は、正当防衛における自招侵害とパラレルに
　　考えるべきであり、権利の濫用の観点から考えるべきであろう。しかし、正当防衛の場
　　合は、正当防衛権という権利の濫用か否かによって処理できるが、緊急避難は権利とは
　　いえず、緊急避難が成立すると違法阻却になるという法理を濫用するものである」（高
　　橋則夫『刑法総論［第4版］』〈2018年、成文堂〉324頁）ということになる。

(2)　防衛行為、避難行為は、一方の法益を保全すると同時に他方の法益を侵害することから、事案をどのサイドから考察するかで事案は異なって見えてくる。緊急避難について責任阻却説に立たれる日髙義博先生は、「危難を転嫁された側にとっては、突然いわれなき侵害を被る状況に置かれており、むしろ当該侵害に対して正当防衛をなしうる状況にあると言うべきである。」[61]と主張される。これは、自招危難の場合、一層強くなるように思われる。また、Bへの危難を自招したXが、Bの法益を保全するためにAに対して避難行為を行い、それによりAに侵害結果が発生した場合も、Bサイドから考察すると同避難行為はBの法益を保全したのであるから緊急避難が認められるべきと思われるが、Aサイドから考察した場合、風景は違って見える。誰の責めにも帰さない危難（天災等）の場合には、社会連帯義務等から、刑法37条の要件のもと、Aは避難行為による侵害を甘受しなければならないとしても、避難行為者の責めに帰す危難であった場合でも同様に避難行為による侵害を甘受しなければならない義務をAが負うとすることには、Aサイドから考察した場合、抵抗があるように思われる。

　この点、自招侵害の場合は、当該正当防衛行為により侵害を受けるYのサイドから事案を考察しても、Yは攻撃者であることから、自招者による防衛行為といえども正当防衛が認められる場合があると解しても、自招危難ほど抵抗感はないであろう。しかし、この自招侵害のケースでも、Yは攻撃者であるとはいえ、防衛行為者によって挑発されていなければ攻撃することはなかったという点から（特にYを侵害しようと意図して後の防衛行為者であるXが挑発していた場合では）、事案をXサイドから考察するのとYサイドから考察するのとでは風景が異なって見えてくるのではないか。さらに、本稿で述べたように、自招侵害の第三者防衛ケースでは更に違って見えてくるのではないか。自招侵害では、Xに正当防衛をみとめるべきか、という観点から、専ら保全法益であるXサイドから事案を考察して検討が加えられてきた感

---

(61)　日髙・前掲註(39)379頁。なお、同「緊急避難の本質――Ⅱ正当防衛阻却説からの主張」植松正＝川端博＝曽根威彦＝日髙義博『現代刑法論争Ⅰ』（1983年、勁草書房）144頁以下も参照。

があり、防衛行為によって法益を侵害されるＹサイドから事案を考察することも自招侵害の解決において重要なのではないだろうか。

（おかもと・あきこ）

防衛と錯誤の交錯

―――「裁判官の弁明」ではなく―――

水 野 智 幸

I　はじめに
II　本判決の概要
III　本判決への評価
IV　見解の整理と検討
V　その他の問題点
VI　裁判員裁判における問題

I　はじめに

「裁判官は弁明せず」という法諺がある。

私が裁判官時代に主任裁判官として担当した事件に、大阪高判平成14年9月4日[1]（以下「本判決」）がある。これは、防衛行為が想定外の者に及び同人を死亡させてしまった事案につき、「誤想防衛の一種である」、「味方は『人』でないから故意が符合しない」という2つの面から故意責任がないとしたものである。

本判決に対しては、理論的根拠や整合性に関して、当初から現在に至るまで、多くの厳しい批判が寄せられている。それらに接するたび、私は自己の浅学薄慮を恥じていたが、ただ、一方において、批判が決して同一趣旨でなく、その論拠や方向性が多岐にわたっていることが意外に感じられた。もちろん、本判決の論理を支持する見解もあり、これには勇気づけられるとともに、何とか、自分なりの整理をしたいという気持ちを抱えていた。もともと

―――――――――――

（1）　判例タイムズ1114号293頁。

防衛と錯誤の交錯（水野　智幸）

防衛行為論や故意論について基本的な理解が異なる論者間では、議論をかみ合わせること自体が困難である点も影響しているのであろうが、やはり、本判決が投げかけるものが一筋縄でなく、現在においてもなお未解明の問題が含まれているからであると考えられる。さらに、私は、現在、法科大学院で刑法を教えている身であるが、本判決は多くの教科書、判例教材、演習教材などに登載されており、学生から本判決に関する質問を受け、質疑応答する機会も多い。そこで、本判決から15年を経た現在において、これまでに交わされた議論を整理してみようと思うに至った。

　さらに、本判決当時は裁判員裁判を全く念頭に置かなかったが、仮に、今後同様の事案が起訴されれば裁判員裁判対象事件となる。本件のような複雑な法律問題が含まれる事件が裁判員裁判によって裁かれる場合、どのような問題が生ずるかも検討してみたい。

　「裁判官の弁明」ではなく、「新たな検討の素材」として。

II　本判決の概要

1　事案の概要

　被告人甲は、深夜、路上において、実兄のYほか4名と共に、Xら10名の男女と喧嘩をすべく対峙した。相手グループ員のXらから木刀等で攻撃を加えられ、自己の自動車の運転席に逃げ込んだ際、同車両後方でYがXと木刀を取り合っているのを認め、同車をXに衝突させる暴行を加えようと決意し、直ちに同車を運転し、X及びYの方向に目がけて時速約20キロメートルで約15メートル後退進行させ、Xの右手に同車左後部を衝突させるとともに、Yに同車後部を衝突させた上、その場に転倒させて轢過する各暴行を加え、よって、Yに肝臓挫滅等の傷害を負わせ、間もなく出血性ショックにより死亡させたというものである。

2　1審判決

　被告人甲が本件現場に赴いたのが喧嘩する意図があったことを認定し、特段の理由を示すことなく、Xに対する暴行罪の成立を認め、また、暴行の結

果、意図しなかったとしても、Yに本件車両を衝突させ轢過して死亡させたのであるから、Yに対し傷害致死罪が成立するとした。

3　本　判　決

(1)　Xに対する暴行について

甲らは、喧嘩の手順や役割分担などを打ち合わせておらず、また武器を準備した形跡もないから、喧嘩の意思といっても、いきなり相手方に攻撃を加えるような強固ないし積極的な意思までは認められない。そして、本件現場で相手方に囲まれた時点においては、もはや現実に暴力を振るっての喧嘩をする意思を喪失したと解することは不自然ではない。その上、相手方が襲撃を開始した後は、一方的に相手方が甲方を攻撃し、味方4名はどこかに逃げ去ってしまい、残された甲とYは逃げることに急で、攻撃に出た様子はない。その中で、Yは木刀で2発殴打された上に、さらにXに木刀で襲いかかられており、甲も、本件車両の中に居たものの、2、3名から木刀やバールで攻撃を受け、助手席側ガラスやフロントガラスが割られ、運転席側にも一撃を受けており、両名の生命・身体の危険は相当に高まっていた。

以上の状況に照らせば、甲らが現場に赴くまで有していた喧嘩闘争の意図が、本件現場における正当防衛の適用を排除するものとはいえず、不正の侵害の急迫性の要件や防衛の意思が認められることは明らかである。そして、加害者に車両の威力を示して追い払うため、加害者がいる付近を目がけて車両を発進する行為は、車両の動きを見ている者は当然これを避けようとする行動をとるであろうことをも加味すると、後退走行による急発進であって的確な操作が前進に比べはるかに難しく、現にXが避け切れず自らの手に本件車両を衝突させたという事情を考慮しても、防衛行為の相当性を逸脱しているとまではいえない。

したがって、Xに対する暴行については、暴行の構成要件に該当するものの、正当防衛が成立し違法性が阻却される。

(2)　Yに対する傷害致死罪について

これを前提とすると、その防衛行為の結果、全く意図していなかったYに本件車両を衝突・轢過させてしまった行為について、どのように考えるべき

か問題になる。不正の侵害を全く行っていないＹに対する侵害を客観的に正当防衛だとするのは妥当でなく、たまたま意外なＹに衝突し轢過した行為は客観的に緊急行為性を欠く行為であり、しかも避難に向けられたとはいえないから緊急避難だとするのも相当でないが、甲が主観的には正当防衛だと認識して行為している以上、Ｙに本件車両を衝突させ轢過してしまった行為については、故意非難を向け得る主観的事情は存在しないというべきであるから、いわゆる誤想防衛の一種として、過失責任を問い得ることは格別、故意責任を肯定することはできない。

　ところで、原判決は、甲にＸに対する暴行の故意があったことを認め、いわゆる方法の錯誤により誤ってＹを轢過したととらえ、法定的符合説にしたがってＹに対する甲の故意を問うもののようであるが、本件においては、錯誤論の観点から考察しても、Ｙに対する傷害致死の刑責を問うことはできないと解するのが相当である。すなわち、一般に、人（Ａ）に対して暴行行為を行ったが、予期せぬ別人（Ｂ）に傷害ないし死亡の結果が発生した場合は、いわゆる方法の錯誤の場面であるとして法定的符合説を適用し、Ａに対する暴行の（構成要件的）故意が、同じ「人」であるＢにも及ぶとされている。これは、犯人にとって、ＡとＢは同じ「人」であり、構成要件的評価の観点からみて法的に同価値であることを根拠にしていると解される。しかし、これを本件についてみると、甲にとってＹは兄であり、共に相手方の襲撃から逃げようとしていた味方同士であって、暴行の故意を向けた相手方グループ員とでは構成要件的評価の観点からみて法的に人として同価値であるとはいえず、暴行の故意を向ける相手方グループ員とは正反対の、むしろ相手方グループ員から救助すべき「人」であるから、自分がこの「人」に含まれないのと同様に、およそ故意の符合を認める根拠に欠けると解するのが相当である。この観点からみても、本件の場合は、たとえＸに対する暴行の故意が認められても、Ｙに対する故意犯の成立を認めることはできないというべきである。したがって、Ｙに対する傷害致死罪の成立を認めることはできない。

　なお、本件においては、故意犯が成立しないとしても、過失犯の成否が問題となり得る。しかし、甲は激しい攻撃を受けて心理的同様が激しかったと認められ、甲の過失責任の根拠となる注意義務を的確に構成することも困難

であり、その他本件審理の状況をあわせ考えても、当裁判所において、検察官に対する訴因変更命令ないし釈明義務が発生するとはいえない。

Ⅲ　本判決への評価

　以下の記述においても、Xから侵害を受けた甲が防衛行為を行い、第三者Yに侵害結果が生じたことを前提とする。

1　初期の評釈

(1)　**本判決を登載した判例タイムズの匿名コメント**

①　「防衛行為を行おうとしたが侵害者以外の者に反撃の結果が発生してしまった場合」につき、正当防衛説、緊急避難説、誤想防衛説などの対立がある。本判決は誤想防衛説を採用して故意責任を問うことはできない。

②　本判決は、誤想防衛説を採用した部分に続いて、錯誤論からの考察も展開し、相手方グループと実刑とでは構成要件的評価が同一でないとの判示もしているが、誤想防衛説を採用して結論を出しながらなお錯誤論を展開することは論理的でないとの批判もあろう。

(2)　**齊藤彰子教授の判例評釈**[2]

①　本判決が誤想防衛説をとった点につき、本件では、行為の結果が生じた客体に錯誤があったのであり、法定的符合説によれば、認識した事実と実際に生じた事実とが構成要件的に符合する限り、行為者には実際に生じた事実と同一の構成要件的評価を受ける事実の認識が認められる以上、実際に生じた事実についても故意非難をなし得るとされている。そうであれば、実際には甲はYに対する侵害を認識していなかったとしても、法定的符合説を前提とする限り、Yとの関係では、法的には、正当防衛の認識で行為したとは評価できないことになるのではないか。

（2）　齊藤彰子・金沢法学47巻1号（2004年）333頁。

② 正当防衛説に対しては、正当防衛が緊急行為として正当化されるの
は、侵害者の法益に対して被侵害者の法益に質的な優位性が認められ
るからであり、正当防衛として正当化されるのは、侵害者に生じた結
果に限られる。また、たとえ、行為自体は侵害者に対する防衛行為と
してなされたものであったとしても、不正の侵害を行っていない第三
者との関係ではおよそ防衛の効果は認められないのであるから、第三
者との関係ではそもそも防衛行為といえない。過剰防衛説に対して
も、同様の批判が妥当する。

③ 第三者に生じた結果については、緊急避難説が基本的に妥当であ
る。ただ、前提として、第三者の存在や防衛行為者の主観的状況も
様々な場合が考えられ、事例を分けて考える必要があるとして、甲の
法益の防衛とＹの法益侵害とが客観的に両立不能の関係にある場合[3]
には、緊急避難の要件は問題なく満たされる。甲の法益とＹの法益が
両立不能の関係になかった場合が問題となるが、Ｘに対する正当防衛
の成否を判断する際には、当該防衛行為がＸのみならずＹに及ぼす危
険も考慮すべきであるし、逆に、Ｙに対する緊急避難の成否を判断す
る際には、当該行為が、一面ではＹのみならずＸの存在をも考慮に入
れた上で、なお正当防衛と評価される。すなわち、法的に是認される
行為であるということも考慮すべきであるとし、そのような検討の結
果、防衛行為の必要性が肯定され、かつ、当該反撃行為以外に侵害か
ら法益を守る方法がなかったという場合には、Ｙとの関係でも補充性
が肯定されることになる。

④ 本判決の錯誤論については、正当防衛の要件は違法性判断において
はじめて問題となる事柄であり、構成要件的段階では、およそ「人」
に対する侵害行為は禁止されており、構成要件的故意の有無を考える
際に、正当防衛の要件を考慮に入れる見解は妥当とは思われない。

（3） 例えば、ＸがＹを人質にとって盾にしながら攻撃してきたので、甲は、自己の法益
を防衛するためには、Ｙの身体を貫通させてＸを射殺するしか方法がなかった場合。

Ⅲ　本判決への評価

(3)　**曲田統教授の判例評釈**[4]

①　甲の行為を、Yとの関係でのみ把握した上で、客観的観点から正当防衛・緊急避難を否定するという判断方法は妥当であったかという問題提起を行い、甲の行為は、あくまで「不正の侵害に対する防衛の意思に基づく行為」であったのであり、このことは、対Yとの関係で理解してもなんら変わるところはないとみるべきであり、そうすると、甲の行為は、Yに降りかかっている侵害を避けようとした行為であるから、対Yとの関係における甲の行為を緊急避難に当たらないとした本判決の理由は説得的でなく妥当性を欠く。

②　本判決の錯誤論に関し、行為の意味は、その行為がもつ社会生活上の意味をも考慮に入れて考えなければならず、法定的符合説に立ったとしても、侵害した相手である「人」が、どのよう人であったかをみる必要があるとして、甲の行為は、あくまで、「反撃を受ける理由のある侵害者に対してなされた行為」という性質のみからとらえることが可能であり、それを「味方を侵害するための行為であった」と読み替えることは許されず、本判決の論理は不自然ではなく、故意の符合を認めないことは妥当である。

③　ただ、本判決の射程は、第三者に損害が発生した事案一般でなく、本件のような特殊な場合に限局される。

(4)　**百合草浩治准教授の判例評釈**[5]

①　そもそも本件は「防衛行為と第三者」の問題として捉えるべきではなく、「緊急救助（＝他人のための正当防衛）の失敗」の事例として取り上げるべきであり、そうすると、「防衛行為と第三者」の問題における緊急避難説のいわば「守備範囲外」である。

②　「緊急救助の失敗」と考えらえるべきであるから、端的に、救助しようとした者を誤って死亡させたという個別具体的・特殊な事情により、故意の符合は認められない、あるいは、故意責任まで問う場合で

（4）　曲田統・札幌学院法学20巻1号（2004年）89頁。
（5）　百合草浩治・名古屋大学法政論集205号（2004年）288頁。

はない、という説明あたりに止めておくべきではなかったか。

(5) 奥村正雄教授の論稿[6]

本判決の判例評釈ではないが、同テーマにつき同時期に出された論稿である。

① 緊急行為性を認めない違法行為説は、現実に法益侵害の危険に晒されている甲に緊急状態を認めないのは緊急避難の構造を事後的観察により判断しすぎだからという批判を受けざるを得ないとして否定する。正当防衛説については、上記齊藤教授の見解と同様に否定する。誤想防衛説に対しては、誤想防衛とは異なる類型について誤想防衛の観念を用いることは適切でない。

② 甲としてはYを侵害しなければXの急迫不正の侵害が避けられない関係にある限り、二者択一の関係が認められるなどとして緊急避難説を支持する。

(6) その他

本田稔教授の判例評釈[7]は、本件は「事実の錯誤」でなく、「違法性の錯誤」が問題になる事例であるとする。

(7) 小括

以上をみると、初期の評釈において、問題点の枠組みは出揃っており、これらを基礎として、以後の各見解が展開されている。

特に、本件のような「防衛行為による第三者侵害」の場合に基本的に緊急避難の適用を検討していくべきとする点は、奥村教授、斎藤教授、曲田教授が一致して主張されているところであり、以後の見解の主流となっている。加えて、「防衛行為による第三者侵害」といっても、その状況は様々であり、場合を分けて検討する必要があること、本判決は、あくまでその中の一つの事例にすぎないことを意識すべきであることは論者が一致して述べている点であり、この視点も重要であると考えられる。

一方、錯誤論については、斎藤教授と曲田教授の見解が対立しており、こ

（6）　奥村正雄「防衛行為と第三者の法益侵害」現代刑事法5巻12号（2003年）39頁。
（7）　本田稔・法学セミナー588号（2003年）120頁。

の対立の構図は以後も続いている。

百合草准教授及び本田教授の見解も、別の角度からの指摘であり、傾聴すべき点を含むものである。

2　本判決への批判

(1) **緊急避難を否定した点への批判**

　1)　**佐久間修教授の批判**[8]

　　　本判決は「客観的に緊急行為性を欠く行為」としたが、犯行が危機に直面してなされた事実を無視しており、「緊急行為」の概念と「緊急避難」の成立要件を混同している。また、「緊急」時の防衛行動であるため故意責任がない、とした部分とそぐわない。

(2) **誤想防衛として結論を出しながら、錯誤論につき言及した点への批判**

　1)　**前田雅英教授の批判**[9]

　　　本件は、あくまで、「正当防衛と認識しているので故意非難ができない」ということを理由に、無罪とすべきである[10]。

　2)　**木村光江教授の批判**[11]

　　　誤想防衛が成立し、故意（責任故意）が欠けるとする結論が導かれるのであるから、敢えて（構成要件の問題として）「人に該当しない」とする必要はない。

　3)　**安田拓人教授の批判**[12]

　　　本判決の論理が成り立つためには、正当化事情が消極的構成要件要素として構成要件に含まれると考える消極的構成要件の理論をとる必要がある。

（8）　佐久間修・判例セレクト2003〔法学教室282号別冊付録〕（2004年）5頁、大塚仁ほか編『大コンメンタール刑法［第3版］第3巻』（2015年、青林書院）258頁〔佐久間修〕。
（9）　前田雅英『最新重要判例250〔刑法〕［第11版］』（2017年、弘文堂）63頁。
（10）　親乙を殺害しようとつけ狙う甲を殺そうとしたら、誤って乙を殺害してしまったような場合、殺人罪の故意犯は成立すると考えるべきであろう、とする。
（11）　木村光江『演習刑法［第2版］』（2016年、東京大学出版会）186頁。
（12）　成瀬幸典＝安田拓人編『判例プラクティス刑法Ⅰ総論』（2010年、信山社）105頁〔安田拓人〕。

誤想防衛を認める判例の立場からは、Yに対する認識事実は正当防衛に当たる事実であるから、甲が主観的には正当防衛だと認識して行為している以上、故意非難を向け得る主観的事情は存在しない。それゆえ、法定的符合説をとる判例の立場からも、Yに対する故意が認められない以上、その故意がXに及ぶかという問題は、そもそも生じない。本判決の結論は誤想防衛の一種として故意責任を否定した点で確保されており、救助者に生じた事実を過剰結果と見、誤想防衛として故意犯の成立を否定することは蛇足である。

(3) **法定的符合説に立ちつつ符合を限定したことへの批判**

1) **佐久間修教授の批判[13]**

構成要件的判断の中に、違法評価（正当防衛）にける侵害者・被救助者の区別を持ち込むことは、本来、構成要件段階における「人」の同価値性を基準とする法定的符合説の趣旨を正しく理解していない。しかも、正当防衛における違法要素の欠如から「構成要件」的同価値性を否定する態度は、いわゆる消極的構成要件の理論に陥るものである。本判決の立場は、むしろ、個別具体的な客体ごとに故意の成否を論じている点で、具体的符合説に近づく。

2) **山中敬一教授の批判[14]**

あくまで第三者に対する故意を否定したかったのであれば、具体的符合説によるべきであって、誤想防衛の一種とし、しかも独自の錯誤論を展開するような無理を冒すのは判例のあり方として疑問である[15]。

3) **西田典之教授の批判[16]**

構成要件的故意を認めることと法定的符合説をとることの不合理性が露呈している。

---

(13) 佐久間・前掲注(8)258頁。大谷實編『判例講義刑法Ⅰ総論［第2版］』（2014年、悠々社）93頁〔奥村正雄〕も同旨。

(14) 山中敬一『刑法総論［第3版］』（2015年、成文堂）512頁。

(15) 山中・前掲注(14)508頁は、「敵か味方かで構成要件的評価を異にするといういわばカールシュミットの友敵原理を錯誤論に応用したユニークな判例である。」とする。

(16) 西田典之『刑法総論［第2版］』（2010年、弘文堂）169頁。

Ⅲ　本判決への評価

4)　松原芳博教授の批判[17]

「敵」か「味方」かで符合の限界を画していくならば、行為者の意図する対象かどうかによって符合の限界を画することになって、具体的符合説に帰着する。

5)　齋野彦弥教授の批判[18]

故意の存在の有無それ自体は事実的な判断であるはずであり、法定的符合説がここまで規範的判断を強調してよいのかは疑問である。

6)　安田拓人教授の批判[19]

構成要件として類型化されない具体的事情に関する錯誤を考慮すべきでないとするのが法定的符合説というものなのだから、そうした限定は無理であろう。

7)　今井猛嘉教授らの批判[20]

抽象的法定符合説の立場からは、構成要件レベルにおいては「第三者に対する法益侵害結果を予見していた」場合と同様の評価を行っているのであるから、構成要件レベルでこのような評価をしつつも、責任のレベルにおいては、第三者に対する法益侵害を予見していなかったから責任故意を阻却するという説明を行うことができるかについては、なお検討の余地があろう[21]。

(4)　小　　　括

1)　(1)の批判は適切である。本件において、緊急避難の適用可能性を全面的に排除した点は相当でないだろう。本件においては、「法益の権衡」の要件を欠くために緊急避難の要件に欠けるとすべきであったと思われる。

2)　(2)の点であるが、多くの見解が指摘するとおり、本件は典型的な誤

---

(17)　松原芳博『刑法総論［第2版］』（2017年、日本評論社）257頁。
(18)　齋野彦弥『基本講義刑法総論』（2007年、新世社）193頁。
(19)　安田拓人・法学教室314号（2006年）112頁。
(20)　今井猛嘉＝小林憲太郎＝島田聡一郎＝橋爪隆『刑法総論［第2版］』〔Legal Quest〕（2012年、有斐閣）216頁。
(21)　島田聡一郎＝小林憲太郎『事例から刑法を考える［第3版］』（2014年、有斐閣）149頁も同様に批判する。

想防衛ではないのであるから、単に「誤想防衛の一種」ないし「主観的には誤想防衛と同じ」などというだけで、故意責任が欠けることの説明として十分かは疑問である。その意味で、この批判には疑問が残る。

3) (3)の点は、「Xに対する故意が符合してYに及ぶ」とした場合に、Xに対するのと同じ、いわゆる「フルスペックの故意」が、Yに対しても存することになるのかには、疑問を感じている。この点で、下記のとおり本判決の考えを支持する見解もあることから、さらに検討が必要であると感じられる。

3 「防衛行為が第三者に及んだ場合」の処理について

(1) 正当防衛説をとる見解

1) 川端博教授の見解[22]

甲の行為はあくまで防衛行為としてなされており、それが正当防衛として正当化される以上、発生した結果についても全体的に評価されるべきである。第三者Yは「正」の立場にあるが、甲の行為は直接Yに向けられたのではなく、あくまでもXの侵害に向けられていたのであるから、それとの関係で違法性の有無が考えられなければならない。たまたま重大な結果が生じたとしても、行為の相当性があれば、その結果発生が正当化されるのと同様に、行為の正当化はすべての結果の正当化をもたらすことになると解するのが妥当。

2) 伊東研祐教授の見解[23]

行為時において侵害に対する正当防衛と認められる行為については、侵害排除のために必要不可欠な反撃であったのであり、その結果として個々侵害以外のもの（者又は物）に損害を与えたとしても行為不法は備わっていないことから、正に正当防衛として違法性が阻却される。

---

(22) 川端博『刑法総論講義［第3版］』（2013年、成文堂）365頁。
(23) 伊東研祐『刑法講義総論』（2010年、日本評論社）200頁。

Ⅲ　本判決への評価

3)　堀内捷三教授の見解[24]

この場合に避難の効果は生じていないことから、緊急避難は認められない。むしろ、侵害者に対する防衛行為が、防衛行為者の認識した客体と異なる客体に生じている点で事実の錯誤といえる。抽象的法定符合説によるかぎり、正当防衛が認められるべきである。

(2)　緊急避難説をとる見解

1)　緊急避難の要件該当性

(ア)　齊藤教授の見解[25]

(イ)　奥村教授の見解[26]

Yに向けた防衛行為が同時に避難行為としてXの法益侵害の惹起に至らざるを得ない場合は、防衛意思に避難意思を含むことを併せ、緊急避難の成立要件を充足すればその成立を否定すべき理由はない。

(ウ)　関哲夫教授の見解[27]

確かに、甲の反撃行為は第三者Yの正当利益を法益衝突状況に巻き込むものであるが、甲は、第三者Yの正当利益を巻き込むことでしか自分の正当利益を保全できないし他に方法はないという補充性と、保全利益と侵害法益（第三者Yの法益）の法益権衡性満たされる限り、第三者Yとの関係で緊急避難として（違法ではあるが）有責性が否定される可能性がある。

2)　他説より良いとするもの

(ア)　正当防衛説、誤想防衛説が妥当でないとする奥村教授及び齊藤教授の見解[28]

(イ)　橋本正博教授の見解[29]

---

(24)　堀内捷三『刑法総論［第2版］』（2004年、有斐閣）168頁。
(25)　齊藤・前掲注(2)343頁。同・西田典之ほか編『刑法の争点』〔新・法律学の争点シリーズ2〕（2007年、・有斐閣）47頁も同旨
(26)　奥村・前掲注(6)41頁。
(27)　関哲夫『講義刑法総論』（2015年、成文堂）214頁。
(28)　奥村・前掲注(6)41頁、齊藤・前掲注(2)343頁。
(29)　橋本正博『刑法総論』（2015年、新世社）140頁。

誤想防衛説は、現実には存在しない事態を形式的に、あるいは事後的な評価レベルで想定するものであることが否めず、実体にそぐわず、技巧的にすぎる。違法説も正当防衛説も疑問があり、消去法的な結論であるが、緊急避難説が支持される。

(ウ)　安田教授の見解[30]

誤想防衛の場合と主観面が同様とだと言えるには、Xに対する防衛の意思が現に存在する必要があり、Yに対する防衛の意思をXに転用することはできないという批判がある。

3)　緊急避難に準じて考えるとする岡野光雄教授の見解[31]

侵害を避けるために第三者を突き飛ばして避難した場合と実質的に変わらないと考えることができる。本来の緊急避難と異なる側面のあることは否定し得ないが、他の見解にはそれ以上の難点がある。したがって、本来の緊急避難ではないが、緊急避難に準じて考えるのが適切である。

(3)　誤想防衛説をとる見解

1)　誤想防衛と同様の状況であるとするもの

(ア)　山口厚教授の見解[32]

緊急避難説自体は否定しないが、補充性が認められないことが多く一般的な解決方法とはいえない。誤想防衛と同様の状況である。

(イ)　松宮孝明教授の見解[33]

防衛者が第三者を害する可能性を認識していなかったなら、それも誤想防衛である。なぜなら、第三者を害したことは防衛として役に立つことではないから正当防衛として正当化はされないが、防衛者は侵害者を害する可能性しか認識していなかったのであるから、正当防衛として適法な事実しか認識していなかったがゆえに「罪を犯す意思」（刑法38条1項）つまり故意はなかったと解されるからで

---

(30)　安田・前掲注(19)113頁。

(31)　岡野光雄『刑法要説総論［第2版］』（2009年、成文堂）、112頁。

(32)　山口厚『新判例から見た刑法［第3版］』（2015年、有斐閣）51頁。

(33)　松宮孝明『刑法総論講義［第5版］』（2015年、成文堂）151頁。

ある。また、急迫不正の侵害によって冷静な対応が不可能な防衛者
には、通常の場合よりも過失が否定されやすい。

(ウ)　井田良、丸山雅夫教授の見解[34]

　　主観面における行為者の認識事実は正当防衛であったのだから、
誤想防衛の一種として故意を否定した裁判所の判断は正しい。

(エ)　鈴木左斗志教授の見解[35]

　　正当防衛に該当しない事実を認識していない以上、故意責任は否
定されるとする[36]。

(オ)　誤想防衛類似説[37]

　　純客観的に見れば緊急避難の問題となりそうであるが、行為者は
あくまでも正当防衛の認識で反撃行為を行っているのであるから、
これを緊急避難の問題とするのは誤想防衛との関係で権衡を失する
ことになろう。認識（正当防衛）と客観的事実（正当防衛の要件なし）
との間に錯誤が存する場合であって、誤想防衛に類似した構造をも
つから、一種の誤想防衛として扱ってよいと考える[38]。

(カ)　堀籠幸男、中山隆夫判事の見解[39]

　　Ｙに対する侵害の認容がないときは誤想防衛の問題として考える
べき[40]。

(キ)　幕田英雄検事の見解[41]

　　責任判断のレベルに降りて、行為者甲の内心を検討すれば、この

---

(34)　井田良＝丸山雅夫『ケーススタディ刑法［第4版］』（2015年、日本評論社）255頁。
(35)　鈴木左斗志・山口厚＝佐伯仁志編『刑法判例百選Ⅰ総論［第7版］』（2014年、有斐
閣）58頁。
(36)　Ｙに侵害が発生している以上、本件が「Ｙに対する正当防衛」とみることへの疑問
は留保している。
(37)　前田雅英監修『条解刑法［第3版］』（2013年、弘文堂）116頁。
(38)　もっとも、甲がＹに対して未必の故意を有していたときは、緊急避難の問題として
扱わざるを得ないとする。
(39)　大塚仁ほか編『大コンメンタール刑法［第3版］第2巻』（2016年、青林書院）600
頁〔堀籠幸男＝中山隆夫〕。
(40)　Ｙに対する侵害の認容があるときは、緊急避難の問題として考えるべきとする。
(41)　幕田英雄『捜査実例中心 刑法総論解説［第2版］』（2015年、東京法令出版）404頁。

場合の行為者甲の認識（＝正当防衛の要件存在）と客観的事実（＝正当防衛の要件不存在）の食い違いの構造は、典型的な誤想防衛の場合と類似しているので、一種の誤想防衛として責任阻却が阻却されると取り扱うのが相当と考えられる。

2） 錯誤論への言及

㋐ 山口教授の見解[42]

法益性の否定（減少）につき理解を示し、「敵・味方」という区別は適当でないが、「侵害者・それ以外」という区別はあり得るとする。

㋑ 佐伯仁志教授の見解[43]

大阪高裁判決がいいたかったのは、行為者の「味方」に対して故意犯の成立を認めるのは適当でない、という常識的感覚なのではないであろうか。例えば、最高裁判例の事案で、共犯者が存在していて、被告人の撃ったびょうが共犯者に当たって負傷させた場合に、共犯者に対する強盗殺人未遂罪を認めることが常識に合致しているとは思えない[44]。

㋒ 井田良教授の見解[45]

たしかに、法定的符合説は、構成要件該当事実に対する故意（つまり、構成要件的故意）が認められるかどうかを判断するときには、行為者が認識しなかった客体に対する侵害についても故意を阻却しない。それは、意図した客体と結果が生じた客体とが、構成要件的評価の観点からみて、およそ法的に同価値だとするからである。これに対して、正当化事由の前提事実に関する錯誤が、故意を阻却するかどうかを検討する場合には、──体系的にどの段階で判断するにせよ──行為者が表象した事実が違法な事実だったかどうかが問題になるのである。したがって、この関係では、例[46]で、客体がA

---

(42)　山口・前掲注(32)56頁。
(43)　佐伯仁志『刑法総論の考え方・楽しみ方』（2013年、有斐閣）268頁。
(44)　引き続き、強盗致死傷罪における構成要件該当性の限定の可能性につき言及する。
(45)　井田良・法学研究58巻10号（1985年）79頁。

だったのかBであったのかが法的に同価値でないのは明らかである。法定的符合説に立っても、この錯誤は法的に重要であり、違法故意または責任故意を阻却すると考えることは可能なのである。

㈡　小出淳一判事の見解[47]

　　客体の錯誤ではなく方法の錯誤の場合には、故意論の問題として考えるとき、結果発生があってはならないと明らかに考えられる者について結果が発生した場合には、故意犯の成立が否定されるということはできないだろうか。例えば、共犯者に結果を発生させた場合のように、味方の側に結果を発生させたような場合が考えられよう。人質を救うために、人質をとって立てこもっている者をねらったが、人質に当たってしまった場合や犯人を逮捕しに赴いた同僚の警察官に当たってしまった場合も、違法性阻却をまつまでもなく構成要件的故意の問題として同様に解してよいのではあるまいか。結果発生を望まないことが当然に予想される者（例えば、妻子や肉親など）に結果が発生した場合もこのような考え方を拡張すべきかどうかについてもなお検討する余地はあろうか。

（4）　**違法行為説をとる見解**

　1）　**高橋則夫教授の見解[48]**

　　正当防衛権は、侵害者と防衛者との間の相対的権利であること、Yに対して反撃することが正の確証を示すとはいえず、また、防衛効果を持つとも考えられないことなどから、正当防衛の成立は困難。第三者Yを侵害することが保全法的の保護に役立つわけではないこと、甲とYとの間には、法益衝突の契機が含まれておらず、危難を忍受するか転嫁するかという二者択一の関係にはないことなどから、緊急避難の成立も困難である。防衛行為の方向性の錯誤を正当防衛状況あるいは防衛行為の相当性の誤認と位置付けることは無理がある。以上、正

---

(46)　AがBに切りかかり、これを見た甲がBを防衛するために攻撃者Aの脚を狙ってピストルを撃ったところ、被侵害者Bの脚に当たったという事例。

(47)　小出淳一・大塚仁＝佐藤文哉編『新実例刑法（総論）』（2001年、青林書院）158頁

(48)　高橋則夫『刑法総論［第4版］』（2018年、成文堂）295頁。

当防衛、緊急避難、誤想防衛のいずれも認められず、甲の行為は違法行為とせざるを得ない。

2)　曽根威彦教授の見解[49]

甲の行為は、少なくともYとの関係では違法と解すべきである。甲の行為がそもそも「緊急行為」として正当化されるかどうかが問題にされなければならない。というのは、甲はYの法益侵害を手段として自己の法益を保全したわけではないからである。もっとも、このような事例の多くは、その事案の情状からいって、通常、故意・過失が否定され、あるいは第三者の法益を侵害しないことを期待することが不可能ないし困難であることから、甲の行為は違法であっても責任が阻却されるケースが大半であろう。

3)　佐久間修教授らの見解[50]

誤想防衛の一種として扱うことには不自然さが否めない。発生事実を全体としてみれば、法が防衛行為として相当と判断する行為が結果として防衛に必要な法益侵害の程度を大きく超えてしまった場合だといえるから、過剰防衛になるとするのも一つの解答だろう。

4　教材として活用する例

本判決は多くの理論的問題を含むため、学生向けの問題集などに取り上げられることが多い。設例の一部として取り上げるものが多いが、ケースブックとして、本判決自体の各問題点を直接検討させるものもある[51]。

Ⅳ　見解の整理と検討

1　緊急避難説について

上記の各説の対立状況をみると、「防衛行為が第三者に及んだ場合」一般についていえば、まずは緊急行為の適用を検討するのが、最も適切であるよ

---

(49)　曽根威彦『刑法の重要問題〔総論〕［第2版］』（2006年、成文堂）106頁。
(50)　佐久間修＝橋本正博＝上嶌一高『刑法基本講義総論・各論［第2版］』（2013年、有斐閣）170頁。

うに思われる。緊急避難において本質的とされる「法益の二者択一関係」を
どのように理解するかが問われることも多いと思われる。事案に即した検討
が必要であろう。

　もっとも、緊急避難の要件（補充性や法益権衡）を満たす場合は、論者に
よって幅は異なるものの、限定的であるため、すべての場合に緊急避難が成
立するとはいえない。

2　責任故意を否定する点について

　その場合には、次に、責任故意を検討することになる。この場合、誤想防
衛は判例・学説による検討が進んでいるので、これを参考にすることはもち
ろんであるが、必ずしも、「誤想防衛と同じ状況であるか」ということにこ
だわり過ぎないことが重要と考える。故意責任を問う根本原理に遡った検討
をすることが求められよう。

　その場合、①「侵害を受けていること」や、②「第三者に侵害が及ぶこと
を直接は意識していなかったこと」を理由として責任故意が否定されるとし
ても、それは、百かゼロかというものではなく、事案の違いにより種々の程
度があると考えられる。この際、②の点は、上記Ⅲ2⑷で述べたとおり、
「符合」した故意は、「フルスペックからどれだけ減縮した故意か」と考える
ことが相当ではないだろうか。その意味で、法定的符合説をとったとして
も、符合の有無・程度を検討することは無意味ではなく、また可能であると

---

(51)　⑴大塚裕史＝十河太朗＝塩谷毅＝豊田兼彦『基本刑法Ⅰ総論［第2版］』（2016年、
　　日本評論社）181頁、⑵今井＝小林＝島田＝橋爪・前掲注⑳463頁、⑶高橋則夫＝伊東研
　　祐＝井田良＝杉田宗久『法科大学院テキスト刑法総論［第2版］』（2007年、日本評論社）
　　227頁、⑷安田拓人・佐久間修＝高橋則夫＝松澤伸＝安田拓人『Law Practice刑法［第
　　3版］』（2017年、商事法務）240頁、⑸野村賢「正当防衛，過剰防衛」田中康郎監修『刑
　　事実体法演習──理論と実務の架橋のための15講──』（2015年、立花書房）209頁、
　　⑹斉藤誠二＝船山泰範編『演習ノート刑法総論［第5版］』（2013年、法学書院）70頁、
　　⑺山本輝之・井田良＝城下裕二編『刑法総論判例インデックス』（2011年、商事法務）
　　156頁、⑻井田良＝佐伯仁志＝橋爪隆＝安田拓人『刑事事例演習教材［第2版］』（2014年、
　　有斐閣）58頁、⑼島田＝小林・前掲注㉑149頁、⑽橋爪隆・山口厚編著『ケース＆プロ
　　ブレム刑法総論』（2004年、弘文堂）139頁、⑾岩間康夫＝塩見＝小田直樹＝橋田久＝
　　髙山佳奈子＝安田拓人＝齊藤彰子＝小島陽介『ケースブック刑法［第3版］』（2017年、
　　有斐閣）82頁。

考えられる。

このことは、検察官が、故意の符合を前提とした事案処理を目指すことは余りないと考えられること[52]や、裁判官の量刑実務でも、錯誤によって認められた故意は過失に近いと考えられていること[53]などとも整合的であると思われる。

3　本件について

本件においては、法益権衡の要件を欠くから緊急避難は成立しない。そこで故意責任を検討すると、現場の状況を総合すれば、甲がＹに侵害を与えることにつき非難を及ぼすだけの主観的要素があったとはいえないから、故意犯は成立しないというべきであり、本判決の結論は相当と考える。理論的な誤りや不整合があることはそのとおりであるが、結論的な相当性はなお維持されていると考える。

Ⅴ　その他の問題点

1　Ｘに対する正当防衛が成立するか

本判決は、第三者Ｙに対する侵害を論ずる前提として、侵害者Ｘに対しては正当防衛が成立するとしている。

この点につき、本判決は、①喧嘩闘争による正当防衛排除がされないか、

---

(52)　幕田元検事は、錯誤論以前に真相解明の努力をする必要性を指摘する。すなわち、法定的符合説の判例があるとしても、犯罪はもともと具体的なものなのであるから、具体的で生々しい事実として証明されない限り、そのような犯罪があったことを裁判官に十分に説得できないのであり、捜査の目標としては、行為者の具体的な狙いとその結果、そして狙いと結果が異なった場合にはその具体的な理由を明らかにすべきとする（幕田・前掲注(41)181頁）。

　　また、錯誤論以前に未必の故意を立証することの重要性を指摘する。すなわち、方法の錯誤の場合、行為者は、第三者に結果が及ぶかもしれないことを意識していることが多く、このような事案においては、行為者が第三者に気付いた時期、その時の位置関係、行為者の行為の精度などにつき事実を解明し、これによって、実現した結果について未必の故意の立証に努める必要があるとする（幕田・前掲注(41)181頁）。

(53)　佐伯・前掲注(43)270頁。

②車両を急発進でバックさせるという態様をみれば相当性を欠くのではないか、という2点を問題にした上で正当防衛の成立を認めたが、上記各評釈において概ね支持されている。

もっとも、上記鈴木百選は、この点に疑問を呈しているが、これについては今後の検討を期したい。

2　過失犯の成否の点

Yに対し、故意責任が否定されたとしても、過失犯の成否は問題になり得る、理論的にいえば、上記のように車両の後進という危険な態様の防衛行為を選択した点で、過失犯の成立を肯定する見解もあるだろう。

Ⅳ　裁判員裁判における問題

1　いつの時点で検討するか

本件のような事案が起訴された場合、検察官は、第一次的にはXの死傷結果に対する故意又は過失責任があるとして立証しようとし、これに失敗した場合に、上記で検討してきた問題が顕在化することになると思われる。

もっとも、実際に証拠調べを経た具体的事実を確定しないと、緊急避難が成立するのか、あるいは誤想防衛と同様な状況が生じ、故意責任が及ばないことになるのか、などの判断はつかないとも考えられる。

したがって、公判前整理手続の段階でどこまで検討すべきかは難問であるが、一応考えられる法的構成につき議論しておくことは有用だと思われる。

2　法律概念をどう説明するのか

その上で、「緊急避難」や「誤想防衛」を裁判員にどう説明するかという問題が生ずる。これについては、司法研究『難解な法律概念と裁判員裁判』19頁[54]中の、「正当防衛」や「殺意」の検討結果を参考にすべきである[55]。

---

(54)　司法研修所編『難解な法律概念と裁判員裁判』〔司法研究報告書61輯1号〕(2009年、法曹会)109頁

錯誤論の説明はさらに困難であるが、「故意とは何か」という問題から掘り起こすしかないだろう。本判決のような問題につき、錯誤論として、「符合」という点も説明しなければならない事例もあり得ないとは限らない。困難であるが、故意の本質に遡った説明が求められることになろう[56][57][58]。

3 訴因変更の問題

仮に、故意責任は否定されるが、過失責任は残るとした場合、訴因変更の可否の問題となり得る。立証制限規定（刑訴法316条の32）との関係が問題となるが、刑訴法が、公判前整理手続の整備に伴っても訴因変更規定には手が付けられなかったことを考慮すれば、およそ訴因変更が否定されるわけではないであろう。そして、本判決のような事例において新たな証拠調べをする必要は余りなく、法的な評価として過失（注意義務違反）があったか否かを判断すれば足りるから、肯定的に解されるだろう。

〔終わりに〕

日髙先生には、司法試験考査委員をご一緒した節に、大変お世話になりました。これからもお元気でお仕事をされることをお祈りしております。

（みずの・ともゆき）

---

(55) 本判決も分析対象判例として掲載されている（司法研修所編・前掲注[54]129頁）。

(56) 司法研修所編・前掲注[54]1頁以下の総論部分が基本になる。

(57) 橋爪隆『正当防衛論の基礎』（2007年、有斐閣）361頁も、同様に、根本に遡った説明が必要とした上で、説明する際の視点を提供しているのが参考になる。

(58) 和田真＝野口卓志＝増尾崇「正当防衛について（上）、（下）」〔大阪刑事実務研究会・裁判員裁判における法律概念に関する諸問題⑪〕判例タイムズ1365号46頁、判例タイムズ1366号（以上、2012年）45頁のうち、特に「第9誤想防衛等が争点になる場合」が、判例理論、その背景にある考え方を分析した上で、裁判員裁判における判断対象を設定し、その判断のための主なファクターを挙げ、さらに説明案を記述している点が参考になる。

過失犯における注意義務確定のプロセス

——不作為的過失を中心に——

稲　垣　悠　一

Ⅰ　は じ め に
Ⅱ　過失不真正不作為犯の概念規定の当否について
Ⅲ　作為義務と結果回避義務の区別について
Ⅳ　注意義務（結果回避義務）の内容確定プロセス論
Ⅴ　お わ り に

Ⅰ　は じ め に

1　過失犯論の課題

　我が国の過失犯に関する議論には、(ⅰ)過失犯特有の議論のほか、(ⅱ)周辺領域と交錯する問題が残されている。

　(ⅰ)については、①過失の実体につき、主観的な予見義務違反に重点を置くのか（旧過失論）、それとも客観的な注意義務違反に重点を置くのか（新過失論）という過失構造論を基軸とした問題がある。また予見可能性の犯罪論体系上の位置づけにも関わるが、②いかなる対象に対する、どの程度の予見可能性を要求するのかという予見可能性の問題である。最近では、予見可能性の対象を「危険性」とした上で、その内実の把握を重要視する見解も見られる。(ⅱ)については、とりわけ、③不作為態様の過失（不作為的過失）の理論的処理方法の問題、④複数人の過失が競合する過失競合事案の理論的処理、あるいは過失共同正犯の成否とその成立範囲に関する問題がある。本稿では、④の問題は検討外として、③の問題を中心に扱う。ただ、③の問題は、①、②の問題との相互関連性があることから、これらについても必要な限度で言及する。

周知のように、不作為的過失に関して、実務は明示的に不作為犯として理論構成していないが、学説の多くは、過失犯と不作為犯論との接点を見出し、過失不真正不作為犯として理論構成しようとしている。私見においては、恩師の日髙義博先生の指導を受け、過失不真正不作為犯の理論モデルとは別異の理論モデルを提示した。すると、方々から様々なご批判を頂戴した。今回、日髙先生の古稀祝賀という機会に、学問的な批判に応えつつ、先生から受けた学恩に少しでも報いることができれば、幸いである。

2　過失犯論に関する私見の要約

過失犯に関する理論について、これまでに提示してきた私見を要約すれば、以下のようである。

まず、過失の構造論については、新過失論に依拠して、結果回避義務違反を過失の実体と理解している。これによると、不作為態様の過失犯については、構成要件該当性の段階で、不作為犯論との接点があるかが問題となる。

殺人罪や放火罪のように、「〜した」という作為を原型とする構成要件については、作為と不作為とを等置する等置問題が生じる。しかし、過失犯においては、(i)その規範構造上、作為のみならず不作為による遂行も予定され、必ずしも作為が原型とは言い切れない。そのため、現実の行為態様が不作為の過失犯について、作為との等置を前提とした理論構成は不要であり、「過失不真正不作為犯」として扱う必然性はない。現実の行為態様として、作為の場合（作為的過失）でも不作為の場合（不作為的過失）でも、客観的予見可能性を前提とした結果回避義務違反を正面から問題とすれば足りる[1]。その反面において、等置理論を導入する領域は限定化される[2]。

(ii)結果回避義務と作為義務の関係についてであるが、過失犯の結果回避義

（1）　日髙義博「管理・監督過失と不作為犯論」斉藤豊治ほか編『神山敏雄先生古稀祝賀論文集　第1巻　過失犯論・不作為犯論・共犯論』（2006年、成文堂）139頁（152頁以下）、稲垣悠一『欠陥製品による刑事過失責任と不作為犯論』（2014年、専修大学出版局）261頁以下。
（2）　稲垣悠一「欠陥製品による刑事過失責任と不作為犯論」刑法雑誌55巻2号（2016年）206頁（219頁）。

務は、不作為犯の保証義務と一致することはあるものの、多様な内容を備え
るものであり、基本的には別異に捉えるべきである。主体選別の問題につい
ては、結果回避義務を基礎づける事情の中に、行為者の地位、権限、職責等
も取り込まれることから、その機能は十分に果たすことができ、結果回避義
務の枠組みを超えて、独立の理論として保証理論を導入する必要はない[3]。

(iii)過失犯の認定プロセスについては、①結果の発生を前提として因果の流
れを遡り、その起因・機序を確定し、②危険回避が可能であり、予見可能性
が認められる危険状況下において、③過大とならない限度で結果回避措置
（基準行為）を確定し、それを行為者に要求できるかどうかを問題にすべき
である。②の予見可能性は、③を動機づけられる程度のもので足りる[4]。③
については、その具体的な導き方が重要であることから、複数人の過失が競
合する場面では、起因との関係で、直接行為者とその背後者との間に監督・
被監督の関係を見出し得る場合には、③の認定においてボトムアップ的手法
によって基準行為を判定する。これに対して、リコールのように組織として
の外部措置が問題となる場面や、複数組織にまたがる管理責任が競合する場
面では、組織として行うべき措置を想定した上で、組織内の個人の注意義務
を割り出すというトップダウン的手法（組織関係的観察方法）を用いて注意
義務設定の精密化を図る。これにより、関与実態のない者を注意義務の主体
から排除し、さらに許された危険の法理、あるいは信頼の原則の適用領域を
吟味して処罰の限定化を図る[5]、というものである。

3　本稿の検討課題

私見に対する批判は、主として、(i)の不真正不作為犯の概念規定に対する
批判と(ii)の結果回避義務と作為義務の区別問題、および主体選別の問題に対

（3）　稲垣・前掲注(2)219頁、同「不作為的過失と不作為犯論——注意義務確定の手法と
　　関連して——」刑事法ジャーナル46号（2015年）24頁（27頁）。
（4）　稲垣悠一「判批」専修法学論集112号（2011年）149頁、同「判批」専修法学論集
　　126号（2016年）401頁（416頁）。
（5）　稲垣・前掲注(3)「不作為的過失と不作為犯論」33～34頁。なお、同「判批」専修法
　　学論集124号（2015年）207～208頁も参照。

する批判に分けることができる。

　検討課題は次のとおりである。第1に、不真正不作為犯の概念規定についての批判点を整理し、それに対する反論を試みる。第2に、作為義務と結果回避義務の体系上の区別問題、および主体選別の問題に関する学説の動向を整理する。この区別問題については、すでに整理したことがあるが、その後の議論状況を踏まえ、反論を試みたい。そして、第3に、過失犯論に関する学説の体系的な差異を乗り越えて、最大公約数的な共通認識を獲得するために、過失犯の理論的方向性を模索したい。

Ⅱ　過失不真正不作為犯の概念規定の当否について

　まず、過失犯が作為のみを規定したのではなく、不作為も含まれるという主張は、次の見解を基にしている。すなわち、「過失犯の構成要件の規定形式は、『過失により…傷害した者』（209条）、『過失により…死亡させた者』（210条）、『業務上必要な注意を怠り、よって…死傷させた者』（211条）というように法規の規定形式が二段階的構成になっており、『させた』という表記も使われている。これは、故意犯の場合の規定形式と異なり、作為の行為態様を前提にした規定だとは言い切れない。（原文改行）注意義務の内容として結果回避義務を考えた場合には、結果回避のための義務は作為、不作為の双方に向けられていることから、作為犯か不作為犯かという二者択一的思考は意味がない。過失犯においては、原型となるべき犯罪行為態様は存在せず、流動的でさえある。さらに、過失的不真正不作為犯という犯罪形態を考えて、構成要件的等価値性の判断を導入しなければならない存在構造上の相違も見出せない。」というものである[6]。

　これに対しては、二段階的な構成になっているのは、刑法38条1項において、刑法は故意犯処罰を原則とし、「法律に特別の規定がある場合」には例外的に非故意犯も処罰するとされているからであり、「させた」という文言についても、209条では「傷害した」となっている点を考えれば、大きな意

（6）　日髙・前掲注(1)152頁以下。

味はもっておらず、結局、条文の構造および文言だけから、ただちに過失犯の構成要件には作為と不作為の両者が含まれていると解するのは難しい、との批判がなされている[7]。たしかに、刑法209条の「傷害した」という規定形式だけに着目すれば、他の規定との有意的な差異を見出すことは難しいかもしれない。しかし、ここで述べたいことは、過失犯の条文の規定形式から作為を原型としたものとは積極的に「言い切れず」、過失の現象・実体としても、過失犯の行為態様には、作為だけでなく、不作為も広く含まれ得るということであろう。

　従前、殺人罪、放火罪などの不真正不作為犯が問題とされた犯罪では、「人を殺した」、「放火した」という可罰性の高い作為形態を原型として、これと不作為とを等置する基準が問題とされた。作為義務の根拠を多元的に把握する見地から不作為犯の成立を限定する志向もあるが、学説の多くは、①行為者による具体的引受け行為を基準とする見解[8]、②不作為者自身の故意・過失による原因設定、法益、不作為者との三面構造が見出せる場合に構成要件的等価値性を見出す見解[9]、③自ら設定した排他的支配領域下における不作為に作為との同価値性を肯定する見解[10]など、一元的な観点から処罰の対象となる不作為を限定する志向が強かったといえる。これに対して、過失犯は、もともと漫然とした態度を「過失」、あるいは「必要な注意を怠る」ものとして記述し、かかる態度に基づいて、結果を発生させたことを本質とする。漫然とした態度としては、作為的に関与するものもあれば、不作為的に関与するものもあり、原型となる行為が作為に限定されるわけではない[11]。漫然とした態度には、求められる客観的措置を行わないという不作為も過失の「常態」として予定されているのではないか。そうであれば、不作為的過失犯の場合、作為を原型としてそれと等置するという不真正不作為犯として

（７）　平野潔「過失不作為犯における『注意義務』」人文社会論叢（社会科学篇）34号（2015年）　45頁（66〜67頁）。

（８）　堀内捷三『不作為犯論——作為義務論の再構成——』（1978年、青林書院新社）253頁以下（特に260頁）。

（９）　日髙義博『不真正不作為犯の理論［第２版］』（1983年、慶應通信）148頁以下。

（10）　西田典之「不作為犯論」芝原邦爾＝堀内捷三＝町野朔＝西田典之編『刑法総論の現代的課題・総論Ⅰ』（1988年、日本評論社）67頁。

概念規定する必要はないと思われる。

これに対しては、「作為に見える構成要件」であっても、もともと不作為も含んでいるという見解[12]を前提とした批判も考えられる。平野潔教授は、このような見解を前提に、「この立場も殺人罪等の構成要件に不作為が含まれ得るから、結果と因果関係のある不作為がすべてこれに含まれるとまでは解していない。構成要件に該当する結果の発生を阻止するために必要な作為を行う義務のある者、すなわち保障人的地位を有する者の不作為だけが構成要件に該当するとしている」として、「条文に作為と不作為の両方を含んでいるから作為義務の問題は生じないと一義的に言えないことを指していると思われる。」と批判される。そして、「より実質的な問題は、保障人的地位にどのような役割を担わせるべきかという点にある」として、不作為の実行行為性を基礎づけるという前提のものであれば、保証者説に「行為者選別」機能を営ませても問題ないとの主張がなされている[13]。

私見においても、不作為的過失の問題が、条文の規定形式だけですべて解消されるものではなく、過失の実体を踏まえた過失犯の理論を如何に機能させるかが重要と考えている。上記指摘は、すでに過失犯の理論の実質面に及んでいることから、章を改めて、実質的な検討をすることとする。

Ⅲ　作為義務と結果回避義務の区別について

過失犯と不作為犯との接点を考える場合、論者がどのような過失構造論を

---

(11)　なお、私見の理論構成に対しては、「過失犯はすべて作為犯になる」との指摘がある（岡部雅人「過失不作為犯における『注意義務』について」高橋則夫ほか編『曽根威彦先生・田口守一先生古稀祝賀論文集　上巻』〈2014年、成文堂〉196頁〈205頁〉）が、そのようなことは意図していない。過失犯の現実の行為態様は、作為の場合（作為的過失犯）もあれば、不作為の場合（不作為的過失）もあるが、いずれの場合も、措定される結果回避措置（作為が求められることもあれば、不作為が求められることもあり、作為・不作為の両方が求められることもある）との対比で「基準行為から逸脱」があれば、現実の行為（作為・不作為）が過失実行行為になると考えている。

(12)　佐伯仁志『刑法総論の考え方・楽しみ方』（2013年、有斐閣）82～83頁。

(13)　平野潔「過失不作為犯における主体の限定」川端博ほか編『理論刑法学の探究⑩』（2017年、成文堂）35頁（62頁）。

採用しているかが重要である[14]。近時は、この観点からの分析は浸透しつつあるように思われる[15]。

　旧過失論の立場からは、不作為態様の過失について、故意不作為犯の場合と同様、保証理論を導入して、「主体選別」を図ろうとする見解が有力である[16]。旧過失論の場合、過失の実体は、主観的な予見義務違反に求められることから、主体選別の機能がある保証理論を導入するにしても過失との競合問題は生じない。他方、修正旧過失論と新過失論においては、不作為犯論との接点を肯定して、構成要件該当性段階で行為者選別を図ろうとする場合、作為義務と結果回避義務との競合問題が生じ、両義務の区別問題が生じるのである。

　私見では、新過失論に依拠して理論構成する場合、結果回避義務論とは独立して作為義務論を展開する必要はないとしたが、それに対しては、作為義務論が担っていた主体選別の機能が捨て去られることになってしまうとの批判がある[17]。そこで、以下では、過失犯の主体選別をめぐる近時の学説の動向を整理した上で、批判に対する反論を試みる。

1　修正旧過失論の立場から作為義務と結果回避義務とを区別する見解

　これは、過失の実体を責任段階の予見義務違反としつつ、構成要件段階では結果回避義務違反を問題とする見解である。山口厚教授は、結果回避義務は、故意犯と過失犯に共通する結果惹起を内容とする構成要件該当性の要件であるとし、回避可能性によってその違反が肯定されるとする[18]。結果回避義務の内容は、故意犯のように、行為を行うこと自体を完全に禁止すること

---

(14)　日高・前掲注(1)141頁。なお、稲垣・前掲注(1)235頁以下も参照。

(15)　岡部・前掲注(11)200頁以下、平野・前掲注(7)63頁以下、同・前掲注(13)53頁以下。

(16)　その代表的な論考として、神山敏雄「過失不真正不作為犯の構造」福田雅章ほか編『福田平・大塚仁博士古稀祝賀　刑事法学の総合的検討（上）』（1993年、有斐閣）45頁。神山説の分析については、稲垣・前掲注(1)238頁以下。

(17)　平野・前掲注(13)59頁、小林憲太郎「過失犯における注意義務と『作為義務』」刑事法雑誌56巻2号（2017年）271頁（273頁）。

(18)　山口厚「過失犯に関する覚書」田口守一ほか編『渥美東洋先生古稀記念　犯罪の多角的検討』（2006年、有斐閣）48頁。

まで常に求めることができず、「行為によって結果が生じる危険を制御・解消する措置を執ること」（危険減少行為）が求められるとする。そして、このような結果回避義務は、「不作為犯で問題となった作為義務と，結果回避のために求められる義務という点で同じ義務」であり、その発生根拠は、「結果原因の支配（危険源の支配、脆弱性の支配）」とされる。その上で、「結果原因の支配により保障人的地位が認められる場合，過失犯において作為犯と不作為犯とを区別することにとくに意味はないであろう。」とされている[19]。結果回避義務の内容である危険減少行為は、新過失論における基準行為に相当すると思われる。これに対し、結果予見義務は、結果回避義務とは別の責任要素とし、予見義務違反の前提として予見可能性を位置づけている[20]。そのため、構成要件該当性段階の結果回避義務は、予見可能性との関連性が遮断されている。具体的な結果回避義務の導出過程が問題となろう。

大塚裕史教授も、結果回避義務を故意犯と過失犯に共通する構成要件該当性の要件とする山口説に賛同し[21]、過失不作為犯においては、作為か不作為かの区別を曖昧にしたまま結果回避義務違反のみを認定すると、作為義務を負わない者の不作為までが過失犯で処罰される危険性があるとして、作為義務と結果回避義務は厳格に区別すべきであるとする。そして、作為義務が不作為犯に固有の要件であるのに対し、結果回避義務は、不作為犯のみならず作為犯にも必要な要件であり、「予見可能性と結果回避可能性の問題であって、因果経過の支配を問題とする作為義務の問題とは次元が異なる。」とする。つまり、「作為義務の認定は、結果回避義務を負う主体を特定する作業であり、作為義務が認められる者（保障人的地位にある者）だけに、どのような結果回避義務を基礎づけるかが問題となる」いうのである[22]。義務を負う主体の特定と、義務内容を区別するということであろう。さらに、大塚説

---

(19)　山口厚『刑法総論［第3版］』（2016年、有斐閣）247〜248頁。
(20)　山口・前掲注(19)246、251頁。
(21)　大塚裕史「過失犯の共同正犯の成立範囲——明石花火大会歩道橋副署長事件を契機として——」神戸法学雑誌62巻1・2号（2012年）1頁（14頁）。
(22)　大塚裕史「過失不作為犯の競合」井上正仁ほか編『三井誠先生古稀祝賀論文集』（2012年、有斐閣）153頁（155〜156頁）。
(23)　大塚・前掲注(22)158頁。

では、排他的支配が過失不作為犯の正犯性を基礎づけるともしている[23]。なお、結果回避義務が「予見可能性や結果回避可能性の問題」であるとする文脈からすると、回避義務の内容は、予見可能性との関係で導かれると推測され、この点は山口説と異なっている。

いずれの見解も、作為義務（結果原因の支配、あるいは因果経過の支配）と結果回避義務とを区別し、前者については、行為主体の選別だけではなく、作為と不作為との等置という機能も担わせている[24]。これは、保証者的地位と保証者的義務とを二分する分離理論に類する理論である。

2　新過失論の立場から作為義務の「発生根拠」と作為義務の「具体的内容」とを区別する見解

新過失論は、構成要件該当性、あるいは違法性段階の結果回避義務に重点を置いた理論である。そのため、構成要件該当性段階の問題である不作為犯論との接点を見出す場合には、必然的に両義務の区別問題が生じる。新過失論の従前の議論では、この点について踏み込んだ説明がされていなかったと指摘されているが[25]、近時は、新過失論の立場からも両義務の区別問題を積極的に認めようとする議論が見られる。

たとえば、岡部雅人准教授は、これまでの学説は、不作為犯における作為義務の「発生根拠」の問題と、作為義務の「具体的内容」とを、渾然一体のものとして「作為義務」と称して論じてきたために、議論を複雑なものにしてきたとして、両者を明確に分けるべきとする。具体的には、「過失不作為犯において作為義務として問題とされるべきものは、保障人的地位のみであって、保障人的義務は、いわば、『枠組み』に過ぎず、その『具体的内容』は、過失犯における結果回避義務からなるものと解すべき」とされる[26]。岡

---

(24)　修正旧過失論については、稲垣・前掲注(1)240～242頁で検討した見解のほか、同種の見解として、鎮目征樹「公務員の刑法上の作為義務」研修730号（2009年）4頁、古川伸彦「過失犯はいかにして『共同して』『実行』されうるか――明石歩道橋事件を機縁として検討の道筋を洗い直す――」刑事法ジャーナル51号（2017年）4頁（6頁）等。

(25)　平野・前掲注(13)57頁。

(26)　岡部・前掲注(11)205～206頁。

部准教授は、過失犯につき、構成要件該当性の段階では、結果回避義務違反を中心に理論構成していることから[27]、不作為犯論の作為義務との交錯問題が生じ、両者の区別が問題となるところ、作為義務と結果回避義務とを振り分けようとするものである[28]。

作為義務とその具体的内容とを区別する点では、前記1の見解とほぼ同一であり、分離理論に類するものといえる。問題は、作為義務と具体的義務内容を分けることにより、主体選別がどの程度図れるかである。この点について、岡部説では、問題の作為義務の発生根拠につき、排他的支配性を基礎としつつも、最終的には多元説に依拠しており[29]、一元的に作為義務を理解しようとする見解に比して、主体選別は比較的緩やかになされると思われる。さらに、過失犯においては、統一的正犯概念が妥当するとしている[30]。そうすると、保証理論による主体選別機能は、実際上は限定的になると思われる[31]。

3 学説の評価および反論

(1) 地位と義務内容を分離する理論について

前記1および2で検討した見解は、表現に若干の違いはあるものの、不作為態様の過失犯においては、作為義務論により主体の選別を図った上で、具体的な義務内容を検討するという思考が採られており、それ自体、形式論理としては筋が通っている。

私見に対しては、このような立場から、作為義務論を導入しないと行為者選別を図ることができないとの批判がある。不作為的過失の場合、「行為者」

---

(27) 岡部雅人「過失犯における『因果関係の予見可能性』について——渋谷温泉施設爆発事故最高裁決定をてがかりとして——」川端ほか編・前掲注(13)『理論刑法学の探求⑩』1頁（2頁注(6)）。

(28) 新過失論の立場から岡部説に賛同する論者として、平野・前掲注(13)58頁。

(29) 岡部雅人「公務員の過失不作為犯について——薬害エイズ事件厚生省ルート最高裁決定をめぐって——」姫路法学49号（2009年）316頁（288頁）。

(30) 岡部「過失競合事例における主体の特定と過失行為の認定」刑法雑誌55巻2号（2016年）189頁（205頁）。

(31) 仲道祐樹「過失競合における主体の問題」高橋則夫＝杉本一敏＝仲道祐樹『理論刑法学入門・刑法理論の味わい方』（2014年、日本評論社）204頁（209頁）は、保障人的地位と正犯性による主体限定の限界を指摘している。

の特定が難しいという前提で大々的に議論がなされているが、注意義務の措定以前の事故の機序の確定や起因に基づく事案類型的観察により[32]、大部分は解消すると思われる。また、新過失論の立場からは、訴因、罪となるべき事実で要求される結果回避措置を念頭に置き、「当該措置の義務づけができるか」を問うので、当然、かかる措置を基礎づける事情として、行為者の地位、権限、役割、職責、問題となる措置や起因への関与実態等を考慮する必要がある[33]。結果回避措置は、何もない「真空状態」から突如として現れるものではない。回避措置との関係で問われる行為者の地位等は、回避措置を構成する一部であるが、地位を絞り込むこと自体が最終到達点ではない。もとより、私見においては、地位の特定は、「作為との等置」とは別異の問題である。むしろ、最終到達点である客観的措置に着目して、「かかる措置を講じるべき地位、職責、権限、役割、関与実態等があったのか」という思考の方がシンプルなのではなかろうか[34]。

　そもそも、行為主体と義務内容を分ける理論は、真新しいものではなく、保証者的地位と保証者的義務とを二分する「分離理論」に類する発想といえるが、機能面において、分離理論と同様の意義があるかは疑問である。もともと分離理論は、法的作為義務の錯誤の処理において意味を持っていた。すなわち、保証者的地位を構成要件該当性段階に、保証人的義務を違法性段階に位置づけた上で、保証者的地位に関する錯誤は故意を阻却するものの、保証者的義務の錯誤は命令の錯誤として故意を阻却しない効果を導く意味があったのである。しかし、先に検討した理論は、義務内容を導く地位と義務内容それ自体とを分けるものの、いずれも構成要件該当性段階に位置づけられ

---

(32)　稲垣・前掲注(2)28〜29頁。

(33)　危惧感説に依拠し、「回避措置重心説」を展開する見解も、結果回避義務を導き出す事情として、「地位、職業、立場」を指摘している（船山泰範「過失における回避措置重心説」井田良ほか編『川端博先生古稀記念論文集　上巻』(2014年、成文堂) 411頁〈416頁〉）。

(34)　もちろん、公訴事実、罪となるべき事実の記載順序について、回避措置を基礎づける事実から示すということを否定するものではない。回避義務を基礎づける要素は、行為者の地位、権限、職責、役割、関与実態だけではなく、危険事態の存在などもあり得る。

ている。地位の部分を「注意義務の発生根拠」、「注意義務を基礎づける事情」などと呼称して整理しても差し支えないが、錯誤論が問題とならない過失犯においては、地位が否定される場合と義務内容が否定される場合とで、明白な効果の違いはないのである。

　結局、「当該回避措置が行為者に義務づけられるか」という結果回避義務の枠内の問題として行為選別を図れば足りるように思われる。地位、職責、権限等と義務内容とは、分断すべきものではなく、むしろ有機的関連性を見出すべきである。保証人的地位の問題と義務の具体的内容とを区別する見解においても、前者を作為義務の「枠組み」に過ぎないとし、「ここにいう『枠組み』だけを独立に論じる実益はない」ともしているのである[35]。

(2)　主体選別の現実の機能について

　故意不作為犯、および不作為的過失の場面において、作為犯の理論と一線を画そうとする見解は、保証理論を導入することによる主体選別を重視している。そして、排他的支配説のように、主体選別の一元化を志向する見解に依拠する場合には、可罰的な不作為的過失として選別される範囲は、理論上、相当限定化されることになろう。現に、事実上の支配関係を重視する立場で厳格な支配概念を維持する見解もある[36]。

　しかし、前記のように、過失犯の場合、現実の行為態様として、作為形態が原型とは言い切れず、不作為形態も含まれ得る。過失犯の場面で、一定の危険事態の下で、危険防止の観点から要求される結果回避措置は多様であり、それを基礎づける事情も多様といわざるを得ない。そのため、不作為的過失が問われる場面は、故意不作為犯が問われる場面より幅があり、結果回避義務を基礎づける事情にも膨らみがあるというべきであろう。これに対しては、処罰拡張を志向するものであるとの批判も考えられるが、理論には、現実に対応する柔軟性が必要と考える。とりわけ近時の製造物過失事例などを分析すると、排他的支配説のような一元的な基準では行為者の処罰を説明

---

(35)　岡部・前掲注(11)211頁注42)。
(36)　たとえば、神山敏雄「保障人義務の類型」岡山法学44巻1号（1994年）1頁（24頁）。神山説の分析は、稲垣・前掲注(1)238～239頁参照。
(37)　我が国の製造物過失事例の分析については、稲垣・前掲注(1)139頁以下参照。

することが困難な現実がある[37]。最近では、「そのような一元的かつ狭い基準は、企業災害が多様な形で生じており、幅広く刑事責任が追及されている現実に目を閉ざすもの」との指摘[38]もなされている。

もっとも、保証理論による主体選別を図る見解は一枚岩ではなく、主体選別の機能にも幅があり、前記のような厳格な機能を認める立場は、むしろ例外的である。別稿でも論じたが、支配概念を重視する見解では、当初、支配概念は厳格に理解されていたが、行為主体を取り込む間口を広げるために、その内容は弛緩化していった[39]。この手法は、実務の実態に合わせて適切な処罰範囲を確保しようとしたものと評価することもでき、理論モデルとして一概に排斥されるべきではないが[40]、建前上導入された厳格な概念が、実際上は拡張している点は問題であろう。このようなアプローチは、柔軟性のある理論というよりは、かつてフォイエルバッハが、個人的利益に還元することが不可能な犯罪類型も「権利侵害」の名の下で説明しようとしたように[41]、「プロクルステスのベット」の弊に陥る可能性がある。過失犯の領域で拡大化した支配概念が、故意不作為犯の領域に反映すると故意不作為犯処罰の拡大化に繋がる面もあろう[42]。

(3) 結果回避義務の機能

前記のとおり、私見では、結果回避義務の枠組みの中で、主体の選別も図ることが可能と考えているが、これに対しては、仮に結果回避義務違反の判断に主体選別機能が取り込まれるとしても、私見が保証理論を批判するよう

---

(38) 樋口亮介「企業災害における個人の過失責任について」山口厚＝甲斐克則編『日中刑事法の基礎理論と先端問題——日中刑事法シンポジウム報告書——』(2016年、成文堂) 171頁 (180頁)。
(39) 稲垣・前掲注(1)239～242頁、稲垣・前掲注(2)212頁。
(40) 岡部雅人「企業不祥事と過失犯の成否」姫路法学54号 (2012年) 414頁 (406頁) は、「『支配』という名の, ある種のブラックボックスに依拠しすぎてはならないのであって, なぜそのような支配が基礎づけられるのかという本質を見極めていくことが必要」とする。
(41) クヌト・アメルンク／日髙義博＝稲垣悠一＝張光雲訳「自然法主義的法思想から実証主義的法思想への転換としてのビルンバウムの刑法的『財』保護理論」専修大学法学研究所紀要36『刑事法の諸問題Ⅷ』(2011年) 163頁 (170頁)。
(42) 稲垣・前掲注(1)251頁。
(43) 平野・前掲注(13)64頁。

に、結果回避義務に多様な機能を持ち込むことになってしまうとの批判がある[43]。しかし、結果回避義務の枠組みの中で行為者の地位等を考慮する場合、その枠組みにおける機能は、最終的には「当該措置が行為者に義務づけられるのか」という行為選別機能に収斂する。

　従前の学説は、保証理論による主体選別に関心を寄せており、具体的措置の内容については、「予見可能性や結果回避可能性の問題」という程度しか言及されないことが多かったように思われる。しかし、終局目標は「当該措置が行為者に義務づけられるのか」という結果回避措置の当否である。私見は、これを中心に据えた理論モデルを強調したい。もちろん、回避措置の前提となる事情をただの事情としているだけでは、「総合判断」になる危険性[44]、あるいは注意義務の根拠が不明確になる可能性はあろう。そのため、注意義務を基礎づける事情や注意義務を導き出す過程の「整序」は必要である。問題は、結果回避義務を基礎づける事情の整序を従前の保証理論に担わせるかどうかである。保証理論に依拠する平野教授も、主体選別機能以外の多様な機能が盛り込まれる危険性を自覚して、保証者的地位にどのような機能を付与するのかについては、なお判断を留保している[45]。そこで参考になるのは、注意義務の内容確定プロセスを重視する見解である。

Ⅳ　注意義務（結果回避義務）の内容確定プロセス論

1　注意義務の内容確定プロセスを重視する見解

　前記Ⅲで検討した理論モデルは、作為義務論における主体選別に重点をおいた理論であるが、近時、注意義務の内容確定基準の精緻化を志向される樋口亮介准教授の見解が有力に主張されている[46]。

　樋口准教授は、実務における訴因、罪となるべき事実の記載と実体法とのリンクを意識し、危険比例性に基づいて注意義務の内容を確定する議論を

---

(44)　平野・前掲注(13)64頁。
(45)　平野・前掲注(13)64〜65頁。
(46)　樋口亮介「注意義務の内容確定基準——比例原則に基づく義務内容の確定——」髙山佳奈子ほか編『山口厚先生献呈論文集』（2014年、成文堂）195頁以下。
(47)　樋口・前掲注(38)177頁。

Ⅳ　注意義務（結果回避義務）の内容確定プロセス論

「真過失論」と呼称している[47]。そして、系譜分析、比較法、日本の裁判例分析の手法を組み合わせて、訴因・罪となるべき事実の記載の基礎として、「危険との比例性」と「義務履行可能性」という基本的視点を提示する。そして、(Ⅰ)注意義務認定の前提事実として、①注意義務の発生根拠、②義務設定時点における危険を生じさせる具体的な事実関係、③当該事実関係から生じる危険の内実を示し、(Ⅱ)一定時点での危険に対する比例性と義務履行可能性に鑑みて、注意義務の具体的内容が定められるとしている[48]。また、法人・組織内の個人の注意義務を認定する際には、「段階的思考」を取り入れて、法人・組織レベルでの注意義務と個人の注意義務を段階的に基礎づけるというアプローチを提示している[49]。

　論者自身が自説を「真過失論」と呼称し、従前の過失構造論に拘泥しない立場であることは明らかである。そして、予見義務違反のような主観的側面ではなく、危険比例性に基づく注意義務の設定を終局目標としていることからして、構成要件該当性、あるいは違法性段階で客観的に過失を把握する立場といえよう[50]。終局目標である具体的な注意義務を導き出す前提として、前記(Ⅰ)①の「注意義務の発生根拠」を挙げることについては、「義務の発生根拠の検討を自覚的に行うべきという点で正当」としている。ただ、注意を要するのは、作為的過失、不作為的過失を問わず、常に、過失犯における注意義務の発生根拠を論じるという手法が用いられている点である。これは、「義務の発生根拠を曖昧にとどめてはならないという従前の学説の問題提起を過失犯における注意義務一般に妥当させる」ことを企図しているとされて

---

(48)　樋口・前掲注[46]257頁。

(49)　樋口・前掲注[46]258頁。大蔵海岸人工砂浜陥没事件第2次上告審決定（最（一小）決平成26・7・22刑集68巻6号775頁）を素材にした段階的思考の詳細な検討については、樋口亮介「行政主体を経由する注意義務の内容確定プロセス──明石砂浜陥没事故事件第2次上告審を素材に──」井田良ほか編『山中敬一先生古稀祝賀論文集 上巻』（2017年、成文堂）529頁。

(50)　ただ、樋口説は、注意義務の内容確定基準を明らかにすることで、個人の過失責任の限界を明らかにするだけではなく、法人処罰の立法モデルを明らかにすることも企図している点に留意する必要がある（樋口・前掲注[38]186頁）。

(51)　樋口・前掲注[46]214頁。なお、成瀬幸典「判批」刑事法ジャーナル33号（2012年）122頁（126〜127頁注[15]）も参照。

いる[51]。その意味で、樋口説が注意義務の内容確定基準の基礎に据えている義務の発生根拠論は、不作為犯における作為義務論そのものではない。しかも「注意義務の発生が問題になる社会現象は多様なものであって、場面ごとに義務の発生根拠が異なり得ることを率直に認めるべき」という観点から、従前の不作為犯論における一元化志向を批判している[52]。そのため樋口説は、過失不真正不作為犯論に依拠する従前の学説とは一線を画した見解というべきであろう。過失を客観化する新過失論においては、本来、結果回避義務違反が実体法上の過失の実体であることから、如何に具体的な内容の回避義務を導くのかが重要になるはずであるが、学説はそれに積極的に取り組むことなく、ある意味、実務家に丸投げにしてきた側面は否定できない[53]。その意味で、この問題に正面から取り組もうとする姿勢には、賛意を示したい。

2　過失犯の理論的方向性について

⑴　考察の視点

　過失犯論と不作為犯論との接点については、様々な理論モデルが提示できるところである。複数の理論モデルが想定できる場合、結論に至る説明の些細な違いに拘ることは得策ではなく、最大公約数的な認識の共有が重要と考える。

　過失犯の理論的な方向性として確保すべきことは、第1に、過失の実体に関する理論が、現実に即したもので、しかも合理的な認定論をも踏まえたものであることである。その意味で、過失の客観化の方向性を捨てることはできない。第2に、過失犯論が射程とする領域は広いため、現実的問題に対処できるように、柔軟性を担保する機能を過失犯論に組み込んでいく視点が必要である。もちろん、過大な処罰になってはならないが、理論的柔軟性は損なわれるべきではない。第3に、成立要件についての犯罪論体系上の機能をシンプルにすることである。現在の過失犯論は、まさに百家争鳴状態であり、様々な理論モデルが提示されているが、過失犯の成立要件に多様なもの

---

(52)　樋口・前掲注⑷214頁。
(53)　樋口・前掲注⑷198頁。なお、稲垣・前掲注⑴212頁。

が取り込まれ、かえって過失の実体が不明瞭になる傾向があるように思われる。そのため、「注意義務の内容についての、旧過失論と新過失論との考え方の相違は、過失の構造の基礎をなすものであり、二元的な理解によると理論的一貫性を失うことになってしまう。とくに、過失犯と違法論との関係を解明する場面において困難な問題が生じる。理論的整合性を保持するには、いずれか一方の立場に依拠しながら、それに理論的な修正を加えていく方法を採るべきであろう。」[54]との指摘は、失念すべきではない。

(2) 結果回避義務の基礎事情の整序──注意義務の内容確定プロセスの視点

もとより実務においては、過失犯について、「行為者がどのような措置を講じるべきであったのか」という作為・不作為を包摂する結果回避措置の内容を示すことが不可欠である。学説においても、理論的な説明の違いはあるにしても、構成要件該当性、あるいは違法性段階において、客観的な措置として結果回避措置の検討をするのが主流といえる。近時は、具体的義務内容の提示による積極的一般予防の意義も指摘されている[55]。しかし、樋口准教授の指摘のとおり、従来の学説が、具体的な注意義務内容を確定するプロセスを明示することについて、積極的に取り組んできたとはいえない。とりわけ、組織の中の個人の過失責任が問題となる局面では、「段階的思考」や「組織関係的観察方法」を駆使して、複数の組織体を経由してその中の個人の注意義務を特定することが求められており、これらの考えを従前の保証理論の枠組みに押し込むには無理がある。現在、過失犯の理論で必要なことは、段階的思考等の「新しい御酒」を保証理論という「古い革袋」に入れるより、過失犯の成立要件との相互関係を念頭に置きながら、「注意義務の内容確定基準」という土俵の下で議論し、その精緻化を図ることにあるように思われる。そして、理論の複雑化を避け、シンプルにするためにも、過失の実体である「結果回避義務」を常に念頭に置いて、これを基礎づける事情が何なのか、その相互関係を意識して、行為選別を図ることが肝要なのではな

---

(54)　日髙義博『刑法総論』（2015年、成文堂）355頁。
(55)　仲道・前掲注(31)213頁。

かろうか。そのような理論的方向性を自覚するという意味で、「真過失論」という新たな呼称を用いるのも一つの在り方であろう。

私見では、過失構造論的には、作為的過失も不作為的過失も結果回避義務の枠組みに包摂されると考えるが、実務的にも、現実の行為態様が作為か不作為かにより理論構成を異にはしていないと思われる。そうであれば、結果回避義務を基礎づける事情を整序するアプローチとしては、作為的過失、不作為的過失の場合とを問わず、注意義務（結果回避義務）を基礎づける事情を多元的に検討していくというアプローチが正当と解する。前述のように、回避措置の多様性に鑑みれば、注意義務（結果回避措置）を基礎づける事情には、かかる措置を講じるべき地位、職責、権限、役割、関与実態等が取り込まれるが、地位や職責を分析する際には、法令、契約等の根拠規定を当然に参照すべきであろうから、従来の作為義務論で検討されていた知見を参照することは許されよう。

(3)　予見可能性と結果回避義務の関係

具体的な結果回避措置を基礎づける事情は、上記の事情だけではない。予見可能性との関係を考察する必要がある。なお、予見可能性の位置づけについては、①客観的な結果回避措置との関係で問題とされるものと、②責任段階の主観的帰責との関係で問題とされるものがある[56]。②については、その要否も含めて別途検討する必要があるが、本稿では、さしあたり①の意味の予見可能性のみを検討する[57]。

従前の過失構造論において、旧過失論は、予見義務違反の前提として個別具体的な主観的予見可能性を位置づけていた。これに対し、新過失論は、客観的な具体的予見可能性を結果回避措置の前提として位置づけ、さらに新新過失論は、危惧感程度の予見可能性に応じた回避措置を措定する、というように予見可能性と回避措置の相関関係を見出すのが通常であった。

もっとも、近時は、この相関関係を重視して危惧感説を再評価し、抽象的な予見可能性に応じた軽い回避措置を肯定する見解[58]が主張される一方で、

---

(56)　杉本一敏「過失の二つの問い方」高橋＝杉本＝仲道・前掲注(31)3頁。
(57)　①および②の予見可能性の過失構造論上の位置づけに関して検討した近時の論考として、岡部・前掲注(27)1頁がある。

危惧感に依拠しつつも、回避措置重心説の立場から、予見可能性と結果回避措置との関係を遮断する見解も見られる[59]。また、修正旧過失論の立場では、Ⅲ1で検討した山口説のように、結果回避措置と予見可能性との関係を遮断する見解がある一方、大塚説のように予見可能性との相関関係を認める見解もある。このように、予見可能性と結果回避義務との関係に関しては、過失構造論から一義的に導き出すことが出来ない状況にある。しかし、予見可能性と結果回避義務との関連を見出すか、それとも遮断するかという点に基本的視座の大きな相違がある。

　新過失論では、結果発生に繋がりうる種々の事情の認識、あるいは認識可能性をもって、客観的予見可能性として把握し、それを回避措置の前提に位置づけたものと思われる。しかし、実務においては、しばしば予見可能性が独立に論じられ、しかも、ややもすると極端な具体的予見可能性説に依拠した弁護活動と結びつく事案が散見され、裁判官が「弁護側の主張に振り回されている」[60]と酷評される事態にも繋がっている。

　思うに、過失犯の場合、一定の危険事態において客観的な回避措置を講じたかどうかが重要になる。そのため、回避措置を導くに当たっては、この危険事態を織り込んでいく必要があり、予見可能性だけを独立して論じることは避けるべきであろう。その意味で、樋口准教授が、「予見可能性という概念を、注意義務の内容確定基準と切り離して議論することは混乱の原因になる」として、予見可能性の対象として、結果ではなく「危険」を据えて、危険事態の内実の記述により予見可能性の問題も解消しようとしている試み[61]は参考になる。このような見解に対しては、「危惧感説その他の抽象的予見可能性説」であるとの批判[62]もあるが、より実質的な問題は、行為者が立たされている局面の危険が、誰に由来するものか（被害者、自然現象に由来する

---

(58)　井田良『講義刑法学・総論』（2008年、有斐閣）208頁、高橋則夫『刑法総論［第4版］』（2018年、成文堂）221頁、岡部・前掲注(26)19頁等。

(59)　船山・前掲注(33)422頁。

(60)　船山・前掲注(33)420頁。

(61)　樋口・前掲注(46)237頁。

(62)　大塚裕史「結果の予見可能性と因果経過の予見可能性」井田ほか編・前掲注(49)『山中敬一先生古稀祝賀論文集　上巻』505頁（519頁）。

ものか、行為者に由来するものか、第三者に由来するものか)[63]、どのような種類の、どの程度の、誰に対する危険なのかなど、「危険の内実」を明らかにすることであろう。かかる危険について、行為者の属する一般人標準による認識可能性があれば、結果の予見にも繋がる客観的予見可能性を見出すことは可能だと思われる。そして、具体的に示された危険の内実が、「行為者の地位、職責、権限、役割、問題となる措置・起因への関与実態等」との関係で、行為者が回避すべき危険といえれば、具体的な結果回避措置を導き出すことができると考える。

V おわりに

過失犯の場合、規範構造からも存在構造からも、作為的過失のみならず不作為的過失も内包するものであり、作為と不作為とを等置するというアプローチを取る必要性はない。作為的過失、不作為的過失のいずれについても、「結果回避措置の義務づけの当否」という枠組み中で議論すべきである。その枠組みにおいては、公訴事実、罪となるべき事実で記載される注意義務（結果回避義務）をいかに具体化するという視点が重要である。結果回避義務は、真空状態から生成されるものではなく、行為者が置かれた一定の危険事態において、その地位、権限、職責、役割、起因や問題となっている措置への関与実態などを加味して具体化されるものである。これは、近時主張される「注意義務の内容確定基準」という理論的方向性と軌を一にするものである。

恩師の日髙先生には、大学の学部生時代からひとかたならぬご指導を頂いた。先生とのはじめての出合いは、大学2年次の刑法総論の講義であったが、先生が教室にはいって教壇に立ち、「はじめましょう。」と述べるまでの

---

(63) この観点については、稲垣悠一「刑事過失責任と不作為犯論——とりわけ刑法上の製造物過失事例に関連して——」専修大学法学研究所紀要『刑事法の諸問題IX』(2015年) 1頁（7頁以下）、同・前掲注(3)29頁。

数秒の情景がいまだに忘れられない。この一連の立ち振る舞いだけであるが、他の諸先生とは違う「何か」を直観したのである。当時は、「絶対に先生のゼミに入る。」という程度の意識しか呼び起こさなかったが、いま想えば、あのとき、先験的に先生の学問的姿勢や法的感性に惹かれ、それが後に研究者の道を歩む切っ掛けになったのだと感じるのである。

　日髙先生は、植松正先生の最後の弟子であり、その学問体系を継承された。植松・日髙理論の特徴は、理論的な基軸を明確にしたシャープな理論であることはもちろんであるが、「学問的な落差」を刑法学に応用する点にも見出せる。植松先生は、心理学的知見を用いたのに対し、日髙先生は、法哲学的思考を解釈論にさりげなく忍ばせている。条文と事実を基本としつつも、「動態としての法」を見出そうとされるのである。「判例と学説とは、相互に影響し合いながら、その理論的発展をとげる。」[64]として、実務との関係を常に重視されるのもそうであるし、超法規的違法性阻却事由である可罰的違法性について、「動態としての法の形成」[65]を意識されるのも、その現れであろう。真の研究者は、考え抜いた深い洞察を短文に美しく凝縮するが、先生の論文はまさにそのようなものであった。

　幸運にも先生の最後の弟子となることができ、様々な薫陶を受けたが、いまだ研究者として未熟なままである。先生から受けた学恩に報いるためには、日々学問的な探究を怠らず、法的感性を磨き、植松・日髙刑法学の系譜学的な発展に努めるのみならず、刑法学全体の発展に少しでも貢献できるよう精進していくしかないと考えている。先生の古稀を祝して、決意を新たにする次第である。

［追記］

　昨年9月末の脱稿後、樋口亮介「注意義務の内容確定プロセスを基礎に置く過失犯の判断枠組み(1)～(3)」法曹時報69巻12号（2017年）1頁、70巻1号（2018年）1頁、2号（2018年）1頁に接した。検討すべき多くの提言がある

---

(64)　日髙・前掲注(9)59頁。
(65)　日髙・前掲注(54)218頁。

が、理論の骨子として、①「注意義務の内容」を確定するプロセスが重要である、②危険の内実、危険の予見可能性、危険比例性に基づく注意義務の内容、因果関係の各判断が相互に連動する、③過失犯は、故意犯と非パラレルであり、作為・不作為を区別することなく、同一の判断枠組みの下で注意義務の内容確定を図る、とされる点において、私見として強い共感を覚える。

(いながき・ゆういち)

予見可能性の対象の抽象化とその限界

——抽象的予見可能性説の検討を通じて——

大 塚 裕 史

Ⅰ　は じ め に
Ⅱ　抽象的予見可能性説の現状
Ⅲ　森永ドライミルク事件各判決における予見可能性
Ⅳ　森永ドライミルク事件判決に対する学説の評価
Ⅴ　抽象的予見可能性と具体的予見可能性
Ⅵ　お わ り に

Ⅰ　は じ め に

　過失犯の成立に予見可能性が必要であることには異論はない。ただ、予見可能性の内容をめぐって様々な見解が対立している。その中で、結果発生の具体的予見可能性が必要であるとする具体的予見可能性説と結果発生の危惧感があれば予見可能性を肯定できるとする危惧感説が対立してきた。

　危惧感説は、裁判例においては、森永ドライミルク事件の控訴審判決[1]にその萌芽がみられ、同事件差戻後第一審である徳島地裁判決がこれを明確に採用している。すなわち、同判決は、「予見可能性は結果防止に向けられたなんらかの負担を課するのが合理的であるということを裏付ける程度のものであればよく、この場合の予見可能性は具体的な因果関係を見とおすことの可能性である必要はなく、何事かは特定できないがある種の危険が絶無であるとして無視するわけにはいかないという程度の危惧感であれば足りる。」と判示している[2]。

（１）　高松高判昭41・３・31高刑集19巻２号136頁。

しかし、その後、北大電気メス事件控訴審判決が、「内容の特定しない一般的・抽象的な危惧感ないし不安感を抱く程度で直ちに結果を予見し回避するための注意義務を課するのであれば、過失犯成立の範囲が無限定に流れるおそれがあり、責任主義の見地から相当であるとはいえない。右にいう結果発生の予見とは、内容の特定しない一般的・抽象的な危惧感ないし不安感を抱く程度では足りず、特定の構成要件的結果及びその結果の発生に至る因果関係の基本的部分の予見を意味するものと解すべきである。」と判示して危惧感説を明示的に否定している[3]。

そして、それ以来、危惧感説は裁判例から姿を消している。最近でも、ＪＲ西日本福知山線脱線転覆事故三社長事件の控訴審判決は、「過失犯の成立を認めるには、その要件である注意義務違反の前提として構成要件的結果が予見可能であることを要し、その予見が可能であることとは、例えば、内容が十分に特定されない危惧又は不安といった一般的、抽象的な程度の予見では足りず、構成要件的結果及びその結果発生に至る因果の経過の基本的部分について予見が可能であることをいうものと解される。」と判示しており、予見可能性の対象を「構成要件的結果及びその結果発生に至る因果の経過の基本的部分」に求める具体的予見可能性説の基本的枠組みを採用すべきことを明らかにしている[4]。

学説も同様、危惧感説を排斥し、具体的予見可能性説をとるのが多数である。具体的予見可能性説と危惧感説の決定的な相違点は、結果発生に至る因果経過の基本的部分（本質的部分）を予見の対象に含めるか否かである。なぜなら、結果はある特定の因果経過を経て発生するものであるから、現に生じた個別具体的結果の発生が予見可能であるといえるためには、当該結果に至る因果経過の基本的部分（本質的部分）が予見可能でなければならないからである。

しかし、近時、学説において、監督的な地位に立つ者の刑事過失責任を肯定するため、危惧感説ないしそれに親和的な見解を再評価する動きがみられ

（２）　徳島地判昭48・11・28刑月5巻11号1473頁。
（３）　札幌高判昭51・3・18高刑集29巻1号78頁。
（４）　大阪高判平成27・3・27刑集71巻5号428頁。

324

る。そこで、予見可能性の抽象化を積極的に進めるこれらの見解の当否を検討する手掛かりとして、危惧感説登場の契機となった「森永ドライミルク事件」判決を改めて取り上げ、裁判所がなぜ危惧感説を採用したのか、今日の判例・通説の立場からは本件はどのように解決されるべきかを再検討するとともに、予見可能性の対象としての結果の抽象化の限界について若干の考察を加えることにしたい。

Ⅱ　抽象的予見可能性説の現状

今日でも、判例・通説は基本的には具体的予見可能性説に立っている。他方、判例・通説は、注意義務の中心を結果回避義務に置いている。そこから、予見可能性を結果回避義務を特定するための要件にすぎないとする理解が有力化するようになると、予見可能性の対象を個別具体的結果に求める必要は必ずしもないという見解が主張されるようになる。

1　危惧感説（不安感説）

森永ドライミルク事件控訴審判決を契機として危惧感説を最初に提唱したのは藤木英雄博士であった。藤木博士は、予見可能性を中核とした伝統的過失論では事案の適切な解決が図れないという問題意識から、過失犯を具体的な結果との関係において「落度」ある行動ととらえ、その「落度」を結果回避義務に違反した状態であると規定し、結果回避義務を中心とした新たな過失論を構築した[5]。そして、予見可能性は結果回避のための負担を課すための前提と位置づけ、「予見可能というためには、結果発生にいたる具体的因果過程の予見までは必要でなく、一般人ならばすくなくともその種の結果の発生がありうるとして、具体的に危惧感をいだく程度のものであれば足りる。」と主張された[6]。

危惧感説は、その後、板倉宏博士によって精力的に展開され[7]、土本武司

（5）　藤木英雄「企業災害と過失犯(2)」ジュリスト479号（1971年）92頁以下。
（6）　藤木英雄『刑法講義総論』（1975年、弘文堂）240頁。

博士などの支持を得[8]、今日では、船山泰範教授などによって継承されている[9]。

　船山教授は、近時問題となったＪＲ西日本福知山線脱線転覆事故三社長事件や明石花火大会歩道橋事故副署長事件において、検察官が不起訴処分にしたり、裁判所が無罪・公訴棄却判決を出したのは具体的予見可能性説を採用したためであると批判し、過失犯は結果回避措置に重点を置くべきであり、（予見可能性から結果回避措置を考えるのではなく）結果回避措置から予見可能性を考えるべきであるとし、その場合の予見可能性は具体的な危惧感であると主張している[10]。予見可能性から結果回避措置に重点を移し、予見可能性によって結果回避措置が否定されてしまう事態を避けようという狙いがそこうかがわれる[11]。

2　修正された危惧感説

　こうした中で、危惧感説を修正しつつこれを再評価する動きがみられる。井田良教授は、「予見可能性は無前提に問われるものではなく、一定の結果回避義務を課すことの前提としてどの程度の予見可能性がなければならないかという形で問題が立てられなければならない。」とされ、危惧感説が「採

（7）　板倉宏『企業犯罪の理論と現実』（1975年、有斐閣）43頁以下、同『現代社会と新しい刑法理論』（1980年、勁草書房）70頁以下。

（8）　土本武司『過失犯の研究』（1986年、成文堂）21頁以下。

（9）　船山泰範『刑法の役割と過失犯論』（2007年、北樹出版）121頁以下。もっとも、藤木博士の直系の門下生である伊東研祐教授が危惧感説を継承されていない点が注目される。伊東教授は、予見の対象としての結果を「およそ人の死一般」ととらえる見解は、行為者に過酷な結果回避義務を課すものであって責任主義と相容れないとされ、「当該過失行為が類型的に有する危険の範囲内に存する人」の「当該行為の危険の実現としての死」のレベルに抽象化された構成要件的結果の予見可能性が必要であると主張される（伊東研祐『刑法講義総論』〈2010年、日本評論社〉146頁以下）。

（10）　船山泰範「過失犯における回避措置重心説」井田良ほか編『川端博先生古稀記念論文集［上巻］』（2014年、成文堂）411頁以下。

（11）　このような問題意識から、船山教授は、検察審査会の議決に基づき強制起訴され現在裁判所で審理中の「東京電力福島第一原発事故事件」についても刑事責任が問えると主張されている（古川元晴＝船山泰範『福島原発、裁かれないでいいのか』（2015年、朝日新聞出版）136頁以下）。

Ⅱ　抽象的予見可能性説の現状

られるべき結果回避措置との関係で相対的に定められ、低い程度の予見可能性に対しては弱い結果回避措置が対応し、高い程度の予見可能性に対してはその行為をおよそただちに中止するという結果回避措置が対応するというように、結果回避義務との相関関係が存在する。」という点を積極的に評価しつつ、予見の対象はあくまでも構成的結果でなければならないから、予見可能性の法益関連性を肯定する限りで、危惧感説は基本的に支持されるべきであると主張される[12]。

　これは、予見可能性と結果回避義務との間に相関関係を認める危惧感説の基本的な思考方法（注意義務関連性）に賛同しつつも、予見の対象はあくまでも構成要件的結果でなければならないから、予見可能性の法益関連性を肯定する形で危惧感説を修正しようとするものである。

　一方、高橋則夫教授は、規範論の立場から、故意犯の場合は構成要件的結果を意図しているから、構成要件的結果を惹起するなという規範が行為規範となるのに対し、過失犯の場合は構成要件的結果を意図していないことから、行為規範は「結果を惹起するな」ではなく法益「侵害を回避するために必要なことに注意して当該行為を行え、あるいは行うな」という内容のものであるため、構成要件的結果の具体的予見可能性は必要ではなく、一般人の危惧感で足りるとされた上で、「危惧感説が、法益と関連のない内心的事情を問題にしているのであれば妥当でないが、法益関連的であれば、なお、支持し得るように思われる。」とされ、法益関連性によって修正した危惧感説を支持している[13]。

　岡部雅人准教授も、過失の本質を結果回避義務に求める立場を理論的に突き詰めれば「結果回避義務を基礎づける予見可能性としては、その内容が、構成要件的結果発生の抽象的危険の予見可能性という意味であるならば、危惧感説を支持しうる」と主張している[14]。

　このように、予見可能性の程度と結果回避義務を相関させる「結果回避義

---

(12)　井田良『変革の時代における理論刑法学』（2007年、慶應義塾大学出版会）150頁以下。

(13)　高橋則夫『規範論と刑法解釈論』（2007年、成文堂）76頁以下、同『刑法総論［第3版］』（2016年、成文堂）212頁以下。

327

務関連性」を核心としつつ、法益関連性を肯定する修正された危惧感説は、近時、その支持者を増しつつあるといえよう[15]。

3 危険の予見可能性説

このような危惧感説を修正する動きとは別に、予見可能性は注意義務の内容を確定するために存在しており、予見の対象は（従来とは異なり）結果発生の危険にあるとする見解が登場するに至っている。

すなわち、樋口亮介教授は、注意義務の内容を確定するプロセスを明らかにすることが過失犯の判断枠組みを明確化するために必要不可欠であるという問題意識から、これまでの判例・裁判例を緻密に分析し、そこから注意義務の内容確定プロセスの実体法上の基準を明らかにした。

樋口教授によれば、注意義務の内容確定のプロセスは次のような手順を踏むとされる。第1に、注意義務を設定する時点において生じている危険の内実を明らかにし、当該危険に対する予見または予見可能性が認められるかを確認する（危険の内実とその予見可能性）。第2に、予見可能な危険の内実を前提に、当該危険防止措置の有効性を検討し、当該危険に比して過大な措置や履行不能な措置を排除し、複数の措置が考えられる場合にはより負担の軽い措置を義務内容とする（比例原則と義務の履行可能性）。第3に、そのように確定した注意義務に違反したといえるか否かを検討し、違反行為を実行行為と特定する。最後に、注意義務違反行為と結果との間の因果関係が認められれば過失（結果）犯が成立することになる[16]。

---

(14) 岡部雅人「過失犯における『予見可能性』について」高橋則夫ほか編『野村稔先生古稀祝賀論文集』（2015年、成文堂）60頁。岡部准教授が主張する「構成要件的結果発生の抽象的危険の予見可能性」は、後述の樋口亮介教授の見解と実質的にみて同一のものであるといえよう。

(15) 例えば、船橋亜希子「過失犯における予見可能性の対象について―具体的予見可能性説と危惧感説の対立構造を中心として―」明治大学法学研究論集45号（2016年）103頁も修正された危惧感説の支持を明言する。

(16) 樋口亮介「注意義務の内容確定基準―比例原則に基づく義務内容の確定―」高山佳奈子＝島田聡一郎編『山口厚先生献呈論文集』（2014年、成文堂）218頁以下、同「注意義務の内容確定基準―比例原則に基づく義務内容の確定―」刑事法ジャーナル39号（2014年）48頁以下。

Ⅱ　抽象的予見可能性説の現状

　このような義務内容の確定プロセスからみると、予見可能性は、結果の予見可能性ではなく、注意義務の内容確定の基礎となる危険に対する予見可能性が要求され、それで足りるとされる[17]。なぜなら、注意義務設定時点において結果発生の危険が予見できれば、それに応じた結果回避措置を義務づけることが可能となるからである。

　そして、注意義務設定時点での危険を厳密に特定し、当該危険に対する予見可能性を問うという考え方は、危惧感という茫漠とした概念で過失責任を認める議論とは大きく異なるとされている[18]。

　例えば、快速列車の運転士が制限速度を大幅に超過し、転覆限界速度をも超える速度で同列車を曲線（カーブ）に進入させたことにより同列車が脱線転覆し、多数の乗客が死傷したJR西日本福知山線脱線事故三社長事件において、裁判所は、被告人には予見可能性が認められないとして、当該曲線に自動列車停止装置（ATS）を整備するよう指示すべき業務上の注意義務を否定した[19]。

　これに対し、危惧感説をとる船山教授は、本件では鉄道企業における鉄道本部長ないし社長の立場にある者の管理過失が問題となっており、「管理過失では、もともと実際に発生した結果を具体的に予見することを要しない」とされ「部下を使って管内における危険な個所を探索させ、万が一の事故に備えてATSの設置をするなど結果回避措置をとらせることが、被告人の注意義務なのである。」として裁判所の結論を批判されている[20]。

　他方、危険の予見可能性説に立つ樋口教授は、本件における危険の内実を「管内に2000カ所以上も存在する同種曲線の中から、特に本件曲線を脱線転覆事故発生の危険性が高い曲線」であること及び「運転士がひとたび大幅な速度超過をすれば脱線転覆事故が発生する」ことに求め、前者の危険は予見

---

(17)　樋口・前掲注⒃「注意義務の内容確定基準」（山口献呈）228頁、「注意義務の内容確定基準」（刑事法ジャーナル）51頁。
(18)　樋口亮介「注意義務の内容確定プロセスを基礎に置く過失犯の判断枠組み⑵」法曹時報70巻1号（2018年）48頁。
(19)　最（二小）決平29・6・12刑集71巻5号315頁。
(20)　船山・前掲注⑽「過失犯における回避措置重心説」428頁。

不可能であるとし、後者の危険についてはその認識はあるが、ATSの整備が法令上要求されておらず、大半の鉄道業者が現に整備していないという事情から、同種曲線2000か所以上にＡＴＳを注意義務設定の時点で整備するという負担の重い措置を義務づけることはできないとして判例の結論に賛成している[21]。

4　抽象化志向の具体的予見可能性説

　予見可能性を抽象化する志向は、危惧感説、修正された危惧感説や危険の予見可能性説だけではなく、判例・通説とされる具体的予見可能性説の内部にもみられる。

　例えば、新過失論の立場に立つ佐久間修教授は、「危惧感説は、客観的な結果回避手段の重要性を強調するあまり、過失全般にわたって結果予見義務の意義を軽視するきらいがあった。その意味では、過失犯における不注意の本質を見誤っているといわざるをえない。」として危惧感説を批判しながら[22]、他方で、大規模災害にあっては各被害者ごとの個別的な因果経過に関する認識可能性を問うことは非現実的であり、そもそも過失犯において当該結果に直結する個別的な心理的連関を要求する必然性は乏しいと主張している[23]。

　このように、構成要件的結果及びその結果発生に至る因果の経過の基本的部分（本質的部分）を予見の対象とする具体的予見可能性説も、一枚岩ではなく、予見の対象としての「結果」や「因果経過の基本的部分」をどの程度抽象化するかについては見解が分かれており、抽象化の程度如何では具体的予見可能性説も危惧感説に接近することになる[24]。したがって、既に別稿において指摘したように、危惧感説と具体的予見可能性説という対抗軸は必ずしも有益ではなく、抽象的予見可能性説か具体的予見可能性説かという対抗

---

(21)　樋口亮介「注意義務の内容確定プロセスを基礎に置く過失犯の判断枠組み(1)」法曹時報69巻12号（2017年）13－14頁。
(22)　佐久間修『刑法総論』（2009年、成文堂）150頁。
(23)　佐久間修「管理・監督過失と過失犯の理論」現代刑事法４巻６号（2002年）15頁。
(24)　井田・前掲注(12)『変革の時代における理論刑法学』152頁。

軸で分析することが適切である[25]。

III　森永ドライミルク事件各判決における予見可能性

　危惧感説を明確に採用した唯一の裁判例が森永ドライミルク事件差戻後第一審判決（以下、「差戻後第一審判決」という）である。そこで、差戻後第一審判決に至る裁判の過程を追いながら、なぜ裁判所が製造課長の予見可能性を肯定したのかを改めて検証することにしたい。

1　事件の概要

　昭和30年頃、西日本一帯で、多数の乳児が下痢・嘔吐を伴う原因不明の奇病にかかり死傷するという事件が発生した。調査の結果、森永乳業徳島工場で生産された缶入りの粉ミルクの中に大量の砒素が混入しており、当該粉ミルクを摂取した乳児が砒素中毒により49名が死亡し、725名が皮膚症状・呼吸器粘膜症状などの傷害を負ったことが判明した。

　当時、森永乳業徳島工場では、昭和28年頃から、粉ミルクの溶解度を高めるため、安定剤として第二燐酸ソーダを粉ミルクに加える方法を採用し、地元の有力な薬種商である共和産業に第二燐酸ソーダを発注したところ、共和産業では、最初は米山化学工業製の正常なものを納入していたが、昭和30年4月から7月にかけて納入したものは、松野製薬がアルミナ製造の際にできた産業廃棄物を他の業者から買い入れ、脱色・再結晶させたところ、結晶の外形が第二燐酸ソーダに類似していたことから第二燐酸ソーダと称して販売していたものであって、実は正規の第二燐酸ソーダとはとてもいえない多量の砒素を含有する特殊化合物（以下、これを「松野製剤」と略称）であった。森永乳業徳島工場としては、これまで納入されていたのが正規の第二燐酸ソーダであったことから、まさか第二燐酸ソーダという名称のもとで砒素を多量に含有する偽物の粗悪品（松野製剤）が納入されるとは思わず、この松野

---

(25)　大塚裕史「『因果経過』の予見可能性」板倉宏博士古稀祝賀論文集編集委員会編『現代社会型犯罪の諸問題』（2004年、勁草書房）179頁。

製剤を粉ミルクに混入したため、これを飲んだ乳児に死傷結果が発生したのであった。

この事件で、森永乳業徳島工場の工場長と、同工場の製造技術面の最高責任者であり、かつみずから第二燐酸ソーダの使用を研究開発した製造課長が業務上過失致死傷罪で起訴された[26]。

2 第一審判決

第一審の徳島地方裁判所は、被告人両名に対して無罪の判決を言い渡した[27]。

その理由の第1は、当時第二燐酸ソーダは、局方品または試薬品に限らず、工業用薬品であってもそれ自体安全な薬品であり、人体に傷害を及ぼす程度の砒素を含有したものは存在せず、将来そのようなものが出回ることも全く予想されていなかったから、ミルクに砒素が混入することことについての予見可能性はなく、したがって、工場側には、第二燐酸ソーダの発注に際して、局方品、試薬などの成分規格の明らかなものを指定するなどの注意義務はないという点にある。

理由の第2は、徳島工場は、当時2年間、9回にわたって、信用のある商店（共和産業）から第二燐酸ソーダを購入しており、その際は正常な薬剤が納入されていて、本件の場合もその際と値段の差異がなかったから、特段の事由のない限り、従来の正常な薬剤と同一のものが納入されているという信頼感が生ずるのが当然であり、したがって、このような場合に厳格な化学検査により薬剤の同一性を確認すべき注意義務もないという点にある。

第一審の無罪判決に対し、検察側から控訴がなされた。

---

(26) 森永ドライミルク事件の各判決の内容を整理したものとして、船橋亜希子「過失犯における予見可能性の対象について（上）──判例を中心として──」明治大学法学研究論集41号（2014年）40頁以下。また、森永ドライミルク事件を含め製品・食品等の事故により消費者等が死傷した場合の過失犯の成否の問題を概観したものとして、辺誠祐「製品・食品の安全」木目田裕＝佐伯仁志編『実務に効く企業犯罪とコンプライアンス判例精選』（2016年、有斐閣）224頁以下。

(27) 徳島地判昭38・10・25下刑集5巻9＝10号977頁。

3 控訴審判決

第二審の高松高等裁判所は、第一審判決を破棄し、事件を徳島地裁へ差し戻す判決を下した[28]。

高松高裁は、第一審が予見可能性を否定したのは誤りであるとし、本来食品添加物として予定されていない異物を混入させる時には有害物質が混ざるかもしれないという危惧感を抱くのが当然であり、また、取引の実体からみて注文通りの品物が納入されないこともままあることから、不純物や異物、特に有害物を含んだものが納入されるかもしれないという危惧感が存在する以上、結果の予見可能性を認めてよいと判示した。

たしかに、第二燐酸ソーダである限りは人体に有害な程度の砒素を含有するものが業界に出回る恐れはなかったが、成分も規格も明らかではない、しかも主として清缶剤として使用される第二燐酸ソーダを漫然と注文すれば、厳密な意味では第二燐酸ソーダといえない類似の品物が納入される恐れがあるから、抵抗力の弱い乳幼児に飲ませるドライミルクの原料に混入する第二燐酸ソーダの注文に当たっては、局方品や試薬のような成分規格の明らかなものを指定して注文する注意義務がある。また、もし成分規格の明らかなものを指定せずに単に第二燐酸ソーダと言って注文するのであれば、納入された品物について、厳密な化学的検査をする義務があり、被告人はこのような注意義務に違反する過失があったと判断した。

このような第二審の破棄差戻判決に対して、被告人側から上告が申し立てられた。

4 最高裁判決

最高裁判所は、弁護人の上告趣意はいずれも単なる法令違反、事実誤認の主張であって、すべて上告適法の理由にあたらないとして上告を棄却した[29]。そのため、事件は振出しに戻って、再び徳島地裁で審理が行われることになった。

---

(28)　高松高判昭41・3・31高刑集19巻2号136頁。
(29)　最（一小）判昭44・2・27裁判集刑170号383頁。

なお、最高裁は、予見可能性について、「原判決は、死傷の結果の発生について予見可能性が不要だと判示しているのではなく、ドライミルク製造の過程で、砒素含有率〇.〇三％以上の第二燐酸ソーダを所定割合で原乳に添加すれば死傷の結果が当然発生する関係にある本件において、単に第二燐酸ソーダという注文によつては、右砒素含有率の高い薬品がまぎれ込む危険の予見可能性があることを判示したものであ」ると判示している。

5　差戻後第一審判決

　こうして審理のやり直しの結果、徳島地裁は、製造課長に対しては、部下従業員をして規格品を発注するように命じもって規格品を使用させる注意義務があり、これに違反して工業用第二燐酸ソーダを使用するときは、部下従業員をして使用前に容器ごとにそれが間違いなく第二燐酸ソーダであるかを確認するための化学的検査を実施させる注意義務があり、そのような義務に違反したとして有罪判決を言い渡した。他方、事務系出身の工場長に対しては、その職務権限、具体的職務内容に照らし注意義務違反は認められないとして無罪判決を言い渡した[30]。

　本判決は、製造課長の注意義務違反を認定するにあたり、以下のような論旨を展開している。

(1)　過失犯の構造

　まず、過失犯の構造について、「過失犯が成立するためには、第一に構成要件該当性（違法性）として過失行為の存在（客観的注意義務があるのに、その注意義務に違反した行為があること）及び過失行為と結果との間に因果関係があること、第二に非難可能性＝責任として右の過失行為によつて発生した結果について、その行為者に非難を加えることの可能性が存することが必要である。」とした上で、「従来は過失すなわち結果予見義務違反の有無というふうに考え勝ちであったが、過失行為は何よりもまず被害発生をもたらした客観的な落度として把握されるべきである。落度があるというためには、加害行為の時点で加害者が必要と認められる負担を果さなかつたことが認めら

---

(30)　徳島地判昭48・11・28刑月5巻11号1473頁〔確定〕。

れなければならないが、右負担の具体的内容を定めるのが結果回避義務であ」るとして、過失の中核が結果回避義務違反であることを明らかにしている。

(2) 予見可能性の意義

次に、予見可能性の意義について、予見可能性は結果回避義務を課する前提として問題になるとし、「この場合の予見可能性は結果防止に向けられたなんらかの負担を課するのが合理的であるということを裏付ける程度のものであればよく、この場合の予見可能性は具体的な因果過程を見とおすことの可能性である必要はなく、何事かは特定できないがある種の危険が絶無であるとして無視するわけにはいかないという程度の危惧感であれば足りる」として危惧感説を採用すべきことを明言している。

(3) 結果回避義務の内容

そして、結果回避義務は、「具体的に結果発生の可能性が予見できるような場合は重い結果回避義務を負担させられ、一般的な危惧感があるにとどまるときは結果回避義務も軽いものにとどめるのが相当であるといい得る。しかし、一方ではその危険が具体化したときに予想される実害の質的な重大性の程度が考慮されるべきであつて、万一にも発生する被害が特に重大なものであるとき（例えば本件のごとき広範囲、多数人の砒素中毒事故）には、結果回避措置の負担は加重されざるを得ない。」とし、本件では、「砒素を有害な程度に含有する第二燐酸ソーダの粗悪類似品（具体的には松野製剤）が粉乳に混入することが防止できれば中毒事故は回避できたはずである。」ことから、「このような粗悪有毒品の紛入防止のためいかなる措置をとることが可能であつたかを検討するに、…まず成分規格が保証された局方品あるいは試薬又は前示特別注文品等の規格品を発注使用することであり、次に工業用薬品の場合には、その品が間違いなく第二燐酸ソーダであるかどうかを確かめるための化学的検査をすることである。」とした。

(4) 予見可能性の認定

次に、前述の措置を命ずることができるかを判断するために予見可能性を検討する。

まず、「従来の見解によると、粗悪品すなわち松野製剤の納品という本件事故の決定的原因となつた事実に着目し、そのような粗悪品が存在しそれが

納品される可能性が結果の予見可能性にほかならない」が、「当時は業者によつて製造される第二燐酸ソーダについて、人体に有害な程度に砒素を含有するものが薬品業界に出回つていた事実はなく、また出回る虞もなかつたから、いわゆる松野製剤のごとき粗悪有毒品の存在及びそれが納入される虞があることを予見することが可能であつたとはいい難い」として従来の見解によれば予見可能性が否定されるとした上で、このような見解は採用できないとしている。

　そして、「化学薬品については、商取引の常態として、局方品や試薬及びその成分規格が保証されたものでない限り、万が一にも未知の類似品の混入あるいは製造過程の過誤による粗悪品混入の可能性がないとはいい切れないところ、第二燐酸ソーダは、本来清罐剤などの原料として工業用に多く用いられ、食品用としての使用は極く少量で本件事故当時、我が国の第二燐酸ソーダ製造業者のうち、相当多数の者がこれが食品に添加されることを知らなかつたのであり、薬品販売業者もこれを食品用として使用するについては、本来は清罐剤などに使用されるものであるとの観念から一抹の不安を拭い切れず、食品用には規格品をすすめて販売し、工業用品の注文を受けても食品に使用することがわかつていれば製造業者に食品に使用する旨を告げて、特に品物を吟味して納入させて販売するなどして特別の注意を払つており、食品製造業者は販売業者のすすめに従つて規格品を購入する者が多かつたのであつて、薬品販売業界、食品製造業者間においても第二燐酸ソーダの非規格品については食品用としての無害性に不安感を抱き、食品に添加使用することに危惧感を持つものが多かつたといい得る。このように、薬品販売業者、食品製造業者にして右のような不安感、危惧感を持つというのであればそれが結果の予見可能性を意味し、したがつてこの不安感を払拭するに足りる程度の回避措置を命ずることに合理性が認められる。」として、結果回避措置を負わせるに足りる程度の予見可能性が認められると結論づけている。

(5)　責任主義との関係

　そして、以上のような考え方に対する批判を予想して、「当裁判所のような考え方によると、従来のように予見可能性があるからといつて直ちに過失責任があるとの結論には結びつかず、客観的注意義務検討の段階で結果回避

措置の合理的な枠付けを考え、許された危険、信頼の原則などを考慮し、その注意義務の負担を合理的な限度にとどめるための検討がなされるわけであるし、また個人的ないわゆる主観的予見可能性、主観的結果回避可能性についても非難可能性を論じる際に別途考慮されるわけであるから、絶対責任を課するものであるとの非難は当らない。」と反論している。

(6) 信頼の原則

差戻前第一審判決が、協和産業が信用ある商店であり、9回にわたって第二燐酸ソーダを購入しているがその際は正常な薬剤が納入されており、特段の事由のない限り、従来の正常な薬剤と同一のものが納入されているという信頼感が生ずるのが当然であるとしたことに対し、差戻前第一審判決は「信頼の原則についてはそれが誰と誰との間の信頼関係についていわれるのかが問題とされるところであつて、本件のような場合においても企業内の同僚相互間の信頼関係に基づく信頼の原則が適用される場合のあることは否定し得ないが、結果回避の責任を具体的にその行為により危険にさらされ被害をこうむる消費者に一部転嫁することは許されない。食品製造業者は自己の売り出した食品が安全であることを消費者に保証しているものであつて、消費者に危険を転嫁するような形で手抜きすることは許されないのである。」と判示して信頼の原則の適用を否定した。

(7) 責任過失

前述のように、裁判所は、危惧感説に依拠して結果回避義務違反を認定した後（構成要件的過失）、責任の問題として結果回避義務違反行為によって発生した結果について、その行為者に非難を加えることの可能性が存することを要求している（主観的予見可能性・主観的結果回避可能性）。

この点につき、「被告人Kは本件工場の製造課長として長年勤務するもので、乳児用調整粉乳についての経験は豊富であり、粉乳の品質向上のために安定剤として第二燐酸ソーダを添加使用することを開発した責任者として、Y副主任を直接指揮監督して安定剤の添加使用に基因する事故の防止には万全を尽すべき一般的義務を負う立場にあつたものであることが明らかであり、その一般的注意能力においても一般平均的な製造課長に比しなんら遜色のなかつた者であることが認められるから、被告人Kに対し前示危惧感、不

安感を抱くことを期待し、本件事故を回避するために前示製造課長としての客観的注意義務を尽すことを期待し要求することは十分可能であり、個別的主観的観点からしても、本件につき被告人Kに刑法上の責任を問うことを妨げる事情は存しない。」と判示している。

IV 森永ドライミルク事件差戻後第一審判決に対する学説の評価

このように、予見可能性の内容としては危惧感で足りるとし、その予見可能性は結果回避義務を肯定するための前提として意味するにとどまるとし、結論として製造課長の過失責任を肯定した差戻後第一審判決に対して、学説の評価は分かれている。

1 危惧感説の立場からの評価

危惧感説を提唱された藤木英雄博士は、「判旨は、裁判所の判断としてはおそらく初めて、過失犯の構造についての最近の刑法理論をとり入れ、かつ、未知の危険と予見可能性との関連、食品製造業者の保証人的な立場と信頼の原則との関係等々の理論を正面から採用している。……しかも、論旨は、わたくしが、最近、『刑法各論』（有斐閣大学双書昭和四七年）の第二編、特に一三六頁以下にまとめたもの[31]と全く同じ趣旨であり、さらにその部分の原案ともいうべき、筆者が、ジュリスト誌四八〇号において述べた、『企

---

(31) 藤木英雄『刑法各論―現代型犯罪と刑法―』（1972年、有斐閣）137－138頁は、「過失については、まず、当該の結果回避のための適切な行動がとられず落度があったかどうか、すなわち過失行為の存否をまず問題にすべきであり、予見可能性は、行為者に対して当該事情の下において結果を回避できるために何らかの作為・不作為をする負担（結果回避義務）を課するのが合理的だと認められるための前提として理解すべきだと考えるものである。……したがって、具体的にある種の危険が予想されていれば予見可能性ありとしてその結果を防止するための義務を負わせることができるのは当然であるが、具体的な危険がないときでも、安全性の保証のない行為に対しては、これを完全に自由に放任するのではなく、危惧感の程度に応じてその危惧感を払拭するに足りる結果防止の負担を課することができ、この負担を尽くさなかったために防止できなかった事態に対しては、法的責任を問うことができるのである。結果回避措置をとる負担（結果回避義務）の前提としての予見可能性としては、そのような負担を理由づける危惧感があれば足りる。」としている。

業災害と過失犯』のその三のうち、森永ドライミルク砒素中毒事件と過失の関連について述べたところの主要部分が、ほとんどそのまま引用されていること[32]は、私が年来主張してきた過失に関する理論構成が、正面から実務に受け入れられたことの明白な証拠ということができよう。」と主張され、差戻後第一審判決の基本理論について積極的に評価している[33]。

ただ、工場長を無罪とした結論に対しては、企業内部の職務分配関係を過度に重視し、かつ技術系の職員に負担が重く、事務系の職員に負担が軽くなるような注意義務の配分を説いている点に疑問を示され、「特に営利性を重視する観点から科学技術の独走を助けやすい立場にある事務系・営業系の幹部としては、科学技術の過信による技術者の独走を抑え、製品の安全を確保するということが、重要な使命であ」り、「工場長の安全確保の上での技術部門の責任者に対する監督上の法的責任を問うことは、理論上十分に可能であった」と主張されている[34]。

同じく危惧感説を推進させた板倉宏博士も、差戻後第一審判決を「消費者保護のための積極的な取組み方を示したものといえる。従来の過失論では、本件は予見可能性がないといったことで刑事上の過失はないとされたのであろうが、このような考え方は、社会的要請と常識とを無視したむしろ刑事専門家独特のものであり、根本的反省が迫られている。」と述べて評価している[35]。また、工場長無罪の結論についても、「工場長である以上、事務系出身ということは注意義務を免ずる理由にならない。統括責任者は、何もしなければしないほど、具体的には、何もわからないということで責任を免れてしまうような不合理は見のがせない。」としながらも、本件の場合、製造課長が工場長代理でもあり、実質的には同工場の最高責任者的立場にあったと

---

(32) 藤木英雄「企業災害と過失犯（3・完）」ジュリスト480号（1971年）103頁-104頁において森永ミルク事件における予見可能性について論じている部分が、ほぼそのまま差戻審判決に引用されており、藤木博士の過失論が本判決に与えた影響は極めて大きいといえよう。

(33) 藤木英雄「森永ミルク事件と過失犯論」警察研究45巻3号（1974年）12頁。

(34) 藤木・前掲注(33)「森永ミルク事件と過失犯論」25頁。

(35) 板倉・前掲注(7)『企業犯罪の理論と現実』46頁。

(36) 板倉・前掲注(7)『企業犯罪の理論と現実』55頁。

みられることから、製造課長を実刑3年という最高刑に処したことに一定の理解を示している[36]。

2　具体的予見可能性説からの評価

　一方、危惧感説に批判的な具体的予見可能性説の立場からも、製造課長の過失責任を肯定した裁判所の結論に賛成するものが多い。

　まず、本件事実関係の下では予見可能性の程度は低くなく、端的に具体的予見可能性が肯定できると主張されたのが内田文昭博士であった。内田（文）博士は、「『結果の予見可能性』とは、一般的にいうならば、ある程度具体化され・個別化された『結果』の予見可能性であらねばならないと思われる。単なる漠然とした抽象的な予見可能性ではたりないと考えるべきである。」とした上で[37]、本件においては、第二燐酸ソーダの表示はあるもののこれまで納入されていた薬剤とは異なる会社名のものが納入されていた事実に注目し、「単に『第二燐酸ソーダ』と指定するのみで『薬剤』を納入させた本件にあっては、その薬剤の製造元が変わっていたという点は、相当重大視されるべき点ではなかったか。当該『第二燐酸ソーダ』の内容について、危険感を抱くべき警告的表象はあった、というべきではあるまいか。」と指摘し、本件被告人にとっては結果の予見可能性は決して低かったわけではなく、結果発生の具体的予見可能性が認められるとして、差戻後第一審判決の結論に賛成している[38]。

　これに対し、因果関係の基本的（本質的）部分の予見可能性を要求する立場を前提に、因果関係の基本的部分の抽象化を図ることにより具体的予見可能性を肯定できると主張されたのが西原春夫博士及び福田平博士であった。

　西原春夫博士は、「本件被告人について予見可能性を認める点については今回の徳島地裁判決を支持するが、第二審判決のようにその根拠を不安感、危惧感といったものの存在に求めることに対しては、いささか異論がある。」

---

(37)　内田文昭「過失犯における結果の予見可能性と回避可能性—森永ドライミルク中毒事件差戻後第一審判決—」判例タイムズ309号（1974年）104頁。
(38)　内田・前掲注(37)「過失犯における結果の予見可能性と回避可能性」105−106頁。
(39)　西原春夫『交通事故と過失の認定』（1975年、成文堂）38頁。

340

とされる[39]。

　西原博士によれば、「結果回避措置が行為者に義務づけられていたといいうるためには、行為者をしてそのような結果回避措置をとるよう配慮させるに足るだけの、ある事実の予見可能性が行為者にあったことを認定しなければならない。その事実とは、規格に合しない物質が混入すること」であり、差戻後第一審判決が粗悪類似品の混入の予見可能性を問題としたのは正当であるが、それを認定するために危惧感を直接の根拠とした点は妥当でないとする。なぜなら、結果責任に近い多刑主義に立ち戻る危険があるからである。むしろ、「規格に合わない薬品が納入されることへの予見可能性は、……局方品や試薬以外のものは規格に合しない可能性があり、純度が低いことが被告人を含め一般人に知られていたという事実、および第二燐酸ソーダが清罐剤など工業用に使用されるものであるため、とくに非規格品の場合純度に幅が生ずる可能性があることから導きだすべきであった」と指摘される[40]。

　福田平博士も、「客観的注意義務の前提としての予見可能性は、……単に漠然とした危惧感といったものでは十分でなく、具体的な結果発生についての予見可能性、いいかえると、具体的な結果発生の条件となる外部的事情とこれによる結果発生の可能性を予見しうることが必要である」とされた上で、「判決の認定した事実からみれば、食品製造業者としては、第二燐酸ソーダの購入にあたって規格にあわない食品添加物として相当でない粗悪類似品（松野製剤を含めて）が納入されることについての予見可能性があり、ここから、それを粉乳の添加物として使用すれば、その粉乳を飲んだ乳幼児の生命・身体に影響があることについての予見可能性があったといえるから、右のような意味での予見可能性をみとめることができよう。したがって、判決の予見可能性を肯定した結論は支持できよう。」と主張されている[41]。

　これに対し、差戻後第一審判決は危惧感が存在すれば予見可能性があるとしているのではなく、危惧感を手掛かりとして結果発生の予見可能性を肯定

(40)　西原・前掲注[39]『交通事故と過失の認定』40―41頁。
(41)　福田平「過失犯における予見可能性と監督義務違反―森永ドライミルク中毒事件」判例評論186号〔判例時報743号〕（1974年）159頁。

している理解すべきであると主張されたのが中義勝博士であった。中博士
は、差戻後第一審判決は「単に漠然たる不安感・危惧感がそのまま、なんら
の媒介物もなしに予見可能性の存在を意味するものとした趣旨でもない」と
指摘している。そして、「結果防止のためになんらかの措置（規格品発注また
は化学的検査）をうながすような事情（食品製造業者間で無規格の第二りん酸ソー
ダを添加使用することに対する不安感が一般に存在するという事情）を知りう
る状態にあるならば、これがやがて、多数の人人（本件の場合には、抵抗力も
弱く、かつ粉乳を唯一の栄養源とする多数の乳児）の生命・身体に有害な結果
が発生するであろうということも予見可能であったというべきであ」ると指
摘され、「判決による過失論はとりたてて過失責任を拡大するものともいえ
ない。」と主張されている[42]。

　これらの見解は、いずれも具体的予見可能性説を堅持する立場を前提にし
ながら、製造課長の具体的予見可能性を肯定することができるとするもので
あるが、予見可能性の対象を抽象化している点に共通の特徴がある。

　これに対し、同じく具体的予見可能性説の立場から、本件において具体的
予見可能性を肯定することはできないと明言したのは井上祐司教授であっ
た。

　井上（祐）教授は、「過失における予見は結果を含めた具体的因果系列を
対象とするが、それが本質的な部分についてであり、現象的外被は問題にな
らない」とされた上で、森永ドライミルク事件をして他の死傷事件から区別
させる本質的なものは「多量の砒素を含有する有毒物質としての松野製剤」
の納入であると指摘される[43]。そして、「具体的予見の対象とされた松野製
剤の納入のおそれは、刑法的にみれば正にそれが人体に有害な物質であると
いう側面においてであると考えるべきであるから本判決が一方において松野
製剤の予見不能、予見不要を説きつつ、他方で、『人体に有毒な物質の紛れ
込む危険の予見可能性』を肯定するのは、一つの矛盾であるように思う。」

（42）　中義勝「業務上過失致死傷—森永ドライミルク事件—」昭和48年度重要判例解説
　　　〔ジュリスト565号〕（1974年）137−138頁。
（43）　井上祐司『因果関係と刑事過失』（1979年、成文堂）146頁

と述べ、因果関係の本質的部分が予見不可能である以上、製造課長には予見可能性は認められないと主張している[44]。

　また、三井誠教授も、「危惧感、不安感にまで予見可能性を緩やかに広範囲に理解するとなると、ややもするとこれまで忌避されてきた結果責任・絶対責任的運用を招くおそれがあろう。そこまではいえなくとも、かかる形での予見可能性の構成は、過失犯の処罰範囲をかなりに拡張し、その結果厳しく責任を問われるのは現場職員ないし下級幹部ばかりというあまり望ましくない事件処理がますます多くなるおそれがある。」と述べて差戻後第一審判決の問題点を指摘している[45]。

V　抽象的予見可能性と具体的予見可能性

　前述のように、差戻後第一審判決は、過失犯の構造について、構成要件該当性の段階で客観的注意義務違反（結果回避義務違反）行為およびそれと結果との因果関係の存在を要件とし、責任の段階で行為者に対する非難可能性としての主観的予見可能性・主観的結果回避可能性を要件とするという基本的な立場に立脚している。

　そして、予見可能性については、一方で、構成要件段階における客観的注意義務違反の認定に当たっては、「何事かは特定できないがある種の危険が絶無であるとして無視するわけにはいかないという程度の危惧感」を結果回

---

(44)　井上（祐）・前掲注(43)『因果関係と刑事過失』149頁。なお、教授は、正常薬剤との外観の差異という（裁判所が認定していない）独自の事実を前提にすれば松野製剤の有害性の予見可能性を肯定できるとされるが、裁判所が認定した事実だけを前提にすれば予見可能性は否定されざるをえないと指摘されている（井上祐司『刑事判例の研究（その2）』〈2003年、九州大学出版会〉406頁）。

(45)　三井誠「過失犯における予見可能性と個人の監督責任の限界」ジュリスト552号(1974年) 38頁。なお、危惧感説を批判的に検討したものとして、三井誠「予見可能性」藤木英雄編著『過失犯—新旧過失論争—』(1975年、学陽書房) 130頁以下参照。

(46)　近時、新過失論の立場から責任段階における主観的過失を一切不要とする見解も有力に主張されているが（例えば、川端博『刑法総論講義［第3版］』〈2013年、成文堂〉208頁、田井良『講義刑法学・総論』〈2008年、有斐閣〉218頁など）、本判決はそのような立場とは異なる点に注意が必要である。

避義務を基礎づける根拠としつつ、同時に「結果の予見可能性」を要求し、他方で、責任段階における行為者本人に対する非難可能性という視点から「主観的予見可能性」を要求する[46]という二段階構造を採用している点に特徴がある。

ところで、本判決が製造課長に注意義務違反を認めて有罪とした結論は、前述のように、危惧感説からはもとより具体的予見可能性説の中からも支持されている。そうなると、危惧感説と具体的予見可能性説とでは何が異なるのかが改めて問題となる。

1　予見可能性の注意義務関連性

危惧感説と具体的予見可能性説との相違点は、予見可能性に注意義務関連性を認めるか否かにある。

危惧感説は、予見可能性に結果回避措置を負担させることが可能かどうかを判断する役割を期待しているだけでなく、予見可能性の程度によって負担させる結果回避措置の内容も異なると主張する。

これに対し、具体的予見可能性説は、予見可能性を結果回避義務の前提、すなわち、予見可能性がなければ結果回避義務は存在しないことは認めるが、それ以上に予見可能性の程度を問題にはしない。予見可能性は過失犯の成立要件であって、存否だけが問題となるのである。

まず、危惧感説は、結果発生の可能性が具体的に予見可能な場合は重い結果回避義務を負担させられ、一般的な危惧感があるにとどまるときは結果回避義務も軽いものにとどめるのが相当であるとする。しかし、個々の事案の処理に当たって、危惧感があるにとどまるときに軽い負担の結果回避義務が課されているかどうかは必ずしも明らかではない。現に本判決において義務づけられた回避措置の内容は規格品の発注と化学的検査であり、考えられるあらゆる事故を防止できる完璧な措置であり、危惧感に見合う程度の結果回避措置ではない。本判決がこのような重い結果回避義務を負担させたのは、危惧感だけではなく、「危険が具体化したときに予想される実害の質的な重大性の程度」を考慮したからである。結果が重大な場合は、危惧感しかなくても、重い結果回避義務が課されるのであれば、結果回避義務の内容は客観

V　抽象的予見可能性と具体的予見可能性

的な危険性の程度によって決まるのであり、予見可能性の注意義務関連性は
実質的に放棄されているといわざるをえない。

そもそも、結果回避義務は軽いものであっても結果回避の効果がなければ
意味がない。そして、結果回避の効果のある措置が複数ある場合は、（行動
の自由の観点から）常に行為者にとって最も負担の少ない措置を結果回避義
務の内容とすべきである。

2　危惧感と結果の予見可能性

次に、危惧感説は、一般に、「何事かは特定できないがある種の危険が絶
無であるとして無視するわけにはいかないという程度の危惧感」があれば予
見可能性を認める考えであるとされているが、結果の予見可能性の検討まで
否定しているわけではない。

この点、森永ドライミルク事件控訴審判決は「危惧感こそが危険の予見で
ある」と判示しているが、最高裁は、前述のように、「原判決は、死傷の結
果の発生について予見可能性が不要だと判示しているのではなく…」と判示
している。また、差戻後第一審判決は「薬品販売業者、食品製造業者にして
右のような不安感、危惧感を持つというのであればそれが結果の予見可能性
を意味」するとしており、危惧感説の立場からも結果の予見可能性を要求し
ている。

一方、具体的予見可能性説は、結果及び結果に至る因果関係の基本的（本
質的）部分の予見可能性を要求する。しかし、因果関係の基本的部分の抽象
化次第では、結果の予見可能性を要求する危惧感説と具体的事案の解決にお
いて大差はなくなる。前述のように、製造課長有罪の結論を具体的予見可能
性説の立場から支持する見解が少なくないのはそのためである。

具体的予見可能性説の立場から、予見が可能であるといえるためには予見
を可能ならしめる契機が必要であり、その契機を行為者が認識した場合には
行為者には情報収集義務[47]が課され、情報収集により結果及び結果に至る因

---

(47)　情報収集義務については、山本紘之「過失犯における情報収集義務について―危惧
感説との関連を中心に―」法学新報112巻9＝10号（2006年）397頁以下。

果関係の基本的（本質的）部分が予見できれば予見可能性は肯定される。抽象的危険の認識を危惧感と呼ぶのであれば、具体的予見可能性説においても、危惧感は予見の契機の認識として重要な意味を持つ。

　この点は、松宮孝明教授によって既に指摘されていることである。すなわち、松宮教授は、危惧感説に対して、「この理論は予見の契機として『危惧感』というものを重視したと解釈すれば、それは決して不当なものではなく、むしろ、従来比較的軽視されてきた予見の『可能性』をめぐる議論を深めるものとして積極的に評価することもできる。そして、その限りでは、『危惧感説』は、決して、あるべき『具体的予見可能性説』と対立するものではないのである。」と主張している[48]。

　このように考えると、森永ドライミルク事件で製造課長に予見可能性が認められるか否かは、危惧感説か具体的予見可能性説かという枠組みの相違によるものではなく、事件当時の状況の下で結果発生の危惧感を抱くべき状況にあったか否かという法的評価の相違によるものであるといえよう[49]。

　したがって、危惧感説か具体的予見可能性説かという対立構造にはあまり意味がない。重要なことは、危惧感という予見の契機から予見可能性を認定する判断プロセスそのものにある。そこで、以下では、予見可能性が果たしている機能、すなわち、結果回避義務定立機能と主観的帰責機能という２つの観点[50]から、あるべき予見可能性の判断構造を明らかにすることにしたい。

3　予見可能性の結果回避義務定立機能

　結果回避措置を法的に義務づけるためには予見可能性が必要である。なぜなら、結果の発生が予見可能でなければ結果を回避すること自体が不可能となるからである。したがって、結果回避義務を定立するためにはその前提として予見可能性が認められることが必要である。

　判例・通説にしたがい過失行為を結果回避義務違反行為と理解するとき、

---

(48)　松宮孝明『刑事過失論の研究［補正版］』（2004年、成文堂）309頁。
(49)　松宮・前掲注(48)『刑事過失論の研究［補正版］』252頁。
(50)　大塚裕史「予見可能性論の動向と予見可能性の判断構造」井田良ほか編『川端博先生古稀記念論文集［上巻］』（2014年、成文堂）313頁。

V 抽象的予見可能性と具体的予見可能性

　結果回避義務の存否は「行為時」を基準に判断される。そして、結果回避措置が必要とされるのは行為が危険であるからあり、結果回避措置を行為者に動機づけるためには、行為が危険であるという事実を認識できなければならない。したがって、結果回避義務を定立するための前提としての予見可能性として要求されるのは、結果発生の危険性の認識可能性である。このように、結果回避義務の定立機能という点だけを考えるのであれば、危険の予見可能性説の主張は決して不当なものではない。

　危険の予見可能性説は、予見可能性の対象を「結果」とみる従来の一般的な理解と一見異なるようにみえるが、そこでいう「危険」とは構成要件的結果発生の危険であるから、危険の予見可能性という概念が意味するのは結果発生の抽象的予見可能性である。したがって、危険の予見可能性と言おうが結果の予見可能性かと言おうが大きな違いはない。危惧感説も、危惧感を契機として結果発生の抽象的予見可能性があれば結果回避義務を定立できると考えるのであれば、危険の予見可能性説と実質的に異なるところはない。

　ただ、危険の予見可能性説は、危険の内実の把握、当該危険の予見可能性、義務内容と当該危険との比例性を有機的に連関させることによって注意義務の内容を確定しようとするものであり、危惧感のみによって注意義務の内容を確定する考え方よりも、判断過程が明確化できる点ではすぐれているように思われる。

　しかし、結果発生の抽象的予見可能性は、事実上、客観的な危険性の判断とほとんど変わらない。なぜなら、結果が発生した以上、結果を惹起した行為は客観的に危険な行為であり、危険が認識可能かどうかの判断は、可能性の判断であるから、規範的な観点から肯定しようと思えば肯定できるからである。したがって、重大な結果が発生した以上、過失責任を肯定すべきだという価値判断が先行すれば、危険の認識可能性は常に認められることになりかねない。

　いずれにせよ、結果回避義務の定立のために必要な予見可能性が危険の予見可能性であることを認めたとしても、そのような予見可能性は過失行為の違法性を基礎づけているだけである。予見可能性を結果回避義務を定立するためだけのものととらえること自体にそもそも根本的な疑問がある。

4 予見可能性の主観的帰責機能

予見可能性の最も重要な機能は主観的帰責機能である[51]。予見可能性という要件は、結果についての行為者の責任を問うための要件である。そして、過失結果犯では、結果を惹起したことについて認識が可能でなければ結果を帰責することはできない。

責任は、構成要件に該当する違法な行為に対する非難可能性を意味することから、行為の違法性を基礎づけている事実が認識できない限り当該違法行為について非難を加えることはできない。そして、行為の違法性を基礎づけるのは当該結果を惹起したという事実であるから、当該結果の惹起を認識することが可能であったことが過失責任を基礎づける。具体的予見可能性説が予見の対象を「結果及び結果に至る因果関係の基本的（本質的）部分」とするのは、結果は特定の因果経路を経て発生するものであるから、当該結果が予見可能であるといえるためには、当該結果に至る因果経過（の本質的部分）が予見可能でなければならないという趣旨である。

こうした視点から、森永ドライミルク事件を検討すると、同事件の本質的特徴は、粉ミルクに第二燐酸ソーダではない砒素を含む別の特殊化合物を混入したために発生した死傷事故である。被害者の死傷の原因は粉ミルクに砒素を大量に含む物質（松野製剤）が混入されたことにあり、当該結果発生に至る因果関係の基本的（本質的）部分は砒素を大量に含む物質（松野製剤）の混入である。したがって、松野製剤の混入が予見できなければ当該死傷結果は予見できない。

問題は、本件の具体的事実関係を前提としたとき、松野製剤の混入が予見可能といえるかである。

この点、前述のように、内田文昭博士は、第二燐酸ソーダの表示はあるもののこれまで納入されていた薬剤とは異なる会社名のものが納入されていた事実に注目し松野製剤の混入は予見可能であると主張されているが、これまで9回にわたって納入されていた正常薬剤とその後3回にわたって納入された松野製剤の外観に大きな相違があったという事実は認定されていないこと

---

(51)　大塚・前掲注(50)「予見可能性論の動向と予見可能性の判断構造」315頁以下。

から、この点をとらえて松野製剤の混入を予見することは困難であろう。

　たしかに、森永乳業徳島工場側が協和産業に注文したのは「工業用第二燐酸ソーダ」ではあるが、工業用であっても通常の品であれば人体に有害な物質は含まれていない。しかも、協和産業の担当者から「試薬一級にも劣らないよい品である」と言われて購入しているという事実もある（高刑集19巻2号222頁）。したがって、工業用第二燐酸ソーダを混入することから死傷結果が予見できるわけではない。

　仮に、工業用というだけで漠然とした不安感があるとしても、森永側は第1回の納入品について純度分析をして問題がないことを確認している（高刑集19巻2号222頁）。しかも、その後、協和産業から8回にわたって納入され、それを粉ミルクに混入して使用して何も問題は起きていないのであるから、工業用第二燐酸ソーダの使用から死傷結果が発生することは予見できないといってよい。商取引において、注文した品物とは違う物が納入されることがあるのは事実としても、それが人体に有害な物質であるところまでは何らかの予見の契機がない限り具体的に予見できることではない。本件で唯一予見の契機となりうる可能性があるのは、第10回目以降納入された松野製剤がこれまでの正常薬剤とその会社名が異なることであろう。外観の相違が情報収集義務を課すことができる程度のものであれば、情報収集義務の履行を通じて当該死傷結果の予見につながったはずであるが、それを基礎づける事実は立証されていない。だからこそ、差戻前第一審判決は松野製剤の混入の予見可能性を否定したのである。そして、控訴審判決も差戻後第一審判決もそのことを前提としつつ、過失責任を肯定するために、予見可能性の対象を変更し、結論として予見可能性を肯定しているのである。しかし、結論を決め、それに合うように基準を修正するのは恣意的であり、本末転倒の議論である。

　具体的予見可能性説の立場から差戻後第一審判決の結論を支持する論者は、因果関係の本質的部分を「規格に合わない薬品が納入」ないし「粗悪類似品の納入」としている。予見可能性の対象となるのは、因果関係のすべてではなく因果関係の基本的（本質的）部分であり、一定程度、現実の因果経過を抽象化することも許されるが、しかしそれも結果の構成要件的同一性を

害さない限度に限られる。現実の因果経過は砒素中毒による死傷であるが、「砒素」という薬物まで認識できる必要はなく、認識の対象は「人体に有害な薬物」というところまでは抽象化することができる。しかし、それを超えて「規格に合わない薬品」とか「粗悪類似品」のレベルまで抽象化することは許されない。なぜなら、「規格に合わない薬品」とか「粗悪類似品」というだけでは人の死傷までは具体的に予見できないからである。

　このように具体的予見可能性説に立っても、予見の対象としての「結果に至る因果経過」を規範的な観点から基本的（本質的）部分を超えて抽象化するのであれば、当該結果の発生が具体的に予見できない場合にも主観的帰責を認めることになり適切であるとは思われない。このような抽象化志向の具体的予見可能性説は、本来的な具体的予見可能性説の枠を逸脱したものであり、危惧感説や危険の予見可能性説と共に抽象的予見可能性説に分類されるべきものであろう。

　差戻後第一審判決は、結果回避義務違反を認定した後、主観的予見可能性の有無を検討している。しかし、そこで判示されている内容は、一般人を基準として認められた危惧感について、製造課長本人の注意能力を前提にすればそれを抱くことが期待できるという点だけである。しかし、結果発生の抽象的な予見可能性は結果回避義務の前提に過ぎず、当該結果を主観的に帰責するためにはその結果が具体的に予見可能であること、すなわち、当該結果の発生が容易に予見できることが必要である。

　仮に、危険の予見可能性があれば行為者に結果回避義務を課すことができるという立場をとったとしても、それだけでは過失犯の実行行為性を基礎づけるだけ、すなわち、未遂の処罰を肯定できるだけである。既遂の処罰を基礎づけるためには、客観的には過失行為と結果との因果関係が、主観的には当該結果の発生が具体的に予見可能であることが必要である。

　予見可能性の結果回避義務定立機能は（義務は可能を前提にするという観点から）予見可能性がなければ結果回避義務を定立できないというものにすぎない。結果回避義務違反行為によって結果を惹起したことに対して既遂犯としての刑事責任を肯定するためには、予見可能性の主観的帰責機能を考慮することが不可欠である。

森永ドライミルク事件差戻後第一審判決を最後に、裁判所は危惧感説を明示的に排斥している。これは予見可能性の主観的帰責機能を考慮するためである。前述のように、JR福知山線脱線事故三社長事件の最高裁決定が予見可能性を否定したのもそのあらわれである。抽象的予見可能性説の最大の問題点は、予見可能性の主観的帰責機能を無視するか軽視している点にある。

Ⅵ　お わ り に

今日、危惧感説や危険の予見可能性説をはじめとする抽象的予見可能性説が有力に主張されている。そこで、論証されているのは結果回避義務を定立するためには結果発生の危険が予見可能であればよいということである。しかし、仮にこの点を肯定するとしても、結果回避義務に違反しただけでは過失結果犯は成立しない。もちろん、結果回避義務違反行為と結果との間に因果関係があれば過失責任は当然肯定されるという見解もあり得るが、過失犯の場合だけ主観的帰責の問題を不要とする理論的根拠は不明である。

最近、岡部雅人准教授は、構成要件ないし違法の段階では、結果回避義務の前提として危惧感説を採用し、責任の段階では、行為者の非難可能性を基礎づけるために具体的予見可能性説を採用すべきことを提唱している[52]。危惧感説の支持者の中から主観的帰責の問題を重視しようとする姿勢が示されたことは特筆に値する。もちろん、主観的帰責のための具体的予見可能性の内容やその判断構造は、今後さらに明確化にする必要があるが、予見可能性の主観的帰責機能をおよそ考慮しない見解は、責任主義を形骸化し結果責任を肯定する方向に向かうものといえよう。

（おおつか・ひろし）

---

(52)　岡部雅人「過失犯における『因果経過の予見可能性』について─渋谷温泉施設爆発事故最高裁決定をてがかりとして─」川端博ほか編『理論刑法学の探究⑩』（2017年、成文堂）31頁。

自動運転、AI と刑法：その素描

今 井 猛 嘉

Ⅰ　はじめに
Ⅱ　自動運転と現行法：レベル 3 以下の自動運転車
Ⅲ　自動運転の将来と法制度のあり方：レベル 4 以上の自動運転車
Ⅳ　展　　　望

Ⅰ　は じ め に

　自動運転を可能とする技術の急速な発展に伴い、人間（human beings）の操縦を必要としない車両が公道を走行する時期が迫りつつある。自動運転技術のレベルは、技術の発展段階を踏まえてレベル 0 からレベル 5 までに分類されているが[1]、自動運転技術により操縦され公道を走行する車両[2]は、その運転に係る技術がレベル 3 を超えて、レベル 4 、5 へと進むにつれて、AI[3]が車両を操縦する局面が増えてくる。本稿執筆時点では、レベル 3 による自動運転車は、国際的には市場投入が近いと言われているものの[4]、少なくとも日本の公道では走行していない。

　今後、国内外で、レベル 3 により操縦される自動運転車が実用に供されるようになると、その問題点[5]が確認され、レベル 4 以上への早期の移行が強く要請されるようになるのではないかと思われる。その際、ODD（operational

---

（ 1 ）　SAE による整理が、国際標準となっている。Cf. http://cyberlaw. stanford. edu/blog/ 2013/12/sae-levels-driving-automation. 日本政府も、この整理に従っている。例えば、https://www. kantei. go. jp/jp/singi/it 2 /kettei/pdf/20170530/roadmap. pdf を参照。
（ 2 ）　以下では、これを「自動運転車」と言う。
（ 3 ）　Artificial intelligence.
（ 4 ）　例えば、Audi 社が発売する予定の車両等。
（ 5 ）　今井猛嘉「自動運転制度実現への課題と展望」法律のひろば71巻 7 号（2018年）49 頁以下参照。

design domain）内では、AIが車両を操縦することになる[6]。そうした車両走行（ODD内での自動運転）中に対物ないし人身事故が生じた場合、誰が刑事責任を問われるのであろうか。そのような自動運転車を公道で運行に供した者（自然人又は法人）に、生じた結果（器物損壊や人の傷害又は死亡）につき故意又は過失が認められる限り、現行法により、自然人又は法人に所定の罪に係る責任を問える場合は、ありうる。この理解は、AIが、車両に設置された段階から、その能力（公道における交通状況を認識し、安全な走行態様を選択し、可能な限り交通事故を回避すべく走行する能力）を変化させない場合には、維持できるであろう。しかし、AIが車両に設置された後、例えば、公道走行開始後に、その能力を変化させ、AI設置者の予想を超えた能力で車両を走行させた結果、法益侵害に至った場合には、誰が刑事責任を負うべきかが問題となる。この場合でも、AIが設置された車両を販売した者（seller。以下、「S」と言う）又はAI製造者（manufacturer。以下、「M」と言う[7]）の刑事責任を問うべきなのであろうか。AIの刑事責任は観念できないという消極的な理由から、S又はMの刑事責任を問題にするしか無いのであろうか。それとも、AI自体の刑事責任を問う余地があるのであろうか。

　以下では、このような問題意識から、自動運転を操縦すべきAIの能力に、車両設置後も変化がない場合の処理、車両設置後に変化があった場合の処理につき、想定されうる結論の方向性を検討する。この作業を通じて、AIと刑事（実体）法という問題について、展望をうることにしたい。

II　自動運転と現行法：レベル3以下の自動運転車

1　検討課題の限定

　先ず、自動運転を制御するAIの能力に、車両設置後も変化がない場合の問題点を整理する。ここでは、現行法の適用によって適切な処罰範囲が確保できるのかが問われる。

（6）　レベル4では、ODDが限定されているが、レベル5では、全公道がODDとなる。
（7）　ここでMとしては、アルゴリズム等を作成したプログラマー等が想定されている。

2 レベル3で走行する自動（運転）車に係る事故とその評価

(1) レベル3の複合的性質

レベル3で走行する車両は、自動運転車として整理可能であるが、厳密に言えば、自動運転として整理される走行は、いわゆるオーバーライド（override）前にしか認められない。レベル3は、（オーバーライド前の）レベル4以上による運転と、（オーバーライド後の）レベル2以下での運転の複合体である[8]。このことを、車両に即して説明するなら、オーバーライド前は、当該車両は自動運転車であるが、オーバーライド後は、人間が操縦する車両[9]である。

(2) オーバーライド前の事故に係る責任

オーバーライド前に事故が発生した場合、結果（物損又は人の死傷）につき、自動運転車の中に居た自然人（運転操作をしていない者[10]）に刑事責任を問えるのか、問えないとすれば、レベル4以上で車両を操縦し、運転を実現させていたAIの刑事責任を問わざるをえないのか（あるいは、問うべきではないのか）が問題となる。後者は、3で検討することとし、ここでは前者への対応を確認する。

Pは、オーバーライド前には、当該車両を操縦していない。他方で、レベル3により走行される車両には、自動運転を可能とするシステム[11]に異常が生じれば、当該車両を安全に停止させるボタン等が装備されることが予想される。そこで、(1)Pが、自動運転システムの不正常な作動を確認し、ひいては結果の発生を予見したのに、当該自動車を停車させなかった場合には、生じた結果につき故意犯（器物損壊罪、傷害罪、殺人罪等）の成否が検討されることになる。自動運転システムの異常に気づいた後に、当該車両を停車できるのは（当該車両が遠隔操作されている場合を除けば[12]）Pだけである。そして、ありうる損害発生を防止するため停車ボタンを押すという作為により当

（8） 今井・前掲注(5)「自動運転制度実現への課題と展望」49頁、52頁注8）参照。
（9） 以下では、これを「一般車」と呼ぶ。
（10） この者は、passenger（以下、「P」という。）であるが、運転者（driver。以下、「D」という。）ではない。
（11） 以下では、これを「自動運転システム」と呼ぶ。

該車両を停車させることは、Pにとって可能な作為であり、当該作為がPにとって容易でもあれば、Pには、当該車両を停車させる作為義務が認められ、停車させない不作為が、個別に想定される罪の客観的要素を充足することになる。それらの罪の主観的要素（故意）は、自動運転システムの不正常な作動を確認し、ひいては結果の発生を予見したことである。Pに、このような主観的事情が認められれば、それらの犯罪が成立する。

　(2)Pが、自動運転システムの不正常な作動に気付き、そのまま走行を継続させると違法な結果が生じるかもしれないとの危険を認識したが、当該危険が結果へと至ることは予見していなかった場合には、結果に係る故意は無く、その過失があった場合に成立しうる罪、例えば、危険運転致死傷罪[13]の成否が検討されることになる。

　ここで想定した走行においては、停車ボタンを押して、（自動運転システムによって制御されていない）危険な車両の走行を中止しないという不作為が、危険運転に該当する。人の死傷という結果について、Pには、(1)の場合とは異なり、(2)では、過失が認められうるだけである。

　故意（犯罪事実の認識ないし予見）も過失（その予見可能性）も、犯罪成立のための主観的要件であり、その客観的要素とは峻別される。ここで想定した事例では、Pに課せられた（犯罪的結果の発生を防止ないし回避するための）作為義務に、Pが違反すると、危険運転致死傷罪の（危険運転に係る）客観的要素が充足される。不真正不作為犯における作為義務の認定と、結果に対する予見可能性としての過失を認定する際には、同一の事実が、それぞれ証拠として用いられることもありうる。しかし、作為義務違反（犯罪の客観的要素の充足）と、過失（犯罪の客観的要素の予見可能性という主観的要素）とは、概念的には重なり合わない。

---

(12)　遠隔操作により、レベル3で操縦されている車両の場合、遠隔操作者（remote operator。以下、「RO」という。）がDであり、オーバーライド後にPからDになった者と同様の評価が妥当する。例えば、ROには道交法等所定の犯罪が成立しないかが検討されることになる。遠隔操作と運転者の概念については、今井猛嘉「自動車の自動運転と運転及び運転者の概念(2)」研修840号（2018年）3頁以下を参照。
(13)　自動車の運転により人を死傷させる行為等の処罰に関する法律（自動車運転致死傷行為処罰法）第2条。

Ⅱ　自動運転と現行法：レベル3以下の自動運転車

　過失を認定する際には、Ｐが、事故を起こした自動運転車の機能限界について、如何なる情報に基づいて理解を得て当該車両に乗り込んだのかという経緯の確認が必要である[14]。自動運転技術は発展途上であり、市販され、レベル3に整理されている車両でも、オーバーライドの発生は、当面は不可避であろう。そこで、Ｐが、交通関与者の保護法益の侵害という結果発生を予見しえた場合には、Ｐに、（責任要素としての）過失が認定されうる。

　他方で、自動運転車は、各レベルの機能限界を踏まえて走行に供されるのであれば、一般車の場合と比較して、交通事故数の劇的な減少が可能であろうとも言われている[15]。そうした社会的効用の実現は推進されるべきであり、当面は、自動運転車に係る過失事案を、一般車に係るそれよりも厳しく処罰すべきではないとの政策的判断は、採りえないものではない。このような観点からは、Ｐの過失を認定する際にも、信頼の原則として主張されてきた議論の蓄積は、参考になる。しかし、信頼の原則という発想により、自動運転車による結果発生に係る過失犯の成立が、一律に否定されることはない。結果（物損、人の死傷）が生じた以上、その事態は違法である。そして、この違法な結果を回避しえたが故に、当該違法結果を惹起したと事後的に評価される者（ここでは、レベル3で操縦されていた車両の内部にいたＰ）の行為（ここでは、不作為）は、事後的に違法と評価される。その上で、Ｐが、当該車両はレベル3相当の技術によって操縦されており、一般車よりも事故（ひいては違法な結果）が発生する可能性が小さいであろうと予測しえたときには、結果に対する具体的予見可能性が否定され、主観的要素（責任要素）としての過失が否定され、Ｐは処罰されないことになろう。過失が否定されるか否かは、個別の事案で判断されるべき事項である[16]。

----

(14)　過失は、犯罪成立の主観的要素であるが、その存否が客観的証拠（結果発生の防止に係る情報収集の程度）によって認定される余地があることは、当然のことである。

(15)　こうした予測が妥当するための条件については、Ⅲで後述する。

(16)　町野朔『刑法総論講義案Ⅰ［第2版］』（1995年、信山社）293頁、今井猛嘉「注意義務の存否・内容(1)──信頼の原則」『刑法判例百選Ⅰ総論［第5版］』（2003年、有斐閣）参照。信頼の原則の適用限界として議論されてきた、信頼の相当性に係る裁判例の蓄積は、個別の事案において、Ｐが、主観的に結果発生を予見し得なかったことが、裁判所の視点から、合理的に追体験可能かを判断する限りにおいて、有意義であろう。

⑶　オーバーライド後の事故に係る責任

オーバーライド後は、ＰはＤとなり、車両の操縦を自ら行うことになる。その後、事故が生じた場合には、Ｄが、そうした違法な結果惹起を回避しえたかが、先ず問題となる[17]。

オーバーライド要請後の僅かな時間（例えば、４秒間）で、ＰはＤにならなければならないと言われている状況[18]を前提にすれば、ＰからＤとなった自然人にとって、差し迫った結果を回避するのが不可能であった状況も想定されうる。その場合、Ｄとの関係では、当該結果の惹起に係る因果関係の起点となるべき行為が考えられず、（主観的な責任要素である）過失の有無を問うまでもなく、Ｄには、当該結果に係る犯罪は成立しない[19]。

そこで次に、当該自動運転車両を製造した者（Ｍ）、あるいはこれを販売した者（Ｓ）に、結果に係る過失責任を問うことができるかが、検討されることになる[20]。その検討方法は、他の過失犯事例（火災事例や、刑事製造物責任と称されている事例群）での処理と異なるものではない。結果から、より近い地位に在ったが故に、結果の予見が、より可能であり、結果回避のための作為が容易であって当該作為が期待される者（そうした期待に応じる可能性が相対的により大きい者）から、順に、過失不作為犯の成否を検討していくのが、原則である。

この事例で、過失不作為犯の成否が先ず検討されるべきなのは、Ｓである。Ｓの過失（としての結果の具体的予見可能性）の有無を検討する際には、事故に至った自動運転車に搭載されていたレベル３のシステムを用いた場合、オーバーライド後に結果を回避できない危険性が相当に高いことが予見可能であり、ひいては、結果発生を予見しえたかが、確認されなければならない。当該結果回避のため、Ｐ（Ｄ）による対処を超えて、Ｓとして当該車

---

(17)　当該結果が回避可能であった場合には、上記Ⅱ２⑵と同様の判断枠組みでＤに係る犯罪の成否が検討されることになる。

(18)　今井猛嘉「自動車の自動運転と運転及び運転者の概念」研修822号（2016年）６頁参照。

(19)　大判大正４年４月11日新聞3006号15頁、最（二小）判平成15年１月24日判時1806号157頁等参照。

(20)　彼らに、結果に係る故意が認定できるという稀な事案は、本稿では対象外とする。

両による事故防止に向けた施策を行うことで結果発生を回避しえたかが、検討される[21]。このいずれかの可能性（結果回避のための作為可能性、結果発生に係る具体的予見可能性）が否定された場合、Ｓには過失不作為犯は成立しない。そこで、次にＭについて、Ｓと同様の観点から、過失不作為犯の成否が検討されることになる。Ｓについて過失（結果発生に係る具体的予見可能性）が否定される事案では、結果からより遠い位置に存在したＭに過失を肯定できる余地は、一層、小さいのではないかと思われる。

(4) 緊急避難

以上は、レベル３以下で操縦される自動運転車に係る事故の刑事責任につき、現行法の下での解釈で対応しようとする場合の帰結である。緊急避難が問題となる事例の処理も、同種事案の現行法によるそれと同様になるように思われる。

例えば、〔事例１〕レベル３で走行中の自動運転車に居たＰが、オーバーライド要請に応じてＤとなった際、車両進行方向の先にある横断歩道を、Ａら５人が横切ろうとしていることを認め、急ブレーキーを掛けて停車しようとした。しかしＤは、ブレーキが作動するまでの時間を考えると５人への衝突（そして、その死傷）を回避困難と思い、左側にハンドルを切って進路変更したため、Ｄが運転していた車両の左側を歩いていたＶに自車を衝突させ、Ｖが死亡するに至った場合を想定する。Ｄには、過失運転致死罪（自動車運転死傷行為処罰法５条）が成立しないかが問題となる。Ｄが、ＰからＤとなった後に、Ｖを認識しえた場合には、Ｖ死亡という違法な結果に係るＤの（責任要素としての）過失を認定しうる。しかし、Ｄの運転によりＶは死亡したが、Ａら５人の生命が救助されたことから、緊急避難（刑法37条１項本文）により、Ｄの車両操作に係る違法性は阻却され、Ｄに同罪は成立しないものと解される。

次に、〔事例２〕ＰがＤとなって車両を運転することになった際、当該車

---

(21) 理論的には、過失不作為犯の客観的要素としての、結果回避義務違反の有無が検討された後に、その予見可能性（主観的要素）が検討される。しかし、事案処理において、両者が同時に検討されることは、ありうるところである。

両の進行方向の先にある横断歩道を、Ａ１名が横切ろうとしていた場合に、
ＤがＡへの衝突を急ブレーキによっては回避困難と思い、左側にハンドル
を切って進路変更したため、Ｄが運転していた車両左側を歩いていたＶに自
車を衝突させ、Ｖが死亡するに至った場合の処理を考える。この事例でも、
緊急避難（刑法37条１項本文）により、Ｄとの関係では、同罪は成立しない。
その際に、Ａの生命を救うためにＶの生命を侵害するという結果に至ったこ
とが、違法で無いと言えるかについては、改めて検討を要する。この場合、
救助しようとした法益と、侵害した法益の価値及び量に変わりはないから、
Ｄの行為は違法であると理解した場合でも[22]、同条項によればＤは処罰され
ないことから、Ｄには責任が阻却されると説明することになろう。

Ⅲ 自動運転の将来と法制度のあり方：レベル４以上の自動運転車

1 レベル４以上で走行する自動運転車[23]に係る事故とその評価

次に、レベル４以上で走行する自動運転車に係る事故と刑事責任のあり方
について、検討する。

レベル４以上の技術で操縦される車両は、ODD内では、人間（Ｐ）に操
作されることなく走行する。その走行により生じた、（例えば、器物損壊や人
の死傷という）結果に係る刑事責任を、車両の操縦に関与していないＰに科
すことはできない。レベル４以上の技術が機能限界に達して、車両の安全走
行が不能になった場合でも、Ｐには、当該車両の操縦を引き継ぐ義務はな
い。この義務が例外的に認められるのは、レベル４において、自動運転車が
ODD外に出ようとする際[24]を除くと、レベル４以上で操縦される車両を、

---

(22) 行為功利主義の観点からは、Ｄの行為は、社会に損害（不利益）をもたらす行為で
　　 はないとして、その正当化が可能である。他方で、規則功利主義的観点からは、生命と
　　 いう最も重要な保護法益は、他人の生命との関係で比較衡量の対象としてはならないと
　　 の規則を設定し、Ｄの行為を違法と解することが可能である。いずれの立場が妥当か、
　　 現時点では、結論は留保したい。
(23) レベル４以上の技術の公道の使用も、現行法上、禁止されておらず、違法ではない。
　　 今井・前掲注(5)「自動運転制度実現への課題と展望」49頁参照。

Ⅲ　自動運転の将来と法制度のあり方：レベル４以上の自動運転車

車両緊急停止ボタン等により急停止させるべきかが問題となる場合であろう[25]。

　そうした場合において、Ｓ、Ｍに、結果に係る（責任要素としての）過失を認めるのは困難な場合が多いように思われる。

　Ｓは、Ｍが作成したAIが搭載された自動運転車を販売する際、当該AIの機能限界（どのような状況で自動運転が不能となり事故が生じうるのかというAIの特徴）に係る情報は持ちえていたはずである[26]。しかし、（何時、どこで、何を損壊するに至るか、あるいは、誰に死傷の結果を及ぼしうるかという）具体的な事故については、予見可能であったと認められない場合が、通常であろう。そのような主観的状態しか持ちえなかったＳに、（責任要素としての）過失を認めることはできない[27]。

　Ｍの主観的状態も、Ｓのそれと、基本的には同様である。レベル４以上の運転を実現させるAIを設計したＭは、その機能限界を一般的には認識しているであろうが、具体的に、如何なる状況で機能限界に起因する事故が生じるかは、予見しえないと思われるからである[28]。

　以上の理解に対しては、ＳやＭには、（結果的にレベル４以上の技術の限界を超えて走行したことで）危険と評価されるに至った自動運転車を販売し（Ｓ）、あるいは、その中核部分であるAIを設計した（Ｍ）ことを捉え、危険物である自動運転車に係る管理責任、あるいは、Ｍとの関係では、刑事製

---

(24)　その際には、Ｐには運転を継続する義務が生じ、この義務に対応して、ＰはＤとなる。

(25)　その場合には、レベル３以下につき前述した理解が妥当する。

(26)　そうでなければ、そのような自動運転車を販売してはならない。こうした理解を欠いたままＰに当該自動運転車を販売していた場合、Ｓには民事法、行政法上の責任が生じる。

(27)　機能限界に至った自動車運転システムにより、惹起されうる損害の種類、程度について、相当詳細な指示が、ＭからＳに与えられていた場合には、そうした情報を取得したＳには、Ｐに、特定状況で生じうる損害を回避するための情報を提供する義務が肯定され、当該義務違反により、過失犯の客観的要素が充足される可能性はある。その場合には、次に、当該客観的要素に係る主観的な予見可能性が問われることになる。

(28)　Ｍとして、その作成にかかるAIの特徴から、一定の形態で機能限界による事故が生じることを知りえた場合には、Ｓの場合と同様の観点から、過失犯の成否が検討されることになる。

造物責任として、それぞれの過失を肯定しうる、との理解もありうるであろう。確かに、過失犯の成立が肯定された裁判例では、（違法な法益侵害としての）結果に至る過程で、結果発生の可能性を具体的に予見しうるだけの事情があった事例が見受けられる[29]。そうした事例では、結果発生以前の危険な因果の進行過程を予見可能であったことを踏まえ、結果自体に対する具体的な予見可能性もあったと認定することは、可能であろう[30]。しかし、それら先例と同様の理解が、レベル４以上で操縦される自動運転車に係る事故に、一般的に妥当するわけではない。個別の事案における検討が必要である。

（Ⅱ２(2)で前述したように）過失は、故意と並ぶ（が、故意には至らない）主観的責任要素である。故意は、犯罪事実の認識ないし予見であり、過失は、その予見可能性である。故意と並んで過失が責任要素として評価されるのは、行為時に、法益侵害[31]を具体的に予見しえた者（行為者）は、その主観的状態を踏まえ、少なくとも、当該法益侵害に至らない他の行為を選択しえた[32]と事後的に判断されるため、当該行為者への刑罰賦課が正当化される[33]。このように、過失の有無を判断する際に検討の対象となるのは、（違法な法益侵害としての）結果であって、結果に至る因果経過それ自体ではない[34]。以上の理解によれば、レベル４以上の車両に係る事故における、ＳやＭに、過失

---

(29) 例えば、最（一小）決平成28年５月25日刑集70巻５号117頁（渋谷温泉施設爆発事故事件）。

(30) 結果発生としての危険の予見可能性があれば、過失を肯定できるとする見解として、樋口亮介「注意義務の内容確定プロセスを基礎に置く過失犯の判断枠組み(2)」曹時70巻１号（2018年）48頁、同「注意義務の内容確定プロセスを基礎に置く過失犯の判断枠組み(3)」曹時70巻２号（2018年）15頁参照。

(31) 法益侵害という結果については、（事後的に認定された）行為者の行為が向けられていた客体が有しているのと同等の属性を有する他の客体との関係で、同一の結果として評価するという解釈（結果の一定の抽象化）は可能である。

(32) 前述したように、（結果回避を可能とする）他行為を選択しえたという客観的要件（結果回避可能性）の充足が、前提条件として要求される。

(33) 故意の理解に関する消極的動機説は、以上の修正を施した上で、過失の理解にも妥当する。

(34) 結果に至る因果経過は、その予見可能性により、最終的に生じた結果に対する具体的な予見可能性を行為者に認定できるかを判断する際の、証拠（間接事実）とはなるが、それ以上のものではない。

Ⅲ　自動運転の将来と法制度のあり方：レベル４以上の自動運転車

を肯定できるのは、例外的な場合[35]に限られるように思われる。

2　自己学習能力がある AI が搭載された自動運転車に係る問題点
（1）　問 題 状 況

　次に、自動運転を司る AI に自己学習能力（self learning capabilities。SLC[36]）
がある場合に生じる問題点について検討する。そのような AI が設置された
自動運転車は、自動運転技術がレベル４を超えてレベル５に至る際に、想定
される[37]。

　レベル４から５へと移行する際に用いられた自動運転技術により、結果
（物損や人の死傷）が生じた場合、P、S、M の刑事責任（過失）を肯定する
ことは、自動運転車両に設置された AI に SLC が無い場合に比して、より困
難である。SLC を有する AI により制御されるべき車両は、P、S、M の意識
や介入とは無関係に走行を継続し、事故を回避することが予定されている。
そこで、その（P らからの）期待に反して事故が生じても、この過失責任を P
らに認めることはできない[38]。

（2）　AI の刑事責任（総説）

　それでは、SCL を有する AI に刑罰を科すことは可能であろうか。この問

（35）　例えば、ODD 内での安全な利用が確認されたレベル４相当の技術であるが、当該
　　技術の不具合が一定の頻度で生じることが、実験等から予見しえた場合。
（36）　この能力の中には、深層学習能力（deep learning capabilities。DLC）も含まれる。
　　DLC は、AI としての行動選択の可能性を、（AI による客体認識精度を上げること等に
　　より）量的に拡大させるが、それが何時質的な変化（一定の状況下で最適な結果回避手
　　段を選択可能にすること）をもたらすのかは、予測しえない。この問題は、フレーム問
　　題（the frame problem）の一つとして整理できる。自動運転車は、ODD 内では、フレー
　　ム問題に遭遇しないとの整理が、理論的には可能である。本稿では、この観点から、
　　ODD 内の自動運転車の走行態様を検討する。AI の SLC に DLC が及ぼす影響一般につ
　　いては、将来の検討課題としたい。
（37）　レベル５では、全公道が ODD となるので、自動運転車を操縦する AI には、公道を
　　走行しつつ、地図情報、その他の交通環境に係る情報を取得し、それぞれの環境に適し
　　た安全運転の態様を瞬時に選択する能力が要求される。こうした要請に適切に対応する
　　には、SLC を有する AI の利用が推奨される。
（38）　車両に、P による停止ボタンが設置されている場合、あるいは、S や M が RO も兼
　　ねており、そうした RO により車両停止が想定されている場合には、P，S，M の刑事
　　責任につき、前述したのと同様の枠組みから検討を加えることが可能である。

いは、刑罰目的の理解如何に依存している[39]。

　刑罰賦課を正当化する根拠としては、応報刑論（retribution theory）、抑止刑論（deterrence theory）、社会復帰論（rehabilitation theory）、無害化論（incapacitation theory）が重要であろう[40]。

　応報刑論は、行為者が犯罪に至ったという過去の事実に着目し、犯罪と評価される行為を選択した行為者を、回顧的に非難し、非難の具体化としての刑罰賦課を正当化するものである。非難は、行為者に対して復讐心を抱いている被害者のそれではなく、社会全体としてのそれであり、行為者に、社会的非難[41]を受容する能力がなければ、応報刑論による刑罰賦課の正当化は困難である。AIは、SLCを持ちうるが、社会的非難を受容し、自然人と同様の感情（犯罪を選択したことへの反省、自己が非難の対象とされたことへの恥辱感等）を持つことは、（少なくとも当面は）期待できないであろう。即ち、自然人に想定される感情、そうした感情を持つことを前提として構想されてきた、犯罪を選択する際に他の行為を選択しえた可能性、そうした可能性を説明するための概念としての自由意思は、AIには、直ちには想定できない。そこで、応報刑論によっては、AIに刑罰を科すことを正当化することは困難であると思われる[42]。

　抑止刑論は、犯罪が生じたという過去の事実を契機として、将来、同種の犯罪が繰り返されることを防止するため、犯罪行為者の合理的な行動選択可能

---

(39)　As to the similar opinion explained below, cf. Gabriel Hallevy, *Liability for Crimes Involving Artificial Intelligence Systems*, 2015, p185-229.

(40)　本稿では、刑罰目的として主張される主要な4つの観点からの概括的検討を行うに過ぎない。個々の目的の当否については、別稿にて検討したい。また、以下の検討は、現時点でAIに想定される平均的能力を前提にするものである。AIの能力が発展した将来において、以下の検討結果を修正する必要が生じうる点は、留保したい。

(41)　この非難の結果として、行為者には刑罰という不利益が法的に課せられるので、最終的には、法的な否定的判断としての非難が問題とされていることになる。

(42)　暴走して人を死傷させた自動運転車を、傷害を負った被害者や、死亡した者の遺族らは、怒りから破壊するかもしれない。これは、自動運転車に対する応報感情の発露とも言えるが、当該車両を破壊しても、自動運転車としては、恥辱感情等を抱き、（人を死傷させた）運転をするべきではなかったと反省することもない以上、応報刑論は、自動運転車には妥当しない。

Ⅲ　自動運転の将来と法制度のあり方：レベル4以上の自動運転車

性に期待して、犯罪の選択可能性に対するディスインセンティブ（disincentive）
として刑罰を科すことを正当化するものである。将来、同種の犯罪に出た場
合に、これが探知、摘発され、刑罰を科されることで被る不利益と、犯罪に
よって得られると期待される利益を比較し、前者が大きいと判断される場
合、行為者は、再犯には至らない。このように、抑止刑論は、合理的な利得
計算ができる行為者に対してしか、妥当しない。AIは、SLCを持ちえても、
こうした利得計算をし、不利益が大きい場合には同種行為の再現を中止する
という判断能力は、（現時点では）持ちえていないし、近い将来、これが可能
になるかも、不透明である。そこで、抑止刑論からも、AIに刑罰を科すこ
とは正当化されない。

　社会復帰論は、犯罪が生じたという過去の事実を契機として、行為者が再
犯に至らない状況を確保しつつ、行為者の社会復帰を実現するために、一定
の不利益処分として刑罰を行為者に科すことを正当化するものである。自然
人との関係では、現在でも、例えば、その認知の歪みによって性犯罪や常習
窃盗等に至った者に対して、カウンセリング等（認知行動療法）が施されて
いる。これらは、対象者に対する改善指導として整理されることが多いが、
社会復帰論からは、刑罰の一種として整理することが可能である。自然人に
対するカウンセリング等は、その心理的特徴の矯正を目指すものである。そ
うした心理的状態を持ちえないAIには、治療的措置を課すこともできない
のではないか、とも思われる。しかし、社会復帰論の下で構想される刑罰
は、対象者に（自然人と同様の）心理形成機序がない場合でも、想定しうる。
AIとの関係では、レベル4以上の走行を可能とするために設定されたアル
ゴリズムに欠陥があり、それ故に、自動運転技術の限界に至った際の安全な
停車措置等が遅れるという現象の発生が、事故後の調査で判明した場合、そ
うした欠陥部分の修正（アルゴリズムの改良）は、社会復帰論からは、刑罰
として整理可能である。以上の説明に対しては、更に、AIの社会復帰とは
何か、そもそもAIが自然人と同等の社会の構成員であるのか、という疑問
が提起されうる。AIが生物学的に自然人と同様の意味で社会の構成員とな
りえないことは、自明である。しかし、AI（ことにSLCを有するそれ）の活
用が一般化し、それ故に、AIの作動により、人間社会において保護法益と

365

して是認されてきた共通利益（common interests）が侵害された場合には、共通利益の保護義務を、それを侵害しえたAIにも課すことは、論理的に可能である。この論理を承認しても、なお、AIを社会復帰させるための刑罰を想定することに抵抗があるとすれば、それは、AIの社会的利用頻度がそれほど高くないという現状認識に基づく感覚的ないし情緒的反応であろう。

　無害化論は、犯罪が生じたという過去の事実を契機として、行為者が再犯に至らない状況を客観的に確保するために、一定の不利益処分としての刑罰を行為者に科すことを正当化するものである。そこでは、社会復帰論とは異なり、対象者の社会復帰が第一の目的ではなく、同種犯罪の再犯防止の客観的担保が、刑罰の主たる目的として規定される。例えば、窃盗の累犯者に対しては、その手首を切断することも、無害化論からは想定しうる。もちろん、そのような処分は、犯罪が社会に及ぼした損害と均衡を保った不利益の賦課とは言えないので、近現代の刑法学説によれば、是認されえない。しかし、犯罪が社会に及ぼした損害と均衡が取れた不利益の賦課であれば、刑罰として許容されうる。その際、刑罰として科せられる不利益処分は、対象者（である犯罪者）の心理的機能の有無にかかわらず、賦課可能と判断される。そこで、その限りで、AIに対する刑罰の賦課は、無害化論からも是認される。例えば、レベル４以上の走行を可能とするために設計されたAIのアルゴリズムに欠陥があり、それ故に、自動運転技術の限界に至った際の安全な停車措置等が遅れるという現象の発生が、事故後の調査で判明した場合、そうした欠陥部分（例えば、修正不能と判断された部分）を消去することは、無害化論からは、刑罰として整理可能である[43]。

(2)　因果関係の起点となるべきAIの作動

　AIとの関係で刑罰目的が妥当しうるとしても、実際にAIに適した刑罰賦課を想定しようとすると、多くの問題が残されていることに気づく[44]。ここでは、因果関係に係る問題点を指摘したい。

---

(43)　修正可能部分については、社会復帰論から、その改良を施すことが可能である。プログラムの改良が、その消去よりも、結果との間でより制限的でない対応であるならば、改良が優先されるべきであろう。

Ⅲ　自動運転の将来と法制度のあり方：レベル４以上の自動運転車

　AIにより操縦されていた媒体を通じて事故が発生し、結果（としての法益侵害）が生じたとして、当該結果と因果関係があるAIの作動を把握することはできるのであろうか。自動運転車の場合、車両に搭載されているAI（AI-1）の多くは、車両外に存在する情報収集・分析センターや他の（走行中の）自動運転車との通信を通じて、刻々と変わる道路状況に適した運転態様を選択し、その実施を車両に命令するものと思われる。このようなシステムを想定すると、結果惹起は、センターに設置されているAI（AI-2）等と、AI-1との協働によって生じたと評価するのが実体に即しているであろう。そこで、結果惹起の起点となったAIの作動を特定するために要請される因果関係は、これら複数のAIの作動全体との関係で判断されるべきである。その判断に際しては、（自然人の）共犯の結果に対する因果関係に係る先例が参考にはなるが、十分な知見が得られない可能性がある。AI-1とAI-2が独立に高速度で情報処理を行い、その成果が瞬時に統一されて車両に運転命令が下されるという実体を想像すると、AI-1とAI-2における特定時点の個々の作動を抽出し、そのいずれが、結果に対して支配的な関係を持ちえたか等の問題設定自体、無意味であり不可能であると思われる。AI-1とAI-2の高速度で協働してなされたデータ処理の結果こそが、法益侵害（という結果）から遡って検討した場合、その因果の起点たりえたと判断されるのであろうが、そうしたデータ処理の結果を算出したAI-1とAI-2の作動を確定するには、従来の因果関係の判断枠組みを超えた、新たな視点が必要であるように思われる(45)。

(4)　緊　急　避　難

1)　思考実験としての事例群

　緊急避難については、レベル４以上の技術で走行する自動運転車についても、上述した理解（Ⅱ2(4)）が基本的に妥当するが、別途、留意すべき点も

---

(44)　問題点の抽出に際しては、2018年5月27日に開催された日本刑法学会（第96回）ワークショップ（「AIと刑法」）における議論からも、多くの示唆をえた。ワークショップでの具体的な議論状況は、追って、刑法雑誌に公表される予定である。

(45)　因果関係を統計学的視点から分析することが有益であるように思われる。この点については、別稿で検討したい。

ある。

SLCを有するAIには、刑罰目的が妥当し、刑罰を科しうると解した場合、刑法37条1項本文所定の緊急避難は、AIにも適用可能だが、同条項但書に規定された過剰避難をAIに適用するのは困難である。

緊急避難（37条1項本文）は、救助しようとした利益（法益）が、侵害された利益（法益）以上の価値を有していたことを要件としている。これは、行為功利主義を刑法学的に具体化した優越的利益保護の原則に基づく、緊急状態における違法性阻却事由を規定したものとして理解できる。こうした功利主義的判断は、AIによっても可能である。上記（Ⅱ2⑷）の〔事例1〕では、AIが、事前に、より多くの人命を救助しうる運転を優先するようにプログラミングされていれば、5人の歩行者との衝突を避けるため、左に進行を変え、その結果、1人の生命が失われることになろう。この結果は、行為功利主義からは是認されるものであり、刑法上も違法性が阻却されるべきである。〔事例2〕でも、（その場合にも行為功利主義が妥当するかを含めて）結論の分岐は、Ⅱ2⑷で検討したものと同様であろう。

次に、〔事例3〕レベル4以上の技術により操縦されていた自動運転車が、進行方向先に、スマートフォンを見ながら道路を横断しようとしているAを発見し、運転を継続すれば、Aに衝突して死亡させてしまうことを予見し、左に進路を変えた結果、道路左側を歩いていたB、Cに衝突し彼ら2名が死亡した、という事例の処理を検討する。AIは、Aの生命を救助するために、B、Cを死亡させているが、Aだけが死亡していた場合（B、Cには何ら被害が及ばなかった場合）の方が、社会全体としては（生存する人間の総量が多いので）利益が大きかったと言えるであろう。そこで、AIの当該運転に係る違法性は阻却されない（Aの生命を救助した限りにおいて、違法性の減少が考慮されうるに止まる）。また、上述したように、AIには、SLCはあっても、緊急状況（利益衝突状況）に直面したことで精神の安定が損なわれ予想外の行動にでてしまうといった人間に見られる心理的葛藤状況（と、その結果としての、無意識的で非功利的な行動の選択）は、考えられない。そこで、〔事例3〕のような緊急状態では、AIに、過剰避難規定（刑法37条1項但書）を適用することはできない。刑法37条1項但書は、利益衝突が予想される緊急事

Ⅲ　自動運転の将来と法制度のあり方：レベル４以上の自動運転車

態に直面した自然人につき、責任の減少と、（この事例では、B、Cを死亡させたが、Aの死亡は回避できたという意味での）違法性の減少を併せて考慮した規定として理解できるが、AIには、心理的葛藤に基づく責任減少という状態は、想定できないからである。

2）　現実的課題

AIによって操縦される自動運転車は、法定速度を遵守して走行するであろう。そこで、全車両が自動運転車へと置き換えられた場合、あるいは、（ODD等）一定の領域内を走行する車両が自動運転車だけになった場合、理論的には、交通事故は発生しないことになる。その場合には、実際の走行速度が、現在の法定速度を下回ることも予想される[46]。

以上は、限定された領域であっても、全車両が自動運転車に置き換えられた場合に係る想定である。これに対して、現実には、一般車と自動運転車との混合交通も避けられない場合が、とりわけ自動運転車が社会的に受容されていく過渡期においては、生じうる。その典型例は、例えば、高速道路の本線への合流箇所での問題であろう。

ある高速道路の本線で、多くの一般車が走行しており、全体として、若干、法定速度を超えた走行が見られたとする。そこに、側道から進行してきた自動運転車が合流しようとする際、自動運転車としては、AIによる（事前に設定されたプログラミングに沿った）情報処理に応じつつ、法定速度を厳守して合流しようとするであろう。そうすると、当該自動運転車が、本線を走ってきた後続の一般車に衝突される危険が高まる。この危険を最小化するには、第一に、側道から本線に合流する際には、SLCを用いて、本線での実勢速度に合わせた速度で走行するようなプログラムを設定し、これをAIに実行させること、第二に、側道での法定速度を本線でのそれより高く設定する（その限りで、道交法を改正する）ことが、解決策として考えられる。第一の選択肢は、SLCを有するAIにとっては対応可能であるが、法定速度を超

─────────────────

(46)　限定された領域、あるいは全公道で、利用可能な車両が全て自動運転車に代替された場合、個々の道路の物理的限界と道路を走行しようとする車両数との関数によって、安全かつ渋滞が生じない速度が、時々刻々と算出されるのであり、法定速度という概念は不要となろう。

369

えた走行をAIに学習させて良いのか（一旦、法令違反の走行を学習させると、他の道路でも法定速度を遵守しなくなるのではないか）との疑問が残る[47]。他方で、法定速度の遵守は、AIにとって容易であることを再確認すると、第二の選択肢が望ましいようにも思われる。しかし、高速道路の本線に合流するための側道は無数に存在し、個々の側道で、個別の時間帯に最低限必要な（現在の法定速度を超えた）合流用の速度を確認し、法定することには、多くの費用が必要である。このように、いずれの選択肢にも問題が残されているが、理論的には、第一の選択肢を採り、AIによる法定速度超過走行が繰り返されないようなプログラムと、法定速度違反の走行を他の領域で選択することを防止する措置の検討が、要請されるように思われる[48]。

　合流時に、本線上の法定速度を超えた速度で自動運転車が走行することを正当化する第三の選択肢は、緊急避難の法理を適用することである。これは、本線への合流を試みる自動運転車（これを操縦しているAI）における法定速度超過の違法性を、刑法37条1項により阻却しよう、という考えである。しかし、大量かつ継続的に発生する合流への試みの一つ一つが緊急避難の認定によってしか違法性阻却されないというのは、不自然である。そこで、緊急避難を用いた解決策を検討する際には、合流時には、本線を走行している車両との衝突を回避するのに必要な限りで法定速度を超過して走行しても違法ではない、という趣旨の一般条項を道交法に追加することが考えられる。この対応は、第二の選択肢に接近するが、AIへの刑罰賦課の可否、当否とは別に採用可能であるから、近未来における暫定的かつ現実的な政策としては利用される余地が大きいように思われる。

---

(47)　AIが、SLCを用いて、（他の場面では）違法な結果に至りうる行動パターンを修得した場合には、社会復帰論又は無害化論の観点から、当該パターンの改良又は消去が要請されることになろう。そうした対応が、適宜に可能かという技術的課題も検討されなければならない。その際には、例えば、自動運転車に搭載されるであろうAIは、（上記のAI-1とAI-2のように）他のAIと接続されていることが通常であろうことを踏まえ、ネットワークを利用したAIの社会復帰のあり方も議論されるべきであろう。

(48)　以上の検討からも、法定速度という概念（更には、交通整理という概念）の利用価値が、自動運転車が多数を占める交通社会では低下するであろうことが、予想される。全自動車が自動運転車になれば（その前提として、全公道がODDになれば）、信号すら不要となろう。

Ⅳ　展　　望

　自動運転車の利用が間近に迫った現在、自動運転を可能とする技術のレベルに応じて、自動運転車による損害が発生した場合の刑事責任のあり方を確認することは、必要な作業である。その技術が、レベル3以下の場合には、現行法が自然人に刑罰を科してきた理論によって対処可能な領域が大きい。他方で、レベル4以上の技術で操縦される自動運転車に係る事故との関係では、AIに刑罰を科すことの可否、当否、その前提として、刑罰目的を踏まえた刑罰の意義の再確認が、議論の出発点となるべきである。

　日本では、ドイツと同様に、応報刑論が、自然人に対する刑罰賦課の正当化根拠として基本的に承認されてきた。しかしその妥当範囲は、自然人の刑事責任能力の科学的ないし医学的把握方法と密接に連動して、再検証されつつある。AIの刑事責任も、同様の客観的分析手法により考察されるべき問題である。本稿では、自然人の刑事責任能力を規定する際の前提となる、刑罰賦課を正当化する論理からの、概括的な検討を行った。それは、萌芽的なものに止まるが、刑罰目的を形而上学的ないし規範的に理解する見解の妥当範囲が、先ずは再検討されるべきことは明らかになったように思われる。刑事責任論（刑罰目的論）の再確認と、その妥当範囲を、AIと自然人、更には法人の特徴を踏まえて多角的に検討することが、要請されているのである。

（いまい・たけよし）

自ら招いた緊急避難の危難甘受義務と自動運転

——危難に陥った者による自招危難の一断面——[1]

小名木　明　宏

　Ⅰ　問題の所在
　Ⅱ　緊急避難規定の概観
　Ⅲ　自招危難と自動運転
　Ⅳ　おわりに

Ⅰ　問題の所在

　現代の高度なテクノロジー社会においては我々は常に新しい法領域に直面している。すでに1980年代にはパソコンの普及により新たな概念である「コンピュータ犯罪」が生まれ、刑法の伝統的な解釈に大きな影響を与えた。その後、1990年代以降、インターネットの普及により、「サイバー犯罪」という新たな概念が生じ、これは今日まで議論を喚起している。さらに環境刑法、医事刑法、バイオ刑法などが刑法ならびにその適用領域のさらなる現代化の問題として位置付けられている。新たな技術は常に進歩し、発展し、伝統的な原理原則と従来の犯罪類型では新たな問題への対応に不十分であると

（1）　著者はすでに本稿と同様のテーマで、*Onagi*, Die Gefahrtragungspflicht des selbstverursachten Notstandes und automatisiertes Fahren-eine Facette des selbstverursachten Notstandes durch den Gefährdeten-, in：Robert Kert, Andrea Lehner（hrsg.）, Vielfalt des Strafrechts im internationalen Kontext. Festschrift für Frank Höpfel zum 65. Geburtstag, 2018, S. 59–65 において、日本とオーストリアとの比較を論じている。本テーマは技術の進歩に伴い急速に問題とそれに対する議論が進展している。本稿はその後の議論の状況を踏まえ、日本での議論を中心に論じたものである。

いう認識からこの種の新領域が生じてきている。これまで考慮されていない、あるいは、未知の領域に対する刑事制裁のあり方が問われているのである[2]。

今日、刑法は自動運転に関して新たな課題を突き付けられている。自動運転はほんの10年程前までには技術的に実現が不可能であったものであり、SFの夢物語でしかなかったが、技術の進展に伴い、にわかに実現の可能性が唱えられはじめ、近い将来、技術的には無人運転まで技術的に可能となると言われている[3]。この問題についてヴュルツブルク大学のヒルゲンドルフ教授はウィーンでのドイツ語圏刑法学会において包括的な報告を行い、問題の幅広さを示してくれた[4]。本会議において筆者はヒルゲンドルフ教授と意見交換を行うこともできた。また、本年3月13日には東京で行われた警察政策フォーラム主催のシンポジウム「自動運転の実現に向けた今後の課題」において、この問題が包括的に取り扱われ、法的側面、技術的側面、政策的側面からの詳細な分析と議論がなされた。さらに本年5月27日には日本刑法学会のワークショップでも取り上げられた。

実務レベルでの議論としては、ドイツでは連邦交通省の「自動運転・ネッ

（2） 科学技術と刑法解釈論の問題については *Onagi*, Strafrecht im Zeitalter der Hochtechnik : Vorschlag eines Cyborg Strafrechts, in : Gunnar Duttge/Makoto Tadaki (hrsg.), Aktuelle Entwicklungslinien des japanischen Strafrechts im 21. Jahrhundert, 2017, S. 115.

（3） 自動運転一般についての国際的な動向は、国土交通省自動車局技術政策課「自動運転を巡る国際的動向」 https://www.kantei.go.jp/jp/singi/it 2/senmon_bunka/douro/dai9/siryou3.pdf（2018年8月16日最終閲覧）が網羅的である。

また、自動運転一般と法律的問題一般、とくに刑法との関係では、今井猛嘉「自動車の自動運転と運転及び運転者の概念」研修822号（2016年）3頁、同「自動車の自動運転と刑事実体法：その序論的考察」山口厚ほか編『西田典之先生献呈論文集』（2017年、有斐閣）519頁、川本哲郎「自動運転車と刑事法」同志社法学69巻2号（2017年）31頁が分析を加えている。さらに本稿校正中に、今井猛嘉「自動車の自動運転と運転及び運転者の概念(2)」研修840号（2018年）3頁が発表され、最新の状況がフォローされている。

他方、技術的にも、2017年10月に半導体メーカーNVIDIAが自動運転を実現するAIコンピューターボード「DRIVE PX」の最新版であり、現行品の約13倍の性能を持つ「DRIVE PX PEGASUS」をドイツで発表し、自動車メーカーはレベル5の自動運転をナンバープレートサイズのボードだけで実現できるとしている。 https://car.watch.impress.co.jp/docs/news/1085169.html（2018年8月16日最終閲覧）

トワーク運転倫理委員会」が2017年6月に報告書[5]を提出し、倫理基準を確立している。とくに、報告書の第3章「倫理基準」では、その基準8として、生命と生命が対立するような葛藤状態の判断は個別的な事情によるものであり、一般化はできず、よってあらかじめプログラミングすることもできないとしている。さらに第4章「これまでの議論の成果と残された問題」では、その1.6として、人の選別、人命の差引き計算はなされてはならないが、損害の最小化の原則は認められるとしている。これらの問題は本論稿で扱う緊急避難の問題と密接に関連している。他方、日本でも国土交通省自動運転戦略本部が議論を重ねており、議事録や資料によればかなり踏み込んだ議論がなされている[6]。

　このように、自動運転をめぐる議論は、日進月歩に、しかも各国がしのぎを削っているのが現状である。そこで、本稿においてはこの自動運転の問題領域の一断面、とりわけ緊急避難の解釈に関する問題を取り上げてみたい。しかし、他方でそれは自動運転の問題にとどまらず、それ以上に緊急避難の本質にも関係するものでもある。

　ドイツ語圏の刑法学においては、ヴェルツェルの転轍手の事例は緊急避難の古典的な問題として非常に有名である[7]。彼はこの事例を通じて多数の生命を救うために一部の人の生命を犠牲にすることは正当化されるものではないということを示した[8]。たとえ、犠牲になる人以上の人が救われようとも、衡量がなされてはならないのである[9]。ヴェルツェル並びにドイツの通説によれば、本事例において問題となるのは、2つの同価値の法益について作為

（4）　ヒルゲンドルフ教授の講演は主として彼の論文　*Hilgendorf*, Autonomes Fahren im Dilemma. Überlegungen zur moralischen und rechtlichen Behandlung von selbsttätigen Kollisionsvermeidesystemen, in : Hilgendorf（hrsg.）, Autonome Systeme und neue Mobilität, 2017, S. 143. によるものである。

（5）　http://www. bmvi. de/SharedDocs/DE/Pressemitteilungen/2017/128-dobrindt-massnahmenplan-ethikregeln-fahrcomputer. html（2018年8月16日最終閲覧）

　　なお、報告書は、http://www. bmvi. de/SharedDocs/DE/Publikationen/DG/bericht-der-ethik-kommission. pdf?__blob = publicationFile　で閲覧できる。

（6）　http://www. mlit. go. jp/jidosha/jidosha_tk7_000018. html（2018年8月16日最終閲覧）

と不作為が衝突している状態、すなわち緊急避難の事例である[10]。生命保護の絶対性という考え方——「人の生命の価値は別の人の生命の価値に決して優越するものではない」——から本緊急避難の事例は、ポイントの切換えは正当化されないのである。従って、ヴェルツェルはポイントを切り換える行為の正当化を否定するのである[11]。後にこの問題はイギリスの哲学者フィリッパ・ルース・フットによって更に取り上げられ、今日では自動運転との関係で再び着目されている[12]。正しい自動運転を実現するために自動車のプログラマーは予めどのような解決策をプログラミングしておかなければならないのであろうか？　論理的には、我々は運命に介入してはならず、換言すれば、転轍手は救助を控えねばならないことになる。たとえ、これにより、多くの人たちが危険に冒され、よって死に致るとしても、である。このことは自動運転にもあてはまるのである[13]。このような事例が、自招危難と関係す

（7）　*Welzel*, Zum Notstandsproblem, ZStW 63［1951］, S. 47, 51.　もっとも、転轍手事例はすでに1930年にエンギッシュがUntersuchungen über Vorsatz und Fahrlässigkeit im Strafrecht, 1930, S. 288 において論じている。彼は、法益衡量を論ずるにあたって、「非常に多くの人が犠牲になる衝突事故を避けるために、転轍手が列車を引き込み何人かを犠牲にしたが、それでもそのまま走らせるよりは少ない被害で済ませた」という事例を挙げ、差し迫った法益侵害の危険性とこれを避けるために生じた法益侵害の全体像が、目的と効果が同価値の場合に問題になり、逆に、両法益が完全に不均衡の場合にはこの問題は意味をなさない、自動車運転手は人命を救うためにガチョウの群れに突っ込んでもよいとしている。

（8）　Ders., aaO（Fn. 7）, S. 51 f.

（9）　*Welzel*, Das Deutsche Strafrecht, 11. Auflage, S. 91.

（10）　Ders., aaO（Fn. 9）, S. 91, *Zieschang*, in : Laufnüttel/Rissing-von Saan/Tiedemann（hrsg.）, Leipziger Kommentar zum Strafgesetzbuch, 12., neu bearbeitete Auflage, Vor §§32 Rdn. 120,

（11）　Ders., aaO（Fn. 7）, S. 52.

（12）　*Foot*, The Problem of Abortion and the Doctrine of the Double Effect, in : Virtues and Vices and Other Essays in Moral Philosophy, 1978, p. 23.　（なお、オリジナル論文はOxford Review, Number 5, 1967にみられる。）

（13）　自動運転と緊急避難に関する包括的な研究は *Hilgendorf*, aaO.（Fn. 2）, S. 143, *Joerden*, Zum Einsatz von Algorithmen in Notstandslagen. Das Notstandsdilemma bei selbstfahrenden Kraftfahrzeugen als strafrechtliches Grundlagenproblem, in: Hilgendorf（hrsg.）, Autonome Systeme und neue Mobilität, 2017, S. 73.　さらに本稿校正中に、深町晋也「ロボット・AIと刑事責任」弥永奥生・宍戸常寿編『ロボット・AIと法』（2018年、有斐閣）209頁、とくに221頁以下が発表された。

る場合にどうなるかということが、本稿の本質的な問題である。

Ⅱ　緊急避難規定の概観

　緊急避難の法的性質をめぐる問題点について、日本では、ドイツやオーストリアと異なり、二分説はそれ程受け入れられている訳ではない。そこで、まず、刑法上の緊急避難に関する各国の規定の違い、日本での議論を概観しておこう。まず、ドイツ刑法はその34条で正当化緊急避難[14]を、35条で免責的緊急避難[15]を規定し、他方、オーストリア刑法はその10条に免責的緊急避難[16]を規定しているのみで、正当化緊急避難は、専ら超法規的緊急避難として認められ、よって二分説が受け入れられている[17]。これは1975年までのドイツの旧54条における議論と同様である[18]。

　緊急避難は日本では統一的な規定であるが、諸外国においては正当化事由と免責事由を別々に規定している例は少なくない[19]。しかし、日本の刑法37条は、第一に刑法37条が衡量を規定していること、第二に保護法益の範囲を限定していないこと、第三にドイツ刑法35条のように保護されるべき人に限定がないことから、日本の通説は緊急避難を正当化事由と解している。もしこの規定が、単なる免責事由であるならば、立法者は法益衡量を規定せず、保護法益を重要なものに限ったはずであり、また、この法概念は行為者自身ないしは近親者のためだけに認められたはずであろう。しかし、立法者はこれをしておらず、よって通説は緊急避難を正当化事由と解しているのである。

---

(14)　後掲資料参照。
(15)　後掲資料参照。
(16)　後掲資料参照。
(17)　*Fabrizy*, StGB Strafgesetzbuch, 12. Auflage, 2016, §10 Rdn. 10, *Moos*, in： Triffterer/Rosbaud/Hinterhofer（hrsg.）, Salzburger Kommentar zum Strafgesetzbuch. 36, Lieferung, 2016, §10 Rdn. 20, *Lewisch*, in：Höpfel/Ratz（hrsg.）, Wiener Kommentar zum Strafgesetzbuch, 46. Lieferung, 2016, Nachbem zu §3 Rdn. 16 ff.
(18)　後掲資料参照。
(19)　すでに言及したドイツ、オーストリア以外では、ポーランド（26章1条、2条）、フィンランド（4章5条）、スイス（17、18条）、イタリア（54条）が挙げられよう。

他方、ドイツで規定されている二分説も日本では最近有力に主張されている[20]。これによれば、緊急避難は部分的には正当化事由であり、部分的には免責事由であると解される。守られる利益が犠牲にされる利益に対して明らかに優越している場合には、緊急避難は正当化事由となる。これに対して、そうでない場合は、免責的緊急避難が認められる。これは、期待可能性の問題である。しかし、ドイツとは異なり、日本の刑法37条の規定は統一的規定であり、2つの同価値の利益が対立する事例をも含んでいる。従って問題は、果たして2つの同価値の利益が対立する場合にも緊急避難行為が正当化されるのかという点である。このような事例に正当化を認めるのであれば、緊急避難行為により侵害を受けた者は正当防衛を行なうことができない。これによれば、テロリストによりハイジャックされ、支配された満員の乗客を乗せた旅客機が、大都市を危険に陥れている場合、大規模な被害を避けるために当該旅客機を撃墜することも正当化されることになる[21]。このような事例においては単に責任阻却を認める二分説の方がむしろ正しい解決であると思われる。これによれば、緊急避難行為により、侵害を受けた者は正当防衛を行うことができるからである。

このような緊急避難の本質に関する議論を離れて、本論稿のテーマである自招危難に関して言えば、ドイツ刑法やオーストリア刑法とは異なり、日本の刑法は自招危難に関する規定が存在しない。この問題は裁判では非常に重要と思われるが、学界では今日まで十分に議論されてきたとは言えない。緊急避難行為が社会的に相当である場合には、正当化を認め、逆に行為者の先行行為を顧慮して社会的に相当でない場合には、刑法37条の緊急避難の適用は否定されるとするのが通説である[22]。

---

(20)　最近これを明言するのは、井田良『講義刑法学・総論』（2008年、有斐閣）299頁以下、とくに301頁。

(21)　これに対してドイツでは反対説が強い。*Zieschang*, aaO.（Fn. 10），§34 Rdn. 74d, *Fischer*, Strafgesetzbuch, 65. Auflage, 2018, §34 Rdn. 17 ff.

(22)　福田平『全訂 刑法総論［第5版］』（2011年、有斐閣）167頁註3）、大谷實『刑法講義総論［新版第4版］』（2012年、成文堂）301頁、前田雅英『刑法総論講義［第6版］』（2015年、東京大学出版会）289頁。

Ⅲ　自招危難と自動運転

1　判例における自招危難

　日本の刑法学は長らく緊急避難の本質というアポリアにかかりっきりになっていたため、緊急避難の領域のさらなる問題をなおざりにしてきた。しかし、刑法37条の緊急避難の規定の具体的適用の可否は実務においては大きな意義を有する。それは緊急避難の法的性格という哲学的な、ひいては法解釈学的な問題ではなく、刑法37条が適用されるかという実務的な問題なのである。

　自招危難の有名な事例は、少年と老女の生命が対立した事例であり、緊急行為者はどちらか一方をひかねばならないという事案であった。事実は、被告人は自動車を操縦し、道路を南進中、前方に3人連れの歩行者を認め、警笛を鳴らしたが、道をあけず、更にその前方に北進してくる荷車および自動車があったので、進路を右前方に転じ、業務上必要な注意を怠って、前述荷車の背後等に十分な注意を払うことなく、漫然と時速8マイルほどの急速力で擦れ違おうとしたところ、突然、荷車の背後から甲が現れて、横切ろうとしたので、急遽これを避けようとして進路を更に右に転換したため、通行していた甲の祖母に自動車を衝突させ、死亡させたというものである。これに対し大判大正13年12月12日刑集3巻867頁は、「刑法第三十七条ニ於テ緊急避難トシテ刑罰ノ責任ヲ科セサル行為ヲ規定シタルハ公平正義ノ観念ニ立脚シ他人ノ正当ナル利益ヲ侵害シテ尚自己ノ利益ヲ保ツコトヲ得セシメントスルニ在レハ同条ハ其ノ危難ハ行為者カ其ノ有責行為ニ因リ自ラ招キタルモノニシテ社会ノ通念ニ照シ已ムヲ得サルモノトシテ其ノ避難行為ヲ是認スル能ハサル場合ニ之ヲ適用スルコトヲ得サルモノト解スヘキ」として、刑法37条の適用を否定し、過失犯の成立を認めた。その際、正当化が問題なのか、責任阻却が問題なのかという緊急避難固有の論点はさておき、むしろ、刑法37条の緊急避難が適用されるのか否かが検討されねばならないように思われる。

2　自招危難の様々な類型[23]

　典型的な自招危難の例は、緊急避難行為者が当該対立状況を自ら招来し、

そのうえで自らの利益のために他人の法益を犠牲にして、自分の法益を救ったというものである。ドイツにおいては先行行為のこのような事情は、ドイツ刑法34条との関連では利益衡量ないし相当性の枠[24]で、また、ドイツ刑法35条[25]やオーストリア刑法10条2項[26]との関連では文言上、緊急避難規定の適用が否定される。これに対して、自招危難に関する明文の規定を持たない日本では「やむを得ずにした」、「利益衡量」、「相当性」の問題として議論されている。しかし、少なくとも、緊急行為者が当該葛藤状況を自ら招来したのであるから、この不利益を自ら甘受しなければならないと解される。

　このような典型的な類型（自ら危難を招来して自ら危難に陥った類型）に対して、第二の類型は、緊急行為者が葛藤状況を招来したが、第三者が危難に陥り、緊急行為者は救助者の役割を果たしたというものである。ドイツにおいてはこのような事例はドイツ刑法34条との関連では利益衡量が、同35条との関連では自らの先行行為から生ずる心理的圧迫のゆえ、期待可能性の問題が前面に出てくるか[27]で、日本の通説では刑法37条の適用を始めから否定しているように思える。緊急避難行為の評価にあたって緊急行為者の先行行為というマイナスの要素が考慮に入れられ、よって行為者は緊急避難を主張できないと考えるのである。先に挙げた大判大正13年12月12日判決はこの事例に該当するものであろう。本件においては、行為者は緊急救助者として行為するのであり、自分自身に対する危難は生じていないという点で、典型事例とは異なるのである。

---

(23)　自招危難のさまざまな類型については、拙稿「自招危難について」刑法雑誌（日本刑法学会）44巻2号（2005年）142～159頁、同「自招危難」西田典之＝山口厚＝佐伯仁志編『刑法の争点』（2007年、有斐閣）52～53頁を参照。

(24)　これについては*Zieschang*, aaO（Fn. 10）, §34 Rdn. 70, *Perron*, in：Schönke/Schröder Kommentar, 29. Aufl., 2014, §34 Rdn. 42, *Jescheck/Weigend*, Lehrbuch des Strafrechts, Allgemeiner Teil, 5. Auflage, 1993, S. 363.

(25)　*Zieschang*, aaO（Fn. 10）, §35 Rdn. 51, *Perron*, aaO（Fn. 24）, §35 Rdn. 20, *Jescheck/Weigend*, aaO（Fn. 24）, S. 485.

(26)　*Moos*, aaO（Fn. 17）, §10 Rdn. 78.

(27)　*Zieschang*, aaO（Fn. 10）, §35 Rdn. 52, *Perron*, aaO（Fn. 24）, §35 Rdn. 20a, *Jescheck/Weigend*, aaO（Fn. 24）, S. 485, *Fischer*, aaO（Fn. 21）, §35 Rdn. 11. オーストリアの規定との関係では、*Moos*, aaO（Fn. 17）, §10 Rdn. 81.

Ⅲ　自招危難と自動運転

さて、第一の類型と第二の類型においては緊急行為者の先行行為が問題となる。すなわち、構成要件に該当する行為を行う実行行為者自身が、その危難を生じさせていたということが問題となり、本稿の視点との関連では、自動運転における先行行為が問題とされることになる。しかし、自動運転ではスピードオーバーや通行人を不注意で見落とすというエラーを犯すことはない。むしろ制禦プログラム作成者の過失が問題となり、通常は過失致死が問題となるに過ぎない。これは製造者の刑事責任の問題であり、従って、特別な問題にはならないのである。

これに対して第三の類型は全く異なる。危難に陥っている者が、危難を招来していたのであり、その結果、自ら危難に陥ったという類型である。危難の発生とは一切関係のない緊急行為者が、第三者を犠牲にして危難に陥っている者を救助するか、あるいは彼自身を見捨てるかという葛藤状況に直面することになる。

最近の新聞報道では、2017年7月29日、緊急避難の考え方により解決できるであろう事案が発生した[28]。バスの運転手が、不注意で飛び出した歩行者を認めたため、急ブレーキをかけようとした。しかし、運転手は強い急ブレーキをかけると乗客が倒れ、怪俄とすることを避けるため、強い急ブレーキをかけなかった。これにより、ブレーキは十分ではなく、よって歩行者が死亡した。本件においてはバス運転手に客観的注意義務違反及び主観的注意義務違反が認められるか否かが問題となろう。

同様の事件は、帯広簡判昭和44年12月24日高刑集23巻3号572頁でも問題となった。被告人は、Hバス株式会社のバスの運転業務に従事していたが、乗客20名位が乗車しているバスを運転し、交通整理の行われていない十字路交差点を時速約10キロメートルで直進しようとしたが、横断歩道が設けられており、横断歩道手前0.50メートル距て駐車している普通貨物自動車のため、横断歩道左側部分が見透し悪く、横断者が出て来ることも予想され、被告人は、横断歩道直前で一時停止し、横断歩道上の交通の安全を確認した後、進

---

(28)　http://mainichi.jp/articles/20170730/k00/00m/040/053000c（2018年8月16日最終閲覧）

行して急制動をかけることを厳に慎しみ、乗客に危害を及ぼさないよう留意して運転すべき業務上の注意義務があるのに、これを怠り、漫然、同一速度で進行した過失により、駐車車両の右側に進出した際、横断歩道を進路に向って左方から右方に横断しようとして、走り出た児童を認め、これとの衝突をさけるため急制動の措置をとったことから、その反動により、自車の乗客である被害者Kの身体を座席前部の鉄製テスリに激突させて同人に加療約20日間を要する右上腕打撲兼右肩関節打撲の傷害を、同じく被害者Yの身体を前記テスリの支柱に激突させて同人に加療約50日間を要する右側頭骨輝裂骨折兼脳挫傷の傷害をそれぞれ負わせたというものである。これに対して、弁護人は被告人車の進路に突如子供が走り出て来たため、被告人はその子供の生命をまもるため已むを得ずなした措置で、緊急避難行為である、したがって、仮りに検察官主張のように横断歩道直前で一時停止したとしても、その後子供が急に飛出した場合同じような結果が発生したであろうことが予想されるのことから、本件被告人が一時停止しなかったことと被害者に対する本件事故とは何等因果関係がないと主張したが、帯広簡裁は「本件は被告人の有責違法の行為が原因となって発生したものであることが確認でき、弁護人主張のような緊急避難行為の成立しないことは従来幾多の判例の示すところである」として、緊急避難の適用を否定し、（当時の）業務上過失傷害罪の成立を認めた。なお、弁護人はこれに対して「1 被告人には右のような一時停止義務が存在するか。すなわち、回避した危難の招来につき被告人に帰責事由が認められるか。2 仮りに、被告人に帰責事由が認められるとして（自招危難）、本件において緊急避難の成立を否定することが、法解釈上可能か。」等を理由に控訴したが、札幌高決昭和45年8月20日高刑集23巻3号547頁はこれに答えず、事実誤認を理由に破棄自判し、注意義務違反を認めず、無罪としている。

　また、岡谷簡判昭和35年5月13日下刑集2巻5＝6号823頁は、S自動車株式会社のバス運転者であった被告人は、バスを運転し時速約25キロで進行中、同車内には約二十人の乗客が立って乗車していたので急停車の措置をとれば倒れて傷害の発生も予測できることから、自動車運転者としては急停車すべき事態の発生を未然に防止すべき業務上の注意義務があるのに、同所右

側に停車中の乗用車とすれ違う際対向して来たスクーターや自転車に気付き
スクーターが停車したので自転車も停車するものと軽信し、乗用車との間隔
1.5メートル位の間へ自転車が入ってくることを考慮せず、従って、徐行、減
速の措置を講じなかったため、自転車が入って来て転倒したのをみて急停車
措置をとったことから、その衝動で乗車中の乗客Oに前腕骨皮下骨折により
全治6週間、乗客Kに左前腕挫傷により全治十日間を要する各傷害を与えた
という事案に対し、「危難が行為者の有責行為により自ら招いたものであり、
社会通念に照して己むを得ないものとしてその避難行為を是認することがで
きない場合には緊急避難は成立しないものというべきであるが、本件におい
てこの点について考えてみると、前示のような道路、交通の状況において、
前記軽自動車の運転者において、すでに、前記停車中の小型自動車の後方に
おいて停車して被告人の乗合自動車を避譲していたのであるから、その後方
より進行して来る自転車運転者において右停車中の小型自動車と乗合自動車
との間に進行して来ることは、乗合自動車の運転者としては、予想し得ない
ことであるといわねばならず、したがつて、乗合自動車の運転者においてこ
れを予想して時速二十五粁以下に減速又は徐行して進行すべき注意義務があ
るということはできないので、本件について右自転車運転者の危難は、被告
人の有責行為により被告人自ら招いたものというべきではなく、かえつて、
右自転車運転者において道路、交通の状況に応じ他の交通に対し不当に迷惑
を及ぼすような方法で運転進行したもので、右危難は同人の自ら招いた危難
であるというべきであり、被告人の右避難行為は社会通念に照して己むを得
なかつたものとして充分是認できるものである。」とし、無罪としている。

　このように、裁判例ではこのような第三の類型が見受けられるが、これを
自招危難として今一度検討してみると、そこには様々な問題点が複雑に絡ま
っている。まず、これが、2つの不作為義務の衝突であることが前提とな
る。さもなければ、転轍手の事例のような作為義務と不作為義務の衝突にお
けるヴェルツェル流の解決策が妥当することになるからである。さらに、運
転手が本当に注意義務に反することなく行為したかも問題となる。おそらく
大抵の場合、運転手自身の注意義務違反は否定されにくいものと思われる。
しかし、理論的には、注意深く運転していた運転手が、危難に直面した人自

身が招来した葛藤状態に陥ったということも想定可能である。さらに、これとは別に、救助される人数や犠牲にされる人数はヴェルツェルの公式では重要ではないとも言える。

このことを前提としたうえで、このような第三の類型において、被害者である歩行者自身が運転手の予期に反して、重大な過失で行為したことは着目されねばならない。つまり、危難に直面した者自身が招来した自招危難が問題なのである。

例えば、歩行者と乗客のように2人の人間の間での葛藤状況が問題となるとすると、利益衡量が問題とされ、その際には歩行者の利益が減少したものとして考慮されねばならない[29]。このような思考方法では乗客の利益が優先されるのである。換言すれば、危難を招来した者は危難甘受義務を負担せねばならないのである。これは兵士、警察官、消防士といった職業上の特別義務[30]に比するものであり、まさに刑法37条2項により、高められた甘受義務が認められている。そして自動車運転手はこのような危難甘受義務を規範として尊重しなければならない。そしてもし運転手がこれを見誤まった場合、錯誤の問題となるのである。

3　自動運転への応用

さてこのような論理を自動運転の問題領域へ応用してみよう。自動車の注意義務違反については製造物責任のようにプログラマーの責任の問題となり、これは本稿の中心課題とは別の課題である。緊急避難との関係では、どのような行動の選択肢が規範に適ったものとして選択されねばならないかということが問題となる。もし危難が純粋に偶然に発生したものであれば、自動車は通常の緊急避難におけるのと同様の問題に直面することになる。ドイツの通説に従えば、犠牲にされる者と救助される者と人数は意味を持たない。これに対して危難に陥った者自身がその危難を招来していたという類型

---

(29)　この点については、拙稿・前掲注(23)52〜53頁を参照。

(30)　刑法37条2項の特別義務については従来、論じられることが少なかったが、最近これを分析した永井紹裕「緊急避難における特別義務者について」早稲田法学67巻1号(2016年)349頁があり、非常に注目される。

の自招危難の場合、自動車はこの危難甘受義務を尊重しなければならない。しかし、通常の場合、自動車は危難に陥った者の先行する注意義務違反、すなわち、危難に陥った者の先行行為を認識できないし、又、それを考慮することもできない。一見、錯誤の問題となりうると考えるかもしれないが、自動車は錯誤に陥ることはない。従って、この問題は未解決のまま残ってしまう。よって自動車は高められた危難甘受義務を顧慮せず、何ら責めのない歩行者を犠牲にするということも考えられるのである。つまり、自動車は被害者の先行行為を認識できないし、又、錯誤に陥ることもない。この問題の解決のためにはおそらく新たな技術的支援が必要となる[31]。

Ⅳ　おわりに

　著者が緊急避難論についての比較研究をまとめたのが、今から25年前である。その後、科学技術は飛躍的に進歩を遂げた。その間、さまざまな「新しい問題」が生じ、立法、解釈が変容してきた。本稿においては、伝統的な緊急避難の問題と新たな自動運転の問題、すなわち古典的な解釈学と最新の科学技術が交錯する一断面を示し、刑法解釈学の普遍性を説いたつもりである。

　日髙先生には日頃よりお声をかけていただき、大変お世話になっている。ちょうど1年前、日髙先生のお師匠である植松正先生への想い「思索の刑法学――植松刑法学の思い出」を法学セミナー746号（2017年）扉に記したが、これも日髙先生との縁だと考えている。今回、日髙先生の古稀記念論文集に古典領域と新領域の競合課題を執筆できたことを大変光栄に思う。

---

(31)　2018年3月19日、アメリカのウーバーテクノロジーズの自動運転車がアリゾナ州で歩行者をはね、死亡させる事故が起き、自動運転が歩行者の死亡につながった事故が初めて発生した（https://www.nikkei.com/article/DGXMZO28345600Q8A320C1000000/（2018年8月16日最終閲覧））。電子機器等を用いることで自動車同士の衝突を回避することは技術的には可能であろうが、何ら位置情報を発信していない歩行者を事故から守ることは技術的にかなりの困難を伴うように思われる。

〈**資料**〉 各国の緊急避難の規定

ドイツ刑法旧54条

　行為が、正当防衛の場合ではなしに、他の方法では除くことのできない、自己の責任によらない緊急状態において、行為者又は親族の身体又は生命にとつての現在の危険を避けるために行なわれたときは、罪となるべき行為は存在しない。

（法務資料第397号〈昭和42年〉ドイツ刑法典）

ドイツ刑法34条

　生命、身体、自由、名誉、財産又はその他の法益に対する、他の方法では回避することのできない現在の危難の中で、自己又は他の者から危難を回避するための行為を行った者は、反対利益、特に当該法益とそれを脅かす危険の程度とを考量し、保全利益が侵害利益を著しく超えるときは、違法に行為したものではない。ただし、このことは、行為が危難を回避するのに適切な手段である場合に限り、妥当する。

（法務省大臣官房司法法制部編・ドイツ刑法典）

ドイツ刑法35条

（1）　生命、身体又は自由に対する、他の方法では回避することのできない現在の危難の中で、自己、親族又は自己と密接な関係にあるその他の者から危難を回避させるため、違法な行為を行った者は、責任なく行為したものである。事情により、殊に、行為者が危難を自ら惹起したことを理由にして、又は、行為者が特別な法的関係にあったことを理由にして、危難を甘受することがその者に期待し得た場合は、この限りでない。ただし、特別な法的関係の考慮によってではなく、行為者が危難を甘受すべきであったときは、刑は、第49条第1項により、減軽することができる。

（2）　行為者が、行為遂行時に、第1項により自己を免責するであろう事情があると誤信したときは、その者が錯誤を回避し得た場合に限り、罰せ

られる。刑は、第49条第1項により、軽減するものとする。

(法務省大臣官房司法法制部編・ドイツ刑法典)

オーストリア刑法10条

(1) 行為から生じる損害が避けることになる損害より不均衡に重大ではなく、且つ、法的に保護された諸価値を共有する人間の立場から、行為者の置かれた状況で別の行為が期待されえない時は、急迫する不利益を自己又は他人から避けるために、刑罰で威嚇された行為を行った者は、免責される。

(2) もし行為者が法秩序によって承認された根拠なく自らを危険に晒した場合、行為者は免責されない。自己の行為が免責される前提を行為者が過失により誤認し、且つ、過失犯が処罰される場合、行為者は過失犯として処罰される。

(おなぎ・あきひろ)

共同正犯の構造把握

橋　本　正　博

　　はじめに
Ⅰ　「構造把握」の意義
Ⅱ　「共同」によってもたらされるもの
Ⅲ　共謀の機能
Ⅳ　「共同」の分析
Ⅴ　機能的行為支配 ──「共謀の呪縛」を解く──

は じ め に

　わたくしは、共同正犯の「正犯性」の基礎に、ドイツ刑法学に学んだ「行為支配」を据え、この理論によってその正犯性が基礎づけられる共同正犯には、非実行共同正犯も含まれることを主張してきた。しかし、それは、いわゆる「共謀共同正犯」を認めることを意味しない[1]。共謀共同正犯には、理論・概念上の問題があると考えられる。少なくとも、「共謀」に基づいて共同正犯を認めることはできず、実務においても「共謀」が共謀共同正犯といわれるものの要件になっているとはいいがたいように思われる[2]。それにもかかわらず、実務においては、そして、それを背景に学説においても、「共謀」概念は、自明の前提のように扱われ、論じられている[3]。本稿では、法形象としての共同正犯に先立つ、行為遂行過程に関する反省的吟味が目指さ

（1）　橋本正博「『共謀共同正犯』概念再考──行為支配説に基づく制約論──」『神山敏雄先生古稀祝賀論文集　第 1 巻』（2006年、成文堂）389頁以下を参照。
（2）　橋本「共同正犯における共同と事実的寄与──共同正犯の成立範囲に関する覚書」一橋大学研究年報法学研究（1999）32巻167頁以下を参照。
（3）　時あたかも2018年の刑法学会第96回大会では、「『共謀』概念の意義」と題するワークショップ（オーガナイザー：齊藤彰子）が開催された。

389

れている[4]。その過程で、「共謀」には共同正犯を基礎づける実体的基盤が見出しがたいことも確認されるであろう。

I 「構造把握」の意義

1 構造論と要件論

共同正犯の構造論[5]と共同正犯の要件論との関係が不明確であるように思われる。刑法解釈学である以上、条文が議論の出発点でなければならない。共同正犯とは何かという構造把握と共同正犯を認めるための要件とが分離しにくいのは、おそらくは刑法の共同正犯規定が、概念ないし法形象としての共同正犯を定義する機能をも担っていることが理由であろう。そこには、ある種の必然性があることも認めなければならない。しかし、わたくしは、それらを留保した上でなお、両者を相対的に区別することが議論の整理のために必要なことだと考える。

もちろん、共同正犯の構造把握が要件論の基礎となるのであって、それらが別ものだといいたいわけではない。問題は、共同正犯の行為・事実帰属、正犯性の根拠たる構造がなおざりにされたまま、文言に決定的に依拠した解釈論の帰結として要件論が展開されるため、要件論が観念化し、実体が不明になっていると疑われる点である。共同正犯という犯罪実現過程ないし方法が有する特有の事情そのものと、そのような事情の存否判断にとって徴表となる事実要素とを相対化しておくことは、実践的な関心からはもっぱら後者の要件論が問題であることだけをとっても、その意義は明らかであろう。たとえば、条文に記述される要件に依存して、共同正犯は犯罪を共同実行するものであると述べたところで、「すべて正犯とする」効果の根拠を説明したことにはならない。あるいは、共同正犯の構造において共同意思主体の形成

（4）　判例・学説が参照される場合も、その土台にある事象のとらえ方に焦点が合わされ、解釈論の「地平」で議論する趣旨ではない。
（5）　共同正犯の「本質」といいたくなるところであり、たとえば、後出の大審院判例においてもこの語が用いられているが、共同正犯という犯罪実現過程を反省的に吟味するという課題設定に対応して、より実体的に「構造」といっておく。

がその核心だと把握するからといって、抽象的・観念的な共同意思主体形成をそのまま共同正犯の成立要件としてみても、要件充足如何の判断が問題であるにもかかわらず、判断の手がかりを与えるものとはいえない。

たとえば、X・Yが共同して、各自同一客体Aに対して銃で弾丸を発射してこれを殺害するような事例において、X・Yは、それぞれ完全な実行行為が認められ単独正犯として構成要件に該当しうる。このように複数行為者がAに対する殺人という一個の構成要件該当事実を惹起したとき、仮に、Xの弾丸が命中し、Yの弾丸が命中しなかった場合に、Yの行為とAの死亡との間の因果関係が否定されるとすれば、それは不当であると思われる。さて、このとき、何が不当だというのであろうか。確かに、共同正犯の「因果関係拡張効果」がなければ、各関与者の行為に構成要件的結果を帰属させることができなくなる。その帰結が不当であることは事実であろう。しかし、結論が不当であるという「評価」が「因果関係拡張効果」の根拠とされるのは、それ自体が不合理である。何が不当かの判断が直感的になり、直感に限定は加えられないからである。さらに、結論不当のゆえに「処罰拡張」がもたらされるという結論は、不当であるだけでなく不合理である。共同正犯とされるには、共同正犯たる実体が存することが根拠となるのは当然であり、「共同正犯たる実体」とは何かが解明されなければならない。これがここで「構造把握」といっているものにあたる。

そこで、しばらく共同正犯の構造把握に焦点を合わせて、典型的に共同正犯とされる事態を観察・吟味することから始めたい。

2 「一部実行全部責任」の根拠

共同正犯の効果は、複数関与者による犯罪事実実現に対する寄与をもって全体としての事実に対する正犯性を肯定するもので、個々の関与者の側からみて「一部実行全部責任」と表現されてきた。これは、特定自然人の処罰如何を決定するという刑法ないし刑事司法の目的にかなった視点設定である。ただし、この表現は、共同正犯が本来的な正犯の範囲を拡張し、あるいは各人に帰属することができない事実について正犯的帰責を認める例外的性格をもつものだというとらえ方を反映するものだといえるであろう。とはいえ、

いうまもなく、全部責任は「全部実行」を基礎にしてしか認められない。こうして、どのような次第によって、共同正犯が「全部実行」になっているかを明らかにすることが課題となる。

その際に、次のことが考慮されるべきであろう。まず、共同正犯を実行共同正犯に限定しない見解が判例のみならず学説の多数を占めるようになったことである。これは、共同正犯を「実行」に依拠したものと解さないことを意味するはずである。一部「実行」という表現は、この意味で現在の問題意識を正確に反映していないのである。ともかく、実行行為に限定されない行為が共同正犯の要件として想定される。次に、他方で、いわゆる因果的共犯の基本思想が共有され、行為者への事実帰属の根拠となる最低限の要素として当該行為者による事実の因果的惹起を求める点において、広く合意が存在することである。共同正犯の成立を認めるために、実現された事実に対する因果的寄与が必要とされるということになる。

そこで、以下の考察においては、これらを出発点として前提におくこととする。すなわち、第一に、実行行為を自ら行わない者であっても共同正犯となりうること、したがって、実行（行為）の分担は共同正犯の要件には含まれないこと、第二に、共同正犯が犯罪結果（構成要件該当事実）を因果的に惹起するものと構造把握されていること、したがって、共同正犯の要件がこの事実因果的惹起を徴表するものであること、である。

わたくしは、後に、全部「実行」ではなく全部「（因果的）惹起」を必要条件（要件）とする見解を提示するつもりであるが、「因果的惹起」の実質についてどう考えるかは棚上げにするとしても、何らかの形で、実体的に全部責任を支える根拠が存在しなければならないはずである。そして、共同正犯性の根拠となる構造が正犯性の根拠と共通する限り、一見、処罰拡張的にみえる共同正犯が本来的正犯にほかならないことに合理的基礎づけが与えられることになる。それは、とりもなおさず、共同正犯概念の不合理な拡張に限定を与えるものでもある。

3　構造把握の視点──犯罪事実の対象化──

個々の関与者の視点からみれば、「全部実行」に相当する実体は、各関与

者の遂行する行為が構成要件該当事実の実現に寄与するものであること、その行為ないし寄与が全体として各関与者に帰属するものであることに求められるであろう。それこそが、「正犯とする」効果、すなわち、全部責任に対応する事態だと考えられる。しかし、狭義の共犯の場合にも、正犯により実現される構成要件該当事実は、その罪の惹起者として共犯者に帰属させられるのである。たとえば、窃盗を教唆した者には、窃盗罪の正犯によって実現された窃盗の事実が帰属させられるからこそ、窃盗罪の教唆犯となる。したがって、このような「帰属」の思考によるだけでは、正犯性を根拠づけることはできない。

　構造把握という作業が、事象経過を客体としてみることである以上、それは、多かれ少なかれ事実を素朴な事象として対象化することを意味する。事実の対象化は、犯罪事実を、法的認識をも含む人間の認識の基盤そのものを形成する一種の生活世界においてとらえることによって行われる。このような、行為者の志向対象としてではなく、観察者の志向対象としての事実は、観察者の意識によって複数の把握を併存させうる。つまり、記述文脈によって、その区切り方、不法内容、評価が相対化する。ただ、それは同一の事実が特定の記述のもとに把握されるというだけである[6]。こうして、構造把握は、事象の外に観察・記述の視点を設定することになる。共同正犯の構造をみる際に、その視点を、個々の寄与（原因）側におくか、形成される犯罪事実（結果）側におくかが問題となりうる。

　一部実行全部責任なる表現は、原因が結果に対して不十分であることを示唆する。これは、個々の関与者の行う行為が構成要件該当事実を全体として惹起していていないとの評価を土台にするものである。構造把握の視点は、個々の寄与の側にある。しかし、共同正犯に合理的な根拠があるとしたら

（6）　このような思考は、刑法解釈学において異例なものではない。たとえば、故意論で、意味の認識について、素人の並行的評価が問題にされるのは、法的記述と前法的記述との並行関係をいうものであり、そこでは、素人の志向対象と法律家の志向対象は同一であるが、その記述のしかたが異なるという事情を例示するものであろう。あるいは、観念的競合が科刑上一罪という一罪的処理の根拠をもつのは、法的には複数の違法事実として記述されるような事象が、前法的記述としては、一個の不法事実があるにすぎないからであるといえるであろう。

（われわれはそうだと信じる）、共同正犯が結果に対して十分な寄与をしているはずである。実現した事実が個々の関与者による正犯性を肯定しうる程度の寄与によって惹起されたのであれば、原因は結果実現にとって十分であるとみなされるはずである。行為を幾何学的に把握したときに一部ないし断片的遂行にみえても、結果実現に対する実質的効力としての寄与の次元では、その断片的遂行が正犯（主犯）とするに足りる十分性をそなえているとみることができる。それでは、どのような条件のもとに十分になるのか。次の問題は、「正犯性を肯定しうる（正犯とするに足りる）」ことの意味である。

Ⅱ　「共同」によってもたらされるもの

1　主体の合一

　関与者視点から記述する場合、共同正犯の構造把握のシナリオには、ふたつの方向があったといえる。第一に、行為主体を合一し、単一化された主体による実行とその実行行為の因果的惹起にかかる結果ととらえることが考えられる。第二に、因果的惹起の原因となる「犯罪の実行」が部分的であることに対応し、行為者自身の行わない＝他人によってなされる行為を、これを補填する形で接合・結合して、「全部実行」とすることが考えられる。

　著名な練馬事件大法廷判決[7]の判示は、共謀共同正犯の要件として、特定の犯罪を行うため、共同意思のもとに一体となって互いに他人の行為を利用し、各自の意思を実行に移すことを内容とする謀議をなし、よって犯罪を実行したことを挙げている。互いに他人の行為を利用しという点について、他人の行為をいわば自己の手段として犯罪を行ったという意味をもつことを指摘しており、この点が間接正犯的な構造把握として注目されたが、共謀共同正犯が自己の手段としている他人が間接正犯における「道具」と類比できないことはいうまでもない。他人の行為の利用が、一部実行の反面たる「実行しない一部」の帰属を基礎づけることの説明は不十分である。それは、依然として共同意思主体ないしそれに準ずる集合的主体形成によるほかはないと

（7）　最大判昭和33年5月28日刑集12巻8号1718頁。

Ⅱ 「共同」によってもたらされるもの

思われる。

　共同意思主体説は、超個人的な犯罪遂行主体の意味をもつ共同意思主体を想定し、それが共謀によって作られると構成した。これも決まって引用される大審院判決[8]は、「凡ソ共同正犯ノ本質ハ二人以上ノ者一心同體ノ如ク互ニ相倚リ相援ケテ各自ノ犯意ヲ共同的ニ實現シ以テ特定ノ犯罪ヲ實行スルニ在リ共同者カ皆既成ノ事實ニ對シ全責任ヲ負擔セサルヘカラサル理由茲ニ存ス若シ夫レ其ノ共同實現ノ手段ニ至リテハ必スシモ一律ニ非ス或ハ倶ニ手ヲ下シテ犯意ヲ遂行スルコトアリ或ハ又共ニ謀議ヲ凝シタル上其ノ一部ノ者ニ於テ之カ遂行ノ衝ニ當ルコトアリ其ノ態様同シカラスト雖二者均シク協心協力ノ作用タルニ於テ其ノ價値異ナルトコロナシ」という。今、直感的に把握しやすくするため、あえて口語的に表現しなおせば、「およそ共同正犯の本質は、一心同体のごとくに、相互によりかかり合い、助け合って、各人の犯意を共同的に実現すること、それによって特定の犯罪を実行することにある。実行の担当がある場合もない場合も、協心（必ずしも意味は明確でない）協力の作用である点においてその価値は異ならない。」ということになろう。ただし、集団的主体形成は、「およそ共同正犯の本質」とされており、いわゆる実行共同正犯においても同様であるはずである。つまり、共同意思主体は、共謀によって作られるとは限らない。

　社会的存在である人間は、種々の活動場面において共同作業を行う。分業により、単独では不可能ないし困難な事業が可能あるいは容易になり、労力を軽減することができる。協業・分業は、相応の組織的遂行でなければ効果を発揮しないことから、計画を共有する集合体の形成がその前提となる。「同心一体」の共同意思主体の活動である（形式的）実行行為は、共同意思主体の活動である。共同意思主体に実行行為が帰属するのは法的構成からして当然のこととなり、行為主体と行為および結果との間の因果性については問題がない。

　いうまでもなく、この構造把握の弱点は、共同意思主体内部で個々の関与者がどのような地位を占めるかが不明であることである。集団の活動として

────────────────

（8）　大判昭和11年5月28日刑集15巻715頁。

構成した場合、個人は集団の中に溶解して個性を失う。民法の組合理論は、法的なアナロジーとして参照することはできても、実体構造把握にとって資するところは乏しい。結局、処罰される個々の関与者と行為・結果との間の因果性は根拠づけられない。そして、個々の自然人を処罰するという刑法の役割からして、実践的には、まさにその点の根拠が確認されることが重要なのである。

2 行為の合一

「一部実行」から「全部責任」を導くために、多くの学説が共同正犯における「相互利用補充関係」に着目した。個々の関与者からみて、「実行行為」の全部ではなく一部しか行わない場合であっても、他の関与者が行う部分をも自己の寄与に加えて全体を合わせることによって、全体事実の帰属の根拠が与えられる。

もっとも、「相互利用補充関係」には、おそらくは前提があった。「相互」であるためには、関与者各人が何らか自らの分担部分を有する必要がある。一方的に他人の行為を利用することは認められない。しかし、この想定は「実行行為の一部分担者のみが共同正犯となる」という命題からの帰結であり、その命題の真理性は刑法60条の文言にある「実行した」に依存するのみであって、かつ、上で前提として出発点においた今日の理論状況では、この文言解釈の必然性は失われている。

そこで、「相互」を外して「利用補充」と考えるならば、非実行共同正犯を含む理論となりうる。仮に、「共謀」に集合体形成行為のような固有の意義を認めるとすれば、集団内で合意された行為計画およびそれが構成員に共有されている状況と対応させうる。この「利用補充」の考え方は、単なる行為者主観だけでなく、他の関与者の実行行為が現に「利用」され「補充」されていると解釈するものであろう。しかし、利用補充が超個人的主体形成を前提としない以上、その実質は各関与者の内心にある「利用」意図に依存せざるをえない。

内心の利用意図に対応する「利用」の客観的「事実」が存在するというのは、妥当な把握であろうか。確かに、利用補充が意図的に行われる場合、通

常は、自らの行わない行為と他人の行為とがおおむね過不足なく補填し合う
であろうから、これをもって利用補充の事実であるということができるかも
しれない。ところが、ここで問題にする非実行者の一方的利用の場合、利用
の実体が客観的事実として観察されるとは思われないのである。「一方的利
用は、利用補充とはいえない」という理解が妥当なはずであり、そうする
と、独立して（いわゆる「道具」ならざる他人によって）遂行される実行行為
「部分」の利用意図のみが、しかも片面的に存在することが、その意図をも
つ者の正犯性を基礎づけることを認めることになる。しかし、このような考
え方は、それ自体が行為者主観に基づく正犯の概念規定として客観的刑法理
論と齟齬を来すであろう。仮に、これを受け入れたとしても、こんどは、利
用される全部実行者の側が、利用する非実行者との間で共同正犯となること
が、利用補充関係では説明できないであろう。

3 事実実現確率の向上

　構造把握の方法をとらない前提なら、一人でもできることを複数人が重ね
て遂行することにより、結果実現の可能性が高まる（危険が大きくなる）、あ
るいはその意味で確実性が高まることを共同正犯（一部実行全部責任）の根
拠ととらえる余地がある。確かに、複数人関与によって可能・容易になる場
合、各人単独で実現可能なことが、重畳的・付加的に行われる場合には、そ
れが共同正犯の本質を説明する因子であるようにみえる。

　しかし、一人でもできることを（重複的・付加的ではなく）「分業的に」行
った場合にも共同正犯となりことに異論はないと思われるが、このとき、一
人で遂行した場合に比して事実実現確率が向上しているかは疑問である。た
とえば、Xだけでも強盗を遂行することができる状況で、Xが暴行を、Yが
財物奪取を分担して強盗を行った場合、X・Yはいずれも強盗罪の共同正犯
となるはずである。しかし、この場合に、X単独で行った場合に比べて、強
盗罪の構成要件該当事実が実現する可能性・確実性が有意に高まっていると
はいえないのではないか。

　もちろん、「失敗したときに」、分業によって余裕のできた他の関与者が介
入することによって補完する可能性はあるが、構成要件該当評価は仮定的な

可能性に対して向けられるものではなく、現に行われたことを対象とする。現に失敗したときに補完的介入があれば、それが事実実現過程として構成要件的評価の対象となる。しかし、「成功した」事案で危険性が高まっていると評価するのは実体に相応しない。

　ここから明らかになるのは、共同正犯が構成要件該当性の問題であり、犯罪遂行過程の一類型であって、単独正犯と並行的に理解できるものだということである。非実行者と全部実行者との組み合わせで、全部実行者が単独で実行したときより結果実現確率が向上するということは、ないであろう。もし仮にあったとしても、わたくしには、これを法的評価の基礎に据える程度の類型的差異と見積もることはできない。

　こうして、「危険が結果発生の蓋然性（確率）により定義される前提のもと、共同正犯は結果発生確率を高める、それゆえにこそ共同正犯は単独実行に比して危険である。」とする議論には与しえない[9]。事実実現確率の向上は、共同正犯の「要件」ではないのである。

4　共謀共同正犯における「共謀」

　共謀共同正犯をめぐる議論は、判例の判断方法の分析も必要なことではあるが、上述のような構造への洞察を欠いては、「あるべき」法を求める規範論の役割を果たすことはできない。実際、学説は、共謀共同正犯をも刑法概念としての共同正犯に整合的に位置づけようとする限り、共同正犯の本質論に関する再考を求めないわけではない。しかし、共謀共同正犯の名称と共同意思主体説という議論の構図のせいか、共謀共同正犯は「共謀」に基づいて共同正犯とされるのだという点は所与の前提とされてきたように思われる。わたくしが「構造把握」に焦点を合わせようとする理由のひとつは、この所与自体を再考すべきであるという問題意識である。共同正犯において共謀は成立要件ではなく、それは「共謀共同正犯」といわれてきたものにあっても変わらないのではないか。

（9）　それだけでなく、仮に結果発生確率が高まるとして、それを心理的拘束によるものと捉え、共同正犯固有の危険だとすることも、過大な要求だといわなければならない（後述「Ⅲ　共謀の機能」を参照）。

Ⅲ　共謀の機能

1　要件論としての共謀の位置づけ

　要件としての共謀を考える際には、共謀を共同正犯一般の成立要件である
とするか、共謀共同正犯固有の要件ないし根拠とするか、という問題があ
る。共同正犯概念に共謀共同正犯を包摂し、共謀をその要件とする場合に
は、当然ながら、成立要件（必要条件）としての共謀の内実は希薄化する。
実行共同正犯において不要な内容を要件とすることはできないからである。
とりわけ、個々の関与者が単独犯としても構成要件に該当するような、重畳
的・付加的共同正犯の事例においては、特別な分業調整や分担計画などは不
要であり、相互認識の意味の共同実行認識があれば、各関与者の正犯性は十
分に認められるはずである。

　刑法60条の要件が不統一になる犠牲を払って、非実行共同正犯の場合にの
み共謀が要件となると考えることはできる。ただ、非実行ゆえの不足が共謀
によって補填されるという前提には疑問がある。共謀の心理的拘束効果に基
づく実現事実に対する心理的因果性で根拠づけることが行われるが、そのよ
うな拘束性は、狭義の共犯に共通する「最低限」の帰属要件をいうにすぎな
い。実際、判例においても、共謀への参加・関与に加えて、共同正犯性に関
しては正犯意思などによって補強されているのが実情である。

2　判例における共謀

　最高裁は、いわゆる「スワット事件」[10]において、非実行者である「被告
人とスワットらとの間にけん銃等の所持につき黙示的に意思の連絡があった
といえる」ことと並び、スワットらが被告人と行動を共にしていたこと、被
告人のスワットらを指揮命令する権限を有する地位・警護を受けるという被
告人の立場を合わせ考えた結果として、「実質的には，正に被告人がスワッ
トらに本件けん銃等を所持させていたと評し得る」とした。共謀は、「意思
連絡」と同義に解されているというほかはない。また、同種事案に関する別

---

(10)　最（一小）決平成15年5月1日刑集57巻5号507頁。

の決定[11]では、かっこ書きの職権判断ながら、「意思連絡」の意味における共謀すら、共謀共同正犯認定にとって、その重要性が低下していることがうかがえる。

このように希薄化した共謀＝意思連絡の実態は、主観内容の合致にほかならないであろう。いわゆる主観的謀議説が実務家によって主張されるの[12]は、当然であるともいえる。実際、現場共謀は、謀議実体を想定しにくいし、順次共謀の場合も、その間主観性は、「絆」そのものを各関与者間に認めるものではありえず、むしろ、個々の関与者が共同意思主体に参加（加入）する意思をもち、それが先行して形成された共同意思主体の意思と抵触しないという状況を意味することになるであろう。いずれにせよ、客観的実体としての謀議を想定することは、矛盾をはらむ。

3　客観的事実としての共謀とその「因果性」

判例実務を前提にせず、客観的謀議を（共同正犯一般ではなく）非実行共同正犯固有の要件とすることは可能である。しかし、客観的謀議行為は、謀議参加者の心理に拘束的効果を有するという次元で意味をもつにとどまり、やはり狭義の共犯に共通する結果帰属の最低限を基礎づけるにすぎないように思われる。

もっとも、「共謀」がその後の犯罪実現過程に対する規制的機能は、心理的拘束にとどまらないかもしれない。「共謀」の因果性の機序は、心理的拘束、犯罪実現意思の鼓舞、「心強さ」、あるいは情報等の無形的寄与に基づく結果に対する因果性も考慮しうる。客観的謀議行為がある場合、そこには集団形成に伴って仲間意識が醸成され、勝手が許されないとの拘束感覚、みんな一緒であるという心強さ、同志を得た精神的高揚などが、容易に想定される。その謀議内容に従った犯罪遂行が強く期待される状況になるのは確かで

---

(11)　最（一小）決平成17年11月29日集刑288号543頁。なお、最判平成21年10月19日集刑297号489頁、判タ1311号82頁でも「同様の傾向が維持されている。
(12)　しばしば援用されるものとして、石井一正＝片岡博「共謀共同正犯」小林充＝香城敏麿編『刑事事実認定（上）──裁判例の総合的研究──』（1992年、判例タイムズ社）343頁以下。

あろう。しかし、ここでもふたたび、共謀の事実によって、それらが狭義の共犯と質的に区別される共同正犯の基礎となる程度に差異化されるかどうかは、疑わしい。

4　実行規制的機能

より実質的な考え方をとり、客観的謀議行為を要求するにせよしないにせよ、行動規制的機能をもつものだけが共謀の名に値すると解することは、可能な理論構成である。このような共謀は、犯罪遂行を謀議内容に「基づく」ものにする。しかし、それは、あくまで、その内容が「計画」という意味においてのみ犯罪遂行過程を特定することが含意される。それぞれの行為は共謀に「基づく」からこそ、むしろ拘束や鼓舞とは無関係に、粛々とした計画遂行として行われるのではないか。拘束を要求するなら、客観的謀議行為とは、やはり集団形成行為による強力な主体合一を意味するのではないか。いずれにしても共謀の因果性という思考には素直に従うことができない。

そうなると、共謀とは、いわば「計画の共有」であり、共謀の因果性にせよ共謀の射程にせよ、その実態は「計画への包摂」である。要するに「共謀内容に含まれる」か否かの問題となる。ここで共謀の「規制的機能」と呼んだ機能は、実際には存在しないか、存在しても構成要件的評価において単独に考慮されるような重要性を有するものではない。

端的にいって、共同正犯は、相互の心理的拘束下にある必要はない。拘束を感じていなくてもよい。犯罪集団における「黒幕」は、自らの意のままに犯行の帰趨を制するため、拘束を感じないかもしれないが、共同正犯となりうる。あるいは、判例実務に従い、現場共謀、順次共謀の場合も共同正犯が成立しうるというのであれば、意図の合致こそが重要であり、相互拘束は不要であるとしなければならない。

IV　「共同」の分析

1　「共謀」ならざる「共同」

共謀に対し、固有の有意義な内容を求めれば、複数の行為者の結合・集合

401

的犯罪主体の形成という性格を帯びることになり、各関与者の結果惹起を帰責の根拠とする共同正犯に関する因果的思考とは相容れない。また、複数の行為をひとつに束ねること、AはBをBはAを利用し自己の行為を補充して全部実行とするという把握については、意図に基づく結合の域を出ないのではないかという疑問があった。以下では、あるべき構造把握を求めて、共同正犯における「共同」という現象の反省的吟味を試みる。

　共同実行、あるいは（法的評価以前の観点を強調して表現すれば）行為の共同遂行は、本稿で出発点とした共同正犯論における因果的思考と整合するように構成要件該当事実の因果的惹起過程としてとらえるとき、惹起・実現される事実の合一として現れてくるであろう。複数の行為主体が結合されて1個の行為主体になるのでもなく、行為が結合されて1個の（全体としての）実行行為になるのでもなく、因果的惹起対象である事実が有機的な一体となるという意味である。

　行為主体が複数であり、個々の関与者の行為が実行行為全体の一部のまま、ないし実行行為の分担がないままに、いわば、構成要件該当事実の実現手段が、計画のもとにいったん分業され、一体的事実の実現として再度統合される。比喩に訴えるなら、構成要件に該当する事実が描かれたジグソーパズルが、関与者に与えられたピースを寄せ集めることによって、完成するというイメージである。この意味において、共同は分業の性質をもち、完成する犯罪事実は、前法的事実として不可分の一体性を有していなければならない。これを、ここでは便宜上「有機的」一体性と表現しておく。この形容は、単なる部分の集積ではなく、単独正犯がひとまとまりとして実現する社会的事象と同じ意味で、不可分であり、かつ地をなす環境から相対的に独立性を有することを表現するつもりのものである。

2　相互利用補充意思

　これは、相互利用補充関係といわれているものとは異なる。たとえば、個々の関与者が、相互利用補充意思として有している意思内容はどのようなものか。今、Xという構成要件に該当する犯罪について、甲が乙と共に（共同して）Xなる事実を実現するべく意思を通じているとする。甲の認識のう

ち、甲の単独犯の場合と異なる固有の意思（おそらくは相互利用補充意思に相当するもの）は、1「甲がすること」2「乙がすること」3「甲がすることと乙がすることとが組み合わされると犯罪Xの実行行為となること」だと思われる。1と2に分けたのは、3の内容をより分析的に示すためである。1は、乙との共同正犯の場合には、甲・乙間の分業のあり方についての認識（たとえば、甲は実行行為の一部のみを行う、あるいは、実行行為を分担しないなど）を含むと考えられる。そこで、甲の意思内容は、乙の行う部分を含む犯罪事実の認識に帰着する。

利用補充意思とは、甲が乙の分担部分（2）を「自己の行為として利用し、自己の犯罪実現手段を補充する」というものであろう。それは上に分析した3にほかならないか、あるいは「乙がすることを自己（甲）のすることと結合する意思」であり、3として理解することが、（少なくとも）できるであろう。「相互」利用補充であるためには、乙にも甲の意思に対応する内容の（想定されている事実が一致するような）意思があることが要求される。つまり、相互利用補充意思は、関与者の意思内容がこの意味で合致していることを要素とすることになる。相互利用補充意思は、甲乙間の「間主観的な事実」であると把握されるが、実体としては甲乙の内心の事実が存在するだけであり、それが甲乙間で合致するものであることが「間主観性」の現実的意味である。すなわち、相互利用補充意思とは結局「意思連絡」といわれるものと同じであるように思われる。

以上の相互利用補充意思についての検討からも、実務が共同正犯各関与者の罪責（処罰如何）を問題とする限り、いわゆる主観的謀議説がとられるのは必然だといえる。各関与者個人の意思に反映された「正犯意思」に言及されることが多いのも同様の事情から理解できる。こうして、共同正犯に普遍的な（非実行共同正犯に特殊のものでない）要件を考える際に、主観的要件を「意思連絡」以上の内容をもつものと把握する必要はないどころか、意思連絡以上の内容を想定することがそもそもできないのだということがわかる。

3 共同正犯における構成要件該当事実実現意思

客観的・即物的な寄与が同時的に存在する同時犯と共同正犯との区別は、

この「有機的一体性」に関わる。単独正犯において想定されるのと同様のひとまとまりの社会事象となるためには、その事象を形成しようとする意図に担われている必要がある。そしてその場合にのみ、一体的事実の実現者として共同正犯性が基礎づけられる。すなわち、共同の核心は、共同的行為決意であるということができる。「決意」は、意思決定段階を想像させる用語であるが、意味の重点は、意思決定の結果たる意思内容にあり、構成要件該当事実の実現過程という文脈においてその裏づけとなっている意思である。それは、パズルのピースを意味のある画像とする意図として、構成要件該当事実の実現意思と定義することができる。

　故意を実現意思としてとらえる立場からは、共同正犯における共同実行の意思は、共同実現にかかる構成要件該当事実の実現意思にほかならない。

　故意は、構成要件該当事実、より厳密には、後に法規範によって犯罪構成要件に該当すると評価されることになる事実についての認識（通説では、加えてその認容）を基礎とする。そこには、客観的な身体の動静とそこから因果関係をもって現象する事実そのものの認識に加えて、犯罪的事実を構成するという、意味に関する認識が必要である。認識対象には、行為者の自己の行為だけではなく、そこから帰結する事実を含む。そうであれば、上で分析した相互利用補充意思とは、この意味で「共同して惹起される犯罪事実」の実現意思として把握されるものである。こうして、共同正犯は、単独正犯と同様に、一般的主観的要素として故意を有することで足りると考えられることになる。

　この場合、共同実行の意思は、共同実現事実の因果的起点（原因）ではない。それは、故意が構成要件該当事実実現の原因でないことと同じである。共同にとって本来的なのは、対象事象の一体的実現であり、共同作業を「裏打ち」する形で実現意思としての故意があることによって、一体的事実の実現として評価されることになる。

　共同意思は、超過的内心要素ではなく、構成要件該当事実実現の主観的側面であり、共同正犯においては、実現事実の有機的一体性をもたらす不可欠の要素であるが、その実質は、構成要件的故意にほかならない。そして、故意が行為・結果の原因ではない以上、共同意思も行為・結果の原因ではな

V 機能的行為支配 ——「共謀の呪縛」を解く——

く、したがって、「心理的因果性」といったものは共同正犯の構造把握の内部に存在場所をもたないのである。

ただし、意思連絡の実質が相互了解にとどまると考えるわけではない。実現意思は、事実実現を意思の中に取り込んでいることを意味する。実現を認識しつつその実現のための行動に出ることをいとわない心理状態は、他の関与者の関与形態を認識していることを超える実質を含む。しかし、主体の一体化意図は不要である。確かに、共同正犯における因果関係は、「共同実現事実」と構成要件的結果との間のものであるが、主体が単一になっている必要はない。共同正犯において因果性の問題は、共同実現とは何かという問題にほかならない。そして、それは「パズルのピース」の提供という方法で行われる。事実的寄与として要件化されるものがこれである。因果性は、共同実現される全体事実の有機的一体性にとって本質的な（単純化していえば）大きい部分を提供することによって認められる。このことが機能的行為支配という理論によって説明される。

V 機能的行為支配 ——「共謀の呪縛」を解く——

1 正犯性の意義

「正犯」の定義は容易ではない。それは、本来的に学問的カテゴリーとして定義づけられた概念ではなく、日常的観念を刑法学上の概念としたものだと解される。正犯性は、犯罪の中心的実現者である。中心的とは、「複数人の協力で実現した犯罪を、ある特定の人のものとして帰責できるほどに、犯罪事実の骨格部分を実現した」という事情をいう。これを因果的寄与の問題と性格づけるか、事実形成作用の大きさから考えるかによって、結果無価値重視・行為無価値重視といった区別ができる。

もうひとつ重要なことは、刑法60条の共同正犯が「一部実行・全部責任」の効果を認めることから、正犯とは一部実行から全部責任を導出する「しかけ」でなければならないことである。共同正犯性と、単純な正犯性とが交錯する領域なのである。60条は、正犯概念から出発する議論（正犯を第一次的処罰対象として設定する規範としてはそうするべきである）においては、犯罪事

実全体の中での重要部分の実現者であることが重要であり、分業された個々の直接の実現事実の重要さがそのまま正犯性評価を帰結するわけではない。

　共謀共同正犯に関して、共謀が正犯性を内包するという議論は何を意味するであろうか。正犯意思（自己の犯罪として行う意思、自己の犯意を実現する意思）、共同正犯性に関する精神関係[13]といった概念装置は、少なくとも共謀が共同正犯にとって必要十分の要件ではないことを表すであろう。やはり共同正犯の成立要件とするほどの実質を備えた共謀を観念することはできないのである。共謀の呪縛から逃れ、共同実現意思としての共同意思をもって要件とすべきである。共同実現意思は、共同正犯における故意にほかならない。したがって、有機的一体事実を実現する事実的寄与とそれを有機的一体事実実現過程として意図する共同意思とが、構造把握に基礎をおく要件として結論される。このとき、実行共同正犯と非実行共同正犯が、統一的な構造把握に基づく要件論によって包摂される。

2　機能的＝関数的行為支配

　以上の考察は、共同正犯を機能的（funktionell）な行為支配によって基礎づけるわたくしの立場[14]を補強するものである。機能的行為支配の構造把握が支持されるのは、個別の行為から構成要件該当事実の実現に至る過程を、いわば「カッコに入れて」、いわゆる「機能＝関数関係」において、実質的寄与の基準が得られるためである。これにより、個々の行為遂行について、量あるいは質の一面的判断に偏らない「共同正犯性の尺度」を手に入れることができる。関数関係にある2つの値として類比されるのは、それぞれ、具体的・現実的行為と、これによって変動する構成要件該当（評価を受けるであろう）事実である。出力される事実が（構成要件該当性判断としては同一枠組内にあるとしても）法的評価前の意味の社会的事象として同一性を欠く事

---

(13)　精神的に、支配的もしくは対等的な立場で犯罪実現に関与した者が正犯であり、従属的な立場で関与した者が共犯である。いいかえると、精神的に主たる役割を果たした者が正犯で、そうでない者が共犯である（林幹人『刑法総論［第2版］』〈2008年、東京大学出版会〉397頁）。

(14)　橋本正博『「行為支配論」と正犯理論』（2000年、有斐閣）。

実となるような機能をもつ寄与、これが共同正犯における事象全体に対する
因果的寄与として把握されるのである。

　有機的一体事実の実現過程に、実現されることになる事実の社会的事象と
しての意味を変える程度に影響力を有する事実的寄与をもって関与する場
合、構成要件該当事実を変更可能な地位にあることから、行為支配が認めら
れる。因果的惹起は、結果に対する因果関係にとどまるものではなく、帰結
に対して重大な変更可能性を有するという形で正犯的帰属を根拠づけるもの
であることが必要である。

　以上のような機能的行為支配を基礎に、共同正犯の成立要件を設定して、
結論としたい。共同正犯の要件は、客観的には、有機的一体事実を実現する
事実的寄与（実行行為には限定されない）であり、主観的には、関与者の個別
寄与を有機的一体事実の実現過程として総合する意思である。

〔付記〕

　本稿は、拙い思索の跡を記すノートの域にとどまるものではあるが、刑法
学研究を志した当初の問題への、現時点での解答案といえる。わたくしの実
質的処女論文について紹介の労をとってくださった日髙先生への感謝の意を
新たに、謹んで献呈する次第である。

（はしもと・まさひろ）

犯罪体系と共働の本質

吉 中 信 人

I　は じ め に
II　共働の本質——犯罪共同説と行為共同説——
III　犯罪複数説と犯罪統一説——J.プラデルによる分析——
IV　体系論と本質論の関係
V　私見——犯罪体系における人権保障——
VI　お わ り に

I　は じ め に

　現行刑法典規定の形式上、正犯・共犯体系（以下、単に「共犯体系」という）を採用しているとされるわが国では、共犯論における議論は、共同正犯と狭義の共犯を区別する前提のもとで行われるのが通常であり、例えば、正犯概念に関する議論も、主に正犯と共犯の区別という内部の文脈の中で精緻な議論が展開されている[1]。しかし、比較法的にみれば、本来、正犯概念の射程そのものは、狭義の共犯をも含みつつ、さらに広い範囲に及んでいるのであり、共働[2]の本質論を踏まえながら、少しズームアウトした見地から、共犯体系、あるいはそれを超えた体系論の観点から正犯概念を眺めてみることも有益であるだろう。というのも、例えば、共働の本質論としての犯罪共同説と行為共同説の対立が、共同正犯にのみ妥当する議論であるのか、それとも

（1）　日髙義博『刑法総論』（2015年、成文堂）438頁以下参照。この点について、日髙教授は、形式的正犯概念を維持しながら共犯論との連結を図り、共犯体系を構築すべきであるとされる。
（2）　本稿では、共同、教唆、幇助を含む広い概念として、先学の用法に従い、「共働」を用いる。なお、イタリア刑法に関する、類似概念の用法について、拙稿「イタリア刑法における共同正犯(2)」広島法学38巻4号（2015年）170頁参照。

409

共同正犯および狭義の共犯双方に関係する議論であるのかについて、わが国では見解の対立があるが、これなども体系論からその解を導き出していくことが合理的なのである[3]。そこで、先ずはこの議論を、いわゆる「外側の限界」の問題として、今一度簡単に整理してみたい[4]。

そして体系論に関して、近時わが国では、現行刑法の規定を前提にしつつも、解釈論としての統一的正犯体系の可能性を示唆する注目すべき見解が唱えられている[5]。現に生きた法（valid law）として、この方向にあるわが国判例の揺るがしがたい傾向も指摘できるのであり[6]、この厳然たる事実は、区別化への衝動を理由に看過できるものではない[7]。もちろん逆に統合（一）化には、歴史的な文脈の中で指摘されてきた功罪を等閑視できないし[8]、で

（3）　ドイツ刑法学に親しんだ論者からは、これを正犯の問題と捉えることが自然であるが、一方で、現行刑法60条が「第11章共犯」の下位概念となっていること、唱道者であった牧野英一がこれを共同正犯、共犯両者に関係する概念と捉えていたことも指摘せねばならない（牧野英一『日本刑法 上巻 総論［重訂版］』（1941年、有斐閣）407頁以下は、共犯（complicité, Teilnahme）として犯罪共同説、行為共同説の問題を論じる）。この点、フランス刑法を土台にしたドイツ刑法の受容というわが国刑法における歴史的経緯に鑑みると、特に実定法解釈論としては、旧刑法ほどフランス法の影響が強くないとはいえ、（少なくともこの問題に関して）ドイツ刑法解釈論を直截に持ち込む必然性があるとまではいえない。しかし、私見によれば、この問題は、つまるところ正犯論に帰着するべきであると思われる。

（4）　亀井源太郎『正犯と共犯を区別するということ』（2005年、弘文堂）、特に第2章「共同正犯の『本質』論」参照。但し、この議論は、共働の本質論とされつつも、どちらかというと具体的問題解決に資する共犯過剰の問題や行為共同説の限界等、その機能面に傾斜する傾向がある。また、外側にある同時犯との関係や本稿で扱う共犯体系論そのものとの関係については、さほど関心の対象とはなっていない。

（5）　松澤伸「共犯と正犯の区別について──裁判官の思考と共犯理論──」高橋則夫ほか編『曽根威彦先生・田口守一先生古稀祝賀論文集 上巻』（2014年、成文堂）817頁以下参照。

（6）　判例実務が実質的には統一的正犯化していることについては、既に多くの研究により指摘されている。比較的最近における教唆犯の分析について、前田雅英「教唆犯の実相」岩瀬徹ほか編『刑事法・医事法の新たな展開──町野朔先生古稀記念 上巻』（2014年、信山社）参照。

（7）　いわゆる「内側の限界」論としても、実定法解釈の必要性とドイツ刑法学の影響から、区別のための議論が精緻化あるいは技巧化されているようにも思われる。もし刑法に規定があるから常にそれを前提とした解釈を行うべきなのであれば、刑法には死刑が規定されているから、われわれは常に死刑制度を是とした解釈を行わなければならないということになるだろう。もっとも法定原則との関係では十分な顧慮が必要である。

あるからこそ、共働本質論との関係も整理しておく必要があるだろう。本質論も大きな犯罪論体系の中に位置づけられるものである以上、体系論との関係において定位されねばならないのである[9]。

本稿は、このような視点から、若干の比較法的な知見を参考にしつつ、犯罪体系における共働の本質について、甚だ未熟な試論を展開しようとするものである。

Ⅱ　共働の本質──犯罪共同説と行為共同説──

1　両説の現代的意義

今日の刑法学では、犯罪共同説か行為共同説か[10]、というテーマは、もはや過去の議論であって、どちらかといえば「流行らない」論点であるとみなされるかもしれない。確かに、共犯体系を前提にすれば、狭義の共犯を中心に、処罰根拠論を軸に共犯理論を説明することの方にむしろ重要性がありそうである[11]。この対立の終焉を指摘しないまでも[12]、現に刑法学者の教科書等に割かれる両説の比重は、過去に比べると明らかに軽いものとなっている[13]。そして、論者の指摘どおり、この対立は、主に罪名従属性の問題をめ

（8）　高橋則夫『共犯体系と共犯理論』（1988年、成文堂）7～9頁参照。
（9）　この点、共犯の本質論と共犯体系論との関係は、従来必ずしも明確に意識されてきたとはいえないように思われる。但し、佐川友佳子＝金子博「犯罪体系と共犯体系」立命館法学335号（2011）412頁以下は、「責任なき者に対する共犯」と「特殊な正犯要素と共犯」の視角から共犯体系と統一的正犯体系の比較検討を行う。
（10）　金澤文雄「犯罪共同説か行為共同説か──行為共同説の立場から──」中義勝編『論争刑法』（1976年、世界思想社）168頁は、刑法60条の一部実行全部責任の解釈において、「何を共同にするのかということについて、一個同一の犯罪を共同にするという犯罪共同説と行為（事実・因果関係）を共同にするという行為共同説（事実共同説）とに分かれているのである。」とされる。これは、わが国における両説の一般的な理解として概ね妥当しているものと思われる。
（11）　高橋則夫『刑法総論［第4版］』（2018年、成文堂）451頁は、「共犯の基礎理論の出発点に位置するのは『共犯の処罰根拠論』であり、その帰結として、『犯罪共同説・行為共同説』および『共犯独立性説・共犯従属性説』の問題が2次的に登場すると理解するべきであろう。」とされる。
（12）　宮川基「犯罪共同説と行為共同説の終焉（一）」東北学院法学第70号（2010年）47頁以下参照。

ぐり、共犯の過剰の問題について顔を出す程度なのである[14]。

確かに、現在の共犯論は、かつてのように、このどちらの説を採るかによって、共犯論上の諸問題が、演繹的に解決されるというように簡単なものではないし、両説の対立が従属性説や独立性説等、ドイツ流の議論との関係も必然的なものでないことは、これまでしばしば指摘されてきたところである。しかし、実務上、なおこの枠組みが完全に放棄されたとまではいえないし、学説も、本質論に関連して、判例の動向等をやはりこの両概念から説明しようとするのであり[15]、また論者によって、この両説の内部でも異なるニュアンスのものがなお存在することにも注意が必要である[16]。そして、この両概念を内包する共犯に関する体系論との関係は、なお十分明らかにされているようには思われない[17]。

従って、今日においても、いわゆる「本質論」といわれる両説の意義は、いぜん残されていると考えられる[18]。仮に、両説の機能的役割が減少してい

---

(13) 浅田和茂「共犯の本質と処罰根拠──川端説を契機として──」井田良ほか編『川端博先生古稀記念論文集 上巻』（2014年、成文堂）505頁は、「なお、注意を要するのは、『共犯の本質』をめぐる犯罪共同説・行為共同説の対立が、戦前からの議論であるのに対して、『共犯の処罰根拠論』はドイツの議論を参考にして一九八〇年代から展開されてきたものであるという点であり、このことが、議論を若干混乱させているように思われる。」とされる。

(14) この問題について、日髙義博「共同正犯における抽象的事実の錯誤」法学論集40号（1984年）77頁以下参照。

(15) 亀井・前掲注(3)39頁以下は、わが国の（裁）判例動向について、かたい犯罪共同説から、かたい部分的犯罪共同説、そして、やわらかい部分的犯罪共同説からやわらかい行為共同説への流れを指摘する。最（一小）決昭和54年4月13日（刑集33巻3号179頁）をやわらかい行為共同説の採用とみることも不可能とはいえないが、これをやわらかい部分的犯罪共同説の立場とみることも可能であったところ、最（二小）決平17年7月4日（刑集第59巻6号403頁）──いわゆるシャクティ治療殺人事件──では後者の立場を明らかにしたとされる（高橋・前掲注(11)446頁、山口厚「不作為による殺人罪」法学教室302号（2005年）98頁以下、塩見淳「不作為による殺人が認められた事例──シャクティ治療殺人事件──」平成17年度重要判例解説〔ジュリスト増刊〕（2006年）160頁以下等）。反対、川端博『共犯の理論』（2008年、成文堂）83頁、浅田・前掲注(13)507頁等。

(16) 森下忠『刑法総論』（1993年、悠々社）192〜194頁は、部分的犯罪共同説における客観説と主観説について分類する。また、行為共同説が、共同の行為を「構成要件該当の実行行為」と捉える場合は、構成要件が犯罪としての評価を受けた概念であることからすれば、少なくとも牧野が主張していたような行為共同説からは離れ、その限りで犯罪共同説に近づいているといえるであろう。

るとしても、あとに残されるのは、むしろ本質論であるだろう[19]。もしかすると、この両概念が、ドイツ刑法学において対応するものがないことを理由に[20]、あるいは、それが、フランス刑法に由来するものと捉えられていることから[21]、その淵源の追跡が困難であることを理由とするにすぎないのであるとすれば、今一度、この議論の経緯を辿り、それがフランス刑法ないしフランス語圏の理論として、今日どのように位置づけられているかを垣間みることも、あながち無駄な作業ではないであろう。そこで、そのためには、これら概念をわが国に導入した、牧野英一の所説を瞥見し、次いで、フランス法からみた比較法的な確認作業を行ってみよう。

2　牧野英一の所説[22]

　ドイツ刑法学においては、共犯論は従属性の見地から論じられ、正面から犯罪共同か行為（事実）共同かについて論ずるところはなく、この思想は、

---

(17)　浅田和茂『刑法総論［補正版］』（2007年、成文堂）418頁は、共謀共同正犯における重要な役割説が行為共同説に立ちながら肯定説に至っていることについて、「そこには、共同正犯と教唆・幇助とは結果惹起に因果性を有する点で変わりがないとする統一的正犯の発想があり、そのうえで区別の基準を重要な役割に求めているように思われる。」とされる。統一的正犯は、概念であると同時に、共犯体系の対立軸としてひとつの体系論であるが、この体系論と、従来の本質論の交錯するところに、本稿の主たる関心領域がある。

(18)　井田良『刑法総論の理論構造』（2005年、成文堂）351頁は、犯罪共同説と行為共同説の対立について、「ここでは共犯論全体に通じる見解の基本的対立がそのまま現れるのである……。」とされる。

(19)　但し、後藤正弘「行為共同説と共犯独立性説の関係」団藤重光ほか編『木村博士還暦祝賀・刑事法学の基本問題（下）』（1958年、有斐閣）753頁は、「行為共同説か犯罪共同説かという事は刑法理念の対立の問題ではなく、犯罪共同説が一の誤つたメトドロギーであるという事に過ぎない。」として、これを、共犯従属性説・共犯独立性説のオントロギーとしての議論と区別する。

(20)　後藤・前掲注(19)738頁等。

(21)　牧野英一『刑法研究　第9巻』（1940年、有斐閣）155頁。

(22)　歴史的大家である牧野英一の刑法学の全貌を俯瞰し正確に把握することは筆者の能力を超える。本格的な研究として、佐藤昌彦『牧野刑法学説の研究』（1981年、良書普及会）、中山研一「牧野英一の刑法理論」吉川経夫ほか編『刑法理論史の総合的研究』（1994年、日本評論社）287頁以下、共犯論に関してリストと対比した、矢田陽一「近代学派と共犯」法学研究論集第33号（2010年）25頁以下等参照。

「むしろ直接にはフランス刑法学から影響を受けたものであつて、これをわが国の一部の学者が、刑法上の所謂主観主義の理論と結合せしめて考察、発展させたものといつてよいのである。」とされる[23]。ここで言及されているのが、他ならぬ牧野英一であり、ここには、「フランス刑法の影響」と「主観主義の理論」という２つのポイントがあるが[24]、まずは牧野自身の説明を辿ってみよう。

牧野は1918年の教科書において、「共犯ハ何ヲ共同ニスルモノナリヤノ問題ニ關シテハ學説ヲ別チテ二トス。」とし、「客觀説（犯罪共同説 théorie de la criminalité d'emprunt ou de l'unité du délit）」と「主觀説（行爲共同説 théorie de la criminalité propre ou de l'unité de l'entreprise）」を分け、前者を「從來一般ノ學説ニ在リテハ共犯ハ數人カ共同シテ一罪ヲ犯スモノナリトセラレタリ。即チ、一箇ノ侵害事實ニ對シ、數人カ共同スルモノ、之ヲ共犯ト爲スナリ。コレ犯罪ナル觀念ニツイテ客觀的見解ヲ採ル所ニ隨伴スル思想ナリトス。」とし、後者を「犯罪ヲ以テ悪性ノ表現ナリト爲ストキハ、數人カ一箇ノ犯罪ヲ共同ニスルトイウコトハ意味ヲ爲サズ。從テ、犯罪ノ觀念ニ付テ主觀的見解ヲ採ル者ハ、共犯ヲ以テ數人ガ其ノ犯罪ヲ爲スニ方リテソノ行爲ヲ共同ニスルモノナリト爲スニ至レリ。」と説明していた[25]。そして、

---

(23)　植田重正「犯罪共同説と事実共同説」関西大学法学論集２巻１号（1952年）68頁。

(24)　このように、牧野の見解はフランス刑法の影響を受けたとするのが一般的な理解である。しかし、本稿でみるように、牧野の見解は、伝統的なフランス刑法の思考を批判するものであり、その意味で影響を受けたという解釈は必ずしも誤りであるとはいえないが、注意が必要である。牧野説は、イタリア刑法理論や実証主義的な時代思潮の影響のもとで、行為共同説的な思考を主観主義と結びつけたところにその特徴が見出される。フランス刑法では、伝統的に犯罪共同説的な思考が強く、牧野説の意義は、フランス刑法を学びつつもこれに留まらず、むしろイタリア実証学派の思考を積極的に取り入れたところにある。本稿では、この「主観主義」に詳しく立ち入ることはできないが、「主観主義」とか「主観主義刑法」という場合には、犯罪論体系、あるいは解釈論において主観的要素を重視する立場や、さらに進んで主観的違法論を承認する立場を想起しがちであり、「悪性の表明」といった説明からも、こうした理解も不可能ではない。しかし、「主観的」とか「主観主義」には、「各人別の」とか「個人別の」という側面もあり（訴訟法学にいう「主観的併合」や「客観的併合」は正にこの用法であって、「人」に着目するか、「事実」に着目するかの違いである）、これがすなわち「行為者主義」である（大塚仁『刑法概説（総論）[第三版]』（1997年、有斐閣）42頁参照）。事実、牧野は主観主義を人格主義と同義であると捉えていたのである。

Ⅱ　共働の本質──犯罪共同説と行為共同説──

客観説と主観説の差異として、3点が挙げられ、その1番目に、共働観念の基礎的な違いを指摘している[26]。それは、客観説では、先ず犯罪事実を予定し、これに対して共同の観念を適用しようとするのに対し、主観説においては、先ず共同の事実を前提として、これに犯罪の観念を応用しようとするものである、としている[27]。牧野によれば、客観説は、刑法の下に社会現象を律しようするのに対し、主観説は社会現象を基礎として、その上に刑法を理解しようとするものであるが、社会現象は単に刑法によって制約されるものではなく、まずは広く社会現象を観察して、その刑法上の意義を理解するべきであり、刑法上の観念を予定して社会現象を律しようとすることはできない、とされるのである[28]。このような両説の基本的理解は、今日に至るまで確かに継承されており、「共同されている対象，または共同を観念すべき対象（共同性を基礎づけるための核心）をどこに求めるかという問題」として、「法的に切り取られた（とくに構成要件を充足するものとしての）『犯罪』であると考えるのが犯罪共同説であり，前法的な社会的事実としての現実の『行為』であると考えるのが行為共同説である。犯罪共同説は，正犯または共犯の構成要件該当評価という規範的次元で共同性を考慮し，行為共同説は，それに先行する客観的事実そのものの共同で足りると解する見解だといえる。」のである[29]。

こうした共働の本質に迫ろうとする2項対立的な概念の定立を前提として、牧野は、1927年の教科書において、現代の犯罪現象にとって特に著明

---

(25)　牧野英一『日本刑法』（1918年、有斐閣）206～207頁。
(26)　その余の2つは、(2)客観説が実行概念を客観的に定め、これを独立に実行できる者を正犯とし、従属犯は他人の犯罪と相まって初めて犯罪となると考えるのに対し、主観説では、犯意の遂行的表示を以て犯罪の実行と考え、行為が結果に及ぼす事実上の軽重は責任に影響を与えないとし、(3)客観説が、教唆犯および従犯を、因果関係中断論や、これが犯罪事実に対して単に条件を与えたにすぎないものとして、因果関係の成立を認めないのに対し、主観説では、共犯論は因果関係論の適用の一場面としてこれを肯定する、としている。牧野・前掲注(25)215～220頁。
(27)　牧野・前掲注(25)215頁。
(28)　牧野・前掲注(25)215頁。
(29)　橋本正博「犯罪共同説と行為共同説」西田典之ほか編『刑法の争点』〔ジュリスト増刊　新・法律学の争点シリーズ2〕（2007年、有斐閣）98頁。

な、事実として、分業の一態様としての共犯論を発展させようと企図する[30]。牧野は、万国刑事学協会による、共犯に関する客観説的な従来の理論への批判を指摘しつつ、イタリア学派が、さらに進んで共犯に特別な社会的意義を発見し、共犯は単独犯の機械的集合ではなく、分業の一形態であって、分業は社会の発達における特別の事情であるように、犯罪の進化においても特別な事情であるとするのである[31]。こうした基本的思考を前提に、犯罪合同説は「クラシックな理論」として批判され、新派理論としての行為合同説の妥当性が主張される[32]。犯罪合同説は、共犯に主たる犯罪と従たる犯罪の区別を認め、従属性の観念に基づいて、間接軽微な地位にある者は、直接重要な地位を占める正犯に従属して成立することから、正犯が犯罪事実を惹起した場合にのみ正犯の犯罪性を感受して犯罪となるとし、これを「犯罪性感受説(théorie d'emprunt de la criminalité)」として紹介している[33]。牧野によれば、犯罪性感受説は、遠くギリシャにおいてもこれをみることができ、その後、ローマ法、カノン法、においても認められたのである[34]。そして、この説は、絶対的感受説と相対的感受説とに分かれ、前者は、従たる犯人の責任を、全く主たる犯人の責任と同一視するもので、他人の犯罪に加功しその犯罪性を感受する以上は、その責任においても連帯するものであるとするのに対し、

---

(30)　牧野英一『刑法研究 第一』(1927年、有斐閣)4〜5頁。

(31)　牧野・前掲注(30)12頁。ここからさらに、格段の悪性の表明として、シゲーレ(S. Sighele)の所説である加重情状説に言及する。すなわち、共犯の当事者は、社会上特殊の危険性を帯びており、単独犯の悪性に比して大いにその趣を異にするのであり、共犯の単独犯に対して異なるところは、その数ではなく、その特殊な心理にあるとする(同書45頁)。同様の発想は共同意思主体説にもみられるところ、確かに、現代の社会心理学的な知見によっても、集団極性化現象が社会の側からみた集団に対する危険性を増加させる可能性は指摘できるかもしれない。しかし、そのことは逆に、そうした集団力動における個人責任を減少させる方向に働く可能性もあるであろう。また、単なる分業であるなら、担当部分に対応した領域に、本来責任は拡散されるはずでもあり、実際、少年による共犯事例等では、むしろ個々の少年の責任は減少する傾向も看取できるところである。共働現象における個人責任論には、なお検討を要する点が少なくない。

(32)　牧野・前掲注(30)においては、犯罪合同説・行為合同説の用語が使用されている。

(33)　牧野・前掲注(30)6〜7頁。現在「犯罪性借用説」ないし「借用犯罪性説」と呼ばれ、今日に至るまで、フランス刑法における共犯の処罰根拠論の中心となっている。

(34)　牧野・前掲注(30)7頁。但し、カノン法については、原文では宗教法とされている。

Ⅱ　共働の本質──犯罪共同説と行為共同説──

　後者は従たる犯人の地位を減軽事情として、刑罰個別主義を加味するもので
あり、ベッカリーヤが主張したように、未遂犯が減軽されるのと同一の理由
によって従たる犯罪も取り扱われるべきであるとされる[35]。

　このような、客観説的な説明方法に対し、犯罪事実に対する諸種の原因力
の間に軽重の区別をすることはできず、犯罪事実の発生に加功した者はその
事実の原因者として全て同等の地位にあるべきであり、主たる罪と従たる罪
は、ただその主観において趣を異にするだけであり、刑事上の責任に区別は
ないとしたのが、ドイツのフォン・ブーリ（v. Buri）であった[36]。しかし、
ブーリは、その依って立つ主観説の論拠について十分説得的ではなく、これ
に科学的根拠を与えたのは、むしろ、イタリア学派であったという[37]。イタ
リア学派は、刑法をもって犯罪に対するものではなく、犯人の悪性に対する
ものと考え、主たる犯罪、従たる犯罪という区別を批判し、従たる犯罪とい
っても、これを犯人自身からみれば、その行為はその犯意を遂行するために
完了されるのであって、他人が偶然犯罪を行えば有罪になり、偶然行わなけ
れば無罪となるのは、未遂犯を当然減軽すべきとするのが不当であるのと同
様に不当であるとした[38]。こうした文脈もあり、万国刑事学協会は、共犯は
各自がその固有の犯罪を為す場合に他人の力を利用するものと認め、これが
「独立犯罪説（théorie du délit distinct）」と呼ばれるものであり、（ブーリの絶

----

(35)　牧野・前掲注(30)8頁。絶対的感受説はフランスで、相対的感受説はドイツ、オラン
　　　ダ、イタリア、ベルギー等の刑法で認められ、従犯減軽の規定となっているとされる。
　　　前者はドイツ流にいえば、誇張従属形式説に対応するであろう。
(36)　牧野・前掲注(30)9頁。ここでは、主たる犯人は自己の犯罪を為す意思をもってその
　　　行為をなし、従たる犯人はただ他人の犯罪に加功する意思を持つだけであるとされる
　　　（「自分の犯罪」「他人の犯罪」というメルクマールそのものは、わが国の裁判実務にお
　　　ける思考方法を想起させる）。また、ブーリは、正犯と従犯の区別を認めず共犯の責任
　　　はただ裁判上の刑罰個別主義によってのみ裁量されるべきとする（同書31頁）。前者は
　　　主観的共犯論の主張であるが、後者は、統一的正犯体系の志向するところでもある。
(37)　ここでイタリア学派とは、実証学派（La Scuola Positiva）を指しているであろう。
　　　これについては、Cfr., Enrico Ferri, *Principli di Diritto Criminale*, unione tipografico-
　　　editrice torinese, pp. 41-60, 1928.
(38)　牧野・前掲注(30)10～11頁。このように、主観的要素が行為者本人にとって格別であ
　　　るという意味において「主観的」であり、「悪性」じたいの主観性も、行為者の主観性（個
　　　別性）に収斂していくという意味において「主観的」であった。

対的共同説に対する）相対的共同説に相当し、相対的感受説に対応するものであるという[39]。

　絶対的感受説は、共犯の責任を正犯のそれと同一視するというが、あくまで犯罪性の起源は正犯にあり、いわば、連座制的な対応形式であるのに対し、絶対的共同説は、そもそも最初から本人の責任として同一であると考える点に根本的な違いがある。つまり、中身は違うのであるが、共犯者全員に同じ責任が課せられるという点では、外側からみた状況としては非常に類似することになる。そして、前者は、刑事責任の個別化を加功形式レベルで図る客観説であり、後者は主観説であるが（同等責任であるため）それを原則区別せず、区別が必要な場合は主観的要素で区別することになり、それは相対的共同説ということになる。絶対的共同説の思考は、基本的には結果惹起に対する因果性の問題となることから、これが認められる以上、責任はすべての関与者において同格となるが、責任ないし刑の個別化を図るためには、行為者の主観で区別するほかないこととなる。したがって相対的共同説はいわゆるアニムス理論であり、正犯者意思と加担者意思により両者を区別する[40]。良く知られているように、これはドイツのライヒ裁判所以来の立場でもあった[41]。

　絶対的感受説にせよ相対的感受説にせよ、それらは、主たる犯罪、従たる犯罪を区別して、従属性の観念に縛られた「クラシック理論」であり、牧野によれば、主観的な新しい理論によって克服されるべきものであった。そして、ブーリの絶対的共同説を基礎に、その主観論をイタリア実証学派の知見によって補強した、極めて主観的共犯論に近い立場を是としつつも、実定法が既に正犯と共犯の区別を認めているところから、相対的共同説と軌を一にする、独自の「行為共同説」を作り上げていったように思われる。

---

(39)　牧野・前掲注[30]12頁。1902年ノルウェー刑法、1903年スイス刑法草案はこの主義を採用したものとされる。但し、次に述べるように、相対的共同説と相対的感受説を同列に取り扱うことには、疑義がある。

(40)　後藤・前掲注[19]739頁。

(41)　森下・前掲注[16]187頁、大塚・前掲注[24]173頁等参照。

3 牧野共犯論の特徴

このように、牧野の行為共同説は、①前法的な社会現象としての共働観念を基礎に、②各関与者の因果論上の同等性を踏まえ、③それら関与者の悪性が表明されることによって処罰され、且つ刑罰の個別化が図られる理論であるということとなる。そこで、これらについてもう少し掘り下げてみよう。

まず、①社会現象としての共犯論として、牧野はイタリア実証学派の影響に言及しつつ論じている[42]。そこでは、分業という現象が近時における経済界の大事実であり、これによる生産の偉大な発達は社会の組織をその根底から変化させたが、分業現象は社会の善良な方面だけでなく、醜悪な方面にも行われるとし、経済的作用と同じく、共犯の社会的作用として２つの点を指摘する。一つは、分業により、各人の小さな労力で大きな収益が得られ、失敗の機会を減らせることが大きいこと。二つ目として、合力による力は各人の器械的な総計ではなく、特別な一団の偉大なものとして活動するので、従来我々が敢えて企画しないものをも敢えてさせてしまうに至ることである。このため、共犯による犯罪は社会上甚だ危険なものであるとされる。さらに、実証学派に学ぶ牧野は、共同現象として注意すべき２点を挙げる。一つ目は共犯と習慣犯ないし営利犯との関係であり、これらは単独犯によって行われ予謀を欠くことの多い感情犯と異なり、多く予謀を有し共犯であるとする。二つ目は共犯と犯罪方法との関係であり、共犯関係は個格を没却することで、他人と共同することにより自分では敢えてしないことを企てる。すなわち、人は他人と共同して犯罪を為すことで甚だしく大胆の程度を増し、且つ良心の呵責を感じることが少なくなるというのである。さらに、人は一度共同して犯罪を為すに至ると、互いに悪性の感染を受けてその犯行を継続する。そして醜悪な団体では最も醜悪な者が最も大きな感化力を有するとする。そして牧野は、この犯罪方法に関しても次の２点を指摘する。第１に、罪を犯すに際して他人を利用することは、自ら手を下さず所期の成果を全うすることができることから、自己の罪跡を晦ますことができる。犯罪は社会

---

(42) 牧野・前掲注(30)41頁以下。牧野は、社会現象として共犯を論ずることにより「共犯の本質」を明らかにしようとする。

の進化につれて強暴的方法から詐欺的方法によるものに変遷するとする[43]。第2に、間接にその結果を収める方法によるとき、犯人は被害の事実に近接しないことから自ら惨酷を感じることが少なく、自ら手を下すことを敢えてしない者であっても、他人の行為に共同することで罪を犯すことが多いとする。このように共犯はその犯情の形式において軽いようでも、実は社会上の危険性が甚だ恐るべきものであるというのである。以上のことから、共犯は単独犯に比べて当事者の数が複数であるという点にのみ着目すべきでなく、共犯は特殊の実害を有し、従ってその当事者は社会上特殊の危険性を帯びるものであり、共犯の悪性は単独犯の悪性に比べて大きくその性質を異にするもの、少なくとも悪性の程度において著しく趣を異にするものであると結論づけられる。

次に、②因果性の問題である[44]。牧野は、因果関係論につき等価説的立場を採り[45]、且つ共犯論を因果関係論の一適用場面とするが、これを2つの視角から考察している。一つ目は因果関係の幅員であり、二つ目は因果関係の延長である。前者は、一定の結果に対して因果関係があるか否かはいかなる範囲の行為について論ずべきかという問題で、不真正不作為犯もここに含まれるが、共犯論においては、横の共犯たる共同正犯が挙げられている。ここで牧野は、いわゆる過剰行為論に言及する。これは甲が連続した2個の打撃で乙を死に至らしめたが、実は最初のA打撃によって乙は死んでおり、B打撃は死屍に加えられたもので、これは結果発生に過剰なものということになるが、一連の行為を一括して捉え、乙の死はAB両打撃に由来し、法律上は

---

(43)　このような、1世紀近く前の牧野の指摘が、現代の経済犯罪、特に詐欺的な犯罪の蔓延という事態に照らして、かなり的中していることには改めて驚かされる。

(44)　牧野・前掲注(30)13頁以下及び105頁以下。

(45)　牧野の因果関係論の評価について、因果関係は行為と結果との関係上、社会が行為に対して危険を感ずるか否かによって決定すべきだとする「危険関係論」（板倉宏「条件説と相当因果関係説」藤木英雄＝板倉宏編『刑法の争点［新版］』〔ジュリスト増刊　新・法律学の争点シリーズ1〕〈1987年、有斐閣〉41頁）とするもの、折衷的相当因果関係説（後藤・前掲注(19)739頁）とするもの、条件説（矢田陽一「新派刑法学と実行行為――主観主義共犯理論と実行行為概念との関係――」明治大学大学院法学研究論集42号〈2015年〉185頁）とするものなどがあるが、基底に等価説的理解があることは間違いないであろう。

II　共働の本質——犯罪共同説と行為共同説——

原因力が認められると考えるものである(46)。この理は、甲乙が共同正犯者である場合と変わらず、甲乙両者の行為を相包括して結果に対する原因力の有無を論ずべきとするのである。そして、このような因果論的思考は、後者における延長の問題、すなわち縦の教唆犯の場合にもみて取れる。すなわち、教唆者が正犯を利用する関係は、単独犯が自然力を利用するのと変わらないというものである。教唆と結果との間に自由意思に基づく行為の介入が因果関係の中断をもたらすとする中断論について、牧野は、（a）自由意思ないし相対的自由意思は近世科学の教えるところと一致しないとし、（b）仮に自由意思を認めて中断が生じるとしても、なぜ教唆者は自己の惹起しない結果に対して責任を問われるのか、なぜ他人の行為に責任を問われるのか明らかでなく、（c）責任能力者の犯意に基づく行為の介入ある場合に限り中断が生じるとする説においては、なぜ特に犯意の発動だけが自由意思の発動なのか理解できず、また、（d）従犯の場合、幇助行為と結果との間には必ずしも正犯行為の介入があるとは限らず、正犯行為と相並んで結果に対し作用する場合もあり、中断論は適用できない、と批判している(47)。以上の点は、現在の刑法学ないし自然科学の水準からみれば、再反論も可能であるし、因果関係論じたいについてなお深く論じなければならないが、本稿のテーマから逸れるため、ここでは、この程度の指摘でとどめておこう。

　そこで、最後に③悪性の表明、である。共犯論に限らないが、牧野説にとっては、「共犯現象を行為者の危険性あるいは悪性の表出という観点から眺める場合，ある者の働きかけにより他者が犯罪を遂行するかどうかということは無意味であって，行為者それ自身の悪性が外部へと表出されているかどうかが決定的に重要となることになる。」(48)のである。行為者の犯罪的危険性をもってその内面的危険性が徴表されたものとみる、いわゆる犯罪徴表説

---

(46)　最近の一連の行為を含む行為論に関する示唆に富む文献として、仲道祐樹『行為概念の再定位——犯罪論における行為特定の理論——』（2013年、成文堂）参照。
(47)　牧野説によれば、従犯は、横の共犯でもあり、縦の共犯でもあるとされる（牧野・前掲注(30)106頁）。なお、遡及禁止論については、安達光治「ヨアヒム・ルシュカ　遡及禁止、教唆概念とその帰結」立命館法学261号（1998年）、島田聡一郎『正犯・共犯論の基礎理論』（2002年、東京大学出版会）88頁以下等参照。
(48)　矢田・前掲注(45)186頁。

421

である[49]。刑法の目的を社会防衛とし、刑罰の対象を犯人の悪性とし、現代の刑事組織は現実の刺激を待たずして活動するのであり、損害の危険があるときは、「雨ふらさるに先つ牖戸を綢 繆 せよと謂ふなり。」とされるのである[50]。そこで、悪性の表明と牧野共犯論特に行為共同説がどう関係するか考えてみよう。牧野は、この問題を狭義の共犯にも妥当するものと捉えていたが、「敎唆及從犯ハ、犯人固有ノ反社會性（犯意又ハ過失）カ、ソレニ因リテ外部ニ表明セラレタルモノナルカ故ニ、ソノ敎唆又ハ幇助ナル行爲自體ニ基ツキテ行爲者ニ責任ヲ生スルモノト謂ハサルヘカラス。苟モ行爲ト犯罪事實トノ間ニ因果關係アル以上ハ、其ノ關係カ直接又ハ重要ナルト間接又ハ輕微ナルトヲ區別スル理由ナシ。」とし、正犯の場合はもちろん、共犯の場合も犯罪徴表説が妥当することを確認している[51]。そこで、あらためて、「行為共同説」に対応するフランス語を確認してみると、« théorie de la criminalité propre ou de l'unité de l'entreprise »となっているが[52]、これは、直訳すると「固有犯罪性説又は企図統一説」となるであろう。共犯者が借用ではなく、それぞれの犯罪性を持つという点では、前者の訳語に違和感はないが、後者の「企図統一説」と「行為共同説」とでは、その示す内容にはいくぶん違いがあるように思われる。原語の「企図」は、行為以前の計画段階をも包含しうる内容なのである。犯罪徴表説によれば、「行為」があれば、犯人の悪性が徴表されると考えられるため、むしろ原語の示すものは、性格責任説の内容である可能性がある。「企図共同」などといえば、行為責任の原則と抵触するため、牧野は敢えてこれを「行為共同」として、日本の学説に導入した可能性も否定できない[53]。そこで次に、現在のフランス刑法学における共犯理論特に共働概念の状況を概観しながら、両説の源流を探っていきたい。

---

(49)　森下・前掲注(16)115頁。性格責任論の妥協的産物とされる。また、牧野英一『罪刑法定主義と犯罪徴表説』（1918年、有斐閣）参照。
(50)　牧野・前掲注(30)4頁。但し、ふりがなは筆者。
(51)　牧野・前掲注(3)411～412頁。
(52)　例えば、牧野前掲注(3)409頁。
(53)　もっとも、この点の追跡はなお不十分であり、別稿に譲らざるを得ない。

4　フランス刑法における共働概念[54]

　フランスでは、既に1810年の刑法59条が、「重罪又は軽罪の共犯者は、その重罪又は軽罪の正犯者自身と同じ刑罰によって処罰される（拙訳）」と規定しており、これが、犯罪性借用説の顕現と理解されるが[55]、実際には、「刑罰の借用」ということに帰着していた[56]。これは、フランス旧刑法が、犯罪の定義を、その科される刑罰との対応関係によって規定していたこともあり、刑罰との関係が非常に密接であったことから、犯罪性借用とは刑罰の借用を意味していた。しかし、ここでいう「同じ刑罰」の意味については、「共犯者は、正犯者によってなされた重罪または軽罪に対して法律が定めた刑罰と同じ刑罰で処罰される。」と解されるに留まり、「共犯者の刑罰は、法律上、即ち、法定刑においては正犯者のそれと同じにもかかわらず、事実上、即ち、宣告刑においては、通常、正犯者に科される刑罰とは異なるという」ことと理解されてきた[57]。そして、共犯行為は、（客観的な）正犯の行為に結びつくのであり、犯罪の正犯者に結びつくものではない[58]。これは、行為と行為者を分けて分析するフランス刑法の伝統的な思考方法に合致するものである。そこで、行為者の責任は個別に審査されることとなり、「正犯・共犯同一視原則（le principe de l'assimilation du complice à l'auteur principal）」も、責任の相対性を認めるものであるから、例えば、是非弁別能力を欠く少年正犯に加功した成人共犯の処罰には何ら問題はないことになる[59]。さらに、行為者の加重減軽事由についても個別的に判断される。

　そして、法人の刑事責任を承認する現行フランス刑法は、121-6条で「共犯は正犯として処罰される」と規定し、法人処罰に伴う不都合を解消したた

---

(54)　新刑法以前の紹介として、江口三角「フランス刑法における共犯（一）、（二）」愛媛大学紀要第四部社会科学3巻4号（1961年）、4巻2号（1963年）参照。

(55)　犯罪性借用説の理解に懐疑的な見解も存在する。井上宜裕「犯罪性借用説と責任主義」清和法学研究10巻2号（2003年）57〜60頁参照。

(56)　J. Leroy, *Droit pénal général, 6 ème éd.*, LGDG, Lextenso, p. 276., 2016.

(57)　井上・前掲注(55)52〜53頁。

(58)　P. Kolb, L. Leturmy, *L'essentiel du Droit pénal général, 11ème éd.*, Gualino, Lextenso éd., p. 53., 2014.

(59)　*Ibid.*

め[60]、結果的に共犯全体における、刑罰の個別化が法律上も導出されること
となった。こうして、少なくとも、「刑罰借用説」は完全に放棄されたこと
になるが[61]、このような流れは、牧野が言及していた、絶対的感受説と相対
的感受説との区別に対応しているであろう。現行刑法では、裁判官に与えら
れた個別化のための選択肢は増えたといえるが、実際には、加重減軽事由が
ない場合は、大部分のケースで正犯と共犯の同一刑は維持されており[62]、い
ぜん犯罪性借受説の伝統は維持されているといってよい。

　以上のように、フランス刑法における共働概念は、判例[63]・学説ともに基
本的に、犯罪感受説・犯罪性借用説・犯罪共同説（théorie de la criminalité
d'emprunt）によって鼓舞されており、これらの原語はすべて、ほぼ同じも
のであり、その内容は完全に同じものを指している。それに対して、行為共
同説ないし企図統一説に完全に合致するフランス語の概念を、今日のフラン
ス刑法の文献の中から見出すことはできない。しかし、類似の概念として
は、「独立犯罪（délit distinct）説」[64]あるいは、「独立犯罪性共犯（complicité
criminalité distincte）説」があり、1876年にノルウェー人法学者ゲッツ
（B.Getz）によってもたらされたとされる[65]。これによれば、複数人による犯
罪は参加者と同じ数の独立の犯罪に分割され、共犯も一つの自律的犯罪の正
犯者とされる[66]。共犯処罰を正犯処罰に結びつける繋がりを断ち切ってしま
うことから、犯罪共同説の不都合を取り除くことができ[67]、個々の事件の特
殊性や共犯者の人格把握も行いやすいとされるのである。しかし、同時にこ
の考えによれば、正犯、共同正犯、共犯の間の名目上の区別は、実益がない

---

(60)　J. Leroy, *op. cit.*, p. 276. 1986年の新刑法草案の段階では、十分意識されていなかっ
　　たが、その後上院の審議で明らかとなった。法人正犯の解散刑を自然人共犯には科せな
　　いし、自然人正犯の収容処分を法人共犯には科せないため、もし共犯者自身が正犯者で
　　あったとすれば科される刑罰を科されることが明確化されたのである。

(61)　*Ibid.*

(62)　J. Leroy, *op. cit.*, p. 277.

(63)　最近の破棄院判決においても、「犯罪性の借用」という言葉が使用されている。
　　Voir, Cass. Crim., 6 nov. 2013. n 12-88272.

(64)　これは既述のように、万国刑事学協会でも提示された概念であった。

(65)　W. Jeandidier, *Droit pénal général. 2 ème éd.*, MONTCHRESTIEN, p. 313., 1991.

(66)　*Ibid.*

として廃止されることになり、各人は、客観的かつ主観的に遂行した作業に対応した罪名の下で、本人が実際に行った活動に応じて裁かれ、他者の事件と関係なしに固有の責任に従って処罰されることになる[68]。牧野が、果たしてこのゲッツの独立犯罪説ないし独立犯罪性共犯説に着想を得たのかどうかは不明であるが、基本的な部分で牧野の共犯論の発想に非常に近似していることは疑いがない。しかし、一方で彼は実定法上の縛りから正犯と共犯の区別を前提にしており、独立犯罪説の招来する、ほぼ統一的正犯といってよい帰結とは異なり、他方では彼の行為共同説ないし企図統一説は、独立犯罪説より共犯としての一体性を有するようにもみえるのである。このように考えると、やはり行為共同説は、牧野一流の独自の理論であったように思われる[69]。

　では、次に、比較刑法的な視座から共働概念はどのように分析されうるのかをみていきたい。

Ⅲ　犯罪複数説と犯罪統一説──J.プラデルの分析──

　ポワチエ大学のJ.プラデルは、上述のようなフランス流の分析視角に倣い、世界の共犯概念を、大きく２つに分類している[70]。すなわち、犯罪複数説（conception de la plurarité d'infractions）と犯罪統一説（conception de l'unité d'infraction）である[71]。

----

(67)　R. Merle, A. Vitu, *Traité de Droit Criminel. Tome 1, 6 ème éd.*, ÉDITION CUJAS, p. 653., 1984. 具体的には、正犯が予備段階に至らない場合における共犯の不処罰等が挙げられる（W. Jeandidier, op. cit., p. 313.）。

(68)　*Ibid.* 同書では、「共犯はビザンチン法学者の発明したフィクションではない」とされ、正犯の行為を捨象するようなことはできず、あるいは、目的の合一という見地や様々な関与者間の心理的相互作用を等閑視できないとして独立犯罪説に否定的である。

(69)　犯罪性借用説と独立犯罪説の間にも、いくつかの折衷的な見解があり、とりわけカルボニエの「従属的犯罪説（déit conditionné）」は慎重な検討が必要であるが、紙幅の関係もあり、別稿に譲らざるをえない。

(70)　J. Pradel, *Droit pénal comparé*, Dalloz, pp. 274-286., 1995. この問題に関するプラデルの見解は、本文でみるように、版の改訂とともに重要な変遷がある。

(71)　*Id.*, p. 274.

犯罪複数説によれば、全ての参加者によって遂行される集合的な事実は、協力する行為者と同じ数の個別の犯罪に分割されるのであり、各人が固有の犯罪を遂行した事実は、通常、各人に固有の加重事由が他に連動することも排除することになる[72]。これは、上述した、「独立犯罪説」ないし「独立犯罪性共犯説」そのものであり、その主唱者にゲッツが挙げられていることからも明らかである[73]。当初プラデルは、この説を採用した国として、1930年イタリア刑法、1984年ブラジル刑法、1974年オーストリア刑法、そしてスカンジナビア諸国を挙げていたが[74]、その後、1997年ポーランド刑法を加えつつ、最近の見解では、イギリス刑法の近似した傾向を指摘する一方で、イタリア、ブラジル、オーストリアを外し、前二者を犯罪統一説に分類している[75]。

　これは、犯罪統一説を、一つの犯罪を惹き起こすのに数名の個人が共同すると考える点では当初の見解を維持しつつ、その内部に２つの対立する説を提示したことが関係している。すなわち、様々な関与者間で区別をしない立場と、法律が、異なる呼称を、その役割に応じて様々な関与者に割り当てている立場であり、イタリアとブラジルの刑法を、前者の、（正犯・共犯の）区別をしない犯罪統一説に位置づけたのである[76]。そして、後者は、全員が同じ犯罪に関与するが、そのタイトルが異なるのであり、正犯の傍に共犯のような異なる関与者を見出し、正犯によって遂行された行為の犯罪性から自らの犯罪性を借用するものであるとし、採用例として、フランス、ベルギー、ポルトガル等が挙げられている[77]。

---

(72)　J. Pradel, *Droit pénal comparé*, Dalloz, *4 ème* éd., p. 138., 2016.

(73)　これはプラデルの教科書において、初版以来一貫している。

(74)　J. Pradel, *supra note* 70, p. 275.

(75)　J. Pradel, *supra note* 72, pp. 138–139. もっとも、旧版においても、イタリアは法文上正犯と共犯の区別をしないが、形式的には犯罪統一説を承認していると注記されていた。

(76)　これは、イタリアにおける判例・通説の理解が犯罪共同説的な理解をしていることを顧慮したものかもしれない（拙稿「イタリア刑法における共同正犯(1)」広島法学38巻３号〈2015年〉85～86頁参照）。しかし、一つの犯罪への共同と、犯罪統一説の理解は必ずしも一致するものではない。また、いわゆる機能的統一的正犯体系を採るとされるオーストリアについては、近時その当否について議論があることから、外されたのではないかと推測される。

Ⅲ　犯罪複数説と犯罪統一説──J.プラデルによる分析──

　確かに、イタリア刑法110条やブラジル刑法29条は、一つの犯罪に関与する数人の共働行為を想定していることから[78]、犯罪「統一」（あるいは「統合」）説という理解は間違いであるとまではいえないが、両国は少なくとも、やはり法律上、狭義の共犯を認めていないのであるから[79]、共犯体系を採るフランスなどの国々と同じカテゴリーに分類するのは疑問がある。正犯と共犯を区別しなければ、結局全ての関与者は正犯者となり、だからこそ、正犯者が複数存在することになる。これが犯罪複数説の論理であり、すなわち、統一的正犯体系に整合的な見解なのである。その体系論の内部で「犯罪」を共同するのか、それともそれ以外ないしそれ以前の「行為」や「企図」を共同にするのか、については両者の可能性がある[80]。犯罪統一説では、正犯に対する共犯の従属性という点にその要諦があり、そこに複数関与者が統一される関係にあるので、犯罪共同という考え方が馴染みやすく、逆に犯罪複数説では、共働観念を犯罪レベルで説明しにくいことから、それ以前の「行為」概念、「企図」概念に共働観念を求めることが自然であるとは一応いえるが、この結びつきは、立法と司法との関係をどう考えるかなどにも関係しており、論理的必然性があるとまではいえない。この点にプラデルの混乱が看取されるのであるが、初期の見解のように、イタリアやブラジルを犯罪複数説の流れで理解する方が、理論的には正しい方向であるように思われる[81]。
　ところで、プラデルは、犯罪複数説の得失について言及している。メリッ

（77）　*Id.*, p. 139-142. 共犯の種類を2つとするものである。さらに、3分説、4分説を採用する国々が挙げられている。3分説は、ドイツ、スペイン、日本が採る立場である。4分説は、アルゼンチン、ウルグアイ、ペルー、チリ、ベネズエラ、ボリビアが採用するが、これはイタリアの1889年ザナルデリ刑法典に由来するものである。しかし、イタリア自身、1930年現行ロッコ刑法典によってこの立場を放棄した。プラデルの見解には、フランス流の処罰根拠論が強くみられるが、3分説や4分説でも同様に考えるのかについては、なお検討を要する。

（78）　ブラジルについて、Cf. J. F. Mirabete, R. N. Fabbrini, *Manuale de Direito Penal, Parte Geral, Vol. 1*, Editora Atlas S. A., 2015, pp. 212-217.

（79）　J. Pradel, *supra note 72*, p. 138-139. によれば、学説上は、イタリアにおいてもブラジルにおいても、関与者の役割の差異に注目した議論そのものは意識され、また行われている。イタリアの学説状況について、拙稿・前掲注(76)85〜87頁参照。

（80）　共犯体系の場合、拡張された構成要件を一つの「犯罪」と捉えるか否かにより、犯罪共同と行為共同のどちらによって共働現象を捉えるかが影響を受けることになろう。

トとしては、関与者の様々な役割の定義づけから立法者を免除することがたやすいこと、実行者によって実現された事実が非難されえない場合でも処罰が可能であること[82]、そして、複数人が一つの犯罪の遂行に関与すれば、その全ての者が結果実現に寄与したのであり、その寄与は、全てが因果的役割を有するのであるから客観的には区別できず、従って、犯罪遂行に不可欠な要素を実現した者全てはその犯罪の正犯者であり、各人はその故意に従って処罰することができる、とされる[83]。これは正にアニムス理論に他ならない。

一方、デメリットについては、法定性と現実性の２つの面から指摘される。すなわち、犯罪複数説はどの行為が共犯に値するのかの決定を裁判官に委ねることから、法定原則にほとんど適わず、また、一つの犯罪遂行において関与する複数人は全てが同じ役割であるとはいえず、客観的に行動した者やあるいは「企図の頭脳（cerveau de l'entrprise）」であるが他者を助けたにすぎない者もいるのであるから、現実性にも反するとされる。プラデルは、この現実の問題として、本人は犯罪を実行しないが、当然に犯罪となる他者に結びついたがゆえに、その際にのみ非難されることになる者の処罰の偶然性の問題を、見張り行為や殺人における武器の貸与を例に指摘するが、彼自身も認めているように、イギリス刑法のごとく関与者自身の非難を可能とすることで、この偶然性の問題自体は減少するといえるであろう。そうすると、この問題は、全ての関与者を正犯者とし、その者の個人責任や可罰性を考慮する犯罪複数説にむしろ与するものとなる。もちろん、現実に異なる役割があるということはその通りであるとしても、加功形式のラベルが異なることを宣言することじたいにはさして重要な意味があるとは思えず[84]、むしろ現実

---

(81)　ドイツ刑法における「統一的正犯（Einheitstäterschaft）」とフランス刑法における「犯罪統一（l'unité d'infraction）」との用語上の類似性から、プラデルはドイツ法上の用法に引きずられた可能性もある。しかし、既述のように、ドイツ法上の統一的正犯は、むしろ逆にフランス法上（あるいは比較刑法上）の犯罪複数説の思考と整合的であり、理論的内容に即して分類すべきであるように思われる。

(82)　そのため、立法者は独立に共犯の未遂を正犯として犯罪化することがある（J. Pradel, supra note 72, p. 138.）。

(83)　*Ibid.*

(84)　正犯への従属モデルから要素従属性の議論を導くことが可能となるが、そもそも従属性を否定する犯罪複数説にとっては本質的な問題とはならない。

論をいうのであれば、重要なのはその先の科刑の問題であるだろう。

　しかし、法定性ないし法定原則との関係については人権保障上も重要なテーマであり、これを等閑視することはできない。そこで、犯罪体系論と共働の本質論の関係について整理した後、犯罪体系と人権保障の問題について考察してみよう。

Ⅳ　体系論と本質論の関係

　以上のようにみてくると、牧野英一の行為共同説は、フランス流の犯罪複数説にその着想を得たものであることが容易に理解できる。そして、犯罪複数説は明らかに統一的正犯概念と整合的な思考であり、そうだとすると、行為共同説とは実は統一的正犯概念と元々同じものであったという推定も可能である。行為共同説と統一的正犯概念との論理的親和性は夙に指摘されているところである[85]。しかし、仮にその起源が同一であったとしても、牧野により、行為共同説・犯罪共同説の対立は、何を共働にするかという本質論として発展してきたのに対して、統一的正犯論は、むしろ体系性の問題として、共犯体系の対立軸と観念されてきたものであり、それ自体が本質論を物語るものではない[86]。犯罪複数説と犯罪統一説も、どちらかといえば体系論上の議論であるといってよいのである。

　従って、一般に考えられているように、統一的正犯体系と共犯体系のどちらを採るかということと、犯罪共同説と行為共同説のどちらを採るかということは相対的な関係にある。体系論と本質論の親和性という観点からすれ

---

(85)　宮川・前掲注⑿73頁等。また、竹田直平「犯罪共同説と行為共同説」法学教室３号（1961年）44頁は、拡張的正犯論が行為共同説・共犯罪責独立性説の論理的帰結であるとする。

(86)　対立概念としては、「排他的正犯概念（exklusiver Täterbegriff）」を挙げることができるが、この概念自体に言及されることが少ないのも、これが主にシステムの問題であることを物語るように思われる。もっとも、この概念は、そのドイツ語からも分かるように、むしろ「拡張的正犯概念（extensiver Täterbegriff）」の対抗概念とする方が正解であるかもしれない。しかし一般には、「制限的（限縮的）正犯概念（restriktiver Täterbegriff）」との対比で論じられることが多い。ドイツ刑法学における両概念の更なる検討は今後の課題である。

ば、共犯体系においては犯罪共同説が、統一的正犯体系においては行為共同
説の組み合わせが、それぞれ理論的には整合的な流れであるが、個人責任の
原則や人権保障、あるいはその他の刑事政策的顧慮によっては[87]、共犯体系
を採りながら行為共同説を、統一的正犯体系を採りながら犯罪共同説を採用
することも可能である[88]。そして、共犯体系を採れば、犯罪共同説・行為共
同説の本質論は、正犯・共犯に共通する共働の本質論として通有することと
なるし、統一的正犯体系では、正犯しか存在しないことから、犯罪共同説・
行為共同説の議論は、当然正犯のみに関係する議論と理解されるべきことに
なる。そして、類似の概念としての拡張的正犯概念は、統一的正犯体系のも
とでは、そもそも共犯との区別がないことから、事実上統一的正犯の概念と
一致するが、共犯体系のもとでは、限縮（制限）的正犯概念の対立概念とし
ての意義を有することとなる[89]。

V　私見──犯罪体系における共働の概念と人権保障──

　これまでみてきたように、犯罪複数説に加えられている批判は、一言すれ
ば処罰範囲の拡大や肥大化への懸念ということであり、ドイツやわが国にお
いて、統一的正犯体系に加えられている批判そのものであるといってよい。
そして、歴史的な反省から、特に戦後の（西）ドイツにおいて、統一的正犯
の原理は、意思刑法と結びつきやすく法治国家的保障の欠如に至る危険を包
含しているとして批判されてきたのである[90]。そのため、法治国主義に基づ

---

(87)　イタリアでは、統一モデル採用の理由の一つとして、犯罪予防要求への支持が挙げ
　　られている（拙稿・前掲注(76)83頁参照）。処罰範囲の拡大に対する刑事政策的意義の相
　　対性が看取される。
(88)　一つの犯罪への共同を考えるから、それ以外の加功形式については共犯概念が生じ
　　共犯体系となり（排他的正犯概念）、行為の共同は、構成要件レベルでは複数犯罪を帰
　　結するから、すなわち、正犯生起が前提となり、従って統一的な正犯体系を導出しやす
　　い、ということは一応いえるであろう。
(89)　高橋・前掲注(8)14〜15頁は、拡張的正犯概念の基本思想を刑法における諸概念の規
　　範化であると捉え、因果論に立脚する主観的共犯論とは決定的に異なるとしつつ、関与
　　者の自律的答責性を基礎原理とする統一的正犯の原理と共通の基盤に立脚するとする。
(90)　高橋・前掲注(8) 9頁。

き、共働事象における類型的枠組みを立法上あらかじめ明確にしておくことは、対象者の人権保障にとって好ましいことであり、その意味で共犯体系がドイツ、フランスを含む多くの国々で採用されていることも十分理解できることである。

確かに、刑法の自由保障機能は重要であり、実体法における解釈の限界はできるかぎり明確である必要がある。しかし、もともと構成要件の解釈において規範的要素は完全に排除できないし、目的、故意、過失、共同実行の意思等の主観的要素を排除できない以上、今や実体法の立法およびその解釈だけで人権保障が全うできるという幻想は捨てなければならない[91]。刑法の実現は刑事訴訟法を通じてのみ果たすことができ、捜査の端緒から刑罰権の確定までの手続的な保障、すなわち、適正手続保障が[92]、実体法上の法定原則とともに、対象者の人権保障を確保するのである。そうだとすれば、窮極的に重要なことは、対象者の権利保障であって、それが達成されるのであれば、いたずらに複雑な実体法的構成によるよりも、令状審査における必要性判断や証拠能力・排除の判断を厳格に行うなどの手続法上の審査を厳しく行うことの方が、より重要であるように思われる[93]。裁判員はもとより、法律の専門家である裁判官にさえ適用することが困難であるような理論であるなら、それは結局、「生きた法」とはなりえない。

この点、共犯論に関する、いわゆる内側の区別・限界論は極めて複雑な様相を呈しており、これは、（共働）犯罪となるかならないかという外側の限界論に比べれば――学者の理論的関心ということをひとまずおけば――その現実的な重要性は劣るといわざるをえない。そこで、実務では、ほぼ統一的正犯体系を採用したに等しい状況を生み出すこととなったが、このこと自体が原因で対象者の人権保障が危殆に瀕しているという批判はみあたらない。

---

(91) このような理解は、特に共謀罪のような犯罪形式における現実の人権保障を考える際にとりわけ重要な視点であり、顕示行為の要求等、実体法的なメルクマールだけでなく、令状審査のあり方等の、実質的且つ現実的な手続的適正に関する議論が深化していくことが求められる。

(92) ここには、当然ながら実体的デュープロセスも含意される。

(93) もっとも、実体法規定を前提に刑罰権発動は行われるのであるから、実体法規定やその解釈が明確性を有していることはいぜん重要である。

現実には、多くの場合、検察官の適切な訴追裁量と裁判所の具体的妥当性のある判断により、手続的に人権保障は担保されているものと思われる[94]。そして、イタリアが正にそうであるように、実体法理論としても、統一的正犯体系に（部分的）犯罪共同説を結合することで、簡略化しつつも処罰範囲の限定された共犯論を再構築できる可能性がある[95]。既に構成要件論は確立しているのであり、共働をめぐる国民の自由保障機能は、統一的正犯体系の採用によっても確保していくことが十分可能である。わが国の実定法解釈論としても、少なくとも教唆犯は、旧法以来、正犯の一類型として位置づけられてきたし[96]、現行法上も形式的に区別された正犯と教唆犯は、可罰評価として同格であり、「行為の本質、罪責の質量については区別を認めていないというべきであろう」[97]。幇助についても減軽事由にすぎないと考える余地があるものと思われるが、紙幅の関係もあり、今後の課題としたい[98]。

VI　おわりに

本稿では、犯罪共同説と行為共同説の源流を辿りつつ、それがフランス刑法学における伝統的な犯罪統一説と犯罪複数説に由来するものであることを確認し、この両説は、ドイツ刑法学にいう共犯体系と統一的正犯体系にほぼ対応するものであることを述べた。統一的正犯体系については、リストをもってその首唱者と捉えられているが[99]、同時期におけるブーリの主観的共犯

---

(94)　検察官の訴追裁量権行使や裁判所の判断に常に誤りがないという意味ではもちろんない。
(95)　わが国の判例が、事実上統一的正犯体系を採りながら完全に行為共同説に踏み出せないのは、加功形式を緩やかに解し、犯罪の定型性を緩和しすぎることに対する躊躇もしくは実務的なバランス感覚に基づくものではないかと推察される。
(96)　旧刑法は、第八章「数人共犯」第一節「正犯」として、第百五條で、「人ヲ教唆シテ重罪軽罪ヲ犯サシメタル者ハ亦正犯ト為ス」と規定していた。
(97)　竹田・前掲注(85)44頁。
(98)　この問題に関連して、小島秀夫『幇助犯の規範構造と処罰根拠』（2015年、成文堂）、松澤・前掲注(5)826頁等参照。
(99)　髙橋・前掲注(8) 7 頁。Kienapfel, *Der Einheitstaeter Strafrecht*, 1971, S. 9ff. に依拠されている。

論やゲッツの複数犯罪説との関係やその影響等については、欧州の刑法学を俯瞰する上でなお検討を要する事柄である[100]。このドイツ法体系論とフランス法本質論との関係において、犯罪借用説（犯罪共同説）の流れは、絶対的感受説を徹底すれば、理論的には外観上統一的正犯体系を採用し得ることとなり、これを仮に、「連座的（擬律的）統一的正犯体系」と呼ぶことが可能であろう[101]。しかし、本質論との整合的な流れでは、ブーリ流の絶対的共同説は、そもそも最初から関与者の責任が同一と考えることから同格の正犯性が導出され、論結としての統一的正犯体系が顕現することとなる。これを仮に「本位的（本来的）統一的正犯体系」と呼ぶことが許されるかもしれない。これは、従来のドイツ法的な形式的統一的正犯体系と機能的統一的正犯体系の区別とは異なり、フランス法的な本質論の視点からみた試論的な分類にすぎないが、現にイタリア刑法体系がそうであるように、犯罪共同説を採りながら（形式的）統一的正犯体系を採用する法域が存在し、現行ロッコ刑法典は、細密な共犯体系を採ったザナルデリ刑法典を放棄し、いわば連座的な統一的正犯体系を樹立したという意味と理解するならば、教会法体系に回帰したものとみることが可能であるかもしれない[102]。

体系論については、フランス共犯論が基本的に故意犯に妥当するものであり、故意犯と過失犯に関する二元モデルの採否等については全く論じることができなかった。また、わが国における実定法解釈論や共働における責任論についても十分論じきれていないことを自覚しているが、これらは今後の課題として、一応稿を閉じることとしたい。

（よしなか・のぶひと）

---

(100) フランスの文献によれば、1876年のゲッツの主張は、1882年のリストの「刑法における目的思想」より前に行われているが、当時の時代思潮を反映したものであり、両者の主張は、ほぼ同時期であるとみて良いだろう。

(101) もっとも既述のように、フランスでも相対的感受説を採り、ここまで徹底はされていない。ドイツやわが国では従属的に共犯が成立することになる。

(102) もっとも、この点に関しては、更なる検討が必要である。森下忠『イタリア刑法研究序説』（1985年、法律文化社）「はしがき」参照。

共犯における危険創出と
危険実現について

内 海 朋 子

 I は じ め に
 II 共同正犯における共同行為計画の意義
 III 共同行為計画の実行による危険創出と危険実現
 IV 補論：狭義の共犯における危険創出と危険実現
 V 結 論

I は じ め に

　現在、因果的共犯論が通説であるとされ、因果性という概念を中心に共犯理論が構築されているかのようにみえるが、その半面において、因果性という概念では説明しきれない場面があることも度々指摘されている。また、それ以上に、従来の正犯概念、そして共犯体系自体に大きな変動が生じつつあるとも指摘されている[1]。

　こうした状況に鑑み、私は、因果性以外の観点から共犯における客観的帰責の構造を再構築することができるのではないかと考え、共同正犯・教唆・幇助という各共犯類型については、それぞれ異なる規範違反行為・異なる危険創出形態と捉えることができるのではないかと考えた[2]。そして、共犯類型ごとの独自の危険創出形態に応じて、創出された危険の結果に対する客観

（１）　日髙義博「間接正犯と共謀共同正犯の区別」『曽根威彦先生・田口守一先生古稀祝賀論文集　上巻』（2014年、成文堂）795頁以下。
（２）　私見については、内海朋子「共同正犯における行為計画に関する一考察」慶應法学37号（2017年）173頁以下、同「共謀の射程論における行為計画に関する一考察」『山中敬一先生古稀祝賀論文集　上巻』（2017年、成文堂）647頁以下。

的帰責構造を分析するならば、例えば共同正犯については、各行為者の行為およびそこから生じた結果が、意思連絡によって形成された共同行為計画の範囲内にある場合かどうかによって判断するという基準を採用することができないかという疑問がわく。すなわち、個々人の行為と結果との、あるいは全体行為と結果との、因果関係によって客観的帰責を判断するのではなく、意思連絡を通じて共同正犯者間において策定された共同行為計画と、実際に行われた行為、そしてそこから生じた結果との間における行為計画連関性によって結果帰責を判断するべきなのではないか、と考えられるのである。

　しかしながら、このような考え方から実務的に実用可能な基準を導き出しうるであろうか。本稿ではまず、裁判例を、共同行為計画を通じての共同の因果統制という観点から意思連絡について再検討しながら、現時点の私見を明らかにする。

II　共同正犯における共同行為計画の意義

　共同正犯においては、各関与者は互いに意思連絡を通じて動機統制過程からすでに影響を及ぼしあいながら共同して因果を統制するのであって、各関与者によって策定された共同行為計画を通じて、複数の行為を一体化して評価できるのである。

　従って、共同正犯においては各関与者に共同行為計画を遂行する能力、及び正犯性を認めうるような働きかけを共同行為計画の遂行過程で行うことが求められると考えられる。

1　共同行為計画の遂行能力

　共同行為計画の遂行能力につき参考となる議論として、最高裁平成13年10月25日第一小法廷決定（刑集55巻6号519頁：スナックママ事件）を取り上げる。本決定では、「本件当時Ａには是非弁別の能力があり，被告人の指示命令はＡの意思を抑圧するに足る程度のものではなく，Ａは自らの意思により本件強盗の実行を決意した上，臨機応変に対処して本件強盗を完遂した」との理由で、間接正犯の成立が否定されている。すなわち、間接正犯が否定さ

れて共同正犯が成立するためには、各関与者において、是非弁別能力があり、意思の抑圧がなされておらず、自発的に行為する主体であることが要求されている。自発的に行為する主体であることの要求は、同時に、意思連絡（ないし共謀）をなしうる能力（行為計画の意味内容を理解し、これに参画し、共にその遂行を目指す能力）の要求であると考えることができる。このような能力の判断は、実質的な責任能力の判断と重なる点が多いと考えられるが、単独犯では責任段階で検討されるはずのこれらの要素が、事象の共同支配が問題となる事案において検討の対象となるのである。それは、共同正犯における動機統制が、意思連絡という形で外部化される際、その前提として共謀をなしうる能力を検討しなければならないことに起因すると考えられる。

　さらに本決定では、息子はビニール袋で作られた覆面とエアーガンを携えて、スナックで母親から指示された通りの方法によって被害者を脅迫した上、母親から示された当初の犯罪計画にはなかった、スナック出入口のシャッターの閉鎖、「トイレに入れ。」などの脅迫を行っており、これらの息子の行為が犯罪計画の成功の可能性をより高めたといえる。このように、共同正犯者間で了解された当初の共同行為計画は、そのまま維持される必要はなく、共同正犯者各々が状況に応じて、自己の状況分析の能力、判断能力を駆使して事態に対応し、場合によっては「臨機応変に」行為計画の修正を加えることが可能であり、それが共同行為者間で合意されている共同目的の達成に資すると判断される限り、錯誤や共同正犯関係からの離脱などが論じられることなく「一部実行全部責任の法理」が適用されて、共同正犯者全員が、その後の因果経過から生じた結果において責任を負うのである。

2　共同正犯者の正犯性
　共同正犯による共同行為計画の存在が認められるのは、合意の拘束力を通じて各人が共同行為へと動機づけられる場合であると考える本稿の立場からは、共同正犯者が正犯者として位置付けられるのは、行為者が、動機統制・行為統制いずれかの場面で、事象の主体となりうるような強い働きかけをすることにより、第1次的答責性を獲得する場合であると考えられる。例えば、実行を直接的には担当しない共謀者が、社会通念上、実行担当者に対し

て圧倒的な優越的地位に立ち、実行担当者に強い心理的拘束を与えて実行にいたらせている場合には、動機統制の場面に圧倒的に強く働きかけるため、事象全体への統制を及ぼしていると考えることになる[3]。

　不作為犯に関する事案ではあるが、大阪高裁平成13年6月21日判決（判タ1085号292頁）においても、三女Bをこたつの天板にうちつけて殺害しようとする母親Xの行為を傍観していた父親Yについて、Xとの殺人罪の共同正犯が認められたのは、Yが男性であってXよりも体力的に優位に立っており、Xの殺害行為を阻止する能力が事実上高かったからといったような事情があったからではない。そこで重視されたのは、XのBに対する暴行が、Yの言辞を契機として開始されていて、Xは犯行に及ぶ前に制止してほしい気持ちからYに声をかけていたこと、Yが制止しなかったからこそ行為に及んだと

（3）　例えば、「強い心理的因果性を有する意思連絡」や（松澤伸「共犯と正犯の区別について」『曽根威彦先生・田口守一先生古稀祝賀論文集　上巻』（前掲注(1)）828頁、田川靖紘「正犯と共犯の区別に関する一試論」『曽根威彦先生・田口守一先生古稀祝賀論文集　上巻』（前掲注(1)）840頁など。もっとも松澤は、教唆犯を共謀共同正犯へ解消する裁判実務を支持する。この点に対する批判は、佐伯仁志「絶滅危惧種としての教唆犯」『西田典之先生献呈論文集』（2017年、有斐閣）171頁など参照。）、「単なる他人の犯行の認識・認容を超えた積極的な意思」（石井一正＝片岡博「共謀共同正犯」小林充＝香城敏麿『刑事事実認定——裁判例の総合的研究——（上）』（1992年、判例タイムズ社）341頁など）が存する場合には、共同正犯が成立するとされているのも、共同正犯性を認めるに十分な強い動機統制・行為統制が意思連絡を通じて他者に対してなされていることを意味していると考えることができる。橋爪隆「共謀の意義について(2)」法学教室413号（2015年）94頁以下も参照。その一方で、（共謀）共同正犯における「強い心理的因果性」の内実がどのようなものであるかを検討しなければならないとの指摘もなされている。鈴木彰雄「共謀共同正犯における『共謀の射程』について」『立石二六先生古稀祝賀論文集』（2010年、成文堂）510頁以下。また、水落伸介「我が国の裁判例における共同正犯と狭義の共犯との区別について」中央大学大学院研究年報46号（2017年）262頁以下は、各々が有している「正犯意思」が関与者間で共通する同一の犯罪を志向している限り、そのことを通じて「緊密な意思連絡」が構築されるとし、正犯意思と緊密な意思連絡はほとんど重なりあうが、前者が各人の内心における事情であるのに対し、後者は正犯意思の存在を前提として関与者らを一心同体のごとく結び付け、共同正犯の可罰性を基礎づけるだけの心理的因果性を生じさせるとする。さらに、樋口亮介「実行行為概念について」『西田典之先生献呈論文集』（2017年、有斐閣）41頁は、共謀共同正犯における共謀について、対等型の共謀共同正犯には、1人では決断できないが複数人になると心理的障壁が外れるという意味での、心理的障壁を除去する程度の緊密な意思連絡が、支配型の共謀共同正犯については、共謀を通じての心理的障壁を乗り越えることが義務づけられると感じるような心理的拘束力が、共同正犯としての重い処罰を基礎づける、とする。

いった諸事情であり、ＹもＢの死を望んでいたことなどと合わせて、Ｙの意思が、Ｘによる犯行計画の策定とその実行にあたり、特に動機統制の段階で大きな影響力を及ぼしたという点である[4]。

ところで、犯罪の実行にあたって、重要な役割を果たした者に正犯性を認め、従たる役割を果たしたに過ぎない者については従犯を認めるという、事前に定められた役割の大小によって正犯・共犯の区別を行う立場については、本稿も基本的に賛成する。しかしながら本稿は、意思連絡（共同行為計画）の中で行為寄与が大きい者は共同正犯、小さい者は狭義の共犯（特に幇助犯）に振り分けた後に、結果帰属の場面においては、各人の行為寄与と結果発生との因果性を行為者毎に個別に検討する見解とは、共同正犯の成立する時間的な限界に関して異なった結論に至りうる。

すなわち、共同正犯としての（共同行為計画の実行を通じての）危険創出と、共同正犯における結果帰属とを２段階で判断する構造においては、承継的共同正犯の成立を認める余地が拡大する[5]。そのような差異は、最高裁平成29年12月11日第三小法廷決定（刑集71巻10号535頁）と、第１審判決である福岡地裁平成28年９月12日判決（刑集71巻10号551頁）における判断の相違にも看取される[6]。第１審判決においては、欺罔行為後にＸ・Ｙらとの間で金銭の受け取りについての共謀がなされたものの、Ｙの共謀加担前にＸによる欺罔行為によって詐欺の結果発生の危険性を生じさせたことについては帰責することができず、かつ、Ｙの共謀加担後は、Ｙ及びＸらにおいて詐欺の実行

（4）　各人において了解されている行為計画の内容があまりにも漠然としている場合には、１つの共同行為計画を通じての動機統制という理解が困難になるように思われる。例えば、実行担当者が、「金を奪ってくる」といい、他の者は、その者が「悪事を働きに行くのだ」という程度にしか了解していない場合は、共同行為計画の成立はないといえる（鈴木（彰）「共謀共同正犯における『共謀の射程』について」（前掲注(3)）520頁以下）。また、ＸはＡを殺害するつもりで、ＹはＢを殺害するつもりで互いに殺人の合意が成立したと考えており、ＸがＡを殺害したというような場合でも、Ａ殺害についての共同行為計画は成立していないと考えられる。その理由として、大塚仁ほか編『大コンメンタール刑法［第２版］第５巻』（1999年、青林書院）424頁〔佐藤文哉〕は、殺害するのがＡなのかＢなのか話題にのぼったとすれば、殺人の合意が成立しなかった可能性があるからである、とする。すなわち、このような事案においては、誰を殺害するかという点が、各関与者の動機形成に大きく関わるために共同行為計画の成立を否定することが考えられる。

行）為がなされていないことから、被告人は、詐欺の結果発生の危険性に寄与したとは認められないため、Yは無罪とされた。一方、最高裁は「被告人は，本件詐欺につき，共犯者による本件欺罔行為がされた後，だまされたふり作戦が開始されたことを認識せずに，共犯者らと共謀の上，本件詐欺を完遂する上で本件欺罔行為と一体のものとして予定されていた本件受領行為に関与している。そうすると，だまされたふり作戦の開始いかんにかかわらず，被告人は，その加功前の本件欺罔行為の点も含めた本件詐欺につき，詐欺未遂罪の共同正犯としての責任を負う」、としている[7]。

　本件事案においては、第1審判決がいうように、Xにより欺罔行為が行われたが、Aが欺罔の事実に気づいた後は、当該欺罔行為による財物の騙取は未遂にとどまることが確定したといえる。そしてこの未遂結果については、

（5）　井田良「承継的共同正犯についての覚書」『山中敬一先生古稀祝賀論文集 上巻』（前掲注(2)）638頁以下における、全体行為を通じた帰責判断についてのあり方についての記述を参照。なお、「単独正犯応用型の一段階構成」と「集合体の犯罪と、個別行為者への帰責・帰属とを分断する二段階の理論構成」という、2つのモデルがありうることについては、井田良「いわゆる関与形式三分法（共同正犯・教唆犯・幇助犯）をめぐって」研修784号（2013年）9頁以下も参照。

（6）　事案は以下の通りである。XはAに、数字選択式宝くじであるロト6に必ず当選する特別抽選に選ばれたが、特別抽選に参加するためは現金が必要だと述べてAを欺罔し、Aに宅配便で現金を送らせた。さらにXは電話でAに対し、不正があったので違約金を払わないと特別抽選に参加できないと述べて、現金150万円を要求した（本件欺罔行為）。しかしAが息子や警察に相談したため、Aも、XがAに対し述べた事柄がうそであることを認識した。Aは引き続きだまされたふりをすることにしたが（「だまされたふり作戦」の開始）、Xはその事実に気付かないまま、Yに荷物の受領を依頼し、Yもそれが詐欺の被害金を受け取る役割である可能性を認識しつつこれを引受け、空き部屋でAから発送された現金が入っていない荷物を受領した。本件におけるYの罪責が問題となった。なお、第1審判決については、前田雅英「『だまされたふり捜査』と詐欺未遂罪の承継的共同正犯」捜査研究66巻3号（2017年）39頁、控訴審である福岡高裁平成29年5月31日判決については、豊田兼彦「詐欺看破後に関与した受け子に対する詐欺未遂罪の共同正犯の成否」法学セミナー753号（2017年）121頁などを参照。

（7）　佐藤拓磨「特殊詐欺において捜査機関によりいわゆる『だまされたふり作戦』が実行された場合において、共犯者らと共謀の上、荷物の受領行為に関与した被告人は、同作戦の開始のいかんにかかわらず、その加功前の欺罔行為の点も含めた詐欺全体について、詐欺未遂罪の共同正犯としての責任を負うとした事例」刑事法ジャーナル55号（2018年）99頁以下、安田拓人「特殊詐欺において『だまされたふり作戦』が実行された後に共謀のうえ受け子として加担した者についての詐欺未遂罪の共同正犯の成否」法学教室451号（2018年）143頁など参照。

Ⅱ　共同正犯における共同行為計画の意義

因果性は遡らないのであるから、もはやＹが因果的な寄与をなす余地はない。すなわち、客観的にはＸの欺罔行為による財物の騙取は、未遂にとどまることが明らかになり、Ｙの行為が介入する以前にＸによる欺罔の効果は消滅している。それでもＹに詐欺未遂の結果を帰責させるためには、Ｘ・Ｙ間で合意されている共同行為計画（①Ｘが、電話で「特別抽選に関し違約金を払わなければならない」と述べてＡを欺罔する→②Ｘが、Ａに現金入りの荷物を宅配便で送るよう指示する→③宅配便が到着する日時・場所にＹが赴き、Ｙが宅配便を受け取るという一連の共同行為計画）通りに犯行が実施されていることから、これを一連の詐欺行為と評価し、そのうちの一部（①の行為）から未遂結果が生じている場合には、各関与者全員に対し、この一連の詐欺行為から生じた結果すべてについて「一部実行全部責任」の効果として帰責される、という結論を導き出すことが考えられる。本稿の立場からも、共同正犯者の１人が先行して実行行為を遂行しているが、後行行為者が第一次的答責性を基礎づけるような役割を負っている場合には（行為計画が既に一部実行済みであるため、重要な役割を負うこと自体が最初から参加している場合に比べて難しくなるという事情が生じるとしても）、先行行為と一体化して１個の共同行為計画が存在していると考えることはひとまず可能である。このような理論構成によれば、共同行為計画の内部において、第一次的答責性を肯定しうるような役割分担を担っている限りは、その役割分担が結果発生よりも後行して行われ、結果が後行行為者の介入前にすでに生じている場合であっても、後

───────────

（8）本件の場合には、第一次的答責性を肯定しうるような役割分担があったかという点については疑問が残る。より具体的に、どのような場合に、行為計画連関性を根拠に、複数の行為を一体化して評価できるかについては、共謀の射程に関する議論が参考になる。共謀の射程論においては、内海朋子「共謀の射程論における行為計画に関する一考察」（前掲注(2)）656頁以下において既に検討を加えたが、そこでは以下のような結論に達した。まず、共謀の射程を「共謀に基づく」結果惹起を把握する概念とし、共謀による心理的因果性の射程を画する概念だとする立場は、共謀の射程の問題を、物理的因果性と心理的因果性とに切り離して判断し、心理的因果性の判断において動機という要素を持ち込む。一方、意思連絡要素を共同正犯の本質的要素とし、共謀の射程論を「相互利用補充関係の及ぶ範囲」を論ずるものとして理解する場合、共謀の存在について、客観的な要素と主観的な要素を総合して判断を行うことが考えられる（なお、鈴木（彰）「共謀共同正犯における『共謀の射程』について（前掲注(3)）523頁は、類型化された不法

441

行行為者に帰責することが許されることになる[8]。

Ⅲ　共同行為計画の実行による危険創出と危険実現

　前出の最高裁平成13年10月25日決定においては、共同行為者間で合意され
ている共同目的の達成が当初の共同行為計画の枠内に収まり続けていること
が重要であるという点も示唆されている。すなわち、動機の同一性が維持さ
れているかぎりは意思連絡による共同因果統制は継続していると考えられ
る。しかしながら、共同行為計画がもはや各共同正犯者間で維持されていな
いと考えられる場合には、共同正犯関係は終了すると考えられる。もっと
も、どの範囲までのずれが認められるのかについては、その広狭について、

としての構成要件は、法益侵害と表裏の関係にあり、違法性という価値に充ちた実質的
概念であるから、構成要件が共謀の射程をも画する重要な基準になるとする)。しかし
ながら重要であると思われるのは、両者とも、動機づけの連続性を重要な判断要素とし
ている点である。
　本稿の立場からは、合意を通じての動機統制が各人の行為を統制し、それが共同正犯
行為の中に現実化することを通じて共同正犯における一部実行全部責任の根拠が認めら
れるのであるから、各関与者における動機づけの連続性を通じて共同行為の一体性が確
保されるのだとの理解が可能である。特に本稿のように、意思連絡による各行為者の動
機統制・行為統制を統合する作用を重視すれば、後者のように客観と主観相互の要素を
総合的に考慮しながら共同行為計画の一体性を判断するのがよいことになろう。後者の
立場に立ち、客観的・主観的要素の総合判断説を採る十河説が挙げる諸基準は、共同行
為計画連関性が肯定されるための、具体的な判断要素を掲げたものと理解することがで
きる（樋笠堯士「共謀の射程の判断――行為計画に基づいた故意――」大学院研究年報
（中央大学）45号（2016年）214、220頁は、裁判例を詳細に検討した上、共犯の過剰に
つき、「動機・目的の同一性（連続性）、過剰行為の予見可能性（随伴性）、行為の質的
同一性を考慮して、過剰な行為が共謀の故意の範囲にあったか否かが判断されるべき」
とし、これらの要素は行為者の行為計画を判断する要素であるとする。しかし、共謀の
射程に関する複合的な判断については、判断基準が不明確であるという批判もなされて
いる。例えば、仲道祐樹「共謀による義務付けと共謀の射程」高橋則夫・杉本一敏・仲
道祐樹『理論刑法学入門――刑法理論の味わい方――』（2014年、日本評論社）245頁は、
相互利用補充関係を否定するに足る、有意な差が旧共謀と新共謀との間にいつ存在する
のか、その基準が明らかでないとする)。
　もっとも、十河説が、共犯における因果性と共謀の射程につき、前者を広義の共犯の
成立要件、後者を共同正犯の成立要件として2段階の判断形式を採っている点について
は賛成できない。すなわち十河説は、共同正犯からの離脱に関し、①因果性の遮断のた
めには、当該行為者がそれまで行った行為の効果を除去すれば足り、その時点で客観的
に存在している危険全体を除去する必要はなく、ただし離脱者の行為の効果が犯行全体

III　共同行為計画の実行による危険創出と危険実現

議論がありうると考えられる。

　本稿においては、共同正犯については、いわゆる心理的因果性の内容をなすといわれる「理由の提供」は相互的に行われ、しかも行為遂行過程においても他の共同正犯者を拘束しつづけるものである点に、共同正犯行為による危険創出、およびその客観的な実現があると考える。この点につき、心理的因果性という概念を維持しつつも、危険実現の具体的な内容について、「各関与者間における共謀」から介在事情としての「実行担当者の行為」が、「共謀により誘発されたといえるか」という危険実現過程に関する判断が肯定されれば、結果の帰責が肯定されるとの見解も示されている[9]。この見解では「共謀による危険実現が実行担当者の内心に働き掛け，その犯行に向けた動機形成を媒介として結果を惹起するもの」であるから、その基準は実行担当者の動機の同一性・連続性に求められるべきとされ、単独正犯の場合とは異なる、心理的因果性独自の判断基準が設定されることになる。例えば、共謀によって実行担当者が高揚して共謀内容から逸脱した行為をした場合、「類型的に共謀内容によって誘発されうる内容ではな」いとされる。

　すなわち、この動機の同一性の判断を導入することにより、従来心理的因果性が肯定されていたような事案よりも結果帰責の範囲が縮小する場合が考

に及んでいる場合には、従前の行為によりもたらされた物理的・精神的効果を消滅させるためには、残余者がその効果を利用して犯行を継続する危険または結果発生の危険を消滅させる必要がある。因果性が遮断されたと言えないときには、第2段階として、②当該実行行為が相互利用補充の関係に基づいて行われたと言えるかどうかが検討され、具体的には、①客観的な事情として、ａ従前の行為の寄与度・影響力とその除去、ｂ当初の共謀と実行行為との関連性などを、②主観的な事情として、ａ犯罪の断絶、共同犯行の意識の消滅・減退、ｂ動機・目的の変更などが考慮されるとされる。しかしながら、各共犯類型それぞれに異なる規範違反、異なる結果帰属モデルが妥当するという本稿の立場からは、広義の共犯に妥当する因果性の存否を独立して判断する必要はなく、共同正犯としての帰責判断を、当初の共謀の範囲内にあるのか、あるいはそれを超えているか、別個の共謀が成立していると判断されるのかを行えばよいと考える。

　集合体の行為があたかも単独の者によって構成要件的結果が実現したのと同様に扱われるという観点から、単独犯における行為計画の遂行とパラレルに考えることにより限定を図ることはできないかということも考えられるが、この点の検討は機会を改めたい。計画の体系上の位置づけなどについては、佐藤拓磨『未遂犯と実行の着手』（2016年、慶應義塾大学出版会）110頁以下を参照。

（9）　橋爪隆「共謀の意義について(1)」法学教室412号（2015年）130頁以下。

443

えられるのである。合意は一旦成立したが、一部の共同正犯者により合意と異なる行為が行われた場合において、(a)X・YがAに対して暴行を加える点につき合意したが、暴行の最中にYが殺意を抱いて、Aに対し激しい暴行を加え、Xの暴行と相まってAは死亡した、(b)X・YがAに対して暴行を加え、暴行の最中にYが殺意を抱いて、たまたま携行していたナイフを取り出し被害者を刺殺した、という2つの例を比較しつつ、合意による動機統制、そして、それに基づく行為統制がいつまで継続しているといえるのかを検討するとこの点が明らかになる。

　(a)、(b)事例のいずれについても、やわらかい部分的犯罪共同説・やわらかい行為共同説のいずれの立場からも、傷害の故意しか持たなかったXに、傷害致死罪の共同正犯が成立するとされるであろう。すなわち、Xが傷害罪の限度にとどまらず、致死の責任まで負うのは、傷害行為を共同して行うという意思連絡から生じる心理的因果性により、Yの殺意ないし殺害行為が惹起されたと考えることができるからであり[10]、Xもまた致死の結果について責任を負う[11]。この場合、傷害行為を共同して行うという意思連絡からYの殺意ないし殺害行為が惹起されたといいうるのは、Aに対して有形力を行使するという限度では合意があり、その合意、あるいはその合意に基づく傷害行為の実行がYの殺意ないし殺害行為を誘発したと考えうること、傷害行為と殺害行為は有形力の行使という点では連続性を有すると考えうることなどがその理由に挙げられよう。

　しかしながら、合意の拘束力に注目し、合意の拘束力が及ぶ範囲はどこまでかをより実質的に判断しなければならないとすると、Yの殺意発生後の行為態様が当初の合意と同様の態様である(a)事例については、殺害行為が意思連絡から誘発されたといいやすいが、(b)事例のように、傷害行為と殺害行為の態様が異なる場合には、殺害行為が意思連絡により誘発されたといえる

(10)　最（一小）決昭和54・4・13刑集33巻3号179頁は、「暴行・傷害の共謀に起因して客観的には殺人罪の共同正犯にあたる事実が実現されたことにはなるが」とする。
(11)　共謀の射程に関する議論であるとされる。十河太朗「共同正犯における抽象的事実の錯誤」『大谷實先生喜寿記念論文集』（2011年、成文堂）318頁以下、橋爪「共謀の意義について(1)」（前掲注(9)）131頁。

か、疑問が生じてくる。(b)事例において、Yにおける殺意の発生が突発的かつ異常なものであった場合、さらに殺意の発生時期が、暴行行為がいったん収まった後であったような場合においては、なおも当初の共謀の範囲内にあるといいうるか疑問が生じてくることになる[12]。このように、殺人罪と傷害致死罪は部分的に重なり合うという罪質の類型的な同一性のみが問題となるのではなく、傷害行為と殺害行為の具体的な態様、殺意発生の契機、殺意発生の時期などにより、当該殺害行為が共同正犯者間で合意された共同行為計画に基づいた行為といいうるかを判断すべきことになる。

なお、共同正犯者間において策定される共同行為計画と故意とはどのような関係に立つのか[13]がさらに問題となりうる。この点につき、共同正犯においては、共同正犯者の故意として、法益侵害惹起を認識・意欲するのみならず、他の共同正犯者の行為を経由して法益侵害に影響を及ぼすという、因果経過の認識や、あるいはさらに、他の関与者が目指している法益侵害に関する認識、例えば「YはAに傷害を生じさせるのみで、死亡させるつもりではない」という点の認識など、何らかの特別の認識を必要とするのであろうか。意思連絡は外部化されるという本稿の立場からすれば、共同正犯者の故意として、どの範囲の法益侵害について各関与者間に合意があるのかについての認識までが必要だということになりそうである。

しかしながら、実際上は、共同行為計画は、犯罪の実行にあたって個別具体的な事情を考慮すると考えられるから、故意による主観的帰責よりも、意思連絡による帰責の方が、結果帰責の範囲が限定的になると考えられる。例えば、共同正犯においては、各関与者において被害者として誰を想定してい

---

(12) 傷害致死罪の共同正犯が問題となるような場合には、結果的加重犯における加重の根拠をどのように理解するかが共謀の射程の範囲を左右すると考えられる。この点につき、基本犯該当行為と結果との間に因果関係があるだけでは足りず、基本犯においてすでに何らかの結果発生に対する特別な危険が内包されている必要があるとすれば、基本犯におけるこのような特別の危険についての了解が共謀の射程を限定することになろう。

(13) 共同正犯の本質と抽象的事実の錯誤がどのような関係に立つのかは十分に明らかにされていないとするものとして、十河「共同正犯における抽象的事実の錯誤」(前掲注[11])318頁以下。

るか、その点について各関与者間で見解の一致をみているかどうかについては、動機の維持に重要な要素になるといえ、したがって共同行為計画の形成にあたって重要な要素をなすものといえる。

そうすると、故意において意思連絡の内容に関する認識まで要求する必要はないように思われる。

Ⅳ　補論：狭義の共犯における危険創出と危険実現

共同正犯においては意思連絡における動機統制は相互的に行われ、行為遂行過程においても各関与者を相互的に拘束しつづけるものでなければならない。これに対し、狭義の共犯は、正犯者による事象統制に対して付随的に寄与する行為態様であり、共同正犯のように合意の拘束力を通じた義務づけ、および共同行為計画に基づく共同の動機統制・行為統制が行われるわけではない。狭義の共犯においては、あくまでも正犯者によって策定された行為計画に従属する形で、教唆としての規範違反行為、幇助としての規範違反行為があったかどうかが検討される。また、共犯類型がそれぞれ独自の規範違反性を有しており、共犯類型毎により、当該行為によって創出される危険の内容が異なるのに応じて、結果帰責の段階でもそれぞれ異なる危険実現が想定できる[14]。

まず、教唆の心理的因果関係については、「正犯に犯意を生じさせ」ることにより、正犯者の犯罪実行、正犯者の行為による結果惹起という一連の流れの起算点になれば足り、教唆者による正犯者の動機づけは、共同正犯におけるように行為統制の段階においてまで正犯者を拘束し続けるものではない

---

(14)　佐伯仁志『刑法総論の考え方・楽しみ方』（2013年、有斐閣）371頁は、教唆の心理的因果関係については、「正犯に犯意を生じさせて犯罪を実行させ結果を惹起した」という内容を持つものであるのに対し、幇助における心理的因果関係は、「正犯の犯意を心理的に維持・強化して犯罪の実行と結果の発生を容易にした」という内容を持つとしており、さらに共同正犯においては「犯意を相互に拘束し強化する」というものとして心理的因果関係を理解しているが、そこには共犯類型ごとに結果帰責を異なって判断すべきとの発想がみられる。

と考えられる[15]。また、教唆犯における、正犯者に対する動機づけの作用には規範的側面からの限界があると考えられる。教唆行為を行ったところ、その10年後に正犯者が犯行に及んだという場合、教唆犯に対して当該正犯行為から生じた結果を帰責することが否定されるのは、教唆という共犯類型が本来想定していないような危険実現の形態であるからと考えることができる。

さらに幇助は、正犯者による事象支配を容易にする犯罪形態である。したがって、幇助における危険実現は、正犯行為への加功を通じての法益危殆化・法益侵害であることに求められる。幇助犯の行為は、「自己の行為を、正犯者の犯罪計画ないし正犯行為に具体的に結合するように、特別に形成したこと」、すなわち正犯者の行為計画との間に有意義な連関性が認められなければならない[16]。その上で、幇助行為の危険が正犯者の実行により実現されなければならないが、幇助行為と結果との間における心理的因果性と物理的因果性として区別して議論するのは適切ではないように思われる。すでに指摘されているように、正犯者が幇助者の物理的幇助行為を知っているならば、物理的寄与に付随して、「他の者からそのような支援を受けるのであれば、頑張ろう」というような、正犯行為に対する心理的な促進作用もまた認められるのが通常であろう[17]。しかし、物理的促進作用と心理的促進作用を分断して考察するのではなく、物理的にせよ、心理的にせよ、問題となっている正犯行為を容易にする性質を持った行為が行われればよく、さらに客観

---

(15)　教唆の因果性は、「正犯に犯意を生じさせる」という意味では、因果の起算点であるから、「当該行為がなかったならば結果は発生しなかったであろう」という条件関係公式を問題なく適用でき、幇助における因果性の判断のような特殊性は生じないようにも考えられるが、2人の者がそれぞれ独立して同じ内容の犯罪を正犯者に教唆したという場合であって、どちらの教唆者の教唆が犯罪遂行に決定的であったかが必ずしも判然としない、という場合であっても、教唆行為の持つ危険性の特殊性ゆえに、2人の者どちらについても結果帰責を肯定することは可能であろう。すなわち、それぞれの者の教唆行為が、正犯者の犯罪意思を惹起するのに十分であるというような事案であっても、それぞれの教唆者について正犯者の犯意の惹起、および正犯者の行為を通じての結果惹起につき、帰責させることは可能であるように思われる。

(16)　高橋則夫『刑法総論［第4版］』(2018年、成文堂) 499頁以下など。

(17)　このような作用を、嶋矢貴之「共犯の諸問題」法律時報85巻1号 (2013年) 29頁は、随伴的心理的因果性として純粋な心理的因果性と区別する。

的帰責の場面においても、そのような幇助行為の持つ正犯行為の促進作用が、当該正犯行為の中で実現したといえれば充分であるように思われる[18]。

　以上のような観点から、幇助犯の成否が問題となった事案を考察してみると、最高裁平成23年12月19日第三小法廷決定（刑集65巻9号1380頁：Winny事件）については、幇助行為を行った時点で、個別具体的な法益侵害を予定している正犯者の具体的な行為計画が存在していないために、幇助犯としての危険創出がそもそも行われていないと評価することも可能であるように思われる。また、東京高裁平成2年2月21日判決（東高刑時報41巻1-4号7頁、判タ733号232頁：板橋宝石商殺し事件）においては、「地下室で被害者を射殺する」という正犯者の個別具体的な行為計画は「高速道路を走行中の車内でけん銃で射殺する」という計画に変更されており、実行に移されなかった。そこで、正犯者の変更前と変更後の行為計画が別個の行為計画と評価しうる場合には、地下室の目張り行為については、正犯行為および正犯が引き起こした結果との因果性を論じる以前に、正犯者の行為計画自体（「地下室で被害者を射殺する」計画）が消滅したために、幇助行為としての危険創出がなされているといい難い状況にある。変更後の、実際に実行に移された正犯の行為計画（「高速道路を走行中の車内でけん銃で射殺する」計画）との関連についても、正犯行為を促進する内容を持つものではないから、幇助行為としての危険創出はないといいうるように思われる。

V　結　　論

　本稿では、因果性以外の観点から共犯における客観的帰責の構造を再構築することができるのではないかと考え、共同正犯・教唆・幇助という各共犯

---

(18)　確かに心理的幇助の場合には、当該行為は正犯に対して心理的作用しか有していないのであるから、心理的因果性という概念を用いることに意義がある。しかしながら、正犯行為を促進する作用は物理的・心理的いずれの形でもよく、心理的幇助の場合は、幇助行為が類型的に備えるべき正犯に対する促進作用が心理的なものでしかないけれども、それでも幇助行為として必要最低限の促進作用があると考えられる行為が行われ、現に正犯者に対して促進作用を及ぼしたと考えられるのであれば、結果帰責を肯定してよい。

類型については、それぞれ異なる規範違反行為・異なる危険創出形態と捉えることができるのではないかと考えた。そしてまず、共同正犯における危険創出のあり方を中心に考察を加え、共同行為計画の内容に関して、動機統制という観点から従来の議論を検討した。この検討は、まだ十分とはいえず、道半ばであるが、本稿での検討を通じて、共同正犯の危険創出を基礎づける意思連絡（共謀）概念の、体系的な位置づけに関しては、ある程度立場を明確にすることができたと考えている。すなわち、意思連絡ないし共謀の概念は、①正犯性の限界、②心理的因果性の限界、③故意の存否、という３つの問題領域において複合的に取り扱われてきたとしばしば指摘されている[19]。私見によれば、意思連絡ないし共謀概念をこの３つの機能に分解して考察するべきではなく、特に①と②は、共同正犯における危険創出と危険実現の判断枠組みの中で関連づけられるものであると理解している。①については共同正犯を成立させるような共同行為計画を各関与者間に認めうるかによって判断されるべきであり、これが肯定されれば、共同行為計画が関与者のうちの１人によって実行に移された場合、共同行為計画に基づく共同正犯としての危険創出があるといえる。そして当初の共同行為計画が維持され続けることにより、その危険が継続的に創出され、これが法益侵害結果に実現したといえる場合には、危険実現が認められる。従来②の存否として議論されてきた問題はこの判断に吸収されるのである。一方③については、意思連絡の内容が故意の内容に反映されることはなく、両者に直接的な関連性はないと考える。

---

(19)　橋爪「共謀の意義について(1)」（前掲注(9)）129頁、亀井源太郎「共謀共同正犯を巡る議論の在り方について」慶應法学31号（2015年）165頁以下、同「『共謀の射程』について」法学会雑誌（首都大学東京）56巻１号（2015年）443頁以下など参照。なお、亀井「『共謀の射程』について」443頁以下は、共犯性については心理的因果性の存否、正犯性については重要な役割の有無、故意については各関与者の認識に対する主観的帰責の可否という問題として検討すべきであると主張する。共謀を様々な次元の問題に分解・解消することに対する批判としては、樋口「実行行為概念について」（前掲注(3)）45頁参照。なお、意思連絡ないし共謀の概念が、様々な問題領域において問題となる要因として、論者が支持する学説によって意思連絡の内容・その機能、および意思連絡要件の当該学説における位置づけが異なることが挙げられるであろう。

共犯における危険創出と危険実現について（内海　朋子）

〔追記〕
　本稿は、科学研究費補助金・基盤研究（C）「加害者の多数化と客観的帰責原理——組織体における過失競合事例を中心に——」（課題番号: 16K03362）による研究成果の一部である。

（うつみ・ともこ）

いわゆるシャクティ事件最高裁決定と共同正犯の成立範囲

亀井　源太郎

　　Ⅰ　はじめに
　　Ⅱ　シャクティ事件決定内在的な疑問
　　Ⅲ　シャクティ事件決定以前の判例・裁判例の動向
　　Ⅳ　まとめにかえて

Ⅰ　はじめに

　いわゆるシャクティ事件最高裁決定[1]は、以下のように判示して被告人に不作為による殺人罪が成立するとし、あわせて、被告人と殺意のなかった関与者は「保護責任者遺棄致死罪の限度で共同正犯となる」とした。

　　「被告人は，自己の責めに帰すべき事由により患者の生命に具体的な
　危険を生じさせた上，患者が運び込まれたホテルにおいて，被告人を信
　奉する患者の親族から，重篤な患者に対する手当てを全面的にゆだねら
　れた立場にあったものと認められる。その際，被告人は，患者の重篤な
　状態を認識し，これを自らが救命できるとする根拠はなかったのである
　から，直ちに患者の生命を維持するために必要な医療措置を受けさせる
　義務を負っていたものというべきである。それにもかかわらず，未必的
　な殺意をもって，上記医療措置を受けさせないまま放置して患者を死亡
　させた被告人には，不作為による殺人罪が成立し，殺意のない患者の親
　族との間では保護責任者遺棄致死罪の限度で共同正犯となると解するの

（1）　最（二小）決平成17年7月4日（刑集59巻6号403頁）。

が相当である。」

　同決定は不作為による殺人罪を認めた初の最高裁決定[2]としてしばしば取り上げられた。また、同決定が作為義務を認めるに際し用いたロジックは議論を呼んだ。

　さらに、多くの論者は、同決定を共同正犯の成立範囲に関する判示をしたものと理解し、同決定がやわらかい部分的犯罪共同説（用語法については後述）を採用したと評価した[3]。

　しかし、同決定を共同正犯の成立範囲につき判示したものと解することには疑問がある。後述のように、シャクティ事件最高裁決定が、やわらかい部分的犯罪共同説を採用し他の見解を退けることを積極的に意図していたとは考えられない。

　また、しばしばやわらかい行為共同説とやわらかい部分的犯罪共同説には差がないとされるが、この点にも疑問がある。

（2）　なお、不作為による殺人罪の成否に関する大審院による先例として大判大正4年2月10日刑録21輯90頁がある。藤井敏明「判解」最判解刑平成17年度191頁参照。
（3）　西田典之ほか『注釈刑法 第1巻』（2010年、有斐閣）874頁〔島田聡一郎〕、西田典之『刑法総論［第2版］』（2010年）398頁、佐伯仁志『刑法総論の考え方・楽しみ方』（2013年、有斐閣）381頁（ただし、「連載時には……部分的犯罪共同説を支持したのであるが，現在では，……行為共同説を採る方がすっきりしているかもしれないと思うようになっている」とする。同書382頁）、髙橋則夫『刑法総論［第4版］』（2018年、成文堂）446頁以下、松原芳博『刑法総論』（2013年、日本評論社）418頁、山口厚『新判例から見た刑法［第3版］』（2015年、有斐閣）45頁、大塚裕史ほか『基本刑法［第2版］』（2016年、日本評論社）372頁〔十河太朗〕（ただし、やわらかい部分的犯罪共同説においては、重い罪の故意がある者Xと軽い罪の故意がある者Yの間に軽い罪の限度で共同正犯を認めた場合に、Xにさらに重い罪について単独正犯を認めることになるが、Xについての罪数処理には不明確な部分が残るとし、さらに、シャクティ事件決定も罪数処理に言及していないことを指摘している）等。
　これに対し、日髙義博『刑法総論』（2015年、成文堂）は、本決定を不作為犯に関して引用するのみである（同書157頁）。日髙教授も、かつて、本事件控訴審判決および最高裁決定が「部分的犯罪共同説に依拠して，保護責任者遺棄致死罪の限度で共同正犯が成立するとし，被告人の不作為による殺人については共犯の過剰として単独正犯として捉える見解」を採ったとされたが（日髙義博「不作為による殺人」専修ロージャーナル2号〈2007年〉133頁）、教科書においては、同決定を不作為犯に関する重要判例と位置付けられた。

Ⅰ　は じ め に

本稿では、このような問題意識から、若干の検討を行う。

なお、本稿では、共同正犯の成立範囲（あるいは、いわゆる共同正犯の「本質[4]」論）に関する諸見解を、以下のように整理する。

まず、各関与者が全く同一の犯罪について共働する場合にのみ共同正犯の成立を認める見解をかたい犯罪共同説と呼ぶ（完全犯罪共同説とも呼ばれる）。

次に、部分的犯罪共同説のうち、かたい犯罪共同説に近い考え方、すなわち、重い罪の共同正犯が成立し、軽い罪の犯意しかない者については刑法38条２項により刑のみ減軽されるとする見解をかたい部分的共同説と呼び、部分的犯罪共同説のうち、構成要件の重なり合う範囲内で共同正犯が成立するとする見解をやわらかい部分的犯罪共同説と呼ぶ。

さらに、行為共同説のうち、全く異なった行為の間にも共同正犯の成立を認める見解をかたい行為共同説と、一定の限度で行為共同の限界付けをしようとする見解をやわらかい行為共同説と呼ぶ[5]。

（４）　ただし、ここでいう「本質」の意味は必ずしも明らかではない。また、「本質」論は、大別して３つの異なる場面──①そもそも共謀が成立したといえるか、②共謀内容がそのまま実現したといえるか、③共謀共同正犯を認め得るか──を対象とするものであった。拙著『正犯と共犯を区別するということ』（2005年、弘文堂）15頁以下参照。
（５）　このような用語法を採らず、ここでいう「かたい部分的犯罪共同説」を「完全犯罪共同説」と呼ぶ見解もある。しかし、このような整理は、「完全犯罪共同説」の中に、２つの異なった方向を向いた見解（全く同一の犯罪についてのみ共同正犯が認められるとし、それ以外の場合は共同正犯の成立を認めない見解と、全く同一の犯罪についてでなくとも重なり合う犯罪のうち重い罪についての共同正犯の成立を認める見解）を混在させることになり、議論の整理を不明確にするものである。拙著・前掲注(4)18頁参照。
　　また、「論者によって同一名称が別バリエーションに用いられる等してむしろ理解を妨げる」とし、「傷害を共謀したところ，共同正犯者の一部（実行担当者）が被害者を故意に殺害してしまった……場合，……傷害致死罪の限度で全員が共同正犯となり，殺意のあった者については別途殺人の単独正犯が成立するとする」見解を犯罪共同説と呼ぶ見解もある（葛原力三ほか『テキストブック刑法総論』〈2009年、有斐閣〉265頁以下〔葛原力三〕）。
　　共同正犯の「本質」論が用語法を巡って混乱していることはこの見解が指摘するとおりである（拙著・前掲注(4)19頁以下、特に26頁以下参照）。また、教科書類において、現在支持が失われた見解を取り上げないことにも合理性はある。しかし、（本稿のいうかたい犯罪共同説と区別するために用いられる）「部分的犯罪共同説」というテクニカル・タームは広く定着したものであるから、この見解が主張する用語法は、その意図するところとは異なり、かえって議論を混乱させるものである。

Ⅱ　シャクティ事件決定内在的な疑問

本決定がやわらかい部分的犯罪共同説を採ったとする理解には、まず、同決定内在的な疑問がある。

本章では、同事件にかかる最高裁決定や下級審での判示を検討することで、そのことを明らかにしたい。

1　第 1 審判決

本件被告人は、以下のような公訴事実で起訴された[6]。

> 「被告人は，脳内出血により兵庫県伊丹市Ｉ病院に入院し，重度の意識障害の状態にあって，痰の除去や，薬剤及び水分の点滴等の治療を受けていたＡ（当時66年）が，医師による右治療を打ち切れば死亡するおそれが多いことを知りながら，それもやむなしと決意し，Ｂらと共謀の上，平成11年 7 月 2 日午前 5 時ころ，前記病院 2 階東病棟212号室において，Ａに対し，その身体に装着されていた点滴装置等を取り外す等した上，同人を，車椅子に乗せて同病院から運び出し，自動車及び航空機を利用して，同日午前10時ころ，千葉県成田市内のＮホテル1272号室に運び込み，そのころから翌 3 日午前 6 時35分ころまでの間，医師による医療行為，薬剤及び水分の供与や痰の除去等Ａの生存に必要な措置を何ら講じないまま放置し，よって，そのころ，同所において，同人を粘稠化した痰による気道閉塞により窒息死させ，もって殺害したものである。」

これに対し、弁護人は、本件被告人の行為は殺人罪の実行行為に該当しない、殺人の故意がない、共犯者とされる者らとの共謀がない、被告人の行為は治療行為として違法性が阻却される等とし、被告人は無罪であると主張した。

（ 6 ）　藤井・前掲注(2)186頁以下参照。

第1審判決(7)は、ほぼ公訴事実どおり、被告人がBらと共謀の上、殺意を
もってAを病院から連れ出させたと認定し、被告人には作為（連れ出し）と不
作為（放置）の複合した殺人罪が成立するとしたが、その際、弁護人の主張
に対し、「（事実認定の補足説明）」として、次のように論じている。

　まず、「第一　認定できる事実」として、「一　本件の背景事情，被告人ら
の組織の現況等」や、「二　Aの病状と治療経過について」、「三　関係当事
者らの行動等について」、事実関係に言及する。

　次いで、「第二　殺人罪の成否の検討」とし、まず、「一　殺人罪の実行行
為性の検討」と題して、連れ出し行為の危険性、放置行為の危険性および連
れ出し行為との関係、連れ出し行為および放置行為が殺人罪に該当すること
を論ずる。

　さらに、これに引き続いて、第1審判決は、「二　Vの死亡と因果関係」、
「三　被告人の殺意の有無の検討」、「四　共謀の成否」、「五　Vの同意の有
無」に言及する。このうち、二、三、五においては、共同正犯の成立範囲は
言及されてない。四においては、その標題の通り「共謀の成否」に言及され
ているが、そこで論じられているのは、「被告人とBとの間に、Aを医師に
よる医療から離脱せしめ、何ら医療設備の用意されていない被告人のもとへ
連れ行くことの共謀が成立した」か否か、連れ出し行為をした者にいかなる
故意があったか(8)であって、共同正犯の成立範囲については、「共謀の成否」
の結論として、わずかに次のように触れられているに過ぎない。

　　「被告人とBらは、客観的には殺人の実行行為を行っているものであ
　るが、BはAの回復を強く望んでいたこと自体は認められるため、Bに
　はAの死という結果に対する予見はあったとしてもこれを認容する意思
　はなく、殺人の故意までは認められないことは明らかであるから、保護
　責任者遺棄の故意が成立するに過ぎず、これまで述べ来たったとおり殺

───────────────

（7）　千葉地判平成14年2月5日（判タ1105号284頁）。
（8）　弁護人は、連れ出し行為を行ったBには保護責任者遺棄の故意すらなく、したがっ
　　て被告人も無罪であると主張した。

455

人罪の認められる被告人とは、保護責任者遺棄致死の範囲内の限りで共同正犯となるものである[9]。」

　すなわち、第1審において共同正犯に関し争われたのはその成否であって、成立範囲ではない。このため、第1審も、補足説明中、「四　共謀の成否」の結論部分において前記のように述べるのみであって、被告人とBとが「保護責任者遺棄致死の範囲内の限りで共同正犯となる」理由やこのような判示の含意については論じていない。

2　控訴審判決

　控訴審判決は、被告人からの主張を一部容れ、「被告人が本件ホテルに運び込まれたAの様子を自ら認識する以前においては、被告人に殺意があったと認定するには合理的疑いが残る」が、「被告人が本件ホテルに運び込まれたAの様子を自ら認識した以後の段階においては，……被告人はAに対する未必の殺意を抱いていたと認められる」とした。

　すなわち、第1審判決が連れ出し行為の以前から被告人が殺意を有していたと認定したのに対し、控訴審判決は被告人が殺意を有するに至ったのは連れ出しの後であると認定したのである。

　控訴審判決は、「被告人が本件ホテルに運び込まれたAの様子を自ら認識する以前においても，被告人に殺意があったと認めた原判決は事実を誤認したものであり，これが判決に影響を及ぼすことは明らかである」として原判決を破棄し、大要、次のような事実を認定し自判した。

　　「被告人は，平成11年7月2日午前5時ころ，Bらに指示して，……病院に入院し，意識障害の状態にあり，痰の除去や薬剤及び水分の点滴等の治療を受けていたA（当時66歳）を，その身体に装着されていた点滴装置等を取り外す等させた上，車いすに乗せて同病院から連れ出さ

（9）　さらに、第1審判決は、「法令の適用」欄において、「被告人の判示所為は刑法六〇条（ただし、保護責任者遺棄致死の範囲で）、一九九条に該当する」とした。

せ，同日午前10時ころ，千葉県成田市〔所在の〕ホテル……に運び込ま
せ，さらに，同日午前10時30分ころ，同人を同ホテル……に運び込ませ
た際，同人に対し，直ちに痰の除去や水分の点滴等，その生命維持のた
めに必要な医療措置を受けさせるべき義務を負っていたのに，これを怠
り，同人が死亡するおそれがあることを認識していながら，それもやむ
を得ないと決意し，Ｂらと共謀の上，……その生命維持のために必要な
医療措置を受けさせないまま，同人を放置し，よって，そのころ，同所
において，同人を……死亡させ，もって同人を殺害したものであるが，
上記Ｂらにおいては保護責任者遺棄致死の故意を有するにとどまってい
た。」

　さらに、控訴審は、「（法令の適用）」欄において、「被告人の判示所為は刑
法60条（ただし，保護責任者遺棄致死の範囲で），199条に該当する」と述べ
た。
　もっとも、控訴審において主として争われたのは第１審判決における事実
誤認の有無[10]であって、共同正犯の成立範囲は論じられていない。

3　上告審決定

　弁護人・被告人の上告趣意は多岐にわたる。このうち、弁護人による上告
趣意の大項目は、「第１　憲法21条（結社の自由）侵害の本件の捜査・公判」、
「第２　憲法31条違反」、「第３　判例違反[11]」、「第４　重大な事実誤認」で
あり、このうち「第４」は、さらに、「１　殺意について」、「２　因果関係
について」、「３　死体検案書の問題点について」、「４　作為義務について」
に細分化されている。
　最高裁はこれを受けて、弁護人・被告人の上告趣意はいずれも適法な上告
理由に該当しないとしつつ、原判決の認定によって事実関係を整理した上、

（10）　被告人・弁護人は、被告人の行為は殺人の実行行為に該当せず、被告人には殺意は
　　なく、Ａとの共謀も認められないから、被告人は無罪であると主張した。
（11）　弁護人は、原審が不作為による殺人罪を認めたことを論難した。

いわゆるシャクティ事件最高裁決定と共同正犯の成立範囲（亀井　源太郎）

以下のように職権で判示した。

「以上の事実関係によれば，被告人は，自己の責めに帰すべき事由により患者の生命に具体的な危険を生じさせた上，患者が運び込まれたホテルにおいて，被告人を信奉する患者の親族から，重篤な患者に対する手当てを全面的にゆだねられた立場にあったものと認められる。その際，被告人は，患者の重篤な状態を認識し，これを自らが救命できるとする根拠はなかったのであるから，直ちに患者の生命を維持するために必要な医療措置を受けさせる義務を負っていたものというべきである。それにもかかわらず，未必的な殺意をもって，上記医療措置を受けさせないまま放置して患者を死亡させた被告人には，不作為による殺人罪が成立し，殺意のない患者の親族との間では保護責任者遺棄致死罪の限度で共同正犯となると解するのが相当である。」

このように、最高裁は、「被告人には，不作為による殺人罪が成立し，殺意のない患者の親族との間では保護責任者遺棄致死罪の限度で共同正犯となる」と判示したが、下級審と同様、このように判示した理由や判示の含意については論じていない。

4　小　　括

ここまで見てきたように、シャクティ事件に関する各審級においては、殺人罪の成否（控訴審、上告審においては不作為による殺人罪の成否）が争われ、これに対応して裁判所もその成否を論じたが、裁判書を見る限り共同正犯の成立範囲については当事者がこれを争った形跡もなく、裁判所も特に論じていない。

したがって、シャクティ事件最高裁決定が、共同正犯の成立範囲についてなんらかの積極的な判示をしたとみることには慎重であるべきである。

同様の指摘は、調査官解説においても見られる。同決定にかかる調査官解説は次のように述べる[12]。

「共同正犯の成立する範囲に関する考え方について，本決定は上記結
　論のほかに特に説明をしていないが，昭和54年判例[13]と併せて読めば，
　……『やわらかい部分的犯罪共同説』になじむ判示ということができよ
　う。しかし，本件は，上告趣意に共同正犯の成立範囲の問題が含まれて
　いるわけではなく（この点は被告人の刑責に影響する問題ではないであろ
　う。），上記判示部分は，被告人に不作為による殺人罪が成立すること
　をいうことに主眼があるものと解され，判例集においてもその点だけが判
　示事項とされている。したがって，上記判示部分からは，本決定の背後
　にある考え方がうかがわれるとは言えようが，そこに判例としての拘束
　力があるかということについては，慎重に考える必要があろう。そのよ
　うなことからすれば，本決定で判例としての意義があるのは，不作為に
　よる殺人罪の成立を認めた点にあるというべきである。」

　同解説は、このように述べ、本決定を共同正犯に関する判例と捉えること
を戒める[14]。
　早い段階から、同決定が殺意のある被告人に保護責任者遺棄致死罪が成立
するとはしていないことからやわらかい部分的犯罪共同説を明示的に採った
とまでは言い切れないと指摘し、同決定の結論をやわらかい行為共同説から
説明できるとした見解もある[15]。
　このように、本決定の背後にある考え方を伺うことは可能としても、この

（12）　藤井・前掲注(2)206頁。
（13）　最（一小）決昭和54年4月13日（刑集33巻3号179頁）。
（14）　ただし、最高裁昭和54年決定がやわらかい部分的犯罪共同説を採ったとする理解に
　　は疑問がある。後述・13頁参照。
（15）　前田雅英「行為共同説について」『小林充先生・佐藤文哉先生古稀祝賀刑事裁判論
　　集　上巻』（2006年、判例タイムズ社）182頁以下、196頁。さらに、同『刑法総論講義〔第
　　6版〕』（2015年、東京大学出版会）345頁は、「『保護責任者遺棄致死罪の共同正犯が成
　　立する』とはしておらず、〔被告人に〕成立するのは殺人罪である。共同正犯者間で成
　　立する罪名が異なることを前提とした上で、共同関係を基礎づける部分を『限度で』と
　　いう形で明示したものと見ることができる」とする（同時に、「殺人罪の共同正犯では
　　ない、その意味で、行為共同説を正面から採用しているわけでもない」とも指摘する。
　　同頁注8）。

「背後にある考え方」がやわらかい部分的共同説でしかあり得ないとまでは言えないし、最高裁として一定の立場を採用する判断を本決定において行ったとまでは考え難いのである[16]。

Ⅲ　シャクティ事件決定以前の判例・裁判例の動向

　前章で見たように、シャクティ事件最高裁決定がやわらかい部分的犯罪共同説を採り他説を斥けたと理解することには疑問がある。

　では、同決定以前のものも含めた判例は、いったい、どのような立場に拠っていると理解されるべきであろうか[17]。

1　最高裁昭和54年決定以前
⑴　かたい部分的犯罪共同説とやわらかい行為共同説の対立

　昭和30年代までは、かたい部分的犯罪共同説を採る判例・裁判例が主流であったが、同時期から既にやわらかい行為共同説を採るものも存した[18]。

　すなわち、かたい部分的犯罪共同説によったものとして、最（二小）判昭和23年5月1日（刑集2巻5号435頁）[19]、東京高判昭和35年4月21日（東京高判時報11巻4号86頁）[20]があり[21]、行為共同説によったものとして、東京高判

---

(16)　本件がやわらかい部分的犯罪共同説を採るかやわらかい行為共同説を採るかにより結論の変わる事案ではない（藤井・前掲注⑵206頁が共同正犯の成立範囲につき「この点は被告人の刑責に影響する問題ではない」とすることのほか、後述・15頁参照）ことから、本件において最高裁として「背後にある考え方」を明示する必要がなかったことも念頭に置くべきである。

(17)　詳しくは、拙著・前掲注⑷39頁以下参照。

(18)　明治期にはかたい犯罪共同説を採った大判明治28年7月2日〈刑録11輯34頁〉も存する。しかし、同説はまもなく放棄された（大判大正2年11月7日〈刑録19輯1140頁〉、大判大正5年11月8日〈刑録22輯1693頁〉）。

(19)　被告人が窃盗の見張りをする意思で見張りをしたものの実際には強盗が行われたという事案について、「被告人は軽い窃盗の犯意で重い強盗の結果を発生させたものであるが共犯者の強盗所為は被告人の予期しないところであるからこの共犯者の強盗行為について被告人に強盗の責任を問うことはできない訳である、然らば原判決が被告人に対し刑法第三十八条第二項により窃盗罪として処断したのは正当」とした。

昭和27年9月11日（特報37号1頁）[22]や、東京高判昭和30年7月19日（高刑集8巻6号817頁）[23]、東京地八王子支判昭和33年12月26日（一審刑集1巻12号2158頁）[24]がある。

(2) やわらかい部分的犯罪共同説とやわらかい行為共同説の対立

次第に罪名と科刑の分離を認める点でかたい部分的犯罪共同説が批判されるようになると、やわらかい部分的犯罪共同説による判示が見られるようになる。福岡地飯塚支判昭和45年3月25日（刑月2巻3号292頁）[25]、鹿児島地判

---

(20) 恐喝の犯意で強盗傷人に関与した被告人に対し、「判示所為は刑法二百四十条前段第六十条に該当するのであるが、……（共犯者）の本件所為は被告人の予想しなかつたところであるから、被告人に対しては同法第三十八条第二項に従い軽い同法第二百四十九条第一項の刑責を負わせる」とし、上告審（最決昭和35年9月29日〈裁判集刑135号503頁〉）もこれを維持した。

(21) なお、この時期においても、基本犯についての共謀がなされ、加重結果が一部の関与者によって発生させられた場合には、すべての関与者に結果的加重犯の共同正犯が成立するとされている。拙著・前掲注(4)40頁以下参照。

(22) 被告人が未必の殺意、他の2人は傷害の意思で、被害者と闘争することを共謀した上、同人に暴行を加え死亡させた事案に対し、殺人と傷害致死は外形的には同一であるので「右死の結果たるやひつきょうその全員の共謀に基づく暴行行為によつて惹起されたものに外ならないから、右共謀者全員に対し、刑法第六十条を適用しても、あえて違法ではない」とし、消極的な姿勢を見せつつも、刑法60条、199条、205条1項を適用し、殺意を有していた被告人につき殺人罪、その他の者につき傷害致死罪とした上で、これらを共同正犯とした。

(23) X・Y・ZがAの強姦を共謀しZにおいてAを姦淫中、X・Yが共謀してAの財物を強取した事案につき、「被告人X、同Yの〔姦淫行為〕は刑法第百八十一条、第百七十七条前段（包括一罪）第六十条に、〔強取行為〕は同法二百三十六条第一項、第六十条に各該当する……、被告人Zの〔姦淫行為〕は刑法百八十一条第百七十七条前段（包括一罪）第六十条に該当する」とした原判決（横浜地判昭和30年1月17日〈高刑集8巻6号823頁〉）を維持した。

(24) 被告人Sが、他の被告人ら8名と対立する暴力団になぐり込みをかけた際に、未必の殺意を持ってけん銃を連続4発発射して、対立組の若衆1名を死亡させ、2名に傷害を負わせ、他の者は対立組員2名に傷害を負わせた事案に、被告人Sのけん銃掃射について他の被告人らの殺意は認定できないとした上で、「殴込みの所為中、〔対立組の若衆〕を死亡せしめた点は被告人Sにつき……殺人罪、その余の各被告人につき……傷害致死罪に、〔Sの掃射によって傷害を負った者〕に対し各傷害を負わせた点は被告人Sにつき……殺人未遂罪、その余の各被告人につき……傷害罪に、〔その余の各被告人らによって傷害を負った2名〕に対し傷害を負わせた点は右被告人全員につき……傷害罪に、以上につき各刑法第六〇条」に該当するとし、殺人罪と傷害致死罪、殺人未遂罪と傷害罪の共同正犯を認めた。

昭和52年7月7日（刑月9巻7＝8号439頁）[26]、札幌地判平成2年1月17日（判タ736号244頁）がそれである。

このうち札幌地裁平成2年判決は、被告人Xが殺人、被告人Yが傷害の犯意で共謀の上、被害者宅に侵入し、Xが殺人の未必の故意を持って被害者に対しけん銃を発砲したが、傷害を負わせたにとどまった事案に、被告人Xの所為は「刑法六〇条（ただし、傷害の範囲で）、二〇三条、一九九条に」、被告人Yの所為は「刑法六〇条、二〇四条」とする法令の適用を行い、明確な形でやわらかい部分的犯罪共同説を採った。

このようにして、裁判実務上、やわらかい行為共同説とやわらかい部分的犯罪共同説が対立する構図が作られていった。

2　最高裁昭和54年決定

このような中、登場したのが、最（一小）決昭和54年4月13日（刑集33巻3号179頁）である。

同決定は、暴力団組員Hが経営するスタンドへの立入検査を巡るトラブルから、暴力団組長Sら7名が立入検査をした巡査に暴行・傷害を加える旨共謀し派出所前で罵声を浴びせる等していたが、この巡査の言動に激昂したIが、未必の殺意を持って小刀で被害者の下腹部を刺し失血死させたという事案につき、以下のように判示した。

「殺意のなかつた被告人Sら六名については、殺人罪の共同正犯と傷害罪の共同正犯の構成要件が重なり合う限度で軽い傷害致死罪の共同正

---

(25)　被告人Xが殺意、被告人Yが傷害の意思で共謀し、Yのみが被害者に攻撃を加えて傷害を追わせた事案につき、「傷害の範囲において共犯関係を是認することが可能で」、両者に「共同正犯としての傷害罪が成立」し、さらに、被告人Xについては「本件殺意およびこれに基づく予備行為を、その犯意としてはより小なる傷害の行為に吸収して評価し尽すことはでき」ず、「右傷害罪の罪責のほか殺人予備罪」が成立すると判示した（なお、Xについて予備に止まるとすることには異論がある。拙著・前掲注(4)42頁注121参照）。

(26)　共同で暴行を加えていた者のうちの1名が、突然包丁を持ち出し、殺意を持って被害者を突き刺した事案に対し、傷害の範囲で共同正犯の成立を認め、さらに、包丁で突き刺した者については、「自ら殺人の実行行為に着手しているから殺人未遂で問擬される」とした。

犯が成立するものと解すべきである。すなわち、〔殺意のあった〕Iが殺人罪を犯したということは、被告人Sら六名にとつても暴行・傷害の共謀に起因して客観的には殺人罪の共同正犯にあたる事実が実現されたことにはなるが、そうであるからといつて、被告人Sら六名には殺人罪という重い罪の共同正犯の意思はなかつたのであるから、〔殺意のなかつた〕被告人Sら六名に殺人罪の共同正犯が成立するいわれはなく、もし犯罪としては重い殺人罪の共同正犯が成立し刑のみを暴行罪ないし傷害罪の結果的加重犯である傷害致死罪の共同正犯の刑で処断するにとどめるとするならば、それは誤りといわなければならない。」

3　小　　括

　前掲のように、最高裁昭和54年決定は、かたい部分的犯罪共同説を明示的に否定した上で、「殺意のなかつた被告人Sら六名については、殺人罪の共同正犯と傷害罪の共同正犯の構成要件が重なり合う限度で軽い傷害致死罪の共同正犯が成立する」とした。

　このような判示につき、「昭和54年判例は、……『かたい部分的犯罪共同説』を否定したことになる。しかし，〔殺意のあったI〕が上告していない以上，同人に対する判断は示されていないのであるから，同判例が『やわらかい行為共同説』を取ったのか，『やわらかい部分的犯罪共同説』を取ったのかは明らかでないというべきであろう[27]」とする整理もある。

　たしかに、殺意のあったIが上告しなかったため最高裁昭和54年決定は殺意のあった者について判示してはいない。

　しかし、「殺意のなかつた被告人Sら六名については、殺人罪の共同正犯と傷害罪の共同正犯の構成要件が重なり合う限度で軽い傷害致死罪の共同正犯が成立する」、「Iが殺人罪を犯したということは、被告人Sら六名にとつても暴行・傷害の共謀に起因して客観的には殺人罪の共同正犯にあたる事実が実現されたことにはなる」とする同決定の書きぶりから、同決定を「『I

（27）　藤井・前掲注(2)206頁。
（28）　松本光雄「判解」最判解昭和54年度75頁。

の所為は刑法六〇条、一九九条に該当する』といった簡潔な適条を肯定する趣旨を含む[28]」ものであると解することは可能であろう。

このような適条の背景にある考え方は、やわらかい行為共同説である。最高裁昭和54年決定は、殺意のある者には殺人の共同正犯が、殺意のない者には傷害致死罪が成立し、それらの罪が共同正犯にあたるとする趣旨を含む、やわらかい行為共同説による判例と見るべきである[29]。

このように考えるとき、シャクティ事件最高裁決定以前の判例の立場はやわらかい行為共同説であったこととなる。また、前章で見たように、シャクティ事件決定は先例を変更する趣旨のものとは考えられない。

このため、現在も判例の立場はやわらかい行為共同説によっていると解すべきである。

IV　まとめにかえて

1　シャクティ事件最高裁決定の判例としての意味

筆者は、かつて、以下のように論じたことがある[30]。

「近時，最高裁平成17年7月4日決定（刑集59巻6号403頁）がやわらかい部分的犯罪共同説を採ったとされることが少なくない。

たしかに，同決定は，『被告人には，不作為による殺人罪が成立し，殺意のない患者の親族との間では保護責任者遺棄致死罪の限度で共同正犯となると解する』と判示しているので，このような理解にも理由はある。もっとも，共同正犯の『本質』論との関係では，同決定は過大に重視されるべきではないようにも思われる。最高裁は，不作為犯の成否について職権で判断したのであって，それ以上の判示は特にしていない。結論部分で，上記引用のように述べて，原判断を維持したのみである。

---

(28)　松本光雄「判解」最判解昭和54年度75頁。
(29)　拙著・前掲注(4)43頁以下。
(30)　拙稿「承継的共犯」松原芳博編『刑法の判例・総論』（2011年、成文堂）262頁注8。

　　　　　　　　　　　　　　　　　　　　Ⅳ　まとめにかえて

　　また，原審・原原審をつぶさに検討しても，共同正犯の『本質』論につ
　　いて言及する部分はない。したがって，同決定が，（やわらかい行為共同
　　説に立脚したと見られる）最高裁昭和54年４月13日決定（刑集33巻３号179
　　頁）を変更する趣旨を含んでいたとは、やや考えにくい。」

　本稿は、この趣旨を敷衍したものである。
　前述のように、シャクティ事件最高裁決定はしばしば不作為犯に関する重
要判例であるとともに共同正犯の成立範囲に関する重要判例でもあるとさ
れ、多くの教科書においてそのように紹介されている。
　しかし、そのような整理には賛成できない。

2　やわらかい行為共同説とやわらかい部分的犯罪共同説の差異

　やわらかい部分的犯罪共同説とやわらかい行為共同説には実際上の差はな
いとする見解もある。たとえば、「行為共同説の中でも，……構成要件の重
要部分を協働する限度で，共同正犯の成立認める見解が有力になっている」、
「このように理解された行為共同説と，部分的犯罪共同説のＢ説[31]の間には，
もはや実際上の差異はなく，説明の仕方に過ぎない」とする見解がそれであ
る[32]。
　さらに、やわらかい行為共同説を支持する見解においても、両説の差は少
ないとするものもある。「行為共同説でも，共犯の成立に一定の限界を認め
る見解が有力になっているが，限界の基準が構成要件だとすれば，部分的犯
罪共同説と行為共同説の差はほとんどない」、両説は「処罰範囲に違いをも
たらすものではなく，単に罪名の問題だけ」とされるのである[33]。

----

(31)　Ｘ・ＹがＡを痛めつけることを共謀したが、Ｘは傷害の故意、Ｙは殺人の故意であ
　　り、Ｘの行為によりＡが死亡したという場合、Ｙの行為から結果が発生した場合と同様、
　　異なる構成要件が重なり合う限度で共同正犯の成立を認める考え方。Ｘはさらに殺人の
　　単独犯となる。この場合にＹに殺人未遂罪と傷害致死罪が成立し、Ｘに成立する傷害致
　　死罪と傷害致死罪の限度で共同正犯とする見解がＡ説とされ、対比されている。西田ほ
　　か編・前掲注(3)872頁以下〔島田〕。
(32)　西田ほか編・前掲注(3)873頁〔島田〕。
(33)　佐伯・前掲注(3)381頁以下。

465

これらの見解からすれば、本稿が論じたところは重箱の隅をつつくように感じられるであろう。

たしかに、シャクティ事件のように、重い罪の故意があるXと軽い罪の故意しかないYが共働して重い罪の結果を生じさせたが、当該結果はXの行為から生じたという場合は、両説に実質的な差はない[34]。やわらかい行為共同説によれば「Xには重い罪、Yには軽い罪がそれぞれ成立し、両者は共同正犯となる」と説明され、やわらかい部分的犯罪共同説によれば「Xには重い罪、Yには軽い罪がそれぞれ成立し、両者は軽い罪の限度で共同正犯となる」と説明されることとなるが、この違いは説明の仕方に過ぎない。

しかし、この例を変形し、当該結果がYの行為から生じたとした場合、なお、両説の間に無視できない差異が生ずる。

この場合、やわらかい行為共同説によれば、先の例と同じく、「Xには重い罪、Yには軽い罪がそれぞれ成立し、両者は共同正犯となる」と説明されることとなる。

しかし、やわらかい部分的犯罪共同説によれば、両者は軽い罪の限度で共同正犯となるに過ぎず、その限度を超える部分に関しては各人につき単独正犯としての罪責を考えるしかない。Xは重い罪の結果を自ら発生させたわけではないから、Xに重い罪の結果を帰責することはできない。Xには、軽い罪の共同正犯が成立するに止まる。また、自らの手で重い罪の結果を生ぜしめたYには重い罪の結果が客観的には帰責されるが、Yには重い罪の故意が欠けるから、同人には軽い罪の共同正犯が成立するに過ぎない。重い罪が未遂を処罰する場合には、両名にさらに同罪の未遂の共同正犯が成立し得るが、いずれにしても重い罪の結果は両名に帰責されない[35]。

このようなやわらかい部分的犯罪共同説による帰結は、不当である[36]。

上述の批判に対しては、Xが殺意、Yが傷害の故意で、被害者に攻撃を加

---

(34) 調査官解説も、シャクティ事件における共同正犯の成立範囲につき、「(この点は被告人の刑責に影響する問題ではないであろう。)」とする。藤井・前掲注(2)206頁。

(35) ただし、重い結果について過失犯を処罰する規定が存する場合には、Yに当該過失犯が単独犯として成立し得る。

(36) このような帰結が不当であることにつき、拙著・前掲注(4)46頁以下参照。

え、被害者がYの行為によって死亡したという事案を念頭に置き、傷害致死罪の限度で共同正犯となるのだから、XにもYにも死の結果は帰責されるとの反論が存する[37]。

この見解は、傷害の故意しかない者にも、傷害を基本犯とする結果的加重犯である傷害致死罪の範囲で共同正犯が成立し、殺意のあったXにYが生ぜしめた死の結果が帰責されるから、やわらかい部分的犯罪共同説には不都合がないとするのである。

しかし、このような反論には2通りの再反論が可能である。

その第一は、結果的加重犯の加重結果について過失の存在を要求するという学説上有力な立場を前提としたものであり、その第二は、結果的加重犯が存在しない犯罪類型を念頭に置いたものである。

すなわち、第一に、結果的加重犯の加重結果につき過失の存在を要求しなければ責任主義に反すると考えた場合、Xが殺意、Yが傷害の故意を有しており、Yの行為から死の結果が生じたという事案において、常に傷害致死罪の範囲で共同正犯を認め得るとは限らない[38]。このため、死の結果に対する過失がYに存しない場合、先の反論は有効でないこととなるのである。

また、第二に、軽い罪を基本犯とする結果的加重犯が存在しない犯罪類型では、前掲のような反論が有効でないことを指摘できる。

軽い罪の故意しかない者の行為から重い罪の結果が生じた場合、やわらかい部分的犯罪共同説によれば共同正犯は軽い罪の範囲でしか成立せず、重い罪の故意があった者に重い罪の結果を帰責することはできない。しかし、このような結論は不合理である。

このように、やわらかい部分的犯罪共同説とやわらかい部分的犯罪共同説には、依然、実質的な差異があるのである。

（かめい・げんたろう）

---

(37)　井田良『刑法総論の理論構造』（2005年、成文堂）352頁。
(38)　Yに死の結果に対する過失が存しない場合は、実際には稀であろう。しかし、稀であることと皆無であることは同義でないから、やわらかい部分的犯罪共同説における不都合が消滅するわけではない。

共謀共同正犯と共同意思主体説

曲 田 統

I はじめに
II 共同意思主体説に向けられてきた批判と、同説における二つの流れ
III 個人犯原理で共謀共同正犯を基礎づける立場
IV 団体犯原理で共謀共同正犯を基礎づける立場
V 共謀共同正犯の一体性
VI 共同意思主体説の再構成
VII おわりに

I はじめに

　判例は、旧刑法時代から共謀共同正犯を肯定してきているが[1]、当時の学説の多くは、実行行為を行わない共同正犯を否定する見地[2]から、判例の態度に否定的であった。そのような判例・学説状況のなか、犯罪現象の実体に着眼し、共謀共同正犯を肯定するための理論的基盤を構築されたのが、草野豹一郎教授（元大審院判事）であった[3]。提唱された共同意思主体説は、実行行為を行わないものの、犯罪現象において中心的役割を果たした者（典型は

（1）　共謀共同正犯を初めて認めた判例は、大判明治29年3月3日刑録2輯3号10頁である。恐喝罪の事案に関し、「共ニ謀リテ事ヲ行フ以上ハ何人カ局ニ當ルモ其行爲ハ共謀者一躰ノ行爲ニ外ナラス」と判示した。その後、知能犯において共謀共同正犯を認めた大判大正11年4月18日刑集1巻233頁が登場し、さらに実力犯においても共謀共同正犯は肯定されていった（大連判昭和11年5月28日刑集15巻715頁）。判例の動向に関する詳細な分析・検討は、下村康正『共謀共同正犯と共犯理論』（1975年、学陽書房）48頁以下参照。
（2）　刑法60条の解釈に際して「実行した者」の部分を重視する立場。同条の読み方としてはある意味素直ともいえる（平野龍一『刑法概説』〈1977年、東京大学出版会〉121頁参照）。構成要件的行為の分担が共同正犯の成立には必須であるから、構成要件的行為を分担しない共謀共同正犯は、教唆犯か従犯が成立するにとどまることになる。

背後の黒幕・大物）に対して、適正な刑法的評価を下そうという狙いにもとづくものであったといえる[4]。

　いうまでもなく、共同意思主体説とは、二人以上の異心別体である個人が一定の犯罪を犯すという共同目的を実現するために同心一体となり（共同意思主体の成立）、そしてそのなかの誰かが犯罪の実行に着手した（共同意思主体の活動）ときに、共犯の成立が認められると説く立場である[5]。この理論の創始者である草野教授は、さらに次のように述べている。すなわち、「犯罪を實行すると云ふは、必ずしも共同者の全部が實行行爲を分擔することを要するとの意味ではない。共同者の中の何人かが實行に出づることを要するとの意味なのである（共同正犯における從屬性）。固より實行行爲を分擔するは犯罪の遂行に大に與つて力あるものであるから、正犯たるは勿論であるが、縱し實行行爲を分擔しないでも謀議に參與する者の如きは、實行行爲分擔者に勝るとも劣らざる重大な役目を演ずるものと云はねばなるまい。」[6]と。このようにして、共同意思主体説は、他説と違い唯一、実行行為を担当しない者にも共同正犯を肯定する道を拓いたのであった。

　その後も、同説は、その支持者により、あるいは、若干の修正・変容がもたらされ[7]、あるいは、かなりの変容がもたらされたりしながら[8]、その本質がそれぞれにおいて着実に引き継がれていった。このような共同意思主体説の継承は、学界にも確実に影響を与え、共謀共同正犯肯定説への賛同者が増えていくこととなったことは、周知のとおりである。

（3）　草野豹一郎『刑法改正上の重要問題』（1950年、巌松堂書店）315頁以下において、その共同意思主体説の基本発想が示されている。なお、草野教授の共同意思主体説は、牧野英一博士や宮本英脩博士の見解の影響のもと構築されたものであった（草野・同書311頁以下）。

（4）　なお、この立場は、刑法60条に関して、「共同して」の文言に重要性を認める。すなわち、共同正犯の構造の本質は、複数人が「共同する」点にあり、その共同した者のうちの誰かが実行行為に出れば、刑法60条の「犯罪を実行した」は充たされる、と理解する。草野豹一郎『刑法要論』（1956年、有斐閣）124頁以下参照。その他、齊藤金作『刑法総論［改訂版］』（1969年、有斐閣）283頁、下村康正『続犯罪論の基本的思想［第20版］』（1988年、成文堂）119頁等も参照。

（5）　草野・前掲書（注(3)）315頁、同『刑法総則講義・第2分冊』（1952年、勁草書房）156頁参照。

（6）　草野・前掲書（注(4)）124頁。

Ⅱ　共同意思主体説に向けられてきた批判と、同説における二つの流れ

　ただ、今日における共同意思主体説はどうかというと、共犯理論としては少数説にとどまっている上、共謀共同正犯を肯定する立場として応分の評価を受けているかといえばそれも疑わしいというのが現実である。本稿は、そのような共同意思主体説の現状に目を向け、同説を改めて検討し直そうというものである。

　なお、紙幅の関係上、本稿は理論面に集中した内容となることをあらかじめお断りしておきたい。

Ⅱ　共同意思主体説に向けられてきた批判と、同説における二つの流れ

1　団体責任を肯定する理論であるとの批判

　今日、共謀共同正犯を肯定する論者においては、共同意思主体説とは根本において異なる考え方を背景に置く者が多い。たとえば、共謀共同正犯を肯定するにおいて、優越的支配説、間接正犯類似説、機能的行為支配説などが主張されているが、これらは、（共謀）共同正犯の基礎づけを個人犯原理から行おうとするものであり、団体犯原理から共謀共同正犯の構造を捉えようとする共同意思主体説とは基本思想が異なる。これらの諸説は、共謀共同正犯肯定説でありながらも、かつて否定説が展開していた共同意思主体説に対する常套批判、すなわち団体責任肯定理論（個人責任原理に反する理論）であるとの批判[9]を、その背景に置いているといえる。そこで、そのような批判

（7）　たとえば、齊藤金作『共犯理論の研究』（1954年、有斐閣）192、199頁。齊藤博士は、草野教授による共犯の連帯性という概念に替えて、共犯の一体性という概念を用い、共犯成立上の一体性、共犯処罰上の個別性、といった理念整理をされた。また、立石二六『刑法総論［第4版］』（2015年、成文堂）309頁。立石教授は、共同意思主体説を継承されつつも、共謀概念を精査され、共謀があったといえるためには「共同犯行の認識」以上のものがなければならない、とされた。共同犯行の認識はあくまで共同正犯の要素であるにすぎず、それがあったのみでは共謀を認めるに十分でないという見解である。

（8）　たとえば、西原春夫『刑法総論 下巻［改訂準備版］』（1993年、成文堂）390頁。西原博士の見解については後述。

（9）　たとえば、滝川幸辰『犯罪論序説［改訂版］』（1955年、有斐閣）235頁。

が果たして適切であるのかを確認しなければならない。

　まず、留意すべきは、団体責任を肯定する理論だとの批判は、もともと、組合理論を援用して関与者の責任根拠を説いた草野教授の見解に対して加えられたものであったという点である。草野教授は、「共犯現象を共同意思主體の活動と見ることと、責任の歸屬を共同者個人に付て論ずることが毫も矛盾するものでないことは、民法組合の理論から推して考へる事が出來よう。」[10]と述べられたことから、他論者をして、連帯責任的思考であるとの印象を抱かせてしまったものと考えられる。そこで、その後の共同意思主体説支持者は、組合理論から個人の刑事責任を推及するかのような論理を組み込むことなく理論展開をしてきている。それは、共同正犯の成立の次元において団体犯原理の思考を使う点は維持しつつも、処罰に関しては個別責任の観点を貫徹しようとするものに他ならない[11]。「共同意思主体説においては、共犯者全員を一体として取り扱い、従って、共犯者中の何人かが犯罪の実行に着手しさえすれば、共犯者全員につき、犯罪の成立をみとめ、その中で、正犯者、教唆者、従犯者を共犯団体内で担当した役割に応じて区別することになるのである。」[12]という見解に現れているように、今日の共同意思主体説は、団体が負うべき責任を個人に転嫁するという発想を明瞭に否定しており、あくまで共謀者個人が果たした役割の重要性に応じて処罰を根拠づけようとしている[13]。

2　共謀「共同正犯」を根拠づける説になっていないとの批判

　共同意思主体説に対する常套批判のもう一つは、次のようなものである。すなわち、同説は役割の重要性の観点から相応の共犯形式を決しようとする

---

(10)　草野・前掲書（注(4)）119頁。

(11)　齊藤・前掲書（注(7)）192頁以下等。

(12)　下村康正『犯罪論の基本的思想［第31版]』（1988年、成文堂）197頁、西原・前掲書（注(8)）396頁以下。

(13)　草野教授の考え（共犯現象を共同意思主体の活動と見つつ、責任の帰属は共犯者個人について論じるとする。たとえば、草野・前掲書〈注(4)〉119頁参照）を踏まえ、共犯成立上の一体性、共犯処罰上の個別性、という概念を明確に提示したのは、齊藤金作博士であった。齊藤・前掲書（注(7)）192、199頁。

Ⅱ　共同意思主体説に向けられてきた批判と、同説における二つの流れ

が、そうすると、共同正犯の根拠は、結局、共同意思主体の活動ではなく、役割の重要性に求められることになるから、同説はもはや共謀「共同正犯」を根拠づける説とはとはいえないのではないか、との批判である。「現在主張されている共同意思主体説は，共同意思主体の構成員の内部において，その役割の重要性に応じて共同正犯と教唆犯，幇助犯を区別するというものである……。しかし，このように修正された共同意思主体説は，もはや共同正犯の基準を提供する論理ではあり得ず，単に共犯がなにゆえ他人の行為から生じた結果についても罪責を負うのかを説明する共犯の処罰根拠としての意味しかもたないものというべきであろう。」⑭との指摘や、「この理解〔共同意思主体内部で重要な役割を果たした者のみが共同正犯となり、他の者は教唆犯や従犯になるとする理解〕によれば、共同意思主体という概念は、広義の共犯の外枠を画する機能を有するにすぎず、共謀共同正犯を肯定する根拠および基準を提供する理論ではないことになる。」（〔　〕は著者）⑮という指摘は、まさにこの疑問を明示するものである。

　しかし、この種の共同意思主体説に対する批判は、同説についての誤解から出てくるものである。そもそも、共同意思主体説は、共同正犯のみを根拠づけようとしている理論ではない。あくまで「共犯」の成立の根拠を、共同意思主体の形成に求めようとした説なのである。共同意思主体説の狙いは、共犯という犯行形態を、単独犯のそれとは異なる性質を持つものとして位置づけようとするところにあったのであり、共同正犯のみを見ていたのでは決してない。したがって、共同意思主体説は共謀「共同正犯」を根拠づける説になっていないといった「批判」は、実のところ、同説に対する批判としての意味を持ち得ないものなのである（むしろ、同説の内容をそのまま語ったにすぎない言葉と理解されることになる）。

　とはいえ、共同意思主体説に立つ論者が、もっとも関心を寄せてきたものが共謀「共同正犯」であることは間違いではない。そこで、今一度、共同意思主体説が、共謀共同正犯をどのような思考で根拠づけようとしてきたのか

---

(14)　西田典之『刑法総論［第 2 版］』（2010年、弘文堂）348頁。
(15)　松原芳博『刑法総論［第 2 版］』（2017年、日本評論社）382頁以下。

を確認しておこう。

3　重要な役割をめぐる客観的基準と主観的基準

　(1)　たとえば、西原博士は、謀議（西原博士の理解によれば、謀議とは会議のような協議形式を含む概念であり、共謀とイコールではない[16]）に参加しただけでは共同正犯に不十分とされる。すなわち、「謀議参加者が共同正犯となりうるためには、まず主観的に共同犯行の意識をもって客観的に謀議に参加することが必要であり」[17]、「さらにその上に、当該実行行為の担当をもあえて辞さぬだけの強度の態度が要求される。」と説かれ、さらに具体的に次のように述べられている。すなわち、「単に謀議に参加したという事実だけでは不十分であり、なぜ別人が実行行為を担当することになったかの事情を調査し、また、謀議参加者の意欲の内容、集団における地位、謀議の際およびその前後におけるその態度を確定することが必要であろう。そのいかんによって、単なる謀議参加者は教唆犯、従犯に止まることがあり、またそれを越える謀議参加者の情報探知、連絡等の行為も従犯となる場合がある。」[18]と。

　このように、共同犯行の意識（認識）があったということだけでなく、その他、当該関与者の地位・態度・意欲等といった諸事実に鑑みて、同者の果たした役割が、単独正犯における実行行為と当罰性において同価値であると評価できるか[19]、が共同正犯の成否判断において決定的とされていることからすると、この見解は、結局、上記の諸点に照らし、総合的に重要な役割を果たしたかを問うものだといえる。このような西原博士による共同意思主体説は、客観的要素を判断基底に多分に入れ込み、その上で総合的に役割の重要性の判断をするというものである[20]。

---

(16)　西原・前掲書（注(8)）390頁、同「憂慮すべき最近の共謀共同正犯実務——最高裁平成17年11月29日第一小法廷判決を中心に——」刑事法ジャーナル3号（2006年）55頁。なお、この点に関する詳しい分析は、山本雅子「共謀概念の性質」中央学院大学法学論叢第27巻第1・2号（2014年）13頁以下参照。
(17)　ただ後に、西原博士は、この謀議への参加の事実については必須の要件ではないと説明されるにいたっている。西原・前掲（注(16)）55頁。
(18)　西原・前掲書（注(8)）398頁。
(19)　西原・前掲書（注(8)）396頁。

Ⅱ　共同意思主体説に向けられてきた批判と、同説における二つの流れ

(2)　他方、共同意思主体説には、また異なる立場がある。草野教授にかか
る共同意思主体説の基本発想を忠実に継承している立場といってよいであろ
う。下村博士の見解、立石教授[21]の見解などがそれである[22]。下村博士は、
共謀概念をめぐる説明において、草野教授の言説を参照されつつ、共同意思
主体という観念の位置づけをも含め、次のように述べられている。すなわち、
草野教授は、「少なくとも、『謀議』に加わること（共謀）が共犯団体の中に
おいて重要な役割を演ずるものであることは指摘されており、それが共同意
思主体を形成するのに必要な共同意思と必ずしも同一のものでないことは明
らかにされている。」「共同意思主体の形成に必要な共同意思は、ひとり共同
正犯のみならず、教唆犯、従犯の場合にも共通な要素であって、それが直ち
に共同正犯の成立に必要な共同犯行の認識を意味する者ではないからであ
る。いいかえれば、共同意思は共同犯行の認識という形態で成立することも
あり（共同正犯）、教唆と被教唆という形態で成立することもあり（教唆犯）、
幇助と被幇助という形態で成立することもある（従犯）のであって、共通な
のは共同意思つまり相互的な意思連絡という意味においてなのである。」[23]
と。ここでは、共同正犯の成立には、重要な役割を果たすことが必要である

---

(20)　その意味では、むしろ、準実行行為説に近い立ち位置にある見解といえると思われ
る。

(21)　立石教授は、草野教授・下村博士による共同意思主体説に対して若干の修正を施し
ている。

(22)　次のように述べられている日高教授の見解もこの陣営に属するものであろう。すな
わち、「問題は、……実行者と共謀者との関係をどう捉えるのかである。実行者を規定
する形式的正犯概念をしている維持しながら、実行に出ていない共謀者を共同正犯の中
に取り込むとしたら、犯罪実現のプロセスを共犯理論で捉えるしかないであろう。謀議
に複数人が加わり、犯行の手順と役割を決め、共同意思の下に共同者が各自の役割を果
たし、謀議した犯罪を実現するという犯罪遂行過程は、集団心理に基礎を置く共犯現象
そのものなのである。したがって、実行者の実行行為は集団全体の犯罪現象の中で掌握
し、その実行行為は共同意思の下に遂行されたものとして、他の共謀者はその実行行為
に従属して共同正犯の中に取り込まれ、共同者全員が共同正犯になるものと解する。」
と述べられ、謀議にもとづき見張り役を果たした者についても、「謀議に参画した上で
の役割分担である場合には、共同正犯としての罪名は共同者全員同一でなければならな
い。犯罪実現の上で果たした役割の軽重は、量刑の上で斟酌されるべきである。」とさ
れているのである（日高義博『刑法総論』〈2015年、成文堂〉480頁以下）。

(23)　下村・前掲書（注(4)）103頁以下。

475

ところ、単なる共同意思を超える主観的状態を持って為す関与であったなら
ば、それは認められる。しかし、単に共同意思を持ったというだけでは、共
同意思主体が形成されたということを意味するだけであり、ただ共犯の成立
が認められるにとどまる、ということが明らかにされている。

この立場によっても、重要な役割という言葉は使われているが、その意味
合いは、先の西原説とは異なる。すなわち、客観面を含め総合的に判定され
るべき基準としてではなく、共同犯行の認識を有するに至る謀議（ここにい
う謀議は、会議形式の会合のことではなく、共同犯行の認識の共有という主観概
念である(24)）があったといえる場合に認められる概念として理解されている
（いわゆる主観的謀議説）。そして、共同意思主体の形成を果たしたというだ
けでは、このような意味での重要な役割を果たしたとはいえない（すなわち
共同正犯になるとは限らない）、と解されているのである。

この立場においては、共同意思主体という概念は、共犯に共通して認めら
れるものであって、共同正犯を単独で根拠づけるものではないこと、共同意
思主体を形成し、それに加え、共同犯行の認識ないしはそれ以上の主観的状
態に至ってはじめて共謀共同正犯の成立が認められること、が示されて
いるのである(25)。

(3) 以上のように、同じく共同意思主体説といっても、共同正犯の成立に
関し、客観面ベースでの重要な役割を要件とするか、主観面ベースでの重要
な役割を要件とするかの違いがあるのであるが、先に述べたように、元来、
共同意思主体説は、後者の理解を展開するものであったといえる。その意味
では、前者の理解は、伝統的な共同意思主体説からやや離れ、新たな共同意
思主体説の方向性を示そうとしたものであるといえる。

もっとも、客観面ベースでの重要な役割を共同正犯の要件とする考え方に
は、疑問を挟む余地がある。というのも、この基準からすると、教唆犯と共

---

(24) 山本・前掲（注(16)）17頁参照。
(25) 下村博士によれば、共同犯行の認識と謀議は、理論的に厳密に考えると異なるが、
　　実際上は重なるものである。下村・前掲書（注(4)）108頁以下。
(26) なお、教唆犯について、私見は、被教唆者の動機を支配する類型と理解しているが、
　　この理解からしても、教唆犯と共同正犯の区別は困難となる。他者の動機を支配する行
　　為は、やはり客観的に重要な役割を果たす行為だからである。

II 共同意思主体説に向けられてきた批判と、同説における二つの流れ

同正犯の区別に当たって困難性が生じることになるからである。教唆犯は、一般的見解によれば、他者に犯罪の実行を決意させる関与形態である。これによれば、事実上犯意を喚起した（そしてその他者が実行に出た）ならば、教唆犯が成立することになるが、この犯意を喚起したという事実は、客観的に重要な役割を果たしたというべき事実にほかならず、したがって、右基準に照らす限り、共同正犯として整理されるべき共犯類型になってしまう[26]。

　では、主観面ベースでの重要な役割を、共同正犯の成立の要件にする立場はどうか。この立場によれば、主観的な意味における謀議として理解される共謀の有無が、（共謀）共同正犯と狭義の共犯とを分けることになるから、そこにいう謀議・共謀なるものがいかなる内容であるのかについて、強い関心が及ぶことになる。主観的謀議・共謀に関して次のような説明がある。すなわち、「理論上、共謀と共同犯行の認識とは別個の概念である。共同犯行の認識は、本来、各自の実行行為と相俟って共同正犯を成立させるいわば共同正犯成立のための主観的要素であるが、謀議は共謀者の中の一人が犯罪の実行に着手すれば、その存在のみで犯罪の実行に与らない共謀者を共同正犯たらしめるものである。従って、共謀がある場合には当然共同犯行の認識が存在するといえるが、これとは逆に、共同犯行の認識があれば共謀が存在するとはいえない。この意味に於て、共謀とは共同犯行の認識である、とするのは行き過ぎである。やはり、共謀というには、共に謀るつまり共同犯行の認識以上のものがなければならない」[27]、という説明がこれである。ここでは、共謀は、理論的には共同犯行の認識以上のものであるとされていることから、共同犯行の認識以上のものとして、どのような内容が想定されているのかが気になるところとなるが、しかし、同時に、「ただ、実際問題として、共同犯行の認識がある場合には、共謀の段階に達していることが多いであろう。」[28]とも説かれており、結局、共謀の内実の特殊性について具体的には明らかにされていない。現実的には、両者は多分に重なる概念であるということが示唆されているようにも思われる。

　一方、同じく主観的謀議説の立場から、共謀の特性について次のように捉

---

(27)　下村・前掲書（注(4)）108頁以下。
(28)　下村・前掲書（注(4)）109頁以下。

477

える立場がある。すなわち、「共謀とは、二人以上の者が、特定の犯罪を行うため、相互に犯罪の実行に重要な役割を一体となって行おうという、行為者間の意思連絡をいう」[29]とした上で、共謀共同正犯の成立範囲の弛緩に警鐘を鳴らす見地から、「『共謀』には確定的故意の存在が不可欠」[30]であると説く見解がこれである。この見解の趣旨を汲むならば、おそらく、少なくとも、犯罪結果を確定的に認識しつつ、他者と一緒になって犯罪の実行のために積極的に貢献しようと考えていた関与者でなければ、共謀共同正犯たり得ない、ということになろう。実行共同正犯の場合に必要な主観的要件である共同犯行の認識が、未必的認識でも足るとするならば、この見解がいう共同正犯の成立に必要な共謀は、共同犯行の認識と明確に区別されることとなる。

この見解は、共謀共同正犯の成立基準を厳格化・明確化することで、その成立範囲を限定しようとする狙いを土台にしており[31]、示唆に富むものである。もっとも、今日に至って、近時の判例の動きに反応するかたちで、このように共同意思主体説の陣営から共謀概念の厳格化を図ろうとする見解が出てきている事実は、そもそも従来の共同意思主体説による共謀共同正犯基準が必ずしも十分でなかったということを示しているともいえる。

(4) 思うに、(共同正犯の成立要件とされる)重要な役割を主観面ベースで理解する立場は、本来、次のことを明らかにすべき義務を負っている。すなわち、重要な役割を肯定するための主観的要件と、共同意思主体の形成を肯定するための主観的要件とが、いかなる点で異なるのか(前者はいかなる点で後者以上なのか)、これを明らかにする義務を負っているはずなのである。ただ、この義務を果たすことは、いずれも関与者の主観的状態の問題でありそこに共通性があることから、必ずしも容易でない。そのため、重要な役割を客観的に捉える立場が出てくるのも無理からぬことともいえるのである(しかし、この立場を採れないことはすでに述べた)。

とはいえ、私見によれば、重要な役割を主観的に捉える立場からも、重要な役割が肯定される要件を示すことは十分可能であり、かつ、むしろそれが

---

(29) 立石二六『刑法解釈学の諸問題』(2012年、成文堂) 166頁。
(30) 立石・前掲書 (注(29)) 174頁。
(31) 立石・前掲書 (注(29)) 163頁以下参照。

妥当な方向性を示していると考えることから、以下において、かくいう基本的視座から、共同意思主体説における共謀共同正犯論がいかなるものであるべきかについて述べていくこととしたい。

Ⅲ　個人犯原理で共謀共同正犯を基礎づける立場

1　問題の所在

先述の共同意思主体説は、団体犯原理にもとづく共犯論という点で特徴的である。すなわち、共犯において観念される主体を、当該共犯をなす集団そのものと見る立場である。共犯の現象形態に着目し、集団、すなわち団体それ自体が、共犯犯罪の実行主体であると考えるのである[32]。

他方、優越的支配説、間接正犯類似説、機能的行為支配説など、（共謀）共同正犯の基礎づけを個人犯原理からおこなおうとする立場がある。これは、共犯における行為主体を、あくまで関与者個々人と見る立場である。

果たして、共謀共同正犯を肯定する場合、いずれの原理にもとづいてこれを根拠づけるべきであろうか[33]。

2　機能的行為支配説

ここでは、個人犯原理にもとづいた共謀共同正犯肯定説については、機能的行為支配説を取り上げ、検討することとする。この説は、ドイツにおいて広く支持されており、その基本発想はわが国においても支持を広げつつある、最も重要な見解の一つだからである。

機能的行為支配説は、共同正犯の特性を、個々の関与者が他の関与者と共働することによって事象全体を支配する点に求める見解である。関与者が共同することによってのみ計画が機能する（実現する）というのが共同正犯であり、それはすなわち、各関与者について、自己の関与行為をしないことによって全体計画を挫折させることができるという意味での、所為全体に対す

---

(32)　山本・前掲（注(16)）5頁参照。
(33)　下村・前掲書（注(12)）198頁参照。

る支配が共同正犯者には認められる、とするのである[34]。このように、計画
遂行のために各関与者の行為が不可欠であるといえるとき、各関与行為は所
為全体を機能的に支配しているものとし、この個人に認められる機能的行為
支配性を共同正犯の正犯性の根拠にするというのが同説であるが、これは、
正犯概念を、構成要件的行為をおこなう関与者以外にも、一定の範囲で、す
なわち機能的行為支配性が認められる範囲で押し広げようというものであ
り、実行行為概念を実質化する側面を持っている。そして、あくまで個々の
関与行為の特性を根拠に、その正犯性を導こうとするものであるから、既述
のとおり、まさに個人犯原理を基礎にした説である。

　この機能的行為支配説は、犯罪遂行プロセスにおける役割の大きさ（全体
に対する支配性）に照らして、もはや当該犯罪遂行の単なる脇役とされるべ
きではない者を、適切に（共同）正犯にすることができるという意味では、
わが国の共同意思主体説に共通する現実的利点を有している。しかし、すで
に述べたように、後者は団体犯的思考、前者は個人犯的思考にもとづいてお
り、その基本的視座が異なる。そこで、このような個人犯原理にもとづく（共
謀）共同正犯論の妥当性いかんが問題となる。

　この点、このたび古稀を迎えられる日高教授は、「現在の争点は、共謀共
同正犯を肯定するとしても、共犯理論によって基礎づけるのか、それとも正
犯理論によって基礎づけるのかという点にある。」との問題提起をされつつ、
そのうえで、形式的正犯概念を維持し、共犯理論による基礎づけをおこなう
ことを妥当とされている[35]。確かに、ドイツにおいて、比較的最近、各関与
行為を単独で考察する手法では共同正犯の本質を説明しきれないなどの理由
から、単独犯原理を基礎にする機能的行為支配説に対して批判を展開する動
きが出てきていることから[36]、ここでも、その議論について触れておく必要
があろう。

　機能的行為支配説を含む、支配概念を用いる立場に対しては、支配概念を

---

(34)　*Roxin*, Täterschaft und Tatherrschaft, 9. Aufl. 277 ff.

(35)　日高・前掲書（注22）471頁。

(36)　詳しくは、松生光正「共同正犯の構造について」九州大学法政研究76巻4号（2010
　　　年）711頁以下参照。

正犯性肯定の根拠に用いることについて疑問が提示されている。すなわち、間接正犯の場合は、自己答責性のない他者を利用することから、これを支配したといい得るが、共同正犯の場合は、自己答責的な関与者を介して犯罪実現したにすぎないから、ここに支配を観念することはできないはずだという趣旨の批判である[37]。しかし、この批判は機能的行為支配説には当たらないであろう。そもそも機能的行為支配説が説く行為支配は間接正犯の場合に必要となる支配（意思支配）とは異なる概念として提唱されているものである。同説は、間接正犯の場合に肯定されるような支配が認められない場合であっても、自己の行為を撤回することで計画全体を挫折させることができるということが認められる関与行為者については行為支配を肯定する、とする説なのであり、次元の異なる支配概念を提示していると見なければならない。

より決定的な批判は、次のようなものである。すなわち、同説は、一方で、事象全体に対する支配という概念こそ正犯性の決定的な基準であるとし、もう一方で、集団それ自体によってその基準は充たされるとしているが、そうであるなら、そのような基準を根拠に、個々の関与者を正犯として位置づけることは不可能である旨指摘する批判がそれである[38]。機能的行為支配説は、複数の関与者が共働することによって事象全体を支配すると説くものであるから、確かに、完全な支配を手中にしているのはあくまで複数関与者、すなわち集団なのであって、個々の関与者ではないと解さざるを得ない。にもかかわらず、個々の関与者もまた事象全体に対する支配を手中にしているとの理解は、難解に過ぎよう[39]。「果たして、〔関与者〕甲乙は独自に全体的事象を支配しているといえるであろうか。甲乙が各自の寄与を撤回した場合に全体の計画を挫折させ得ることは認め得るとしても、そのことは、反対に、甲は乙の、乙は甲の寄与に依存してのみ犯罪を実現し得るにすぎないことを意味しているのではないか。だとすれば、甲乙は、やはり部分的にしか犯罪実

（37）　*Kindhäuser*, Handlungs- und normtheoretische Grundfragen der Mittäterschaft, S. 632, in : Festschrift für Hollerbach, 2001.

（38）　*Lesch*, Gemeinsamer Tatentschluß als Voraussetzung der Mittäterschaft, JA 2001 Heft1, S. 76.

（39）　*Stratenwerth*, Strafrecht AT, 3. Aufl., Rn 807.

現を支配していないというべきであろう。」（〔 〕は筆者）⁽⁴⁰⁾とする批判も、同種の分析にもとづいているものである。

こうした批判によって明らかなように、個々の関与行為に着目し、それぞれが単独で当該事情を全面的に支配しているとする説明は、共同正犯の実態の描写として必ずしも正確なものではないと考えられる。共同正犯の実体を見誤らないためには、個々の関与行為の性質といういわばミクロレベル⁽⁴¹⁾を超える視点から、共同正犯性を根拠づけることが必要と思われる。

そこで翻って考えるに、機能的行為支配説は、共同正犯について、第一に、「複数の関与者が共働することによって事象全体を支配する」ものと理解しているが、あくまでこの理解から直截に共同正犯性を根拠づけるアプローチを展開する方が、共同正犯の実態・本質の把握として妥当であろう。すなわち、複数の関与行為を「一個の全体」として把握し、その全体に共同正犯性を帰せしめるという団体犯原理を導入してこそ、正しい共同正犯の把握ができるものと思われるのである。

Ⅳ　団体犯原理で共謀共同正犯を基礎づける立場

1　いくつかの基本的視座

（1）　叙上の団体犯原理にもとづくアプローチは、すでに述べたように、わが国における共同意思主体説が展開しているものである。わが国の刑法典は、ドイツのそれと異なり、共同正犯規定を共犯の章に組み込んでいることから、共同正犯の本質を分析する際にも、共犯としての性質に重きを置いてこれをおこなうことが容易でありかつ自然でもあった。共同意思主体説が、複数関与者の共働を、個々の関与行為に分断することなく、集合体そのものの行為として⁽⁴²⁾理解しようとしたのは、わが国の実定法解釈としても無理のない（むしろ刑法典の趣旨に忠実とさえいえる）ものといえるのである。

---

(40)　西田・前掲書（注⒁）349頁。
(41)　ミクロ・マクロ視点については、亀田達也＝村田光二『複雑さに挑む社会心理学』（2010年、有斐閣）4頁以下参照。
(42)　山本・前掲（注⒃）5頁参照。

また、このように、共同正犯を含む共犯現象をあくまで単独犯とは異なる犯罪遂行形態として捉える理解は、共同正犯の社会的実態、そしてその本質をダイレクトに捉えようとする視点にもとづくものでもある[43]。すなわち、複数の者が一定の犯罪を遂行するために意思連絡のもと一体になるというところにこそ共同正犯を含む共犯[44]の実態・本質があるとし、この点を、共同正犯を考える際にも見誤ってはならないと説いてきたわけである。

　(2)　複数の者が一定の目標に向かって意思を合致させて共働する場合、そこには、単独で目標に向かう場合には生じ得ない特殊な社会的心理的現象が形成される、という理解には、確かにうなずけるところがある。一人でできないことも他者と共におこなうならば可能となるという事実があることからしても[45]、特殊な社会的心理的現象の存在は、我々の肌感覚に沿うものであるということはできよう。心理学の世界においては、フランスのル・ボン *G. Le Bon* による群集心理論[46]、イギリスのマクドゥーガル *W. McDougall* による団体心理論[47]などにおいて、個人を超えて存在する集団心理の存在が説かれていたし、そもそも共同意思主体説は、明らかに、そういった当時の群集心理論に影響を受けて展開されたものであった[48]。

　(3)　ところで、ドイツにおいても、わが国の共同意思主体説に類似するアプローチが、かなり前から存在していた。*Köstlin* は、1855年に、その体系書[49]において、単一の意図が所為の単一性を根拠づけ、それによって共同起因者の連帯的帰責性が生じる、と述べ[50]、さらに次のように説いている。すなわち、全ての関与者に起因者としての性質があり、全ての関与者が自分たち皆にその性質があることを了解しており、かつ全ての関与者が、全体行為

----

(43)　山本・前掲（注(16)）５頁参照。

(44)　共同意思主体説によれば、共同正犯に限られず他の共犯形態にも当てはまる。

(45)　草野・前掲書（注(4)）117頁参照。

(46)　桜井成夫訳『群衆心理／ギュスターヴ・ル・ボン［著］』（1993年、講談社）。

(47)　*McDougall, W.,* The Group Mind, 2nded, G. P. Putnam's Sons, 1927, p. 21、M. A. ホッグ著／廣田君美＝藤沢等監訳『集団凝集性の社会心理学——魅力から社会的アイデンティティへ——』（1994年、北大路書房）18頁以下参照。

(48)　草野・前掲書（注(4)）117頁、齊藤・前掲書（注(7)）117頁参照。

(49)　*Köstlin,* System des deutschen Strafrechts, 1. Abt., Allgemeiner Teil, 1855.

(50)　*Köstlin,* a. a. O.（Anm. 49), S. 335.

Gesamtthätigkeitというに相応しく、共に手足のごとく一つになっていた場合、共同起因者（共同正犯）として認められる。そのような共同起因者（共同正犯）には、その物理的な寄与の程度にかかわらず、皆に対して、生じた結果についての責任が負わせられることになる[51]、と。この見解は、複数の者が一定の犯罪を遂行する共通目的のもと一体となって共働するという点に、共同正犯の本質をみているものであり、その発想はまさに団体犯原理によるものである[52]。

(4) また、比較的最近のドイツにおいても、共同正犯に関して、全体的考察方法を用いて、これを団体犯として把握しようとする（、その意味では共同意思主体説に類似する）アプローチが有力に示されている。たとえば、*Dencker*は、ドイツの共同正犯規定であるドイツ刑法25条2項にいう「共同して」の要件は、「全体計画Gesamthandlungsprojekt（Gesamtplan）に適合して」という客観要件であるとしつつ[53]、全体所為Gesamttatという概念を用い、共同正犯の本質を説明する[54]。すなわち、各個人の行為は通常は別個のものであるが、それら各人の行為を調整する知的立案 imtellektueller Entwurf がなされたとき、そこに全体計画の存在が認められることになり、その全体計画に沿う行為を各人がなしたときに、総体として計画実現がなされたと見られることとなる。これが全体所為であり、このことが認められなければ共同正犯とはいえない旨説かれている[55]。

また、*Lesch*も、規範的共同性としての共同正犯Mittäterschaft als normative Gemeinsamkeitという考え[56]によって、共同正犯を団体犯的に把握することを支持する。*Lesch*は、共同正犯の本質を、個々の関与者における独自の正犯性に見る考え方（たとえば、行為支配を有する者に正犯性があるなど）は成功していないと分析しており[57]、むしろ、共同正犯の本質は、集団的単一体

---

(51) *Köstlin*, a. a. O. （Anm. 49), S. 335.
(52) *Welzel*も、全体としての所為die Tat als Ganzeという概念を用いていた。*Welzel*, Abhandlungen zum Strafrechtund zur Rechtsphilosophie, 1975, S. 171.
(53) *Denker*, Kausalität und Gesamttat, 1996, S. 149.
(54) *Denker*, a. a. O. （Anm. 53), S. 120 ff.
(55) *Denker*, a. a. O. （Anm. 53), S. 160 f.
(56) *Lesch*, a. a. O. （Anm. 38), S. 77.

kollektive Einheitによる団体としての行為という面に見るべきと説く。すなわち、彼によれば、まさに団体それ自体が行為主体であり、その行為主体たる団体こそが紛争（犯罪事実）を引き起こすのである[58]。

　Leschによるこうした共同正犯の捉え方も、団体犯的把握そのものであるから、その意味では共同意思主体説の思考に通じるものである。ただ、Leschは、行為主体たる団体について、次のようにいう。すなわち、ここにいう団体とは、犯罪の共同惹起という一定の目的のために一体となった関与者らそのものを実体とするものであって、関与者らを離れて存在する何らかのものが団体の実体なのではない、と説くのである。この主張は、共犯を特殊の社会的心理的現象[59]たる共同意思主体の活動として理解する共同意思主体説に対する批判となり得るものといえよう。その点では、Leschの見解は、共同意思主体説とは異質のものである。そもそもLeschは、関与者間の主観的な意思合致を共同正犯の構成要素とする一般的見解に対して批判的である[60]。Leschによれば、共同正犯の共同性は、主観的自然主義的観点からではなく、客観的規範的観点から基礎づけられなければならない[61]。すなわち、共同正犯の本質は、心理的な共同性ではなく、客観的な共同性に求められなければならないというのである。そして、この客観的な共同性は、複数の関与者がコミュニケーションを図りながら客観的に確認できるかたちで計画を共有・遂行していくという、複数関与者による客観的な組織化行動によって認められる旨、説くとともに、この客観的共同性は当該事象、関与者の役割の社会的・規範的コンテクストから判断されるものである旨、主張するのである。こうして、Leschは、共同正犯の本質は、規範的な共同性にある、とするのである[62]。

---

(57)　Lesch, a. a. O.（Anm. 38），S. 75 ff.

(58)　Lesch, Das Problem der sukzessiven Beihilfe, 1992, S. 189.

(59)　下村・前掲書（注(12)）184頁。

(60)　共同要件を客観的な要件として理解するDenckerの見解も、この点では軌を一にする。

(61)　Lesch, a. a. O.（Anm. 38），S. 74.

(62)　Lesch, Die Begründung mittäterschaftlicher Haftung als Moment der objektive Zurechnung, ZStW 105（1993），S. 281f.

2 狭義の共同意思主体、狭義の一体性

以上のように、ドイツでも、団体犯原理にもとづく共同正犯論が展開されているのであるが、それらは、まさに共同正犯の特殊性を解き明かそうとするものであり、その点で非常に示唆的である。

前述のように、共同意思主体説に対しては、同説の中核的概念である共同意思主体の形成が（共謀）共同正犯を根拠づける論理になっていないとの批判がある。この批判が的を射ていないことはすでに述べたが、しかし、共謀共同正犯の成立に必要な共同意思主体の形成と、その他の形式の共犯の成立に必要な共同意思主体の形成とを、異なる内容のものとして捉える視点を入れて、その上で共同意思主体の概念を再構成することは、有意義であろうと思われる。そうすることにより、共同正犯の特性は明瞭化され、共同意思主体説が目指してきた共同正犯の本質の理解に実質的に近づくことも可能になるからである。

これは、共謀共同正犯における共同意思主体の形成を、より厳格な事象として把握するアプローチである（「狭義の共同意思主体」）。従来の共同意思主体説は、共通目標に向かおうとする意思疎通レベルの意思共有があるところに共同意思主体の形成を認め、（共謀）共同正犯における共同意思主体の形成もまたその程度のものとしてきたが、このアプローチによれば、共謀共同正犯における共同意思主体はその程度では形成されないものとして理解されることになる。

このことから、一体性の概念も変容する。（共謀）共同正犯における一体性は、教唆犯・従犯に当てはまる一体性よりも安定的（で強固）な一体性を意味することとなる（「狭義の一体性」）。

以上のような理解からすると、共同意思主体説論者が述べてきた、一人でできないことも他者と共におこなうならば可能となるということから推論される特殊な社会的心理的現象なるものは、いわば、他者から受ける単純な対人的影響[63]のようなものとして位置づけられ、せいぜい共犯現象を前法的・

---

(63) 狩野素朗『個と事集団の社会心理学』（1985年、ナカニシヤ出版）141頁以下、M. A. ホッグ著／廣田＝藤沢監訳前掲書（注(43)）110頁以下参照。

網羅的に基礎づける概念にとどまることとなる。

V　共謀共同正犯の一体性

1　一体性の概念

（1）　さて、以上を前提に、共同意思主体、そして一体性の概念について、さらに踏み込んで述べていくこととしよう。

本稿の立場によれば、狭義の共同意思主体の形成・狭義の一体性が認められる団体による行動というところに、共謀共同正犯の共同性・共犯性の本質があるが、問題は、果たして何をもって、そうした共同意思主体の形成・一体性を認めるか、である。

この点について、まず、狭義の一体性（共同性・共同意思主体形成）は客観的要件であるべきか、それとも主観的要件であるべきか、という観点から考察することとしよう。

上述の*Denker*および*Lesch*の立場はこれを客観要件とするものである[64]。確かに、客観要件、しかも規範的要件とすることで、特に共同性の認定が実質化するとともに比較的容易になるといったメリットは生じる。また、そもそも、正犯とされる共同正犯において、主観要件は故意で十分であるはずで、それ以上の要件をあえて主観的要件として加える理由はないのではないか（客観要件として加える方が合理的ではないか）という見方もあり得よう[65]。

しかし、少なくとも、複数の関与者が犯罪の計画を立て、計画を共有し、役割分担をし、それぞれが計画・役割に適う行動をした、といった客観的事実のみから、共同正犯の成立要件たる一体性を認めるというのは、妥当ではない。なぜなら、この判断方法に従うと、計画を立てる際に薄い内容の意思疎通が図られ、それにもとづいて各関与者がいちおう計画適合的な寄与行為をするに至ったという場合にも、一体性が認められる可能性があり、ほんら

（64）　*Denker*は、共同決意を「客観的なもの etwas Objektives」だとし（ders, （Anm. 53）, S. 150）、*Lesch*も、すでに述べたように、共同正犯の本質を客観的共同性に求めている（ders, （Anm. 62）, S. 281）。

（65）　松生・前掲（注36）722頁参照。

487

い共同正犯の成立要件というに相応しくない多くのケースが、共同正犯事案として処理されることになり得るからである。たとえば、犯罪提案にただ追従する気持ちで同調したにとどまり、与えられた役割を単にこなすという消極的な意思で動いただけ、といった関与者までもが、一体的集団の構成員として扱われかねない[66]。こうした種の関与者は、計画遂行における足枷となる可能性を有する存在である。仮に、計画遂行に結果的に役立ったとしても、事前の見地から、その主観的状態を含め考察すると、途中で役割を放棄したり、手を抜いたりする可能性を持つ存在といわざるを得ないのである。言葉を換えれば、その集団にとってプラス要因とはいいきれない存在ということである（下記の言葉でいえば、集団凝集性を低める要因である）。こうした特徴を持つ関与者を、一体的集団の構成員から外せる思考枠組みが求められるのである。

(2) こう考えてくると、共同正犯の成立に必要となる集団の一体性の本質については、関与者の主観的事情にかかる次の２点に求められるべきとの見方に至ることとなる。

その第一は、目的追求を果たそうとする動機や、計画に適合する行動をとろうとする意思の強さ（目的・計画への主観的適合傾向の程度）である。こうした目的・計画への主観的適合傾向の程度が強い者は、他関与者と共に全体目的の遂行にとってプラス要因となる働きをし得ると考えられることから、安定的一体性を認めるための一要素となるわけである。反対に、仲間に単に同調しただけの者や、渋々共同実行を承諾した者などは、規範的に見て、安定的な一体的団体の構成員ではないと評価されることとなる。

そして第二は、関与者相互の主観的結束性である。共同正犯成立に必要な一体は、いわば、不確実性のない組織構造性である。こうした性質は、確実に計画を遂行するとの意思を有する者同士が、相手にもその意思があることについて確信し合っている、というところにはじめて看取することができる。相互確信性が揺らいでいる集合体は、まさに不安定な状態であり、一体的組

---

(66) 行為支配説や役割の重要性説では、こうした関与者については、行為支配性に足りない、重要な役割を果たしていないといった客観面の理由をもって、正犯性を否定することになる。

V　共謀共同正犯の一体性

織性に不足しているであろう。こうして、関与者相互の主観的結束性が、一体性を認めるためのもう一つの要素として数えられることとなる。

とはいえ、狭義の一体性を客観的要件と見る立場が、関与者（間）の主観的状態の客観的顕在化を要求しているのだとすれば、それは十分に受け入れられるアプローチである。主観的状態は、結局のところ、客観的事実からその存在を推認せざるを得ないものだということは否定できず、その意味では、複数人においてなされた客観的な行動等に着目して、主観的な状態を確認するという方法は、確かに理に適っているといえるからである[67]。そうすると、一体性の要件については、これを本質的には主観要件としつつも、その認否判断は客観的事実を併せ考慮してなされるものと理解した方が、素直であり合理的ということになる。

ただ、注意が必要なのは、客観的事実はあくまで関与者の主観面、複数関与者（間）の主観的状態を推し量るための事情として考慮されるものだという点である。関与者における目的追求を果たそうとする動機や、計画に適合する行動をとろうとする意思の強さ、そして関与者相互の主観的結束性、といった主観的事情を推認することができる事情がないのに、他の客観的な事情（たとえば、寄与行為の客観的な程度）をもって共同性を肯定する、ということはあってはならない。一体性の本質は、あくまで関与者（間）の主観的状態にあるのである[68]。これを客観的な役割の重要性の問題にすり替えてはならない。

---

(67)　わが国においては、練馬事件判決（最大判昭和33・5・28刑集12巻8号1722頁）を契機に、共謀を、関与者間の意思疎通・共同犯行の認識と異なる概念として把握し、それを共謀共同正犯の要件とする見解が次第に台頭してきているが、そうした見解も、結局のところ、純粋に客観的な会議形式の会合等を要するとしているのではなく、主観的謀議の存在を、客観的徴表事実をもって確認しようということを狙いにしているものといえよう。もっとも、練馬事件判決は、共同正犯の成立に、単なる意思疎通レベル以上の高度な主観的一体性を要求したものだと解することもできなくはない（岩田誠「判解」『最高裁判所判例解説　刑事篇　昭和33年度』405頁以下参照）。そういう理解からすると、本判断は、共謀共同正犯のとらえ方として十分ではないが、後述の私見（共同正犯の一体性の特性を読み解こうとする考え方）と、方向性としては類似したものを有しているといえる。

(68)　山本・前掲（注(16)）11頁以下。

⑶　重ねて述べるが、共謀共同正犯の一体性は、関与者における目的・計画への主観的適合傾向の程度、そして関与者相互の主観的結束性によって基礎づけられるものと解するべきである。これらが認められないところに、安定的な組織化・一体化はあり得ない。安定的な組織化・一体化が果たされてこそ、複数関与者は、「個人」に匹敵するような動きをし得る一個の集団として性格づけられることとなるのである。

　こうした視座からすると、わが国における共同意思主体説、特に主観的謀議説を前提とする共同意思主体説による共同正犯の団体犯的把握の仕方それ自体、すなわちマクロレベルの視点[69]は、基本的に的を射ていると評さざるを得ない。この立場は、複数人が一定の目的に向かって合一するところに特殊な社会的心理的現象（共同意思主体）が生じ、その成員がさらに共同犯行の認識（ないしはそれを超える主観的状態）を有していた場合（主観的共謀があった場合）に、共同正犯を肯定するが、このように集団心理の概念を用いつつ、そこに複数人の一体的結合の根拠を見いだそうとするアプローチに立ってこそ、個人に匹敵する程度に安定的な人的結合体に対してのみ共謀共同正犯を認めるとする考え方を導くことができるからである。

Ⅵ　共同意思主体説の再構成

1　従来の共同意思主体概念の問題性

⑴　ただ、共同意思主体説に対して投げかけられてきた、もう一つの次のような批判には、あらためて留意する必要がある。それは、共同意思主体という社会的心理的現象そのものに対する疑問を内容とする批判である。

　共同意思主体説は、二人以上の者が、一定の犯罪を実現しようとする共同目的を持つと、そこに共同意思主体という特殊な社会的心理的現象が生じると説くが、そのような共同意思主体という超個人的存在は一種の比喩ではないか、というのである[70]。確かに、共同意思主体なる存在は、実体を把握し

---

(69)　亀田＝村田・前掲書（注㎞）４頁以下参照。
(70)　平野龍一『刑法　総論Ⅱ』（1975年、有斐閣）401頁。

がたいものである。そこから、フィクションともいうべき概念を用いたのではないか、との疑念は当然に出てくるであろう。これに反論するには、共同意思主体の内実をさらに具体的に説くほかない。しかし、共同意思主体説側からそれが十分に為されてきたかについては疑問なしとしないので、以下、この点について若干述べることとしよう。

(2) 共同意思主体説がいう共同意思主体とは、二人以上の者が共同の目的に向かって合一するところに生じる、個人心理を離れた特殊の団体心理である[71]。論者によれば、個人意思ではできないようなことも、他者と二人でならばできるといった現実があり、これはまさに特殊の団体心理たる共同意思主体の存在を証する事実である、というのである[72]。

そして、社会心理学者マクドゥーガルの説が挙げられ、論が補強されている。すなわち、「社會心理學者マクドーガルは、この點を説明して、『多衆が共に考え、共に感じ、共に行動するときは、團體の各員の精神作用と行動とは、各員が孤立的一個人としてその境遇に直面したりしならんには仕遂げたりしなるべしと想像せられるそれとは著しく異りがちなものである』としている。この一個人として仕遂げたりしなるべしと想像せられるものと異りがちなもののあるところに、犯罪についていえば、その危険性と重大性とが存するのである。」[73]と述べられているのである。

また、次のような説示もある。すなわち、「共同意思主体説が立論の基礎とする団体心理の存在は、社会心理学者によっても、すでに夙く、みとめられているところである。……犯罪行為の一要素をなす心素の点で、個人の犯罪行為におけるものとは異なったものである以上、よってもって成立する犯罪行為についても、個人的心理をもって論ずることなく、団体的心理をもって断ずべきこと、当然の理であって、現に、現行刑法典中にも、単独で行えば一年以下の懲役にしかあたらない逃走罪（第九七条）が、二人以上通謀して行えば三月以上五年以下の懲役（第九八条）となる場合、また、単独で行

---

(71) 齊藤・前掲書（注(7)）117頁。
(72) 草野・前掲書（注(3)）262頁、齊藤金作『刑法総論［訂正版］』（1950年、巌松堂書店）201頁参照。
(73) 齊藤・前掲書（注(7)）117頁。なお、草野・前掲書（注(3)）262頁も参照。

えば二年以下……の懲役にしかあたらない暴行罪（第二〇八条）が、数人共同して行われれば三年以下の懲役（暴力行為等処罰ニ関スル法律第一条）にあたり、さらに、多数聚合してこれを行えば騒擾罪（第一〇六条）として、その首魁は一年以上一〇年以下の懲役にあたり、指揮または率先助勢した者は六月以上七年以下の懲役にあたり、附和随行者は五〇円以下の罰金にあたる場合が規定されているのであって、これらは、団体心理（group mind）、群集心理（mob mind）というような特殊な社会的心理的現象を考慮に入れて立法したものと考えなければ理解できないであろう。」[74]とされているのである。

　以上のように、共同意思主体説側は、共同意思主体の存在の根拠を、心理学の分野で言われた団体心（理）・群集心（理）に求めてきた。

　確かに、既述のとおり、心理学の世界においては、*Le Bon*による群集心理論や、*McDougall*による団体心理論が注目された時代[75]があった[76]。わが国の共同意思主体説も、こうした理論の影響を受けて形成されようである。なるほど、個人としての行動と、集団としての行動の相違に着目するとともに、心理学の知見を参照して、両者の相違の実態を説明するというアプローチは、本来かなりの説得力を持つものといってよいであろう。しかしながら、こうした集団心理論を強く批判する心理学者もまた、当時の時点でいたという事実がある。アメリカのフロイド＝オルポート*F. H. Allport*は、個人を超えた団体心を認める群集心理論・団体心理論に否定的であった[77]。団体心なるものが個人を超えたところに形成されるとする理論は誤りであるとし[78]、

---

(74)　下村・前掲書（注⑫）198頁以下。

(75)　なお、ほぼ同時期に、N. トリプレットは、同じ行動をする他者が側にいるだけで作業成績が上がるという「共行為効果」、さらには、ただ他人が側にいるだけでも作業成績は上がるという「聴衆効果」を実証した。「社会的促進」といわれる現象である。しかし、ザイアンス*R. B. Zajonce*は、他者の存在が、反対に、作業成績を低下させる要因になることを示した。「社会的抑制」現象である。特に、複雑な作業、慣れていない作業、困難な作業において、他者の存在は、抑制要因になることを明らかにした。*Zajonce, R. B.*, Social facilitation. Science, 149, pp. 269–274.

(76)　だいたい20世紀前半あたりとみてよいであろう。

(77)　佐々木薫＝永田良昭編『集団行動の心理学』（1987年、有斐閣）4 頁以下、広田君美『集団の心理学』（1963年、誠信書房）68頁。

団体心といわれる心理はあくまで個人の行動・意識のなかに存在するものである旨、主張したのである[79]。

また、従来の共同意思主体説による、集団に関する分析・理解は、必ずしも十分なものではなかったと思われる。そして、そうであるがゆえに、従来の共同意思主体説は、共同正犯を、集団の特性の観点から十分に説明するということに成功してこなかったものと思われる。同説は、共同意思主体の形成によって共犯が成立し、さらに共同犯行の認識を持って謀議が果たされたといえる場合に（あるいは総合的観点から重要な役割を演じたといえる場合に）、共同正犯の成立が肯定されるというが、このうちの、共同犯行の認識を持って謀議が果たされたこととか、総合的判断から重要な役割を演じたということを、心理学におけるマクロ的な観点に引きつけて、その意味を明らかにすることをおこなってこなかったのである。

今日の社会心理学は、集団には、成員が目標に向かって互いに協力し合う傾向が強いもの、すなわち集団凝集性 group cohesiveness の高いものもあるが、そうでないものもある（the degree of cohesiveness of the group）、ということを認める[80]。前者であれば、その集団は、目標に向かって安定的に動く一体的存在というに相応しいであろうが、そうでない集団もあることが指摘されているのである。また、集団においては、いわゆる社会的手抜きsocial loafing（他者と共におこなう際、ひとりでおこなうときよりも力を抜く現象）とか、責任の拡散（他者と共に取り組むと動機づけが低下し、遂行量が減少する現象）[81]などが起き得ることも指摘されている。これは、他者の存在が作業成績の抑制を引き起こすという現象である。マクロレベルの視点では、一定の目標に向かって合一して動く体裁を有する集団に見えるとしても、ミクロレベルの視点で見ると、関与者によって目標に向かう動機の強弱にかなりの差があり、一体的というには脆弱すぎる、ごく不安定な集合体になっている、

---

(78)　*Allport, F. H.*, Social Psychology, 1924, Boston, Houghton Mifflin, p. 295 ff.

(79)　山岸俊男『社会心理学キーワード』（2001年、有斐閣）90頁参照。

(80)　*Festinger, L.*, et al, Social pressures in informal groups: A study of human factors in housing, Stanford University Press, 1950, p. 96 ff. 狩野・前掲書（注(63)）141頁以下。

(81)　これらについて、佐々木＝永田編・前掲書（注(77)）112頁以下、池田謙一＝唐沢穣＝工藤恵理子＝村本由紀子『社会心理学』（2010、有斐閣）190頁参照。

というケースが往々にしてあり得るということである[82]。

　こうした社会心理学の知見が教えることは、複数人が共通の目的に向かおうと合意したとしても、構成員それぞれに、それぞれの思惑があり得るのであり、決して常に一枚岩となるわけではない、ということである。高度にまとまりのある団体になっている場合と、そうでない場合との双方があるということである。人の集合体の評価に際しては、以上の前提から出発しなければならないと思われ、したがって、共犯（特に狭義の共犯、共同正犯、共謀共同正犯の異同）について考察する際にも、この点を含め考えなければならないと思われるのである。

2　共同意思主体概念の再構成

　⑴　上述のように、もともと共同意思主体説は共同意思主体を社会的実在として理解してきた向きがあるし、共同正犯の特徴を集団の特性の観点から十分に説明してこなかった部分もある。こうした点にかんがみて、以下、同説の従来の考え方に一定の修正を加えることを試みたい。

　⑵　まず、共同意思主体を社会的実在として理解しようとするところから明確に離れなければならない。共同意思主体は、現実に生じる実在としてではなく、規範的に認められうる社会的観念として理解し直されるべきである。

　⑶　では、どういう場合に、狭義の共同意思主体（共謀共同正犯の成立にかかる共同意思主体）の存在を規範的に認めることができるのであろうか。これについては、いったんミクロレベルの問題からアプローチしていくことが必要である。先に、狭義の一体性判断のメルクマールとして、①関与者における目的・計画への主観的適合傾向の強さ、そして②関与者相互の主観的結束性、という２つの観点を提示したが、まさにこの２点が認められることをもって、狭義の共同意思主体の存在を規範的に肯定することが許されると考えるべきである。

　このうち①は、裏面からいえば、集団凝集性を低める要因となる関与者でないこと、社会的手抜きに陥る可能性のある関与者でないこと、さらには責

---

(82)　亀田＝村田・前掲書（注(41)）４頁以下参照。

任拡散のあおりを受けそうな関与者でないこと、これらを確認する作業によって、その有無が規範的に判断されるというメルクマールである。実際上は、たとえば、計画立案のプロセスにおける態度、全体を通しての発言内容・程度、他関与者とのやりとり、集団内における当該関与者の地位（他関与者への影響力）などといった諸事項を基礎に、それらに関して能動性・積極性・主体性があったかを問い、これらが肯定される場合に、規範的に、目的・計画への主観的適合傾向の強さを肯定する、とすべきであろう。

次に②についてであるが、これは、集団としての安定性に関わる問題であり、実質的には、相互信頼性があるかどうかを確認する作業によって、その有無が規範的に判断すべきと思われる。Ａ、Ｂ、Ｃで構成される集団であれば、この３人いずれもが、他２名の関与者について自分と同じく目的・計画適合的に行動するものと信頼している、ということが、相互信頼性であるから、まさにそのような信頼を相互に有していたかを確認することになる。ただ、そのような他者への信頼という主観状態を、いかなる事実によって読み取るかが問題となるが、これについては、（以前から共同して犯罪を繰り返していたがゆえにすでに相互の信頼関係が構築されているというグループでないかぎり、）他の関与者に対して、目的・計画に適う行動をとるよう働きかけたり促したりする行動・態度を示していたかで判断すべきと思われる。すなわち、いわゆる集団規範を形成しようとする行動がなされたかを問うわけである[83]。そのような行動・態度は、互いの心理を拘束する効果[84]をもたらすため、そこから他関与者の行動に対する信頼感が生まれるとみることができるのである[85]。

---

(83) 集団規範group normは心理学用語であり、集団内の大多数の成員が共有する判断の枠組みや思考様式と定義される（山岸俊男『社会心理学キーワード』〈2001年、有斐閣〉152頁）。集団規範によって、集団成員には、成員全体によって共有された行動の枠組み（標準的行動）に沿って行動する、またそれから逸脱しないようにする心理的な圧力＝集団圧力group pressureが働くこととなる（佐々木＝永田・前掲書〈注(77)〉59頁参照）。このように、集団規範は、成員に許容される行動の範囲を限定するものなのである（広田・前掲書〈注(77)〉338頁）。

(84) 共謀者の正犯性の本質を、実行担当者に対する心理的拘束に見る見解として、松原・前掲書（注(15)）384頁参照。

（3）　①目的・計画への主観的適合傾向の強さが認められ、かつ、②他者拘束性にもとづく相互結束性も認められる関与者らが構成する集団は、そうでない集団とは差別化されるべき特性を有しているといえよう。こうした集団それ自体の特性に目を向ける視座こそがマクロ的評価であり、こうした評価手法を用いてこそ、すなわちマクロレベルの視点で捉えなおしてこそ、団体犯としての共同正犯の特性を十分に説明することができるのである。本稿は、共同意思主体の形成・一体性という概念を、このような性質の集団に認めようとするものである（そうした性質を持つ集団の誰かが実行に出れば、それは、規範的な共同意思主体の活動として、その構成員皆が共同正犯になる）。従来の共同意思主体説の考えについて、以上のように修正されるべきものと考える。

（4）　なお、本稿の理解によれば、（共謀）共同正犯と、他の共犯形式（教唆犯・従犯）とは、次のようにして区別されることとなる。

　まず、上記の①関与者における目的・計画への主観的適合傾向の強さ、というメルクマールが、主に幇助的関与者を排斥する機能を果たす。目的・計画適合性が弱い関与者については、規範的共同意思主体の構成員と見ることはできず、これによって共同正犯の枠から外れ、基本的に従犯止まりとなる。

　上記の②関与者相互の主観的結束性（相互拘束性）というメルクマールは、主に教唆的関与者を排斥する機能を果たす。元来、教唆犯は、正犯と同様に処罰され得るものであることから、犯罪遂行において決定的な役割を果たす存在である。そのため、重要な役割の観点をもってしては、共同正犯と教唆犯を区別することは、基本的に困難になる。この点、本稿の立場からすると、共同正犯は、他者の心理を拘束したことが規範的に認められる場合にのみ成

（85）　そもそも私たちが考えているのは、「人」を構成要素とする集団についてである。構成要素たる「人」は、それぞれ独自の意思をもち、自らの判断にしたがって行動する可能性を常に有している。すなわち、他者と無関係に単独行動をおこなうことを基本とする自主独立の存在なのである。そのような、本来的に他者から切り離された単立の存在たる「人」に対して、他者と一体となっているとの評価をすることができるのは、当該複数関与者の間において、それぞれ計画に合致した行動に徹し、独自の行動をとらないとの取り決めが交わされ、各関与者がその取り決めに拘束される状態になったという特別な事情が生じた場合に限られると考えざるを得ない。

立し得るものであるから、教唆犯の混淆は十分に避けられる。教唆犯は、実行行為に出ることについて、被教唆者の判断に全面的に委ねているという形態であり、そこに他者心理の拘束はないのである[86]。

Ⅶ　おわりに

(1)　本稿では、共謀共同正犯を肯定するにあたって、いかなる考え方を採用すべきかについて、理論的見地から考察をした。その結果、共同意思主体説の着想に与しつつ、同説に修正を加えるという立場を提示するに至った。

(2)　最後に私見の骨子を記し、本稿を閉じることとする。大方の批判を仰ぐことができれば幸いである。

・機能的行為支配説に代表される、個人犯原理から共謀共同正犯を基礎づける立場は、共同正犯の実態の描写を正確に行っていないきらいがある。共同正犯の実態を見誤らないためには、個々の関与行為の性質といういわばミクロレベルを超える視点から、共同正犯性を根拠づけることが必要と思われる。

　その意味で、マクロ的視点を用いてきた共同意思主体説の思考枠組みはやはり維持されるべきである。共謀共同正犯の本質は、集団の安定的一体性を重視する、団体犯原理によってはじめて正しく把握されうるが、こうした考え方は、マクロ的視点なしには困難である。

・ただ、従来の共同意思主体説は、共同意思主体を社会的に実態のある存在とみてきた向きがある。共同意思主体の存在は、規範的観点から把握されるべき社会的観念として理解し直されなければならない。

　そして、共謀共同正犯における共同意思主体形成、ならびに一体性の概念について、修正を施すべきである。すなわち、共謀共同正犯の成立に必要となる共同意思主体の形成は、複数人が同じ目的に向かうことに合意したときに認められる程度の心理的状態を超え、①関与者における目的・計画への主観的適合傾向の強さ、そして②関与者相互の主観的結束性、とい

---

(86)　松原・前掲書（注⒂）384頁参照。

う2つのミクロレベル（個人レベル）の観点から確認される「狭義の共同意思主体」が形成されたといえる場合にはじめて肯定できるものと解するべきである。

このようなミクロ特性を有する複数の者で構成される集団それ自体の特性を、マクロ的視点から捉えなおすことで、共同意思主体説が語ってきた「団体犯としての共謀共同正犯」の本質を示すことが可能となる。

・以上の見地は、（共謀）共同正犯と、他の共犯形式（教唆犯・従犯）との区別においても有用となる。

上記の①目的・計画適合性が弱い関与者については、規範的共同意思主体の構成員と見ることはできず、これによって共同正犯の枠から外れ、教唆犯・従犯止まりとなる。上記の②関与者相互の主観的結束性（相互拘束性）の認められる関与者のみが共同正犯たり得るから、教唆犯は、他者の心理を拘束しないことを理由にして、ここから外れる。

※本稿は、中央大学特定課題研究費（2016〜2017年度）の助成を受けた研究成果の一部である。

（まがた・おさむ）

共謀共同正犯の認定と審理のあり方

——裁判員裁判を念頭に——

大 善 文 男

Ⅰ　始　め　に
Ⅱ　共謀共同正犯に関する最高裁の判例
Ⅲ　共謀共同正犯の意義と成立要件の整理
Ⅳ　裁判員裁判における共謀共同正犯に関する公判前整理手続及び審理の
あり方

Ⅰ　始　め　に

　共謀共同正犯は、2人以上の者が犯罪の実行について共謀し、そのうちの一部の者が、共同実行の意思に基づいて犯罪の実行をした場合には、直接実行行為を分担していない者に対しても、共同正犯として責任を認めるものである。刑法60条は、「二人以上共同して犯罪を実行した者は、すべて正犯とする。」と規定している。そして、この共同正犯には、2人以上の者が共同実行の意思を持って客観的に実行行為を互いに分担した場合である実行共同正犯のほか、実行行為の分担をしない共謀共同正犯についても成立を認めるのが、一貫した判例の立場であり、学説もかつては共謀共同正犯の成立を否定する立場が有力であったが、最近では、理由付けについては様々な考え方があるものの、共謀共同正犯の成立を認める立場が多数であると言える。

　このように実務では共謀共同正犯の成立を認める立場を前提に動いており、共謀共同正犯として起訴される事件は多く、また、共謀共同正犯の成立が争われることが多い。そして、その争われ方も多様であるが、大別すると、被告人は、実行行為者と何ら意思の連絡がなく、共謀自体が成立しないと主張される場合と、一定の意思連絡があることは認めつつ、その意思連絡

の内容や被告人の役割や関与から、共同正犯ではなく、幇助犯が成立するにすぎないと主張される場合が多いと思われる。また、証拠方法については、共犯者の供述が意思連絡を直接立証する証拠になったり、同供述から認められる事実が意思連絡や共謀共同正犯認定の重要な根拠の一つとなることもあるが、決め手となる供述証拠はなく、いくつかの間接事実を総合して判断を求められることもある。

　裁判員裁判では、難解な法律概念についての説明や認定判断が難しいと実務家の間で言われているところであり、その一つが共謀共同正犯の認定である。これは共謀共同正犯の成立要件等を裁判員に説明して理解してもらうことが難しいほか、純粋の事実認定の問題のほかに、事実を認定した上で当てはめの問題、たとえば、認定した事実関係によれば、共謀共同正犯が認められるのか、幇助犯が成立するにすぎないかという当てはめの判断が必要になり、そのためには、共謀共同正犯が認められる判断基準について、裁判員に一定の理解を求めることも必要である。裁判員が十分に判断できるように、判断事項を明確にし（これは個々の事案の争われ方によって異なり、核心部分について判断を求めるように工夫する必要がある。）、争点整理や審理のあり方についても法曹三者で十分協議し、工夫していく必要がある。

　以上の問題意識のもとに、本稿では、共謀共同正犯の成否に関する重要判例を押さえた上で、共謀共同正犯についての認定判断について考察を加え、裁判員裁判において共謀共同正犯の成立が争われた場合の公判前整理手続や審理、評議のあり方等[1]について検討を加えることとする[2]。

（１）　代表的な論考として、佐伯仁志＝酒巻匡＝村瀬均＝河本雅也＝三村三緒＝駒田秀和『難解な法律概念と裁判員裁判』〔司法研究報告書61輯１号〕（2009年、法曹会）（以下「司法研究・難解な法律概念」という。）55頁以下がある。

（２）　平成27年当職が東京地裁立川支部刑事部に所属したとき、同刑事部所属の当職を含めて裁判官４名で、共謀の成否が争われた裁判員裁判の具体的事例に基づいて、共謀が争われた場合の公判前整理手続、審理、評議のあり方について議論して、その結果を報告書にまとめ、更にそれを東京地裁本庁及び立川支部刑事部の部総括意見交換会において報告し、意見交換したことがあった。本稿、特にⅣの「裁判員裁判における共謀共同正犯に関する公判前整理手続及び審理のあり方」については、それらの議論の成果に基づくところが多い。

II　共謀共同正犯に関する最高裁の判例

II　共謀共同正犯に関する最高裁の判例

　前述したとおり、最高裁の判例は、大審院の時代を含め、共謀共同正犯の成立を認めているが、共謀共同正犯の成立する範囲を含め、その意義を理解する上で、いくつかの重要な最高裁判例を検討する。

1　最大判昭和33・5・28刑集12巻8号1718頁

(1)　判例の概要

　会社の労働争議を巡って、組合員らが警察官襲撃を企て、順次共謀を遂げ、そのうちの数名が警察官を襲って死亡させたという傷害致死事件につき、最高裁は、「共謀共同正犯が成立するには、二人以上の者が、特定の犯罪を行うため、共同意思の下に一体となつて互に他人の行為を利用し、各自の意思を実行に移すことを内容とする謀議をなし、よつて犯罪を実行した事実が認められなければならない。したがって右のような関係において共謀に参加した事実が認められる以上、直接実行行為に関与しない者でも、他人の行為をいわば自己の手段として犯罪を行つたという意味において、その間刑責の成立に差異を生ずると解すべき理由はない。」と判示し、共謀に加わったが、直接実行行為に関与しなかった者について、共謀共同正犯の成立を認めてその責任を肯定した。

(2)　判例の検討

　いわゆる練馬事件であり、最高裁が、共謀共同正犯について、意義、根拠等を明確にした指導的判例と言われている。

　この判例は、それまでの共謀共同正犯を認める判例が、共同意思主体説の立場に立った説示をしていたのに対し、共同意思主体説に近い表現はあるものの、基本的には間接正犯類似の理論を用いて、共謀共同正犯を根拠付けようとしているところに特徴があり、従来緩やかに成立が認められていた共謀共同正犯の成立範囲を一定の範囲に限定するものであると評価されている。

　しかし、どのような場合に、共謀に参加したと言えるかについては必ずしも明確ではなく、客観的に謀議が存在したような事例については該当しても、共謀には、明示の話合い等明確に謀議行為のようなものがなくても成立

501

するものが多いのに、そのような事例については当てはまらないという指摘
があった。また、この判例は、「共謀」又は「謀議」は罪となるべき事実に
ほかならないから、これを認めるには厳格な証明を必要とするが、共謀の判
示は、その成立を明らかにすれば足り、謀議の行われた日時、場所又はその
内容等を具体的に判示するまでは要しないとしたことから、判例の理解とし
て、共謀には、具体的な謀議行為の存在を必要とするということを示したと
いう見方[3]がある一方、実務上は、実行共同正犯と同様に、共謀を共犯者間
における犯罪共同遂行の合意と解するべきであり、そのように解してもこの
判例の趣旨に反しないとする見解[4]が有力であり、この判例の射程範囲につ
いて解釈の余地を残した。

2　最（一小）決昭和57・7・16刑集36巻6号695頁

(1)　判例の概要

　被告人は、大麻密輸入を計画したAから大麻密輸入の実行担当を持ちかけ
られ、大麻を入手したいという欲求にかられ、自らは断ったが、代わりの人
物を紹介することを約し、事情を話して承諾したBをAに引き合わせ、さら
に、大麻密輸入の資金の一部を提供するとともにその金額に見合う大麻をも
らい受ける約束をし、Bが大麻密輸入を実行したという事案である。

　最高裁は、「被告人は、タイ国からの大麻密輸入を計画したAからその実
行担当者になつて欲しい旨頼まれるや、大麻を入手したい欲求にかられ、執
行猶予中の身であることを理由にこれを断つたものの、知人のBに対し事情
を明かして協力を求め、同人を自己の身代わりとしてAに引き合わせるとと
もに、密輸入した大麻の一部をもらい受ける約束のもとにその資金の一部
（金二〇万円）をAに提供したというのであるから、これらの行為を通じ被
告人が右A及びBらと本件大麻密輸入の謀議を遂げたと認めた原判断は、正
当である。」旨判示した。

(2)　判例の検討

（3）　岩田誠・最判解刑昭和33年度405頁。
（4）　小林充「共同正犯と狭義の共犯の区別——実務的観点から」曹時51巻8号（1999年）
　　　12頁等多数。

いわゆる大麻密輸入事件であり、共謀共同正犯は、大きく分けると、支配的地位にある上位者が下位者に命じて犯罪を実行させるような支配型と実行者と共謀者の関係が対等で、各自で役割を分担したような対等型（分担型）に分けることができるが（実際にはそれぞれの要素を兼ね備えた中間型のものが多い。）、対等型の事案で、最高裁が、共謀共同正犯の成立を認めた事例である。また、それまで長年共謀共同正犯否定論の立場にあった団藤重光裁判官が、共謀共同正犯を認めた多数意見に与し、補足意見で、行為支配の概念により一定の条件で共謀共同正犯の成立を認めたことが注目された。

この判例は、練馬事件のように関係者が一同に会したような謀議が存在した事例でないケースで、犯行に関与する積極的動機の存在、犯行を計画した者の依頼に対し、自己の代わりに実行行為を行う者を探し、計画者に紹介し、大麻の一部をもらい受ける前提で資金を提供したというような事実を認定した上で、共謀の成立を認めており、謀議に参加したという事実だけでなく、被告人の意思内容、犯罪遂行過程における被告人の役割や寄与等の客観的事実を総合して共謀を認めるという共謀の成否の判断のあり方を示した点で大変参考になり、さらに、被告人の意思内容を共謀を認める一つの根拠としている点においても注目される[5]。

3　最（一小）決平成15・5・1刑集57巻5号507頁

(1)　判例の概要

暴力団組長である被告人が、被告人の警護を担当するスワットと称されるボディガードらと共謀の上、同人らに適合実包の装填されたけん銃5丁等を所持させたというけん銃加重所持罪の事案である。スワットらがけん銃を所持していたことは争いがなく、被告人は、スワットらとの間でけん銃所持について共謀したことはなく、スワットらがけん銃等を所持していたことも知らなかったなどと主張した。

最高裁は、「被告人は，スワットらに対してけん銃等を携行して警護する

（5）　大麻密輸入事件につき、木谷明・最判解刑昭和57年度221頁、菊池則明「共謀(2)──対等型共謀」小林充＝植村立郎編『刑事事実認定重要判決50選上［補訂版］』（2007年、立花書房）277頁。

ように直接指示を下さなくても，スワットらが自発的に被告人を警護するために本件けん銃等を所持していることを確定的に認識しながら，それを当然のこととして受け入れて認容していたものであり，そのことをスワットらも承知していたことは前記……で述べたとおりである。……また，前記の事実関係によれば，被告人とスワットらとの間にけん銃等の所持につき黙示的に意思の連絡があったといえる。そして，スワットらは被告人の警護のために本件けん銃等を所持しながら終始被告人の近辺にいて被告人と行動を共にしていたものであり，彼らを指揮命令する権限を有する被告人の地位と彼らによって警護を受けるという被告人の立場を併せ考えれば，実質的には，正に被告人がスワットらに本件けん銃等を所持させていたと評し得るのである。したがって，被告人には本件けん銃等の所持について，……スワット5名等との間に共謀共同正犯が成立するとした第1審判決を維持した原判決の判断は，正当である。」と判示し，明示的な謀議行為を認定せず、黙示の意思連絡を認め、さらに、被告人及びスワットの行動、被告人及びスワットの立場等を総合し、被告人に共謀共同正犯の成立を認めた。

(2)　**判例の検討**

　いわゆるスワット事件であり、支配的地位にある上位者が下位者に命じて犯罪を実行させるような支配型の事例と言うことができる。判例は、まず意思連絡について、被告人とスワットの間に黙示の意思連絡の成立を認めた上で、被告人及びスワットの行動、被告人及びスワットの地位や立場等を総合し、実質的に被告人がスワットらにけん銃を所持させていたと評し得る旨判示しており、意思連絡は黙示の意思連絡でも足りること、共謀共同正犯成立には、意思連絡に加えて、実質的に被告人がスワットにけん銃を所持させていたと言える事情、すなわち被告人に共同正犯の責任を負担させるべき事情が必要であることを明示している。

　まず、この判例は、練馬事件のように明確な謀議があった事例とは異なり、明確な謀議がない場合にも、黙示の意思連絡を認めて共謀共同正犯の成立を肯定しており、練馬事件判決に関し、共謀には謀議行為が必要であるという見解もあったが、この判例では、共謀の成立には謀議行為の存在を必要としないこと、黙示の意思連絡でも足りることを明らかにしている点で重要

であり、共謀は、実行行為の時点での犯罪の共同犯行の合意と解する実務の多数説と整合的であると言える[6]。また、この判例は、練馬事件において共謀共同正犯に関する定義規定等の判示部分の射程が及ばない事案があることを明らかにしたということができる[7]。さらに、この判決は、意思連絡を認定した上で、被告人やスワットの行動、被告人及びスワットの地位や立場等を総合して、実質的に被告人はスワットらにけん銃を所持させていたと評し得る旨判示して共謀を認定しているところ、このような共謀共同正犯の判断手法は、大麻密輸入事件において、犯行の動機や積極性、被告人の役割等の事情を総合して共謀共同正犯を認めたことと共通性が見られると言え、スワット事件では、意思連絡が認められるかどうかが主要な争点の事案であるものの、共謀共同正犯の判断方法を明確に示したものであることにおいても重要な意義があると言える[8]。

Ⅲ　共謀共同正犯の意義と成立要件の整理

1　共謀共同正犯を認めるかどうか

前述したとおり、判例は、大審院の時代から現在に至るまで、一貫して共謀共同正犯を認めているのに対し、共同正犯は、直接実行行為を分担することが必要であるという説がかつての通説であり、現在でも一部の学者の間で主張されており[9]、この説（形式的客観説）によると、共謀共同正犯は否定されることになる。

しかし、この説では、実行行為は下位者に担当させ、指示等を行った支配的立場にある者について、可罰性の要請はより高いにもかかわらず、せいぜ

（6）　出田孝一「共謀共同正犯の意義と認定」『小林充先生・佐藤文哉先生古稀祝賀刑事裁判論集　上巻』（2006年、判例タイムズ社）201頁、村瀬均「共謀(1)——支配型共謀」小林＝植村編・前掲注(5)265頁。
（7）　芦澤政治・最判解刑平成15年度300頁。
（8）　出田・前掲注(6)205頁。
（9）　福田平『全訂刑法総論［第5版］』（2011年、有斐閣）276頁以下、曽根威彦『刑法総論［第4版］』（2008年、弘文堂）252頁以下、山中敬一『刑法総論［第3版］』（2015年、成文堂）922頁以下等。

505

い教唆犯が成立するにすぎなくなるなど（なお、教唆犯は、刑法61条１項により、正犯の刑を科するとされている。）、多様な共犯事案に適切に対応できず、具体的妥当性の観点から問題があり、判例の立場とは相容れないものである。現在の多数の学説は、共謀共同正犯を認める立場に立って、根拠の明確性、妥当性を追及し、共謀共同正犯の成立範囲を明確にしてその成立を合理的な範囲に限定しようとしていると言える。

2 共謀共同正犯を認める根拠について

(1) 主な学説の分類

共謀共同正犯を認める学説は、共謀共同正犯を認める根拠について次のように分類できるとともに[10]、その根拠が共同正犯と幇助犯を区別する基準に密接に関連している。

ア 共同意思主体説

大審院判事の草野豹一郎博士が提唱した考えで、共謀によって、異心別体である個人が一定の犯罪を行うことを共謀することにより共同意思主体が形成され、そのうちの一部の者による実行はそのまま共同意思主体の実行としてみなされ、直接実行行為をしない者も共同正犯として処罰されるという見解であり、さらに、共同意思主体の中で共同正犯と狭義の共犯特に幇助犯との区別については、共同意思主体の中で犯罪実現に重要な役割を果たしたかどうかで区別されるとする[11]。

しかし、この見解に対しては、共同意思主体という個人を超えた犯罪の実行主体を認めることから、団体責任の法理を認めることになり、個人責任の原則に反するという強い批判があり、共謀共同正犯を認めるのにこのような団体責任の法理を持ち出す必要まではないと思われる。

イ 実質的客観説

実行行為概念を規範化、実質化することにより、直接実行行為を行わない

---

(10) 学説の分類については、小林・前掲注(4)２頁以下、山内昭善「共謀共同正犯と教唆犯」大塚仁＝佐藤文哉編『新実例刑法〔総論〕』（2001年、青林書院）298頁以下を参考にした。

(11) 西原春夫『刑法総論』（1993年、成文堂）346頁。

者についてもある範囲で共同正犯の成立を認めようとする考え方としてまとめることができる。主な説として、共謀共同正犯においては、共謀によって実行担当者を心理的に拘束する者は、実行担当者の行為を自己の道具として利用するという間接正犯と類似する関係があるから共同正犯となるといういわゆる間接正犯類似説[12]、直接実行行為に出なくても他人の行為を支配して自己の犯罪意思を遂げた場合は共同正犯となるといういわゆる行為支配説[13]、犯罪の共謀や準備・実行段階において、実行行為は分担していないものの、犯罪実現にとって実行の分担に匹敵し、または、実行行為に準ずるような重要な役割を果たしたと認められる場合には共同正犯を認めるといういわゆる準実行共同正犯論[14]等がある[15]。

　まず、間接正犯類似説に対しては、共謀共同正犯の場合、実行担当者は、共謀によって心理的影響を受けるとしても自ら判断する自由があるから、それを道具理論で説明することには飛躍があり、また、支配型の共謀共同正犯はともかく、共謀者と実行者が対等な場合にこの理論で説明するのは実態にそぐわないというような批判があり、その批判は当たると思われる。行為支配説に対しては、共謀共同正犯の成立範囲を厳格に限定するという意図は理解できるが、共謀共同正犯には、支配型だけでなく、対等型も多いという社会的実態があるところ、このような共同正犯を認めないことは具体的妥当性において問題があり、対等型の共謀共同正犯を認めるとすれば、その根拠についての説明が難しくなるという批判があり、その批判は当たると思われ

---

(12)　藤木英雄「共謀共同正犯」同『可罰的違法性の理論』（1967年、有信堂）334頁。
(13)　本人が自分の思うように共同者に実行行為をさせ、本人自身がその犯罪実現の主体となったと言えるような場合に共同正犯を認める立場（団藤重光『刑法綱要総論［第3版］』〈1990年、創文社〉397頁）、実行行為をしない共謀者も、一定の社会関係において圧倒的な優越的地位に立ち、道具に準じる心理的拘束を与えうる状況にある場合に、共同正犯を認めるいわゆる優越的支配共同正犯説（大塚仁『犯罪論の基本問題』〈1982年、有斐閣〉339頁以下）も同様な立場であろう。
(14)　西田典之・「共謀共同正犯について」『平野龍一先生古稀祝賀論文集　上巻』（1990年、有斐閣）363頁、同『刑法総論［第2版］』（2010年、弘文堂）348頁。
(15)　山口教授は、共同正犯の範囲は、「構成要件該当事実に重要な事実的寄与を果たすことによる構成要件該当事実全体の共同惹起を基準とする」べきとする（山口厚『刑法総論［第3版］』〈2016年、有斐閣〉341頁）。

る。

　準実行共同正犯論又はこれをベースにした見解は最近有力な見解であるが、この見解では、共謀共同正犯の成立の判断要素の一つとして、関与者の動機、犯罪実現意欲等の積極性という心情的要素を重視する判例の理論を批判し、共同正犯の成立は、犯罪実現に対する事実的寄与度を基準とした客観的判断にとどめるべきであるとする[16]。

　　ウ　主　観　説

　自己の犯罪を行う意思を有する者を共同正犯とし、他人の犯罪を行う意思を有する者を狭義の共犯として区別する考え方である。沿革的には、ドイツにおいて、自己のためにする意思をもって行為をする者を正犯、他人のためにする意思をもって行為をする者を狭義の共犯とするものであったが、他人に頼まれて人を殺害した殺し屋が狭義の共犯になって不当であるという批判があり、自己の犯罪を行う意思か他人の犯罪を行う意思かという表現がとられている。そして、有力な主観説では、単に意思を基準とした主観的事情だけで決まるものではなく、それぞれの立場、役割、実際の行動等の客観的事情も考慮し、主観面及び客観面を総合して、自己の犯罪を行うか、他人の犯罪を行うかについての判断をするとしている[17]。

　　(2)　検　　　討

　前述の実質的客観説のうち、準実行共同正犯論又はこれをベースにした有力な見解は、前述したとおり、共同正犯の成立は、犯罪実現に対する事実的寄与度を基準とした客観的判断にとどめ、関与者の動機、実現意欲の積極性等という主観的要素は認定が不安定になるからできる限り除くべきであるとする。しかし、同見解がいうように、共謀共同正犯が成立するには、犯罪の共謀や準備・実行段階において、実行行為に準ずるような重要な役割を果たしたと認められることが必要であるとしても、そのような重要な役割に当たるかどうかの基準が明確であるとは必ずしも言えないように思われる。そして、共謀共同正犯は、実行行為を分担していない者に対して、実行行為を分

---

(16)　西田・前掲注(14)『刑法総論』353頁。
(17)　松本時夫「共謀共同正犯と判例・実務」刑雑31巻3号（1991年）46頁。

担した者と同様に正犯としての責任を認めることになることから、正犯としての可罰性を有する事情として、前記の客観的事情だけでなく、関与者の動機、犯罪実現意欲の積極性等の主観的事情を含めることによって、共謀共同正犯の成立範囲をより妥当な範囲に画することが可能になると思われる。さらに、このような主観的事情については、供述証拠だけでなく、共謀形成過程における関与者の具体的役割、犯罪行為の前後を通じての行動、犯罪行為後の利益の取得等の客観的事情も総合し、特に客観的事情が重視されて判断されるものと思われる。前記大麻密輸入事件に見られるように、判例及び実務は、基本的には前記の主観説的な立場に立脚し[18]、主観的な事情と客観的な事情を総合して、自己の犯罪を行う意思があるかどうか（あるいは自分の犯罪かどうか）を判断して、共謀共同正犯の成立を判断していると思われる[19]。そして、客観的事情がないのに、主観的事情だけで共謀が認められることはほとんどないと思われ、その意味で実質的客観説の有力見解と結論において差はほとんどないと思われる[20]。

3　共謀の意義について

前述したとおり、共謀の意義については、実行行為に代わるものとして具体的な謀議行為を必要とする見解があり、練馬事件判決が謀議行為を必要とするという理解もできたことから、有力に主張されたが、スワット事件の最高裁判決は、謀議行為を必ずしも必要としないという実務の有力な見解を確認した意味もあって、現在では、共謀を実行行為時における共同遂行の合意と解するのが実務の確立した立場[21]であると言える。

---

(18)　小林・前掲注(4)14頁、出田・前掲注(6)206頁。
(19)　井田教授は、結果実現の欲求・動機の強さという主観面と犯罪遂行過程における被告人の役割の大きさという客観面とが相まって、自分の犯罪として犯罪をともに実現したといえるほど、犯罪実現に主体的に関わった者は共同正犯となるという考え方に立脚する判例の考え方について肯定的にとらえている（井田良『講義刑法学・総論』〈2008年、有斐閣〉464頁）。
(20)　出田・前掲注(6)206頁、菊池・前掲注(5)285頁
(21)　小林・前掲注(4)12頁、出田・前掲注(6)200頁、石井一正＝片岡博「共謀共同正犯」小林充＝香城敏麿編『刑事事実認定上──裁判例の総合的研究──』（1994年、判例タイムズ社）343頁等。

これは、実行共同正犯の共謀が、実行行為時点における共同遂行の合意と解されることから、共謀共同正犯についても同様の解釈をとることにより統一的な理解が可能であること、共謀共同正犯における共謀には、明確な謀議行為がある場合すなわち共犯者が一同に会する場合だけでなく、一部の共犯者同士に順次謀議が行われて全体の共謀が成立する場合、明確な謀議行為がなくても黙示の意思連絡が認められる場合もあると思われるところ、謀議行為を必要とすると、このような場合に共謀を否定せざるをえなくなること等を理由とする。もちろん、共謀を犯罪共同遂行の合意と解するとしても、実行行為の分担のない者に共同正犯の成立を認めるわけであるから、共犯者間には、単なる意思連絡では足りず、緊密な意思連絡が必要であると解するべきであろう[22]。

4　共謀に関するまとめ

(1)　共謀共同正犯の成立要件について

スワット事件や大麻密輸入事件の最高裁判決によると、犯罪遂行に関する意思連絡のほかに、被告人と実行者の関係、被告人が犯行において果たした役割、共謀成立過程における具体的行動、動機や積極的意思、利益の分配等の犯行後の行動等の被告人が実行行為者を通じて実行行為を行ったと評価しうる一定の事情が必要であるという考え方に立脚していると解され、下級審の実務も、被告人と実行者の間の共同実行の合意及び意思連絡を認定した上で、被告人と実行者の関係、被告人が犯行において果たした役割、共謀成立過程における具体的行動等の客観的事情及び動機や積極的意思等の主観的事情を総合して、被告人にとって、自己の犯罪を行ったと評価できるかどうかを判断して、共謀共同正犯の成立を判断していることが多い[23]。

共謀は、前述したとおり、共謀共同正犯及び実行共同正犯を通じて、実行行為時の犯罪共同遂行の合意（共同実行の意思と意思連絡）と解するのが相当である。そして、実行共同正犯は、共同実行の事実と犯罪共同遂行の合意（共同実行の意思と意思連絡）が成立要件とされる。共謀共同正犯が、共同正

---

(22)　小林・前掲注(4)13頁。
(23)　下級審の判例については、後掲注(25)参照。

犯として処罰されるには、共同実行の意思と意思連絡とともに、実行共同正
犯における共同実行の事実に相当する事情、すなわち他人の行為を通じて自
己の犯罪意思を実現させた、あるいは他人の行為を通じて実行行為を行った
と言えるような事情が必要であると解すべきである[24]。そして、共謀共同正
犯が成立するには、共同実行の意思及び意思連絡に加えて、被告人の立場、
共謀形成過程における被告人の役割、利益分配の結果等の客観的な事情を正
犯性を基礎付ける事情として要求することは、相当な方向であると思われ
る。そして、そのような正犯性として、被告人の立場、行動等の事情に加え
て、被告人の動機、犯罪実現への積極性等の主観的な事情をも総合して、自
己の犯罪を行ったと言えると判断することは、前述した判例の傾向に沿うも
のであるとともに、結論の相当性から言っても妥当であると思われる。ま
た、前記の客観的事情にウエイトがあることが多く、前記の主観的事情は前
記の客観的事情から推認されるかそれを踏まえて判断されることも多いと思
われ、前記の主観的事情を含めて総合判断することが不当であるとは思われ
ない。なお、このような考え方は、実行共同正犯にも共通するものである
が、実行共同正犯の場合には、実行行為の一部分担があることから、多くの
場合にはそれだけで正犯性が基礎付けられると思われる（ただし、実行行為
の一部分担があったとしても、従的な役割しか果たしておらず、終始積極的な関
与が認められない場合には、幇助犯とされている事案もある。）。

　共謀共同正犯の成立要件について、①共謀、すなわち共同実行の意思と意
思の連絡、②共謀者の中の一部の者（実行行為者）による犯罪の実行、③正
犯意思が上げられることが多い。しかし、共謀共同正犯の成立に正犯意思が
必要であることは明らかであるが、これについては、共謀の内容である犯罪
共同実行の意思と意思の連絡と密接に関連する事項であるとともに、前記の
正犯性を基礎付ける事情としてあげた、被告人の立場、行動等の客観的事情

---

(24)　出田・前掲注(6)208頁は、共謀共同正犯の核心は、相互利用・相互依存関係の設定
　　にあるとする。また、朝山芳史「共謀の認定と判例理論」木谷明編著『刑事事実認定の
　　基本問題』（2015年、成文堂）165頁は、共謀共同正犯の客観的要件として、実行共同正
　　犯の客観的要件である「共同実行の事実」と実質的に同視し得る客観的事情が必要であ
　　るとする。

や被告人の動機、犯罪実現への積極性等の主観的な事情を総合して、正犯性が認められるかどうか、すなわち自己の犯罪を行ったと言えるかどうかという判断をする以上、その判断において正犯意思が認められる判断も行っていると言えるから、判断対象としては、あえて正犯意思を独立に取り上げる必要まではないと考える。

(2) 共同正犯と幇助犯の区別について

共謀共同正犯は、共謀により、実行者の行為を通じて自己の犯罪意思の実現を図り、自己の犯罪を行なったと評価できるものであり、幇助犯は、実行者の犯罪に関与する意思のもと（幇助犯の場合には片面的な関与意思で足りるとされる。）、犯罪の実現に対して一定の関与はあるものの、他人の犯罪に関与した、他人の犯罪の実行を容易にしたものである。共同正犯と幇助犯の具体的な判断基準及び判断要素としては、①被告人と実行行為者の意思連絡の存在、その意思連絡の状況や程度に加えて、②被告人と実行行為者の関係、③被告人の具体的役割、④犯行動機、法益侵害そのものへの積極性等、⑤犯罪行為後の事情（利益の分配等）等の事情が上げられる[25]。判例及び実務では、それらの事情を総合し、自己の犯罪意思の実現を図り、自己の犯罪を行ったものであって、共謀共同正犯が認められるか、あるいは、他人の犯罪を行った、他人の犯罪に関与したものであって、幇助犯が成立するにすぎないかを判断している。

IV 裁判員裁判における共謀共同正犯に関する公判前整理手続及び審理のあり方

1 共謀共同正犯の争われ方について

前述したとおり、共謀共同正犯が成立するには、共謀すなわち共同実行の意思及び意思連絡に加えて、被告人の立場、共謀形成過程及び犯行に関連する被告人の役割や行動、犯行の動機、犯行への積極性、利益分配の結果等の

---

(25) 司法研究・難解な法律概念58頁及び資料4-1、石井＝片岡・前掲注(21)348頁以下及び杉田宗久＝平城文啓＝仁藤佳海「共犯1 共謀共同正犯の成立要件（上）、（下）」判夕1355号75頁以下、1356号（以上、2011年）50頁以下に詳細な判例分析がなされている。

事情、すなわち正犯性を基礎付ける事情というべきものが必要であると解される（もちろん、実行行為者による犯罪の実行があることが前提となる。）。共謀共同正犯の成立が争いになる場合には、その争い方は様々であると思われるが、大別すると、「犯罪の共同遂行の合意」として共謀の有無が争点となる場合（共謀存否型）と、「正犯か幇助犯か」が争点となる場合（幇助犯区別型）とに分けられ、前者は主として「犯罪を共同して行う意思を通じ合ったと言えるかどうか」が主たる争点となり（犯罪の故意そのものが問題となることが多い。）、後者は正犯性すなわち「自己の犯罪を行ったと言える程度に重要な役割を果たした、あるいは相当程度の関与があったと言えるかどうか」が主たる争点となり、主たる判断の対象となる[26]。たとえば、前述した最高裁判例のうち、スワット事件は、共謀存否型に位置付けられ、大麻密輸入事件は、幇助犯区別型に分類される。共謀共同正犯の成立が争われる場合には、前述のどちらの要件が主に争われているかを明確にすることが重要であると思われ、二つの事情を明確に区別しながら、共謀共同正犯が成立するかどうかについて判断していけば、裁判員にとって、判断対象すなわち何を判断すればよいかが明確になるのではないかと思われる。

2　共謀共同正犯についての説明

　共謀共同正犯の成立が争われる場合、裁判員に対して、共謀共同正犯の概念をどのように説明するかが問題となる。基本的な説明すべき事項は共通としても、争点によって説明すべき事項を変えていく工夫が考えられる。また、法曹三者が異なる説明をすることによって裁判員が混乱することもあるから、公判前整理手続において、裁判所は、検察官、弁護人と協議し、共通の説明案を詰めておくことが相当である。

　説明案は、分かりやすさも大事であるが、情報過多にならないようにコンパクトなものにすることも必要である。一つの例として次のような説明が考えられる[27]。また、争点がしぼられ、たとえば、意思の連絡には争いがなく、

（26）　司法研究・難解な法律概念57頁以下。
（27）　杉田＝平城＝仁藤・前掲注(25)「（下）」66頁以下を参考にした。

被告人が果たした役割の重要性すなわちその役割から自己の犯罪を行ったと言えるかどうかがポイントの場合には、その点に焦点を当てた説明も考えられる[28]。

　「刑法60条には、『二人以上共同して犯罪を実行した者は、すべて正犯とする。』と定められています。2人以上の者が共同して一つの犯罪を実行したと言える場合には、犯罪全体について、すなわち他の共犯者が行ったことについても、1人で犯罪全部を行った場合と同様に刑事責任が問われることになります。たとえば、2人以上で人を殺すことを企て、1人が体を押さえ、もう1人が刃物で刺して殺害した場合、2人とも殺人罪になります。また、2人が他人の家に入って窃盗することを企て、それぞれ家の中を探して、1人が現金を発見して盗み、もう1人は現金や貴金属を発見できず何も盗めなかった場合にも、2人とも住居侵入罪はもちろん窃盗罪の責任も問われます。これを共同正犯と言います。そして、共同正犯には、犯罪行為を分担した場合に限りません。たとえば、組織のトップが、自己又は組織のために部下に命じて殺人を実行した場合には、実行した者はもちろん、命令した組織の上の者についても共同正犯の成立が認められます。これを共謀共同正犯と言い、判例は一貫して共謀共同正犯も認めています。

　他方で、他人の犯罪を手伝った場合には幇助犯としての責任を問われます。幇助犯の刑については、正犯の刑を減軽すると規定されており、1人で犯罪を行った場合の刑の半分の範囲で刑を決めることになっており、刑の範囲が軽くなっています。

　このように共同正犯は幇助犯よりも重く処罰されることになっていますが、これは、共同正犯は、各共犯者が、自分達の犯罪を一緒に行った

---

(28)　司法研究・難解な法律概念は、「犯罪の共同遂行の合意」が争点となる場合には、「犯罪を共同して行う意思を通じ合っていたということができるかどうか」を判断対象とする旨説明し、正犯と従犯の区別が問題となる場合には、「自己の犯罪を犯したといえる程度に，その遂行に重要な役割を果たしたどうか」を判断対象とする旨説明する方法が考えられるとする（司法研究・難解な法律概念57頁以下）。

と言えるのに対し、幇助犯は、他人の犯罪に関わった、あるいは他人の犯罪を手伝ったにすぎないからであると言うことができます。

　それでは、実際に犯罪の実行行為自体を行なっていない者に共同正犯が成立するには、どのような要件が必要であるか、また、実際に共同正犯と幇助犯をどのように区別するかについて考えてみたいと思います。

　共同正犯が成立するには次のような二つの要件が必要であると考えることができます。

　まず、被告人と共犯者との間で犯罪実行に関する意思の連絡があることが必要です。具体的に言うと、互いに共同して犯罪を行うという意思を持ち、その意思を互いに通じ合っていることが必要です。

　これは、被告人と共犯者全員が集まって犯罪の計画について打合せを行うというような典型的な謀議が行われた場合に限られず、被告人及び共犯者に順次伝えられて結果的に全員で犯罪実行の合意が成立する場合もあります。また、明確な話し合いは必ずしも必要はなく、アイコンタクトで意思を通じ合うこともありますし、互いの態度を見て、お互いに相手の意思を理解して、一緒に犯罪を行う意思を通じ合うこともあります。犯罪の詳しい内容まで通じ合っていることは必要なくても、どのような犯罪を行うかの大枠については意思を通じ合っていることが必要です。

　被告人と共犯者との間で犯罪実行に関する意思の連絡があるとすれば、次に必要なことは、被告人が、事前及び犯行時においてどのような役割を果たしたか、その犯罪を実現するのにどの程度寄与しているか、被告人が犯罪実現に及ぼした影響、被告人と共犯者との関係、被告人が犯罪に加わった動機は何か、被告人はその犯行にどの程度積極的に関与したか、犯罪行為後の利益の分配等の事情を総合して、被告人が自分達の犯罪を一緒にやったと評価できるということです。他人の犯罪に関与したにすぎないという評価になる場合には幇助犯が成立することになります。

　たとえば、被告人は現場には行かなくても、共犯者との事前の謀議において、犯罪の実現に向けて積極的に発言し、犯罪の実現において中心

的役割を果たしたと言える場合、被告人が、実行行為を分担していなくても、資金を提供したり、凶器を準備したりした上で、犯行によって得た利益についても相応の分配を得ている場合等は、自分達の犯罪を一緒にやったと評価できる方向に傾きそうです。他方、被告人は、犯行現場には実行犯を車に乗せて行き、現場では周辺で見張りをしていただけであり、犯行計画には成り行き上立ち会ったが、首謀者から計画の詳細は知らされず、犯行への関与も消極的であり、犯行後少額の謝礼を受けたにすぎない場合は、自分たちの犯罪を一緒にやったとまでは言えず、他人の犯罪に関与したにすぎないことから、幇助犯が成立する方向に傾きそうに思われます。

　このように、被告人の役割、関与の程度、犯行に及ぼした影響、動機、積極性、利益の分配等の事情を総合して、被告人が自分達の犯罪を一緒にやったと評価できるかどうかを判断していただきたいと思います。」

3　共謀共同正犯の成否が争われる場合の公判前整理手続のあり方

(1)　争点整理のあり方

　公判前整理手続における争点整理の結果は、当事者の公判審理における主張、立証の目標になるものである。当事者は争点整理の結果を意識しためりはりのある主張、立証が求められるとともに、裁判員にとって、双方の冒頭陳述を聞いた後、公判前整理手続の争点整理の結果を聞くことにより、本件争点や争点判断のためにどういう事情を考慮、判断すればよいかが明確になるように、争点整理の結果は、簡潔で分かりやすいものが求められる。そして、公判における立証活動は、その争点整理の結果に基づいて行われ、論告、弁論は、そのような立証の結果が反映された争点整理の結果に沿うものになり、評議はその論告、弁論に従って各論点について協議を進め、その結果、判決の判断は、争点整理の結果に沿ったものになる。このような争点整理になるように、公判前整理手続を進めるべきである。

　共謀共同正犯の成否が問題となる事件の場合、まず裁判所及び検察官、弁護人との間で、共謀共同正犯の概念及び成立要件について一定の共通の認識

を得ておく必要がある。少なくとも、共謀共同正犯が成立するには、共同実行の意思と意思の連絡、そして、自己の犯罪を行ったと言えるような重要や役割、一定の関与、積極性等が認められることが必要であることについて共通の認識を図っておくことが必要である。

次に、争点整理を進める上で、主として「犯罪共同遂行の合意」の有無が争点になるか、「正犯か幇助犯か」の区別が争点となるかを明確化、具体化させ、当事者の主張、立証の目標を明確化する必要がある。また、「犯罪共同遂行の合意の有無」と「正犯か幇助犯か」の区別の両方に争いがある場合も多いと思われ、その場合の多くは、検察官の方で、それらを基礎付ける間接事実により推認するという立証方法をとると思われるが、犯罪共同遂行の合意を根拠付けるあるいは推認させる事実と、正犯性すなわち自己の犯罪を犯したと言える程度の重要な役割、関与を根拠付けるあるいは推認させる事実を区別して整理していくことが分かりやすい争点整理になると思われる。ただし、犯罪共同遂行の合意を根拠付ける事情と正犯性すなわち重要な役割、関与を根拠付ける事情は明確に区別することは難しい場合も多い。たとえば、正犯性を根拠付ける事情（犯行への重要な役割や影響、寄与等）は、犯罪共同遂行の合意を推認させる間接事実とも位置付けられることが多い。その場合には、無理に区別する必要はなく、犯罪共同遂行の合意及び正犯性の双方を根拠付ける事実として整理し、それらを踏まえて犯罪共同遂行の合意及び正犯性のそれぞれについてそれらが認められるかどうかという形で争点整理を進めることになると思われる。

(2)　争点整理の進め方

ア　まず、裁判所と検察官、弁護人との間で、起訴後なるべく早い時期に（起訴後10日から2週間以内の時期、なお、検察官の最初の証明予定事実記載書の提出期限が起訴から約2週間後に決められることが多い。）、打合せの機会を持ち、弁護人から、その段階での大まかな防御方針について聞き、弁護人から「共謀を争うことになる。」という趣旨の話を聞くことができれば、検察官に対し、共謀に関し、証拠構造を踏まえた証明予定事実の提出を促すことになる。また、共謀を根拠付ける事実のうち、犯罪共同遂行の合意及び正犯性のどちらが主要な争点かが弁護人の意見から判

明すれば、それも十分踏まえた証明予定事実記載書の提出を求めることができる。さらに、その打合せにおいて、共謀の有無が問題となることが分かれば、前述したとおり、共謀共同正犯の概念と成立要件、判断の枠組み等について意見を交換し、それらについて十分にコンセンサスを得て、その判断の枠組み等を前提とした主張、立証を行うことについて認識を共通にしておく。

イ　検察官は、共謀を根拠付ける事実、すなわち犯罪共同遂行の合意及び正犯性を根拠付ける事実として何が重要であるかを意識して、それぞれを根拠付ける事実を端的に示した簡潔な証明予定事実記載書を提出する必要がある。検察官が、共謀を根拠付ける事実としての重要性をあまり意識しないまま詳細な事実を主張し、それに対して弁護人が逐一認否又は反論することがあるが、これは、争点が拡散し、争点中心のめりはりのある審理が困難になるとともに、公判前整理手続が長期化する要因となるから、避けるべきである。検察官には、共謀を基礎付ける事実、そして犯罪共同遂行の合意及び正犯性のどちらを根拠付けるかを端的に示して、簡潔な証明予定事実を主張することを求め（もちろん、明確に区別できず、両方を根拠付ける事実があることは、前述したとおりである。）、これに対して、弁護人の方には、検察官の主張する事実について、認否及び反論を求めることになる。そして、打合せ期日及び公判前整理手続期日では、検察官から提出された証明予定事実記載書、弁護人から提出された予定主張記載書面等に基づき、口頭で十分議論し、趣旨があいまいな点については釈明を求め、当事者が主張する事実の位置付けを明確にするなどして、事件の争点は何か、主要な立証のポイントは何かを明らかにしていくことになる。

ウ　公判前整理手続では、立証の方法についても十分意見交換し、法曹三者で共通の認識を得ておく必要がある。証拠構造を踏まえた検察官の立証は、間接事実を立証して犯罪共同遂行の合意や正犯性を推認させる場合と共犯者の供述等によって謀議の存在とその内容を立証する場合とがある。

　　さらに、共犯者の供述等によって共謀の存在と内容を立証する場合に

は、その共犯者の供述等の信用性が主要な争点になることがある。その場合には、共犯者の供述の信用性を根拠付ける事実等について、公判前整理段階において、法曹三者で十分意見交換し、立証のポイントについて共通の認識を持つことができるようにするべきである。

エ　争点整理を進めた結果、主たる争点が犯罪共同遂行の合意又は正犯性のどちらかに絞られることがある。まず、犯罪共同遂行の合意の有無が主たる争点の場合、争点整理の結果として、争点は犯罪共同遂行の合意の有無又は意思連絡の有無として、それを根拠付ける事実とそれに対する認否、反論を上げて、争点整理の結果をまとめる。次に、正犯性が主たる争点で、そのうち主に犯罪遂行に重要な役割を果たしたかどうかが争われている場合には、「自己の犯罪を犯したと言える程度に重要な役割を果たしたかどうか」を争点とし、それを根拠付ける事実とそれに対する認否、反論等を上げて、争点整理の結果をまとめる。また、正犯性が主たる争点であるが、その根拠として重要な役割の有無に特化できず、犯行への積極性、利益分配、意思連絡の緊密性等を総合しての判断になる場合には、「自己の犯罪を犯したと言えるかどうか」を主たる争点として、役割や影響、犯行への積極性、利益分配、意思連絡の緊密性を根拠付ける事情及びそれに対する認否、反論をまとめることによって、争点整理することが考えられる。もちろん主たる争点が犯罪共同遂行の合意又は正犯性の両方の場合には、それぞれを根拠付ける事実を整理して争点整理する必要がある。要するに、当事者の主張からどこがポイントかを見定め、事案に応じた争点整理を進め、その結果をまとめることが必要である。

4　公判審理について

(1)　冒頭陳述

検察官及び弁護人は、争点整理の結果及び争点に対する判断構造を踏まえたプレゼンテーションを行う必要がある。冒頭陳述では、詳しい証拠の引用は避け、争点と証拠構造を意識し、争点と争点の判断に必要な立証しようとする事実とそれをどのような証拠によって認定できるかを、簡潔に示すこと

を心がけるべきである。共謀共同正犯の概念及び成立要件に関する説明は、公判前整理手続において法曹三者で合意した内容に沿うべきである。

(2) 証拠調べ

検察官、弁護人とも、争点整理の結果等を踏まえ、争点を判断する上での重要度、争いがある事実かどうかを意識して、争点中心のめりはりのある立証を心がけるべきである。事実を立証するのにどこまでの証拠が必要かを意識してコンパクトな立証を心がけ、書証は必要な範囲にしぼるように厳選し、人証の調べについては、争点を判断する上での重要性を意識し、争いがない事実については誘導尋問を活用するなどして、めりはりのある立証を目指すべきである。

(3) 論告・弁論

争点整理の結果や争点に対する判断構造を十分に踏まえ、公判における証拠調べの結果に基づいて、争点中心の分かりやすいプレゼンテーションを心がけるべきである。争点中心の一貫した立証がなされていれば、裁判員は、論告、弁論を聞くことにより、本件の判断のポイント及びそれについての当事者の主張を十分に把握することができると思われる。

5 評議について

論告、弁論が争点整理の結果を反映したものであり、検察官、弁護人の主張がかみ合ったものになっていれば、評議は、論告、弁論に沿って双方の主張を参照しながら争点及び個々のポイントについて判断していくことにより結論に至ると思われる。

共謀共同正犯の成否を判断する場合には、具体的事実を認定した上で「自己の犯罪を犯したと言えるかどうか」というような法的な当てはめが問題となることが多く、その場合に判断の基準となる物差しとして判例を紹介するべきかどうかについて議論がある。ある具体的事実（たとえば、被告人の行動、被告人の役割等）が認定できるかが争点の判断のポイントであり、その具体的事実が認定できれば、当てはめについてはあまり問題がない事案も多いが、たとえば、正犯性の判断等、具体的事実を認定した上で、自己の犯罪を犯したと言えるかどうかの判断が微妙なケースもあると思われる。その場

合には、事案の特徴や評議の進行によっては、考え方の参考として、重要な最高裁判例を紹介することが考えられる。たとえば、共謀の存否や意思連絡の有無が争われる場合には、いわゆるスワット事件の最高裁判例を、正犯性が問題となる場合には、前記の大麻密輸入事件の最高裁判例を紹介することも考えられる。しかし、それ以上に当該事案と類似の下級審判例等を取り上げて判例の傾向等を説明するのは、裁判員に対する示唆が強く、裁判員と裁判官の実質的協働という観点から基本的には消極に考えるべきではないかと思われる。裁判官としては、判例の傾向等について言及したいと考えることもあるが、その場合には、そのような傾向を踏まえ、評議において自己の意見として述べるべきであり、裁判官としては、判例の傾向をも咀嚼し、それを踏まえて、自己の考えを分かりやすく主張できるように事前の準備等は怠るべきではない。裁判員は、自分の感覚に基づいて自由に意見を述べ、法律の専門家である裁判官は、判例の傾向等をも踏まえて法律家としての意見を述べ、対等に議論することによって、結論を出すことを目指していくべきであろう。

6 判　決

当事者の立証が争点を中心としたものであり、論告弁論が争点を中心としたかみ合ったものであれば、評議はそのような論告弁論に沿って争点や個々のポイントについて判断していき、結論を導くことができる。判決は、そのような評議の結果を簡潔にまとめて端的に示せば足りるだろう。このように、公判前整理手続から審理、判決まで一貫した争点中心の審理を目指すべきである。

（だいぜん・ふみお）

承継的共同正犯の成立範囲について

——日髙博士の所説を参考にして——

阿 部 力 也

Ⅰ　問題の所在
Ⅱ　判例・裁判例の状況
Ⅲ　成立範囲をめぐる若干の検討

Ⅰ　問題の所在

　承継的共同正犯とは、ある行為者（先行者）が犯罪の実行に着手した後、その実行行為が全部終了する前に、他の行為者（後行者）が、先行行為が行われた事情を認識したうえで、先行者との意思連絡（共謀）のもとに実行行為の残余部分を共同して遂行する場合をいう[1]。たとえば、甲が強盗の意思でＸに暴行を加えてその反抗・抵抗を抑圧したところに、たまたま付近を通りかかった乙と意思を連絡したうえで、共同してＸの財物を奪取した場合がその典型的な例として指摘され、この場合の乙に強盗罪の共同正犯が成立するのかが問題となる[2]。

　関与者のいずれかが実行行為を開始する以前に各関与者間に「意思連絡」（共謀）が存在しており、それに基づいて「実行行為を共同する」のが共同正犯の通常の形態であるとすれば、承継的共同正犯の場合、意思連絡は先行者によって実行行為が開始された後に生じており、また実行行為の共同も残余行為としての後行行為についてのみ認められるにすぎない。そうであれば、意思連絡が存在しない以上、すでに甲によって遂行された部分については、乙との間に実行行為の共同を認めることはできないはずである。もっとも、数多くの裁判例、あるいは有力な学説において、後行者に先行行為を含めた行為の全体について共同正犯の成立を認める考え方（いわゆる肯定説）

が展開されてきたのも事実であるし、反対に、基本的には後行者に共同正犯が成立するのは自身が関与して以降の行為部分にとどまると考える立場（いわゆる否定説）が有力に展開されているのも事実である[3]。

　従来、肯定・否定説の対立は、「犯罪共同説」と「行為共同説」という共犯学説の対立を前提として、犯罪共同説からは肯定説、行為共同説からは否定説に帰結すると指摘されてきた。しかし、現在の理論状況においては、犯罪共同説に依拠する学説のなかからも否定説が、行為共同説に依拠する学説のなかからも肯定説を主張することができるとされ、いずれかの立場に依拠することと承継的共同正犯を認めるか否かという結論との間に連関性があるわけではないとする理解が有力である[4]。もっとも、「共犯とは何を共同するものなのか」（いわゆる共犯の本質をめぐる議論）という視点から問題を設定する場合には、承継的共同正犯をめぐる議論も、先行者と後行者との間で「共同正犯が成立する範囲」の問題としてこれを捉えることになるので、従

（1）　承継的共同正犯に関する比較的最近の文献として、金尚均「承継的共同正犯における因果性」『立命館法学』310号（2006年）138頁以下、上嶌一高「承継的共犯」西田典之ほか編『刑法の争点』（2007年、有斐閣）110頁以下、照沼亮介『体系的共犯論と刑事不法論』（2007年、弘文堂）213頁以下、十河太郎「承継的共犯の一考察」『同志社法学』64巻3号（2012年）345頁以下、同「承継的共犯論の現状と課題」川端博＝浅田和茂＝山口厚＝井田良編『理論刑法学の探求⑨』（2016年、成文堂）119頁以下、松宮孝明「〈承継的〉共犯について」『立命館法学』352号（2014年）355頁以下、髙橋則夫「承継的共同正犯について」井田良ほか編『川端博先生古稀記念論文集［上巻］』（2014年、成文堂）557頁以下、橋本正博「〈承継的共同正犯〉について」前掲『川端博先生古稀記念論文集』579頁以下、髙橋直哉「承継的共犯論の帰趨」前掲『理論刑法学の探求⑨』159頁以下、拙稿「承継的共同正犯について――部分的肯定説の再検討体系的共犯論と刑事不法論」前掲『川端博先生古稀記念論文集』531頁以下、小林憲太郎「いわゆる承継的共犯をめぐって」『研修』（2014年）3頁以下、同「承継的共犯・再論」『研修』（2016年）3頁以下、佐久間修「共犯の因果性について――承継的共犯と共犯関係の解消――」『法学新報』121巻11・12号（2015年）177頁以下、橋爪隆「承継的共犯について」（刑法総論の悩みどころ・第13回）『月刊法学教室』415号（2015年）85頁以下、山口厚「承継的共犯論の新展開」『法曹時報』68巻2号（2016年）1頁以下、齊藤彰子「承継的共犯」（再確認・刑法の基本）『月刊法学教室』453号（2018年）22頁以下などを参照。
（2）　たとえば、大谷實『刑法講義総論［新版第4版］』（2012年、成文堂）417頁。
（3）　最近の学説状況の詳細については、前掲注(1)の諸文献を参照。
（4）　たとえば、山中敬一「共同正犯の諸問題」芝原邦爾ほか編『刑法理論の現代的展開〔総論Ⅱ〕』（1990年、日本評論社）212頁、前田雅英『刑法総論講義［第6版］』（2015年、東京大学出版会）357頁などを参照。

来の議論にも傾聴すべき点は十分にあるといえる。しかし、現在の理論動向において、「共犯の処罰根拠論」から承継的共同正犯（ないし承継的共犯）をめぐる諸問題にアプローチすべきであるという指摘が、やはり重要であると思う。いいかえると、共同正犯の因果性（ないし共犯の因果性）がその処罰根拠として強調・展開された場合、すでに遂行された先行行為に対して後行者が因果性を有するということは絶対にありえないので、その範囲では後行者と先行者との間に同じ罪名での共同正犯が成立しないことが結論づけられることになる[5]。さらに、この点については、後述するとおり、最近の判例の動向にも注目すべきであろう。

この度、めでたく古稀を迎えられた日髙義博博士もまた、「因果共犯論の立場では、基本的には否定説をもって正当と解する。」とされつつも、「先行者の実行行為の効果が継続的に存在し、その効果を後行者が自己の行為の遂行に組み入れることが可能な状況にある場合」には、なお後行者の介入以前の行為をあわせて評価し、承継的共同正犯の成立を肯定すべきものとされている[6]。

私自身も、否定説的な立場を原則としつつ、「場合によっては承継的共同正犯を認めうるのではないか」と考えている者の1人である[7]。

したがって、本稿においては、博士の指摘される「先行行為の効果の継続」と「その効果を後行者が自己の行為の遂行に組み入れる」ことができる場合とはどのような場合なのか（各犯罪類型によって相違するのか）、この点を承継的共同正犯の成立範囲の問題（ないし成立の限界）として捉え、考察の対象とすることとしたい。

（5） 曽根威彦『刑法総［第4版］』（2008年、弘文堂）258頁以下、林幹人『刑法総論［第2版］』（2008年、東京大学出版会）380頁以下、同『判例刑法』（2011年、東京大学出版会）152頁以下、同『刑法の基礎理論』（1995年、東京大学出版会）198頁以下、松原芳博『刑法総論［第2版］』（2017年、日本評論社）410頁以下、金・前掲注(1)150頁以下、小林・前掲注(1)「いわゆる承継的共犯をめぐって」10頁以下、同「承継的共犯・再論」10頁以下などを参照。

（6） 日髙義博『刑法総論』（2015年、成文堂）494頁。

（7） 拙稿「共同正犯の因果性」『明治大学社会科学研究所紀要』50巻2号（2012年）207頁以下、拙稿・前掲注(1)531頁以下。

II　判例・裁判例の状況

　まずは、承継的共同正犯に関する判例・裁判例の状況を概観しておくこと
にしよう[8]。

1　「一罪性」の強調

　従来から、リーディングケースとして、大審院昭和13年11月18日判決（刑
集17巻839頁）が知られているが、この事案そのものは承継的幇助犯を扱って
いる。しかし、その後の承継的共同正犯をめぐる議論に格好の素材を提供
し、下級審にも大きな影響を与えてきたとされている。

　事案は、強盗目的で被害者を殺害した夫から事情を知らされ、かつ金員の
強取につき協力を求められた妻がやむをえずこれを承諾し、ロウソクを掲げ
て夫の金員強取を容易にさせたというものである。原審は、強盗幇助罪の成
立を認めたが、弁護人は幇助者の責任は共犯意思の成立後の行為にのみ認め
られ、また、結合犯のように形式上一罪とみなされても実質上数個の犯罪行
為が認められる場合には、犯罪全部に対して責任を負わせるべきではないこ
とから、窃盗幇助罪にすぎないとして上告がなされた。

　これに対して、大審院は、「按スルニ刑法第二四〇條後段ノ罪ハ強盗罪ト
殺人罪若ハ傷害致死罪ヨリ組成セラレ右各罪種カ結合セラレテ單純一罪ヲ構
成スルモノナルヲ以テ他人カ強盗ノ目的ヲ以テ人ヲ殺害シタル事實ヲ知悉シ
其ノ企圖スル犯行ヲ容易ナラシムル意思ノ下ニ該強盗殺人罪ノ一部タル強取
行爲ニ加擔シ之ヲ幇助シタルトキハ其ノ所爲ニ對シテハ強盗殺人罪ノ從犯ヲ
以テ問擬スルヲ相當トシ之ヲ以テ單ニ強盗罪若ハ窃盗罪ノ從犯ヲ構成スルニ
止マルモノト爲スヘキニアラス」として、上告趣意を退けると同時に破棄自
判して妻に強盗殺人の幇助罪を認めたものである。

（8）　西田典之「承継的共犯」芝原邦爾編『刑法の基本判例』（1988年、有斐閣）68頁以下、
　　大越義久『共犯論再考』（1989年、成文堂）90頁以下、大塚仁＝河上和雄＝佐藤文哉＝
　　吉田佑紀編『大コンメンタール刑法［第2版］第5巻』（1999年、青林書院）224頁以下
　　〔村上光鵄〕、西田典之＝山口厚＝佐伯仁志編『注釈刑法　第1巻　総論』（2010年、有斐閣）
　　853頁以下）〔島田聡一郎〕などを参照。

この判決においては、先行行為を認識して後行者が関与した点、および刑法240条後段の単純一罪性を強調することによって強盗殺人行為の不可分性を説くことにより、犯罪全体についての幇助犯が認められている。この事案のほか、一罪性の視点を強調する事例としては、札幌高裁昭和28年6月30日判決（高刑集6巻7号859頁）【強盗致死傷罪】、大阪高裁昭和40年10月26日判決（下刑集7巻10号1853頁）【強盗致死傷罪】、東京高裁昭和57年7月13日判決（判時1082号141頁）【強盗致死傷罪】などを挙げることができる。このような裁判例の蓄積は、まさに刑法240条後段の罪質の評価が承継的共同正犯の成立範囲の確定に影響を与えた結果といえるのではないか。

2　「先行行為の積極的利用」という視点

　後行者が先行者の行為を認識し、積極的に利用して自己の犯罪行為に取り入れたことは、事前に共謀があった場合と価値的にみて異ならないとする理由づけも、理論上きわめて重要な指摘であり、東京高裁昭和34年12月2日判決（東高時報10巻12号435頁）【強姦致傷罪】、東京高裁昭和34年12月7日判決（高刑集12巻10号980頁）【監禁致傷罪】、名古屋高裁昭和50年7月1日判決（判時806号108頁）【傷害罪】、札幌地裁昭和55年12月24日判決（刑月12巻12号1279頁）【傷害罪】、東京高裁平成14年3月13日判決（東高刑時報53巻1〜12号31頁）【営利目的略取罪等】などがある。

　たとえば、東京高裁昭和34年12月7日判決は、先行者による監禁行為に後行者が介入し、介入後の暴行により被害者に傷害を負わせたという事案につき、中途より犯行を充分認識しながら犯意を共通して監禁状態を利用したものであるから、承継的共同正犯として介入前の監禁をも含めて全部につき責任があることが明らかであるとの判断を示しており、札幌地裁昭和55年12月24日判決では、先行者らの被害者への「暴行の存在を認識のうえ、更にこれと包括される一連の同人への暴行に介入加担する意思」をもって先行者らと共謀のうえ、後行者としての被告人が被害者にさらに暴行を加えた場合、「被告人は、共謀関係介入への加担の時点より前に他の共犯者らがすでに被害者に対してなした暴行についても、承継的に共謀共同正犯としての罪責を負う」と判示されている。さらに、東京高裁平成14年3月13日判決でも、

「被告人は、その事情を熟知しながらこれに加担したものであるから、犯行の途中からの加担であっても、営利目的略取、監禁及び恐喝未遂の各犯行全体について共同正犯としての責めを負う」との判断が示されている。

また、承継的共同正犯の成立を否定した判例においても、基本的スタンスとしては前掲裁判例のような理由づけから肯定説に依拠するが、ただ事案としては、後行者には積極的利用意思に欠ける、事後の犯行拡大に寄与していないことを理由に、事前に存在する共謀と中途からの関与時に生じている共謀とを価値的に同視することができないとして承継的共同正犯を否定するという結論を導くものとして、東京地裁昭和40年8月10日判決（判タ181号192頁）【強姦致傷罪】、岡山地裁昭和45年6月9日判決（判時611号103頁）【強姦致傷罪】、札幌地裁昭和56年11月9日判決（判時1049号168頁）【監禁致傷罪】、横浜地裁昭和56年7月17日判決（判時1011号142頁）【恐喝罪】、東京高裁平成16年6月22日判決（東高刑時報55巻1〜12号50頁）【監禁罪】などを挙げることができる。このような裁判例の蓄積は、承継的共同正犯成立の限界をどのように理解すべきかについて、一定の方向性を示唆するものといえよう。

このうち、承継的共同正犯の成立範囲を考えるうえで重要な裁判例として、たとえば、横浜地裁昭和56年7月17日判決では[9]、先行者が被害者に暴行・脅迫を加えて金員を要求し、その際、被害者に傷害を負わせ、後行者は金員受領行為にのみ関与したという事案において、従来、承継的共同正犯が認められてきた強盗致傷と恐喝・傷害では、反抗抑圧に程度の差があるにすぎないので、これを異なって処理する必要はなく、後行者には恐喝・傷害罪の承継的共同正犯として全体に対する共同正犯が成立するとした検察官の主張に対して、「承継的共同正犯において、じごに犯行に加担した者に、それ以前の先行行為者の行為についてまで責任を負担させることができる理由は、先行行為者の行為及び生じさせた結果・状態を単に認識・認容したというにとどまらず、これを自己の犯行の手段として積極的に利用すべく自己の犯罪行為の内容に取り入れて、残りの実行行為を他の共犯者と分担して行う

（9）　なお、本件については、只木誠「承継的共犯(2)」西田典之＝山口厚＝佐伯仁志編『刑法判例百選Ⅰ（総論）［第6版］』（2008年、有斐閣）170頁を参照。

ことにあり、この場合の後行行為者の共同実行の意思の内容及び共同実行の事実は、介入後の後行行為者の行為を通じて明確となるわけである。すなわち、後行行為者が先行行為者の行為なり、生じさせた結果・状態の拡大に寄与する行為を行うところに介入前後を通じての共同実行の意思とその事実を認めることができるとともに、かかる寄与行為を行わないとすれば、後行行為者においてそれに相応する先行部分の共同実行の意思やその事実を有しないか、すくなくともこれらの存在は客観的には明確でなく、結局これらの存在を断定することはできない」としたうえで、本件後行者は傷害について寄与行為を行っていないとして恐喝罪の限度で承継的共犯の成立を認めることができるとしたが、ただし、それは恐喝幇助罪にとどまるとしたのである。なお、恐喝幇助とした理由については、恐喝の正犯意思の欠如に求められているが、その前提として注目されるのは、判決中に承継的共同正犯と承継的従犯とでは、「いずれも先行行為者が特定の犯罪の実行に着手し、まだその全部を終了しないうちに、後行行為者がその事情を知りながらこれに介入し、先行行為者と意思を通じて、じごの行為をする点では同じであり、ただ後行行為者が行う行為が残りの実行行為を分担するものである場合が共同正犯、実行行為そのものを行うのではなくそれ以外の行為をもって実行行為を容易にする場合が幇助犯とされるにすぎず、共同正犯か幇助犯かという差はあるにせよ、その責任の及ぶ犯罪の範囲については異なった取扱いをする実質的理由はない」とされた点である。

また、東京地裁昭和40年8月10日判決は、先行者の暴行・脅迫により被害者が抗拒不能になった後に先行行為を認識・認容しながら、後行者がそれに共謀のうえ加担し姦淫行為を行ったという事案について、「承継的共同正犯において、事後の犯行に加担したものが、他の共犯者のそれ以前の行為についてまで責任を負担するのは、加担する以前の他の共犯者の行為を自己の犯行の手段として自己の犯行の内容にとりいれるからであり、結局共謀が事後に成立しても価値的にみれば事前共謀にもとづく共同正犯と何ら差異がない点に存する」としたうえで、価値的に共謀が成立したと見られる過去の一定時点以後の他の共犯者の行為については、「共謀の範囲内の他の共犯者の行為、即ち共同して一定の犯行を遂行するという概括的認識の範囲内の他の共

犯者の行為については、具体的には認識しなかったものについてもそれから生じた結果につき責任を免れない」とした。ただし「一定時点以前の他の共犯者の行為は、共謀の内容にはいらずそれについてまで責任を負うべき根拠はなにもなく、このことは結果的加重犯においてもかわりがない。」と判示し、本件の場合は、先行行為者の暴行によって被害者が傷害を負い、そののち後行者と後行者の共謀が成立したのであるから、暴行に関しては共謀の内容を構成せず、したがって具体的認識の範囲外のことであるから、後行者は傷害の点につき責任を負わないとした。

　さらに、東京高裁平成16年6月22日判決においては、被告人が被害者Cの監禁されている場所（組事務所）に到着した時点で、被害者のおかれている状況を認識して、それ以降の監禁行為に関与したものではあるが、それ以前に別の場所で加えられた暴行および現在の場所までの連行の態様等については認識していなかったし、しかも暴力団の上位者であるAからの指示で組事務所に赴いたとされた事案につき、「その場の状況から，Cを監禁し，他県へ連行するというAらの意図を了解してその後の監禁行為に加功したに過ぎないのであって，自分が加功する前の監禁状態をことさらないし積極的に利用する意思があったものとも認められない。」としたうえで、被告人が被害者Cの監禁について共同正犯として責任を負うのは、上記の組事務所（監禁場所）に到着した以降の監禁に限られるとした。

　また、後行者の責任については独自に判断すべきであり、先行者の責任は承継しないとした福岡地裁昭和40年2月24日判決（下刑集7巻2号227頁）【強盗致死傷罪】が注目される。これは後行者が金品強取のみに関与したという事案について、「先行者の行為の途中に後行者が加わった場合については当裁判所は後行者の責任ついてはそれ自体独立に判断すべきであつて後行者は先行者の責任を承継しないと解するのが相当」として、強盗罪のみの成立を認めたものである。もっとも、先行者による暴行・脅迫により被害者が反抗を抑圧されていることを認識しながら後行者が関与していることを認めたうえで、後行者は先行者の責任を承継しないとしつつも、窃盗罪ではなく、強盗罪の成立を認めている点は、本判決が、単なる否定説ではないことを示していると思われる。

530

3　大阪高裁昭和62年7月10日判決───部分的肯定説の台頭───

　さらに、部分的肯定説に依拠すると考えられる大阪高裁昭和62年7月10日
判決（高刑集40巻3号720頁）が注目される[10]。本判決は、傷害罪に関して、
先行者がすでに暴行を加えていることを認識しつつ後行者が中途から関与し
たという事案につき、肯定説が実体法上の一罪をすべて分割不可分であると
したことは独断であり、また、なにゆえ先行者の行為による結果までが後行
者に問いうるのか、納得できる説明がなされていないとし、さらに、否定説
が刑法における個人責任の原則を重視した点は評価できるが、後行者が先行
者の行為を認識・認容しただけにとどまらず、積極的にこれを自己の犯罪遂
行の手段として利用したと認められる場合には、先行者の行為を実質上、後
行者の行為と同視できるのであるから、このような場合にまで承継的共同正
犯を否定するのは妥当でないとしたうえで、「承継的共同正犯が成立するの
は、後行者において、先行者の行為及びこれによって生じた結果を認識・認
容するに止まらず、これを自己の犯罪遂行の手段として積極的に利用する意
思のもとに、実体法上の一罪（狭義の単純一罪に限らない。）を構成する先
行者の犯罪に途中から共謀加担し、右行為等を現にそのような手段として利
用した場合に限られる」として、後行者である本件被告人に対して、先行者
の行為を自己の犯罪遂行の手段として利用したと認めることはできないの
で、先行者との共謀成立後の行為に対してのみ共同正犯の成立が認められ、
さらに本件の場合、被害者の傷害の大部分は後行者の加担前のものであり、
加担後の暴行によって生じたものとは認められないことから、被告人には暴
行罪の共同正犯が成立するにとどまると判示した。本判決は、部分的肯定説
に依拠することにより、承継的共同正犯の成立範囲を明確にした点に重要な
意義を有すると考えられる。

　さらに、東京地裁平成7年10月9日判決（判時1598号155頁）では、昏睡強
盗を共謀した者のうちの1人が暴行を加えて被害者に傷害を負わせ財物を
奪った場合、財物奪取に関与した他の者の罪責について、昏睡強盗の共謀が

───────────

(10)　なお、本件については、堀内捷三「承継的共犯(1)」西田＝山口＝佐伯編・前掲注(9)
　　168頁を参照。

暴行・脅迫を手段とする強盗の共謀に及ぶものではないとしつつ、「後行行
為者は、財物奪取行為に関与した時点で、先行行為者によるそれまでの行為
とその意図を認識しているのみでなく、その結果である反抗抑圧状態を自己
の犯罪遂行の手段としても積極的に利用して財物奪取行為に加担しているの
であるから、個人責任の原則を考慮に入れても、先行行為者の行為も含めた
強盗罪の共同正犯としての責任を負わせるべきものと考えられるが、反抗抑
圧状態の利用を超えて、被害者の傷害の結果についてまで積極的に利用した
とはいえないのにその責任を負わせることは、個人責任の原則に反するもの
と考えられる」として、財物奪取に関与した後行者には、強盗致傷ではな
く、強盗罪の限度で共同正犯が成立するとした[11]。

4 最高裁平成24年11月6日第二小法廷決定

そして、共謀加担以前に生じた傷害結果が共謀とそれに基づく行為との間
に因果関係が欠如していることを理由に、後行者に共同正犯の成立を否定し
た最高裁平成24年11月6日第二小法廷決定（刑集66巻11号1281頁）は、最高
裁が初めて承継的共同正犯について判断を示した事案として重要な意義を有
する[12]。第1審および原審が、後行者である被告人（X）が先行者（Y）ら
の被害者（V）らに対する行為および傷害結果を認識・認容し、これをさら
に自身の制裁目的に基づく暴行という犯罪遂行の手段として積極的に利用す
る意思のもとに、一罪関係にある傷害に途中から共謀加担した以上、加担前

---

(11) なお、本件につき、前田雅英「判批」『東京都立大学法学会雑誌』38巻2号477頁以
下を参照。さらに、同『最新重要判例250（刑法）[第11版]』（2018年、弘文堂）87頁も
あわせて参照。

(12) なお、本件につき、前田・前掲注(11)『最新重要判例250（刑法）』82頁、同「判批」『警
察学論集』66巻1号（2013年）139頁以下、丸山嘉代「判批」『警察学論集』66巻2号（2013
年）151頁以下、早渕宏毅「判批」『研修』（2013年）25頁以下、豊田兼彦「判批」『法学
セミナー』697号（2013年）133頁、松尾誠紀「判批」『判例セレクト2013〔1〕』（2014年）
28頁、大谷實編『判例講義刑法I総論［第2版］』（2014年、悠々社）142頁〔十河太朗〕、
照沼亮介「判批」『平成25年重要判例解説』（2014年、有斐閣）164頁以下、小林憲太郎「承
継的共犯」山口厚＝佐伯仁志編『刑法判例百選I（総論）［第7版］』（2014年、有斐閣）
166頁以下、石田寿一「判解」『最高裁判所判例解説・刑事篇〈平成24年度〉』（2015年、
法曹会）433頁以下などを参照。

の先行者らによる傷害結果を含めて承継的共同正犯として責任を負うとした
のに対して、「共謀加担前にＹらが既に生じさせていた傷害結果については，
Ｘの共謀及びそれに基づく行為がこれと因果関係を有することはないから，
傷害罪の共同正犯としての責任を負うことはなく，共謀加担後の傷害を引き
起こすに足りる暴行によってＶらの傷害の発生に寄与したことについての
み，傷害罪の共同正犯としての責任を負うと解するのが相当である。」とし、
原判決の認定した、被害者らが先行者らの暴行を受けて負傷し、逃亡・抵抗
が困難になっている状態を利用してさらに暴行に及んだという点は、被告人
が共謀加担後にさらに暴行を行った動機ないし契機にすぎず、共謀加担前の
傷害結果について刑事責任を問いうる理由とはいえず、共謀加担前にすでに
生じていた傷害結果を含めて被告人に傷害罪の共同正犯の成立を認めた原判
決は解釈を誤ったとしている（ただし、量刑判断においては、共謀加担後のＸ
の暴行は、被害者らの傷害を相当程度重篤化させたものとして重視されている）。

　本決定においては、すでに発生した結果につき後行者の行為が因果性を有
しないという理由づけに注目するのであれば、とりあえず因果的共犯論を基
礎におく判断が示されたと評価できそうである。もっとも、完全に否定説に
依拠するのか、あるいは、否定は傷害罪に限定されるのかは不明である[13]。

　千葉勝美裁判官の補足意見においても、「強盗，恐喝，詐欺等の罪責を負
わせる場合には，共謀加担前の先行者の行為の効果を利用することによって
犯罪の結果について因果関係を持ち，犯罪が成立する場合があり得るので，
承継的共同正犯の成立を認め得るであろうが，少なくとも傷害罪について
は，このような因果関係は認め難いので（法定意見が指摘するように，先行
者による暴行・傷害が，単に，後行者の暴行の動機や契機になることがある
に過ぎない。），承継的共同正犯の成立を認め得る場合は，容易には想定し難
い」とされている。もし、本決定の射程が傷害罪以外には及ばないとすれ
ば、なお、先行行為の積極的利用を重視する可能性も残されているといえよ
う[14]。これまでの裁判例においても、先行行為を後行者が認識・認容し、こ

---

(13)　大谷編・前掲注(12)143頁〔十河〕。さらに、本決定が否定説を主張する因果的共犯論
　に与したわけではないと明確に指摘する見解として、佐久間・前掲注(1)181頁。

れを利用したことを理由に、ただちに承継的共同正犯が認められてきたわけではなく、事前に存在する共謀と中途からの関与時に生じた共謀とを「価値的に同視できるか否か」という視点が重視されていたと評価できるのである（東京地裁昭40年8月10日判決、横浜地裁昭56年7月17日判決など）[15]。むしろ、価値的に同視できない場合には、共同正犯の成立が否定される場合もありえた点に、あらためて注意を払う必要性があるのではないか。さらに、成立範囲の問題としては、補足意見においても指摘されたように、傷害罪については承継的共同正犯の成立が否定されたとはいえるが、他の犯罪類型、とくに強盗罪、詐欺罪および恐喝罪については、なお成立可能性が否定されていないともいえるのではないか。さらなる検証が必要とされるところである[16]。

---

(14)　前田雅英『刑事法最新判例分析』（2014年、弘文堂）103頁を参照。なお、前田雅英編集代表『条解刑法［第3版］』（2013年、弘文堂）223～224頁、さらに、高橋則夫『刑法総論［第4版］』（2018年、成文堂）478頁、只木誠『コンパクト刑法総論』（2018年、新世社）268頁もあわせて参照。

　　石田調査官は、本決定は無限定な積極説とは相容れないものの、それ以上の特定の立場を明らかにしたものではなく、これまで傷害罪と同列に論じられることの多かった結果的加重犯を含めて「他の犯罪類型」の取り扱いは、今後に残された問題であると指摘される（石田・前掲注(12)462頁）。なお、石田調査官は、本決定は、承継的共同正犯をめぐる学説上の消極説よりも、中間的見解に親和的ということができるとも指摘される（同・前掲注(12)457頁注22）。同「判批」『ジュリスト』1468号（2015年）74頁以下、早渕・前掲注(12)30頁もあわせて参照。

　　山口判事も、本決定は、先行者の暴行によってのみ生じた傷害を除外することを明確にしながら、中間説に近い結論が導かれていると指摘される。もっとも、本決定は、傷害罪に関して、中間説を「因果性の観点」から限定的に捉え直したものという評価が可能であることから、因果関係のない事実についての「共犯責任」を否定した点に、傷害罪を超えた一般的妥当性を持つ判断が含まれているとも指摘される（山口・前掲注(1)9頁）。

(15)　前田・前掲注(14)『刑事法最新判例分析』103頁参照。

(16)　この点については、注目すべき判例として、最高裁平29年12月11日第三小法廷決定（刑集71巻10号535頁、判時2368号〔判例特報〕15頁以下）がある。特殊詐欺事例におけるいわゆる「だまされたふり作戦」と詐欺未遂罪の共同正犯の成否について、「被告人は，本件詐欺につき，共犯者による本件欺罔行為がされた後，だまされたふり作戦が開始されたことを認識せずに，共犯者らと共謀の上，本件詐欺を完遂する上で本件欺罔行為と一体のものとして予定されていた本件受領行為に関与している。そうすると，だまされたふり作戦の開始いかんにかかわらず，被告人は，その加功前の本件欺罔行為の点も含

Ⅲ　成立範囲をめぐる若干の検討

1　共同正犯の正犯性

結論に向けて、まず強調されなければならない点は、共同正犯は「単独正犯の集積」ではないということである。共同正犯とは複数人の関与を前提にしている以上、関与者相互の関係性を明確に把握することが重要であると思う[17]。（同時犯ではない）複数人の関与である以上、共同正犯における「共同」とは、各関与者による共同の行為遂行の重要性を指摘しているのであり、かならずしも共同正犯が共犯であることを指示しているわけではない。もちろん共同正犯に共犯的性格があることを認めることができたとしても、その点を強調するのみでは共同正犯を説明できないのではないか。共同正犯の成立に要求されるレベルの共同とは、複数人が犯罪結果を惹起する点を特徴とする「正犯の1つの遂行形態」であることから検討されなければならない。も

めた本件詐欺につき，詐欺未遂罪の共同正犯としての責任を負うと解するのが相当である。」とした。より詳細な検討は他日を期したいが、本決定においては、詐欺罪に関して、承継的共同正犯が成立する余地があることを正面から認めたものと評価できるのではないか（この決定に関する重要な評釈として、前田雅英『WLJ判例コラム臨時号』124号（2017年）および前掲・判時匿名コメントを参照されたい）。なお、前田教授が、もともと共同正犯は、すべての犯罪事実を共同実行する必要はない。「重要な部分での関与」で足りるし、「共謀という形態での関与」も可能であるとされ、欺罔行為と一体のものとして予定されていた受領行為であれば、「関与時に、純客観的には結果発生の可能性がなくても、承継的共同正犯は成立しうるのである。」とされる点は、共同正犯における各関与行為の意義を考えるうえできわめて重要な指摘だと思われる。また、判時匿名コメントでは、本決定が、詐欺を完遂するうえで欺罔行為と一体のものとして予定されていた受領行為という指摘をした点につき、詐欺罪の保護法益は個人の財産であり、欺罔行為はこれを直接侵害するものではなく、欺罔行為を手段として錯誤に陥った者から財物の交付を受ける点に法益侵害性があるという「詐欺罪の特質」に着目すれば、「詐欺罪の承継的共同正犯」を認める実質的根拠を示唆するものとも理解できるとする。このコメントは、承継的共同正犯を肯定する場合、各犯罪類型の特質（罪質）を分析・検討することの重要性をまさに示唆するものとして、傾聴に値すると思われる。

(17)　この点につき、私も（相互的）行為帰属説的立場が妥当であると解している。詳細については、拙稿「共同正犯論における行為帰属説の展開」『明治大学法科大学院論集』5号（2009年）97頁以下、拙稿「共同正犯における客観的寄与の意義について」『明治大学法科大学院論集』7号（2010年）405頁以下、拙稿・前掲注(7)「共同正犯の因果性」207頁以下、拙稿「共同正犯の帰属原理」『法律論叢』89巻2＝3号（2017年）1頁以下などを参照されたい。

ちろん、共同正犯は「正犯メルクマール」を単独正犯のように要求できる形態の正犯ではない。その特徴を各関与者間によって遂行された行為から全体的に把握することを通じて、正犯性の論証を行わなければならない正犯なのである。この意味において、基本的に、共同正犯とは「分業形態によって犯罪の完成を目指す各関与者による協力関係」として理解されるのではないのか[18]。このような協力関係、つまり各関与者による「相互利用・補充関係」が認められた共同行為と、その共同行為から結果が惹起されたことを確認できれば、共同正犯の因果性に十分なのではないか（共同された正犯行為とそれから惹起された結果という関係）。

2 部分的肯定説を前提とした場合の成立範囲の限界

上記の点をふまえれば、各関与者において相互利用・補充関係が認められなければ共同正犯は否定されることから、すでに完全に終了した先行行為に対しては、先行者と後行者との間にそのような関係を認めることができず、この意味では承継的共同正犯は否定されることになる[19]。もっとも、先行行為が後行者の関与後にもなお効果を持ち続けている場合に、後行者がその「状態」を利用して先行者と共同して結果を発生させたと評価できるのであれば、その限度では共同正犯の成立を認めることができるのではないか。「先行行為の効果がなお継続しているのを利用して結果を発生させたか否か」、この点に留意するとすれば、各共同正犯者間に相互利用・補充関係を認めることができるか否かが重要であり、関与が中途であったか否かが問題ではない[20]。たとえば、強盗の場合、先行者が被害者を反抗・抵抗不能に陥

---

(18) 川端博『刑法総論講義［第3版］』（2013年、成文堂）556頁。この点につき、示唆的なのは佐久間教授の指摘である。すなわち、共同正犯では、「相互的な意思連絡による共同体」として（教唆・幇助では正犯者の犯罪遂行に従属するなかで）、主観・客観両面の人的な結合から発して最終的な法益侵害に至る結びつきが重視されなければならないとされ、刑法上は個人責任の原則が前提になるとはいえ、「共犯における人的な結びつき」を無視して因果性だけを問題にするのは、誤った客観主義的思考の1つにほかならないとされる（佐久間・前掲注(1)191頁）。

(19) 大谷・前掲注(2)418頁。なお、十河・前掲注(1)「承継的共犯の一考察」365頁以下もあわせて参照。

Ⅲ　成立範囲をめぐる若干の検討

れた後、後行者が意思の連絡を先行者と交わしたうえで財物の奪取にのみ関
与したとしても、それは（否定説の結論である）窃盗罪の共同正犯ではなく、
先行者によって作出された被害者の反抗・抵抗不能状態を利用している以
上、そして先行者にとっても後行者の関与により結果の発生がより確実に
なったと評価できる場合には、両者間に相互利用・補充関係を見出すことが
できると思うのである。その限度では、後行者にも強盗罪の共同正犯が成立

(20)　西田教授は、部分的に承継的共同正犯を認める立場による基準、すなわち「先行者
の行為の効果・影響力の利用」という基準は誤解を招きやすいのではないかと指摘され
る。というのは、甲が丙に暴行・傷害を加えている中途に乙が関与し暴行を加えた場合
でも、甲の先行行為により丙が抵抗不能な状態にあり、それゆえ、乙は容易に丙に暴行
を加えることができたという場合には、甲による傷害結果についても乙に罪責を問い得
ることになりかねないからであるとされ、因果的共犯論によれば、乙は甲によって実現
された過去の行為や結果について罪責を負うことはないと明確にされつつ、しかし、乙
が関与する時点において、なお甲が実現しようとしている結果については因果性を有す
ることが可能であると鋭く指摘されている（西田典之『刑法総論［第2版］』（2013年、
弘文堂）367頁）。
　　佐伯教授は、財物の奪取や受領は、先行者から見れば強取・詐取・喝取であり、後行
者はこれに関与するのであるから、強盗罪・詐欺罪・恐喝罪の共犯が成立すると考える
のは可能だとされ、この場合も、「共犯者は，自己が関与した後の行為について責任を
負うだけであるから，これを承継的共犯と呼ぶのは正確ではない。」とされる点は、部
分的肯定説（中間説）の意義を考えるうえで重要な指摘であると思われる（佐伯仁志『刑
法総論の考え方・楽しみ方』（2013年、有斐閣）387頁注37）参照）。
　　このような部分的肯定説（中間説）の根拠づけに対して、あらたな理論構成を展開さ
れるのが山口判事の見解である。判事は、後行者に、先行者との共謀加担後、不作為犯
（不作為による脅迫・欺罔に基づく強取・喝取・詐取）の成立を肯定することで先行者
との間に共同正犯の成立を認めることができるとされる。たとえば、強盗の場合、先行
者の暴行・脅迫によって被害者の反抗が抑圧され（先行者には反抗抑圧状態という結果
原因の支配が認められるので結果を回避する作為義務が認められる）、その後の財物奪
取にだけ共謀加担した後行者には、不作為による強取が成立し（被害者の反抗抑圧状態
を解消しない不作為の脅迫を認める・共謀加担後に作為義務の共有）、先行者とは共同
正犯になるとされる（山口・前掲注(1)16頁以下、同『刑法総論［第3版］』（2016年、有
斐閣）373頁以下を参照）。もっとも、先行者に不作為による詐欺も認定可能であるとし
ても、非保障人である後行者が先行者と意思を相通じたのみで詐欺の共犯の成立し得
ることまでは導けないとする指摘として、小林・前掲注(1)「承継的共犯・再論」13頁参照。
さらに、不作為による脅迫に基づく強取という構成は、先行する暴行・脅迫が強盗目的
で行われたものではない場合であっても、強盗を認める可能性を生じさせることになら
ないかという疑問を提起する見解として、髙橋（直）・前掲注(1)190頁を参照。さらに、
齊藤・前掲注(1)26頁もあわせて参照。

537

すると解される（このように理解する場合には、強盗罪だけではなく、詐欺罪および恐喝罪の場合にも、先行者によってなされた欺罔行為や脅迫行為によって作出された状態・状況を後行者が利用している以上、そして先行者にとっても後行者の関与により結果の発生がより確実になったと評価できる場合には同様の結論を維持できる）[21][22]。

　もっとも、このように考えても、先行者による重大結果（たとえば、強盗致死傷等罪における殺害・致死傷の結果）の承継までをも認めるべきではない。先行行為によって発生した重大結果はすでに発生し終わったものであり、後

---

(21)　結論的には、平野龍一『刑法　総論Ⅱ』（1975年、有斐閣）383頁、大谷・前掲注(2) 418頁、川端・前掲注(18)570頁以下、前田・前掲注(4)360頁以下、木村光江『刑法［第4版］』（2018年、東京大学出版会）132頁以下、伊東研祐『刑法講義総論』（2010年、日本評論社）378頁、堀内捷三『刑法総論［第2版］』（2004年、有斐閣）291頁、佐久間修『刑法総論』（2009年、成文堂）369頁以下など。さらに西田・前掲注(20)367頁を参照。

(22)　さらに近時の部分的肯定説（中間説）の論拠として重要な点を指摘されるのが十河教授の見解である。教授は、結論としては「中間説が支持される」が、承継的共犯が認められる根拠は、後行者が先行者の行為に関与することにより、当該犯罪の「第一次的な保護法益を侵害・危殆化し、先行者とともに犯罪を実現した」という点に求められるとする。さらに、このことを前提に犯罪類型ごとに分析を加え、その結果、欺罔行為に関与せず財物の受交付にのみ（意思を通じて）関与した後行者にも、詐欺罪の保護法益である「占有の侵害との間に因果関係は認められる」のであり、共犯成立において必要とされる因果関係の内容はそれで足りるとされる。同様に、先行者が財物奪取の意思で被害者に暴行を加え反抗を抑圧した後、後行者が先行者と意思を通じて被害者の財物を奪取した場合、強盗罪の保護法益である「占有の侵害と後行者の行為との間には因果関係」があり、後行者は強盗罪の構成要件に該当する先行者の行為に関与することにより強盗罪を完成させたといえるから、後行者には強盗罪の成立を認めてよいとされる（十河・前掲注(1)「承継的共犯の一考察」366頁以下。さらに同・前掲注(1)「承継的共犯論の現状と課題」144頁以下も参照）。

　高橋直哉教授も、共犯が成立するためには、構成要件該当事実の全てについて因果性が必要であるとする結論を受容すべき必然性はないとされ、共犯の処罰根拠を結果の惹起に求めたとしても、共犯は単独犯ではないので、構成要件該当事実の全てに因果性を及ぼす必要はなく、最終的な法益侵害結果と因果性がある限り、他の構成要件該当事実については、共犯者の行為とあわせて実現すれば足りるのではないかと指摘されたうえで、先行者が犯罪を途中まで遂行しているという事情が、後行者の加担以後の行為をその進行中の犯罪との関係で意味づける「一種の構成要件的状況」のような働きをすると指摘される（高橋（直）・前掲注(1)182頁）。

　さらに、橋爪教授は、共同正犯についても、因果性の要請を「緩和」し、各人の関与がそれぞれ結果惹起との間で因果性を有していることに加えて、「共同正犯者全体の行為」をあわせて評価することで構成要件該当事実が実現されていれば足りるとされる（橋

行者は単にその結果により生じた「状態」を利用したにすぎないのであり、先行者と後行者との間には重大結果を発生させた点に相互利用・補充関係が欠けているからである。各関与者間における相互利用・補充関係という視点から検討した場合、後行者の関与によって強盗失敗の可能性が軽減されたのであれば、中途からの関与であっても結果に対して影響力を有していたと評価できる。かりに、先行者による反抗・抵抗抑圧の手段が殺害・致死傷行為であったとしても、その状態を利用した後行者の関与行為が、いまだ終了していない強盗罪（財物奪取）の成否に影響を及ぼしたと評価することができるか否かが重要なのであり[23]、中途からの意思連絡（共謀）以降、先行者と後行者は、強盗罪を完成させることができるか否かについて関心・利益を有していたのであって、この点に向けた相互利用・補充関係が確認できれば、その限度でのみ共同正犯の成立を認め、殺害・致死傷結果につき帰責を認めるべきではないと結論づけることができる[24]。

3　日髙博士の所説

　博士は、因果（的）共犯論の立場に依拠されつつ基本的には否定説を正当と解されるが、なお一定の場合には承継的共同正犯の成立を肯定すべきであるとされ、とくに強盗殺人罪を例に挙げ、承継的共同正犯が認められる場合

爪・前掲注(1)95頁）。もっとも、詐欺・恐喝罪と強盗罪とでは、各罪質の相違から因果性の及ぶ範囲も相違するとされ、強盗罪に関しては、暴行・脅迫結果に因果性を有しない後行者に（強盗罪の場合、暴行・脅迫の法益侵害性は副次的ではないことから）共同正犯の成立を否定される（同・前掲注(1)96頁）。

　以上のような見解に対して、小林教授は、因果的共犯論ないし惹起説は、共犯も正犯と同じく自身に帰責される不法に対して因果性を及ぼしていなければならないとする考え方をいうのであるから、正犯と異なり、共犯においてだけ、自身に帰責される不法の一部については惹起していなくても良いということはありえないと指摘され、たとえば、身体の安全の侵害や財物奪取を容易ならしめる事実的支配力の脆弱化も、相手方の防御力を大幅に削ることで容易に財物ないし財産上の利益を奪うという「強盗罪の不法」に不可欠の独自の結果であるとされ、「詐欺の不法」も占有移転という最終的な結果だけではなく、それを類型的に容易化する中間結果、すなわち、錯誤の惹起によっても構成されているとされ、詐欺の共犯が成立するためには、かかる中間結果に対しても因果性を及ぼす必要があるとして批判される（小林・前掲注(1)「承継的共犯・再論」6頁以下、同・前掲注(1)「いわゆる承継的共犯をめぐって」10頁以下もあわせて参照）。

と否定される場合とがあるとされる[25]。第1のパターンとしては、強盗の手段である暴行・脅迫を加えて財物を強取し、次に被害者を殺害する場合を指摘される。この場合、先行者が暴行・脅迫を行っている中途から後行者が介入し、被害者が畏怖している状況を利用し、共に暴行・脅迫を加えて財物を強取したうえ、被害者の殺害に及ぶことができる。そこでは、中途から介入した後行者といえども「因果性を共有する」ので、強盗殺人罪の承継的共同正犯が成立するとされる[26]。

---

(23)　なお、西田・前掲注(20)367頁を参照。やはり、前掲注(22)の諸見解のように、実行行為への中途関与者であっても、（法益侵害）結果を実現させるための不可欠的な寄与を先行者との共謀・意思連絡のうえで遂行した場合、これを（共同）正犯として評価できないかが問題とされるべきであり、実行行為の全体に因果性を有しなかったとしても、その重要部分について因果性を有していたのであれば（すくなくとも、その部分には相互利用・補充関係が先行して認められる）、その部分に対する寄与を理由に（共同）正犯として評価できるのではないか。この点を示唆する重要な見解として、井田良『刑法総論の理論構造』（2005年、成文堂）366頁を参照。もっとも、井田教授は、承継的幇助犯はこれを認めるが、承継的共同正犯についてはこれを否定される（同『講義刑法学・総論』（2008年、有斐閣）473頁）。この立場においては、共同正犯の処罰根拠と幇助犯のそれは異なるとの前提が重要である。共同正犯の場合、その帰属構造から事前の合意に基づく構成要件該当事実への関与が重視される。その点が従属的共犯とは違うので、幇助犯の場合には、先行者による行為部分をも含めた犯罪全体について幇助犯が成立しうるが、共同正犯の場合には、後行者には意思の連絡が形成されて以降、中途関与以後の行為にしか共同正犯は成立しないとされている。さらに、斎藤信治『刑法総論［第6版］』（2008年、有斐閣）274〜275頁、高橋・前掲注(14)474頁、照沼・前掲注(1)244頁以下などを参照。

　　部分的肯定説とは結論を異にするが、共同正犯と幇助犯（狭義の共犯）とを区別してその帰属根拠を検討する前提自体は、共同正犯の（帰属）構造を考えるうえできわめて重要な態度決定であると思う。

(24)　この点につき、十河教授は、先行者が財物奪取の意思で被害者を殺害した場合には、財物奪取のみに関与した後行者には強盗殺人罪は成立しないとされる。というのは、複数の保護法益を含む犯罪において、その「不法の程度を基礎づける要素」として最も重要なのは、第1次的な保護法益であるからである。すなわち、強盗罪に関しては、第1次的な保護法益は占有であり、身体の安全・意思決定の自由などは「副次的な保護法益」であり、第1次的な保護法益と後行者の関与行為との間に因果関係が認められれば、後行者にも強盗罪が成立するが、強盗殺人罪の場合、第1次的な保護法益は生命であるので、生命侵害結果と後行者の行為との間には因果関係は存在しないことから、強盗殺人罪は後行者には成立しないとされる（十河・前掲注(1)「承継的共犯の一考察」367頁以下、さらに同「承継的共犯論の現状と課題」146頁もあわせて参照）。

(25)　日髙・前掲注(6)494頁。

第2のパターンとしては、強盗を企図した者がまず被害者を殺害し、次に被害者の財物を強取するという事例を指摘される。この場合には、先行者は、財物の強取に失敗したとしても強盗殺人罪が成立するという特徴があるが、被害者の殺害が終わった段階から後行者が介入した場合には、後行者は殺害についての因果性を持ち得ず、後行者からすればすでに死亡した人の財物を奪取しているにすぎない。したがって、強盗殺人罪の承継的共同正犯とはならず、窃盗罪ないし占有離脱物横領罪の共同正犯が成立することになる。この場合、「死者の占有を認めるか否か」によって、窃盗罪か占有離脱物横領罪かが決まることになるとされる[27]。

　第1のパターンは、暴行・脅迫の中途から関与している以上（暴行・脅迫行為の終了前・被害者が抑圧される前）、強盗罪が後行者にも成立しうると考えられるし、さらには「強盗の機会性」にかかわる問題として、場合によって強盗殺人罪が後行者にも成立する可能性はあると思われる。

　問題は、第2のパターンではないだろうか。部分的肯定説（中間説）に依拠した場合、強盗殺人罪は認められないとしても、強盗罪の限度で後行者にも共同正犯が成立する可能性は否定できないのではないか。博士の立場が部分的肯定説であるとすると、この第2のパターンの処理（その結論）が争点として議論されると思われる。

　私自身は、すでに別稿および本稿において述べたように、部分的肯定説を妥当と考えるものであるが、強盗殺人罪の場合、強盗殺人自体の共謀（意思連絡）がない後行者が、殺人行為（およびその結果）を承継するとは考えない。すでに生じ終わった状態・状況を後行者に承継させることはできない、つまり、先行者による殺害行為との間に相互利用・補充関係が存在しないからである（強盗致死傷等罪のみならず、ほかの犯罪類型においても、共同正犯の構造上、そもそも相互利用・補充関係を有しない先行行為の後行者への承継はあ

---

(26)　日高・前掲注(6)494頁。この点について、日高博士は、強盗傷人罪の場合に、暴行・脅迫の中途から被害者が介入して財物を強取した場合に、後行者も介入後の傷害結果については因果性を共有し、強盗傷人罪の承継的共同正犯が成立するのと同様であると指摘される。

(27)　日高・前掲注(6)495頁。その他に、後行者と先行者とで因果性を共有し得る場合として、監禁罪と強姦罪などを指摘される。

りえない)。もっとも、先行者が作出した状態・状況を利用することで、後行者と先行者とが（法益侵害）結果を現実化したと評価できる場合には、後行者には強盗罪の共同正犯の成立を認めるべきである。この点につき、殺人行為自体と利用された状態・状況とを区別することはできないとの批判が向けられると思われるが（それゆえ殺害結果も承継・帰属されなければ肯定説として一貫性がないという批判）、殺害時には意思連絡（共謀）はなく、その後に意思連絡をしたうえで殺害後に関与し、被害者が殺害されて反抗・抵抗を（完全に）抑圧されているという状態・状況を認識しつつ、先行者と共同して財物奪取のためにその状態・状況を利用したにすぎない以上、殺害行為とその結果を後行者に承継・帰属させることはできない。この結論の限りでは、その区別は可能と思われる。

日高博士の見解は、承継的共同正犯に関して、基本的にはこれを否定されつつ、一定の場合にはこれを認められる。私見においても、結論的には同じ立場に依拠することになるが、既述のとおり、後行者に共同正犯が認められる範囲に、問題となっている各犯罪類型の罪質によっては相違がみられるところもある。もっとも、このこと自体は、承継的共同正犯を否定的に解しつつ、一定の場合にはこれを肯定するというスタンスに依拠するならば、個別の犯罪ごとにその成立範囲を厳格に画していくことの重要性がまさに争点化していくことの表出ともいえるのではないか。むしろ、今後、この点を分析の糸口としてさらに検討を加えていくこととしたい。

私は、大学院生時代から折に触れて、日高義博先生には温かいお言葉をかけて頂き、心が折れそうになる時も先生の柔和なお顔を思い出し、なんとか勉強を続けていくことができました。先生への尊敬の情は人後に落ちないつもりであります。その先生の古稀祝賀論文集に寄稿できることは、私にとって無上の喜びでございます。もっとも、拙いものであることも自覚しておりますので何とぞご海容の程をお願い申し上げると同時に、さらなるご指導の程よろしくお願い申し上げます。今後の先生のますますのご健勝ご活躍を祈念しております。本当にありがとうございました。

（あべ・りきや）

詐欺未遂罪と承継的共犯

上嶌　一高

 Ⅰ 本稿の目的
 Ⅱ 承継的共犯の議論
 Ⅲ 下級審裁判例の動向
 Ⅳ 最高裁平成29年12月11日決定
 Ⅴ 最高裁判例の意義
 Ⅵ 承継的共犯の要件と範囲

Ⅰ　本稿の目的

 氏名不詳者が被害者を欺いて現金を送付させて交付させる目的で、欺く行為をしたとき、その後、送付される現金の入った荷物の受領を依頼され、これを了解した者について、被害者が警察へ連絡し、だまされたふり作戦に協力して、現金を偽装した荷物を配達依頼（送付）したため、目的を遂げなかった事案において、その罪責は、どのように解されるか。欺く行為がなされる時点で、事情を認識し、氏名不詳者との間で共謀等をした事実が認められるときには、詐欺未遂罪の共犯の成立を肯定し得るが、そうではなく、被害者がだまされようとしたことに気がつき、荷物を配達依頼した後、荷物の受領を依頼された事例において、特にいわゆる特殊詐欺における受け子について、詐欺未遂罪の共犯は成立するかということが問題となる。

 欺く行為に関与せず、錯誤に陥った被害者が交付する財物を受領することのみに関与した者について、詐欺罪が成立するかについては、承継的共犯の問題として、従来から議論されてきたが、被害者がだまされようとしたことに気がつき、詐欺罪が未遂にとどまり、錯誤に基づいて財物を交付する可能性が事実上なくなった事例については、議論されてこなかった。近時の裁判例において、詐欺未遂罪の共同正犯の成否が争われたところ、裁判所によっ

て理解は分かれた。最近、最高裁がその判断を明らかにし、その成立を肯定する結論をとったが、その理由は、簡潔なものであり、また、これまでの裁判例において示されてこなかったものである。

本稿は、この最高裁判例を主な対象として、どのような場合に詐欺未遂罪の共犯が成立するかについて、若干の検討を加えることとする。

Ⅱ　承継的共犯の議論

1　学　　説

(1)　承継的共犯の議論について概観する。先行者が犯罪の実行に着手した後、その終了前に、先行者との相互の意思の連絡の下で後行者が犯罪に関与した場合、後行者は、どのような要件によって、どのような範囲で共犯としての責任を負うのか、すなわち、先行者の行為およびその結果を承継するかが問われる[1]。このような承継的共犯の問題について、その論拠および帰結においてさまざまな学説が主張されてきた。

大別すると、意思の連絡は行為が一部行われてから生じても、その全体が構成要件上不可分の犯罪であれば、全体の共犯が成立し[2]、後行者が関与前の先行者の行為およびその結果を認識した上で介入した場合には、全体として責任を負う[3]などとし、①財物奪取を目的とした殺人後に財物奪取のみに後行者が関与した例について、強盗殺人罪の共犯の成立を認める肯定説、因果的共犯論の立場から、共犯の成立には、構成要件該当事実すべてについての因果性が必要であるが、因果性は将来に向かって進行するもので、後行者の行為が過去の事実について因果性を有することはあり得ないなどとし、後行者は関与後の行為およびその結果についてのみ責任を負い、関与前の先行者の行為およびその結果について共犯として責任を負うことはないとする否定説[4][5]、そして、肯定説と否定説の中間的解決を導く説（中間説）が存在

（１）　西田典之『刑法総論［第 2 版］』（2012年、弘文堂）362頁、高橋則夫『刑法総論［第 4 版］』（2018年、成文堂）473頁等。
（２）　植松正『再訂刑法概論Ⅰ総論』（1974年、勁草書房）354頁以下。
（３）　西原春夫『刑法総論〔改訂準備版〕下巻』（1993年、成文堂）386頁。

し、中間説は、因果的共犯論によって、既に先行者の行為によって発生した結果については後行者は責任を負わないとしても、先行者の行為が後行者の関与後にもなお効果をもち続けている場合には、後行者もその点について責任を負うとし[6]、あるいは、先行者の行為およびその結果を後行者が自己の犯罪遂行の手段として利用する意思の下に利用したときには、共同正犯が成立するなどとし[7][8]、上記①の例について、強盗罪の成立を認め、②欺罔行為（または脅迫行為）後に財物の受交付のみに後行者が関与した例について、詐欺罪（または恐喝罪）の成立を認める[9]。

（4）　林幹人『刑法の基礎理論』（1995年、東京大学出版会）199頁以下、同『刑法総論［第2版］』（2008年、東京大学出版会）380頁以下、町野朔「惹起説の整備・点検」『内藤謙先生古稀祝賀・刑事法学の現代的状況』（1994年、有斐閣）132頁以下、大越義久『刑法総論［第5版］』（2012年、有斐閣）204頁、二本栁誠「騙されたふり作戦と受け子の罪責」名城法学67巻1号（2017年）224頁等。因果的共犯論を一貫して、欺く行為（または脅迫行為）がなされた後、財物の交付を受ける行為のみに関与した者は詐欺罪（または恐喝罪）に問われず、不可罰にとどまることを明示する見解として、相内信「承継的共犯について」金沢法学25巻2号（1983年）43頁、山口厚『問題探究 刑法総論』（1998年、有斐閣）263頁以下、同『刑法総論［第2版］』（2007年、有斐閣）350頁、内藤謙『刑法講義総論（下）Ⅱ』（2002年、有斐閣）1425頁等。承継的共同正犯について、曽根威彦『刑法総論［第4版］』（2008年、弘文堂）258頁、金尚均「承継的共同正犯における因果性」立命館法学310号（2006年）150頁以下。浅田和茂『刑法総論［補正版］』（2007年、成文堂）424頁、松原芳博『刑法総論［第2版］』（2017年、日本評論社）410頁以下、同「承継的共犯」『野村稔先生古稀祝賀論文集』（2015年、成文堂）204頁、小林憲太郎「共犯の因果性（下）」判時2347号（2017年）141頁は、遺失物等横領罪の成立を肯定する。
（5）　さらに、後行者の行為について、先行者の行為・結果の積極的利用や、最終的な結果に対する因果性によって、先行者の行為・結果の後行者への承継を一定限度で認める中間説に対して、詳細に批判的検討を行い（山口厚「承継的共犯論の新展開」法曹時報68巻2号〈2016年〉10頁以下、同『刑法総論［第3版］』〈2016年、有斐閣〉372頁以下）、後行者が共謀加担した後の事実についてだけ共犯責任を問うという因果的共犯論の立場を堅持した上で、後行者に先行者との共謀加担後、共謀加担前の脅迫による反抗抑圧、恐喝による畏怖、欺罔による錯誤に関し、それぞれ不作為による脅迫、欺罔を認め、先行者との間で共同正犯の成立を肯定し、強盗罪、恐喝罪、詐欺罪について中間説的な結論を導く理論構成を提示する見解が主張されている（山口・前掲法曹時報16頁以下、同・前掲刑法総論［第3版］373頁以下）。この見解について、小林憲太郎「承継的共犯・再論」研修820号（2016年）7頁以下、林幹人「承継的共犯について」立教法学97号（2018年）111頁等参照。
（6）　平野龍一『刑法 総論Ⅱ』（1975年、有斐閣）383頁。川端博『刑法総論講義［第3版］』（2013年、成文堂）570頁、日髙義博『刑法総論』（2015年、成文堂）494頁参照。
（7）　大谷實『刑法講義総論［新版第4版］』（2012年、有斐閣）418頁、445頁。

545

さらに、共同正犯は、その性質上、犯罪実現の合意をしてはじめて成り立つもので、後行者はその後の行為についてのみ共同正犯としての責任を負うとして、共同正犯については否定説に従いつつも、先行者の犯罪実現における法益侵害に影響を与える限りにおいてその犯罪の幇助犯としての責任を負うとする説もあり、上記①の例について、窃盗の共同正犯と強盗の幇助犯となる（両者は観念的競合ないし法条競合となる）ことを認め、②の例について、詐欺罪（または恐喝罪）の幇助犯の成立を認める[10]。

（2）　近年は、犯罪の結果（法益侵害）に対して因果性を有することを根拠として、承継的共犯の成立を認める見解が有力である。中間説において、財

（8）　なお、平塚浩司「承継的共同正犯」大塚仁＝佐藤文哉編『新実例刑法〔総論〕』（2001年、青林書院）327頁以下は、共同正犯においては、共犯者各自が他の共犯者の行為を自己の行為として相互に利用することにより、各自の行為が一体のものとして評価されるとし、財物奪取を目的とした傷害後に財物奪取のみに後行者が関与した例について、後行者が、被害者が傷害を負っている状況を認識し、積極的に利用する意思で利用したと認められるときには、強盗致傷罪の共同正犯が成立することを肯定する。強盗致死傷罪の場合、死傷については責任を負わないとする立場に対して、先行者の行為を認識し、これを利用することを理由に反抗抑圧状態の承継を認めながら、致死傷の結果のみこれから常に除かれるべき理論的根拠は明らかでなく、上記の例について、反抗抑圧状態だけならば後行者は介入しなかったが、被害者が傷害を負っていたから介入したという場合には、被害者の受傷をも積極的に利用して強取行為を行ったと認定できるとする。また、福田平「判批」判時1276号（1988年）216頁（判評354号70頁）、同『全訂刑法総論〔第5版〕』（2011年、有斐閣）271頁、290頁注4参照。

（9）　ほかに、大塚仁『刑法概説（総論）〔第4版〕』（2008年、有斐閣）294頁以下、323頁、川端・前掲注(6)571頁、602頁、佐久間修『刑法総論』（2009年、成文堂）369頁、392頁、阿部力也「承継的共同正犯について」『川端博先生古稀祝賀論文集上巻』（2014年、成文堂）553頁以下、堀内捷三『刑法総論〔第2版〕』（2004年、有斐閣）291頁等。

（10）　斉藤誠二「承継的共同正犯をめぐって」筑波法政（1985年）8号31頁以下、同「判批」法学新報105巻4＝5号（1999年）330頁以下。同様の結論をとるものとして、上野幸彦「承継的共同正犯論の批判的検討」日本大学大学院法学研究年報14号（1984年）41頁、高橋・前掲注(1)474頁、斎藤信治『刑法総論〔第6版〕』（2008年、有斐閣）274頁以下、井田良『講義刑法学・総論』（2008年、有斐閣）473頁、490頁以下、照沼亮介『体系的共犯論と刑事不法論』（2005年、弘文堂）246頁以下等。なお、山中敬一『刑法総論〔第3版〕』（2015年、成文堂）912頁、916頁、963頁参照。

　このような説によっても、幇助犯の成立範囲について、中間説と肯定説のいずれに従うか（①の例について、強盗と強盗殺人のいずれの罪責を負うか）が問題となる。肯定説として、中野次雄『刑法総論概要〔第3版補訂版〕』（1997年、成文堂）149頁、165頁、山本雅子「承継的共同正犯論」『立石二六先生古稀祝賀論文集』（2010年、成文堂）482頁以下、小島秀夫『幇助犯の規範構造と処罰根拠』（2015年、成文堂）150頁以下。

物の奪取や受交付は、先行者からみれば強取、詐取、喝取であり、後行者は、この行為に関与するのであり[11]、後行者が関与する時点において、なお、先行者が実現しようとしている結果については因果性を有することが可能で、先行者の行為の結果が、強取、詐取、喝取である場合、後行者は、このような違法結果を左右し得た以上、強盗、詐欺、恐喝の責任を負うべきであるとする見解[12]、さらに、共犯は単独犯とは異なり、構成要件該当事実のすべてに因果性を及ぼす必要はなく、結果の惹起が不法内容の本質的要素であるから、後行者の行為に、構成要件的結果（法益侵害結果）との因果性があれば足りるという見解[13]、後行者の行為と犯罪の第1次的な保護法益の侵害との間に因果関係が存在するときには、先行者とともに犯罪を実現したといえ、共犯の成立が認められるとする見解[14]等である。

また、共同正犯の成立根拠について機能的行為支配説を支持し、構成要件該当事実の因果的惹起過程を機能的に支配する立場にあった者が共同正犯となるという立場から、事象経過に対する類型的に把握された支配関係が問題となり[15]、構成要件該当事実の本質的・中核的部分を左右することができる場合に共同正犯性が認められるとし、因果遡及の帰属を含意する「承継」を否定し[16]、先行事実と後行事実が構成要件該当評価の「単位」を構成すると認められる一体的事実の重要部分を実現した場合に、「単位」の全体、構成要件該当事実全体を因果的に惹起する（機能的行為支配を有する）という見解[17]も主張されている。

---

(11)　西田典之『共犯理論の展開』（2010年、成文堂）224頁、佐伯仁志『刑法総論の考え方・楽しみ方』（2013年、有斐閣）387頁。

(12)　西田・前掲注(1)367頁。

(13)　西田典之ほか編『注釈刑法(1)』（2010年、有斐閣）860頁〔島田聡一郎〕、髙橋直哉「承継的共犯論の帰趨」『理論刑法学の探究(9)』（2016年、成文堂）182頁、橋爪隆「承継的共犯について」法学教室415号（2015年）95頁。豊田兼彦「共犯の因果性」刑事法ジャーナル44号（2015年）8頁参照。

(14)　十河太朗「承継的共犯の一考察」同志社法学64巻3号（2012年）367頁以下、371頁以下、同「承継的共犯論の現状と課題」前掲注(13)『理論刑法学の探究(9)』146頁、157頁。

(15)　橋本正博「『承継的共同正犯』について」前掲注(9)『川端博先生古稀祝賀論文集 上巻』583頁。

(16)　橋本・前掲注(15)585頁。

2 判 例

(1) つぎに、判例をみると、大審院は、昭和13年11月18日判決（刑集17巻839頁）において、強盗目的で被害者を殺害した夫から事情を聞かされ、金員の強取について協力を求められた妻がやむなく承諾し、ロウソクを手にして灯火を送り、夫の金員強取を容易にしたという場合について、強盗殺人罪が単純一罪であることを根拠とし、強盗殺人罪の一部である強取行為に加担したとして、強盗殺人の幇助犯の成立を肯定した[18]。

(2) このように、承継的共犯の認められる範囲を広く解する大審院判例の後、下級審裁判例はあるものの、一定の考え方が示されていたわけではなく、また、最高裁の判断は長くみられなかった[19]が、近年、傷害罪について、最高裁判例が現れた。原判決である高松高裁平成23年11月15日判決（刑集66巻11号1324頁）は、「被告人は，Aらの行為及びこれによって生じた結果を認識，認容し，さらに，これを制裁目的による暴行という自己の犯罪遂行の手段として積極的に利用する意思の下に，一罪関係にある傷害に途中から共謀加担し，上記行為等を現にそのような制裁の手段として利用したものであると認定し」、「被告人は，被告人の共謀加担前のAらの暴行による傷害を含めた全体について，承継的共同正犯として責任を負うとの判断を示した」が、最高裁は、平成24年11月6日第二小法廷決定（刑集66巻11号1281頁。以下、

---

(17) 橋本・前掲注[15]591頁以下。そして、強盗罪等の結合犯については、手段行為と結果行為の一体性は否定されることが多く、例えば、強盗罪において、反抗抑圧の手段となる暴行は、人の身体に対する攻撃として独自の不法内容を有し、財物奪取との間には相応の独立性を有するという一方、詐欺罪や恐喝罪等の構成要件上複数の行為が予定されている単純一罪については、手段行為と結果行為との間に不可分の一体性を認めやすく、例えば、詐欺罪において、財物取得は、相手方の瑕疵ある意思に基づく財物の交付によって実現するものであり、両者の有機的連関が強いとする。橋本・前掲注[15]596頁以下。

(18) 旧刑法に関し、他人が詐欺取財をすることを企て、偽造証書を行使して確定判決もしくは支払命令に対する確定の執行命令を得た上、強制執行をしようとするにあたり、その情を知りながら、中途よりこれに加担した者について、共に財物騙取の目的を達したとして、他人と共に詐欺取財の罪責を負うとした大審院判例がある（大判明治43・2・3刑録16輯113頁）。

(19) 最（三小）決昭和32・10・18刑集11巻10号2675頁は、承継的共犯に関する先例としての価値は乏しいとされる。西田・前掲注[11]217頁。

「平成24年決定」という）において、他の者が被害者に暴行を加えて傷害を負わせた後に、被告人が共謀加担した上、さらに強度の暴行を加えた場合、「被告人は，共謀加担前にＡらが既に生じさせていた傷害結果については，被告人の共謀及びそれに基づく行為がこれと因果関係を有することはないから，傷害罪の共同正犯としての責任を負うことはなく，共謀加担後の傷害を引き起こすに足りる暴行によってＢらの傷害の発生に寄与したことについてのみ，傷害罪の共同正犯としての責任を負うと解するのが相当である」とした。原判決が、大阪高裁昭和62年７月10日判決（高刑集40巻３号720頁）を参照して行った第１審の松山地裁平成23年３月24日判決（刑集66巻11号1299頁）の判断を是認し、共謀加担前の他の者の暴行による傷害結果を含めて傷害罪の共同正犯の成立を認めた解釈を誤りとしたものである。

　この法廷意見は、傷害罪の共同正犯の成否について述べるものであるが、千葉勝美裁判官は、補足意見において、「強盗，恐喝，詐欺等の罪責を負わせる場合には，共謀加担前の先行者の行為の効果を利用することによって犯罪の結果について因果関係を持ち，犯罪が成立する場合があり得るので，承継的共同正犯の成立を認め得るであろう」と述べる。

　このような平成24年決定は、共謀加担前に生じていた傷害結果について、後行者に傷害罪の共同正犯が成立することを否定しており、承継的共同正犯の問題について、無限定の肯定説をとるものではないとされ[20]、千葉裁判官が補足意見において、強盗、恐喝、詐欺等について後行者が承継的共同正犯として責任を負うことがあることを肯定していることに鑑みると、平成24年決定は、中間説をとることを示唆しているようにもみえる[21]ものの、その理解は、明らかではない。原判決においては認められた、先行者の行為およびその結果を積極的に利用する意思で利用したということを承継的共同正犯の要件と解するかという点については、前掲大阪高裁昭和62年７月10日判決等の考え方に親和的であるという見方もある[22]。しかし、平成24年決定は、このような積極的利用という要件自体を否定した[23]わけではない[24]ものの、構

---

(20)　石田寿一「判解」『最高裁判所判例解説刑事篇平成24年度』（2015年、法曹会）461頁、芦澤政治「承継的共犯」池田修＝杉田宗久編『新実例刑法〔総論〕』（2014年、青林書院）354頁。

成要件を充足する複数の行為の一体性が強いと解される犯罪[25]については別として、傷害罪については、このような要件がみたされるとして、承継的共同正犯の成立が認められる範囲はきわめて限定的であることになろう[26]。また、承継的従犯について、共同正犯と同様に解するかは示されていない。

（3）　下級審裁判例において[27]、財産犯にあって、他人の占有を侵害する犯罪のうち、詐欺罪と同じ交付罪であるとされる恐喝罪については、脅迫行為

---

(21)　早渕宏毅「判批」研修777号（2013年）30頁、坂田正史「判批」警察公論68巻5号（2013年）92頁、高橋・前掲注(1)478頁、石田・前掲注(20)457頁注22)。豊田兼彦「判批」新・判例解説Watch16号（2015年）170頁参照。松宮孝明「『承継的』共犯について」立命館法学352号（2013年）367頁以下は、判例において、傷害結果について承継を肯定することはほとんどなくなったのに対し、手段・目的型結合犯においては、因果性ではなく、関与する犯罪の一罪性、ないし、制限された罪名従属性から承継を認める余地があるとする。一方、松原・前掲注(4)413頁以下は、平成24年決定は、因果的共犯論に基づく否定説の論理に従ったものといえようとする。

(22)　高橋則夫「判批」刑事法ジャーナル39号（2014年）92頁、同「承継的共同正犯について」前掲注(9)『川端博先生古稀祝賀論文集 上巻』（2014年）574頁。井田良「承継的共同正犯についての覚書」『山中敬一先生古稀祝賀論文集上巻』（2017年、成文堂）634頁参照。

(23)　少なくとも傷害罪については、否定したとみるのは、橋本・前掲注(15)590頁、山口厚『新判例から見た刑法［第3版］』（2015年、有斐閣）120頁、十河・前掲注(14)『理論刑法学の探究(9)』135頁、橋爪隆「共同正犯をめぐる問題(3)」警察学論集70巻9号（2017年）154頁。

(24)　水落伸介「判批」法学新報121巻3＝4号（2014年）337頁。

(25)　石田・前掲注(20)456頁。

(26)　前掲（Ⅱ2(2)参照）大阪高判昭和62・7・10は、被告人が被害者にそのあごを2、3回突き上げる程度の暴行しか行っていない事案について、積極的利用があったことを否定したものであり、その事案とは異なり、後行者が多数回の強度の暴行を加えた場合には、積極的利用があったことが肯定される余地が残されていた（上嶌一高「承継的共犯」西田典之ほか編『刑法の争点』〈2007年、有斐閣〉110頁）が、平成24年決定は、被告人の暴行の方がそれ以前の先行者の暴行よりも激しいものであったと認められた事案についても、積極的利用があったことを否定したことからみると、積極的利用という要件の適用範囲は、限られることになろう。

(27)　判例が、承継的共犯の考え方を肯定するためしばしば用いる理由として、先行者の犯罪が一罪であること、および、後行者が先行者の行為やその結果を利用する（意思を有する）ことを挙げることができる。上嶌・前掲注26) 110頁。昭和50年代後半以降になると、後行者が先行者の行為を積極的に利用したことを承継的共同正犯成立のための要件とし、限定的にこれを肯定する裁判例が出始め、現時点では主流といってよいと指摘される。坪井祐子ほか「共犯(2)の1」判タ1387号（2013年）76頁。

に関与しない後行者について、恐喝の幇助犯[28]、あるいは、共同正犯[29]の成立を肯定したものがある。なお、近年の裁判例には、後行者について、その加功する前の共犯者らの先行行為（恐喝行為）を積極的に利用する意思を否定するものがある[30]。

Ⅲ　下級審裁判例の動向

1　概　　　説

　欺罔行為後に財物の受領を依頼された行為者の罪責に関する近時の裁判例をみると、第 1 審である地裁判決においては、詐欺未遂罪の共同正犯の成立を否定する判断が複数現れたが、控訴審である高裁判決においては、そのような判断を覆し、その成立を肯定する判断が示されるなどした。これらの裁判例においては、詐欺罪について、承継的共同正犯の成立が認められるか、だまされたふり作戦が開始された状況のもとで、不能犯論（と同様）の考え方によって危険性があるか否かを判断すべきであるか、判断すべきであるとして、行為者が関与した段階において、結果発生の可能性（詐欺既遂の結果発生の現実的危険）があるか、あるいは、受領行為の危険性があるか、さらに、受領行為は、詐欺罪の実行行為であるといえるか、それとも、そうではないが、正犯を基礎づける重要な行為であるといえるか、という点が問題とされているものといえよう[31]。

---

(28)　横浜地判昭和56・7・17判時1011号142頁。

(29)　名古屋高判昭和58・1・13判時1084号144頁、前掲（Ⅱ 2 (2)参照）大阪高判昭和62・7・10等。先行者の脅迫およびそれにより被害者が畏怖している状態を後行者が認識し、利用していることが認められている。

(30)　東京高判平成21・3・10東高刑時報60巻 1 〜12号35頁。先行行為について容易に認識し得たとは認められなかった例にかかるが、この裁判例は、先行行為を認識し、積極的に利用する意思があったと認められたとしても、時間的・場所的に離隔した先行行為それ自体について共同正犯としての罪責を負うと解すべきかについて、検討の余地があるという。

(31)　学説においては、承継的共犯を否定する立場から、だまされたふり作戦が実施されている場合、受領行為のみに関与する後行者には、作為義務を基礎づける排他的支配も、実行行為の内容としての危険性もなく、不能犯とすべきであろうという見解も主張される。林・前掲注(5)111頁。

551

2 裁 判 例

（1）　名古屋地裁平成28年3月23日判決（判時2363号127頁）は、氏名不詳者がＡ（81歳）に電話をかけ、電話の相手がＡの息子であり、現金300万円を至急必要としているので、現金を送付してもらいたい旨うそを言った事案に関して、被告人が荷物を受け取ることを承諾した行為が、Ａが荷物の配達を依頼するまでに氏名不詳者らがした行為に何らかの影響を与えたと認めることはできないことに加えて、既に配達依頼がされていた時点では、詐欺既遂の現実的危険も消失していたといえる、そうすると、詐欺既遂の現実的危険という詐欺未遂の結果が既に発生し終わった後に、被告人が関与したことになるから、被告人の行為が詐欺未遂の結果と因果関係を有することはなく、詐欺未遂の共同正犯とはならない、また、本件では、氏名不詳者が現にＡにうその電話をかけて、詐欺未遂自体は成立しているのであって、その氏名不詳者の実行行為後に関与した被告人に詐欺未遂の共同正犯としての罪責を問うことができるかが問題となっているのであるから、犯罪の成否自体を問題とする不能犯とは、その問題状況を異にしているとし、現に模擬現金を受け取るという行為をしたとしても、詐欺既遂の結果を発生させる客観的危険に何ら寄与するものではないから、現金を受領することで詐欺行為の一部に関与し、行為を共同したとみることのできる詐欺既遂とは異なり、本件詐欺未遂で、被告人の受領行為をその行為（ないしは実行行為）の一部とみるのにも疑問が残るなどとして、被告人を無罪とした。

　これに対し、控訴審の名古屋高裁平成28年9月21日判決（判時2363号120頁①事件）[32]は、単独犯だけでなく、共犯の場合、それも共犯関係に後から入った場合でも、不能犯と同じような判断方法を用いることは肯定されてよい

---

(32)　この判決の事案を、客体が模擬現金であることから、客体の不能とみるのは、門田成人「判批」法学セミナー746号（2017年）121頁、小林憲太郎「未遂犯（中）」判時2330号（2017年）141頁、騙し足りなかったということから、方法の不能とみるのは、安田拓人「判批」法学教室437号（2017年）146頁、これら二重の性質の性質を備えるとみればよいというのは、二本柳・前掲注(4)235頁。冨川雅満「判批」法学新報124巻5＝6号（2017年）297頁以下は、危険性の判断の対象として、受領行為、依頼引受行為、犯罪行為全体があり得ることを指摘し、この判決の事案は、受領行為を対象とする場合、客体の不能に、犯罪行為全体を対象とする場合、方法の不能に位置づけられるとする。

などとし、詐欺未遂罪が成立し得ることは認めたが、本件詐欺未遂について、被告人が氏名不詳者らと共謀した事実は認められないとして、原判決の結論を是認した。

　控訴審判決は、「単独犯で結果発生が当初から不可能な場合という典型的な不能犯の場合と，結果発生が後発的に不可能になった場合の，不可能になった後に共犯関係に入った者の犯罪の成否は，結果に対する因果性といった問題を考慮しても，基本的に同じ問題状況にあ」ると説示しており、承継的共同正犯の成否について、「財物交付の部分のみに関与した者についても，本質的法益の侵害について因果性を有する以上、詐欺罪の共犯と認めてよい」と述べた後掲（Ⅳ1参照）福岡高裁平成29年5月31日判決と同一の前提に立って判断しているとされる。また、法益侵害の結果に対する因果性を肯定できる場合に承継的共同正犯が成立するという前提に立った場合、だまされたふり作戦が行われた事案で財物交付の部分のみに関与した者について、詐欺未遂罪の成立を認めることができるか否かは、受け子の受領行為によって詐欺未遂罪の結果（＝詐欺の結果発生の危険性）が生じたといえるかによって定まるところ、この点につき、控訴審判決は、不能犯と同様の判断手法を用いているとされる[33]。そして、行為時の結果発生の可能性の判断に当たっては、一般人が認識し得た事情および行為者が特に認識していた事情を基礎とすべきであるところ、被害者が警察に相談して模擬現金入りの荷物を発送したという事実は、被告人および氏名不詳者らは認識していなかったし、一般人が認識し得たともいえないから、この事実は、詐欺既遂の結果発生の現実的危険の有無の判断に当たっての基礎事情とすることはできないと述べており、具体的危険説に依拠するものといえる[34]。さらに、同判決は、被告人が依頼を受けて「被害金を受領する行為が本件詐欺の実行行為に当たるかは

(33)　判時2363号122頁。
(34)　判時2363号123頁。この判決の説示、依拠した基準等を、髙橋康明「オレオレ詐欺事案における受け子の犯罪の成否について」警察学論集70巻3号（2017年）164頁は、正当とする。これに対し、門田・前掲注32）121頁は、受領行為を実行行為の一部ととらえても、被告人の行為は欺く行為によって生じた危険をさらに高めるものではなく、承継的共同正犯を認めるとしても、既に生じた危険に何らも付加することなくそのまま引き継ぐことを認めるべきではないとする。

詐欺未遂罪と承継的共犯（上嶌　一高）

一個の問題であるが，仮にこれが実行行為に当たらないとしても，当該受領行為は，財物の騙取を実現するための重要な行為であり，通謀の上これを分担したのであれば，正犯者といえる程度に犯罪の遂行に重要な役割を果たしたものとして，少なくとも共謀共同正犯には当たり得るものと考えられる」と述べた[35]。

　(2)　また、名古屋地裁平成28年 4 月18日判決（裁判所ウェブサイト）は、氏名不詳者らがA（70歳）に電話をかけ、介護施設入居に関する違法な名義貸しによる刑事訴追を回避するには、現金200万円を送付する必要がある旨うそを言った事案について、被告人が荷物を受け取る依頼を受け、引き受けた時点で、氏名不詳者らの詐欺による結果惹起は不能になっており、また、この時点での意思連絡が氏名不詳者らの詐欺を促進するものでもないとした。

　　これに対し、控訴審の名古屋高裁平成28年11月 9 日判決（LEX/DB 25544658）[36]は、前掲（(1)参照）名古屋高裁平成28年 9 月21日判決と同じく、刑事第 2 部によるもので、これと同様の理解を示し、被告人が依頼を受けた時点でも、詐欺既遂の結果発生の現実的危険はあったとみるべきこととなるとした上で、被告人が荷物の受領等を他者に指示した事例について、詐欺未遂罪の共同正犯の成立を肯定した[37]。

　(3)　福岡高裁平成28年12月20日判決（判時2338号112頁、判タ1439号119頁）は、氏名不詳者らが被害者（78歳）に電話をかけ、医療施設の債権購入に関する違法な名義貸しを穏便にすませるため必要となる現金50万円をゆうパックで送るよううそを言った事案について、「本件詐欺の構造は，被害者を騙して現金を郵送させ，それを受領することによって既遂となるのであるから，本件受領行為は詐欺罪を構成するために不可欠な犯罪行為の一部であ

---

(35)　冨川・前掲注[32]295頁は、受領行為の実行行為性についての判断を留保したこの判決の事案について、幇助犯の成立可能性を指摘する。

(36)　是木誠「判批」警察学論集70巻 2 号（2017年）159頁参照。

(37)　詐欺罪の承継的共犯において、受領行為のみに関与した後行者の果たした役割が軽微である場合には、幇助犯にとどまるとする視点（髙橋直哉「承継的共犯に関する一考察」法学新報113巻 3 = 4 号〈2007年〉155頁）からは、本件では、幇助犯が成立するにすぎないという指摘がある（甘利航司「判批」新・判例解説Watch22号（2018年）172頁）。

554

Ⅲ　下級審裁判例の動向

る。本件では，被害者が共犯者らの欺罔行為が詐欺かもしれないと気付いたため，現金は郵送していないが，被告人は，本件受領行為を行った際には，未必的に詐欺の一端に加担することを認識・認容して，共謀の上行っているから，被告人の行為が類型的に見て構成要件を充足する危険性のあるものであると評価されれば，詐欺未遂罪の責任を負うというべきである」、「問題となるのは，……被告人が共謀に加わったのが，本件荷物の発送後で，その荷物内には現金が入っていなかったことから，本件受領行為が本件詐欺における実行行為性を欠いており，未遂犯としての責任も負わないのではないかという点である。そのような被告人の行為の危険性を判断し，未遂犯としての可罰性の有無を決するためには，いわゆる不能犯における判断手法により，当該行為の時点で，その場に置かれた一般通常人が認識し得た事情及び行為者が特に認識していた事情を基礎として，当該行為の危険性の有無を判断するのが相当である」、「これを本件についてみると，被告人において被害者が騙されたふりをしているとの事情を認識していなかったのはもちろんのこと，その場に置かれた一般通常人にとっても，そのような事情はおよそ認識し得なかったといえるから，被害者が騙されたふりをしているとの事情は，行為の危険性を判断する際の基礎事情からは排除・捨象して考えるのが相当である。そして，被害者が騙されたふりをしているとの事情を排除・捨象して被告人の行為を観察すれば，被告人は，被害者において騙されたが故に発送した本件荷物を受領したということになるから，被告人の本件受領行為に実行行為性を肯定することができ，未遂犯としての可罰性があることは明らかである」と述べ、詐欺未遂の共同正犯が成立するとして、未必の故意もないとして被告人を無罪とした原判決である福岡地裁久留米支部平成28年3月8日判決（判時2338号118頁）を破棄した。

　この判決は、詐欺の承継的共同正犯を肯定することを暗黙の前提として、不能犯における判断手法により、具体的危険説に立ち、危険性の有無を判断し、被告人の受領行為に実行行為性を肯定したものであるとされる[38]。

　(4)　神戸地裁平成28年9月23日判決（裁判所ウェブサイト）は、途中から

---

(38)　判時2338号113頁、判タ1439号120頁。

関与した被告人が、共犯者らのした欺罔行為を認識しながら、自らの報酬欲しさという動機から、共犯者らのした欺罔行為を利用する意思で現金（様のもの）を受け取ろうとする行為をしており、その際の状況は、一般人からすれば、騙されて錯誤に陥った被害者が、詐欺の犯人に現金を交付しようとするものといえるから（被告人の認識も同様である）、欺罔行為時に存在した金銭騙取の現実的可能性は、被告人の受け取ろうとする行為の時点でもなお失われていないとし、これは、詐欺の実行行為（騙取行為）であり、かつ、被告人は、氏名不詳者らによる欺罔行為も含め詐欺未遂の共同正犯（実行共同正犯）としての罪責を負うとした。後行者が、先行者の行為を利用する意思で利用するという承継的共同正犯の成立要件を意識し、その行為の危険性を、不能犯論における具体的危険説と同様の考え方により肯定することによって、後行者について詐欺未遂の共同正犯の成立を肯定したものといえよう[39][40][41]。

Ⅳ　最高裁平成29年12月11日決定

1　事実の概要

本件公訴事実の要旨は、概略、被告人は、氏名不詳者らと共謀の上、平成27年3月16日頃、福岡県大野城市内所在のＡ方にいたＡ（84歳）に対し、真実はＡが数字選択式宝くじであるロト6に必ず当選する特別抽選に選ばれた事実はなく、契約に違反した事実も違約金を支払う必要もないのにあるよう

---

(39)　他に、東京高判平成29・3・27（東京高等裁判所刑事裁判速報3600号）、仙台高判平成29・6・1（仙台高等裁判所刑事裁判速報平成29年2号）、仙台高判平成29・8・29（仙台高等裁判所刑事裁判速報平成29年1号）がある。小池健治「特殊詐欺の事案における諸問題について」判タ1449号（2018年）75頁以下参照。

(40)　受領行為が詐欺罪の実行行為の一部であるとして、詐欺未遂罪の成立を肯定する裁判例として、東京高判平成27・6・11判時2312号134頁①事件がある。氏名不詳者から偽名を用いて相手から荷物を受け取るという仕事をもちかけられた被告人が、被害者から「200万円」と大きく書かれた封筒を示された時点で、それが現金詐欺であると認識したと推認でき、その時点で、被告人と氏名不詳者との間に詐欺についての暗黙の意思の連絡があったといえ、現金の受領という実行行為の一部を担当した被告人の行為は、詐欺の共同正犯に当たるとし、遅くとも封筒を受領しようとした時点で、被告人に詐欺の故意と氏名不詳者との共謀が認められるとした原判決の判断を是認した。

に装い、Ｂ会社のＣを名乗る氏名不詳者が、電話で、「立て替えて100万円を私が払いました」「不正があったので、Ｄ銀行に違約金を払わないといけなくなりました。違約金を払わないと今度の抽選にも参加できないので、半分の150万円を準備できますか」などとうそを言って現金150万円の交付方を要求し、大阪市内所在の空き部屋に現金120万円を配送させて、被告人が受取人であるＥのふりをして配達業者から受け取る方法により、現金をだまし取ろうとしたが、警察官に相談したＡがうそを見破り、現金が入っていない箱1個を発送したため、その目的を遂げなかったというものである。

第1審の福岡地裁平成28年9月12日判決（刑集71巻10号551頁、判時2363号133頁）は、被告人とＣらとの間で本件公訴事実記載の詐欺（本件詐欺）に関し、Ｃが欺罔行為によって詐欺の結果が生じる危険性を発生させたことについて、欺罔行為に先立つ事前共謀があったとは認定できないとし、また、詐欺罪については、欺罔行為、それによる被欺罔者の錯誤、その錯誤に基づく財物の交付および交付された財物の受領という、因果関係によって結びつけられた一定の段階を経て成立する犯罪類型であるから、未だ詐欺の犯罪行為が終了していない段階で、後行者が、共謀加担前の先行者の行為の効果を利

---

(41)　被害者がだまされようとしたことに気がついた後に被告人が関与した、他の事案に関し、大阪高判平成29・5・24（裁判所ウェブサイト）は、被害者がだまされたふり作戦への協力を了承した後、被告人が現金を預かるよう氏名不詳者に指示された事案について、その後、氏名不詳者が、県警の者が現金を取りに行くなどと被害者に虚偽の電話をかけ、被告人が被害者方において警察官を装い、渡された封筒を受け取ろうとした（その際、警察官に逮捕された）各行為は、詐欺の結果発生の具体的危険がある実行行為であり、被告人に詐欺未遂罪の共同正犯が成立するとした。また、横浜地横須賀支判平成29・4・21（D1-Law28254586）は、騙し役による欺罔行為の後、指示されてその完了前に、被告人が詐欺行為を完遂させる上で重要不可欠な欺罔行為の一部を担当したが、指示された時点で被害者が詐欺であることに気づいていた場合について、いわゆる不能犯論における判断手法により、具体的危険説に立ち、被告人による欺罔行為は、詐欺の結果発生の危険性を有し、実行行為性を肯定することができるから、不能犯とはならないとし、控訴審の東京高判平成29・11・10（D1-Law28254585）は、「いわゆるオレオレ詐欺について、その電話による欺罔行為が金品の交付に至る危険性のある行為である以上は、たまたま現金を渡す前に被害者が詐欺であることに気付いたとしても、その時点でその後の実行行為等の可罰性が失われるということはできず、その後の役割を分担した者が、被害者が詐欺であることに気付いた時点よりも後に犯行に加担したとしても、共犯の成立が妨げられるものではな」いとして、原判決の判断を是認した。

用することによって犯罪の結果に対して因果関係を持ち、その結果犯罪が成立するという場合が想定できるから、そのような場合には、承継的共同正犯の成立を認めることができると考えられるとしながら、本件荷物はCの欺罔行為によって生じた錯誤に基づき発送（交付）されたものではないから、被告人がそれを受け取ったとしても、詐欺の構成要件に該当する行為（実行行為）に当たらない、また、危険性の判断過程について、一般人の認識という視点を取り入れるのは、当該事案の具体的状況下において、社会通念に照らし、客観的な事後予測として危険性を判断するためであるから、そこで仮定すべき一般人は、犯人側の状況と共に、それに対応する被害者側の状況をも観察し得る一般人でなければならず、そのような一般人を前提とすれば、Cの欺罔行為によって錯誤に陥ったAがその後錯誤を脱し、警察官からの依頼に応じて、だまされたふりをして発送した荷物を被告人が受け取ったという事実経過を、特段の科学的知見などを用いることなく認識し得ると考えられ、その認識を基礎とすれば、被告人が荷物を受け取る行為は、Cの欺罔行為やそれによるAの錯誤とは因果関係のない行為であり、詐欺罪の結果発生の危険性を有しないものであるとの判断がなされるなどとし、詐欺未遂の承継的共同正犯の罪責を負うとは認められないとして、被告人を無罪とした。

　これに対し、検察官が控訴したところ、控訴審の福岡高裁平成29年5月31日判決（刑集71巻10号562頁、判時2363号120頁②事件、判タ1442号65頁）[42]は、欺罔行為より前に被告人が共犯者との関係で継続的に受領役を担うという包括的な事前共謀があったと推認することは困難であるとしたが、承継的共同正犯の成否に関し、欺罔行為の終了後、財物交付の部分のみに関与した者についても、詐欺罪の本質的法益である個人の財産の侵害について因果性を有する以上、詐欺罪の共犯と認めてよく、その役割の重要度等に照らせば正犯性も肯定できるとした[43]上で、詐欺罪の結果発生の危険性の判断に際して、

---

(42)　前掲（Ⅲ2(3)参照）福岡高判平成28・12・20と同じく、第3刑事部によるものである。

(43)　谷岡拓樹「判批」早稲田法学93巻2号（2018年）120頁は、「現金送付型」の場合において、被告人の役割が、正犯性を肯定し得る程度に重要なものといえるのかには、疑問の余地があるとする。

「犯人側の状況と共に、それに対応する被害者側の状況をも観察し得る一般人」の認識内容を基礎とするという基準を設ける第1審判決の判断に対し、敢えて被害者固有の事情まで観察し得るとの条件を付加する必然性は認められないとし、「騙されたふり作戦」が行われていることは一般人において認識し得ず、被告人ないし本件共犯者も認識していなかったから、これを法益侵害の危険性の判断に際しての基礎とすることは許されず、被告人が本件荷物を受領した行為を外形的に観察すれば、詐欺の既遂に至る現実的危険性があったということができるとし、詐欺未遂罪の共同正犯の成立を認めて、第1審判決を破棄した。

　控訴審判決は、詐欺罪について、承継的共同正犯の論理を明らかにした上で、被告人が関与した段階において、法益侵害に至る現実的危険性があったといえるかを判断し、これを肯定している。不能犯論と同様の枠組みにより、危険性の判断について具体的危険説を採用しながら、第1審判決と異なり、その基準となる一般人について、「被害者側の状況をも観察し得る」ものとはしていない(44)。

2　最高裁決定

　最高裁は、平成29年12月11日第三小法廷決定（刑集71巻10号535頁、判時2368号15頁、判タ1448号62頁。以下「平成29年決定」という）(45)において、被告人の上告を棄却した。

　同決定は、「なお，所論に鑑み，特殊詐欺におけるいわゆるだまされたふ

---

(44)　一般人が認識し得た事情の理解に関し、第1審判決について、加藤経将「いわゆる受け子の故意に関する捜査とその立証」高嶋智光ほか編代『新時代における刑事実務』（2017年、立花書房）115頁注12）は、これを疑問とし、安田・前掲注32）146頁、橋爪隆「特殊詐欺の『受け子』の罪責について」研修827号（2017年）9頁以下は、具体的危険説と相容れないとする。これに対し、二本柳・前掲注(4)235頁以下は、一般人が被害者側の事情を観察し得ないとする根拠は明らかでないとする。

(45)　同決定について、川田宏一「判解」ジュリスト1520号（2018年）112頁、前田雅英「判批」捜査研究806号（2018年）9頁、濱克彦「判批」研修836号（2018年）21頁、佐藤拓磨「判批」刑事法ジャーナル55号（2018年）99頁、曵良行「判批」警察学論集71巻3号（2018年）118頁、松宮孝明「判批」法学セミナー759号（2018年）123頁、安田拓人「判批」法学教室451号（2018年）143頁等がある。

り作戦（だまされたことに気付いた，あるいはそれを疑った被害者側が，捜査機関と協力の上，引き続き犯人側の要求どおり行動しているふりをして，受領行為等の際に犯人を検挙しようとする捜査手法）と詐欺未遂罪の共同正犯の成否について，職権で判断する」とした上で，「1　本件公訴事実及び本件の経過」につづけて，つぎのように述べた。

「2　当裁判所の判断

(1)　原判決の認定によれば，本件の事実関係は次のとおりである。

　Cを名乗る氏名不詳者は，平成27年3月16日頃，Aに本件公訴事実記載の欺罔文言を告げた（以下「本件欺罔行為」という。）。その後，Aは，うそを見破り，警察官に相談してだまされたふり作戦を開始し，現金が入っていない箱を指定された場所に発送した。一方，被告人は，同月24日以降，だまされたふり作戦が開始されたことを認識せずに，氏名不詳者から報酬約束の下に荷物の受領を依頼され，それが詐欺の被害金を受け取る役割である可能性を認識しつつこれを引き受け，同月25日，本件公訴事実記載の空き部屋で，Aから発送された現金が入っていない荷物を受領した（以下「本件受領行為」という。）。

(2)　前記(1)の事実関係によれば，被告人は，本件詐欺につき，共犯者による本件欺罔行為がされた後，だまされたふり作戦が開始されたことを認識せずに，共犯者らと共謀の上，本件詐欺を完遂する上で本件欺罔行為と一体のものとして予定されていた本件受領行為に関与している。そうすると，だまされたふり作戦の開始いかんにかかわらず，被告人は，その加功前の本件欺罔行為の点も含めた本件詐欺につき，詐欺未遂罪の共同正犯としての責任を負うと解するのが相当である。

　3　結論

　したがって，本件につき，被告人が共犯者らと共謀の上被害者から現金をだまし取ろうとしたとして，共犯者による欺罔行為の点も含めて詐欺未遂罪の共同正犯の成立を認めた原判決は，正当である。」

V 最高裁判例の意義

1 承継的共同正犯とだまされたふり作戦の影響

平成29年決定は、欺罔行為後、だまされたふり作戦の開始を認識せずに、財物の受領行為に関与した者の罪責について、高裁判例を中心とした下級審裁判例において示されてきた詐欺未遂罪の共同正犯が成立するという結論を最高裁が是認したものである点においてはもちろんのこと、最高裁が承継的共犯をどのように理解するかを示唆するものである点において、重要な意義を有するものといえよう。

前掲（Ⅳ 1 参照）福岡高裁平成29年 5 月31日判決は、問題は、①財物交付の部分のみに関与した被告人につき、いわゆる承継的共同正犯として詐欺罪の成立を認め得るか、②認め得るとして、だまされたふり作戦が実行されたことが同罪の成否に影響するか、の 2 点であると述べた上で、先に示したような判断を行い、①について、これを肯定し、②について、不能犯と同様の枠組みによりだまされたふり作戦の影響を考慮することを示した[46]。これに対して、上告審である平成29年決定は、このような①および②の問題を明示することなく、詐欺未遂罪の共同正犯の成立を肯定している。

2 欺罔行為と受領行為の一体性

(1) まず、①の問題については、どのように解しているのであろうか。

平成29年決定が詐欺未遂罪の共同正犯が成立する根拠として述べるのは、「本件詐欺を完遂する上で本件欺罔行為と一体のものとして予定されていた本件受領行為」に関与し、そうすると、被告人は、「その加功前の本件欺罔行為の点も含めた本件詐欺につき」、詐欺未遂罪の共同正犯としての責任を負うということである。欺罔行為に関与していない者について詐欺罪が成立するかという問題について、これを肯定したという点において、承継的共同正犯を認めたものということができ、その理由として、関与した後行行為が先行行為と一体のものとして予定されていたこと、つまり、先行行為と後行

---

(46) 判タ1442号67頁。

行為が一体性を有することが含意されることとなる。

　このような一体性に着目する考え方[47]は、前掲（Ⅱ2(2)参照）平成24年決定に関する、石田寿一調査官のつぎのような指摘[48]にも示されている。「傷害との因果関係が問題となる犯罪においては，同一機会における同一人に対する複数の暴行行為を，身体に対する有形力の行使としては1個と評価することで，一連の暴行行為と結果との間の因果関係を検討すれば足りるとして，本件のようなケースについて，後行者に，共謀加担前のそれを含めて，傷害の結果の責任を肯定する結論を導く見解があり得る」[49]が、「後行者が，共謀加担前の暴行について共謀加担後の暴行と単一で継続した犯意を有するものではないのであるから，これらを直ちに一体のものとして評価できるとするには疑問がある」とし、「結合犯や結果的加重犯のように構成要件を充足する複数の行為の一体性が強いと類型的に解される犯罪とは異なり，本件のような類型において，本件のように先行者の暴行を受けて負傷し，逃亡や抵抗が困難になっている状態を利用して後行行為が行われたという程度でこれを肯定するのは困難であろう」という指摘である。詐欺罪は、他人の占有する財物の交付を受けるという1つの法益侵害を目的として、その手段である他人に対する欺罔行為と、その結果、錯誤に陥った被害者から財物の交付を受けるための受領行為という2つの行為がなされることが規定された犯罪であると解すると、平成29年決定は、上の指摘に示されたような考え方に照らし、詐欺罪は、欺罔行為と受領行為という「構成要件を充足する複数の行為の一体性が強いと類型的に解される犯罪」であることを前提として、受領行為に関与した被告人は、共謀加担前の欺罔行為を含めて、詐欺罪の責任を

----

(47)　なお，下級審裁判例には，薬事法に違反して許可を受けずにチオペンタールナトリウムを製造するなどした事案で，医薬品の製造の罪は包括一罪を構成し，そして，一罪としての一体性と統一性とが強く保たれているとして，被告人の従事した期間以前の製造行為全部についても，承継的共同正犯として責任を負うとした東京高判平成8・11・9東高刑時報47巻1～12号125頁がある。また，Ⅱ1(2)に述べたような橋本正博教授の見解に関して，小池・前掲注(39)82頁参照。

(48)　石田・前掲注(20)456頁。

(49)　金山薫「承継的共犯」龍岡資晃編『現代裁判法大系（30）』（1999年、新日本法規出版）62頁。

負うという結論を導いたとみることができると思われる[50]。

　なお、詐欺未遂罪の「共同正犯」の成立を認めた理由については、関与した受領行為は、詐欺罪の実行行為に当たるからか、あるいは、正犯を基礎づける重要な行為であるといえるからかは、これまでの下級審裁判例においては述べられていたものの、示されておらず[51]、また、平成24年決定とその原判決において問われた、先行者の行為およびその結果を積極的に利用する意思で利用したということが承継的共同正犯の成立に必要であるかという点についても、触れられていない。

　⑵　つぎに、②に関し、受領行為のみに関与した行為の危険性については、平成29年決定は、述べるところがない[52]。川田宏一前調査官は、「不能犯論には立ち入らずにだまされたふり作戦の開始は詐欺未遂罪の共同正犯の成立に影響を及ぼさないという構成を採っていることになる」と解説する[53]。

　同前調査官は、㈠「本件の問題は，既に先行者によって欺罔行為という詐欺の実行行為がなされている点で，実行の着手段階での可罰的な未遂犯と不

---

(50)　平成29年決定について、欺罔行為は、詐欺罪の保護法益である個人の財産を直接侵害するものではなく、欺罔行為を手段として錯誤に陥った者から財物の交付を受ける点に法益侵害性があるという詐欺罪の特質に着目すれば、平成29年決定が、上記のように根拠として述べるところは、詐欺罪の承継的共同正犯を認める実質的根拠を示唆するものとも理解できると解説される。川田・前掲注(45)115頁。

(51)　被告人に詐欺未遂罪の実行共同正犯が成立するのか、共謀共同正犯が成立するのかについて明確にしていない。川田・前掲注(45)116頁。なお、詐欺罪の実行行為性について、隈・前掲注(45)129頁以下参照。

(52)　安田・前掲注(45)143頁は、問題とされるべきは、関与「対象」となる先行者の犯罪がなお危険性を維持しているといえるかであり、方法の不能が問題となっており、欺罔行為として要求される危険性の程度に問題は帰着するとして、平成29年決定が後行者の行為を捉えて不能犯の議論を持ち出さなかったことには、理由があり得るとする。

(53)　川田・前掲注(45)115頁。隈・前掲注(45)135頁は、平成29年決定が不能犯の問題と同様の理論構成に基づいて受領行為の実行行為性を判断したと断定することはできないとする。佐藤・前掲注(45)104頁は、未遂犯の成否について、先行者および後行者の犯行計画を考慮し、後行者の行為が既遂結果に寄与し得るものとして評価できるかどうか（全体考察）が問題となると解する立場からは、「詐欺の結果発生の危険性に対する因果性を問うのではなく、欺罔行為と一体をなして既遂実現に寄与したはずの受領行為に関与したことに着目する」平成29年決定の立場は、妥当であるとする。

　　なお、濱・前掲注(45)31頁は、だまされたふり作戦が実施された場合でも、詐欺の結果発生の危険性が肯定されることを明らかにしたものとする。

563

可罰的な不能犯との区別を問題とする不能犯論それ自体とは局面が異なるものといえる。その上で，不能犯論も実行行為としての危険性判断の問題であるとして，だまされたふり作戦の開始により詐欺の実行行為としての危険性が失われる（実行行為性が失われて詐欺が終了する）と評価できるのかという観点から，不能犯論と同様の検討を通じて詐欺未遂罪の共同正犯の成立を認めるのも１つの考え方であろう[54]」が、本決定のように、「受領行為につき詐欺を完遂する上で欺罔行為と一体のものとして予定されていたという点に着目する場合，本件の結論を導く上で，不能犯論による解決が必然的に求められるものであるかについては，なお検討を要しよう」とする[55]。

　そして、「実務上，本件のような事案における後行者の詐欺未遂罪の共同正犯としての当罰性にはさほど異論がないように思われる」とし、(イ)「だまされたふり作戦が行われた事案において，被害者が詐欺被害に気付いていたかどうかについては犯人側が認識していない上，後行者が個別に荷物の受領を引き受けた時点で被害者が詐欺被害に気付いていたかという点になると，全く偶然によるべきものであって，その先後関係のみで犯罪の成否が左右されることに合理性を見出し難いこと」[56]、(ウ)「被害者が欺罔行為の当初から詐欺であることを看破していた場合にも詐欺未遂罪が成立し得るものと考えられるところ，この場合と途中から看破した場合とで区別して扱う合理性に乏しいこと」などが指摘されているという[57]。

　犯罪終了後には、共犯はもはや成立し得ず[58]、承継的共犯が成立するためには、後行者は、先行者が構成要件該当行為の一部を行った後、その犯罪が終了する前に関与しなければならないと解される[59]から、詐欺罪が終了すると、それ以降は共犯は成立し得ないという観点において、終了するか否かの

---

(54)　不能犯論における具体的危険説と同様の考え方によるものとして、加藤・前掲注(44)114頁以下等、修正された客観的危険説から検討するものとして、橋爪・前掲注(44)11頁以下。
(55)　川田・前掲注(45)115頁。
(56)　前掲（Ⅲ 2(2)参照）名古屋高判平成28・11・9について、是木・前掲注(36)166頁。
(57)　川田・前掲注(45)115頁。
(58)　橋本正博「判批」ジュリスト1505号（平成28年度重要判例解説）（2017年）165頁。
(59)　西田ほか編・前掲注(13)853頁、857頁〔島田〕。

判断をどのように行うかということが問題となる[60]。たしかに、(ア)の指摘のように、この判断のために、不能犯論と同様の検討を行うことは、1つの考え方ではあっても必然的なものではないとはいえよう。（犯罪が既遂に至る事実上の可能性の存否にかかわらず）先行者と後行者の認識において、関与する行為が一体のものとして予定されている行為であり続ける限りで、なお犯罪は終了しないと、平成29年決定は、位置づけているのではないかと思われる[61]。

　そして、受領行為のみに関与した後行者の行為の危険性の有無を、不能犯論にしたがって判断するという考え方をとる場合、具体的危険説[62]によると、修正された客観的危険説[63]によるとを問わず、その危険性が否定されることが理論的にはあり得る。そこで、(イ)のような指摘を容れて、欺罔行為をした先行者について詐欺未遂罪の成立が認められる以上、後行者にも必ず詐欺未遂罪が成立するという帰結をとることが妥当であると考えると、後行者の行為の危険性の有無を判断することはしないという考え方をとらなければならなくなる。平成29年決定の判示には、先行者の立場からみた、後行行為である受領行為と一体となった危険性を問題とすることが表現されているのであり、このような欺罔行為によって既にその発生が認められる危険性を根拠として、後行者である被告人に詐欺未遂罪の共同正犯の成立を肯定するべきであるという考え方が、端的に現れていると理解することができよう。

　すなわち、最高裁は、実行行為が先行してなされた後、先行する行為時に一体のものとして予定されていた後行行為に関与することを内容とする共謀を行った者は、先行してなされた実行行為およびその結果[64]についても、共同正犯としての罪責を負うと解しているものと理解することができよう。通

---

(60)　安田拓人「判批」法学教室441号（2017年）126頁、同・前掲注(45)143頁、二本柳・前掲注(4)224頁以下参照。

(61)　川田・前掲注(45)115頁は、だまされたふり作戦の開始を認識していない後行者からすれば詐欺の遂行中であることに変わりはなく、後行者による財物の受領行為への関与は詐欺への加担と評価できる実体があるといってよいとする。樋口亮介「実行行為概念について」『西田典之先生献呈論文集』（2017年、有斐閣）50頁以下参照。

(62)　大谷・前掲注(7)374頁以下等。

(63)　山口・前掲注(5)290頁以下等。

565

常は、共謀の上、実行行為に関与したとして共同正犯が成立する場合、その共謀は、実行行為の前に行われるが、そうでない場合であっても、共同正犯が成立することがあり、共謀の時期がいつであるかは、先行者の認識において先行する行為時と変化がなく、かつ、関与する後行者の認識において先行者と一致しており、なお関与する後行行為が一体のものとして予定されている行為であり続ける限りにおいて、問うところではないと解しているのではないかと思われる。

　(3)　もっとも、上記(2)(イ)の指摘は、「後行者が個別に荷物の受領を引き受けた時点で被害者が詐欺被害に気付いていたかという点になると、全く偶然によるべきものであって、その先後関係のみで犯罪の成否が左右されることに合理性を見出し難い」というが、後行者の行為の危険性の有無を判断するという見解に立っても、後行者が個別に荷物の受領を引き受けた時点で被害者が詐欺被害に気付いていなかったとき、直ちにその危険性を否定するというわけではないから、被害者が詐欺被害に気付いていたかが偶然によるとしても、その先後関係のみで犯罪の成否が左右されるわけではないであろう。また、同(ウ)の指摘は、「被害者が欺罔行為の当初から詐欺であることを看破していた場合にも詐欺未遂罪が成立し得る」というだけであり、この場合にも成立しないときがあるのであり、そうすると、「途中から看破した場合」にも成立しないときがあっても、両者の場合に区別があるわけではなく、後行者の行為の危険性の有無を判断して、これがないときには、成立しないと解することには、とくに問題はないであろう。そうすると、上記(2)(イ)、(ウ)の指摘は、平成29年決定のように、後行者の行為について、不能犯論による危険性の判断をすることはしないという考え方の理由として、必ずしも十分でないということができよう[65]。

---

(64)　先行してなされた実行行為を根拠として後行者が罪責を負うと解するときには、実行行為から生じた結果については罪責を負わないと解することは困難であると思われる。

Ⅵ　承継的共犯の要件と範囲

　承継的共犯についての判例の考え方を以上のように理解するとき、その要件と範囲についてつぎのような点を指摘することができよう。

（65）　先行者による犯罪が終了する前に後行者が関与しなければならないという観点においては、先行者の行為の危険性の存否を不能犯論によって判断する必然性は存在しないとしても、承継的共犯の成立要件について、（平成24年決定における千葉裁判官の補足意見のように、あるいは、Ⅱ1(2)において述べた近年の学説のように、因果的共犯論の立場から、）後行者の行為は、犯罪の結果（法益侵害）に対して因果性を有するものでなければならないというとき、その因果性は、（先行者の行為による結果に対する因果性ではなく）あくまで、後行者の行為自体の結果に対する因果性でなければならないという考え方に立つと、後行者の行為にもはや犯罪の結果発生の危険性が存在しない場合には、結果に対する因果性を有するとはいえず、後行者の行為自体に危険性があることが求められると思われる。そうだとすると、下級審裁判例におけるように、具体的危険説に立つ場合に、行為の時点において、（行為者が認識していた事情および）一般人が認識し得た事情が危険性の判断基底となり、一般人とは、行為者の立場に立つ一般人であると解すると、理論的には、「先行者の立場に立つ」一般人が認識し得た事情を判断基底とする危険性を判断する必然性は存在しないとしても、それでも、後行者の立場に立つ一般人が認識し得た事情を判断基底とする危険性を判断する必要性は、このような考え方に立つと残されることになる。なお、「先行者の立場に立つ」一般人が認識しえた事情を判断基底とする危険性と「後行者の立場に立つ」一般人が認識し得た事情を判断基底とする危険性の間に、実際には、ほぼ相違はなく、理論上あり得るにとどまるとしても、一般人が認識し得た事情を判断基底とする危険性の判断が必要であると解する余地は、十分にあると思われる。

　平成29年決定は、「判文上，詐欺罪の承継的共同正犯を認める理論的根拠については明示しておらず，……因果的共犯論による立論を含めその具体的な理論構成は特定の立場を採ることを明らかにしたものではないといえる」とされる（川田・前掲注(45)115頁）が、これまでに述べてきたように、最高裁は、このような後行者の行為自体の危険性を必要としないと解したのだとすると、そこには、重要な理論的含意が存在するといえるように思われる。

　そして、後行者の行為自体に、犯罪の結果に対する因果性がなければならないという考え方に立つとき、承継的共同正犯の成立を肯定するための要件として、先行者との間で後行者が行った共謀の内容が行われることによって、結果発生の危険性を新たに発生させたということが必要であると解される。そこで、平成29年決定のような事案において、詐欺未遂罪の共同正犯が成立するためには、後行者が、共謀の内容である受領行為をした（あるいは、しようとした）ことによって、結果発生の危険性を新たに発生させたということが必要であり、そのように解すると、受領行為をした時点において、なお、詐取しようとした財物の交付を受ける危険性が存在していることが必要であることになろう（橋爪・前掲注(44)11頁参照）。

第1に、平成29年決定は、後行者が、客体は現金が入っていない箱ではあったが、受領行為自体は行った事案について、詐欺未遂罪について承継的共同正犯の成立を肯定したものであるが、これを肯定するための要件として、後行者の行為には何が必要であろうか。

　Vにおいて述べたような最高裁の考え方は、先行者のした実行行為およびその結果について後行者の罪責を肯定するためには、後行者が、先行行為と予定された後行行為との一体性が認められる内容の共謀を行うことで足り、後行者が行った共謀自体から生じる危険性を問わないものであると思われ、よって、平成29年決定の事案において、現金が入っていない箱すらも送ってこなかったため、被告人は、受領行為をすることもなかったというような場合であったとしても、詐欺未遂罪の共同正犯の成立は認めることができるものと思われる。すなわち、平成29年決定は、被告人は、当該受領行為に関与したとして、その成立を認めているが、実際に受領行為をしたことまでは要件としていない考え方に立つと思われる[66]。

　仮に、平成29年決定の事案において、欺罔行為に先行して共謀がなされていたならば、例えば、欺罔行為はしたが、被害者がだまされようとしたことに気がつき、現金を送付しなかったような場合であったとしても、欺罔行為をしたことによって詐欺未遂罪は成立し、欺罔行為を行うことがなく、受領行為を行うことを内容とする共謀を行うにとどまり、実際には受領行為を行うなどのことをしないままに終わった者であっても、詐欺未遂罪の共同正犯となるであろう。最高裁の考え方は、欺罔行為と一体性の認められる受領行為を内容とする共謀が、欺罔行為の後でなされた場合でも、共謀を行った後行者に、上の例の場合と同様に、それだけで詐欺未遂罪の共同正犯の成立が認められるとするものということができよう。

　第2に、判例は、承継的共犯の成立をどのような範囲で肯定するものであろうか。

　平成24年決定において、傷害罪の承継的共同正犯の成立を現に否定してお

---

(66)　松宮・前掲注(45)123頁参照。なお、佐藤・前掲注(45)106頁は、共謀成立後受領行為前に受け子が逮捕されたケースについては、平成29年決定の射程は及んでいないとする。

り、石田調査官による解説に示されているように、判例は、無限定の肯定説によるものではない。一方、平成29年決定において、詐欺罪の承継的共同正犯の成立を認めたことから、承継的幇助犯の成立は認めても、承継的共同正犯の成立は認めないという説をとるものでもない[67]。

判例は、先行者の行為と一体性が認められる行為に関与することによって、その行為全体との間に因果関係がある結果について、すなわち、先行者の行為によって既に生じた結果についても、後行者がその罪責を負うことがあることを肯定するものであって、前掲（Ⅱ2⑴参照）大審院昭和13年11月18日判決の結論と矛盾するものではないと思われる。強盗罪は、暴行・脅迫行為と奪取行為の一体性が認められる犯罪であり、（暴行・脅迫行為時に奪取行為が予定されていたとして、）奪取行為のみに関与した後行者は、その関与前の先行者による暴行・脅迫行為も含めて強盗罪の責任を負うのであり、また、強盗殺人罪は、強盗行為と殺人行為の一体性が認められる犯罪であるから、（暴行・脅迫行為時に奪取行為が予定されていたとして、）奪取行為のみに関与し、したがって、強盗行為に関与したと評価される後行者は、その関与前の先行者による殺人行為も含めて強盗殺人罪の責任を負うと解することができるであろうからである。

もっとも、承継的共犯が成立するのは、「構成要件を充足する複数の行為の一体性が強いと類型的に解される犯罪」についてであり、結合犯だからといって直ちに、それを構成する行為にこのような強い一体性が認められるとはいえないのだとすると、その一体性がどのような範囲において認められるかは、問題とされる余地があろう[68]。

第3に、平成29年決定は、「本件詐欺を完遂する上で本件欺罔行為と一体のものとして予定されていた本件受領行為」に関与したことを先行者の行為および結果についても後行者が罪責を負う理由として示すところ、このような受領行為とは、まだ共謀は行っていないものの、先行者において、他人との共謀を行い、これにしたがって、他人によって行われることが予定されていた受領行為を意味すると解することもできるように思われる。すなわち、

---

(67)　佐藤・前掲注⑷106頁。

他人によって共同正犯を基礎づける行為が行われる（他人が後に関与する）客観的な可能性があり、そのことが先行者によって期待されることによって、先行者に犯罪を遂行することを心理的に促進するという意味において、このような受領行為は、潜在的な因果性とでもいうべきものを与えると解することも可能であるように思われる。このように解すると、ここでいう一体性とは、犯罪類型の性質としての一体性を前提とした、先行者が実現しようとする当該犯罪の計画において、他人による後行行為が予定されているという意味での先行行為との一体性と理解することも可能であろう。

（うえしま・かづたか）

---

(68) 同じく結合犯であっても、強盗罪における暴行と財物奪取の一体性は、強盗殺人罪における強盗と殺人の一体性より強いものであり、奪取行為のみに関与した後行者に強盗罪は成立しても、強盗殺人罪は成立しないという解釈は、従前からなされているところである（大谷・前掲注(7)420頁以下、川端・前掲注(6)573頁）。ただ、保護法益についてみると、強盗罪も、人の財産に対する罪であるとともに、人の身体の安全ないし自由に対する罪であるという性質をもち、複数の法益に対する罪であるにもかかわらず、同罪における暴行・脅迫と財物奪取の一体性を否定しないのならば、強盗殺人罪における強盗と（少なくとも）財物奪取の手段である殺人の一体性を否定しないこともできるように思われる。一方、強盗罪における相手方の反抗を抑圧するに足りる程度の暴行・脅迫と財物奪取の一体性よりも、恐喝罪における相手方を畏怖させる脅迫と財物受交付の一体性の方が、財物の占有を侵害するという法益侵害を基礎づけるための手段の必要不可欠性という点において、強いものであるとも思われ、そうだとすると、先行者が暴行により被害者の反抗を抑圧した後、後行者がその財物を奪取することのみに関与した場合、後行者に恐喝罪が成立するにとどまると解することも可能であるように思われる。

共犯関係の解消

丸 山 雅 夫

I　は じ め に
II　「共犯関係の解消」論の確立
III　共犯関係の解消
IV　むすびに代えて

I　は じ め に

1　問題の所在

　刑法各則に規定されている犯罪構成要件は、一人の行為者（単独正犯）が結果発生の意思をもって（故意犯）犯罪を実現した（既遂犯）場合を想定したものである（基本構成要件）。しかし、刑法60条は、複数の行為者が共同で犯罪を実現した場合の効果を明示し（共同正犯）、61条1項と62条1項は、実行行為以外の形態で正犯に加功する者の処罰を明示している（従属的共犯としての教唆犯・幇助犯）。共犯処罰の規定が「構成要件の拡張類型」と言われる所以であり、そこでは、共犯の成立要件の内容とその充足が問題とされる。では、一旦成立が認められた共犯関係は、事後的に解消されることはあり得ないのだろうか。共犯関係が成立した場合であっても、犯罪実現のどこかの段階で一部の関与者が当初の関係から離脱し、残余者だけがその後の段階を実現することも決して稀な事態ではない。そうした場合、共犯関係から離脱した者は、どの範囲で刑事責任を負うのだろうか。また、どのような要件が充足されれば共犯関係からの離脱が認められるのだろうか。

　この問題は、古くから、単独正犯を前提とする中止犯規定（刑43条但書）が共犯に適用（準用）されるかという形で議論されてきた。しかし、最近は、共犯の処罰根拠論である因果的共犯論を前提として、離脱によって因果的影

響力を失った関与者の刑事責任を否定（限定）する方向が一般化している。これが、「共犯（関係）からの離脱」ないしは「共犯（関係）の解消」と呼ばれるもので、共犯の中止を論じる際の前提問題として認識されている。なお、「離脱」と「解消」は、さまざまな定義にもとづいて、区別的な概念として用いられることも多い[1]。しかし、法的観点からは、離脱が認められれば当初の共犯関係が解消することから、離脱者は離脱後の残余者による行為と結果の責任を問われないため、その法的効果に違いは生じない。特に両者を「概念的に区別する」までの意義は乏しい[2]。したがって、本稿においては、両者を特に区別せずに用いる。

2　共犯関係の解消と承継的共犯

　共犯関係の解消は、成立の認められた共犯関係が犯罪実現の途中で事後的に解消されるかという問題である。その意味で、犯罪の実現に向けた途中の段階から介入した者の刑責を問題にする「承継的共犯」と通底する構造を持つ。特に、承継的共犯を全面的に否定する立場は、介入以後の共犯だけを認め、共犯全体についての承継を認めない点で、共犯の解消と裏腹の関係にあると言ってよい。近時の最高裁判例にも、全面否定説に親和的と思われるものが見られる[3]。たしかに、共犯関係の解消事案では、当初の共犯関係において他の共犯者に影響を与えた者について、影響を与えた事実が遡及的に解消することはあり得ないため、解消の効果は離脱後にしか及ばない。それに対して、承継的共犯については、共同関与者の相互利用補充関係（一部実行の全部責任）を前提とする共同正犯のように、中途介入者が、介入前の他者

（1）　代表的な区別を例示するものとして、原口伸夫「共犯からの離脱、共犯関係の解消」法学新報121巻11・12号（2015年）222頁注(1)参照。
（2）　大谷實『刑法講義総論［新版第4版］』（2012年、成文堂）470頁。
（3）　最（二小）決平成24・11・6刑集66巻11号1281頁は、暴行傷害に途中から介入した被告人について、先行者の行為を利用する意思の存在を認めながらも、それは「被告人が共謀加担後に更に暴行を行った動機ないし契機にすぎず，共謀加担前の傷害結果について刑事責任を問い得る理由とはいえない」として、「共謀加担後の傷害を引き起こすに足りる暴行によって……傷害の発生に寄与したことについてのみ，傷害罪の共同正犯としての責任を負う」と判示している。

の先行行為を利用して共犯関係を形成する場合も想定できる。継続犯はまさにそのような場合であり、接続犯のような包括一罪も同様に考えられる。承継的共犯の成否は、一般論（全面肯定か全面否定か）から結論が導かれるものではなく、個別具体的な事案との関係で判断されるべきものである[4]。平成24年最高裁決定の趣旨もそのようなものであり、特に全面否定説を明示したものではない[5]。その意味で、承継的共犯と共犯関係の解消との間に見られる構造的な類似性は表見的なものにすぎない。

　共犯関係の解消は、共同正犯の事案に限らず、従属的共犯でも問題になるし、離脱の時期等との関係でもさまざまな形態が想定される。その意味では、個別具体的な事例の検討こそが重要であり、そうした観点からの論稿も見られる[6]。ただ、以下では、共同正犯の事案を中心として解消の要件と効果を検討し、個別的論点については必要な限度での言及にとどめる。

II　「共犯関係の解消」論の確立

1　中止犯論から解消論へ

（1）　共犯関係からの離脱に関する判例[7]は、当初のうち、共犯の実行着手後の段階で離脱（しようと）した者に中止犯規定を適用（準用）できるかを問題にし、結論的にそれを否定するものが多かった。たとえば、他の共犯者らと殺意をもって被害者に重傷を与えた後に発覚を恐れて現場から逃走した被告人について、現場から逃走しただけで「中止ニ付キ何等干與セサル被告

（4）　福田平「判例批評」判例評論354号（1988年）70頁以下、内田文昭「いわゆる承継的共同正犯の成否」判例タイムズ702号（1989年）68頁以下、参照。

（5）　石田寿一「判例解説」『最高裁判所判例解説　刑事篇　平成24年度』（2015年、法曹会）433頁以下参照。なお、佐久間修「共犯の因果性について」法学新報121巻11・12号（2015年）181頁。

（6）　この点で、齊藤彰子「共犯からの離脱と解消」刑事法ジャーナル44号（2015年）19頁以下が特に興味深い。

（7）　判例の全体的な動向については、大越義久「共犯からの離脱」同『共犯論再考』（1988年、成文堂）139頁以下が詳しい。なお、王昭武「共犯関係からの離脱」同志社法学58巻1号（2006年）181頁以下。

Kノ行爲ニ付テハ刑法第四十三條末段ノ規定ヲ適用スヘキモノニ非ス」として、殺人の障害未遂の共同正犯として処断していた（大判大正2・11・18刑録19輯1212頁）。また、最高裁も、強姦を共謀した被告人が姦淫を中止したが他の共犯者によって被害者が強姦・傷害されたという事案で、「他の共犯者と……強姦することを共謀し、他の共犯者が強姦をなし且つ強姦に際して同女に傷害の結果を與えた以上、他の共犯者と同様共同正犯の責をまぬかれることはできないから中止未遂の問題のおきるわけはない」とし（最（三小）判昭和24・7・12刑集3巻8号1237頁）、被害者が差し出した現金を同情心から受け取らずに被告人が現場から退出した後、残余の共犯者が現金を受け取ったという強盗事案で、「被告人において、その共謀者……が……右金員を強取することを阻止せず放任した以上、……被告人のみを中止犯として論ずることはできない」としていた（最（二小）判昭和24・12・17刑集3巻12号2028頁）。

　これらの事案で実行着手後の離脱がもっぱら中止犯の問題とされたのは、被告人側が争うための条文上の直接的根拠を中止犯規定に求める以外にはなかったことによるものと思われる。一方、いずれの事案においても中止犯が否定されたのは、共犯の中止に関する当時の理解がその背景にある。当時、共犯の中止は単独正犯の中止のアナロジーとして議論され、残余者によって犯罪が既遂になった以上は中止犯の前提である未遂が否定されることから、そもそも中止犯は問題になり得ないと考えられていた[8]。したがって、未遂段階の離脱者に中止犯が認められるためには、離脱者が他の共犯者の実行継続を阻止する（着手未遂事案）か結果発生を防止すること（実行未遂事案）が必要であり、中止の効果は離脱者にだけ及ぶとされたのである。このような判例および学説の論理と結論に対して、その後、特に前掲最（二小）判昭和

───────────────

（8）　たとえば、牧野英一「共同正犯の一人の中止」同『刑法研究(1)』（1927年、有斐閣）235頁、小野清一郎「刑法総則草案と中止犯」同『刑罰の本質について・その他』（1955年、有斐閣）300頁、吉田常次郎「共犯と中止犯」同『刑事法判例研究』（1956年、学芸書房）167頁、団藤重光『刑法綱要総論』（1957年、創文社）332頁、正田満三郎「未遂犯における中止の意義とその共犯への適用」同『刑法における犯罪論の批判的考察』（1962年、一粒社）142頁以下、植松正『全訂刑法概論Ⅰ総論』（1966年、勁草書房）282頁、団藤重光責任編集『注釈刑法(2)のⅡ総則(3)』（1969年、有斐閣）717頁〔大塚仁〕。

24年の強盗事案を念頭において、井上博士と大塚博士から重大な疑問が提起されることになった。

(2)　井上博士は[9]、共同正犯における「一部実行の全部責任」の基礎を「共同加功の意思」の存在に求め、共同者の一部が犯行途中で翻意して離脱すれば意思連絡が欠けるため、それ以後の各人の行為は共犯としては評価できないとする（意思欠如論）。ここから、離脱が認められた者は、離脱後の他の関与者による行為と結果についての責任を問われず、中止犯として扱われるべきものとした。そして、意思連絡の中断の判断基準は、結果発生阻止に向けた努力の「真摯性」に求められるとした。この見解は、共犯全体としての結果が発生すれば中止犯はもはや問題にならないとする論理を疑問視する点で、正鵠を得たものであった。しかし、結果発生を阻止する努力の真摯性を離脱の要件とした点で、中止犯論との混同が見られ、結局は中止犯論に引きずられたものでもあった。また、片面的幇助を一般に肯定する判例・学説との関係では、意思連絡の欠如だけでただちに共犯関係の解消を認める（客観的な因果的影響を考慮しない）点も疑問である。こうした点から、井上博士の見解は、必ずしも多くの賛同を得るまでにはならなかった[10]。

大塚博士[11]は、共犯の中止を単独正犯の中止のアナロジーとする判例・学説と同じ出発点から、残余者が結果を発生させた以上は中止犯の問題になり得ないとしながらも、離脱者が任意かつ真剣に中止行為を行った場合に既遂犯とするのは「酷に過ぎる」として、「その真剣な中止行為者は、中止犯とすることはできないが、その中止行為によって当該共同正犯関係から離脱し

（9）　井上正治「判例批評」刑法雑誌2巻1号（1951年）239頁、同「共犯と中止犯」平野龍一ほか編『判例演習（刑法総論）』（1960年、有斐閣）209頁以下、参照。

（10）　井上博士の見解に近い立場として、岡野光雄「共同正犯からの離脱」研修509号（1990年）5頁以下、町野朔「惹起説の整備・点検」松尾浩也＝芝原邦爾編『刑事法学の現代的状況・内藤謙先生古稀祝賀』（1994年・有斐閣）131頁、138頁、140頁、武藤眞朗「判例批評」『刑法判例百選I総論［第5版］』〔別冊ジュリスト166号〕（2003年）193頁。

（11）　大塚仁「共同正犯関係からの離脱」同『刑法論集(2)』（1976年、有斐閣）31頁以下参照。また、大塚仁ほか編『大コンメンタール刑法［第2版］第5巻』（1999年、青林書院）24頁以下〔大塚仁〕は、従属的共犯についても、同様の考え方が妥当するとしている。さらに、瀧川幸辰「判例批評」団藤重光ほか編『瀧川幸辰刑法著作集　第3巻』（1981年、世界思想社）91頁。

たものとして取り扱い……中止行為の後に他の共同者の実行したところや、それによって生じた犯罪結果に対しては責任を問わ」ずに、「未遂の範囲で共同正犯の罪責が問われるべきであり、結局、障害未遂と同様に取り扱われる」とした。この見解の特徴は、「共同実行の意思および共同実行の事実をともに放棄した」離脱者は、残余者が実現した既遂犯よりは責任が軽いため、障害未遂としての任意的減軽（刑43条本文）を認めれば、中止犯の「必要的減免の処遇と比較しても調和のとれた処置」ができるとする点にある。この見解は、従来の判例と学説の延長上での解決を提示した点で注目されたが、離脱前の関与行為と結果発生との間に因果関係が存在する場合にも「未遂犯」とする点、離脱の要件として真摯な努力を要求する点などが厳しく批判され[12]、多くの賛同を得られなかった[13]。大塚博士の見解も、結局のところ、中止犯の議論に引きずられていたのである。

　(3)　実行着手後の事案において、既遂結果が発生した場合にも中止犯としての扱い（刑43条但書の適用ないし準用）を認めるならば、共犯の中止と共犯関係の解消は、中止故意と任意性の問題を別にして、同一基準のもとで判断されることになる[14]。そのことから、共犯関係の解消論に特段の意義を認めない見解も少数ながら有力である[15]。しかし、こうした立場によれば、実行着手前の離脱については、判例が一般に否定している予備・陰謀罪の中止

---

(12)　たとえば、熊谷丞佑「判例批評」『刑法判例百選Ⅰ総論』〔別冊ジュリスト57号〕（1978年）203頁、西田典之「共犯の中止について」同『共犯理論の展開』（2010年、成文堂）259頁、270頁〔初出は1983年〕、前田雅英「共犯の中止と共犯からの離脱」法学セミナー424号（1990年）110頁、山口厚「共犯の因果性」同『問題探究 刑法総論』（1998年、有斐閣）261頁、橋爪隆「共謀の限界について」刑法雑誌53巻2号（2014年）303頁、成瀬幸典「共犯関係からの離脱について」立教法務研究7号（2014年）124頁。
(13)　賛同者として、大塚仁ほか編『大コンメンタール刑法 第2巻』（1989年、青林書院）975頁〔野村稔〕、佐久間修『刑法総論』（2009年、成文堂）403頁以下、同「共犯と未遂・離脱（その1）」同『刑法総論の基礎と応用』（2015年、成文堂）308頁。
(14)　西田典之ほか編『注釈刑法 第1巻』（2010年、有斐閣）701頁〔和田俊憲〕。
(15)　たとえば、牧野英一『全訂刑法総論 下巻』（1959年、有斐閣）646頁、香川達夫「共犯関係からの離脱」同『共犯処罰の根拠』（1988年、成文堂）163頁以下、180頁、同『刑法講義総論［第3版］』（1995年、成文堂）421頁以下、団藤重光『刑法綱要総論［第3版］』（1990年、創文社）429頁以下、内田文昭『改訂刑法Ⅰ（総論）［補正版］』（2004年、青林書院）335頁以下。

（大判大正5・5・4刑録22輯685頁、最大判昭和29・1・20刑集8巻1号41頁）を認める以外には、中止犯として議論することはできない。また、中止犯の問題は未遂犯の成立を前提とするから、検討の順序としては、未遂犯の成否が中止犯の成否の判断に先行するのが筋である。中止犯の成否を検討したうえで、それが否定される場合を障害未遂として扱うという論理（大塚説）は、順序が逆転していると言わざるを得ない。この意味で、共犯の解消論には独自の意義が認められる[16]。こうした観点から、共犯関係の解消論を意識的に展開したのが、平野博士であり、西田教授であった。

　平野博士は、「共犯も、自己の行為およびその結果として生じた結果について責任を問われるのであって、自己の行為と因果関係のないことについて責任を問われるのではない」[17]とする因果的共犯論の立場から、前掲最（二小）判昭和24年の強盗事案について、「甲［離脱者］の場合は、以前の共謀・協力の効果は消滅し、乙［残余者］はあらたに自己の意思で財物をとったと認めうる場合であるから、甲は既遂の責任は負わず、未遂の部分についても中止犯を認むべきである」（［　］は筆者）とした[18]。具体的な事案の解決との関係では異論があり得るにしても、平野博士の見解は、離脱は実行の着手の有無と直接的には結びつかないこと、離脱の要件は因果性の切断にあること、残余者が結果を発生させた場合にも離脱者の中止が問題になり得ること、中止犯の検討は離脱者に未遂が認められた後の問題であることを明らかにした点で、共犯関係の解消論が確立される契機となった[19]。平野博士の考え方をさらに発展させ理論的に精緻化したのが、西田教授の見解である[20]。西田教授の見解は、「共犯の中止」をテーマとはしていたものの、その実質的な内容は、「共犯関係の解消（共犯の離脱）」を論じたうえで、離脱が認められた者について中止犯の成否を検討するものであった。その後、因果的共

---

(16)　鈴木義男「実行着手前における共謀関係からの離脱」臼井滋夫ほか編『刑法判例研究(2)』（1968年、大学書房）135頁。
(17)　平野龍一『刑法　総論Ⅱ』（1975年、有斐閣）343頁、385頁。
(18)　平野・前掲注(17)386頁。さらに、竹内正「判例批評」『刑法判例百選Ⅰ総論［第2版］』〔別冊ジュリスト82号〕（1984年）185頁。
(19)　前田雅英「判例批評」判例評論373号（1990年）66頁以下。
(20)　西田・前掲注(12)240頁以下。

犯論を前提として共犯の離脱と中止を考える立場が、次第に有力化していくことになったのである。

2　ふたつの最高裁判例

（1）　実行着手前の段階で離脱が争われる事案では、いわゆる実行独立性説を前提にしない限りは中止犯として問題にすることができないことから、これまでも、下級審判例を中心に共犯関係の解消こそが問題にされていた[21]。こうしたなかで、平成期に入って間もなく、従来はもっぱら中止犯の問題として論じられてきた実行着手後の離脱事案について、共犯関係の解消を正面から問題にする最高裁判例が現れた。最高裁は、被告人AがBとの共謀にもとづいて被害者に激しい暴行を加えた後に「おれ帰る」と告げて現場を立ち去り、その後はBだけが暴行を継続し、最終的に被害者が死亡したという傷害致死事案（死亡原因となった暴行の時点は不明）で、「被告人が帰つた時点では、Bにおいてなお制裁を加えるおそれが消滅していなかつたのに、被告人において格別これを防止する措置を講ずることなく、成り行きに任せて現場を去つたに過ぎないのであるから、Bとの間の当初の共犯関係が右の時点で解消したということはできず、その後のBの暴行も右の共謀に基づくものと認めるのが相当である」と判示したのである（最（一小）決平成元・6・26刑集43巻6号567頁）。

本件事案は、そもそも未遂罪（したがって中止犯）が問題になり得ない結果的加重犯という特殊性はあったが、実行着手後の離脱がただちに中止犯論に解消できないことを明らかにするものであった。本決定は、実行着手後の事案においても、従来のような中止犯として論じることに代えて、共犯関係の解消を正面から問題にした点、「（他の共犯者の行為継続を）防止する措置」を離脱の要件として因果的共犯論と親和的な考え方（因果関係遮断説）を示唆している点に意義があり[22]、その後の判例と学説を指導するものとなった。

（21）　大越・前掲注(7)142頁以下。

（22）　前田・前掲注(19)65頁、原田國男「判例解説」『最高裁判所判例解説　刑事篇　平成元年度』（1991年、法曹会）184頁以下、橋爪隆「共犯の解消について」法学教室414号（2015年）103頁以下。

578

Ⅱ　「共犯関係の解消」論の確立

また、行為継続の防止義務が要求された本件が実行着手後の事案であったこと、実行着手前の共犯関係を基礎づけるものは意思連絡だけであることから、その後、離脱の要件に関して、「実行着手前は離脱の意思表示と承認（心理的因果の遮断）で足り、実行着手後は心理的因果の遮断に加えて物理的因果の遮断が必要とされる」とする方向が一般化することになった。

　(2)　こうした区別的な判断の方向に対して、実行着手前の事案に関する平成21年最高裁決定は、実行の着手の前後を問わずに離脱の要件は統一的であるべきことを明らかにした。最高裁は、住居侵入・強盗を共謀した被告人が現場から逃走した後に残余の共犯者が強盗を実行し、被害者2名を負傷させたという強盗致傷事案において、「被告人は，共犯者数名と住居に侵入して強盗に及ぶことを共謀したところ，共犯者の一部が家人の在宅する住居に侵入した後，見張り役の共犯者が既に住居内に侵入していた共犯者に電話で『犯行をやめた方がよい，先に帰る』などと一方的に伝えただけで，被告人において格別それ以後の犯行を防止する措置を講ずることなく待機していた場所から見張り役らと共に離脱したものにすぎず，残された共犯者らがそのまま強盗に及んだものと認められる。……被告人が離脱したのは強盗行為に着手する前であり，たとえ被告人も見張り役の上記電話内容を認識した上で離脱し，残された共犯者らが被告人の離脱をその後知るに至ったという事情があったとしても，当初の共謀関係が解消したということはできず，その後の共犯者らの強盗も当初の共謀に基づいて行われたものと認めるのが相当」としたのである（最（三小）決平成21・6・30刑集63巻5号475頁）。

　実行の着手前後で離脱の要件（意思連絡の断絶のほか、残余者の「以後の犯行を防止する措置」を要求する）は異ならないとする本決定[23]については、実行の前後を基準とした従来の区別的判断を基本的に支持する立場[24]がある一

（23）　任介辰哉「判例解説」『最高裁判所判例解説　刑事篇　平成21年度』（2013年、法曹会）165頁以下参照。さらに、林幹人「共犯の因果性」法曹時報62巻7号（2010年）4頁、日髙義博「判例批評」専修ロージャーナル6号（2011年）257頁、島田聡一郎「判例批評」判例評論641号（2012年）32頁、橋爪隆「判例批評」『刑法判例百選Ⅰ総論［第7版］』〔別冊ジュリスト220号〕（2014年）191頁、同・前掲注⑿105頁。
（24）　佐伯仁志「共犯論(1)」同『刑法総論の考え方・楽しみ方』（2013年、有斐閣）392頁。

579

方で、他の共犯者の犯行防止措置の要求は厳しすぎるとする批判[25]もあるものの、前掲平成元年最高裁決定とも整合的なものとして、一般に肯定的に評価されている。ふたつの最高裁判例の考え方によれば、共犯関係の解消の基準は実行の着手前後で異なるところは全くなく、両者の相違は具体的な事案の違いから生じるものにすぎないということになる。

Ⅲ　共犯関係の解消

1　共犯関係の解消の要件と効果

（1）　離脱の要件を実行の着手前後で区別的方法または統一的方法のいずれで判断するにしても、離脱しようとする者は、自分がすでに設定していた心理的影響力と物理的影響力の両方を切断（将来に向けて解消）しなければならない。判例とほとんどの学説は、このように考えている。こうした理解に対して、町野教授は、心理的因果性を共犯の本質的要件と解する立場を前提として[26]、「関与者の離脱を実行者が了解した以上、後者の以後の行為の遂行と関与者の行為との間の心理的因果関係は存在しないのであり、その行為から発生した結果について彼は責任を負わない」としたうえで、判例および通説的見解に対して、「離脱者が結果発生の危険を消滅させたと同時に中止犯の客観的要件も充足されている、離脱は常に中止犯であるという奇妙な論理になってしまう」と批判する[27]。

こうした主張は、井上博士の意思欠如論と通底する考え方である。たしかに、共同正犯の基礎は、犯罪を共同して実行するという「意思連絡」に求められる。共謀共同正犯が認められるのも、意思連絡（心理的因果性）の存在が重視されるからである[28]。とりわけ共同意思主体説は、共同意思の解消による共犯関係の解消という結論と親和的なものとなる[29]。しかし、共同正犯

---

(25)　山中敬一「共謀関係からの離脱」川端博ほか編『立石二六先生古稀祝賀論文集』（2010年、成文堂）579頁。
(26)　町野・前掲注(10)138頁以下参照。
(27)　町野・前掲注(10)140頁、141頁。
(28)　丸山雅夫「共謀共同正犯の構造と成立範囲」同『刑法の論点と解釈』（2014年、成文堂）76頁以下参照。

における「一部実行の全部責任」の原則は、意思連絡にもとづく実行行為の分担（実行共同正犯）ないしは実行行為の分担に匹敵する関係や関与形態（共謀共同正犯）に着目し、それを重視するものではあるが、結果に対する物理的な因果的影響力を軽視ないしは不要とするものではない。町野教授の共犯理解には根本的な疑問がある[30]。したがって、一般的な共犯理解（因果的共犯論）からする限り、離脱の要件と中止の客観的要件が結果的に同じになるのも、決して「奇妙な論理」というわけではない。共犯関係からの離脱を認めるには、離脱しようとする者が設定していた心理的影響力と物理的影響力のいずれについても、将来に向かって解消しなければならないのである。

　(2)　一般的な結論として言えば、関与者の一部について共犯関係からの離脱が認められる場合、当初の共犯関係は解消され、離脱者は、他の者による以後の行為とその結果については刑事責任を問われることがない。他方、離脱前の行為については刑事責任を免れることはできない。因果的共犯論を前提とする以上、心理的因果にしても、物理的因果にしても、その影響力を遡って解消する（なかったものにする）ことはできないからである。したがって、実行着手前の離脱であれば、予備・陰謀の処罰規定が存在する限りで、離脱者には予備罪または陰謀罪が成立する（福岡高判昭和28・1・12高刑集6巻1号1頁。ただ、この場合にも中止規定の準用の可能性は否定されない）。また、実行着手後の離脱であれば、未遂罪が成立するとともに、中止犯の要件（中止故意と任意性）を充足すれば中止犯となる。将来に向けての関係（共犯の解消の効果）では、解消の要件を心理的因果の解消だけで足りるとするか、心理的因果の解消に加えて物理的影響力の切断を必要とするかによって、結論に違いは出てこない。

　具体的な結論が異なるのは、実行着手後の事案において、心理的因果の解

---

(29)　岡野・前掲注[10]10頁以下、12頁注[19]。
(30)　町野説に対する批判として、差し当たり、島田聡一郎「判例批評」判例評論534号（2003年）40頁以下、園田寿「判例批評」『刑法判例Ⅰ総論［第5版］』〔別冊ジュリスト166号〕（2003年）187頁、西田・前掲注[12]288頁、山口・前掲注[12]257頁、259頁、同『刑法総論［第3版］』（2016年、有斐閣）377頁、西田ほか編・前掲注[14]866頁〔島田聡一郎〕、橋爪・前掲注[2]299頁。

581

消が認められる一方で物理的影響力を切断できていない場合である。心理的因果の解消だけで離脱を認める立場によれば、この場合にも離脱者には未遂罪が成立し、中止犯の可能性が認められる。他方、物理的影響力の切断をも必要とする立場からは、物理的影響力が残存している以上、共犯の解消は認められない。では、解消が認められない場合には、常に共同正犯として処断されるのであろうか。たとえば、強盗の共謀共同正犯の事案で、実行行為以外の幇助的な行為（逃走用の自動車の提供）を担当した者が実行着手後に離脱意思を表明して、自動車を残していくことを条件に離脱を了承され、残余者がそれを強盗後の逃走に利用したような場合が問題となる。こうした場合には、重要度の高い心理的因果が解消したことによって、物理的影響力の残存は幇助犯としての促進関係の程度に低減するものと考えられる。したがって、このような事案では、共犯関係の解消が認められる場合と認められない場合のいずれにおいても、離脱（しようと）した者は、幇助犯に「格下げ」された刑事責任を負えば足りることになる[31]。同様のことは、実行共同正犯の事案についても妥当する。他方、実行着手前の離脱事案においては、共同していた自己予備行為や陰謀を幇助ないしは教唆として評価（格上げ）することは許されない。

2　因果的影響力の解消

（1）　共犯からの離脱を認める要件としての「心理的影響力の解消（切断）」は、離脱時の共犯関係が当初の共謀の範囲内にあることが当然の前提でなければならない。当初の共謀の範囲外で形成されている単なる継続的な「人的関係」からの離脱は、「共犯関係」からの離脱とは言えないからである。したがって、表見的には「共犯関係からの離脱」と見えるような事案であっても、継続的な単なる人的関係が解消された後に残余者が実行した行為と結果は、残余者だけが形成した共謀にもとづくものであり、そのような人的関係

---

(31)　原田・前掲注⑳187頁、葛原力三「判例批評」『平成21年度重要判例解説』〔ジュリスト1398号臨時増刊〕（2010年）180頁、西田・前掲注⑫256頁、山中・前掲注㉕565頁、580頁、松原芳博『刑法総論』（2013年、日本評論社）392頁以下、佐伯・前掲注㉔390頁、橋爪・前掲注⑫304頁、同・前掲注⑳106頁、山口・前掲注㉚381頁。

から離脱した者とは本来的に無関係なものである（最（三小）判平成6・12・6刑集48巻8号509頁、東京地判平成7・10・13判時1579号146頁）。心理的影響力の切断を判断するためには、何よりも、共謀の射程が確定されていることが前提でなければならない[32]。

共謀が犯罪実行に向けた関与者相互間の意思連絡（意思の合致）である以上、共謀の解消が認められるのは、一般に、意思連絡の解消に向けた「離脱の意思表示」と「他の関与者（残余者）による了承」が存在する場合である。したがって、共謀にもとづく心理的影響力は、離脱しようとする者がその後の犯罪遂行意思を放棄したうえで（東京高判昭和46・10・5判タ274号347頁、東京地判昭和51・12・9判時864号128頁、参照）、離脱の意思を明示的に表明し、他の関与者がそれを了承している場合には、当然に切断されることになる（東京高判昭和25・9・14高刑集3巻3号407頁、大阪高判昭和41・6・24高刑集19巻4号14頁、神戸地判昭和41・12・21下刑集8巻12号1575頁）。このような場合こそが、共謀の解消が認められる典型的な事例である。

（2）　しかし、具体的な事案との関係では、離脱の意思表示と了解の関係にもさまざまな形態のものが想定される。典型的には、離脱者が何らの意思表示もせずに、実行着手後の共犯全体の実行継続を阻止したり結果発生を回避すれば、残余者が離脱を了承（認識すら）していなかったとしても、中止行為によって共謀関係はただちに解消され、任意性を充足すれば中止犯が認められる。共犯からの離脱が中止犯の問題として扱われてきたのは、このような事案が想定されていたからである。もっとも、このような場合にも、中止行為の「真摯性」は必要とされることはない[33]。

さらに、離脱の意思は、自発的に形成されるのが通常ではあるが、犯行途中で警察に逮捕された場合（東京地判平成12・7・4判時1769号158頁）や、途中で仲間割れして共犯関係から一方的に排除された場合（名古屋高判平成14・

---

(32)　橋爪隆「共謀の射程と共犯の錯誤」法学教室359号（2010年）22頁、同・前掲注(12)295頁以下。なお、十河太朗「判例批評」『刑法判例百選Ⅰ総論［第7版］』〔別冊ジュリスト220号〕195頁、川口政明「判例解説」『最高裁判所判例解説 刑事篇 平成6年度』（1996年、法曹会）212頁以下。

(33)　丸山雅夫「中止未遂の法的性質と成立要件」同・前掲注(28)38頁以下参照。

８・29判時1831号158頁）のように、不本意な形で（離脱の意思を持つまでもなく）共謀が断絶させられることも考えられる。また、このような極めて例外的な事案を別にしても、黙示的な共謀の形成があり得る（最大判昭和33・５・28刑集12巻８号1718頁、最（一小）決平成15・５・１刑集57巻５号507頁）こととの関係では、明示的な離脱意思の表明がなくても暗黙裡に共謀が解消される場合も想定される（福岡高判昭和28・１・12高刑集６巻１号１頁、東京地判昭和52・９・12判時919号126頁）。もっとも、そのような場合にも、残余者が離脱しようとする者の意思内容（犯罪遂行の放棄）を認識したうえで、それを了承していることだけは必要とされる（福岡高昭和24・９・17刑事判決特報１号127頁、東京高判昭和26・10・29刑事判決特報25号11頁、前掲福岡高判昭和28・１・12、東京高判昭和46・４・６東高刑時報22巻４号156頁、東京地判昭和51・12・９判時864号128頁、東京高判昭和63・７・13高刑集41巻２号259頁、大阪地判平成２・４・24判タ764号264頁、東京地判平成８・３・６判時1576号149頁）。離脱者による中止（犯罪全体の阻止）が問題になる事案を別にして、残余者が離脱を了承していない以上は、一方的に離脱しようとする者が設定した心理的影響力は切断されることがなく、離脱後の行為継続と結果を残余者だけの意思によるものと評価することができないからである[34]。学説には、離脱の意思表明を不要とするだけでなく、残余者による離脱の了承までもが必要でないとする立場も見られるが[35]、支持することはできない。離脱の意思表示の存在だけで離脱を認めた判例が存在しないのも[36]、このような意味で理解できる。心理的影響力の切断においては、最低限、離脱した事実を残余者が認識したうえで、それを了承している必要がある。

　⑶　もっとも、具体的な判断としては、心理的影響力の切断は、必ずしも一義的に決することはできない。離脱しようとする者の役割や立場、属性によって評価が異なり得るからである。たとえば、暴力団の若頭である被告人

---

(34)　大越・前掲注(7)145頁以下。

(35)　たとえば、長井圓「判例批評」『刑法判例百選Ⅰ総論［第３版］』〔別冊ジュリスト111号〕（1991年）193頁、大塚ほか編・前掲注(13)417頁〔佐藤文哉〕、西田・前掲注(12)254頁以下、佐伯・前掲注(24)389頁、橋爪・前掲注(22)102頁。

(36)　今井康介「判例批評」上智法学論集54巻２号（2010年）141頁。

が、対立関係にある被害者Ａの殺害を配下の者と共謀した後に組事務所で待機し、機会を見ながら一旦は現場から立ち去ることを指示したものの、現場に残った３名が新たに殺害方法等を協議したうえでＡを殺害したという事案について、「一般的には犯罪の実行を一旦共謀したものでも、その着手前に他の共謀者に対して自己が共謀関係から離脱する旨を表明し、他の共謀者もまたこれを了承して残余のものだけで犯罪を実行した場合、もはや離脱者に対しては他の共謀者の実行した犯罪について責任を問うことができない」としながらも、被告人が計画の主導的立場にあったことに着目して、「共謀関係の離脱といいうるためには、自己と他の共謀者との共謀関係を完全に解消することが必要であつて、殊に離脱しようとするものが共謀者団体の頭にして他の共謀者を統制支配しうる立場にあるものであれば、離脱者において、共謀関係がなかつた状態に復元させなければ、共謀関係の解消がなされたとはいえない」としている（松江地判昭和51・11・２刑月８巻11・12号495頁）[37]。このように、主導的な立場にある者が共犯関係から離脱しようとする場合には、説得等の積極的行為によって他の共犯者に離脱を完全に了承させなければならないのである。

　他方、対等関係ないしは従属的関係にある者が離脱しようとする場合には、他の共犯者が離脱の意思の存在を認識したうえで、見逃してやることで足りるものと思われる。この意味で、前掲最（二小）判昭和24年の強盗事案や前掲最（一小）決平成元年の傷害致死事案については、離脱を認めることも十分に可能である。他方、前掲最（三小）決平成21年の住居侵入・強盗の事案においては、必ずしも主導的立場にはない平均的な共犯者の離脱について、「格別それ以後の犯行を防止する措置を講ずることなく待機していた場所から見張り役らと共に離脱したものにすぎず、……残された共犯者らが被告人の離脱をその後知るに至ったという事情があったとしても、当初の共謀関係が解消したということはでき」ないとされた。この判示部分は、本件事実関係のもとでは心理的影響力がいまだ切断されておらず、それを切断する

---

(37)　同旨の判例として、東京高判昭和32・２・21東高刑時報８巻２号39頁、東京地判昭和41・７・21判時462号62頁、旭川地判平成15・11・14 LEX/DB 文献番号28095059。

共犯関係の解消（丸山 雅夫）

ためには犯行阻止に向けた積極的行為が必要であるとするもののように読める[38]。そうであれば、心理的影響力の切断について、厳しい要件を課したものということになる。しかし、この事案は、住居侵入罪と強盗罪という牽連犯関係に立つ犯行の前段部分（住居侵入罪）がすでに実行されており、犯罪計画全体の重要部分は実現していたものであったことから[39]、例外的な事例判断であったと言うべきであろう。

　(4)　他方、物理的影響力の切断だけが直接的に問題とされた事案は、これまで見当たらないようである。物理的影響力の切断が肯定される場合であっても（前掲東京地判平成12・7・4[40]、前掲名古屋高判平成14・8・29）、否定される場合であっても（東京地判平成7・10・13判時1579号146頁、東京地判平成8・3・6判時1576号149頁、東京地判平成14・11・21判例時報1823号156頁、神戸地判平成18・7・21判タ1235号340頁）、結局のところは、心理的影響力の切断と物理的影響力の切断との総合的な検討から離脱の有無が判断されているように思われる。心理的影響力の切断の関係で明示的に離脱に言及していた上述の諸判例も、実際には、心理的影響力の有無だけで結論を導いていたわけではない。残余者が離脱を了承し、それ以後の段階は残余者だけで遂行するという意思（形成）は、残余者が離脱者の設定した物理的影響力をどの程度のものとして評価（重視）しているかに左右されるからである。したがって、因果関係を完全に断絶させる場合はもちろんのこと、そこまで行かなくても、残余者が「離脱しても構わない」と考える程度に物理的影響力が低減された場合には、心理的影響力が切断されて離脱（共犯関係の解消）が認められることになる[41]。共犯における心理的な結びつきを重視する、井上博士

(38)　任介・前掲注(23)183頁。
(39)　さらに、豊田兼彦「判例批評」刑事法ジャーナル27号（2011年）84頁。
(40)　本判決は、「本件各犯行において、被告人は、警察官らに逮捕された後、その説得に応じて捜査協力をしたことにより、自らの加功により本件各犯行に与えた影響を将来に向けて消去したものと評価できる」と判示している。しかし、物理的影響力の切断は、客観的なものであり、報奨的に評価されるような意思の存在は不要である。
(41)　前掲名古屋高判平成14・8・29に対して、小林憲太郎「判例批評」判例評論546号（2004年）40頁は物理的因果性を否定できないとするが、本文のような総合的評価からすれば、共犯としての解消は肯定してよいように思われる。

や町野教授の見解は、このような側面を特に強調したものである。

近時、学説において、物理的影響力の切断は規範的な評価であるべきことが強調されるようになっている[42]。それは、離脱の要件として因果関係の完全な切断（因果関係の遮断）を要件とすることはあまりに過度の要求であるとして（結果的には不可能を強いるものとなる）[43]、物理的影響を低減させるもので足りるとするものである。こうした方向は、心理的影響力と物理的影響力の存否を総合的な判断のもとで捉えるものであり、離脱しようとする時点以降の犯行防止措置を要件とする最高裁決定（前掲最（一小）決平成元・6・26、前掲最（三小）決平成21・6・30）の判示とも整合的である。また、こうした考え方によれば、因果関係の完全な遮断がなくても離脱（原則として未遂罪としての刑責）が認められ、離脱者には中止犯の可能性がある。この意味において、共犯の解消と中止の要件が同一になってしまうとする町野教授の批判は当たらないということになる。

3 狭義の共犯の解消

共犯関係の解消は、実行着手前後の共同正犯の事案に典型的なものではあるが[44]、複数人が関与する犯罪である以上、従属的共犯（教唆、幇助）においても当然に問題になりうる[45]。従属的共犯は、正犯が実行行為に出ない限

（42）　井田良『刑法総論の理論構造』（2005年、成文堂）416頁、同『講義刑法学・総論』（2008年、有斐閣）504頁以下、島岡まな「判例批評」『刑法判例百選Ｉ総論［第6版］』〔別冊ジュリスト189号〕（2008年）195頁、山中・前掲注[25]542頁以下、照沼亮介「共犯からの離脱」松原芳博編『刑法の判例［総論］』（2011年、成文堂）268頁、塩見淳「共犯関係からの離脱」同『刑法の道しるべ』（2015年、有斐閣）138頁。さらに、島田聡一郎「共犯からの離脱・再考」研修741号（2010年）6頁以下、11頁、西田ほか編・前掲注[14]866頁〔島田〕。

（43）　嶋矢貴之「共犯の諸問題」法律時報85巻1号（2013年）29頁参照。

（44）　監禁罪のように、犯罪の既遂後に既遂状態が継続する犯罪（継続犯）においては、既遂段階の途中からの離脱という事態も想定できる。ただ、すでに犯罪が既遂に達している以上、離脱が認められるとしても、それは離脱者の刑事責任を左右するものにはなりえず、せいぜいのところ量刑事情として評価されるにすぎない。したがって、離脱の成否をとりたてて問題にするだけの実益は存在しない。

（45）　この問題については、大塚ほか編・前掲注[13]470頁〔安廣文夫〕、582頁以下〔堀内信明＝安廣文夫〕、西田・前掲注[12]246頁以下、参照。

りは、その成否が問題になることはない（いわゆる実行従属性）。したがって、その解消は、正犯の実行着手後の問題であるようにも思われる。しかし、実行従属性（従属的共犯の成否を検討するための要件）と共犯関係の解消（離脱以降の刑事責任）はそれぞれ別の問題であることに注意を要する。

　教唆して他人に正犯意思を生じさせる教唆犯においては、正犯がすでに実行行為に出ている場合には、離脱者（教唆者）自身で正犯の犯罪遂行を阻止して中止する場合（中止犯規定の準用）を除いて、共犯関係が解消するという事態は考えられない。教唆犯の離脱が実際に問題となるのは、正犯の実行着手前の段階に限られる。この場合、教唆犯の構造からして、一旦生じさせた正犯意思の撤回（離脱の了承）がない限りは離脱を認めることができないから、正犯を説得して犯意を放棄させる必要がある（教唆の中止になり得る）。したがって、不作為ないしは暗黙での離脱は認められない。他方、犯意を放棄させた後に正犯が思い直して実行に出た場合には、それは正犯自身が犯意を新たに形成したことによるものとして評価できるから、離脱した教唆者は責任を問われることがない。

　これに対して、正犯の結果に対する促進関係を処罰根拠とする幇助犯においては、正犯の実行着手の前後を問わずに促進関係の切断が問題となり、基本的に共同正犯の場合（因果的影響力の切断）と同様の基準で判断されることになる。ただ、幇助（行為）の無限定性との関係で[46]、実際の判断はかなり複雑なものとならざるを得ない。まず、意思連絡を前提としない片面的幇助の場合には、離脱の意思の表明も必要とされず、正犯の了承も不要であり、一方的に離脱することが可能である。他方、幇助の意思連絡がある場合には、共同正犯の場合と同様、正犯が少なくとも離脱（促進関係の切断）を了承していることが必要とされる。正犯が離脱を了承している以上、その後の行為は正犯者自身のものであり、離脱者には中止犯規定の準用が認められる。具体的に言えば、物理的幇助の場合は、犯行用に準備した凶器等を取り戻すなど、幇助の事実（促進関係）を消滅させることによって、正犯に離脱

---

(46)　丸山雅夫「従犯（幇助犯）」井田良＝丸山雅夫『ケーススタディ刑法［第4版］』(2015年、日本評論社)337頁以下参照。

を了承してもらう必要がある。ただ、凶器の使用方法の教示（技術的幇助）など、幇助の事実を完全には消滅させることができない幇助態様の場合は、説得等による幇助事実の撤回までが必要とされる。また、正犯の犯行意思の強化を内容とする心理的幇助の場合も、完全に事実を消滅させることまでは困難であるにしても、約束（逃走援助や見張り）を取り消すなど、それぞれの内容に見合った撤回（促進関係の低下）によって離脱を了承してもらえれば足りる。

Ⅳ　むすびに代えて

1　本稿の結論

　共同正犯事案における共犯関係の解消について、本稿の結論は次のようにまとめられる。共犯関係の解消は、共犯の中止論の前提問題として独自の意義を有し、一般には中止論に先行して議論されるべきものである。ただ、実行着手後の共犯者中の一部が中止意思をもって、共犯全体の実行継続を阻止するか、結果発生を阻止した場合には、共犯関係が解消すると同時に中止犯が認められる。他方、中止に失敗すれば、共犯からの離脱も認められない。こうした共犯の中止の場合には、離脱の意思表示は必要でないし、残余者が離脱の事実を認識している必要もない。また、共犯の解消の検討は中止の検討に事実上吸収されることになり、特に段階的に行うまでの必要はない。他方、ただちに中止が問題にならない事案においては、共犯の解消が認められた後に、中止犯の成否が検討されることになる。

　実行の着手前後を問わずに、共犯からの離脱を認めるためには、離脱をしようとする者がすでに設定していた心理的影響力と物理的影響力を切断しなければならない。その際、離脱の意思は自発的で明示的なものが要求されるのが通常ではあるものの、黙示的なものでもよいし、強制的に離脱を余儀なくされる場合（逮捕事例や仲間からの排除事例）であっても認められる。ただ、いずれにしても、離脱後の行為継続と結果発生が残余者だけによるものとして評価されない限りは「共犯の解消」は認められないから、離脱者が密かに中止行為をする場合を別にして、残余者が離脱の事実を認識したうえでそれ

を了承している（逮捕事案では了承させられている）ことが必要である。

2　今後の課題

　離脱の事実の認識と了承は、心理的なものではあるが、物理的影響力の切断をも考慮したうえでの総合的な判断にもとづく。物理的影響力の切断の有無に応じて、「自分（たち）で犯行を続行する」かどうかについて、残余者の意思形成の有無が左右されるからである。完全な物理的影響力の切断は、離脱後に存在するはずの物理的因果を断絶させた場合に認められる。因果的共犯論を一貫すれば、このような場合に限って物理的影響力の切断が認められることになろう（因果遮断説）。しかし、「自分（たち）で犯行を続行する」という残余者の意思形成が認められれば共犯関係は解消されるから、完全な因果遮断はなくても、規範的な観点から判断して、残余者が納得できる程度の物理的影響力の排除があれば充分である。したがって、共犯者間の関係から、極めて例外的には、残余者が離脱を了承しているだけで共犯関係が解消される場合のあることも否定できない。ただ、そのような例外的事情は一般化することはできないものであり、その意味で、井上博士や町野教授の見解は支持することができない。

　以上のような規範的判断は、すでに指摘されているように[47]、厳密な意味では「因果遮断説」と呼ぶことはできない。しかし、重要なのは、どのような事情があれば離脱として評価できるかということであって、学説の名称ではない。また、こうした規範的判断は、画一的な客観的基準を提示することはできず、因果的共犯論と相応しない面のあることも否定できない。しかし、そのような事情も、残余者の新たな意思形成の有無という心理的状況によって解消が判断されることとの関係で、内在的な限界と言わざるを得ない。その意味で、共犯関係の解消と共犯の中止については、今後の事例判断の積み重ねによる一定の標準的扱いの確立が期待されるところである。

（まるやま・まさお）

---

(47)　たとえば、川口浩一「判例批評」『刑法判例百選Ⅰ総論［第5版］』〔別冊ジュリスト166号〕（2003年）189頁、葛原・前掲注(31)180頁、豊田・前掲注(39)85頁。

過失の共同正犯における主観的要件

平　野　　潔

Ⅰ　は じ め に
Ⅱ　過失の共同正犯に関する判例
Ⅲ　共同正犯の主観的要件と過失の共同正犯
Ⅴ　お わ り に

Ⅰ　は じ め に

　従来、過失の共同正犯の肯否は、犯罪共同説と行為共同説の対立に由来するとされてきた[1]。すなわち、犯罪共同説の見地からは、共同正犯が成立するためには特定の構成要件を共同することを要するから、共同者に特定の犯罪実現についての意思の連絡が必要であり、過失犯の場合、無意識に基づく犯罪の実現を本質とする以上、共同正犯を認めることはできないとする。これに対して、行為共同説の見地からは、共同正犯の成立には事実的な行為の共同で足りるから共同者それぞれにこれを利用・補充する意思があればよく、過失犯を共同して実現する場合においてもこの要件は充足し得るから、過失の共同正犯は肯定されるとされてきたのである。

　この理論的な対立の背景には、いわゆる旧過失犯論に基づく過失の理解が存在していた[2]。しかし、新過失犯論が台頭し、過失の実行行為性を観念できるようになったことでこの状況に大きな変化が生ずることになる。過失をもっぱら責任に位置づけるとすれば、注意義務の主観的違反が共同になされるという事態は考えられないから、過失の共同正犯を認めることは難しかっ

（1）　土本武司「過失犯と共犯」阿部純二ほか編『刑法基本講座　第4巻』（1992年、法学書院）143頁、西田典之ほか編『注釈刑法　第1巻』（2010年、有斐閣）845頁〔島田聡一郎〕。
（2）　内海朋子『過失共同正犯について』（2013年、成文堂）53頁。

たが、過失（注意義務違反）行為の共同を考えることができるようになったことで、犯罪共同説からも過失の共同正犯を認めることが可能となったのである[3]。この過程で大きな役割を果たしたのは、いわゆる「共同義務の共同違反」説である[4]。現在では、多くの見解が採用し、また最近では、最高裁判所の判例[5]もこの立場を採用している。

日髙教授は、過失犯論においては新過失犯論を採用され[6]、共同正犯論に関しては犯罪共同説を採用されている[7]。その上で、過失の共同正犯を否定される。日髙教授は、「意思の連絡は、共同正犯における『一部行為の全部責任』の法理を認めるための心理的基礎であり、共同者を主観的に連結する要因である。共同者は意思の連絡によって主観的に連結されているからこそ、共同正犯の因果関係の確定は、共同者の中の誰かの実行行為から結果が惹起されていることで足り、共同者各自の部分的な実行行為が連結されて特定の犯罪の実行行為を構成することになるのである」[8]として意思の連絡の意義を強調される。その上で、「複数人が共同の注意義務を負いながら共同作業を行っている場合には、客観的には共同義務を有していることから、過失行為の共同が見られる。しかし、この場合でも、一定の作業を共同している事実はあるが、注意義務違反を一緒に行おうという意思疎通は認められない。共同の過失行為に意思の連絡を見出すとすれば、共同作業を行っていることの認識といった、犯罪事実とは直接関係しない事実についての意思的要素に着目するしかない。しかしながら、共同作業を遂行する上で、一定の安全確認を共同して行うという点での意思疎通がなされていても、それは過失犯を実現するための意思の連絡ではない」[9]として、過失の共同正犯を否定

（３） 大塚仁「過失犯の共同正犯の成立要件」『法曹時報』43巻6号（1991年）4頁。
（４） 「共同義務の共同違反」説の詳細は、藤木英雄「過失犯の共同正犯」『研修』263号（1970年）6頁以下、大塚・前掲注(3)1頁以下などを参照。さらには、伊東研祐「『過失犯の共同正犯』論の現在」『現代刑事法』3巻8号（2001年）60頁以下も参照。
（５） 最（三小）決平成28・7・12刑集70巻6号411頁（以下「平成28年最高裁決定」という）。
（６） 日髙義博『刑法総論』（2015年、成文堂）356頁。
（７） 日髙・前掲注(6)469〜70頁。
（８） 日髙・前掲注(6)491頁。

されるのである。

　本稿は、過失の共同正犯における主観的要件について検討しようとするものである。共同正犯が成立するには、一般に「共同実行の意思」という主観的要件と「共同実行の事実」という客観的要件が必要であるとされている。過失の共同正犯に関しては、前述したように過失の実行行為概念が大きな役割を果たしており、これが現在の多数説・判例の形成に影響を与えている。このような客観面を中心として議論が展開される中でも、主観面を等閑視することはできない。日髙教授は、「過失の共同正犯を認めることは、共同正犯の主観的要件を形骸化することにな」[10]るとされている。この批判にどのように回答すべきかが本稿の課題である。

II　過失の共同正犯に関する判例

　ここでは、判例が過失の共同正犯をどのように解しているのかを明らかにしたい。その際、とくに「意思の連絡」（あるいは過失の共同正犯における主観的要件、主観的事情）を判例がどのように解しているかに着目しながら検討する[11]。

1　大審院判例における過失の共同正犯

　大審院の判例は、過失犯には60条以下の共犯規定は適用されないとして、過失の共同正犯についてもこれを否定してきた[12]。そのような傾向の中で例外的なのは、大判昭10・3・25刑集14巻339頁である。事案は、被告人2名

（9）　日髙・前掲注(6)491頁。
（10）　日髙・前掲注(6)491頁。
（11）　過失の共同正犯に関する判例については、大塚仁ほか編『大コンメンタール刑法［第2版］第5巻』（1999年、青林書院）163頁以下〔村上光鵄〕、川端博ほか編『裁判例コンメンタール刑法 第1巻』（2006年、立花書房）537頁以下〔高橋則夫〕、内海・前掲注(2)4頁以下など参照。
（12）　例えば、大判明治44・3・16刑録17輯380頁は、「共犯ニ關スル總則ハ過失犯ニ適用スヘキモノニ非サルヲ以テ原判決ニ於テ被告等ノ過失致死罪ヲ處斷スルニ付キ刑法第六十條ヲ適用セサリシハ相當ナリ」として、共犯に関する総則規定は過失犯には適用されないとしている。

が、祈祷の際、被害者の身体を強く擦ったり揉んだりした結果、下腹部に擦過傷を負わせ、そのまま消毒をせずに放置したため、被害者を敗血症で死亡させたというものである。このような事案に対して、大審院は、原判決を是認する形で過失の共同正犯を認めているが、正面から過失の共同正犯について論じている訳ではない。また、被告人両名の主観面に関しては、とくに言及されていない。

2　最高裁判例における過失の共同正犯

　最高裁は、最（二小）判昭和28・1・23刑集7巻1号30頁（以下「昭和28年最高裁判決」という。）において、過失の共同正犯を認める判断を示している。事案は、飲食店を共同経営していた被告人2名が、飲食店から仕入れた「ウイスキー」と称する液体にメタノールが含有していないことを検査した上で販売しなければならないのにこれを怠って販売し、これを飲んだ客が中毒により死傷するに至ったというものである。

　最高裁は、「原判決の確定したところによれば、右飲食店は、被告人両名の共同経営にかかるものであり、右の液体の販売についても、被告人等は、その意思を連絡して販売をしたというのであるから、此点において被告人両名の間に共犯関係の成立を認めるのを相当とするのであつて原判決がこれに対し刑法六〇条を適用したのは正当であつて、所論のような違法ありとすることはできない。」として、過失の共同正犯を正面から認めている。本判決では、「右の液体の販売についても、被告人等は、その意思を連絡して販売をしたというのであるから」として、液体の販売の「意思の連絡」があることが、共同正犯を認める理由となっている。このことから、最高裁は、故意犯と同様過失犯においても、共同正犯の要件としては「意思の連絡」が必要であると解していることが分かる。また、その内容としては、「液体の販売」という行為に関する意思の連絡があれば足りると解している。このことから、当初の最高裁は、意思の連絡に重点を置いた形で過失の共同正犯を認めていたと見てよいと思われる[13]。

　その後、約70年ぶりに最高裁が過失の共同正犯に関する判断を示したのが、平成28年最高裁決定である。事案は、兵庫県明石市大蔵海岸公園におい

Ⅱ　過失の共同正犯に関する判例

て花火大会等が実施された際、最寄りの駅と公園とを結ぶ歩道橋に多数の参集者が集中して強度の群衆圧力が生じ、歩道橋上において多数の参集者が折り重なって転倒し、その結果11名が全身圧迫による呼吸窮迫症候群（圧死）等により死亡し、183名が傷害を負うという事故が発生したというものである。被告人は、当時兵庫県明石警察署副署長であった者であり、いわゆる強制起訴制度によって公訴提起されている。

　結局、最高裁は、被告人に対して免訴を言渡しているが、その決定要旨において、過失の共同正犯に言及している。すなわち、「業務上過失致死傷罪の共同正犯が成立するためには，共同の業務上の注意義務に共同して違反したことが必要であると解される」とした上で、被告人とA地域官の分担する役割が異なっていたこと、要求され得る行為も異なっていたことから、「本件事故を回避するために両者が負うべき具体的注意義務が共同のものであったということはできない」とし、そこから「被告人につき，B地域官との業務上過失致死傷罪の共同正犯が成立する余地はないというべきである」としたのである。

　最高裁は、もっぱら過失の共同正犯における「共同義務」に関して述べるにとどまっており、「意思の連絡」などの主観的要件に関してはまったく言及していない。

3　下級審判例における過失の共同正犯

　過失の共同正犯が、最高裁において論じられることがなかった約70年間に、下級審ではいくつかの判例が見られた。その中でも、仙台高判昭和52・2・24刑集32巻1号29頁が唯一「過失犯について理論上共同正犯の成立を認めない」として、正面から過失の共同正犯を理論的に否定しているが[14]、その他の判例は、理論的には過失の共同正犯は認められ得るものと解している。

　名古屋高判昭和31・1・22高刑裁特3巻21号1007頁は、被告人2名が、素焼こんろ2個を事務所内に持ち込み、炭火を入れて煮炊きの仕事をしていた

---

(13)　なお、本判決には、小谷勝重裁判官の「私は過失犯には共同正犯を認むべきものではないと信ずるから、本件に刑法六〇条を適用した原判決は失当であ」るとする少数意見が付されている。

595

が、完全に消火しないまま帰宅した結果、建造物を焼損したという、失火罪の共同正犯が問題となった事案である。名古屋高裁は、「被告人両名は共同して素焼こんろ二個を床板の上におき之を使用して煮炊を為したものであり過熱発火を防止する措置についても被告人等は共に右措置を為さずして飯宅したと謂ふのであるから此の点に於いて被告人両名の内に共犯関係の成立を認めるのを相当とする」と判示し、共同正犯の成立を認めている。本判決では、過失の共同正犯に関するこれ以上の記述は見られないが、「共同して」という判示は、原判決において示された「被告人両名は意思を連絡して本件こんろを使用し……」に対応していると読める。そのように解すれば、昭和28年最高裁判決で示されているのと同様に、意思の連絡があることを前提としているのではないかと考えられるのである。

　広島高判昭和32・7・20高刑裁特4巻追録696頁は、被害者に全身麻酔を施すに際し、看護師Bが、被告人および原審相被告人Aが指示したのとは異なる薬剤を注射したため、被害者は注射液の中毒による心臓衰弱で死亡したという、医療過誤に関する判例である。広島高裁は、「本件は被告人と右A及Bの過失行為が競合したに過ぎない」として過失の共同正犯の成立を否定しているが、それ以上のことには言及していない。

　佐世保簡略昭和36・8・3下刑集3巻7＝8号816頁は、被告人2名は、運転技能も経験もないにも関わらず観光船に乗り込み、1名は操舵を、もう1名は機関部の操作をして観光船を衝突・座礁させ、一時航行を不能ならしめて破壊したという過失往来妨害罪の事案について、過失の共同正犯の成立を認めている。その判決文の中では、「両名共同して同船を運航した過失によりその操舵を誤り」として、両者に対する共同義務のようなものは認めているが、「意思の連絡」に関する記述は見られない。

　秋田地判昭和40・3・31下刑集7巻3号536頁は、工務店の工事責任者で

---

(14)　本判決については「過失共同正犯に関する先例としての価値は小さいと見られる」という指摘もある（塩見淳『刑法の道しるべ』（2015年、有斐閣）118頁注21。同様の指摘として、今井康介「過失犯の共同正犯について(1)」『早稲田大学大学院法研論集』143号〈2012年〉59頁）。なお、松宮孝明「『明石歩道橋事故』と過失犯の共同正犯について」『立命館法学』338号〈2011年〉156～7頁も参照）。

あった被告人が、秋田県庁庁舎の正面玄関に続く広間の屋根のトタン板葺替工事に従事し、A・Bらを指揮監督していたが、Aに喫煙させ、Bの喫煙を黙認し、被告人自らも喫煙した結果、3名いずれかの喫煙による煙草の吸殻または破片の一部が風によって框板に達し、秋田県庁舎および県議会議事堂の一部を焼損したというものである。秋田地裁は、過失の共同正犯に関して、判決文中括弧書きで以下のように述べている。すなわち、「被告人と右A等との間に屋上工事についての共同目的ないし共同行為関係というものは存したが、喫煙については、たんに時と場所を同じくしたという偶然な関係があるにすぎなく、これらの者が喫煙について意思を通じ合つたとか、共同の目的で喫煙をしたというような関係があつたとみることはできなく、本件について、過失の共同正犯の理論を適用するのは相当でない」としているのである。本判決は、「共同目的」「意思を通じ合う」という主観的要件と「共同行為関係」という客観的要件が揃えば、過失の共同正犯が成立する可能性を示していると思われる。

　京都地判昭和40・5・10下刑集7巻5号855頁の事実の概要は、以下の通りである。すなわち、四条踏切では、本番と相番と称する2人の係員が協力してその業務を担当していたが、事故当日は、濃霧で見通しが悪く、また列車接近表示器が度々故障して鳴動しないことがある中で、相番であったAは、前の列車が遅延したことから当該列車もまた遅延するものと軽信して線路上から注意を逸らし、また本番であったBも列車接近表示器が正常に作動するものと軽信して、警笛の吹鳴に気づかず、交通信号灯の切り替えや遮断機の閉鎖などの措置を講ずることができなかった。その結果、踏切内に進入してきた自動車と列車とが衝突し、2名を死亡させた。京都地裁は、「そもそも共同正犯を定めた刑法第六十条は、必ずしも故意犯のみを前提としているものとは解せられない。のみならず、共同者がそれぞれの目的とする一つの結果に到達するために、他の者の行為を利用しようとする意思を有し、または、他の者の行為に自己の行為を補充しようとする意思を有しておれば、そこには、消極論者がいわれるような共同正犯の綜合的意思であり、その独自の特徴とせられるところの決意も、共同者相互に存在するとみられ得るのであるから、これ等の決意にもとづく行為が共同者の相互的意識のもとにな

されるかぎり、それが構成要件的に重要な部分でないとしても、ここに過失犯の共同正犯が成立する余地を存するものと解するのが相当である」と判示し、過失犯の共同正犯を正面から肯定する。本判決で注目すべきは、「他の者の行為を利用しようとする意思」または「他の者の行為に自己の行為を補充しようとする意思」という形で、共同正犯における「意思の連絡」が過失の共同正犯にとっても要求されることを示している点である。

越谷簡判昭和51・10・25判時846号128頁の事案は、以下の通りである。被告人は、アドバルーン会社の代表取締役であるが、建売住宅販売宣伝のためのアドバルーンの掲揚を請け負っており、アルバイト学生のAに掲揚・繋留・繋留中の監視の指示を出していた。その監視中に小学生2名がアドバルーンに入って酸素欠乏症で死亡した。越谷簡裁は、共同正犯を「共同行為者のおのおのが他人の協力を待つまでもなく彼自身の行為によってそれぞれ当該犯罪構成要件に予定された実行々為を完成する不真正の共同正犯」と「共同行為者が共同することによって一体となってはじめて実行々為が完成するいわゆる真正の共同正犯」に分けた上で、「両者とも、共同で犯罪を実行しようという相互的な意思の連絡なしには共同正犯は成立しないが、過失犯の特質から考えて、共同で犯罪を実行しようという意思の連絡なしでも、共同行為者のそれぞれが各自不注意な行為に出でてそれぞれの不注意が相互に影響しあうことにより全体として一個の不注意が形成され、それにもとずく結果が発生したという評価が下される場合には過失共同正犯が成立すると考えられる」と判示した。この立場によれば、「相互的な意思の連絡」は、過失の共同正犯において必須の要件ではなく、これが存在すれば過失の共同正犯が認められるのはもちろんであるが、存在しなくても成立する余地があることになる。

名古屋高判昭和61・9・30高刑集39巻4号371頁は、溶接工であった被告人2名が、料理旅館の拡張工事に関連して、電気溶接機を用いて溶接して固定するという作業をするにあたり、適切な措置を講じないまま溶接作業を開始したため、可燃物が発火して燃焼をはじめ、旅館客室などに使う建造物を焼燬したという事案にかかるものである。第一審（津簡判昭和57・9・2判例集未登載）は、両者を業務上失火罪の同時犯であるとしたが、名古屋高裁は

Ⅱ　過失の共同正犯に関する判例

原判決を破棄し、最終的には、被告人両名に過失の共同正犯を認めている。名古屋高裁は、被告人両名の地位・立場を確認した上で、「同一機会に同一場所で」「一つの目的に向けられた作業をほぼ対等の立場で交互に」「一方が、溶接し、他方が監視するという方法で二人が一体となつて協力して行つた」という客観的要件と、「相互に相手の動作を利用し補充しあうという共同実行意思」という主観的要件のもとで、過失の共同正犯を肯定した。ここでも「意思の連絡」は、過失の共同正犯の成立要件とされているのである。

　東京地判平成４・１・23判時1419号133頁の概要は、以下の通りである。被告人両名は、電話ケーブルの接続部を被覆している鉛管をトーチランプの炎により溶解開披して行う断線探索作業などの業務に従事していた者である。被告人両名は、地下洞道において、２個のトーチランプが完全に消火しているかを確認しないまま立ち去ったため、とろ火で点火されたままの状態にあった１個のトーチランプから炎を防護シートなどに着火させ、電話ケーブル104条および洞道壁面225mを焼燬させ、これにより世田谷電話局第３棟局舎に延焼する危険を生じさせた。東京地裁は、「社会生活上危険かつ重大な結果の発生することが予想される場合においては、相互利用・補充による共同の注意義務を負う共同作業者が現に存在するところであり、しかもその共同作業者間において、その注意義務を怠った共同の行為があると認められる場合には、その共同作業者全員に対し過失犯の共同正犯の成立を認めた上、発生した結果全体につき共同正犯者としての刑事責任を負わしめることは、なんら刑法上の責任主義に反するものではない」としている。本判決においては、過失犯の共同正犯を正面から認めた点が、まず注目される。その上で、いわゆる「共同義務の共同違反」が必要であることが明確に示されている(15)。これに対して、「意思の連絡」についてはほとんど触れていない。

　これまで見てきたように、昭和28年最高裁判決において「意思の連絡」に言及されたこともあってか、多くの判例は過失の共同正犯においても「意思の連絡」をその成立要件と解してきた。一部の判例では、この点に言及のないものも見られるが、「意思連絡の必要性を明示的に述べていなくても、そ

(15)　川端ほか編・前掲注(11)541頁〔高橋〕参照。

れを当然の前提としている判例も存在すると考えられる」[16]ことから、基本的には、過失の共同正犯の成立要件と位置付けられていると言い得る。しかし、「現在の判例の立場を示すものと位置づけられる」[17]前掲東京地判平成4・23においては、もっぱら「共同義務の共同違反」を中心に過失の共同正犯論が展開されており、「関与者の意思の連絡下という要件の重要性は相対的に低下してきている」[18]という見方もできるように思われる。そして、平成28年最高裁決定においては、「意思の連絡」については、まったく言及されていない。この点を踏まえると、「初期の判例では，危険な作業を意思を通じて行ったという『危険行為の共同実行の意思』が重視されていたが，その後しだいに，『共同の注意義務の共同の違反』が重視されるようになった」[19]という理解が可能であると思われる。ただし、「意思の連絡」を判例がまったく不要と解するに至っているとまでは言い切れないであろう。

Ⅲ　共同正犯の主観的要件と過失の共同正犯

　これまでの判例の検討の結果、判例はおおむね過失の共同正犯肯定説に拠っており、とくに平成28年最高裁決定において「共同義務の共同違反」説を採用するかのような判示を最高裁がしたことで、その立場はほぼ固まったと言い得ることが分かった。

　これに対して、学説はいまだに激しい対立が続いている。前述したような「犯罪共同説＝否定説」「行為共同説＝肯定説」という図式が論理必然的なものではないことは、現在では広く認められている[20]。しかしながら、現在の過失の共同正犯論は、いくつもの対立軸が複雑に絡まり合う状況になっており、それに従って過失の共同正犯をめぐる議論も複雑化しているのである[21]。本章では、過失の共同正犯に関する学説の検討を行うに当たり、まずは、過失犯の共同正犯を否定する見解から見ていきたい。

---

(16)　内海・前掲注(2)47頁。
(17)　塩見・前掲注(14)119頁。
(18)　伊東研祐『刑法講義総論』（2010年、日本評論社）375頁。
(19)　松宮・前掲注(14)161頁。

600

1 「意思の連絡」と過失の共同正犯否定説

　最初に述べたように、日高教授は、犯罪共同説の見地から過失の共同正犯を否定されている。同様に、犯罪共同説に立たれる団藤博士は、「過失行為は、もともと、その主観的方面において、意識的なものから無意識的なものにまたがる領域を占める。意識的な部分が決して過失行為にとって本質的なものではない。意識的な部分についての意思の連絡をもとにして、過失犯の共同正犯の成立を論じるのは、過失犯の本質に即した議論ということができないであろう」[22]とされる。また、犯罪共同説の中に位置づけられる共同意思主体説を採用され、過失犯論においては旧過失犯論に立たれる曽根博士も、「関与者全員が特定の犯罪実現についての意思連絡をもつことによって、発生した結果全体につき各自が責任を問われる、という共同正犯の本質を堅持するかぎり、過失犯の共同正犯は否認されるべきであろう」[23]とされる。このように、共同正犯における主観的要件に重きを置く立場からは、過失の共同正犯は否定されているのである。

　一方、「意思の連絡」とは別の観点からの否定説も有力に主張されている。いわゆる「同時犯解消説」である。西田博士は、過失の共犯を認めると処罰範囲が広範なものになり過ぎることから、「危険に満ちた現代社会を前提にする場合、それは余りにも過剰な刑事的コントロールであるように思われる」[24]として、処罰範囲の限定の必要性を主張されている。井田教授も、「もし肯定説が，各人の行為を切り離して検討したときには単独の過失正犯の要件が充足されていないにもかかわらず，60条を適用することにより，処罰しようとするのであれば，なぜそのような（単独正犯に還元できない）連帯責任

---

(20)　横瀬浩司「過失共同正犯論について」『中京大学大学院生法学研究論集』2号（1981年）69頁以下など。

(21)　学説の対立の淵源および変遷に関しては、大塚ほか編・前掲注(11)185頁以下〔村上〕、金子博「過失犯の共同正犯について」『立命館法学』326号（2009年）27頁以下など参照。さらに、新たな視点から過失の共同正犯の学説の対立構造を捉え直そうとするものとして、嶋矢貴之「過失犯の共同正犯論（一）」『法学協会雑誌』121巻1号（2004年）77頁以下、内海・前掲注(2)52頁以下なども参照。

(22)　団藤重光『刑法綱要総論［第3版］』（1990年、創文社）393頁。

(23)　曽根威彦『刑法総論［第4版］』（2008年、弘文堂）257頁。

を認めうるのかの根拠が問われなければならないが，根拠が示されていると
は思われない。過失の単独正犯を認めえないところに共同正犯を認めること
は，過失のないところに刑事責任を認めることである。このようにして，過
失の共同正犯は，過失の単独正犯に解消されるべきである」[25]として、処罰
が合理的理由も示されないまま拡張されることに懸念を示されている。いず
れも、処罰範囲の拡張に対する懸念が、過失の共同正犯を否定する理由とな
っている。また、前田教授は、共同義務の共同違反が認められる事案は、各
関与者自身の監督義務・監視義務違反により過失責任を問い得ること、過失
の単独正犯と共同正犯の区別に腐心する実益が小さいことなどから、「実益」
という観点から同時犯への解消が妥当であるとされる[26]。ただし、西田博士
は「共犯の処罰根拠を犯罪結果との因果性に求める因果的共犯論によれば，
過失による共同正犯，教唆、幇助を認めることも理論的には可能であるとい
ってよい」[27]とされ、井田教授も「過失犯についても、客観的注意義務に反
する実行行為を考えることができ、そのような不注意な行為を共同に行うこ
とを『犯罪の共同』と捉える余地はある。したがって、犯罪共同説に立脚す
るからといって過失犯の共同正犯をただちに否定するのは早計である」[28]と
され、前田教授も「過失の共同正犯を観念することは不可能ではない」[29]と
されて、いずれの立場も過失の共同正犯を「理論的には」否定していないの
である。

2　共同正犯における「意思の連絡」不要説と過失の共同正犯

　次に肯定説の主張を見ていきたい。共同正犯における主観的成立要件に着
目すると、「意思の連絡」という要件をめぐる対立があることが分かる。そ
こで、以下では、この要件を必要とするか不要とするかによって、過失の共

---

(24)　西田典之「過失の共犯」『法学教室』137号（1992頁）20頁。西田典之『共犯理論の
　　展開』（2010年、成文堂）213～4頁も参照。
(25)　井田良『講義刑法学・総論』（2008年、有斐閣）476頁。
(26)　前田雅英『刑法総論講義［第5版］』（2011年、東京大学出版会）506頁。
(27)　西田典之『刑法総論［第2版］』（2010年、弘文堂）383頁。
(28)　井田良『刑法総論の理論構造』（2005年、成文堂）370頁。
(29)　前田・前掲注[26]506頁。

Ⅲ　共同正犯の主観的要件と過失の共同正犯

同正犯の肯否にどのような違いがあるかを検討してみたい。

　山中博士は、「共同加功の意思の内容は、自己の行為が他者の行為と因果的に結合して犯罪を惹起するという事実の予見ないし予見可能性」のことであり、「この共同加功の意思は、意思の相互連絡を意味するものではない」[30]として、共同正犯の成立要件を「意思の連絡」ではなく、それぞれに「共同加功の意思」があることで足りると解される。これは、共犯の処罰根拠論における因果的共犯論から導かれる行為共同説の見地から示される要件である。この見地から、山中博士は、「客観的に危険創出行為を共同し、主観的に共同危険行為の意思があれば、過失における共同正犯が肯定される」[31]とされている。

　同様に「意思の連絡（共同行為決意）」は、共同正犯に不可欠の要素ではないとするのは、嶋矢教授である。嶋矢教授は、共同正犯の要件として、共同正犯と狭義の共犯（教唆・幇助）との区別のために「共同性」を、そして関与類型の刑の軽重の区別のために「重大な寄与」を要求される[32]。そして、「共同性」の中で共同決意について検討し、共同決意は共同正犯に不可欠な要素ではなく、共同性の内容としては、相互的な因果的影響を要求し、主観的要件としては相互的な因果的影響力の認識で足りると解されている[33]。

　「共同義務の共同違反」説を純粋に規範的観点から再構成しようとする金子准教授は、分業による犯罪実現のもとでは、構成要件該当結果の帰属の観点から、どの関与形式にも質的な差異は存在せず、正犯と共犯は、構成要件の実現の際に、その実現に対してどの程度の役割を果たしたかに応じて区別され得るに過ぎない相対的な量的概念であるとされる[34]。この観点からは、客観的に他者と共同して当該結果を回避すべき義務があったか否かが重要であって、共同意思の存在は、共同性の規定上、直接に問題にならないとされ

----

(30)　山中敬一『刑法総論［第3版]』（2015年、成文堂）892頁。
(31)　山中・前掲注(30)906頁。
(32)　嶋矢貴之「過失犯の共同正犯論（二・完）」『法学協会雑誌』121巻10号（2004年）210〜1頁。
(33)　嶋矢・前掲注(32)198〜9頁。
(34)　金子・前掲注(21)150頁。

て、この共同意思という要件を不要とするのである[35]。

3　共同正犯における「意思の連絡」必要説と過失の共同正犯

　共同正犯において「意思の連絡」を必要と解すれば、日髙教授らが主張されるように過失の共同正犯否定説に至ることになる。「意思の連絡」を必要としながら過失の共同正犯を肯定するにはどのように解するべきなのか、とりわけ、過失犯における「意思の連絡」の内容をどう解するべきなのかが、ここでは問題となる。

　「過失の共働」に関して先駆的な研究をされてきた内田博士は、「過失行為が刑法上意味を持つのは、意識的部分それ自体においてではないし、また、無意識的部分それ自体においてでもない。われわれの言葉でいえば、両者の接点が問題なのである」[36]とされる。そして、「前法律的な事実に関する意識的・意欲的共働」[37]を主観的要件と解した上で、「刑法上重要な、不注意な目的的行為」を共同することによって、過失の共同正犯を認めることは可能であるとされるのである[38]。内田博士は、「意思の連絡」を「前法律的な事実に関する意識的・意欲的共働」と解することで、この問題をクリアしようとされている。

　藤木博士は、「共同正犯の成立要件は、主観的には共同実行の意思、客観的には共同実行の事実であるとされている。過失犯について共同正犯を認めるためには、共同実行についての主観面、客観面の要件をみたす必要がある」[39]とされ、主観面の要件についても言及される。そして、過失の共同正犯の成立に関しては、「あらかじめ、類型的、一般的にせよ、予見され、あるいはすくなくとも何らかの危惧感のともなう状態においてなされたもので

---

(35)　金子・前掲注(21)155頁。なお、松宮教授は、「共同正犯という形での共同責任の根拠は、結果回避に関する客観的な『共同義務の共同の違反』であって、『犯罪の共同実行の意思』は、この『共同義務の共同の違反』が認められる場合に『故意犯の共同正犯』を認めるための要件にすぎないと考えるべきことになる」とされる（松宮孝明『刑法総論講義［第4版］』（2009年、成文堂）269頁）。

(36)　内田文昭『刑法における過失共働の理論』（1973年、有斐閣）61頁。

(37)　内田・前掲注(36)61頁。

(38)　内田・前掲注(36)261頁以下。

Ⅲ　共同正犯の主観的要件と過失の共同正犯

ある以上、知られた危険に対処するという面においては意識的な要素を含み、この意識的側面における共同、つまり危険な状態において思慮ぶかい行動を互いに補充しあい利用しあうという関係における共同ということを考えることができる。この共同関係が共同行為としての基準から逸脱したときに、過失犯の共同正犯の基礎となる過失の共同実行という観念を容れる余地があるように思われる」(40)として、過失の共同正犯の成立要件を説明されている。

　過失の共同正犯否定説から肯定説に改説された大塚博士(41)は、「２人以上の者が犯罪的結果を生じさせやすい高度の危険性を含んだ共同行為を行うに際して、共同者の各人に共通の注意義務が課せられているとみられる場合に、めいめいがその注意義務に違反したことによって犯罪的結果を生じさせたときは、共同した構成要件的過失をみとめることができる」(42)とされる。そして、その主観面に関しては、「厳密には、意識下における共同にとどまらない面もあろうが、各人の意識下においても、注意義務を遵守しない精神的態度として共通しており、また、相互に結びあっているものとして、共同の過失責任を論ずる基礎となしうる」とされている(43)。大塚博士は、このような立場を出発点として、過失の共同正犯の成立要件を整理され、過失の共同正犯の主観面について、「共同注意義務の違反に関しては、共同行為者の各人がその義務に違反する共同行為を行うについて持ち合わせた共通の心情に法的非難を加えうる心理的基礎を求めるべきであり、これが過失犯の共同正犯の主観面であるといえよう。そこに、めいめいが自己の行為に注意を払うだけでなく、他の共同者にも注意を促さなければならないのに、漫然とその心情の下に注意を怠り合ったことについて、共同者に相互的な利用・補充関係の見出される心理的基盤があると解するのである」(44)とされるのである。

---

(39)　藤木・前掲注(4)10頁。
(40)　藤木・前掲注(4)12頁。
(41)　大塚博士が否定説を主張されていた根拠については、団藤重光編『注釈刑法(2)のⅡ総則(3)』(1969年、有斐閣)735頁〔大塚仁〕、大塚仁『注解刑法［増補第２版］』(1977年、青林書院新社)42〜3頁参照。
(42)　福田平＝大塚仁『刑法総論Ⅰ』(1979年、有斐閣)380頁〔大塚仁〕。
(43)　福田＝大塚・前掲注(42)380頁〔大塚〕。

最近では、内海教授が、犯罪共同説に依拠して、共同正犯の成立要件としては、共同実行行為と共同実行意思（犯罪の共同実行に関しての相互的意思）が必要であるとされる[45]。この立場を前提にすると、過失犯の一部実行全部責任の根拠は、「ある一定の事象経過につき複数人による危険管理・適切な統制が期待されているにもかかわらず、当該行為者が互いに意思を通じて共同して危険管理を怠ったこと」[46]に求められることになる。この見地からは、過失の共同正犯についても共同実行意思は必要であり、その内容について、関与者がある危険をコントロールすべく具体的な措置を採らなければならない状況にあることの認識を前提として、自己の行為同様、相手側の行為に対しても適宜注意を与えるなどして行為統制していかなければならない立場にあること、および相手方がそのような地位にあるにもかかわらず、適切な行為を行っていないことの認識を要求されている[47]。

4　検　　討

以上の学説の整理を前提として、過失の共同正犯の主観的要件をどのように解するべきかについて検討していきたい。

まずは、共同正犯の本質をどう解するか、すなわち、犯罪共同説と行為共同説のいずれが妥当かという問題から検討を始める。この対立は、数人の者が協力して犯罪を遂行する社会心理学的現象の中核をどのように捉えるかの対立であるから[48]、社会心理学的現象としての共犯をどのように見るかが重要である。この点について、川端博士は、社会心理学的現象として共犯を見た場合、「各人が各自の目的をもち，その目的を実現するために集合力を利用し合っているという集団現象が存在するのである。単独では実現できないことでも，あるいは分業形態により，あるいは合同力により，あるいは相互的な精神的強化によって，これを遂行することができる」[49]とされる。実体

---

(44)　大塚・前掲注(3) 7 頁。
(45)　内海・前掲注(2)246頁。
(46)　内海・前掲注(2)249頁
(47)　内海・前掲注(2)251～2頁。
(48)　川端博『刑法総論講義［第 3 版］』（2013年、成文堂）523頁。

Ⅲ　共同正犯の主観的要件と過失の共同正犯

としての共同正犯は、ある犯罪に向かって強固な「結合体」として存在する訳ではなく、関与者それぞれが目的を持って集まった「集合体」として把握できるように思われる。川端博士の共犯現象の理解は妥当なものである。そうすると、犯罪の共同という場合、必ずしも特定の１つの犯罪のみを共同することを意味することにはならない。したがって、基本的には、行為共同説が妥当とされるべきである。

　行為共同説を妥当と解した場合、共同正犯の構造はどのように理解されるべきであろうか。この点については、「『分業形態』による犯罪の完成をめざす協力関係」(50)と解するべきである。前述したように、共犯現象は社会心理学的には「各人が各自の目的をもち、その目的を実現するために集合力を利用し合っているという集団現象」として捉えることができる。この社会心理学的観点から見た共犯現象を個々の行為者に分解してみると「各人が各人の目的をもち、その目的を実現するために、自ら行為をすると同時に、他人の行為も利用している」現象と解することができるであろう。このような共犯者間の「相互的利用関係」が、「一部実行の全部責任」の原則の根拠となるのである(51)。

　このような共同正犯の構造から、共同正犯の主観的要件はどのように解されることになるのか。前述した「一部実行の全部責任」の原則の根拠となる「相互的利用関係」を基礎づけるためには、共同正犯の主観的要件としての「意思の連絡」はつねに必要である。この点について、阿部教授は「役割分担をとおしてみとめられる相互的利用関係は、各共同者間の心理的な内容としてお互いに利用し合うという認識を相互にもたないかぎり、成立しえない」(52)とされる。個々の行為者が、別々に他人の行為を利用しながら犯罪を実現しているのであれば、「お互いに利用し合うという認識」を「相互に」持つ必要はないであろう。しかしながら、共犯現象は、集合力を「利用し合っている」という「集団現象」である。お互いがお互いを利用し合うことに

---

(49)　川端・前掲注(48)525頁。
(50)　川端・前掲注(48)556頁。
(51)　阿部力也「共同正犯の主観的成立要件について」『法律論叢』70巻１号（1997年）117頁。

よって、つまり分業形態による協力関係を構築することによって、犯罪がより容易になり、犯罪の遂行が確実になり、単独では実現できないことが実現可能になる点に、共犯現象の特殊性がある。したがって、「『分業形態』による犯罪の完成をめざす協力関係」という共同正犯の構造から考えれば、「お互いに利用し合うという認識」が相互に必要とされることになる。つまり、共同正犯が認められるためには、「構成要件に該当する犯罪的行為を相互的に利用する認識を、共犯者間で相互に有していること」が必要なのである。

　共同正犯の主観的成立要件をこのように解する場合、過失の共同正犯における主観的要件はどのように解されることになるのだろうか。まず、行為共同説に依拠する以上、特定の犯罪に対する相互的利用意思は不要であり、構成要件に該当する犯罪的行為の相互的利用意思で足りるから、過失犯においても前述のような共同正犯の主観的要件を形式的に充足することは可能である。次に、共同正犯の構造を「『分業形態』による犯罪の完成をめざす協力関係」と捉えた場合、過失において「犯罪の完成をめざす協力関係」ということがあり得るのかが問題となる。この概念の本質は、前述した通り「分業形態による協力関係を構築することによって、犯罪がより容易になり、犯罪の遂行が確実になり、単独では実現できないことが実現可能になる」ことにある。このような事態は過失の領域においても想定できるであろう。すなわち、１人で行動する場合には細心の注意を払って行動しているが、複数で協力し合って行動するような場合には、いわば「他人任せ」の心理状態になり、その結果、１人の場合よりも不注意の度合いが増し、結果発生の危険性が増大するという事態はあり得るのである。そうすると、複数の行為者が、一定の分業体制が採られた状況で、相互に「他人任せ」の状況に陥った心理状態に至っていれば、それは、「構成要件に該当する犯罪的行為を相互的に利用する認識を、共犯者間で相互に有している」と評価することが可能である。このように解すれば、過失犯においても共同正犯の主観的要件を充足するということは可能であるように思われる。

---

(52)　阿部・前掲注(51)121〜2頁。

V　おわりに

　これまでの検討の結果をまとめると、以下のようになる。行為共同説の見地からも、共同正犯の主観的要件として「意思の連絡」は必要であるが、それは、構成要件に該当する犯罪的行為の相互的利用意思で足りることになる。そして、過失の共同正犯においては、複数の行為者が、一定の分業体制が採られた状況で、相互に「他人任せ」の状況に陥った心理状態に至っていれば、その主観的要件は充足できると思われる。このように解すれば、冒頭で挙げた日髙教授が懸念されていた「共同正犯における主観的要件の形骸化」という問題は回避できるのではないだろうか。

　本稿は、共同正犯の主観的要件という視点から、過失の共同正犯について検討を試みたものであり、客観的要件に関しては検討していない。この検討については他日を期したい。また、「既に確立している故意犯の共同正犯論を前提に、そのアナロジーの下に過失犯の共同正犯の許容性を考える立場が少なくないが、犯罪の構造を根本的に異にする故意犯のアナロジーからこれを考えなければならない必然性はないというべき」[53]であるとして、過失犯の本質に即して「共同実行」の実体の有無を検討すべきという主張もあるが、この点の検討も今後の課題となる。

　日髙先生には、明治大学大学院前期課程在籍中から現在に至るまで、つねに気遣って頂き、また研究に関しても様々なご指導をいただいてきた。その学恩に報いるような論考になっているかは甚だ疑問であるが、日髙先生の古稀に当たり論文を捧げる機会を得たのは、私にとって無上の喜びである。

（ひらの・きよし）

---

(53)　杉田宗久「過失の共同正犯」大塚仁＝佐藤文哉編『新実例刑法［総論］』（2001年、青林書院）345〜6頁。

―――――――――――― 上巻　執筆者紹介 ――――――――――――

伊 東　研 祐（いとう・けんすけ）　　　慶應義塾大学大学院法務研究科教授

岩 間　康 夫（いわま・やすお）　　　　愛知大学大学院法務研究科教授

森 住　信 人（もりずみ・のぶひと）　　専修大学法学部准教授

小 林　憲太郎（こばやし・けんたろう）　立教大学法学部教授

張　　光 雲（ちょう・こううん）　　　　四川師範大学法学院教授

松 原　芳 博（まつばら・よしひろ）　　早稲田大学大学院法務研究科教授

甲 斐　克 則（かい・かつのり）　　　　早稲田大学大学院法務研究科教授

只 木　　誠（ただき・まこと）　　　　中央大学法学部教授

萩 原　由美恵（はぎわら・ゆみえ）　　　中央学院大学法学部教授

佐 伯　仁 志（さえき・ひとし）　　　　東京大学大学院法学政治学研究科教授

高 橋　則 夫（たかはし・のりお）　　　早稲田大学法学部教授

前 田　雅 英（まえだ・まさひで）　　　日本大学大学院法務研究科教授

橋 爪　　隆（はしづめ・たかし）　　　東京大学大学院法学政治学研究科教授

岡 本　昌 子（おかもと・あきこ）　　　京都産業大学法学部教授

水 野　智 幸（みずの・ともゆき）　　　法政大学大学院法務研究科教授・元判事

稲 垣　悠 一（いながき・ゆういち）　　専修大学大学院法務研究科准教授

大 塚　裕 史（おおつか・ひろし）　　　明治大学専門職大学院法務研究科教授

今 井　猛 嘉（いまい・たけよし）　　　法政大学大学院法務研究科教授

小名木　明宏（おなぎ・あきひろ）　　　北海道大学大学院法学研究科教授

橋 本　正 博（はしもと・まさひろ）　　一橋大学大学院法学研究科教授

吉 中　信 人（よしなか・のぶひと）　　広島大学大学院社会科学研究科教授

内 海　朋 子（うつみ・ともこ）　　　　横浜国立大学大学院国際社会科学研究院教授

亀 井　源太郎（かめい・げんたろう）　　慶應義塾大学法学部教授

曲 田　　統（まがた・おさむ）　　　　中央大学法学部教授

大 善　文 男（だいぜん・ふみお）　　　仙台地方裁判所長・判事

阿 部　力 也（あべ・りきや）　　　　　明治大学専門職大学院法務研究科教授

上 嶌　一 高（うえしま・かづたか）　　神戸大学大学院法学研究科教授

丸 山　雅 夫（まるやま・まさお）　　　南山大学大学院法務研究科教授

平 野　　潔（ひらの・きよし）　　　　弘前大学人文社会科学部教授

(掲載順)

編者紹介 —————————

高 橋 則 夫（たかはし・のりお）　早稲田大学法学部教授
山 口　　厚（やまぐち・あつし）　東京大学名誉教授・早稲田大学名誉教授
井 田　　良（いだ・まこと）　中央大学大学院法務研究科教授
川 出 敏 裕（かわいで・としひろ）　東京大学大学院法学政治学研究科教授
岡 田 好 史（おかだ・よしふみ）　専修大学法学部教授

日髙義博先生古稀祝賀論文集　上巻
2018年10月20日　初版第 1 刷発行

　　　　　　　　　　　　　高　橋　則　夫
　　　　　　　　　　　　　山　口　　　厚
　　　　　　編集委員　　　井　田　　　良
　　　　　　　　　　　　　川　出　敏　裕
　　　　　　　　　　　　　岡　田　好　史
　　　　発 行 者　　　阿　部　成　一
　　　〒162-0041　東京都新宿区早稲田鶴巻町514
　　　発 行 所　　　株式会社　成 文 堂
　　　　電話03（3203）9201㈹　FAX03（3203）9206
　　　　　　http://www.seibundoh.co.jp

製版・印刷・製本　恵友印刷　　　　　　　　　　Printed in Japan
©2018　N. Takahashi, A. Yamaguchi, M. Ida, T. Kawaide, Y. Okada
☆乱丁・落丁本はおとりかえいたします☆
ISBN978-4-7923-5263-9
定価（本体15,000円＋税）